"Τριαllαm τιmcheall Nα ροδhlα:"
"*Let us wander round Ireland.*"

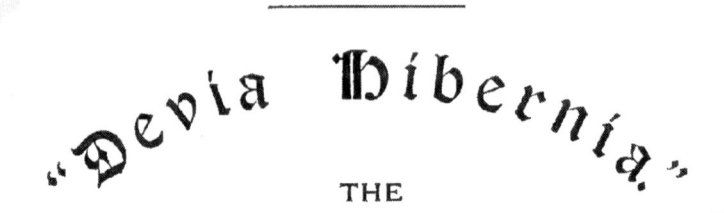

"Devia Hibernia"

THE

ROAD AND ROUTE GUIDE FOR IRELAND

OF THE

ROYAL IRISH CONSTABULARY.

COMPILED AND EDITED BY
GEORGE A. DE M. EDWIN DAGG, D.I.,
OF THE ROYAL IRISH CONSTABULARY; AND OF TRINITY COLLEGE, DUBLIN:
EX-PRIZEMAN, EXHIBITIONER, AND HONOURMAN, M.A., LL.B.;
OF THE UNIVERSITY SENATE, ETC.

Dublin:
HODGES, FIGGIS, & CO., LTD.,
PUBLISHERS TO THE UNIVERSITY OF DUBLIN.

MDCCCXCIII.

Londonderry:
PRINTED BY JAMES COLHOUN,
AT THE
"SENTINEL" OFFICE, PUMP STREET.

Inscribed, by Permission,

TO

Sir ANDREW REED, C.B., LL.D., Barr.-at-Law;

Inspector-General

OF THE

Royal Irish Constabulary,

AS

A Mark of Respect

BY

The Compiler.

PREFACE.

THIS work was undertaken with the view of supplying a great want of the Royal Irish Constabulary, and of kindred public services; and also of providing a "Road Book," of a reliable and comprehensive character, for the use of cyclists and tourists, of Irish travellers, and others of the public who may desire to travel through our beautiful Island.

The Compiler and Editor has been at very great pains to avoid inaccuracy and prolixity, and has striven to condense the mass of information given, both by the use of contractions and symbols, and by the stringent avoidance of merely ornamental description. He has in the design and execution forborne from trespassing on the domain and scope of all other "Guides" to Ireland which travellers have at their disposal. In this way, it is hoped that the effort will receive the support of the travelling public, whom it is designed to serve, and be spared the rivalry of other similar works, useful each in its own sphere.

The labour of compilation has been exceedingly heavy: and were it not for the ungrudging assistance so freely tendered by members of the great Royal Irish Constabulary Force of all ranks, —from the Inspector-General, who kindly sanctioned the use of the splendid organization under his command, to the junior constable, who, perhaps an enthusiastic cyclist, did his utmost to place his local knowledge at the service of the public—it would have been impossible of execution. To all and every assistant in the

PREFACE.

very laborious undertaking, whose names are embodied in their place in the work, my best thanks and acknowledgments are due, and are very gratefully tendered. To one especially, who, by his untiring zeal, intelligence, and ability contributed very largely to the accuracy of the intricate details—my clerk, Constable Robert Callaghan, R.I.C., of Lisnaskea—my very special thanks are due, for his willing labour and assiduous perseverance in checking the tots of such voluminous and intricate returns. I may be pardoned for hoping that some recognition of his sterling worth may be bestowed on him, such as I cannot give, but such as he deserves. The book, as it leaves my hands, is not perfect, but I hope that it will be accepted as an honest effort to provide a useful Guide-book not hitherto available.

The printing of such a book deserves a word of remark, as it was an undertaking of a very unusual, and most difficult kind. The printer will, I hope, not be overlooked, the more so as the work was done in Ireland by an Irishman, and, in my humble judgment, is a credit to him.

The system of alphabeticising all details has been followed: in a few instances where the strict sequence has been, in a very small degree, departed from, it was due, I understand, to the exigencies of composing the pages, and technical considerations.

A list of "Addenda et Corrigenda" is given, which, considering the extraordinary difficulties of such a work, will not, I hope, be considered unduly extensive.

The book, as a "Road Book," is almost exhaustive of all the roads in Ireland. When it is considered that in each case the route from place to place, with nearly every turn, every hill, and every cross-road met with, is indicated, and the distance between

PREFACE.

each one and the next adjoining is given, it was, I submit, a very great feat to have attempted, and one almost impossible to have performed altogether without mistake or inaccuracy. Actual minute measurements were not contemplated, and would have been out of place, and even confusing; but the distances given are the careful estimates of intelligent men, familiar, by their daily and nightly duty of patrolling these very roads, with the distances and turnings; and their estimates are checked, in their turn, by two considerations—

(1) Every Route is given both ways, *i.e.*, going and coming, and by different persons: one at each end of every Route.

(2) The known and reputed distance from place to place must agree with total of all the intervening spaces from cross road to cross road, and thus an undue expansion of these distances, either by carelessness or mistaken estimate, is prevented.

A single careful reading of the "Instructions" will render at once intelligible, the plan on which the work was designed. The amount of information given could not otherwise have been included in the limits of a book intended for the overcoat pocket, or the hand-bag of the tourist.

The notes of the objects of interest at each place are mainly Historical or Archæological, and are simply intended to remind the traveller of what to look for; the places, when found, will sufficiently describe themselves to anyone interested in such things.

With this book is also given a copy of the best Map of Ireland, of convenient size, which the Editor could find, after an extensive search. The body of the Map is Keith Johnston's "Royal" Atlas Map—his best work. To it has been made additions specially for this work, at great labour and expense. All the new railways now in course of construction, or recently completed, are shown.

PREFACE.

Distance lines give, at a glance, the shortest route between some thousand places. These distances are "as the crow flies," and have been derived from an authoritative source, founded on the Ordnance Survey. Any difference between the distance on the map and in the book, is accounted for by the consideration that roads deviate sometimes considerably, and the shortest route is not necessarily practicable. The Roads are shown in *scarlet ;* the Rivers (inland waters) and their names in *bright blue ;* the Sea shading in *green ;* the distance lines in *black ;* Railroads are in *solid scarlet lines ;* while the body, names of Towns, shading, etc., are in *purplish mauve.* Never before has a Map, so elaborate and accurate, on such a scale, and giving so much information, with so many distinguishing printings, been published. It is therefore almost an unique work in itself. This Map is not bound in, so as to permit of its being removed from its case for consultation, on a table if necessary, without the risk of tearing. It can also be had separately from the book, mounted in a cover.

To the subscribers, and to the public, who will, he hopes, see reason to encourage a work of usefulness, of severe labour, and of protracted anxiety, undertaken with the object of serving them in the best way, the Editor and Compiler submits his effort in the humble hope of some measure of approval and patronage.

G. A. DE M. E. DAGG.

LISNASKEA, 23rd May, 1893.

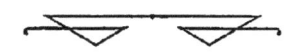

INSTRUCTIONS

Explaining the Contractions, etc., used in the Work.

EACH Police Barrack in Ireland is the centre of a circle of "Circumjacent" Stations. Each Police Station has sent in a return, on identical lines, giving similar information as regards itself and circumjacent neighbouring Police Barracks, which are printed in uniform style and sequence. The contractions are almost self-explanatory. One return having been described, every other one will be understood, because the same symbols and sequence are observed in every case. There is a Police Station of the Royal Irish Constabulary in every place of importance in Ireland (outside the Dublin Metropolitan District, which is not included in the scope of this work). In a great many cases, also, Police Stations are, in country places, on the roadside, or elsewhere, of but little note except locally : they are generally known by the name of the townland in which they are situated. In this way it will be understood that almost every public road in Ireland is described ; being, so to say, radii of the extraordinary system of intersecting circles, whose centres are R.I.C. Stations, and whose circumferences pass through the adjacent stations.

First comes the name of the station (in heavy type); next, whether it be in a City (**C**) ; a Town (**T**) ; a Village (**V**) ; or on the Roadside, or in a Rural locality (**R**). Next comes the population of that place by the Census of 1891, in parenthesis, thus (1234). Then follows the name of the Barony, and next of the Parliamentary Electoral Division, and County, and Riding, and Province, in which the place lies ;—these particulars generally fix the locality sufficiently to indicate the whereabouts of the place, even without the aid of the splendid map. Then come the words, "Tel. 8-8." This indicates that the place has a Telegraph Office, which is open for business from 8 a.m. to 8 p.m, or for whatever hours is stated in this way. The dates on which fairs are held is next given—the capital F indicating that "Fairs are held on" such and such dates. If the fairs occur on fixed days of the week they are so shown—"F, 1 m." means on "*the 1st monday in each month*," or, as the case may be, 1st, 2nd, 3rd, or 4th m. (monday), t. (tuesday), w. (wednesday), th. (thursday), f. (friday), s. (saturday) Market days are indicated in a precisely similar manner: thus, "M, m.," means "Markets are held on every monday." "D.I.," or "C.I.," or "R.M.," indicates that a "District Inspector," or "County Inspector of R.I.C.," or a "Resident Magistrate" is stationed at the place. "B" means that there is a public Boat for Police use there. "PS" indicates that Petty Sessions are held on the days shown as Fairs or Markets are, as explained above. "P.St." stands for "Polling Station," but NOT Petty Sessions. Then follow the initials of the Railway Company, if the place have a Railway Station; if it be not a Railway Station, the name of the *nearest* Railway Station to the place, and its distance, is indicated so: say for Ballinaboola—"Palace East, 6, D. W. & W. RY.," means that "Palace East, a station on the Dublin, Wicklow, and Wexford Company's System, is the nearest Railway Station for Ballinaboola, and is distant from it six miles." Then is indicated by the figure (1) in parenthesis, in heavy type, the hours at which the letter mails arrive at the local Post-Office: (2) the hours at which the boxes are cleared for the despatch of mail matter at the local Post Office: (3) the nature of the Postal business accommodation supplied by the local Post-Office—thus, PO (Post-Office), SB (Savings Bank), MOO (Money Order Office), or if there be no PO, the name and distance of the nearest PO: (4) indicates if there be "Post Cars" or vehicles for hire available at the place, and the figure following the "Yes" indicates, approximately, the number of such vehicles available at ordinary times for hire : and lastly, (5) follow the names of places of beauty or interest, locally or historically, or in any way such as to afford any satisfaction to the visitor, and their approximate distances. In a great number of cases, dates and short details are given ; and for these, in most cases, the Editor is responsible. In the case of cities in which the number of Police Stations is large a short general account of the history, etc., of the place is prefixed after the name of the city. (See Belfast, Cork, Limerick, Londonderry, Waterford, and Wexford). The dates have been verified ; and in the case of the Abbeys, etc., " Ware's Antiquites of Ireland" (Harris, Dublin, 1764) has been the source of the statements made. Much information has been gleaned from many sources of established character, too numerous to be recited here. For them, in a majority of cases, the Editor is responsible, and he trusts that some may be found of general interest and value.

In smaller type follows the especially distinctive feature of this work.

In Column 1 is placed, in alphabetical sequence, the names of the Police Stations "lying around" the place to which each paragraph refers, and each place is distinguished as—C., city ; T., town ; V., village ; or R., rural.

Further, it will be noticed that the names are printed in different styles of type, thus :—plain ordinary type (technically "Roman" type, Nonpareil size) indicates that the place is in the same county, AND in the same District-Inspector's district as the place at the head of the paragraph ; " Italic " type indicates that it is in the same county, but NOT in the same District-Inspector's district as the place at the head of the paragraph ; and finally, a place printed in "small Capitals " Roman type, is NOT in the same district, NOR in the same county, as the place named at the head of the paragraph.

The name of the member of the Force who supplied the information concerning the places and the roads, etc., of the paragraph

INSTRUCTIONS.

is printed, with his rank, at the end of the large print paragraph, although the small print part of the paragraph is his work also.

After the name of the place and its designation, comes its distance in English miles, and parts of a mile *from the principal place heading the paragraph.*

In the 3rd Column is one or more Capital letters, from "A" to "I," indicating the kind of Roads that are met on that particular "route" as regards "levelness and breadth."

A means that the road is "Level and broad." (2 four-wheeled vehicles can trot abreast).
B ,, ,, ,, "Level and narrow." (ordinary county roads).
C ,, ,, ,, "Up and down hill, and broad."
D ,, ,, ,, "Up and down hill, and narrow."
E ,, ,, ,, "Up-hill, steep and broad."
F ,, ,, ,, "Up-hill, steep and narrow."
G ,, ,, ,, "Down-grade," not too steep for use.
H ,, ,, ,, "Hilly;" so steep as to necessitate walking.
I ,, ,, ,, Impassable for ordinary wheel traffic.

In the next adjoining Column is indicated, by one or more Capital letters, the character of the average condition of the "surface of the road"—the "state" of the road surface on a general average—thus: "G." = good; "B." = bad; "I." = indifferent; "R." rocky or "rutty"; "S." = stony or sandy; "P."= poor, *i.e.*, "darned"; "F."= fair, and so on. Whenever part of the "route" is by Sea, it is noted in full in this Column "Sea."

In the last and broadest Column the actual route is indicated *in extenso*, in the following way:—The first fraction represents the distance, in English miles, or part of a mile, from the Police Barrack *to the first cross-road* OUTSIDE THE TOWN on the way FROM THE PRINCIPAL PLACE, at the head of the paragraph, TO THE PLACE in that line. All lanes, avenues, bog roads, gates, and such insignificant paths are entirely disregarded. The letters R. (right) and L. (left), indicate *to which* hand *you keep or turn*, at a place where either a turn is made at a X road, or only two roads "fork."

INSTRUCTIONS.

X. indicates a cross-road, where you make no turn, but "go straight on," *i.e.*, you take the middle road of the three roads met at the X road. If a place occurs *where* MORE *than four* roads meet, the turn to be taken is shown by the letter V and a "superior" numeral, thus, "V⁵," means that "you take the 5th road," counting round from your left hand (like the hands of a clock), not counting the road by which you arrive at the point at which the "star" radiates. Thus V⁵ would indicate that, having arrived at the point in the centre, as shown by the arrow, you leave by the road numbered 5. A dangerous hill is shown in its place in this column by Λ for an uphill and by V for a downhill. F. indicates a ferry, and the fraction the length of the ferry. S. means shore (of the sea); thus, "S. 6 S." means "shore to shore is 6 miles of sea," or "6 miles sea." W. means "fresh water," as on a lake or river; S. means "sea or salt water." The roads on each shore of the ferry are indicated as in the case of cross-roads (explained above). Thus each fraction represents, as it is placed in line, the part of an English mile that intervenes between each turn indicated by R., or L., or X., or V⁵, and the last fraction is the distance from the last cross-road to the R.I.C Barrack in that line. The total of the fractions *always* MUST agree with the distance as given in the 2nd column.

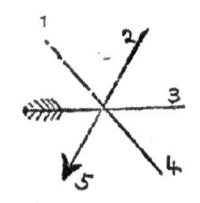

Now, as explained, the route is written from every place to the next, so that if you be at any place, and want to go to the next, or *vice versa*, turn up the place at which you are, as in a Dictionary, and you find what you want. Again, if you want to return from the place, by referring to its name you get the road back, which may be a different route of equal length to the route by which you came; or if it be the same, the route "home" will be found to be identical with the route "out," only read backwards, changing R. into L. and L. into R. In this way, sometimes, choice of two routes is afforded: then the relative merits of each can be determined by consulting columns 3 and 4, which show the kind and quality of the roads. In towns and cities streets are indicated in column 4 by " P." or " M.," meaning " paved" or " *macadamised*" streets.

In making a distinction between "towns" and "villages," a very great difference of opinion seemed to exist among the sergeants. In the first portion of the book, the Compiler did not notice this soon enough to have it remedied; but in the subsequent portions a careful revise was made on the basis of 1,000 inhabitants by census. Thus all of 1,000 and over are towns; all under 1,000 are villages. This is not laid down except as a conventional distinction for the purpose of avoiding discrepancies in reference.

ABBREVIATIONS AND SYMBOLS.

C = City.
T = Town.
V = Village.
R = Rural or Roadside.
(Pop.) = Population, 1891.
F = Fairs.
M = Markets.
P.St. = Polling Station only.
PS = Petty Sessions.
B = Boat Station.
Tel. = Telegraph Office
(1) = Post arrives.
(2) = Post despatched.
(3) = Postal information. PO (Post-Office), MOO (Money Order Office), SB (Post Office Savings Bank).
(4) = Post Cars available, and the number.
(5) = Interesting places in the locality, and their distances in English miles from the R.I.C. Barrack.
8-8 = From 8 a.m. to 8 p.m., and so on.

In Column 3—
A = Broad and level.
B = Narrow and level. } level roads. *Good.*
C = Up and downhill, broad.
D = Up and downhill, narrow. } up and downhill roads. *Fair.*
E = Uphill, steep and broad.
F = Uphill, steep and narrow. } uphill roads. *Bad.*
G = Downgrade roads (not too steep). *Good.*
H = Hilly (so steep as to necessiate walking up and down). *Bad.*
I = Impassable for ordinary wheeled traffic. *Very Bad.*

In Column 4—
G = Good.
B = Bad.
I = Indifferent.
R = Rocky or rutty.
S = Stony or sandy.
P = Poor, *i.e.*, "darned."
F = Fair.

ABBREVIATIONS AND SYMBOLS.

In Column 5—

R = Keep to the right at a "fork," or *turn* to the right at a "X road."
L = Keep to the left at a "fork," or *turn* to the left at a "X road."
X = Go straight on: take the middle one of the three roads met.
V¹, etc. = Take the indicated road, counting from the left of where you stand.
V = A downhill ⎫ dangerous—*i.e.* to cyclists, or drivers.
Λ = An uphill ⎭
F = A ferry.
W = Fresh water.
S = Sea, or shore, or salt water.

Sequence ⎧ = Barony.
of ⎪ = Parliamentary Electoral Division.
descriptive ⎨ = County and Riding.
locality ⎩ = Province.

M. G. W. RY. = Midland Great Western Railway.
G. S. & W. RY. = Great Southern and Western Railway.
G. N. RY. = Great Northern (of Ireland) Railway).
D. RY. = Donegal Railway.
L. & L. S. RY. = Londonderry and Lough Swilly Railway.
D. C. RY. = Derry Central Railway.
B. & N. C. RY. = Belfast & Northern Counties Railway.
B. & C. D. RY. = Belfast & County Down Railway.
D. & M. RY. = Dublin & Meath Railway.
W. & L. RY. = Waterford & Limerick Railway.
W. C. I. RY. = Waterford & Central Ireland Railway.
D. W. & W. RY. = Dublin, Wicklow, & Wexford Railway.
W. D. & L. RY. = Waterford, Dungarvan, & Lismore Railway.
C. F. & L. RY. = Cork, Fermoy, & Lismore Railway.
C. & M. RY. = Cork & Macroom Railway.
C. B. & S. C. RY. = Cork, Bandon, & South Coast Railway.
C. & P. RY. = Cork & Passage Railway.
T. & D. LT. RY. = Tralee & Dingle Light Railway.
T. & F. RY. = Tralee & Fenit Railway.
S. L. & R. LT. RY. = Sligo, Leitrim, & Roscommon Light Railway.
S. L. & N. C. RY. = Sligo, Leitrim, and Northern Counties Railway.
L. & K. RY. = Limerick and Kerry Railway.
B. & C. RY. = Ballycastle and Cushendall Railway.
C. L. & R. RY. = Cavan, Leitrim, and Roscommon Railway.

Etc., etc., etc.

Road and Route Guide for Ireland.

Abb]   **A**   [Abb

ABBEYDORNEY V. (Pop. 143). Clanmaurice: North Division: Co. Kerry: Munster. F, 1st t. after New Year's day and 1 Dec.: PS, every second Friday: w. & l. ry. (1) 8.30 a.m., 9.30 a.m.: (2) 3.30 p.m.: (3) PO: (4) No: (5) None. Thomas Stanton, constable.

Errata.

Please see "*Addenda et Corrigenda*," page 342.

The following, out of alphabetical order, will be found on the pages noted :—

AGHALEE,	page 3	CARRIGTUOHILL,	page 86
AGLISH,	,, 3	CARROWREAGH,	,, 86
BALBRIGGAN (should be on p. 18),	,, 30	CASTLEBALDWIN,	,, 87
BALLYHOGAN,	,, 38	CASTLEBRIDGE,	,, 89
BALLYKILCLINE,	,, 41	CASTLEFIN,	,, 89
BUTLERSBRIDGE,	,, 74	CASTLEGREGORY,	,, 90
BUTLERSTOWN,	,, 73	CASTLERAY,	,, 93
CALLAGHANE,	,, 76	CASTLESHANE,	,, 93
CARRIGANIMMA,	,, 85	GLASNEVIN,	,. 171
CARRIGEEN,	,, 85	GLASSERCOO,	,, 171

For "Ballyveen," page 46, *read* "Ballyreen."

4 Durrow T	5¼	B	G	{ R 1 L 1 L 1
				{ L ⅟ X 1 R 1 L 1 L }
5 Maryboro T	9½	A	G	{ L 1¼ R 2½ X 2½ L 2¼ R }

ABBREVIATIONS AND SYMBOLS.

In Column 5—

    R = Keep to the right at a "fork," or *turn* to the right at a "X road."
    L = Keep to the left at a "fork," or *turn* to the left at a "X road."
    X = Go straight on: take the middle one of the three roads met.
    V¹, etc. = Take the indicated road, counting from the left of where you stand.
    V = A downhill ⎫
    Λ = An uphill ⎬ dangerous—*i.e.* to cyclists, or drivers.
    F = A ferry.
    W = Fresh water.
    S

L. & K. RY. =
B. & C. RY. = Ballycastle and Cushendall
C. L. & R. RY. = Cavan, Leitrim, and Roscommon Railway.
    Etc., etc., etc.

Road and Route Guide for Ireland.

Abb] **A** [Abb

ABBEYDORNEY V. (Pop. 143). Clanmaurice : North Division : Co. Kerry : Munster. F, 1st t. after New Year's day and 1 Dec.: PS, every second Friday : w. & L. RY. (1) 8.30 a.m., 9.30 a.m. : (2) 3.30 p.m. · (3) PO : (4) No : (5) None. Thomas Stanton, constable.

1 Aghabeg R	6	B	G	½ R 3 X 1½ R 1
2 Ardfert V	5	B	G	¼ L ¼ L 1¼ X 1 R 1¼ R ¼
3 Causeway V	6½	B	G	½ L 1½ L ¼ R 4 L ¼
4 Gortatoo V	3	C	G	1 R 2
5 Killahan R	3	B	G	½ L 1 X 1 R ½
6 Lixnaw V	6	C	G	5¼ R ½
7 Tralee T	6	C	G	4½ L 1½

ABBEYFEALE T. (Pop. 897). Glenquin : West Division : Co. Limerick : Munster. F, 29 June and 24 Sept. each year : PS, 2 w. : M, m. : D.I. : L. & K. RY. : Tel. 8-8.30. (1) 7.45 a.m., 1.45 p.m. : (2) 12 noon, 8 p.m. : (3) PO, SB, MOO : (4) Yes, 5 : (5) No. Patrick Scully, constable.

1 Athea V	7½	D	S I	¼ L ½ R 1 X 2½ L 2½ L 1 V X 1
2 DUAGH R	4	G	I P	¼ L ¼ L 1 R 2 V R ¾
3 FEALEBRIDGE R	3	B	G	¼ R 1¼ X ¼ R ¼ R 1
4 Mountcollins R	8	B	G	¼ R 1½ X ¼ R ½ L 1 L 3¼ L ½ L ¼
5 Templeglantin R	5	B	S	¼ R ¼ L ½ R 3 L ½ X ½

ABBEYLARA V. (Pop. 200). North Division : Co. Longford : Leinster. (1) 8 a.m. : (2) 7 p.m. : (3) PO, MOO, SB : (4) Yes, 1 : (5) None. John Bree, constable.

1 Coole V	5	A	G	3 R 2
2 Finea V	4½	C	F G	1½ R ¾ R 2¼
3 Granard T	2½	D	G	2 L ¼ L ¼
4 Lisryan R	4	A	G	2 X ¼ R 1¾

ABBEYLEIX T. (Pop. 1100). Cullenagh : Leix Division : Queen's County : Leinster. F, 3 m. in month : PS, every 2nd Saturday . M, s. : D.I. : Abbeyleix, ¼, W. C. I. R. : Tel. 8-8. (1) 7 a.m., 10 a m., 4 p.m. : (2) 10 a.m., 5 p.m. · (3) PO, SB, MOO : (4) Yes, 6 : (6) Viscount De Vesci's demesne, ½ mile. Walter Lealoss, Λ.-S.

1 Ballacolla V	5¼	B	G	¼ R ¾ L ½ X 1 X 2 L ¼
2 Ballinakill V	4	B	G	¼ R ¼ R 2¼ R 1
3 BALLYROAN V	3¼	B	G	¼ R 1 L 1 L 1
4 Durrow T	5½	B	G	L ¼ X 1 R 1 L 1 L ¼
5 Maryboro T	9½	A	G	1 L 1¼ R 2½ X 2½ L 2¼ R ½

1

ABBEYSHRULE V. (Pop. 174). Shrule: South Division: Longford: Leinster. Edgeworthstown, 11½, M. G. W. (1) 7.30 a.m.: (2) 5.40 p.m.: (3) PO: (4) Yes, 2: (5) Abbeyshrule; ruins of Pallas, 3½ miles; Goldsmith's birthplace. A. Garvin, sergeant.

1 Ballymahon V	6½	A C	G	1 L 1½ R 1 R ⅛ L 1½ L ¼ R 1 R ⅛
2 BALLYNACARGY V	7	B D	G F	⅛ L ⅛ R 1½ R ¼ R 1 R 1¼ R 1¼ L 1½
3 Carrickboy R	5	B D	G	⅛ L ⅛ R 1¼ R ¼ L ⅛ L 1⅛ R 2
4 MOYVORE V	5½	A B	G F	½ R 1 R 1½ R 1½ R 1

ACHILL SOUND I. R. Burrishoole: West Division: Co. Mayo: Connaught. Tel. 8-8: F, 4 f.: PS, 4 f.: Westport, 28, M. G. W. R. (1) 12 noon, 12.30 p.m.: (2) 1.30 p.m., 2 p.m.: (3) PO, SB, MOO: (4) Yes, 5: (5) Kildownet Castle, 5. Michael Scully, sergeant.

1 Doogort V I	13	D	F	½ R 2 R 4½ R 2½ L 3 R ½ R
2 Keel V I	11½	D	F	½ R 2 R 4½ R 2½ L 1 L 1 L
3 Mulranny V	9	B	F	4 F 4½ R ½

ACLARE V. (Pop. 143). Lyney: South Division: Co. Sligo: Connaught. F, last w.: M s.: Foxford, M. G W.: Tel. 8-8. (1) 10.30 a.m.: (2) 4 p.m.: (3) PO, SB, MOO: (4) Yes, 2: (5) Banada Abbey Convent and Industrial School, 3½. William J. M'Cann, sergeant.

1 Cloonacool V	8	D B	S F	2¾ L ¼ R 1 X 2 X 2
2 Curry V	6½	D B	S F	½ X 2 X 1¼ X ⅜ R 1¾ R ⅛
3 Glaneask R	5	D C	S F	¼ R 2¼ L 2½
4 Swinford V	8	B D	I S P	2½ L 2½ L ½ X 1½ R 1
5 Tubbercurry V	7½	D B	S F	½ X 2 X 1¼ X ¾ L 1½ X 1½

ADARE V. (Pop. 516). Coshma: Western Division: Co. Limerick: Munster. F, yearly, 27 March: PS, 4 t.: D.I.: W. & L. RY.: Tel. 8-8. (1) 5.30 a.m.: (2) 1.45 p.m., 9.30 p.m.: (3) PO, SB, MOO: (4) Yes, 4: (5) Old Abbeys of great interest, founded in the 12th and 13th centuries by the "Order of Most Holy Trinity and Augustinians," ¼. Thomas Hayden, constable.

1 Croom V	6	B	G	1 R 2¼ X 1¾ R 1
2 Finnetterstown R	3½	B	F	¾ L 1 R 1⅛ R ½ L ⅛
3 Kildimo V	5¼	B	G	1⅛ R 2 R ⅛ L ½ X ¾
4 Patrickswell V	4½	A	G	1¼ X 1 L ¾ R 1 X ⅛
5 *Rathkeale* T	7¾	B	G	¾ R 1¼ L ½ R 2¼ X 1½ V³ 1½
6 Stonehall R	5¾	B	G F	2¾ L 1 X 2

ADRIGOLE R Bere: West Division: Co. Cork: Munster. Bantry, 24, C. B. & S. C. R. (1) 11 a.m., 1 p.m.: (2) 11 a.m., 1 p.m.: (3) PO, SB, MOO: (4) Yes, 1: (5) Hungry Hill, 3. Thomas Maher, sergeant.

1 Castletown Bere T	10	D	F	9¾ X ¼
2 *Glengarriff* V	12	D	F	6 X 5¾ L ¼

AGHOGHILL V. (Pop. 788). Lower Toome: Mid Division: Co. Antrim: Ulster. F, 4 Jan., 26 Aug., 8 Oct, 5 Dec.: PS, 3 t; Ballymena, 3¾, N. C. R. (1) 9 a.m., 12.50 p.m, 6.25 p.m: (2) 7.30 a.m., 11.20 a.m., 3.20 p.m.: (3) PO, SB, MOO: (4) Yes, 8: (5) Gracehill, 1½. John Cooke, sergeant.

1 Ballymena T	4	B	F	2 R 1 L 1
2 Cullybackey V	3	B	F	1½ X 1½
3 *Millquarter* V	5½	B	F	2½ X 1 X 1½ X ½
4 Portglenone V	5½	B	F	¼ R 1 R 3 R 1 L ¼

AGHALEE R. Upper Masserene: South Division: Co. Antrim: Ulster. Moira, 3½, G. N. R. (1) 6 a.m.: (2) 8 p.m.: (3) Moira, 4: (4) Yes, 3: (5) No. John Haynes, sergeant.

1 *Crumlin* V	9	B	F	½ L ½ R ½ R ½ X 1½ X 1½ X 2 X 2 R
2 LURGAN T	6	B	F	¾ L 1¼ L ½ R 1 R ½ L 1½ R ½ L
3 MOIRA V	4	B	F	⅛ R 1 L 1 R 1 R ¼ R

AGIVEY R. Half-Barony of Coleraine: South Derry: Co. Londonderry: Ulster. Aghadowey, 1¾, D. C. R. (1) 10 a.m., 2 p.m., 7 p.m.: (2) 7 a.m., 10 a.m., 2.45 p.m.: (3) Aghadowey, 1¾, PO, SB, MOO: (4) Yes, 5: (5) River Bann, ½. John Hughes, sergeant.

1 BALLYMONEY T	4	A	G	1 X 1 X 1¾ L ⅛ L ⅛
2 Coleraine T	8	A	G	2½ R 3½ R 1¾ R ⅛ X ⅛
3 Garvagh T	7	A B D	G F	1 R ¾ L ¼ R 1½ X ½ R 1 L 1½ L ½
4 Kilrea T	8	A	G	1 L 2 L 1 X 3¾ L ¼

AHABEG HUT R. Clanmaurice: North Kerry: Co. Kerry: Munster (Temporary Hut). Lixnaw, 3, L. & W. R. (1) 8 a.m., 7.30 p.m.: (2) 7.30 a.m., 7 p.m.: (3) PO, Lixnaw, 3; MOO, Causeway, 5: (4) No: (5) No. John Connell, act.-sergt.

1 Abbeydorney V	6	B	F	1 L 3 X 1½ L ½
2 *Ballyduff* V	5	B	F	1 R 1 X ½ R 1 R ½ R ½ L ¼ R ¼
3 Causeway V	5	B	F	1 R 1 L 1½ R 1 L ½
4 Killahan R	4	B	F	1 L 2 R 1
5 *Lixnaw* V	3	B	F	1 L 1¾ R ¼

AGLISH R. Magonihy: East Division: Co. Kerry: Munster. Ballinillane, 4, G. S. & W. (1) 7.30 a.m.: (2) 5.45 p.m.: (3) PO, Toha, 1½: (4) No: (5) No. P. Kevany, act.-sergt.

1 Ballinillane R	4	G B A	S G G	¼ X ¾ R 2½ R ½
2 *Beaufort* V	4½	C B	S G	½ R 1 L 2½ R L R ½
3 Killarney T	7¼	C A G A	S G G G	½ X 2½ X ½ L 2½ R 1 R L ¼

AHASCRAGH T. (Pop. 411). Clonmacnoon: Galway East: Connaught. F, 6 Jan., Easter Monday, Eve of Corpus Christi, 25 Aug., 24 Nov.: PS, 1 m.: Tel. 8-7. (1) 7.30 a.m.: (2) 9 p.m.: (3) PO, SB, MOO: (4) Yes, 5: (5) Clonbrock

Demesne, 2½ ; Weston House, 1 ; Castlegar, 1½. Samuel Healy, constable.

1 Ballinsloe T	7½	B	G	2 R 2½ R 2½ L ½
2 BALLYFORAN V	6½	B	8	1 R 2 L 3½
3 *Ballinamore* V	7½	G	G	1 L ¼ R 2¾ R 2 L ½ R 1
4 *Castleblakeney* V	7	B	G	1 L ¼ L 4 L ½ L 1¼
5 Kilconnell V	7	B	G	¼ R 2½ L 1½ L ¼ R 2 R ½

AHERN R. Barrymore : North-East Cork : Co. Cork : Munster. Fermoy, 8, G. S. & W. R. (1) 9 a.m. : (2) 4 p.m. : (3) Conna, 2¼, PO, MOO, SB : (4) Yes, 1 : (5) River Bride. Thomas Wilson, sergeant.

1 Castlelyons V	5½	A	G	¼ L ¾ L 2 X 2 R ½
2 Currabaha R	6	A	G	L ¾ X 2 R 1 R 1 X 1
3 Curriglass V	5	A	G	X 2 X ¼ X 1 X 1 X ½
4 Newtown R	5	C	G	¼ R 2 X 1½ X ¼ X 1

ALLENWOOD R. Connell : North Division : Co. Kildare : Leinster. Carbury, 7, M. G. W. R. (1) 9 a.m. : (2) 9.15 a.m. : (3) PO, MOO, SB, at Robertstown, 4 : (4) No : (5) G. Canal, 12 ft. Thomas Keogh, sergeant.

1 Carbury R	6½	B	G	¼ L 4 L ¼ X ¾ R ¾ R ¼ R
2 Robertstown V	4	B	G	¼ R 1 L 1½ X 1¼ R

ALLIHIES MINES V. (Pop. 167). Bere : West Division : Co. Cork, W.R. : Munster. Tel. 8-8 : M, m. (summer): Bantry, 44½ by land, 34½ by sea and land; C. & B. & S. C. RY. (1) 3.30 p m. : (2) 8.30 a.m. : (3) PO, SB, MOO : (4) Yes, 2 : (5) No. Edward Hobcroft, act.-sergt.

1 Castletown Bere T	10½	F	F	5 L 5½
2 Ilies V	8	I B D	R F I	3 (Mountain Path) R 4 L ½ L ½

AMERICA HUT R. Ross : Connemara : Co. Galway, W.R. : Connaught. (Boat.) Ballinrobe, 15, M. G. W. (3) Clonbur, 5 : (4) Yes, 1. George J. Graham, act.-sergt.

1 Clonbur V	5	D	G F	3 R 2 R
2 Cornamona Hut R	4½	D	G F	Direct road
3 Derrypark R	15	D	G F	3 L ½ F 7½ R 4 R

ANACARTY R. Kilnamanagh Lower : North Division : Co. Tipperary, S.R. : Munster. Dundrum, 3, G. S. W. (1) 9 a.m. : (2) 5.30 p.m. : (3) PO : (4) Yes, 1 : (5) Ballysheido Castle, 1. John Walsh, sergeant.

1 Cappawhite V	3	B	F	½ L ¼ X 2¾
2 Dundrum V	3	B	G	½ L 1 X 1½
3 Hollyford R	6	B	F	¼ L ¼ R 5½
4 Kilfeacle R	7	B	F	¾ X 2 R ½ L ½ L 3½
5 *Shanballymore* R	5	B	F	¼ R ½ L 2¾ R ¼ L 2

4

ANAGRY R. Boylagh : West Division : Co. Donegal : Ulster. Letterkenny, 35½, L. & L. RY. (1) 3.15 p.m. : (2) 3.20 p.m. : (3) PO, Kincaslagh, 5 ; MOO, SB : (4) None : (5) Small fishing lakes abound ; Tor Mountain, 2. Joseph Cusack, sergeant.

1 Bunbeg R	7	D	I S R	3½ L 2½ X 1
2 Burtonport R	10	D	B	½ L 5½ L ½ R ½ R 2 R ½ L ½
3 Dungloe T	7½	D	P S R I	5 L ½ L 2
4 Gweedore R	5½	D	F	3½ R 1½ R ½

ANDERSONSTOWN V. (Pop. 88). Upper Belfast : South Antrim : Co. Antrim : Ulster. Balmoral, 1½, G. N. R. (1) 7.45 a.m., 12.45 p.m. : (2) 10 a.m., 6 p.m : (3) PO : (4) No : (5) None. Dominick Leyden, sergeant.

1 Dunmurry V	3½	A	G	¼ R ½ L 1½ R ¾ L ½
2 Falls Road, Belfast C	1½	A	G	¼ R 1 X ¼
3 Ligoniel V	4	A	G	¼ R 1 L ¾ R ¼ L ¼ R ¼ L 1 L ¼
4 Lisburn, Ry. St T	6¾	A	G	¾ L 1½ R ¾ L 1 L 2½ R ¼
5 Springfield, Belfast C	1¼	A	G	¼ R 1 L ½

ANNACOTTY R. Clanwilliam : Limerick City : Co. Limerick : Munster. PS : Lisnagry, 1, W. L. R. (1) 7 a.m., 4.30 p.m. : (2) 8 a.m.. 8 p.m. : (3) PO, SB, MOO : (4) None : (5) On an Island in R. Shannon is Castle Troy : an old Castle near Milford is to the other side : and Newcastle, where William III. had his head-quarters, 1690. James O'Neill, sergeant.

1 Ballysimon R	3½	B	G	½ L ¼ L ¾ R 1 X 1
2 *Barringtons Bridge* R	3½	B	F	½ L ½ R 2½
3 Castleconnell V	3	A	G	¼ L 1 L ¼ R 1½
4 Kilmurry R	2½	A	G	¼ R ¼ R 1½ L ¼ R ¼

ANNAGH R. (Pop. 80). Dromahaire : North Leitrim : Co. Leitrim : Connaught. S. L. & N. CO.'S RY., ½. (1) 8 a.m., 2 p.m. : (2) 12 noon, 5 p.m. : (3) PO, Glenfarne, 1 : (4) Yes, 2 : (5) Glenfarne Hall, 1 ; Lough Macnean, 1 ; Glenfarne, the residence of Sir E. Harland, Bart., of Belfast ; splendid trout fishing in Lough Macnean. Patrick Murray, constable.

1 *Blacklion* V	5	A	G	3½ L 1½
2 Kiltyclogher V	5¾	D F H	I S P	½ R A 1½ R ¾ R 2 L 1
3 Manorhamilton T	9	A	G	4 L 1 X 2 L 2

ANNAGH R. Lower Ormond : North Division : Co. Tipperary : Munster. Parsonstown, 6, G. S. & W. R. : (1) 8 a.m. : (2) 4.35 p.m. : (3) Derrinsalla, 2 : (4) No : (5) No. T. Malynn, sergt.

1 BANAGHER T	6	C	G	½ X 3½ L 2
2 PARSONSTOWN T	4½	C	G	⅛ L 4⅜
3 Pike R	4½	B	P	1½ R 1½ L 1½
4 Riverstown V	5½	D	F	⅛ L 3⅞ R 1 L ½

ANNAGHMORE R. Mohill: South Division: Co. Leitrim: Connaught. Mohill, 4, C. L. & R. LT. RY. (1) 8.30 a.m.: (2) 9.30 a.m.: (3) PO: (4) No: (5) No. Owen Reilly sergeant.

1 BALLINAMUCK V	5	B	F	1 R ¾ L 1½ R 1½ L ¼
2 Cloone V	5	B	G	1 L 2 X 1½ X ½
3 Farnaght R	4	B	F	1 R ¾ R 1 L ¾ L ½
4 Mohill T	4	B	F	2 R 1¾ R ¼

ANNAGHMORE R. Oneiland West: North Armagh: Co. Armagh: Ulster. Annaghmore, ¼. G. N. R. (1) 8 a.m.: (2) 7.40 p.m.: (3) Loughgall, 3¾: (4) Yes, 4. David Walsh, sergeant.

1 Birches R	3	B F B	G F G	¼ X ¼ R ¼ R ¼ L ¼ R ½ L 1¼ X
2 Loughgall V	4	B	G P G	1¾ R ¼ L ¼ X 1 R ½ R ¼
3 Moy V	7	B	G P G P	L ¾ R ¼ X 2¾ R 1¼ X 2
4 Portadown T (Obin Street)	6¾	B	G	1¼ L ¼ R 1¾ R ¼ L ¼ L 1¼ R ½ L ½ L ½ L ¼

ANNESTOWN V. (Pop. 87). Middlethird: East Waterford: Co. Waterford: Munster. Tramore, 6½, W. & T. RY. (1) 9 a.m.: (2) 3 p.m.: (3) PO: (4) Yes, 1: (5) None. John Griffith, sergeant.

1 Bonmahon V	5½	D	G	2¼ L 1 L 1 L ¼ L ½ L ½
2 Kill V	4	B	G	1¼ L ½ R ¾ X ¾ R A ¼ R ½
3 Tramore V	6¼	B	G	1¼ R ¾ R ½ R ½ L ¼ L 1 X 1 L 1

ANTRIM T. (Pop. 1453). Upper Antrim: South Division: Co. Antrim: Ulster. F, last th.: PS, 2 w.: M, th.: D.I.: B. & N.C. and G. N. RY. Stns, ½: Tel. 8-8. (1) 7 a.m., 11.15 a.m., 4 p.m., 6 p.m.: (2) 7 a.m., 10.45 a.m., 2 p.m., 3.45 p.m., 5.6 p.m., 8 p.m.: (3) PO, SB, MOO: (4) Yes, 7: (5) Round Tower, 80 ft. high (preserved), at Steeple, 1; Rathmore Moat, 3; Muckamore Abbey, 2; Lough Neagh, 1. M. Neary, sergeant.

1 Crumlin V	7	M B	G	8⅜ X 1 X ⅛ R 1½ X ½ R ¼
2 Connor V	8	B	G	¼ X 1¾ X 1⅞ X 1½ R ¾ X ¼ X 2 R ⅛
3 Randalstown T	5	B	G	¼ L 2 L 2¾
4 Templepatrick V	6½	A	G	Main leading rd. with footpath 6½

ARAGLEN R. Condons and Clongibbons: North-East Cork: Co. Cork: Munster. M, w.: Fermoy, 11, G. S. & W. R. (1) 9 a.m.: (2) 4 p.m.: (3) PO, MOO: (4) No: (5) No. Patrick Gilligan, constable.

1 BALLYDUFF V	7	D F D F	I R S P	1 R ½ R 3 R ½ R 1½ L A ¼ L ¼ R
2 BALLYPOREEN V	7	D F D F	I R S P	1¼ L 4 R 1¾
3 *Kilworth* V	8	B D B D	G	½ L 1½ L 1 L 1½ R 2 R ¼ L 1¼ R
4 Mitchelstown T	11	D G	I S P	½ L 1½ L 3½ R V 2½ X 1 L 1¾ V ¾ ¼ R

ARCHERSTOWN R. Delvin: North Westmeath: Co. Westmeath: Leinster. Athboy, 10, D. M. RY. (1) 7.30 a.m.: (2) 5.30 p.m.: (3) Delvin, 3½: (4) Yes, 1: (5) Mr. Reynell's demesne. J. Dinnegan, sergeant.

1 Clonmellon V	4½	B	G	3 R 1½
2 Collinstown V	6½	B	G	1 L 2 L 3½
3 Delvin V	3½	B	G	1 L 1½ R 1
4 Fore V	6	B	G	1 L 2 R 3
5 Sturrupstown R	4	B	G	1 L 3

ARDAGH V. (Pop. 223). Shanid: Western Division: Co. Limerick: Munster. F, 15 Aug., 23 Nov.: W. & L. R. (1) 7 a.m.: (2) 9 p.m.: (3) PO, SB, MOO: (4) No: (5) No. George Hatch, sergeant.

1 Knockaderry V	6½	A G	G R	¼ R 2¾ X 1½ R ½ L 1 X ½
2 Newcastle T	4	A G	G S	¼ L 3¼ X ½
3 Rathkeale T	6	B A	F G	2½ R ½ L 1¾ L 1 R ¼
4 Shanagolden V	7	A	S G	¼ X 1¾ X 1½ X ¼ L ¼ R ½ X 1 X 1¼ R ¼

ARDAGH V. (Pop. 123). Ardagh: Longford South: Leinster. PS, every 4 t. (1) 7.50 a.m.: (2) 6.25 p.m.: (3) Edgeworthstown, 5¾: (4) Yes, 1: (5) At the rere of the Protestant Church, ruins of St. Mell's Cathedral; earliest Christian Church built by St. Patrick; St. Mell its first Bishop; about 30 ft. long and 15 ft. broad; Cathedral of the Diocese of Ardagh. S. A. Magwood, sergeant.

1 Carrickboy V	3	B	F	1 L 2
2 *Castleray* V	3½	B H	F R	¾ L ¼ R 1½ X 1
3 Edgeworthstown V	5¾	B	F	1 L 1¾ L 3
4 *Longford* V	6½	B	F	¼ L ½ R 1½ X 3 R 1¼

ARDARA V. (Pop. 459). Banagh: South Division: Co. Donegal: Ulster. F, 1st of month: PS, 2 t.: M, t: D.I.: Killybegs, 9¾, W. D. R.: Tel. 8-8. (1) 11 a.m.: (2) 2.20 p.m.: (3) PO, SB, MOO: (4) Yes, 3: (5) Caves of Maghera, and wild mountain scenery in immediate neighbourhood; Danish Forth, ¼; also Dallan Stone; Owenea river. John Magauran, head-constable.

1 Clogher V	6½	D	B S	¼ X ¾ L 4 L 1½ R
2 Glengesh V	6	D	B S	¼ L 1 R A 4¾ R
3 Glenties V	6	B	G	¼ R 2¾ L 2 R 1 L
4 Killybegs V	9¾	B	G	¼ L 1 L 3½ R 2½ R 2½
5 Mountcharles V	14	D	G	½ R 2 L 7½ L 4 L

ARDCATH R. Upper Duleek : South Meath : Co. Meath : Leinster. (1) 12.30 p.m. : (2) 1.30 p.m. : (3) Garristown, 2½ : (4) No : (5) None. John Sexton, constable.

1 Bellewstown R	4½	B	F	⅛ L 1¼ R 1½ L 1½ ∧ X ⅜
2 Duleek V	4½	B	F	⅛ R ¼ R 1½ L ¼ R 2¼ R ⅛ L ⅛
3 GARRISTOWN V	2½	B	F	1¼ R 1¼
4 Gormanstown R	8	B	F	¼ X ½ X ¼ L ¾ X 1¼ L 1 X 2 L ¼ R ½ R 1 R ¼
5 Kilmoon R	4½	B	F	¼ L ½ R 1¼ L ¼ R 2 L ¼
6 NAUL V	6	B	F	¼ L ½ L 2 L 2 L 1¼

ARDEA R. Glenarough : South Division : Co. Kerry : Munster. (1) 10.30 a.m. : (2) 2.30 p.m. : (3) PO, Kenmare, 10 : (4) Yes, 3 : (5) Cloonee Lakes, ¼ ; Killmacklogue harbour, 6 ; Derreen, 7½ ; Glenmore lake, 11. Joseph Garvey, sergeant.

1 IRIES V	17	B D	G	7½ R 9½ R
2 Kenmare T	10	B	G	9½ L ½

ARDEE T. (Pop. 1764). Ardee: South Louth: Co. Louth: Leinster. Dunleer, 6, G. N. R. : Tel. 8-8. (1) 6.15 a.m., 9.45 a.m. : (2) 3.45 p.m., 7.25 p.m. : (3) PO, SB, MOO : (4) Yes, 14 : (5) Formerly "Athirdee"; the Peppars' Castle, and the Crutched Friars' Monastery, founded 1208; also Carmelite Monastery, which the Scottish army sacked and burnt, consuming all therein ; Castle Guard, a curious artificial mound, flat topped, 140 feet in circumference ; the last Prior of Ardee was Parson Dowdall, afterwards Archbishop of Armagh. Thos. Fairley, head-constable.

1 *Collon* V	6¼	C	G	1¼ X 1¼ L 1½ L 1¼ R 1
2 DRUMCONRA V	5½	B	G	¼ R 1¼ L 1½ R 2 L ⅜ R ⅛
3 *Dunleer* V	6½	C	G	½ R 2¼ L 3½ L ¼
4 Reaghstown R	5	B	G	⅛ L 1 X 1 X ¾ X 2⅛
5 Stabannon R	4¾	B	G	¼ R ¼ R 4¼
6 Tallanstown V	5	B	G	¼ R ⅛ R 1¾ X 2⅞

ARDFERT V. (Pop. 188). Clanmaurice : North Division : Co. Kerry : Munster. F, Whit Monday and 9 July : Tubrid, 1½, W. L. RY. : Tel. 8-8. (1) 7 a.m., 3 p.m. : (2) 10.30 a.m., 5.30 p.m. : (3) PO, SB, MOO : (4) Yes, 1 : (5) Ardfert Abbey and ruins, ¼. Ardfert was the ancient capital of Kerry, had a University, and was the See of a Bishop, now united to Diocese of Limerick. St. Brandon founded the Abbey in the 6th century, St. Eit was first Bishop ; the beautiful Abbey was destroyed by fire 1641. A Round Tower, 120 ft. high, fell in 1771. There are also ruins of a Franciscan Abbey, founded in 1253 by Lord Kerry. There is a curious inscription round an arch (in Runic characters) at the seat of the Earls of Glandore, now the seat of the Hurleys. Archibald Clarke, act.-sergt.

1 Abbeydorney V	5	B	F	¼ L 1¼ L 1 X 1½ R ¾ R ¼
2 Ballyheigue V	6	B	F	¼ L ¼ L ½ R 1 L 1 R 1 L 1¾ L ¼
3 Causeway V	7	B	F	¼ R ¼ L ¼ R 2 X ¾ R 2 X 1½
4 Killahan R	6	B	F	3 R 2½ R ½
5 Spa V	4	D	F	¼ L 1¼ L ¼ L ¼ L ¼ X 1½ L ¼
6 Tralee T	5	A	F	¼ R 1¼ R 2 L 1½

ARDFINAN V (Pop. 306). Iffa and Offa West: South Division: Co. Tipperary: Munster. PS, 1 f.: Cahir, 6, W. & L. R. (1) 8.15 a.m.: (2) 6 p.m.: (3) PO, SB, MOO: (4) Yes, 2: (5) Two old Castles, built here in 1184 by Prince John Lord of Ireland, were battered to pieces by Oliver Cromwell in 1651; the Abbey was founded by St. Finan in A.D. 700. James Tiernan, sergeant.

1 Ballylooby V	6	B D	F S	1 R 2¾ R ¼ X 1½ L ½
2 Cahir T	6	C G	G G	2 X 1¼ L 2¾
3 Clogheen T	6½	B D	G G	½ X ¼ L 1¼ R 1 R 1 X 2½
4 Marlfield V	7	A C	G S	½ R 2½ X Λ 1 1¼ L 1¾
5 Newcastle V	5	B B	G G	¼ R 1½ R 2½ R ¾

ARDGLASS V. (Pop. 543). Lecale Lower: East Division: Co. Down Ulster. Tel. 8-8: PS, 1 W.: B. C. D. RY. (1) 8 a.m., 4 p.m.: (2) 8.30 a.m., 5 p.m.: (3) PO, SB, MOO: (4) Yes, 3: (5) Three old Castles, founded by De Courcy, 1st Earl of Ulster, in 1186; The Downs, ⅛; Ardtole Cave, ½; The Ward, ¼; and herring fishing fleet in spring, from all parts of England, Scotland, and the Isle of Man. John Boyd, sergt.

1 Downpatrick T	7⅜	A	G	1 X 1⅛ V^2 1⅝ X 2⅜ X ¾
2 Killough V	3	B	G	1¼ L 1 L ¾
3 Strangford V	9	B	G	2 L 3 X 1 R ¼ L 2¾

ARDLOUGHER R. Tullyhunco: West Division: Co. Cavan: Ulster. Killeshandra, 5, M. G. W. (1) 8 a.m.: (2) 4.30 p.m.: (3) PO, SB, MOO: (4) Yes, 2; (5) No. James Hughes, sergeant.

1 *Ballyconnell* T	4½	A	G	1¾ R 2 L ¾
2 Belturbet T	7	A	G	¼ X 1 X 1 X ½ R 1¼ X 2 X ¾ X ¼
3 Killeshandra T	5	A	G	½ L 2 R ½ L 2
4 NEWTOWNGORE V	6	C	G	1 L 2½ R 2½

ARDMORE V. (Pop. 250). Decies within Drum: West Waterford: Co. Waterford: Munster. PS, 1 t. (1) 9.30 a.m.: (2) 5.30 p.m.: (3) PO, SB, MOO: (4) Yes, 4: (5) St. Declan's Abbey Church, Round Tower, and Grave; Ogham Stones and Cliffs; a most beautifully situated village. Peter M'Morrow, constable.

1 Clashmore V	7	B	G	1 X ½ L 1½ R ¾ R 1 X 2¼
2 Kellyscross V	5	B H	F	2 X 2 X 1
3 YOUGHAL T	9	B	G	1 R ¼ L 1½ R ¾ X 1 X 4½ L
4 YOUGHAL T	6¼	—	—	By Ferry (see Youghal)

ARDNACRUSHA R. Bunratty Lower : East Division : Co. Clare: Munster. Longpavement, 1½, W. & L. R. (1) 7 a.m. : (2) 6.30 p.m., Sunday 12 noon : (3) Parteen, PO, ¼ : (4) None : (5) River Shannon, ½. Michael Fitzgibbon, sergeant.

1 CAHERDAVIN R	4	B A	G	½ L 1¼ X ½ X ½ R 1¼
2 *Clonlara* V	4	C D C D	G F G F	1 X ¾ L ¼ R ¼ X 1¾
3 CORBALLY R	2	B A	G F	1 R 1
4 *Fermoyle* R	7	B B H	G F	¼ R 1 L ¼ X 2½ X 3
5 THOMONDGATE C	2	B B	G F	½ L ¾ L ½ L ¼

ARDNAREE. Part of Township of Ballina. (Pop. 640). Tireragh : North Division : Co. Sligo : Connaught. F, 20 June, 10 Oct., 13 Dec., remaining months, 2 f. : P. Station : Ballina, ½, M. G. W. R. (1) 8 a.m., 12.45 p.m., 2.30 p.m., 10 p.m. : (2) 12 noon, 2.30 p.m., 8.45 p.m. (3) Ballina, ¼ : (4) Yes, 3 : (5) Part of the Town of Ballina, only separated by the River Moy. Barthw. Coursey, sergeant.

1 BALLINA T	¼	A	G	⅛ L ⅛ R
2 Ballymoghenry V	7	A	G	½ X 2½ R 1 R 1½ R 1 L ½ R
3 BONNICONLON V	5¼	A	F	1¾ L ⅛ L 2⅜ R 1¼
4 Enniscrone V	8	C D	G	½ X 2½ R ½ L 1½ X 3

ARDRAHAN V. (Pop. 71). Dunkellen : South Division : Co. Galway : Connaught. F, 21 May : PS, 1 m. : Tel. 8-8 : A. & E. (W. & L. RY.) Stn. (1) 8 a.m., 12 noon : (2) 1.45 p.m., 10 p.m. : (3) PO, SB, MOO : (4) Yes, 4 : (5) None. Henry Conaty, sergeant.

1 *Craughwell* V	8	B	F	1¼ L 1 R ⅛ R 1¾ L 1 X 1 R 1⅜
2 Gort T	7¾	B	F	1 R ⅛ L ⅛ L 2 R 2 L 2½
3 Kilcolgan V	4¾	B	F	2¼ R 2 L ¼
4 Kinvarra T	6½	B	P	1¾ X ¼ L 1¾ L 2¾
5 *Peterswell* V	5½	B	F	1 L ½ R 1½ R ½ L 2¼

ARDSCUL R. Narragh and Reban East : Southern Division : Co. Kildare : Leinster. Athy, 4, G. S. R. (1) 7.30 a.m. : (2) 3 p.m. : (3) Athy, 4, PO, MOO, SB : (4) No : (5) Moat, ¼, Mullaghmast, 4½. King Robert Bruce gained a great victory here in 1315. Timothy Hayes, sergeant.

1 Athy T	4	A	G	1½ X 1 X ½ X 1
2 Ballitore V	6	B	G	1½ L 1 R ½ L 2¼ L ¼ R ½
3 Ballyshannon R	6	A	G	¼ R ¼ X 2 X 1 X ¼ L 1 R 1¼
4 Bert R	5½	A	G	1 R 1 X ½ X 1½ X 1 R ½
5 *Nurney* R	7¼	B	G	¼ L 2 R 2 X 1½ L 1¼ R ¼

ARIGNA R. Boyle : North Division : Co. Roscommon : Connaught. C. L. & R. LT. RY. and TRAMWAY, 2. (1) 8 a.m. : (2) 8 a.m. : (3) Drumshambo, 4 : (4) Yes, 3 : (5) Lough Allen, 3 ;

Aughabehey Coalpits, 3 ; Arigna Ironworks, established 1788, not working for the last 65 years. Wm. G. Morton, sergeant.

1 Ballyfarnon V	8½	G B	R F	2½ R 3½ R 2½
2 DRUMSHAMBO V	5	G F	S F	1¾ V L ¼ R 2 L 1
3 Keadue V	5	G B	R F	2½ R 2½
4 TARMON R	6	G B	I G	2¼ L 3¾

ARKLOW T. (Pop. 5400). Arklow : East Division : Co. Wicklow : Leinster. F, 2 t. : PS, th. fortnightly : D I D. W. & W. R. : Tel. 8-8. **(1)** 7 a.m., 10 a.m. : **(2)** 3.30 p.m., 10 p.m. : **(3)** PO, SB, MOO : **(4)** Yes, 20 : **(5)** Vale of Ovoca, 6. Arklow is a great resort for the herring fishing fleet in springtime. The vicinity to the north is extremely beautiful, and the south of the country is very fertile. James Knox, sergt.

1 Aughrim V	8	B	G	¼ R 3¾ L ¾ L 1½ L ¼ R 1¼ R ¼
2 COOLGREANEY V	5	B	G	¼ X 1 X 2 X 1 R ¼ L ½
3 *Ovoca* V	6	B	G	¼ R 4 R 1¾
4 *Redcross* V	9	B	G	1 L ½ R ½ R 3 L 3 R 1

ARMAGH C. (Pop. 8500). Armagh : Mid-Armagh : Co. Armagh : Ulster. Tel. 8 a.m., 9 p.m. : F, 1 th. in month : PS, th. : M, t., w., sat. : D.I. : C.I. : R.M. : G. N. R. Armagh. **(1)** 10.50 a.m., 11.15 a.m., 12 noon, 12.35 p.m., 7.45 p.m., 8 p.m., 8.20 p.m., 9 p.m., 9.10 p.m., 9.30 p.m. : **(2)** 4.50 a.m., 5.25 a.m., 5.30 a.m., 5.55 a.m., 6 a.m., 1 p.m., 1.22 p.m., 1.30 p.m., 2.40 p.m., 5.40 p.m., 6 p.m., 10 p.m. : **(3)** PO, SB, MOO : **(4)** Yes, 40 : **(5)** Dobbyn's Folly, ½. John Donlon, sergeant.

1 Blackwater V	5	A	G	½ L 2 L 2 R ½
2 Irish Street C	½	A	G	Streets
3 *Loughgall* V	5	A	G	2½ X 2 R ½
4 *Richhill* V	5	A	G	½ X 1 X 3 R ½
5 *Markethill* V	7	C	G	1 X 3 X 3

ARMAGH, IRISH STREET. Eugene Reilly, sergeant.

1 Keady	7¾	A	G	1 L ¼ R 3¼ R 3 R ¼
2 Russell Street C	½	A	G	Streets
3 Tynan V	8	A	G	1 L 4 L ½ L 2½

ARMOY V. (Pop. 243). Carey : North Antrim : Co. Antrim : Ulster. F, 26 Nov., 25 Jan., 25 March, 25 May : M, w. : B. C. RY., ½. **(1)** 9.30 a.m., 2 p.m., 6.30 p.m. : **(2)** 7.30 a.m., 10.30 a m , 3 p.m. : **(3)** PO : **(4)** Yes, 3 : **(5)** Round Tower at Glebe Church, ½. Robert Smyth, constable.

1 Ballycastle T	6½	A G	G	R 1 L 1½ X 3 R 1
2 Dervock V	7	C	G	¾ L 3 R ¼ L ½ R ¼ L 2 R ¼
3 Loughguile R	6	B D	G	X 2½ V 4 2½ X 1 R
4 Mosside V	4½	D	G	3 L 1½

ARNEY R. Glenawley: South Division: Co. Fermanagh: Ulster. Florencecourt, 2, S. L. & N. C. RY. (1) 6.50 a.m.: (2) 5.50 p.m.: (3) PO, issuing office for Postal Orders: (4) Yes, 1: (5) Lough Erne, 2¼; Florencecourt, 4; Lisgoole Abbey, 4; Marble Arch, 7. Adam Kearney, sergeant.

1 Drumboccas R	4	B A	S F	1½ R 2½
2 Enniskillen T	6	A	S F	¾ V⁴ 2¼ R 8
3 Kinawley R	5½	A B	G S F	3 X 2½
4 Letterbreen R	4	B	S F	¾ V² 1¾ L ¾ X ¾

ARRAN I. (Pop. 511). Arran: South Division: Co. Galway: Connaught. PS, 2 th.: Galway, 30, M. G. W. R.: Tel. 8-8. (1) Sun. and Th.: (2) T. and F. (in winter): (3) PO, SB, MOO: (4) Yes, 3: (5) Dun Aengus, 6; Seven Churches, 7. William Law, sergeant.

1 Galway C	30	Sea	Sea	A Steamer plies now regularly, three times a week, Tuesdays, Thursdays, and Saturdays
2 Spiddal V	21	Sea	Sea	

ARRANMORE I. Boylagh: West Division: Co. Donegal: Ulster. PS, every 4 w.: B.: Stranorlar, 41, F. V. R. (1) 1 p.m.: (2) 10.20 a.m.: (3) PO, SB, MOO, 1 from station: (4) No: (5) Lighthouse, 4; wild scenery, cliffs rising to a height of over 500 ft. above the sea, and beautiful caves, 4. Michael Daly, sergeant.

1 Burtonport R	5	Sea	Sea	Direct Route (S 4¾ S) ¼ by road

ARTHURSTOWN V. (Pop. 176). Shelburne: South Division: Co. Wexford: Leinster. PS, 2 w. of every month. New Ross, 12½, D. W. W. R.: Tel. 8-7. (1) 7 a.m., 5 p.m.: (2) 8.45 a.m., 6.15 p.m.: (3) PO, SB, MOO: (4) Yes, 2: (5) Ballyhack Village (Pop. 171) and Castle, 1; F, last w. monthly; Fowl market, th., daily steamer service with Waterford; Dunbrody Abbey, 3; Dunbrody Park, ½ (residence of Lord Templemore); Buttermilk Castle, 2½; Kilhill Castle, 1; Killesk Castle, 6. Michael Noonan, sergeant.

1 Ballybrazil R	6	B	G	¾ X 1 L ¼ X 1¼ L ½ R ½ L ⅜ R 1 R ¼ L R ⅜
2 Duncannon V	2	B	G	½ R 1½
3 Tintern R	6½	B	F	½ L ¼ X ¾ X ½ X ½ R 1 L 1 X 1 R 1

ARVA V. (Pop. 729). Tullyhunco: West Division: Co. Cavan: Ulster. F, last f. in Jan., f. before Ash Wednesday, Good Friday, 25 March, 1 May, 8 June, f. before 12 July, 8 August, f. before Michaelmas, 1 November, f. before Christmas Day. PS, w. alternately: M, f.: Arva Road, 6½, M. G. W.: Tel. 8-8.

(1) 9.10 a.m., 3.5 p.m.: (2) 11.15 a.m., 3.45 p.m.: (3) PO, SB, MOO: (4) Yes, 7: (5) Brucé Mountain, 4½; Garty lough, ⅛. Richard Long, sergeant.

1 *Balinagh* V	9	D	F	¼ L 8 X ¾
2 BALLINAMUCK V	7	D	F	3 X 1 X 1 R 1 R 1
3 CARRIGALLEN V	5	D	F	½ L 4 L ½
4 *Crossdoney* V	7¼	D	F	½ L ½ R 2 X 1 L 1 R ½ X ½ R ½ R ¾
5 Killeshandra V	7¼	D	F	½ R 4¼ R 1¾ R 1
6 Scrabby V	5	D	F	¼ X 4½ R ¼
7 SMEAR R	5	D	F	3 R 2

ASHBOURNE V. (Pop. 250). Ratoath: South Meath: Co. Meath. Dunree, 10½, M. G. W. R. (1) 10 a.m.: (2) 4 p.m.: (3) PO, SB, MOO: (4) *Nil*: (5) *Nil*; the heart of the famous Ward Union hunting district. The country about is very fertile, and has always been highly prized by its owners, Danes and English. Peter Hughes, sergeant.

1 GARRISTOWN V	4	B D	G F G	¼ R 1 L 1 L 1¼ R ¼ L ¼
2 Kilmoon R	4	A	G	¼ X ½ R 2¼ X ¾ R ¼
3 Ratoath V	4	B A	G F G	¼ L 2¾ R 1
4 ROLLESTOWN R	5¼	B	G F	¾ L ¾ R 1¼ X ¼ L 1¼ L ¾ X ¼ L ¼ L
5 WARD R	4¼	A	G	¾ R 1¼ X ¾ R ¼ L 1 X ½

ASHFORD R. Newcastle: East Wicklow: Co. Wicklow: Leinster Rathnew, 2, D. W. & W. R.: Tel. 8-8. (1) 7 a.m., 10 a.m.: (2) 3.20 p.m., 7.15 p.m.: (3) PO, SB, MOO: (4) Yes, 4: (5) Devil's Glen, 3; beautiful country all round Ashford. Francis Ward, constable.

1 Kilcoole V	8	BD	F	½ R 1½ L ¼ Λ 3 R 2¾
2 Newtownmount-kennedy V	6½	BD	F	½ L 2½ X 1 R 1¼ X 1¼
3 Rathnew V	1½	BD	F	⅜ L 1⅜
4 Roundwood V	8½	BD	F	¼ R 1½ X 1 Λ 2 X 2 L 1½ R ¼

ASKEATON V. (Pop. 799). Lower Connello: West Division: Co. Limerick: Munster. F, 22 Jan., 26 Feb., 26 March, 20 April, 20 May, 16 June, 14 July, 17 August, 11 Sept., 8 Oct., 11 Nov., 9 Dec.: PS, alternate t.: Tel. 8-7, Sundays 9 to 10 a.m.: W. & L. RY. stn., 1. (1) 5 a.m., 12.30 p.m.: (2) 12.40 p.m., 7.26 p.m.: (3) PO, SB, MOO: (4) Yes, 5: (5) Desmond Castle, ¼; Franciscan Abbey, ¼, the cloisters of which are remarkably beautiful; they were formed of marble columns. Desmond's Castle is on an island. P. Morrissy, sergeant.

1 Foynes V	7	A	G	½ X 1½ L 3½ R 1½
2 *Miltown* R	5	A B	G	½ X 3 L 1½
3 Rathkeale T	6	A	G	½ X R 5½
4 Scart R	5	A B	G	½ X 3¼ R R 1
5 *Stonehall* R	5	A B	G	½ X 3 R 1½

ASKINCH HUT R. Gorey : North Division : Co. Wexford : Leinster. Inch, 5½, D. W. W. RY. Stn. (1) 9 a.m. (2) 5.30 p.m : (3) PO, SB, MOO, Coolgreany, 3 : (4) No : (5) No. Patrick Reilly, sergeant.

1 Arklow T	6¼	B	F	1⅞ R¼ R⅞ R 1¼ R 1½ R ½
2 Ballyconlore Hut R	6	B D	R F R G	1⅞ R 1 L 1¼ L 2 R ¼
3 Coolgreany V	3	F	B	¼ R 1½ L 1 R ¼
4 Croghan R	4	F	B	1 L X 1⅞ L ⅜ R 1 R ¼
5 Ovoca V	7	D	B	1 R 1 R 3 R 2

ATHBOY T. Lune : South Division : Co. Meath : Leinster. Tel. 8-8 : F, 1 th. : PS, every 3 w. : M, th. : D.I. : R.M. : M. G. W. R., ½. (1) 5.30 a.m., 11.30 a.m. : (2) 6.30 a.m., 3.30 p.m., 8.30 p.m : (3) PO, SB, MOO : (4) Yes, 10 : (5) No. William Phelan, sergeant.

1 Clonmellon V	5	B	F	¼ R ¼ R'1 L 2¼ X ¾ L ¾
2 Fordstown R	4	A	G	¼ L 1 L 2¾
3 Kildalkey V	4	A	G	¼ L 1 R 2¾
4 Lisclougher R	3	A	F	¾ R 1 R 1½

ATHEA V. (Pop. 313). Shanid : Western Division : Co. Limerick : Munster. F, 14 Feb., 28 April, 17 Aug., 14 Nov. : PS : Abbeyfeale, 6½, L. & K. R. (1) 9 a.m. : (2) 5.45 p.m. : (3) PO, SB, MOO . (4) Yes, 2 : (5) No. Patrick Gaynor, seigt.

1 Abbeyfeale T	7¼	D	S I S	1 X 1 ∧ 2 V 2 X 1½
2 *Glin* V	8	D	P D	3 X 1 ∧ 2 V ½ ∧ 1½ V
3 NEWTOWNSANDES	6	B	I	4¼ R 1¼

ATHENRY T. (Pop. 940). Athenry : South Division : Co. Galway, E.R. : Connaught. F, 5 May, 2 July, 27 Oct., 1 f. in Feb., March, April, June, Oct., 2 f. in Aug., Sept., Nov., Dec. : PS, 2 t : M, f. : D.I : M. G. W & W. L. R. ½ : Tel. 8-8. (1) 12 night, 11 a.m., 2.45 p.m. : (2) 2.45 p.m., 12.35 a.m. : (3) PO, SB, MOO : (4) Yes, 15 : (5) King John's Castle and the old Abbey of Athenry, ¼. Martin Connor, head-constable.

1 Attymon R	6¼	A	G	¼ R 1¾ R 1 R 3¼ L ¼
2 *Bookeen* R	7½	A	G	R ¼ L 1¼ X 1½ L 3 R 1
3 Craughwell V	5¼	A	G	R ¼ X ¾ X 1 L 2 L ¾ L ½
4 Monivea V	6	A	G	¼ R 1¾ L 1¼ R ¾ L 2
5 Moyvilla R	4½	A	G	¾ L 1¼ R 1 L 1¼
6 *Riverville* R	7	A	G	¼ R ¼ L 1¼ X 1½ R ¼ L 2 R 1

ATHLEAGUE V. (Pop. 183). Athlone : South Division : Co. Roscommon : Connaught. F, 11 July, 24 Sept. : Roscommon, 5, M. G. W. R. (1) 7 a.m., 11.45 a.m. : (2) 1.45 p.m., 7.20 p.m. : (3) PO, SB, MOO : (4) Yes, 2 : (5) Ruins of old Castle, 1½. Isaac Morris, sergeant.

1 BALLYGAR T	5	B	G	¼ L ¾ R 2¼ R 1½ X ¾
2 Ballymurry R	7	B	G	¼ R 3¼ R 1¼ L 1¼ L
3 Four Roads R	4¼	B	G	¼ L ¾ L 1¼ L 1 R 1¾
4 Fuerty R	3¼	B	G	¼ R 1¼ R V 2 L ¼
5 Roscommon T	5	B	G	¼ L 2¾ X 2¼

ATHLONE T. (Pop. 5194). Athlone South : Roscommon South : Co. Roscommon : Connaught. F, Jan., April, Sept., Nov., dates vary : PS, each alternate s. : M, t. & s. : D.I. : C.I. : R.M. : D.C. : M. G. W. R. & G. S. R. (1) 7 a.m., 10.15 a.m., 5 p.m. : (2) 9.45 a.m., 12 noon, 3.30 p.m., 9.30 p.m. : (3) PO, SB, MOO : (4) Yes, 20 : (5) Lough Ree, 2 ; Seven Churches, 7. D. O'Neill, sergeant.

1 Athlone (J.S.) T	½	A	G	¼ R ¼ R
2 Beaulnamulla R	3	A D B	G	1½ R 1½ R
3 Clonark R	7	A	G	1½ R 1 L 1 L ½ L 1½ R 1½ L
4 Kiltoom R	6½	B	F G	⅛ R ⅛ L ⅝ X ⅛ R 2½ X 1¼ X ¾ X 1 X

ATHLONE (J. S.) T. (Pop. 3354). Brawney : South Division : Co. Westmeath : Leinster. F, dates changeable : PS, every 2 t. : M, t. & s. : Athlone, ½, G. S. W. R. stn. : Tel. 8-8. (1) 2.15 a.m., 10 a.m., 12 noon, 4 p.m., 5.30 p.m., 10.45 p.m. : (2) 1.30 a.m., 7 a.m., 9.30 a.m., 3.30 p.m., 6 p.m., 10 p.m. : (3) PO, SB, MOO : (4) Yes, 30 : (5) A most ancient town and pass across the Shannon between Leinster and Connaught, partly fortified still ; fine railway bridge and junction. Lough Ree, to the north, is much admired. James Lennox, sergeant.

1 ATHLONE T	½	B	G	¼ L ¼
2 Ballykeeran V	3	B D B	G	1 R ⅜ R ¾ R 1 L
3 Fardrum R	3	A	G	1 R ½ R 1 L ½ X

ATHY T. (Pop. 4914). Narragh and Reban West : South Kildare : Co. Kildare : Leinster. F, 1 t. and w. : PS, t. : M, t. : D.I. : Athy, 1, GT. S. & W. RY. stn. : Tel. 8-8. (1) 8.30 a.m., 5 p.m., 10.18 p.m. : (2) 5 p.m., 8.15 p.m. : (3) PO, SB, MOO : (4) Yes, 26 : (5) No. James Doyle, sergeant.

1 Ardscul R	4	A	G	1 R ¼ L 1¾ X 1
2 BALLYLINAN V	4	A	F	1 R 1 L 2
3 Bert R	3½	A	G	¾ L 2 X ¾
4 Grangemellon R	3¾	A	G	⅞ R 1 R 1 R 1
5 STRADBALLY V	9	A	F	⅛ L ⅛ L 3 R ¼ L 3 L ¼ R 1⅜

ATTYMON R. Kilconnell : East Division : Co. Galway, E. R. : Connaught. Attymon, ¼, M. G. W. (1) 9 a.m. : (2) 6 p.m. : (3) Athenry, 6½ : (4) Yes, 1 : (5) No. John Cleary, sergeant.

1 Athenry T	6¾	B	G	¼ R 3¾ L 1 L ½ L ½ L ¼ L ⅜ L V ⅛
2 *Bookeen* R	4½	B	G	¼ L 1 R 1 L ½ R ½ X 1¼
3 Gurteen R	4	B	G	1½ R 2½
4 *New Inn* R	6½	B	G	3 R 2 R 1 L ½
5 Woodlawn R	8	B	G	R 2 L 3 L ½ L ½ L 2

AUGHAVILLE R. W. Carberry, W.D. : West Division : Co. Cork : Munster. Durrus Road, 3, C. & B. R. (1) 10 a.m. :

(2) 4.40 p.m : (3) Drimoleague, 5 : (4) No : (5) Good fishing for trout and salmon. John M'Mahon, sergeant.

1 Bantry T	8	A M	G	1¼ R 2½ L 1¾ L 2¼
2 *Drimoleague* V	5	A M	G	¼ L 2¼ R 2
3 Durrus V	9	B M	F	1¼ X 1½ R ¼ L 1¾ X 4
4 *Skibbereen* T	12	A M	G	1¼ R 2½ X ½ L ¼ R ½ L ⅜ L 1 R 3 R 4½

AUGHER V. (Pop. 360). Clogher : South Division : Co. Tyrone : Ulster. F, 12 May, 12 Nov., m. before and after Christmas : M, th. : C. V. TRAMWAY. (1) 7 a.m., 11 a.m. : (2) 11.30 a.m, 6.30 p.m. : (3) PO, SB, MOO : (4) Yes, 4 : (5) Knockmany, 2 , Altadavin, 5 ; Augher Castle, ¼. William Little, constable.

1 Aughnacloy T	7¾	A	G	1 L 2 R ½ L 1 R 3½
2 Ballygawley T	5¼	A	G	3 L 1 R 1½
3 Clogher V	2	A	G	1 L ⅜ R ¼ L ¼

AUGHKEELY HUT STATION R. Raphoe : South Division : Co. Donegal : Ulster. Stranorlar, 6, D. RY. stn. (1) 10.0 a.m. : (2) 4 p.m. : (3) Drumnacross, 4 : (4) Yes, 1 : (5) No. James Maher, sergeant.

1 Ballybofey T	6	C D	F I G	1½ X 2½ X 1½ R ½ R ¼
2 Cloghan R	9	D B	I G	2¼ R 1½ L ¼ R 1 X 3½
3 *Letterkenny* T	7	D C	F G	¾ X 6 L ¼
4 Raphoe T	13	D C	F G	¼ R 4 X ¼ R 5½ L 2½

AUGHNACLOY T. (Pop. 1110). Lower Dungannon : South Division : Co. Tyrone : Ulster. F, 2 w. : PS, 2 m. : M, w. : D.I. : C. V. TR. stn. : Tel. 8-8. (1) 4 a.m., 10.30 a.m., 12.15 p.m. : (2) 5.30 a.m., 8.15 p.m., 12.30 p.m. : (3) PO, SB, MOO : (4) Yes, 14 : (5) No. Peter Duffy, sergeant.

1 Augher V	7¾	A	G	3¼ L 1 R ½ L 2 R 1
2 Ballygawley V	4	A	G	1 L 1½ L ¼ L ¼ R ¾ R ¼
3 Caledon V	10	B	G	4 X 2 L 2 L 2
4 Edenmorecross R	3	B	G	1½ X 1½

AUGHRIM V. (Pop. 262). Ballinacor : Western Division : Co. Wicklow : Leinster. F, 4 w. : PS only : M, m. . D. W. & W. R. RY. stn. : Tel. 8-8. (1) 6 a.m., 10.15 a.m. : (2) 3.30 p.m., 7.30 p.m. : (3) PO, SB, MOO : (4) Yes, 5 : (5) Vale of Ovoca, 6 ; Meeting of the Waters, 8   Stephen Codd, act.-sergt.

1 Arklow T	8	B	G	¼ L 1½ L ¼ R 1½ R ¾ R 3¾ L ¼
2 Knockanana R	9	B D B	G F	¾ R 2½ L 1½ R ¼ L 2¾ L V ¼ R 1½ V² ¼
3 Ovoca V	6	B	G	¼ L 1½ L ¼ R 1½ R ¾ L 2
4 Rathdrum T	8¼	B D B	F G	2 L 1 L 2½ R 3
5 Tinahely T	8¼	B	G	¼ R 1½ X 2½ L 2½ R ¾ X 1¼

16

AUGHRIM T. (Pop. 286). Kilconnell: East Galway: Co. Galway: Connaught. F, 21 June and 14 Oct. in each year, except whenever these dates fall on Sunday, in such cases the fairs are held on 20 June and 13 October (Saturday). Ballinasloe, 4½, M. G. W. R.: Tel. 8-8. (1) 7.40 a.m.: (2) 6.40 p.m.: (3) PO, SB, MOO: (4) Yes, 1: (5) The Pass of Urraghry and St. Ruth's Bush, ¼. Francis Moran, sergeant.

1 Ballinasloe T	4½	B C	G	2 X 1¼ L 1¼
2 Kilconnell V	4½	B	G	3 R 1½
3 *Kilreecle* V	9½	D	G	1½ R 1½ L 2 X 1½ L 3
4 Kiltormer V	7½	D	G	1¼ R ½ L 1½ L 3¼ L 1
5 Killoran Hut R	6	D	G	2 L ¾ R 1½ L ¼ R 1½

AUNISCAUL V. (Pop. 245). Corkaguiny: West Division: Co. Kerry: Munster. PS: PS, 2 f.: T. & D. LT. RY. (1) 8.5 a.m., 4.10 p.m.: (2) 8.15 a.m., 4.20 p.m.: (3) PO, SB, MOO: (4) Yes, 2: (5) Inch and Coast of Dingle Bay, very beautiful. John Kinsella, sergeant.

1 Dingle T	11¼	D	G	¼ R 4 R 5 L 2
2 Kilgobbin V	8¼	D	G	Straight road: Main road from Tralee to Dingle following the telegraph wires from Kilgobbin (Camp)

AYLE R. Burrishoole: South Division: Co. Mayo: Connaught. (1) 8.30 a.m.: (2) 6 p.m.: (3) PO, 1½: (4) Yes, 1: (5) Aughergower Tower, 3; Ayle Cave, 1½. John Culleton, sergt.

1 Ballyhean V	6	B D	F G	1½ L 1½ L 2¾ L ¼
2 Deergrove R	6	B D	I S	¼ R 3 L 1½ R ¼ L 1
3 Kinnury R	5	B D	F G	1½ R 3 X ½
4 Westport T	5	B	G	¼ X 2¼ R 1 R 1½

B

BAGNALSLAWN T. (Pop. 2141). Idrone East: Co. Carlow: Leinster. F, 1 m. before 2 w. monthly: PS, f. fortnightly: M, s.: D.I.: G. S. & W. R.: Tel. 8-8. (1) 9.40 a.m., 4.15 p.m., 12 noon: (2) 3.30 p.m., 6.30 p.m., 11.30 p.m.: (3) PO, SB: (4) Yes, 15: (5) Barrow flows through the town. James Bohan, sergeant.

1 Ballinree R	6½	B	G	½ L 2 X ½ X 1 X 1¼ L 1 R ¼
2 Borris V	7½	B	G	½ X 1½ X ¼ L 1¼ X 1¼ X 1¼ X 1 L ¼
3 Fennagh V	6½	B	G	1 X ½ X 1½ L 1 X 2 X ½
4 Leighlinbridge V	2½	B	G	½ L 1¼ X ½ X ¼
5 PAULSTOWN V	8	B	G	1 L ½ X ½ X ¼ L 1

BAILIEBORO V. (Pop. 1154). Clonkee: East Division: Co. Cavan: Ulster. F, 1 m.: PS, 1 and 3 t.: M, 1 m.: D.I.: Kingscourt, 8½, G. N. R.: Tel. 8-8. (1) 6 a.m., 1 p.m.: (2) 6.45 a.m., 1.45 p.m., 7.30 p.m.: (3) PO, SB, MOO: (4) Yes, 15: (5) None. Hugh M'Caffery, act.-sergeant.

1 Coroneary R	6	D	I R	1 L 4 R V 1
2 Grousehall R	7½	G B	I F	2 L 5½
3 KILMAINHAM WOOD V	9	D	P S	1½ L 3 L 4½
4 Kingscourt V	8½	D	I P	1 L 2 R 1½ R 4
5 Mullagh V	8¾	B	F	1½ R 7
6 Shercock V	7¾	B	I P	1 R 2 R 1 R 3½
7 Virginia V	8½	B	F	1½ R 7

BALDOYLE V. (Pop. 633). Coolock: North Division: Co. Dublin: Leinster. Sutton, ½, G. N. R. (1) 7.40 a.m., 2.16 p.m., 7.40 p.m.: (2) 10.30 a.m., 5.15 p.m., 9.15 p.m.: (3) PO: (4) Yes, 4: (5) Howth Hill, 3. Edward M'Guiness, sergeant.

1 Coolock V	4	B	G	1¾ L ¾ R 1 R ¼ L ¼
2 Howth V	3	A	G	1 L 2
3 Malahide V	4	B	F G	1½ L ½ R ½ R 1 L ¼ L ¼
4 Raheny V	3	B A	F G	¾ R 1 L 1¼

BALLA V. (Pop. 420). Clanmorris: South Division: Co. Mayo: Connaught. F, 19 March, 1 May, 11 June, 11 Aug., 24 Sept., 7 Nov.: PS, 2 t.: M, t.: M. G. W. RY., ½: Tel. 8-8. (1) 9 a.m., 12.15 p.m.: (2) 1.15 p.m., 5.30 p.m.: (3) PO, SB, MOO: (4) Yes, 6: (5) Mayo Abbey, 3½. Denis Feely, sergt.

1 Ballyglass R	7	D B	I F	2 R 3 L 2 L
2 Ballyvarry R	7½	B D	I P S	½ L ½ R 6½
3 Belcarra V	5	B	G I	½ L 2 L 1½ L 1
4 Castlebar T	8¾	B D	G F G	½ L 3¼ X 3½ R 1¼ X ¼
5 *Claremorris* T	8	B D	G F G	1½ R ½ L 5 R 1
6 *Kiltimagh* T	7½	D B	F G F	½ R 6 X 1

BALLAGHADERREEN T. (Pop. 1268). Costello: East Division: Co. Mayo: Connaught. Tel. 8-8: F, 8 Jan., 2 Feb., 25 Mar., 10 April, 1 and 27 May, 24 June, 1 Aug., 8 Sept., 8 Oct., 1 Nov., 22 Dec.: M, f.: D.I.: PS, 2 m.: M. G. W. R. (1) 4.30 a.m., 2.25 p.m.: (2) 10 a.m., 8.10 p.m.: (3) PO, SB, MOO: (4) Yes, 20: (5) Edmonstown, 2; Castlemore, 2. Michael M'Ardle, head-constable.

1 Carracastle R	6¾	B D	G	¼ R ¾ L 2 R 1 L 2½ R ½
2 CLOGHER R	4¾	B	G	3¼ X 1¼
3 FRENCH PARK V	8½	A	G	4¼ X 2¼ X 2
4 LOUGHGLYNN V	7	B	G	¼ L 2 L ⅛ L 3⅛ X 1¼ L ¼
5 Rathnagussane R	4¼	B	G	¼ L 2 R 2

BALLAHANTOURAGH R. Trughenackmy : East Division : Co. Kerry : Munster. (1) 11.30 a.m., on m., t., th., and s. : (2) 11.30 a.m., on m., t., th., and s. : (3) Scartaglen, 4 : (4) No : (5) No. Patrick Mulrenan, sergeant.

1 Inchicarrigane Hut	3	D	G	1 V R 1¼ R ¾
2 Knockrower Hut	6	D	G	¼ R 2 L 1¾ R 2
3 Ranalongh Hut	6	D	G	L 2¼ R ¼ L ¾ R 1½ R ½
4 Scartaglen Hut	4	D	G	¾ X 1¼ X 1½ R ½ L ¼

BALLEEK V. (Pop. 87). Upper Orier : South Division : Co. Armagh : Ulster. F, PS, M, and Tel., *nil* : Bessbrook, 5, G. N. R. (1) 9 a.m. : (2) 4 p.m. : (3) PO ; MOO and Tel.' O, Newtownhamilton : (4) Yes, 2 : (5) No. Peter Neary, sergeant.

1 Camlough V	3¼	A	G	1½ X ½ L ¾ L ¾
2 Cullyhauna V	6	A C	G F	1 X ¼ L ¼ R 1¼ R 1¼ R ¼ R L ¾ L 1
3 Forkhill V	8	D B	R F G	2¼ X 1¼ X 1¼ R 3¼
4 Mountmorris R	5	B	G F	¼ R ½ L ¼ R ¾ L ½ L ½ X ½ R ¾ L
				½ L ¼
5 Newtownhamilton T	4	A	G F	1 X ¾ R ¾ L ¼ R 1¼ L ½
6 Silverbridge R	7	A D	G B	1 X ¼ L ¼ R 1¼ R 1¼ L 3

BALLICKMOYLER V. (Pop. 120). Slievemargy : Leix Division : Queen's County : Leinster. PS, f. : Mageney, 4½, G. S. & W. R. (1) 7 a.m. : (2) 6.30 p.m. : (3) PO : (4) Yes, 3 : (5) No. Michael Reilly, sergeant.

1 Ballyhnan V	5¼	C	G	3 R ¼ L 2¼
2 Carlowgraigue V	4¾	A	G	Straight road
3 Doonane R	6¼	C	F	3 R 1½ R 1¾ X ¼
4 Wolfhill R	7¼	G	G	¼ L 4¾ R 2 L ½ X ⅜

BALLICOLLA V. (Pop. 170). Clarmallagh : Ossory : Queen's County : Leinster. PS, 1 m. : Abbeyleix, 5¼, W. C. I. RY. : (1) 7 a.m., 10.30 a.m. : (2) 10.15 a.m., 7 p.m. : (3) PO, SB, MOO : (4) No : (5) No. Patrick Sullivan, sergeant.

1 Abbeyleix T	5¼	B	G	¼ R 2 X 1 R ½ R ¾ X ½ L ¼
2 *Castletown* V	8½	B	G	¼ L 2¾ L 1 R ½ L 1 L 1¾ L ¾ R
				1¾ L ¼
3 Cullohill V	6	B	G	½ X ¾ R ¼ L 1 L 1¾ X 1 L ¾
4 Durrow V	3¼	B	G	2 L ¾ R ¼ R ¼
5 Rathdowney T	6¼	B	G	½ X ¾ R ¼ L 1 R ¾ L 1¼ X ½ L ½ X
				½ L ¾

BALLINA R. Rathcline : South Division : Co. Longford : Leinster. PS : Longford, 12½, M. G. W. R. (1) 12.30 p.m. : (2) 3.50 p.m. : (3) PO, Lanesboro, 7 : (4) Yes, 2 : (5) Inchclerawn Island, 6 ; Lough Ree, 5. Francis H. O'Donnell, const.

1 Ballymahon T	8¼	B	G	2 X 2¼ L 1¼ R ¾ X 1¼ X ¾
2 Kenagh V	6½	B	G	2 L 1½ X ½ R 2½
3 Lanesboro V	7	B	G	¾ X ¼ X 1¼ X ¾ X ½ X 2 L 1½

BALLINA T. (Pop. 3653). Tyrawley: North Division: Co. Mayo: Connaught. Tel. 8-8: F, 12 May, 3 June, 12 Aug.: P.St.. PS, t.: M, m.: D.I.: R.M.: M. G. W. RY. (1) 2.40 a.m., 12 noon, 1 p.m., 8.30 p.m.: (2) 3 a.m., 12.30 p.m., 2.50 p.m., 9 p.m.: (3) PO, SB, MOO: (4) Yes, 40: (5) Belleek Manor, 1. Christopher Talbot, sergeant.

1 ARDNAREE T	½	A M M	G	100 yds L 150 yds L 190 yds
2 Crossmolina V	7¾	A	G	¾ L 2 X ½ L 4½
3 Killala V	8¼	A	G	2 L 2¼ X ½ L 3½
4 Newtowncloghans R	5½	B	G	1 R ½ L 2 R 1 L 1

BALLINA V. (Pop. 276). Owney and Arra: Tipperary, N.R.: Munster. F, 28 March yearly: P.St.: B: Killaloe, ¼, W. & L. RY. (1) 6.30 a.m., 5.30 p.m.: (2) 6.15 p.m.: (3) Killaloe, ½: (4) Yes, 3: (5) Friars' Castle, ½: (6) Fishing Resort: Lough Derg, ½. Patrick Fitzpatrick, constable.

1 Birdhill R	4¼	A	G	½ R ¾ R 2 R 1
2 KILLALOE T	½	B	G	⅛ X ⅜
3 *Portroe* V	8	F	F	¼ L 4¼ L 2¼ L A 1¼

BALLINABOOLA R. Bantry: South Division: Co. Wexford: Leinster. Palace East, 6, D. W. & W. RY. (1) 9 a.m., 4.15 p.m.: (2) 9 a.m., 4.15 p.m.: (3) PO, New Ross, 6: (4) No: (5) Carrigbyrne, 4; Carnagh, 2½. John M'Menamon, sergeant.

1 Ballybrazil R	8	B C B C	F G F G	1¾ X 1¼ R ½ X ½ L ½ R ½ X 3 R ¼
2 Ballywilliam R	8	B C B C	F G F G	1½ L ¼ L ¼ L ¼ R 1½ X 1 X ½ L 2½ R ¼
3 *Foulksmills* R	6	A C A C	G G G G	1 X 2 X ¼ X ¼ X 1 X ¼ L 1¼
4 New Ross T	6	B C B C	F G F G	1 X ¼ L ¼ X 1½ X 1½ X ½ X 1

BALLINABRACKEY R. Upper Moyfenrath: South Division: Co. Meath: Leinster. Hill of Down, 10, M. G. W. RY. (1) 9 a.m.: (2) 5.30 p.m.: (3) PO: (4) No: (5) Castlejordan, 2½. Michael M'Neill, sergeant.

1 CORBETSTOWN HUT R	2¼	B	G G G	1¼ L 1 R ¼
2 Kinnegad V	6	B	G G G P	1¼ L 1¾ R 2¾ L ¼
3 Ticroghan R	6	B	G G G P	1¼ R ¼ L 1½ L ¾ L ¼ R 2

BALLINACALLY V. (Pop. 116). Clonderalaw: West Clare: Co. Clare: Munster. Tel. *nil*· F, 28 Feb., 14 April, 14 June, 30 July, 16 Sept., 8 Nov. (1) 7 a.m.: (2) 5 p.m.: (3) PO, SB, MOO: (4) Yes: (5) Paradise, the seat of Judge Henn; Port Fergus, the seat of the Hon. Mrs. Ball; View of the Fergus River and Shannon, with the following Islands—Deer or Innishmore, Horse or Innishmacroney, Shore Island, Cooney Island, Cannon Island, with historic remains of an old Abbey; Hunslow

Island; all can be seen from ¼ outside V.; the country around is beautifully wooded; Grand old Castle of Dangan, ¼. Matthew Champion, act.-sergt.

1 Breffa R	6	B D F A	G	8 L 3
2 Kildysart T	4	A C	G	½ L 3½
3 Lissycasey R	· 7¾	A B	G	¼ L ¼ L 1¼
4 Newhall R	8½	A	G	5 L 1 R 2½ L

BALLINACURRA R. Pubblebrien: Limerick City: Limerick: Munster. Limerick Terminus, 2, W. & L. and G. S. W. RYS. (1) 8 a.m.: (2) 1 p.m.: (3) Edward street, Limerick, 1½: (4) No: (5) Ruins of Mungret Abbey and Mungret College, 1¼. Richard Healy, sergeant.

1 Boherbuoy C	1½	A	G	½ R ½ R ¼ V³ ¾
2 *Clarina* R	3¼	A	G	⅙ L 2 X 1½
3 Docks C	2	A	G	⅛ R ½ L ½ X ¾ L ⅛
4 *Patrickswell* V	4	A	G	2 X 2

BALLINACURRA V. (Pop. 510). Imokilly: East Cork: Cork, E.R. Munster. Tel. 8-7 (Sunday excepted) · Midleton, 2, G. S. W. RY. (1) 6 a m., 4 p m.: (2) 12 noon, 7.15 p.m.: (3) PO, SB, MOO: (4) No: (5) No. Patrick O'Flaherty, act.-sergt.

1 Cloyne T	3	C D	G F	1 L 2
2 *Castlemartyr* V	6½	B	G F	2½ X 4
3 Midleton T	1½	A	G	1¼ L ½
4 Whitegate V	9½	A C D	G	1½ X 2 X 2 X 4

BALLINADRIMNA R. Carbury: North Division: Co. Kildare: Leinster: Moyvalley, 1½, M.G.W RY. (1) 9.15 a.m.: (2) 4.10 p.m.: (3) PO, ¼: (4) No: (5) Clonard; Croppies' grave, 1½. Michael Rogan, sergeant (since murdered by a comrade).

1 Carbury R	6	B	G	1 L 1¾ X ½ X 2 L ½ R ½
2 ENFIELD V	5½	A	G	1½ V 1½ L R 2½
3 KILLYON R	6	B	G	⅝ L 1½ X ¼ R 1⅜ R ½ L 1 L ⅝
4 LONGWOOD V	4	B	G	⅛ L 1¼ R 1½ R ½
5 Russelwood R	6	B D	G	1 R 2 L 1 R 1 A R ½ L ½
6 TICROGHAN R	5	A	G	1½ R 1½ L ½ L 1½

BALLINAFAD (J. S.) V. (Pop. 90). Tirerrill: South Sligo: Sligo: Connaught. PS, 4 m. Boyle, 4½, M. G. W. RY. (1) 8 a.m.: (2) 6 p.m.: (3) PO, MOO: (4) Yes, 2: (5) Lough Arrow, 2; Hollybrook, 1. Bernard Glennon, sergeant.

1 BALLYFARNON V	8	B	S F G S	¼ L 2¾ L 1 R 2 R 1¾ R ¼
2 BOYLE T	4½	D	S F	¼ X 3½ R ¾
3 Castlebaldwin R	4	B	S F	4
4 Keash R	6	B D	G S F	⅜ R 3 R 2½
5 KNOCKVICAR R	7	B	S F	¼ L 2¾ X 2½ R 1½

21

BALLINAGAR R. Leitrim : South Galway : Galway, E.R. : Connaught. (1) 9 a.m. : (2) 5.30 p.m. : (3) PO, 1¼, Abbey : (4) No : (5) No. Francis O'Brien, act.-sergeant.

1 *Ballyshruil* R	5½	B	G	1¼ R ⅛ X ⅛ R ¾ X ¾ L 2 X ¼ L ¼
2 *Dalystown* R	4½	B	F	¼ R 1 X ¼ X ¼ X ½ X 1 X ¼ X 1
3 Derrvbrien R	8	B F	F	¼ L 1 X 1½ X ¼ X 1 X 4
4 *Doonıry* R	3	B	G	¼ R 1 X 1 X ¾
5 Woodford V	4	B F	F	¼ L ¾ X 1½ X 1½

BALLINAGARE V. (Pop. 108). Castlerea : South Division : Roscommon : Connaught. F, 6 Jan : PS, 4 f. Castlerea, 8, M. G. W. R. (1) 4.30 a m. : (2) 8.30 p.m. : (3) PO. : (4) No : (5) No. John William Baillie, sergeant.

1 Castlerea T	8	D	S F	¼ R 7¼ L ½
2 Castleplunket V	7½	B	S F	¼ L 3 L 3½ L ¾
3 Frenchpark V	2½	B	S G	2½
4 Mantua R	3	B	S F	¾ L 2⅛ L ⅛
5 *Tulsk* V	7½	D	S G	7½

BALLINAGH V. (Pop. 337). Clanmahon : West Division : Co. Cavan : Ulster. F, *nil* : PS, 1 f. : M, (w. & s.) s. : Crossdoney, 1, M G. W. RY. : Tel. (Crossdoney) 8-8. (1) 8 a m. : (2) 5 p m. : (3) PO, SB, MOO : (4) Yes, 4 : (5) Fleming's Folly, 1. P. Deignan, sergeant.

1 *Arva* V	9	D E D A	F I P G	⅛ R 1⅛ L ½ V ½ Λ 6¾
2 Cavan T	5½	B C A	F G	4½ L ½ Λ ½
3 Crossdoney V	2	A	G	2 V
4 *Kılcogy* V	9	D F G B	P I S F	1 X 1 Λ ½ V 6½
5 *Kılnaleck* V	6½	H D F G	B R P G	½ L ⅛ L 1⅜ X 1 R ½ R 1 L 1¾ R ¼
6 *Scrabby* V	9	E G B C	P G F G	1 R ½ Λ L 2 V 3 X 2½

BALLINAGORE V. (Pop. 86). Moycashel : South Division : Co. Westmeath : Leinster. (1) 6.30 a.m., 10.30 a.m. : (2) 3.15 p.m., 6.30 p.m. : (3) PO, MOO : (4) Yes, 2 : (5) Lough Ennell, 3. Patrick Keelan, sergeant.

1 Castletown Geog-hegan V	4	D	G	¼ L ¾ R 3
2 Kılbeggan T	3½	B	G	½ L ½ L 2½
3 Stoneyford R	4½	B	G	¼ R 1¼ R ½ X 2 L ⅛
4 Streamstown R	7	B	G	½ R ½ X 2½ R ½ L 2 X 1
5 Tyrrellspass V	6	D	G	2½ L ⅛ R ½ L 1⅛ L 1¾

BALLINAHOWN V. (Pop. 32). Clonlonan : South Division : Co. Westmeath : Leinster. Moate, 7½, M. G. W. RY. (1) 9 a.m. : (2) 6 p.m. (3) PO, SB, MOO : (4) No : (5) Ballinahown Court, formerly Sir John Ennis's, is now Madam O'Donohue's. David M'Avin, sergeant.

1 Clonfanlough R	5	B D B	G	2¾ R ⅛ R ¾ L ½ R 1½
2 Doon R	1½	B	G	1⅜ L ⅛
3 Fardrum R	4	B D B	G	¾ L 3¼
4 Moate T	7¼	B D A	G	¼ R 1¼ R 1¾ L ¼ R 1¼ X 2

BALLINAKILL V. (Pop. 630). Cullenagh : Leix Division : Queen's County : Leinster. F, 16 Jan., 16 Feb., 22 Mar. 22 April, 13 May, 13 June, 13 July, 12 Aug., 16 Sept., 16 Oct., 16 Nov., 16 Dec. : Abbeyleix, W. C. I. RY. Tel. 8-7. (1) 7.20 a.m., 1.30 p.m. : (2) 11 a.m., 6.40 p.m. : (3) PO, SB, MOO : (4) Yes, 2 : (5) Heywood, 1. Luke Reilly, sergeant.

1 Abbeyleix T	4	B M S	G	1 L 2¼ L ¾
2 *Ballyroan* V	6	B	G	2¾ L ¼ X 1 X 2
3 CASTLECOMER T	7½	B M S	G	1 X 1 R 3 L 2½
4 Durrow T	5	B M S	G	2¼ X ¾ X ¾ L ½ L ¾

BALLINALACK V. (Pop. 120). Corkaree North Division : Co. Westmeath : Leinster. Multyfarnham, 3, M. G. W. RY. (1) 7.5 a.m. : (2) 6.45 p.m. ; Sundays, 10.45 a.m. : (3) PO : (4) No : (5) *nil*, except Piscatorial ; Lough Iron, 1 ; Lough Owel, 2 ; Lough Derravaragh, 4 ; River Inny. Jos. Glynne, sergeant.

1 Ballynacargy V	7	B	S R	1 L 2 L 2 R 2
2 *Multyfarnham* V	4	B	G S	2 L 1¾ X ¼
3 *Rathowen* V	3	A	G S	1 X 1½ X ½

BALLINALEE V. (Pop. 161). Granard : North Division : Co. Longford : Leinster. Tel. 8-8 : F, 9 May & 9 Nov. : PS, every 4th th. Longford, 7¾, M. G. W. RY. (1) 8 a.m. : (2) 6 p.m. : (3) PO, SB, MOO : (4) Yes, 3 : (5) No. Michael Masterson, sergeant.

1 Ballinamuck V	8	B	G	1 L 1 R 1 L 1½ X 2½ X 1
2 *Carrickglass* R	4	B	G	1¼ X 1½ X 1 L ¼
3 *Drumlish* V	6	B	G	1¼ R 1 X 3 L ¾
4 *Edgeworthstown* T	7½	B	G	3 R ⅛ X 2 R ¼ L 1½ L ⅝
5 Granard T	7¾	B	G	1 R 1 L 1 L 2 X 1 L 1¾

BALLINAMALLARD V. (Pop. 330). Tirkennedy : North Division : Co. Fermanagh : Ulster. Tel. 8-6 p.m. : G. N. RY. (1) 4.30 a.m., 1 p.m. . (2) 1 p.m., 8.30 p.m. : (3) PO, SB, MOO : (4) Yes, 2 : (5) Lough Erne, 4 ; Rossfad. Edward Gill, sergeant.

1 Enniskillen T	6	A C B A	G F F G	¼ R ¾ R ½ R ½ L 1 L 1 R 1½ R ½
2 Irvinestown T	4½	A C B A	G F F G	¼ L 1½ X 1½ R 1
3 Tempo V	8	D E A B	B R S	3 R 1 L 2 X 2
4 TRILLICK V	4	A C B A	G F F G	¼ R 2 R 1¾

BALLINAMEEN V. (Pop. 40). North Division : Co. Roscommon : Connaught. Boyle, 7, M. G. W. RY. (1) 8 a.m. : (2)

12.25 p.m. : (3) PO : (4) No : (5) No. Patrick Fitzpatrick, constable.

1 Boyle T	7	D C	S F	2¼ R 1½ X 2¼ R ¼ L ½
2 Croghan V	4	B	S G	1¾ X 2 R ¼
3 *Elphin* T	6	D	S F	¼ R 2¼ X ¾ R ½ X 2½
4 *Frenchpark* T	6	B	S G	2 R 2½ L 1½
5 *Mantua* R	6	B	S P	2 L ¾ X 2 R 1¼
6 Ross (J.S.) R	8	B	R S I	2¾ L 2¾ X 2½

BALLINAMORE R. Killian : East Galway : Galway E.R. : Connaught. PS, last t. : Ballinasloe, 15, nearest Ry. Stn. (1) 5 p.m. : (2) 7.30 a.m. : (3) PO : (4) No : (5) No. John O'Brien, sergeant.

1 *Ahascragh* V	7½	B	G	¼ R 1¾ X 1 L 2½ L ¼ R 1¾
2 BALLYFORAN R	4	B	G	¼ L 1 R ¾ L 1¼ L ¾
3 Ballygar V	3½	B	G	1½ R 1½ R ½
4 Castleblakney V	8	B	G	¼ R 1¾ X 1 R ½ L 1 R 1¼ L ¾ R ½ L 1
5 Mountbellew V	8	B	G	1½ L 4 L 1½ L 1

BALLINAMORE T. (Pop. 577). Carrigallen : South Division : Co. Leitrim : Connaught. F, 1 t. : PS, 2 & 4 s. : M, t. : D.I. : C. L. & R. RY. : Tel. 8-8. (1) 6 a.m., 2 p.m. : (2) 2 p.m., 7 p.m. : (3) PO, SB, MOO : (4) Yes, 8 : (5) Abbey at Fenagh, 3 ; Cloncorrish Castle, Carrigallen, 1. William P. Neiland, sergeant.

1 Drumcowra R	3½	B	G	2 L 1½
2 Drumdarton R	3½	B	G	¼ L 2¾ R ½
3 Fenagh V	3½	C D	G	1½ L 1¾ R ¼
4 Garradice R	3	B	F	¼ R 1 L ¾ L 1

BALLINAMUCK R. Longford : North Division : Co. Longford : Leinster. PS, every 4 m. : Newtownforbes, 9, M. G. W. RY. (1) 9 a.m. : (2) 5.20 p.m. : (3) *nil* : (4) Yes, 3 : (5) Battle of Ballinamuck in 1798, ¼ from R.I.C. barrack ; Shanmullagh, to the east of Ballinamuck, is where the French and Irish under General Humbert were defeated by Lord Cornwallis. Denis Clancy, constable.

1 ANNAGHMORE R	5	B	G	½ L 1½ R 1½ L 1½
2 Ballinalee V	8	B	G	2 X 3 R 1¾ R ½ X ¾
3 *Drumlish* V	4¾	B	G	¼ R ½ X 4 X ¼
4 Smear R	7	C	G	¼ L 1 R 3 L 2 X ¼ L ½

BALLINAMULT R. East Division : Co. Waterford : Munster. (1) 6.30 a.m. : (2) 6.30 p.m. : (3) MOO, Ballymacarberry, 6½ : (4) Yes, 1 : (5) No. Thomas Drury, sergeant.

1 Ballymacarberry V	6½	B	G	2½ L ½ R 1 L 2 L ½
2 Cappoquin T	10	B	G	2½ X 2 X 1½ R 1 R 1½ L 1½
3 Cappagh R	8½	B	G	2 X 2 X 1½ L 2½ R ½
4 Colligan R	8	B	G	½ V R ¼ L ½ R ½ X ½ X 1½ X 2½ X 1 X ½
5 Newcastle R	8	D	F	¼ R ¼ L 4 R 3½

BALLINARY R. O'Neiland East: North Division: Co. Armagh: Ulster. Portadown, 3, G. N. RY. (1) 8 a.m.: (2) 5.30 p.m.: (3) Ballinacor, ¼: (4) Yes, 1: (5) Upper Bann, ⅛; Lough Neagh, 1½. James O'Donnell, act.-sergt.

1 Lurgan T	4½	B F	F	¼ R ¼ L ½ L ¼ R Λ ¼ Λ ¼ ¼ R 2½
2 *Portadown* T	3½	B	F	¼ R 1½ (crosses G N.RY.) ½ R 1¼

BALLINASLOE T. (Pop. 2789). Clonmacnoon: Galway East: Co. Galway: Connaught. F, 7 and 8 May, 4 July, 7 Sept., 1st t., w., th., f., and s. of Oct. (great Oct. fair): M, s.: PS, s.: D.I.: C.I.: M. G. W. RY.: Tel. 8-8. (1) 1.20 a.m., 10.28 a.m., 3.19 p.m., 11 p.m.: (2) 9.55 a.m., 2.55 p.m., 10 p.m., 11 p.m.: (3) PO, SB, MOO: (4) Yes, 50: (5) Lord Clancarty's Garbally Demesne, ½; Aughrim, 4½; St. Ruth's Bush, 5; Kilconnell Abbey, 8; Seven Churches, 11. Patrick M'Mahon, sergeant.

1 Ahascragh V	7½	R	G	¼ R ¼ L 3 R 4
2 Aughrim V	4½	D	G	¼ R 1½ X 2¾
3 CREAGH R	1	A	G	⅛ L ⅞
4 Kilconnell V	8	B	G	¼ L 1½ X 6¼
5 Killoran R	10½	B	G	¼ R 1½ X 2¾ L 1½ L 2½ L 2
6 Kiltormer V	8	B	G	¼ L 2 R 5¾
7 Lawrencetown V	8	D	G	¼ L 2 L 5¼ R ½

BALLINCOLLIG V. (Pop. 700). East Muskerry: Mid-Cork: Co. Cork, E.R.: Munster. PS, every 4 m.: D.I.: C. & M. RY.: Tel. 8-8. (1) 7.30 a.m., 3 p.m.: (2) 11 a.m., 8 p.m.: (3) PO, SB, MOO: (4) Yes, 9: (5) River Lee, 1; Barret's Castle, 1. Charles Collins, act.-sergt.

1 Ballinhassig R	9	F,H G	S F P	4½ V 1½ L 3
2 Bannowbridge R	3	A	G	2 L ½ L ¼ R ¼
3 Farran V	5	A	G F	2 R ¼ R 1 L 1½ R ¼
4 Inniscarra R	3	B	G	¾ R ¼ L 2 R
5 Upton V	10	A B E G	G F	2¼ L ½ R ½ L ⅛ L 1½ R Λ ¾ L ¾ L 2 R 1⅝ V

BALLINCURRIG R. Barrymore: East Cork: Co. Cork: Munster (1) 8 a.m.: (2) 4 p.m.: (3) Midleton, 6½: (4) No: (5) No. Michael Lawlor, sergeant.

1 Carricktwohill V	7½	D	G	2 R ½ L 2 X ½ V L 2 R ½
2 *Castlelyons* V	9	B	R	1½ R ¼ V Λ L 6¼ X 1
3 *Knockraha* V	7	D	F	2 R 2 X 2 R 1
4 Midleton T	6½	A	G	1½ X 3½ L 1½
5 *Newtown* R	10	D	R	1½ R ¼ L 1½ R ¼ L 2 X 1½ X 3
6 *Rathgormac* V	8	A	G	4 L 4
7 *Watergrasshill* V	8	F	R	1½ L 1½ L 2 R 3 V

BALLINDERRY V. (Pop. 68). Lower Ormond: North Division: Co. Tipperary: Munster. (1) 9.10 a.m.: (2) 3.10 p.m.:

(3) Borrisokane : (4) Yes, 1 : (5) Lough Derg (Shannon), fishing, 1½. N. Corish, sergeant.

1 Borrisokane T	5	B	F	½ R 1 L 2½ X 1¼
2 Coolbawn R	5½	D	F	½ R ¼ L ¾ R 1 L 3½
3 Lorrha V	8	D	F	¼ X 2½ X 2½ L ½ V L ⅜ L ⅛ R 2

BALLINDERRY R. Ballintubber South : South Division : Co. Roscommon : Connaught. (1) 4 days in week, arriving and departing at 8 a.m. each morning : (3) No. : (4) No. : (5) No. Michael Feely, constable.

1 Beechwood R	6½	A B	G	1 L 4 R ½ L ⅜ L ½
2 *Castleplunkett* R	7¼	A B	G	3¼ R 3½ L ¼
3 *Mountpleasant* R	4	A	G	¼ L 3¾
4 Rockfield R	8	A B F	G	2½ R 1 L 2 R 2½
5 Roscommon T	5	A	G	2½ X 2½
6 Tulsk V	6	A	G	3 X 2¾ L ¼

BALLINDINE V. (Pop. 217). Clanmorris : South Division : Co. Mayo : Connaught. F, 28 May, 22 July, 25 Aug., 11 Oct., 7 Dec. : PS, 2 f. : M, f. : T. & C. RY., ⅛ (in course of construction) : Tel. 8-8. (1) 8 a.m. : (2) 6.30 p.m. : (3) PO, SB, MOO : (4) Yes, 3 : (5) Castlemagarrett, 1½. John H. Frizzell, sergeant.

1 Claremorris T	4¼	B D	G	3¼ L 1 R ⅛ L ⅛
2 Drymills V	3	B D	S	½ L 2¾
3 Hollymount V	8	B D	S	⅛ L 1½ L ½ R ¼ R 3 X 2 L ½
4 Miltown V	5	B D	G	⅛ R 3 L 1⅞

BALLINEA R. Moyashel and Magheradernon : North Division : Co. Westmeath : Leinster. (1) 5 a.m. : (2) 8 p.m. : (3) PO, SB, MOO : (4) No. : (5) Lough Ennel, 2 ; Malachi's Island, 4. Patrick M'Mahon, sergeant.

1 Castletown (G) V	6	B	G	½ L 2½ R ¼ L 2¾
2 Loughnavally R	5	B	G	½ L ¼ L ½ L 2½ R 1½
3 Mullingar T	3	B	G	⅛ L 1 X ½ R 1⅞
4 Rathconrath V	6	B	G	⅛ L ¾ R ½ R 1 L 2 X 1½ L ½

BALLINEEN V. (Pop. 87). E.D., E. Carberry : South Division : Co. Cork : Munster. F, 2 w. : PS, th., 1 th. summer, 2 th. winter : C. B. & S. C. RY. : Tel. 7-8. (1) 4.30 a.m., 4.38 p.m. : (2) 9.30 a.m., 7.45 p.m. : (3) PO, SB, MOO : (4) Yes, 4 : (5) Manch, 3 ; Kilcaskin, 3 ; Pallac Anne, 2½. John Flanagan, sergeant.

1 Ballygurteen V	7	A B	G G	3 L 1 R 2¾ R ¼
2 *Bandon* T	11	A	G G	½ X 2¼ X ¼ X 2 X 1½ X 4½
3 Dunmanway T	7	A	G G	2 X 1 X 1½ X 1½ X ¼ X ½
4 Kinneigh R	4½	B D	S P	½ L ½ X 1½ L ¼ L 1¾

BALLINGARRY V. (Pop. 611). Upper Connelloe: West Division: Co. Limerick: Munster. PS, 1 w.: Tel. 8-8. ' (1) 7 a.m., 7 p.m.: (2) 7.30 a.m., 8.15 p.m.: (3) PO, SB, MOO: (4) Yes, 4: (5) No. J. M'Guire, sergeant.

1 *Castletown* v	5	D B F G	G R F	1½ R ½ L ¾ R 1¼ V³ 1¼
2 *Finnetterstown* R	4½	B	F G	¾ R ¼ L ½ X 3
3 *Kilmeedy* R	6	B F G B	G F R F	¼ X 1 X ¾ R ½ L ½ R ¾ L 1¼ L ¾ L ¼
4 *Knockaderry* v	6	F B D B	R F	¼ R 2 R 1 X 2¾
5 *Rathkeale* T	6	D B F B	F G S F	1 R ¾ L 1¾ R 2 R ½

BALLINGARRY V. (Pop. 160). Lower Ormond: North Division: Co. Tipperary, N.R.: Munster. Cloughjordan, 7, G. S. & W. RY. (1) 8.5 a.m.: (2) 5.5 p.m.: (3) PO: (4) No · (5) No. Thomas Croghan, sergeant.

1 *Borrisokane* T	5	B	G	1¼ X 1 X 1 X 1¾ L
2 *Cloughjordan* T	6	B	G	¼ R 1 L 1 R ¾ L 2 X 1 R
3 *Lorrha* v	8	B	G	1¼ X ¾ X ½ X 1¼ X ¼ X 1½ X ½ X ¼ R 1¾
4 *Riverstown* v	7	B	G	1 X 1½ X 1½ X 1 X 1¾ X ¼ L
5 SHINRONE T	7	B	G	1¼ X 2¾ L ¼ R 2¾ L ¼

BALLINGARRY V. (Pop. 250). Slieveardagh: Mid Division Co. Tipperary, S.R.: Munster. Tel. 8-7: F, Whit Monday, 23 July, 12 Nov., 11 Dec. Laffansbridge, 10, W. & L. RY. (1) 10 a.m., 11 a.m.: (2) 4 p.m., 4.30 p.m.: (3) PO, SB, MOO: (4) Yes, 1: (5) No. Charles W. Leahy, sergeant.

1 *Drangan* v	7¼	B	I	2 L 1 R 3½ R 1
2 *Earlshill* R	5	D	F	½ R 1½ X 1 X 2 R
3 *Mullinahone* v	6	I	P	2¼ R ⅝ L 3
4 *The Commons* v	3	B	F	2 X 1

BALLINGEARY R. Iffa and Offa East: South Division: Co. Tipperary, S.R.: Munster. Cahir, 6, C. W. & L. RY. (1) 9 a.m.: (2) 4.15 p.m.: (3) Poulmuckla, ¼: (4) No: (5) No. William Clarke, sergt.

1 *Cahir* T	6	B	F	2½ R 1 L 2¼
2 *Knockevan* v	4½	B	F	2¼ R ½ R ¼ X 1
3 *Marlfield* v	6	C	C	1 R 2 L ½ L ¼ R 1¾ R ¼ X ¾
4 *New Inn* v	4½	B	F	1¼ R 1 X 1½ L ½ L ¼

BALLINHASSIG R. East Muskery: Mid-Cork: Co. Cork: Munster. F, 1 May, 29 June, 10 Aug. · Ballinhassig, 1, C. B. & S. C. RY. (1) 7 a.m.: (2) 9 p.m.: (3) PO: (4) No: (5) No. George Tunstan, act.-sergt.

1 BALLINCOLLIG T	9	D	G	3 R 1½ V³ 4½
2 *Belgooly* v	8½	B	G	¾ R 3 L 1 R 3¾
3 *Carrigaline* v	8¼	B	G	⅞ X 2 X 1½ X 4
4 INNISHANNON T	6	A	G	1¼ L 3½ R 1
5 *Kinsale* T	10½	A	G	1 L L 1 X 2 X 2 X 4½
6 TOHER R	7	C	G	3 R 4
7 UPTON R	6	B	G	1 X 2¾ L ⅜ X 1½
8 VICTORIA CROSS R	8	A	G	2¾ L 3 R 1¼ R 1

27

BALLINILANE R. Magonihy : East Kerry Division : Co. Kerry : Munster. Ballybrack, ¾, G. S. & W. RY. (1) 9 a.m. : (2) 4.30 p.m. : (3) Farranfore, 5 : (4) No : (5) No. George Mulcahy, sergeant.

1 Aglish R	4	B B G B	F F G G	½ L 2½ L ¾ X ¼
2 Coolick R	5	B A D D	B F	½ R 1½ L ½ R 2 R ½
3 Farranfore V	5½	B B A A	F B G G	¾ R 1¾ L ½ X 4½
4 Killarney T	6	C C G G	G F	¼ X ¾ X 2½ X ¾ X ⅛ R ⅜ L ⅛ R ¼ L ¼
5 Longfield R	5	B E C B	F G G F	½ X 2¾ R ⅛ R 1⅛ L ½
6 Miltown V	7	B B D B	F F B F	½ L 2½ X 1 R ¼ L ¾ R 1¼ R ¾

BALLINLOUGH V. (Pop. 184). Castlerea : South Division : Co Roscommon : Connaught. F, 24 Jan., 27 Feb., 28 Mar., 29 April, 31 May, 5 July, 28 Aug.. 29 Sept., 31 Oct., 2 Dec. : PS, every alternate w. : M, f. : Ballinlough, 1, M. G. W. RY. : Tel. 8-8. (1) 8.20 a.m., 11.45 a m. : (2) 2 p.m., 5.50 p.m. : (3) PO, SB, MOO : (4) Yes, 2 : (5) Lough O'Flynn. Alex. Thompson, sergeant.

1 BALLYHAUNIS T	7	D	F	6 R 1
2 Castlerea T	6¼	B	F	5 R 1¼
3 Cloonfad V	7¾	D	F	¼ R 4½ R 3
4 Clooncan R	5	B	F	2 R 3
5 Loughglynn V	7	D	F	4 X 3
6 WILLIAMSTOWN V	6	D	F	¼ L 4¾ L 1

BALLINODE V. (Pop. 150). Monaghan : North Division : Co. Monaghan : Ulster. Monaghan, 4, G. N. RY. (1) 7 a.m. : (2) 6.25 p.m. : (3) PO : (4) No : (5) No. Wesley Bryan, sergeant.

1 Scotstown V	2½	C	F	¼ R 1¼ R 1
2 Tydavnett V	3	C	F	⅛ L ⅜ X 2¼ R ¼
3 *Smithboro'* V	5	D	F	⅛ X ⅜ L 2 R ¼ L 1¼ R 1¼
4 Monaghan T	4	A	G	⅛ R ⅜ R 1½ X 1¼ L ¼ L ⅛ R ⅜

BALLINREE R. Idrone East : Carlow : Co Carlow : Leinster. (1) 9 a.m. : (2) 4 p.m. : (3) Kiledmond, 3, PO, Borris, 5 : (4) No : (5) No. John Dunne, sergeant.

1 Bagenalstown T	6½	B	G	¼ L 1 R 1¼ X 3½ R ½
2 Borris V	6	B	G	¼ L 1 X 4¾
3 Fennagh V	5	B	G	¼ R 2 X 2¾
4 Myshall V	6	B	F	¼ R 2 R 3¾

BALLINROBE T. (Pop. 2001). Kilmaine : South Mayo · Co. Mayo : Connaught. PS, m. : F, 18 Jan., 4 Mar., 28 April, 9 June, 28 July, 14 Sept, 10th Oct., 8 Dec. : Tel. 8-8 : D.I. : R.M. (1) 5 a.m., 2.30 p.m. : (2) 9.15 a.m., 8 p.m. : (3) PO, SB, MOO : (4) Yes, 20 : (5) Railway to open on 1st Nov., 1892, to

Claremorris. Lough Mask is within 4 miles of Ballinrobe, and affords good fishing. Lough Mask is in this sub-district, and there is a fair held there on 20th September each year. Railway coming into the town, and will be open on 1st October, 1893. John Sullivan, head-constable.

1 Brownstown R	5½	B	G	2½ X ½ X 2 X L ½
2 *Hollymount* V	6	A	G	3 X 2 R 1
3 Kilmain V	5½	A	G	3½ X 2
4 Neale V	4	A	G	Straight road
5 Partry R	6¼	A	G	2 X 4¼

BALLINSPITTLE V. (Pop. 93). Courcies : South-East Division : Co. Cork . Munster. PS, every alternate Tuesday. (1) 8 a.m. : (2) 4.45 p.m. : (3) PO, SB, MOO : (4) Yes, 1 : (5) No. Martin Fleming, sergeant.

1 Killbrittain V	6	B	F	¼ R 1½ R ½ X 1¾ X 2
2 KINSALE T	6½	B	F	¾ L ½ R 1 X 2 X 2¼

BALLINTOBBER V. (Pop. 55). Castlerea : Southern Division : Co. Roscommon : Connaught. F, 25 Aug. : PS, every 4 th. : Ballymoe, 1½, M. G. W. RY. (1) 8 a.m. : (2) 12.30 p.m. : (3) PO : (4) No · (5) No. Patrick Mulrooney, sergeant.

1 Ballymore V	4	B	G	⅛ L 2¾ R 1
2 Castleplunket V	4	B	G	⅛ R 3¾ R ⅛
3 Castlerea T	5½	B	F	3 R 2½
4 Rockfield R	7½	D	F	4 L 3½

BALLINTOGHER V. (Pop. 111). Tirerrill : South Division : Co. Sligo : Connaught. F, 22 Jan., 24 April, 8 June, 28 July, 17 Oct., 8 Dec. : S. L. & N. C. RY., ¼. (1) 9.50 a.m : (2) 3.50 p.m (Sundays, (1) 9.50 a.m. : (2) 1 p.m.) : (3) PO : (4) Yes, 1 : (5) Castleneynoe, 3. James M'Ternan, sergeant.

1 Conway's Cross Hut R	6½	B D	G F S P	¼ X 1¼ R 1¼ X ¼ L 1½ X 2
2 Doonally R	4	B D B	G F G	2 L ¾ R 1 R ¼
3 DROMAHAIRE V	3½	B D B	G F G	½ L ¾ R 2 L ¼
4 Riverstown V	7	B D B	G F G	¼ R 2 L ¼ R 1 R ½ X ¾ X 1½ L ¾
5 *Sligo* T	8	B D F A	G F G	1¼ X 4½ R ¼ L ¾ R 1¼

BALLINTRA V. (Pop. 341). Tyrhugh . South Division : Co. Donegal : Ulster. F, 24 : PS, last t. : Donegal, 7, W. D. RY ; Ballyshannon, 7, G. N. RY. : Tel. 8-8. (1) 8.30 a.m., 4.45 p.m. : (2) 8.30 a.m., 4.45 p.m. : (3) PO, SB, MOO : (4) Yes, 6 : (5) Brownhall, 1. Edward Dunne, sergeant.

1 Ballyshannon T	7	A	G	Dnect road
2 Donegal T	7	A	G	3 L 3½ L ½

Bal]   ROAD AND ROUTE GUIDE FOR IRELAND.   [Bal

BALLINURE R. Slieveardagh : East Division : Co. Tipperary : S.R. : Munster. Laffansbridge, 2½, Southern Branch w. & L. RY. (1) 9 a.m. : (2) 3.30 p.m. : (3) Killenaule, 4½ : (4) No : (5) No. J. S. M'Daniel, sergeant.

1 Cashel C	6	C E G H	F G F G	½ L 1½ L 1 L ⅜ R 1 X 2
2 *Killenaule* V	4½	C C G H	R F P I	2 R ½ X 1 R 1
3 LITTLETON V	6	A B A B	G F G F	3 R 2 R 1
4 Mobarnan R	4½	E G A G	F G F G	3 X 1¼ R ¼
5 Peake R	6¼	C B D B	F G P F	⅜ R 1½ R 1 R ¼ L 2¼ X 1½

BALLISODARE V. (Pop. 290). Leyney and Tirerrill : In both North and South Divisions : Co. Sligo : Connaught. Tel 8-8 : F, 9 Nov., 15 Dec., 2 Feb. : M. G. W. & S. L. & N. C. RYS. (1) 3.30 a.m., 7.30 a.m., 12 noon, 3 p.m., 8 p.m. : (2) 3 a.m., 7 a.m., 2 p.m., 7 p.m. : (3) PO, SB, MOO : (4) Yes, 3 and 4 public cars daily : (5) Waterfall and Salmon Leap, Old Abbey, and Ballisodare Bay, all beside the village. John Cowan, sergt.

1 Collooney V	2	A	G	¼ L 1¾
2 Coolaney V	6	A	G	¼ R 1½ X 1 L 2¾ R ¼
3 Dromard R	5½	A	G	⅜ R 1½ R 1¾ R ¼ R 2
4 *Sligo* T	5¼	A	G	⅜ R 2½ L 2¼ L ½
5 Strandhill V	7	D	F	1 L 2½ L 3½

BALLITORE V. (Pop. 390). East Narragh and Reban . South Division : Co. Kildare : Leinster. M, m. (winter and summer) : Colbinstown, 4, G. S. W. RY : Tel. 8-8. (1) 7 a.m., 11.30 a.m : (2) 2.30 p.m., 9.30 p.m. : (3) PO, SB, MOO : (4) Yes, 11 : (5) Mullaghmast, 2½. P. Brosnan, act.-sergt.

1 Ardscul R	6	D	F G	½ L ¼ R 2¼ L ¼ L 1 R 1½
2 Ballyshannon R	7	B	F G	½ R ½ L ¼ R 1¾ L 1 R 2½ L ½
3 Castledermot T	7½	C	F G	⅜ R 4½ X 2¾
4 GRANGE V	4¼	F	F G	¼ R ¼ L ½ L ¾ R ½ L 1½ L ½

BALLIVER V. (Pop. 132). Lune : South Meath : Co. Meath : Leinster. F, 17 April, 7 June, 29 Oct., 6 Dec. : PS. 1 s. in month . Hill of Down, 5½, M. G. W. RY. (1) 9 a.m., 11 a.m. : (2) 12 noon, 3.30 p.m. · (3) PO ; MOO, Hill of Down, 5½ : (4) Yes, 3 : (5) Donore Castle, 3, and Rivers Boyne and Stoneyford ; good salmon and trout fishing. John M'Gill, sergeant.

1 Coolronan R	4	A	G	1 R 1½ L ¼ L 1½
2 Kildalkey V	4	A	G	1¼ L ¼ R ¼ L ½ R ¼ R 1½
3 Killyon R	4	A	G	½ R 1½ L ⅜ R 1 R ¾
4 RATHFARNE V	6	A	G	1 L 2½ L 2¾ L ⅜
5 *Rathmolyon* V	8¼	A	G	1 R ¼ R 1¾ R ½ L 1½ X 1½ X 1¾

BALBRIGGAN T. (Pop. 2272). Balrothery : North Division : Co. Dublin : Leinster. F, 9 in the year : PS, every alternate t. : B : D.I. : ¼, G. N. RY. : Tel. 8-8. (1) 7.15 a.m., 8.22 p.m. :

30

(2) 5.15 p.m., 8 p.m., 10 p.m. : (3) PO, SB, MOO : (4) Yes, 8 : (5) No. John Carroll, act.-sergeant.

1 Gormanstown v	3	A	G	1 X 1¼ L ½ R ¾
2 Lusk v	6	A	G	1½ R ¾ X 1 X 1¾ L 1
3 Naul v	5	B	F	1 X 1 X 1¾ V 1¼
4 Skerries T	4	B	G	¾ R 1¾ L 2 (Shore road)

BALLYALLEY R. Upper Iveagh, Lower Half : South Division : Co. Down : Ulster. Corbet, 4, G. N. R. (1) 8.30 a.m. : (2) 6 p.m.: (3) PO, Banbridge, 6 : (4) No : (5) No. Hugh Coyle, sergeant.

1 Banbridge T	6	D A	F G	1 X ½ X ¾ X 1 X ¾ L 2
2 Dromore T	6	D A	F G	1 X ¾ R 1½ L ¼ R 2½
3 Dromara v	7	D C	G F	1 R 2 X 1¾ X ⅜ X ¼ L ½ X ¾ R ¼

BALLYBAY T. (Pop. 1400). Cremorne : South Division : Co. Monaghan : Ulster. Tel. 8-8 : F, 3 s. : PS, m. (fortnightly) : M, s. : G. N. RY. (1) 7.30 a.m., 10 a.m. : (2) 2.45 p.m., 8 p.m. : (3) PO, SB, MOO : (4) Yes, 8 : (5) No. Robert O'Brien, act.-sergt.

1 *Ballytrain* R	7½	D	F	½ L ½ R 1½ L 1¾ R 2 X ½
2 *Castblayney* T	7¾	A	G	¼ R ⅓ L 1½ X 2 R ¼ R 2 R ¼ R ¾
3 *Crenartin* R	4½	D	F	L 1¼ R ¼ L 2
4 Rockcorry v	5½	D	F	R ¼ R ⅜ L ¼ R ½ X 1 R ¾ R 1½ R ½
5 *Stranooden* R	7	D	F	½ R 1 R ¼ L 1 R ¼ L ¼ R 1 L 1 X 2

BALLYBOFEY T. (Pop. 832). Raphoe South : East Donegal : Co. Donegal : Ulster. Tel., Stranorlar, ¼, 9-8 : F, 21 May, 20 Dec., and last th. in each month : PS, 2 w., at Stranorlar : M, th. : F. V. RY., ¼. (1) 5.30 a.m., 12 noon, 7.30 p.m. : (2) 5.30 a.m., 12 noon, 7.30 p.m. : (3) PO, SB, MOO : (4) Yes, 22 : (5) No. W. T. Brooks, sergeant.

1 Aughkeely Hut R	6	C D	C I F	½ L ¼ L 1½ X 2½ X 1½
2 Barnesmore R	12	A B C D	G	¼ L ¼ R 10¾
3 Cloghan R	7¾	B C	G	3¼ R ¼ L 4
4 Crossroads v	4	A	G	¼ L 3¾

BALLYBOHILL R. Balrothery West : North Division : Co. Dublin : Leinster. Rush and Lusk, 6½, G. N. RY. (1) 11.30 a.m. : (2) 2.30 p.m. : (3) Ballybohill, ½ : (4) No : (5) No. Patrick Lennon, sergeant.

1 Donabate v	6½	B	G	½ L ½ L 1½ X 1½ R ¾ L 2½
2 Lusk v	5	B	G	1¼ X 2 X ¼ L 1 X ½ R ½
3 Naul v	5½	B F G C	F G	⅜ R 3 X 1 X 1
4 Rollestown R	5½	B	F G	½ L ¼ R 2½ R ½ R 1 R ¼ L 1
5 Swords T	7	B	F G	¼ L ½ R 2 R ¼ L 1¾ R ¼ R 1 R ¾

31

BALLYBOUGH. Part Township. (Pop. 3145). Coolock: North Dublin: Leinster. (1) 8.30 a.m., 8.30 p.m.: (2) 4 a.m., 5.30 p.m., 11 p.m.: (3) PO, MOO: (4) Yes, 4: (5) No. Thomas Reid, sergeant.

1 Clontarf. Part Township	2	A P M	G	Straight road
2 Coolock V	3	A M	F	¾ L 2½
3 Drumcondra. Part Township	1	B M	G	Straight road
4 Raheny V	3¼	A M	G	¾ L 1¼ L 1¼

BALLYBRACK V. (Pop. 658). Rathdown: South Dublin: Co. Dublin: Leinster. Tel. 8-8: Killiney and Ballybrack, ½, D. W. & W. RY. (1) 8.15 a.m., 2 p.m., 8.45 p.m.: (2) 9 a.m., 11.5 a.m., 4.15 p.m., 9 p.m.: (3) PO, SB, MOO: (4) Yes, 12: (5) Victoria Hill, Killiney Bay. Philip Carroll, sergeant.

1 Cabinteely V	2½	A	G	40 yds L 1 L ½ L 1720 yds.
2 Tillytown R	2	A	G	40 yds R ¼ R 1¾

BALLYBRAZIL R. Shelbourne: South Division: Co. Wexford: Leinster. (1) 1 p.m.: (2) 3.30 p.m.: (3) Campile PO, 2: (4) No: (5) No. John Meade, sergeant.

1 Arthurstown V	6½	A	G	⅛ L R ¼ L 1 L ⅛ R ½ L ½ R 1¼ X ½ R 1 X ¾
2 Ballinaboola R	8	B	I	¼ L 1 X 1½ X 1 L ½ X 1½ L ¼ X 2
3 New Ross T	8	A	G	¼ R ¾ X 3 X 1 X 2½ X ½

BALLYBRITT R. Ballybritt: Birr Division: King's Co.: Leinster. Thomas Bartly, sergeant.

1 *Parsonstown or Birr* T	10	C	G	2½ L 4½ X 2 X 1
2 Goldengrove R	4½	C D	G	¼ X ¾ R 1½ X ⅛ R 1½ R ⅛ R ¼
3 *Kinnetty* V	10	C D	G	2½ R 3½ X ¼ R 3 R ¾
4 ROSCREA T	4½	C	G	¼ X ¾ R 1½ X ⅛ L 1⅜
5 *Sharavogue* V	7	D C D	G	¼ R 1½ L ¼ R 2 R 1½ X 1½

BALLYBRITTAS V. (Pop. 100) Portnahinch: Leix Division: Queen's Co.: Leinster: Tel. 8-8: P.St.: PS, 1 m.: Portarlington, 4, G. S. & W. RY. (1) 7 a.m., 11 a.m.: (2) 3 p.m., 7 p.m.: (3) PO, SB, MOO: (4) Yes, 1: (5) Emo Park, residence of Earl of Portarlington, 3. John M'Loughlin, constable.

1 Heath R	4½	A	G	2¼ X 1 X ¼ X ½ X ½
2 MONASTEREVAN V	4½	A	G	2 X 1 R 1 R ½
3 Portarlington T	4½	A	G	1 R ¼ L ¼ X ½ X 2

BALLYBROPHY. Clondonagh : Ossory Division : Queen's Co. : Leinster : Tel. 8-8 : G. S. & W. RY. (1) 7 a.m., 9.50 a.m., 4.15 p.m. : (2) 4.50 a.m., 9.40 a.m., 4 p.m. : (3) PO, SB, MOO : (4) Yes, 10 : (5) No. Edward Dolan, sergeant.

1 Borris-in-Ossory V	3¼	B	G	¼ R 1 X 2
2 Errill V	6	B	G	¼ L 3 X ¾ X 2
3 Rathdowney V	4½	B	G	¼ L 3 L 1¼

BALLYBUNION V. (Pop. 371). Iraghticonnor : North Division : Co. Kerry : Munster. Tel. 8-8 ; Sundays, 9 to 10 a.m. : L. B. RY. 10. (1) 9 a.m., 5 p.m. : (2) 10.20 a.m., 6 p.m : (3) PO, SB, MOO : (4) Yes, 4 : (5) Ballybunion old Castle and ruins ; beautiful sea bathing resort ; and Lartigue Railway, erected by M. Lartigue, the only single rail system in Ireland. David Drohan, sergeant.

1 Ballyduff V	6	B	G	1 R 2 R ½ R 2½
2 Ballylongford V	12	B	G	5 L 1 L 2 L 4
3 Kiltean R	6	B	G	1 R 2 R ½ X 2½
4 Listowel T	10	B	G	1 X 4 X 2 X 1½ X 1½

BALLYCANEW V. (Pop. 220). North Division : Co. Wexford : Leinster : Tel. 8-8 : F, 2 Feb, 23 April, 25 July, 21 Sep., 30 Nov. : P.St. : Gorey, 6, D W. & W. RY. (1) 6.30 a.m., 12.30 p.m. : (2) 1.20 p.m., 7 p.m. : (3) PO, SB, MOO : (4) Yes, 1 : (5) No. Philip Merry, act.-sergt.

1 Camolin V	7	B	F P F	1½ L 1¼ R 1 X 2½ L ½ L ¼
2 Clonevan R	5½	B	G	¼ R 1¾ X 1½ R 1¼ X ¾
3 Courtown Harbour V	6	A	G	1¼ R 1½ L 1½ L 1 X ¾ R
4 Gorey T	6	A	G	1 X ¼ R 1¾ X 2¾ R ¼
5 Monamolin R	4½	A	G	1 L 1½ R ¼ L 1 R ¼ R ½

BALLYCARNEY R. Scarawalsh : North Division : Co. Wexford : Leinster. Miltown Ferns, 4½, D. W. & W. RY. (1) 6.15 a.m., 12.30 p.m. : (2) 11 a.m., 6.50 p.m. : (3) PO, SB, MOO : (4) No : (5) No. Peter Ward, sergeant.

1 Enniscorthy T	6¼	A	F	¼ L 1¼ L 1½ R 2¾ L ½ X ⅜
2 Ferns V	3½	C	F	1 X 1½ R ⅞ L ⅛
3 Newtownbarry V	6¼	A	F	¼ R 4¼ L 1¾

BALLYCASTLE T. (Pop. 1680). Carey : North Antrim : Co. Antrim : Ulster. F, 2 t. : PS, last m. of month : M, t. . B. C. RY. : Tel. 8-8. (1) 9.30 a.m., 2 p.m., 3 p.m., 6.10 p.m. : (2) 7.20 a.m., 10.30 a.m., 3 p.m., 6.12 p.m. : (3) PO, SB, MOO : (4) Yes, 10 : (5) Carrick-a-Rede, 4 ; Fair Head, 6 ; Rathlin Island, by sea, 9 ; Murlough Bay, 7. Thomas Doohan, sergt.

1 Armoy V	6½	A D	G	1 L 3 X 1½ R 1 L
2 *Knocknacarry* V	12¾	C	G	¾ L 2 R 9¼ L
3 Mosside R	7¼	C	G	L ¼ V[3] 1 R 2½ R ½ L 1 R 2 X ¼ X
4 Rathlin Island I	9	S	Sea	S 9 S

BALLYCASTLE V. (Pop. 306). Tyrawley: North Division: Co. Mayo: Connaught. Tel. 8-8: F, 19 Jan., 2 Feb., 25 Mar., 19 April, 25 May, 29 June, 19 July, 18 Aug., 29 Sept., 19 Oct., 19 Nov., 8 Dec.: PS, every 2 t.: M, w.: Killala, 10, M. G. W. RY. **(1)** 7 a.m.: **(2)** 6 p.m.: **(3)** PO, SB, MOO: **(4)** Yes, 10: **(5)** No. John Cloy, constable.

1 Farmhill V	6½	B	F	5½ R 1
2 *Glencalry* V	14	C	F	13 L 1
3 Killala V	10	C	F	6 L ½ X 3½

BALLYCLARE T. (Pop. 1467). Upper Antrim: East Antrim: Co. Antrim: Ulster. F, 3 w. and 2 t. after 12 Jan., May, July, and Nov.: PS, 3 th.: M, t.: B. & N. C. RY.: Tel. 8-8. **(1)** 8.30 a.m., 11.45 a.m., 4.25 p.m.: **(2)** 10 a.m., 1.10 p.m., 3 p.m., 6.10 p.m.: **(3)** PO, SB, MOO: **(4)** Yes, 15: **(5)** Coast scenery, and interesting historical remains in vicinity. John Huston, sergt.

1 Carrickfergus T	11	C	F	2½ R 2 X 1½ R 3¾ X ¼ L 1
2 Doagh V	2½	C	G	¼ L 2 R ¼
3 Larne T	10	A	G	2½ L ¼ X 3 X 1½ X ¼ R ¼ X 2¼

BALLYCLERIHAN V. (Pop. 162). Iffa and Offa East: East Division: Tipperary, S.R.: Munster. Clonmel, 5, W. & L. RY. **(1)** 8.45 a.m.: **(2)** 5.20 p.m., week days; 9 a.m. sundays: **(3)** PO: **(4)** No: **(5)** Knockevan Demesne at station; Clerihan Castle, 2½, Ballyclerihan Graveyard and Ruin, 1; Maganstown Ruin, 3; Newchapel Graveyard, 2½. J. M'Mangen, sergt.

1 Ballingeary R	4½	B	F	1 X ½ L ½ L 2½
2 Clonmel T	4½	A C G A	G	2 R ¼ L ¼ R 1 L 1
3 Lisronagh R	4	A B C A	G B G	1 R 2 R X 1
4 Marlfield V	6	D	G	2 X 1 L 2 R ½ X ½
5 Rosegreen V	6¼	A C A C	G	1 L ¼ X 1¾ X ½ R 1½ X 1¼

BALLYCLOUGH V. (Pop. 199). Orrery and Kilmore: N.E. Cork: Co. Cork: Munster. PS, 1 m.: Mallow, 5½, G. S. & W. RY. **(1)** 7 a.m.: **(2)** 6.30 p.m.: **(3)** PO, MOO, SB: **(4)** Yes, 4: **(5)** Lohort Castle, 1; Ballyclough Castle is just outside the village. Charles Smyth, constable.

1 *Banteer* V	9	B	G	¼ R ¼ X ½ L 2 R 4½ X 1¼
2 *Buttevant* T	7	C 4 B 3	G	1 L X 1¾ R 1½ X 2¾
3 Glounane R	8	B	G	⅝ R ⅝ X ⅝ L 4 2⅝ R
4 *Kanturk* T	8½	B	F	⅝ R ⅛ R 4 X 3 R ¼ L ¼
5 Mallow T	5½	B	F	¼ L 3½ L 1¾

BALLYCONLORE R. Gorey: North Division: Co. Wexford: Leinster. Inch, 2, D. W. W. RY. **(1)** 11 a.m.: **(2)** 1.30 p.m.: **(3)** Inch, 1¾: **(4)** No: **(5)** No. Patrick Doherty, act.-sergt.

1 Askinch R	6	B D	R F R G	⅝ L 2 R 1½ R 1 L 1⅜
2 Coolgreany V	2	B	R	⅜ R ⅛ X ½ L 1 L ¼
3 Croghan R	6	D B F G	R G	⅝ L 2 R 1½ L 2¾
4 Gorey T	5	D B D B	R F	⅜ L ½ R ¼ L ¼ L ½ R 1¼ R 1½ R ¼
5 Hollyfort V	7	D F D F	G F S G	¼ L ½ R ¼ R ½ X 2½ X 2½ R ¾

BALLYCONNELL T. (Pop. 291). Tullyhaw: West Division: Co. Cavan: Ulster. F, 2 Jan., 13 Feb., 17 Mar., 18 April, 16 May, 24 June, 29 July, 28 Aug., 29 Sept., 25 Oct., 21 Nov., 3 Dec.: PS, every 3 w.: M, f.: C. L. & R. RY.: Tel. 8-8. (1) 7.30 a.m., 1.30 p.m.: (2) 1 p.m., 5 p.m.: (3) PO, SB, MOO: (4) Yes, 7: (5) No. Edward Harford, sergeant.

1 *Ardlougher* R	4½	B	G	½R 2½ L 1¾
2 Bawnboy V	4	C	G	½R 2½ R½ R 1½
3 *Belturbet* T	7½	C	G	½L½R 2 L¾R½ L 1½ L¾ L 1½
4 DERRYLIN R	6¾	C C A	G	3 L 3¼ L¼

BALLYCOTTON V. (Pop. 568). Imokilly: East Cork: Co. Cork: Munster. Tel. 8-8: Mogeely, 9, G. S. & W. RY. (1) 7.45 a.m.: (2) 5.50 p.m.: (3) PO, SB, MOO: (4) Yes, 4: (5) No. James O'Meally, sergeant.

1 *Castlemartyr* V	8	B	G	1½ R 1½ L½R½ R 1 X 3
2 Cloyne T	6¾	B	G	1 R 1 L 1 X 1 L 2¾

BALLYCROY V. (Pop. 90). Erris: North Mayo: Co. Mayo: Connaught. Tel. 8-8: F, last w. in Oct., Nov., Dec., Jan., and Feb.: PS, fortnightly, th.: Mulranny, 9, A. LT. RY. (1) 10.30 a.m.: (2) 2 p.m.: (3) PO, SB, MOO: (4) Yes, 3: (5) Nephinbeg and Slievecar Mountains; Lough Folly and Doona Castle, a great stronghold of Grainneaille, 2; splendid fishing, shooting, and scenery of a wild highland character. Charles Friel, sergt.

1 Achill Sound R	18	B	F	½L 3 L 5½ R 8½ R 1
2 Bangor Erris V	12	B	F	½R 4½ R 7
3 Mulranny V	9	B	F	¼L 3 L 5½ L½

BALLYCUMBER V. (Pop. 150). Garrycastle: Birr Division: King's Co.: Leinster. F, 15 Feb., 2 May, 10 Aug., 1 Dec. (1) 7 a.m., 12 noon, 7 p.m.: (2) 7 a.m., 11 a.m., 7 p.m., 8 p.m.: (3) PO: (4) Yes, 3: (5) No. William Johnstone, sergeant.

1 *Clara* T	3	B	G	½ L 2¾ L
2 Doone R	6½	B	G	½ X¾ R¼ L 1¾ X 3½
3 Ferbane V	7¼	B	G	¼ L 1 L 3½ L 2¼
4 MOATE T	6	B	G	½ X¼ X 5½
5 *Rahan* R	6	B	G	½ R 2¾ R 2½ R½
6 *Tubber* R	4½	B	G	¼ R¾ R 1 R½ L¾ R¾ L¼

BALLYDANIEL R. (Pop. 39). Inokelly: East Division: Co. Cork: Munster. Killeagh or Youghal, 6: C. Y. RY. (1) 9 a.m.: (2) 9 a.m.: (3) PO, Youghal, 6: (4) No: (5) Ponsonby Estate; scene of Plan of Campaign, 1886. John Hynes, sergeant.

1 Killeagh V	6½	B D B D	F G F G	1¼ R½ R¾ L 1½ R 2¼ R¼ L
2 Tallow T	9	C D	F G S	1½ L 7½ L
3 Youghal T	6	D B	F S F S	1¼ R½ L¼ R 3½ L½

BALLYDAVID R. Clanwilliam: South Division: Co. Tipperary: Munster. Bansha, 3¼, W. & L. RY. (1) 9 a.m. : (2) 9 a.m.: (3) Bansha, PO, 3: (4) No: (5) No. John Dorgan, constable.

1 Bansha v	3¼	B D A	F	⅜ R 2 R 1½ L ⅜
2 Kilmoyler R	2½	D A	F	1 R 1½ L ½
3 Lisvernane R	9½	B D	F	⅜ L 1 ⅜ L 1¼ L 4½ R 1½

BALLYDEHOB V. (Pop. 541). W.D.W. Carbery: West Division: Co. Cork: Munster. Tel. 8-8: F, monthly: PS, 4 th.: M, th.: W. C. TRAMWAY. (1) 8.10 a.m : (2) 4.20 p m : (3) PO, SB, MOO: (4) Yes, 7: (5) Dereenatra, 4; Roaring Water Bay, 4; Mount Gabriel Barytes Mines, 5. Michael M'Elligott, constable.

1 Aughaville R	10	D	F	¼ R 1 R 1½ L 2 X ¼ R 2¾ L 1 X 1¼
2 Durrus v	9	A	G	¼ R ¼ L 1½ X 1 R 1½ X 1½ L 1¾ R 1½ R 1
3 Skibbereen T	10	A	F	¼ L 2¼ R ½ X ½ L ¼ X ½ R ½ R 2 R ¼ R 2½ L ¼
4 Skull v	5	A	G	¼ L 1¾ L 1 L 1½ R ¼ L ¼

BALLYDUFF V. (Pop. 182). Clanmaurice: North Division: Co. Kerry: Munster. PS: F, 20 June and 20 Dec. (1) 11 a.m.: (2) 5 p.m.· (3) No: (4) Yes, 1: (5) Rattoo Round Tower, and ruins of ancient religious buildings, 1½ Thomas Fay, sergeant.

1 *Ahabeg Hut* R	5	B	F	1 L ⅜ R ¼ L 1 L ¼ X 1 L 1
2 Ballybunnion v	6	B	F	1 L 2 L ½ L 2¼
3 *Causeway* v	5	B	F	1 L ¾ R ¼ R 1½ X 1 R 1
4 Kiltean Hut R	4½	B	F	⅜ X 1 X 1 R ¼ R 1½
5 Lixnaw Hut v	6¼	B	F	⅜ L 1 R 1½ L 3¾ L ¼

BALLYDUFF V. (Pop. 150). Coshmore and Coshbride: West Waterford: Co. Waterford: Munster. Tel. 8-8: F, 1 Jan. and 29 June M, t. and s., for butter only. (1) 9 a.m.: (2) 3.15 p.m.: (3) PO, SB, MOO: (4) Yes, 1: (5) Mocollop Castle, 3; Shean Castle, 3. John Boucher, sergt.

1 ARAGLEN R	7	D F G	G F S	¼ L 3 X 2 L ¾ X 1
2 CARYSVILLE R	6½	B D B D	G F S	1 R 1½ X 1½ X 2 X ½
3 CURRABAHA R	6	B D B D	G F S	1 R 1½ L 2¼ R 1
4 KILWORTH v	10	B D B D	F G F G	7½ R 1 L ¾ R ½ L ¾
5 Lismore T	6	B D B D	F G F G	¼ R 5½ R ¼ R ¼
6 Tallow T	5	D C D C	G F S	½ X ¼ L 1½ R ½ L 1¼ L ¼ L ¼

BALLYDUFF R. Middlethird: East Division: Co. Waterford: Munster. Kilmeadan, 2, W. D. & L. RY. (1) 8.30 a.m., 4 p.m.: (2) 9 a.m., 5.30 p.m.: (3) PO, SB, MOO, Kilmeadan, 2: (4) No: (5) No. B. Geoghegan, sergeant.

1 But'erstown R	5¼	C	F	2¾ L L ⅜ R ¼ X 1
2 Kill v	7¼	D	F	2 X ¾ V ½ 2 X ⅜ R 1⅞
3 Kilmacthomas v	8¼	C	F	Straight road
4 Portlaw T	6¼	B	F	1¼ L ⅜ L ⅜ X 2¼ L 1½

BALLYFARNON V. (Pop. 276). Boyle : North Division : Co. Roscommon : Connaught. Tel. 8-8 : F, no fixed dates : PS, 3 f. : Arigna, 3½, C. L. & R. LT. RY. and TRAMWAY. CO. (1) 8.30 a.m. : (2) 5.15 p.m. : (3) PO, SB, MOO : (4) Yes, 3 : (5) Residence of The MacDermott Roe, J.P., where the bard Carolan died, ½ ; Residence of Earl of Kingston, ¾. R Maher, sergeant.

1 Arigna R	8½	G B	R F	2½ L 3½ L 2½
2 BALLINAFAD R	8	B	G	¼ L 1¾ X 2 R 1 R 2¾ R ¼
3 GEEVAGH R	3	B	G	⅛ R 2¼ X ⅛
4 Keadue V	3½	B	G	½ L 2½ L ½
5 Knockvicar R	6½	B	G	½ R 1½ X ½ R 1½ X ½ L ½

BALLYFEARD R. Kinalea : South-East Division : Co. Cork : Munster. PS, every 2 f. : Kinsale, C. & B. RY. (1) 9 a.m. : (2) 4 p.m. : (3) PO : (4) No : (5) Robertscove, 5. Edward Lynch, sergt.

1 Belgooly V	4	B	G	1 L 1 R 2
2 Carrigaline V	5	A	G	¼ L 3 R 1 R ¼ R ¼ L ¼
3 *Crosshaven* V	7	D C D C	B	¼ R 1¼ L ¾ R ½ R 1 L 1 R 1 L ¼ L 1

BALLYFORAN R. Athlone : South Division : Co. Roscommon : Connaught. PSt. : PS, every 1 t : Ballinasloe, 14, M. G. W. RY. (1) 6 a.m. : (2) 6.15 p.m. : (3) PO : (4) Yes, 2 : (5) No. Martin Nestor, sergeant.

1 AGHASCRAGH V	6½	B	G	¾ 4 1¼ ½
2 BALLYGAR V	6	B	G	¾ R 1¼ 1¼ 2¾
3 Beaulnamulla R	12	D	G	¼ R 1¾ X 2½ 1½ 3 R 3
4 BALLINAMORE V	4	D	G	¼ R 1¼ 1¼ L ¾
5 Carrowreagh R	9	F	P	¼ 1¾ R 1½ 4 1 ½
6 Four Roads R	4½	B	G	

BALLYGAR V. (Pop. 300). Killian : East Division : Co. Galway : Connaught. F, 3 Jan., 12 April, 18 May, 18 Aug., 18 Oct. : PS, 1 w. : M, th. . Roscommon, 10, M. G. W. RY. (1) 8.20 a.m., 12.40 p.m. : (2) 1.5 p.m., 7.30 p.m. : (3) PO, SB, MOO · (4) Yes, 8 : (5) Aughrane Castle, 1½. P. Gallagher, sergeant.

1 ATHLEAGUE V	5	B	F	⅛ R 1¾ L 1⅛ L 1 L 1
2 Ballinamore R	3½	B	F	¼ L 2¼ L 1
3 BALLYFORAN V	6	B	F	⅛ R 4 L 1 L ¾ L ⅛
4 Creggs V	6½	B	F	⅜ L 3 R 2 L 1 L ⅜
5 FOUR ROADS R	5	B	F	⅛ R 1¾ R 3⅛

BALLYGAWLEY V. (Pop. 431). Clogher : South Division : Co. Tyrone : Ulster. (1) 6.30 a.m., 11 a.m. : (2) 11.30 a.m., 6.45 p.m. : (3) PO, SB, MOO : (4) Yes, 6. Samuel Browne, sergeant.

1 Aughnacloy T	4	A	G	¼ L ¾ L ¼ R ¼ R 1½ R 1
2 Augher V	5½	B	G	1½ L 1 R 3
3 Beragh V	9	A B D	G F	1 R ½ L ¼ R ¼ R 1 L 1 R 1 X 2 R ½ R 1½
4 Stackernagh R	9	B	G	½ R 1 X ½ R 1½ X 1 X ½ R ½ X 1½ X 1 X ½ L ½ R

BALLYGLASS V. (Pop. 121). Carra and Kilmaine: West and South Divisions: Co. Mayo: Connaught. PS, 4 w.: Balla, 6, M. G. W. RY.: Tel. 8-8. (1) 8 a.m.: (2) 5.45 p.m; (3) PO, SB, MOO: (4) Yes, 4: (5) Lake Carra, 4½. James M'Dermott, sergeant.

1 Balla T	6	D	S F	⅝ R ⅝ R 2¼ R 1 L 2
2 Belcarra V	5	D B	S F	R ¼ X 2½ R 1½ R ⅚ L ⅙
3 Brownstown R	5	D B	S F	¼ L 4¼ R ⅓
4 Claremorris T	8½	B	I S	2¼ L 2¼ X 4
5 Hollymount T	7⅔	B	S F	2¼ R 2¾ L 2 L ⅔

BALLYGLUNIN R. Clare: North Division: Co. Galway: Connaught. Ballyglunin, 1, T. & A. RY. (1) 2 a.m., 11.40 a.m.: (2) 2 p.m., 10 p.m.: (3) PO, SB, MOO: (4) No: (5) Knockmoy Abbey, 3. F. Sheehy, sergt.

1 Barnagh V	7	B D	F	¼ L 1¼ R 2 R ½ X 1 X 2
2 Cummer R	7	B	F	¼ R 1¼ L 1¼ R ¼ L 2½ R 1¼
3 *Loughgange* R	7½	B	F	¼ X 1½ L 1 R 1 R ½ L 2 L 1
4 *Monivea* V	7	D	F	¼ X 1½ R A 4¼ R 1
5 Tuam T	7¾	B	F	¼ L 1¼ X 1½ X 1¾ R ¼ R 2 L ¾

BALLYGOWAN V. (Pop. 147). Lower Castlereagh: North Division: Co. Down: Ulster. PS, last m.: Tel. 8-8: B. & C. D. RY. (1) 8.10 a.m., 2.10 p.m.: (2) 10.30 a.m., 7.30 p.m.: (3) PO: (4) Yes, 2: (5) No. John Benister, sergeant.

1 Comber T	4¼	D B D B	F	¼ L ¼ L 2¾ R 1
2 *Saintfield* T	3	B B B	G	¼ L 1½ R 1 L ¼
3 *Killyleagh* T	9	D D D	F	⅜ R 2¼ X 1 X 1½ L 1 X 2⅜ X 1
4 *Belfast* C	8	B B G	G	1¼ X 1½ X ¼ X 1¼ X 1½ X 2¼

BALLYGURTEEN V. (Pop. 45). E.D. E. Carbery: Co. Cork, W.R.: South Cork: Munster. F, 24 June, 25 July: Dunmanway, 6½, C. & B. RY. (1) 11.30 a.m.: (2) 2 p.m.: (3) Pillar Box: (4) Yes, 1: (5) No. Jeremiah Murphy, sergeant.

1 Ballineen V	7	B	G	¼ L 2¼ R 1½ R 3
2 *Clonakilty* T	9	B A	G	1¼ L ¼ R 3½ L 2 L 2
3 Drinagh V	8	D	F	1 L ¼ R 1 L 2½ L 3¼
4 Dunmanway T	6½	B	G	1 L ¼ R 1 R ¼ L ¾ R 3
5 *Rosscarbery* V	9	C	F	1¼ R 1 R 2½ L ½ R 1½ R 2¼

BALLYHOGAN R. (Pop. 30). Bunratty Upper: East Division: Co. Clare: Munster. (1) 8.30 a.m.: (2) 4.10 p.m.: (3) PO, Durra House, 1: (4) No: (5) No. E. J. Conran, act.-sergt.

1 Barefield R	3⅝	B A	F G	⅝ L 2¾ R ¼
2 Cranagher R	4½	B D A	F G F G	¼ L 1½ R 1½ L ¼ L ¾
3 Crusbeen V	4⅓	B A	F G	¼ R 2¾ R ⅛ L ⅛

BALLYHAISE V. (Pop. 155). Loughtee Upper: West Division: Co. Cavan: Ulster. Ballyhaise Junction, 4, G. N. RY. (1) 8.30 a m.: (2) 4.30 p.m.: (3) PO, SB, MOO: (4) Yes, 1: (5) Ballyhaise Castle and Demesne. William Keown, sergeant.

1 Butlersbridge V	6	B B	G	3½ R 2½
2 Cavan T	5	A B	G	Straight road
3 Redhills V	4½	B D B D	G F	1 L 3½
4 Stradone V	6	B D B D	F	¼ R ½ L 1¼ R 4
5 Tullyvin V	9	B D F	G R F	¼ R ½ L 8¼

BALLYHAUNIS T. (Pop. 1030). Costello: South Division: Co. Mayo: Connaught. F, 27 Jan., 17 Feb., 17 March, 5 April, 14 May, 1 June, 2 July, 7 Aug., 22 Sept., 29 Oct., 20 Nov., 19 Dec.: PS, every alternate m.: M, t.: M. G. W. RY.: Tel. 8-8. (1) 12.30 a.m., 10.30 a.m., 11.29 a.m., 7.30 p.m., 7.45 p.m., 10.30 p.m., 11.30 p.m.: (2) 12.15 a.m., 2 a.m., 6 a.m., 2.30 p.m., 11.15 p.m.: (3) PO, SB, MOO: (4) Yes, 18: (5) No. Francis Melaniphy, constable.

1 BALLINLOUGH V	7	D	F	¼ L ⅛ L 6⅝
2 CLOONCAN R	7	D	F	1 R 4 R 1 R 1
3 CLOONFAD V	8	D	F	¼ L ⅛ R 6⅝ L 1
4 *Cloontumper* R	4	D	F	⅛ R 1¾ X 2⅛
5 Kilkelly V	10	D	F	1 L 1½ L ½ R 1 X 4¼ L 1¼ R ½
6 *Knock* V	8	D	P	⅛ L 1⅞ L 2 X 3¾ L ¼

BALLYHEAN V. (Pop. 70). Carra: West Division: Co. Mayo: Connaught. F, 4 July, 20 Aug.: Castlebar, 5, M. G. W. RY. (1) 8 a.m. on m., w., f.: (2) 6 p.m. on m., w., f.: (3) Ballintubber, 4: (4) None: (5) Ballintubber Abbey, 4; Grace O'Mally's Castle, 1. Charles Navin, constable.

1 *Ayle* R	6	D F C A	F B F G	¼ R 2¾ R 1½ R 1½
2 Belcarra V	5	D G B A	B S F G	2 R ½ V ½ R 2 X
3 Castlebar T	5	A C E A	F G F G	2½ R ½ L 2
4 Deergrove R	7	A B D B	G B F G	2½ L ½ L 3 R 1
5 *Partry* R	7	B C E A	F G S G	2 R 1 X 4

BALLYHEIGUE V. (Pop. 192). Clanmaurice: North Division: Co. Kerry: Munster. P.St.: L. & N. K. RY.; Ardfert, 6, W. & L. RY. (1) 8 a.m.: (2) 4 p.m.: (3) Ardfert, SB, MOO: (4) Yes, 1: (5) Ballyheigue Castle; Ballyheigue Bay. James Thompson, sergeant.

1 Ardfert V	6	B	B	¼ R 1¾ R 1 L 1 R 1 L ½ R ¼ R ¼
2 Causeway V	5½	D	G	¼ L ¾ R 1 R 2 R 1¼
3 Killahan R	8	B	F	2 L 3 R 3

BALLYHOOLY V. (Pop. 149). Fermoy: North-East Division: Co. Cork, E.R.: Munster. Ballyhooly, ¾, G. S. & W. R. RY.

Tel. 8-8. (1) 7 a.m. : (2) 8.20 p.m. : (3) PO, SB, MOO : (4) No : (5) Ballyhooly Castle, ⅛. Daniel Connolly, sergeant.

1 Castletownroche V	4	B	G	¼ L 2 X 1 L ¾
2 Fermoy T	5½	B	G	¼ X 2¼ X ½ R 1 R 1
3 Glanworth V	4	B	G	¼ L ½ R 1½ X 1⅛ L ⅛
4 Glenville V	9	D	G	⅛ R ¾ V^2 3 L 3 X 2¾ R ¼ L ¼
5 Killavullen V	6	D	G	⅛ R ⅛ V^4 3½ R 1¾ R ½
6 Rathcormac V	9	D	G	⅛ R ⅛ V^1 ⅛ R ⅛ L 1 L ⅛ R ⅛ L 2¾ X 4 R ⅛

BALLYILLAUN R. Islands : West Division : Co. Clare : Munster. (1) 9 a.m. : (2) 4 p.m. : (3) PO, SB, MOO : (4) No : (5) Loughbourke, ¼. John Callan, act.-sergt.

1 Ennis T	6½	I D B G B A	R F G	¼ X ½ Λ 1½ L 1 L V 2 R 1¼
2 Inagh R	4½	I D B	R F G	¼ L 1 L Λ 3¼
3 Inch R	5½	I D B	R F G	¼ X 2 R 2 L 1¼

BALLYJAMESDUFF V. (Pop. 712). Castlerahan : East Division : Co. Cavan : Ulster. F, monthly, different dates : PS, monthly, last s. : M, t. : Oldcastle, 7½, G. N. RY : Tel. 8-8. (1) 6 a.m., 3 p.m. : (2) 10.20 a.m., 7.30 p.m. : (3) PO, SB, MOO : (4) Yes, 15 : (5) None. Edmond White, sergeant.

1 Crosskeys V	4½	D C D B	P F I	¼ L 2 V ½ X 1¼ X ½
2 Kilnaleck T	6½	C D C B	G F C	¼ L 2 X 2¼ X ½ L 1½
3 Mountnugent V	4½	G F C D	G F C	1 R 1 L 1 X ½ X ¾ L ¼
4 OLDCASTLE T	7½	D F D B	G P R I	2 V 1 L 1 R ¼ L ½ R 2¼ X ¼ X ¼
5 Virginia T	6½	D F D C	G F C	½ X 2½ X 1 X 1½ X 1

BALLYKEALY or BALLON V. (Pop. 100). Forth : Carlow : Co. Carlow : Leinster. M, w. (1) 8 a.m. : (2) 4 p.m. : (3) PO : (4) Yes, 1 : (5) No. Patrick Morris, sergeant.

1 Blacklion R	5½	B	G	2 L ¼ X ¼ L ½ R 1 R ¾ L ¾
2 Carlow T	12	B	G	¾ L 1½ R ¼ L 1 R ½ R ½ X ¾ X 1½ L 2 X ½ R 1 R 1 L ½ L ¼
3 *Clonegal* V	7	D	G	½ L 1¼ X 1½ X 1 L 2¾
4 *Fennagh* V	5	B	G	¼ R ¾ R 1½ R ¼ L ¼ L 1¾ R ¼
5 *Myshall* V	5	B	G	½ R ¾ R ¼ L 1½ L 1 L ¼ L ¾
6 Tullow T	5	B	G	¼ L 1¼ R ½ L 1½ R ½ R ½ R ¼ R ¼

BALLYKEERAN R. Brawney : South Division : Co. Westmeath : Leinster. Athlone, 3, G. S. W. RY. : Athlone, 3½, M. G. W. RY. (1) 7 a.m. : (2) 7 p.m. : (3) PO, SB, MOO, Glasson, 2½ : (4) No : (5) Lough Ree, ½ ; River Shannon, 5, which is dotted with several small Islands, the principal one being Hare Island, on which Lord Castlemaine has a lovely residence. Michael Mehegan, sergeant.

1 Athlone T	3¾	B	G	¾ R 1 R ½ L ¾ L 1
2 Fardrum R	4¾	B	G	¾ R 1 L 1 R ¾ L ½ L 1¼
3 Glasson V	2½	B	G	¼ L 2¼

BALLYKILCLINE R. Ballintubber North : North Division : Co. Roscommon : Connaught. Dromod, 5, M. G. W. RY. and C. L. R. LT. RY. (1) 9 a.m., Fridays and Sundays excepted : (2) 9 a.m., Fridays and Sundays excepted : (3) Ruskey, 3 : (4) No : (5) No. William Ahern, sergeant.

1 Cullagh R	7	B D G	G F S	3 L 2½ L 1½
2 Gillstown R	4	B D V	G S F	Coach road
3 Kilmore V	7	B D	G F S	¾ R 3¼ L 3
4 Ruskey V	3	B D	G F S	Coach road

BALLYKEVEEN HUT R. Clanwilliam : South Division : Co. Tipperary : Munster. (1) 8 a.m., 11.25 a.m., 6 p.m. : (2) 10 a.m., 3.35 p.m., 8 p.m. : (3) Clonbrick Post Office, ½ : (4) None : (5) Golden Vale. Daniel Sullivan, act.-sergt.

1 Anacarty V	5	B	F	¼ L ⅛ L ¼ R 1 X 1 L 1 R ¼ L ⅛ L 1
2 Cappawhite V	2½	B	F	¼ L ⅝ L ¼ L ¼ R ⅜ L ⅛ X ⅜
3 DOON V	6	B	F	⅜ R ⅜ R ⅓ R 1¾ L 1½ L 2
4 *Limerick Junction* V	7¼	B A	F	¼ R 2 R 2¾ R ⅛ L ¾ L 1½
5 OOLA V	5⅜	B	F	½ R ⅛ L 1½ L 2 R 1¼
6 *Shanballymore* R	6	B	F	¼ L ⅜ R 1 R ¼ R ⅜ R ½ X 3

BALLYLANDERS V. (Pop. 360). Coshlea : East Division : Co. Limerick : Munster. F, 1 t. : Knocklong, 6½, G. S. & W. RY. (1) From 1 Nov. to 1 April, 9.30 a.m. ; from 1 April to 1 Nov. 8.30 a.m. : (2) From 1 Nov. to 1 April, 5 p.m. ; from 1 April to 1 Nov. 6 p.m. : (3) PO : (4) Yes, 4 : (5) Galtee Mountains, 5. Patrick Giblin, sergeant.

1 Ballyscadane R	4	B G B	G	½ R 2½ X 1
2 Darragh R	7	D	G	2 R ⅛ L 3¾ L 1⅛
3 Galbally V	3	B	G	1¼ X 1 R ½ L ¼
4 Kilfinane T	6½	B E B G	G	1 X 1 R 4 L ½
5 *Kilbehenny* V	11	B	G	½ R ⅛ L ½ L ½ R 3 X 3 L 3⅜

BALLYLINAN. (Pop. 255). Leix Division : Queen's County : Leinster. PS, alternate Saturday : D.I. : Athy, 4½, G. S. W. RY. : Tel. 8-8. (1) 8 a.m. : (2) 6 p.m. : (3) PO, SB, MOO : (4) Yes, 2 : (5) Ballyadams Castle, 2½. Thos. Condon, sergt.

1 ATHY T	4	B	G	2 R 1 L 1
2 Ballickmoyler V	5½	B	G	½ R 1½ R ¼ L 3¼
3 Doonane R	7½	E	F I	1½ X ¼ X 2¼ L 1¼ X 1 L 1 R ¼
4 GRANGEMELLON R	5½	B	G F	1 X 3 R ¼ L ¾ L ½
5 Luggacurren R	6	B	G F	¾ L ½ L 1½ R ½ L 2 L 1
6 Stradbally T	7½	B	G	½ L ½ R 3 X 3 L ½
7 Wolfhill R	5½	B E	G I	1½ X ¼ X 2¼ R 1¼ R ¼

BALLYLOOBY V. (Pop. 43). Iffa and Offa West : South Division : Co. Tipperary : Munster. Cahir, 4½, W. & L. RY. (1)

8.30 a.m., 3.45 p.m.: (2) 11.35 a.m., 8.50 p.m.: (3) PO: (4) No: (5) No. Owen Boyhan, sergeant.

1 Ardfinan v	6	B D	F S	½ R 1½ X ¼ L 2¾ L 1
2 Cahir T	4¼	B A	F P G	¼ X 2 L 1 X 1
3 Clogheen v	4	A C	S G	⅜ L 3¼ X ¼
4 Rehill R	5¾	B D F	P F B	¼ X ¼ R 2 R ¼ L 1¼ R ⅜ L 1

BALLYLONGFORD V. (Pop. 595). Irraghticonnor: North Division: Co. Kerry: Munster. F, 20 May, 20 July, 20 Oct., 20 Dec.: PS, 1 th., monthly: Listowel, 9, W. & L. RY. (1) 9.30 a.m., 6 p.m.: (2) 7 a.m., 3.30 p.m.: (3) PO, SB, MOO: (4) Yes, 3: (5) The Shannon, ½; Carrigfoyle, 3; Ahavallen, 1; Lisloughten, 1; Scattery Island, 3 by sea. Patrick Doyle, sergt.

1 Ballybunnion v	12	B	F G	3¾ R ¼ R ¼ X 2¾ R 1½ R 3½
2 Listowel T	9	B C	F G	3¾ X ¼ L 2 L ½ L ¼ X 1½ R ¾ X
3 Newtownsandes v	6	B	F G	¼ R 2 X 2 X 1¾ R
4 Tarbert v	5¾	B	F G	¼ L 1¾ R ⅜ L 2¾ R

BALLYMACARBERRY R. Glenahiry: West Division: Co. Waterford: Munster. PS, t. monthly: Clonmel, 11, M. W. L. RY. (1) 5 a.m.: (2) 8 p.m.: (3) PS, SB, MOO: (4) No: (5) Glenaheiry, 1; Nire, 5. James Tivnan, sergeant.

1 Ballinamult R	6¼	B D	G S	¼ X 4 X R 2¼ X L
2 *Kilmanahan* R	5¾	B D	G S	1½ R 4¼ L
3 NEWCASTLE R	6	F	S	2 X ¾ X R 1½ X 1¾ X R

BALLYMAHON V. (Pop. 832). Rathcline: South Division: Co. Longford: Leinster. F, th. before Ash Wednesday, 11 Feb., 11 April, 11 May, 6 July, 11 Aug., 17 Oct., 21 Nov., 19 Dec.: PS, every 4 f.: M, th.: D.I.: Castletown, 12, M. G. W. RY. Tel. 8-8. (1) 7.15 a.m., 1.45 p.m.: (2) 6.30 a.m., 5.20 p.m.: (3) PO, SB, MOO: (4) Yes, 10: (5) Newcastle, 1½; River Inny. M. Geraghty, head-constable.

1 Abbeyshrule R	6¼	B	G	¼ L 2¼ L 2 R 1½
2 Carrickboy R	6¼	B	G	1 X 2½ X 1 X ⅜ X 1½
3 COLLIERSTOWN R	3	B	G	R ¼ L ½ X 1¼
4 Kenagh v	5	B	G	¼ X 1¾ R 1¼ L 1¾
5 LITTLETON R	5	B	G	2¼ R 2½
6 MOYVORE v	6	B	G	¼ L 2¾ R 3

BALLYMAKEERA V. (Pop. 150). West Muskerry: Mid-Cork: Co. Cork, W.R.: Munster. F, 23 each month: P.St: PS, every 4 t.: Macroom Ry. Stn. and Tel. Office, 10. (1) 9 a.m.: (2) 4 p.m.: (3) PO, SB, MOO, Macroom, 10: (4) Yes, 3: (5) Ballyvourney, a lovely valley 3 miles long, adjoins the Barrack. It is beautifully wooded, having the River Sullane (a tributary of the Lee) running in the centre, bounded on either side by oval-shaped mountains and deep ravines, with numerous cascades and rivulets, the beautiful wild mountain scenery varying at almost every point from Ballyvourney to Killarney, a distance of 22 miles. Ballyvourney holds the lovely country seat of Sir George St. John Colthurst, Bart. James Kilgannon, sergeant.

1 *Carrickanimna* V	10	D C	G	⅛ L 7⅛ L 1¾ R ¼
2 *Macroom* T	10	A	G	⅛ R 4⅜ L ⅛ R 3 R ¼ L 1⅝

BALLYMASCANLON R. Lower Dundalk : North Division : Co. Louth : Leinster. Bellurgan, 2, G. N. RY. (1) 7 a.m. : (2) 6.45 p.m. : (3) PO : (4) No : (5) Faughart Hill, 3. James Donaldson, sergeant.

1 Carlingford V	11¾	B C	G	⅛ R 1⅛ R 6½ L 3¼
2 Dundalk T	2¾	B C	G	¼ L 1 L 1¼ L ⅛
3 Jonesboro R	6	B C	G	¼ R 1 R ¾ L 4
4 Omeath R	9	H	R	⅛ R 1⅛ L 4 L Λ 3 V

BALLYMENA T. (Pop. 8656). Lower Toome : Mid Division : Co. Antrim : Ulster. PS, fortnightly : F, last f. month : M, t., th., s. : D.I. : R.M. : Tel. 8-8. (1) 8.20 a.m , 10 a.m., 12.10 p.m., 5.45 p.m.: (2) 7 a.m., 8.55 a.m., 11.5 a.m., 1.15 p.m., 4.30 p.m., 7.10 p.m. : (3) PO, SB, MOO : (4) Yes, 10 : (5) The People's Park ; Seven Towers ; Waveney Castle ; Galgorm Castle, 2. John Dugdale, sergeant.

1 Ahoghill V	4	B	F	2 L 2
2 Broughshane V	3¾	A	G	¾ R 3
3 Cullybackey V	3¾	A	G	¾ X L 3
4 Harryville T	¼	A	M	South of Barrack ¼
5 Martinstown R	7¾	B	G	¾ X L ¾ R 2½ R 1¾ R 2

BALLYMENA (HARRYVILLE) T. Lower Antrim : Mid Division : Co. Antrim : Ulster. F, last f. month : PS, every 2 f. : M, t., w., th., s. : D.I. : R.M. : Ballymena, ½, N. C. RY. (1) 8.10 a.m., 12 noon, 4 p.m. : (2) 8.20 a.m., 12.10 p.m., 5.45 p.m. : (3) PO, SB, MOO : (4) Yes, 12 : (5) Crebilly Castle, 3. James Gallagher, sergeant.

1 Ahoghill V	4	A	G	¼ L 2 L 1¾
2 Ballymena T	¼	A	G	¼ Macadamised Streets
3 *Connor* V	6	A	G	1 X 2 X ½ X 1¼ X 1¼
4 Cullybackey V	3¼	A	G	½ X 3¾

BALLYMOE V. (Pop. 177). Ballymoe : North Division : Co. Galway : Connaught. Tel 8-8 : F, 1 Jan., 13 March : R.M. : Ballymoe, 2½, M. G. W. RY. (1) 8 a.m., 12 noon : (2) 2 p.m.,

6.30 p.m. (3) PO, SB, MOO: (4) Yes, 3 : (5) None. Henry Stoker, sergeant.

1 Ballintobber v	4	A B D	G	⅜ L 2⅞ R ½
2 Castlerea T	6	B	G	2⅞ R ⅞ X 2 X ½
3 Creggs v	8	B D	G	⅜ L 2½ L ¼ 4½ 1¼
4 Glenamaddy v	9	B D B	G	⅜ X ⅞ X 1¼ X 2½ R ½ L 3½
5 Williamstown v	6½	B D	G	⅞ ½ R 1½ R 3⅞

BALLYMOGHENRY R. Tireragh : North Division : Co. Sligo : Connaught. Ballina, 7, M. G. W. RY. (1) 11.5 a.m., 3.45 p.m. : (2) 11.15 a.m, 3 40 p m : (3) Corballa, ⅞ : (4) No : (5) No. Thomas Scallan, sergeant.

1 Ardnaree T	7	A	G	⅜ R ¼ L ¼ R ½ L ⅜ L 1⅞ L ½ L 1½ L ½ R ¼ L 1
2 BONNICONLON v	6	A B	G F	1 L 2½ X 2¼
3 Dromore West v	9	A	G	¼ L ½ R 1 X 1¼ R 2 R 1½ R 1¼ R ¼ L ½ L ½
4 Enniscrone v	4½	A B	G F	⅜ R ¼ R 3½ L ½

BALLYMONEY T. (Pop. 2975). Upper Dunluce : North Antrim : Co. Antrim : Ulster. T. 8-8 : F, 5 May, 10 July, 6 Oct. : PS, 3 m. : M, th. : D.I. : B. & N. C. RY. (1) 8.30 a.m., 8.45 a.m., 10.20 a.m., 12.15 p.m., 12.25 p.m., 5 p.m., 5 35 p.m. : (2) 8 a.m., 8.20 a.m., 12.10 p.m., 12.20 p.m., 3.50 p.m., 4.10 p.m., 5 p.m. : (3) PO, SB, MOO : (4) Yes, 16 : (5) Ruins of Old Church Tower in town. Robert Morrison, constable.

1 AGIVEY R	4	A	G	⅜ X ½ L ⅜ X ⅞ X 1½
2 COLERAINE T	7½	A M	G	¼ L ¼ L ½ R 1½ X 2½ X 2½
3 Dervock v	4¾	A	G	1¼ R 2 X 1 R ½
4 *Rasharkin* v	8¼	C	G	⅞ X 1¼ X 1 R 1¼ L 4

BALLYMORE V. (Pop. 250). Rathconrath South Division : Co. Westmeath : Leinster. F, 10 March, 1 May, 5 Aug., 12 Oct. : PS, 4 f. : Streamstown, 7, M. G. W. RY. (1) 9 a.m. : (2) 5.30 p.m. : (3) PO : (4) Yes, 1 : (5) Lough Sendy, ½ ; ruins of Clare Castle, 2 ; ruins of Ballymore Castle, ¼. Myles Dwyer, constable.

1 Colherstown R	3	B	G	½ L 1 X 1¼
2 Loughnavally R	7	B	G	⅜ L ⅞ X ½ R 1½ X 2 X 2
3 *Moyvoghley* R	5¼	B	G	⅜ R 2½ R 1½ L ½ R ½
4 Moyvone v	5	B	G	A R ⅞ R 2 L 1 L ½ L ½
5 *Streamstown* R	7	B	G	⅜ L ⅞ R A 1½ X 1 L ⅞ R 3

BALLYMORE (EUSTACE) V. (Pop. 615). South Naas : South Kildare : Co. Kildare : Leinster. F, 1 t : PS, 1 f. : Harristown, 3, G. S. & W. RY. Tel. 8-8 ; Sunday, 8-9 a.m. (1) 8.30 a.m., 10.30 a.m. ; Sunday, 8.30 a.m. : (2) 4.15 p.m., 4.45 p.m. ; Sunday, 1.30 p.m. : (3) PO, SB, MOO : (4) Yes, 3 : (5)

Poul-a-Phuca, 2 ; Water Falls ; Punchestown Racecourse, 4½. Richard Reide, constable.

1 Baltyboys R	3½	A B D	G F	1 L 1½ R 1
2 Blessington T	4½	D C	G F	2 X ½ X 1¾ R ¼
3 Dunlavin T	6½	A C	G F	¼ R 1 X 1½ X 2¼ X 1½
4 Hollywood R	2½	A C	G F	¼ X ¼ X ¼ X ¼ X 1 L
5 Kilcullen T	6¼	A C	G F	1 X 1 L 1½ X 1 X 2
6 Kilteel V	9	C D	G F	2 X ¼ X 1½ X ¼ X 1 X ½ X ½ X 1 R 2 X
7 Naas T	6½	A C	G F	½ X 1 X 1½ X 1 X 2¼

BALLYMOTE T. (Pop. 1027). Corran : South Division : Co. Sligo : Connaught. F, 1 w. : PS, twice monthly, th. : M, th. : D.I. : M G. W. RY : Tel. 8-8. (1) 2.30 a.m., 11.15 a.m., 2.37 p.m. : (2) 6 a.m., 11.15 a.m., 2.37 p.m., 10 p.m. : (3) PO, SB, MOO : (4) Yes, 12 : (5) Very large ruins of M'Donagh's Castle. Arthur Mahon, head-constable.

1 Bunnadden V	5½	B D	G F G F	2 L V¹ 3½
2 Castlebaldwin R	6¼	B D	G F G F	2½ R 1 ∧ 2 X 1
3 Keash R	4½	B D	G F G F	2 X 2½
4 Riverstown V	7	B D	G F G F	½ R 3 R ¼ ∧ 1 L ½ R ¼ V 1½
5 Templehouse R	3½	B F	G R G F	2 X 1 ∧ ½ R ¼

BALLYMURRY R. Athlone : South Division : Co. Roscommon : Connaught. Ballymurry, ½, M. G. W. RY. (1) 7.15 a.m., 10.45 a.m. : (2) 2 45 p.m., 6.45 p.m. : (3) No : (4) No : (5) Lord Crofton's Demesne, ¼ ; Shannon River, 3½. John Scott, sergeant.

1 Athleague V	7	D B	G S	½ R ¼ R ½ R 1 ∧ 1 V ¼ X ¼ L ¼ X 3 L ¼
2 Beechwood R	5	B	B R	½ R 1 L 3 R ¼
3 Lecarrow R	5	B	S	½ R ¼ L ½ R 1 L ½ L ½ R 1½ L ½
4 Roscommon T	3½	B	R	½ L ½ L 1¾ X ¼ L ¼

BALLYNACARGY V. (Pop. 295). Moygoish : North Division : Co. Westmeath : Leinster F, 9 May and 20 Oct. : PS, 1 t : M, w : D.I. : Multyfarnham, 9, M. G. W. RY. : Tel. 8-8. (1) 5.24 a.m., 6 p.m. : (2) 7.6 p.m. : (3) PO, SB, MOO : (4) Yes, 8 : (5) Barronstown Demesne, 2 ; Tristernagh Abbey, 3½. Michael Carolan, sergeant.

1 Abbeyshrule V	7	B D	F G	2 R 1¾ L 1½ L 1 L ¾ R ¼
2 Ballinalack V	7	A B D	F G	1¾ L 2½ R 1 R 2
3 Moyvore V	6	F G D B	F G F	1½ L ½ R 1½ R ¾ L ¾ L ½ R ¾
4 Rathconrath R	5	F G B D	F	1½ L ½ L 1 R ½ L 1½ R ¾

BALLYNAHINCH T. (Pop. 1542). Kinelarty : South Down Division : Co. Down : Ulster. F, 3 th : PS, 3 w. : M, th. : B. & C. D. RY. : Tel. 8-8. (1) 5 a.m., 11.30 a.m., 2.30 p.m., 7.30 p.m. : (2) 10 a.m., 2.30 p.m., 7.30 p.m., 9.0 p.m. :

(3) PO, SB, MOO: (4) Yes, 20: (5) Spa, Sulphur and Iron Springs, 2. Richardson A. Long, act.-sergeant.

1 Crossgar V	6	D C	G	⅛ R 1¼ L 1¾ R 2¼ R ¼
2 Dromara V	5¾	D C	G	½ L ½ L ½ X 1 X 1 X 1½ L ¼
3 Saintfield V	5	B	G	½ R 1½ R 3

BALLYNEETY V. (Pop. 50). Clanwilliam: East Division: Co. Limerick: Munster: PS, alternate th. (1) 8.30 a.m.: (2) 5.30 p.m.: (3) PO: (4) No: (5) No. Robert Frizzel, sergt.

1 *Caherconlish* V	3½	D	I	1¾ L 1⅝ R ⅛ R ¼
2 *Drumbanna* R	2½	A	G	⅜ L 1/16 R 1 L ½ X 1/16
3 Fedamore V	6	A B B F	F	2 R 1 L 2 R 1
4 Grange R	5½	A	G	2 X ¾ R 1¼ L ¾ R 1¼
5 Herbertstown V	7½	B	F	2 X ¾ L 1 R ½ R ¾ L 2⅛ L ¼ X ¼
6 *Patrickswell* V	8	D	I	1 R 1½ L 1 X 1 R ¼ L 1 R ½ L 1¾

BALLYPOREEN V. (Pop. 495). Iffa and Offa W.: South Division: Co. Tipperary, S.R.: Munster. F, 12 May, 21 Aug., 17 Dec.: PS, 1 t.: M, t. and f. summer; t. winter: Mitchelstown, 8, G. S. & W. RY. (1) 8.35 a.m.; Sunday, 9.30 a.m.: (2) 5 p.m.; Sunday, 12.30 p.m.: (3) Clogheen, 6: (4) Yes, 4: (5) Mitchelstown Caves, 4. John Collins, constable.

1 Araglin R	7	D	F	1¾ L 4 R 1¼
2 Clogheen T	6	A	G	2½ R 2½ X 1
3 Kilbenny V	7	D	G	⅛ L 5 L 1⅞
4 Mitchelstown T	8	A	G	2½ R 2½ X 2⅞ L ⅛
5 Rehill R	8	D	S	⅛ R ¾ L ¾ R 3 L ⅞ L ⅛ R 1½ R ⅜

BALLYRAGGET V. (Pop. 618.) Fassadineen: North Division: Co. Kilkenny: Leinster. F, 1 t.: PS, 3 w: M, f.: W. & C. I. RY.: Tel. 8-8. (1) 5.50 a.m., 9.50 a.m., 4.5 p.m., 6.20 p.m.: (2) 5.50 a.m., 9.45 a.m., 3.45 p.m., 6.20 p.m.: (3) PO, SB, MOO: (4) Yes, 8: (5) Ballyragget Castle, ⅛; River Nore, ¼; Eden Hall, ¼; Ballyconra House, 1; Baurnaleen, or Cromwell's Camp, 2; Anchor Island, 2. Henry M'Shane, sergeant.

1 BALLINAKILL V	7	B	G	2⅛ L ½ R ½ R 1 L ¾ R 1⅛ L 1
2 Castlecomer T	7½	B D	F G	1 L 1¼ V ¼ 2½ R Λ ¼ R 2¼
3 DURROW V	5¾	B	G	¼ R ¼ R 1 R 2½ L ¼ R 1 R ¼
4 *Freshford* V	5¾	B	G	¾ L 1½ R 1¼ R ¼ R ½ L 1 L 1
5 *Gathabawn* R	7½	B D	F G	¼ R ¼ L 2¼ X Λ 1¼ X V 2 R 1⅜
6 Jenkinstown R	4¾	B	G	2 R 1 L ¼ R 1⅛

BALLYVEEN R. West Division: Co. Clare: Munster. (1) 10 a.m.: (2) 3.15 p.m.: (3) 2 miles: (4) Yes, 2: (5) Ballynalacken Castle, ½. Jeremiah Cummins, sergeant.

1 Fanoremore R	8	B D B D	G F	½ L 7¼ R ¼
2 *Liscannor* V	9	D C D C	F P	1¼ R 1 R ⅝ L 1 X 1 R 2⅜ R ⅜ L ½ R ¾
3 Lisdoonvarna V	3½	D C D C	F G	¾ L 1 R 1¾

BALLYROAN V. (Pop. 319). Cullenagh : Leix Division : Queen's Co. : Leinster. Abbeyleix, 3¼, W. C. I. RY. (1) 7.15 a.m. : (2) 6.40 p.m. : (3) Abbeyleix, 3¼ : (4) No : (5) No. P. Byrne, sergeant.

1 *Abbeyleix* T	3¼	A	G	1 X 1 X 1¼
2 *Ballinakill* V	6	D	G	2 X 1 X ¼ R 2¾
3 Maryboro T	6¼	A	G	2 L 2¼ L 2
4 *Mountrath* T	9	B	G	2 X 1 R 1 L 1½ X 1½ R 2
5 *Timahoe* V	5½	C	G	2 L 1 V 1 X 1½

BALLYRONAN R. Loughinsholin : South Division : County Londonderry : Ulster. Magherafelt, 4½, B. & N. C. RY. (1) 11 a.m. : (2) 2.40 p.m. : (3) PO, SB, MOO : (4) Yes, 1 : (5) Lough Neagh, ⅛. Michael Reynolds, sergeant.

1 Castledawson V	5	B	G	½ L ½ X 2 X 1½ L ½
2 COAGH V	6½	D	G	2½ L ½ L 1 L ¼ R 1 R 1¼
3 Magherafelt T	4½	B	G	1 X ½ X ¼ R 1¼ R 1½
4 Moneymore T	6¼	D	G	1 X 1 X 1 X ¾ R 1½ L ¼ R ¾

BALLYSCADANE R. Coshlea : East Division : Co. Limerick : Munster. Knocklong, 2, G. S. W. RY. (1) 7 a.m., 11.30 a.m. : (2) 2 p.m., 7 p.m. : (3) Knocklong, 2, PO, SB, MOO : (4) Yes, 10 at Knocklong : (5) Knocklong Abbey, 2. D. Sweeney, constable.

1 Ballylanders V	4	B	G	1 X 2½ L ½
2 *Elton* V	4	B	G F	½ L ¾ L 2½ R ¼
3 EMLY V	5½	B	G	½ V² 1¾ V⁴ 3 R ½
4 Galbally V	5	B	F G	1 X ⅜ L 1¾ X 2⅛
5 *Hospital* V	5	B	G	½ X 1½ V³ 3
6 Kilfinane T	7	B	G	1 R 2½ X 3½

BALLYSCULLION HUT R. Toome Upper : South Division : Co. Antrim : Ulster. B : Toome, 3½, B. N. C. RY. (1) 9.30 a.m. : (2) 3.30 p.m : (3) Toome, 3½, PO, MOO, SB : (4) No : (5) Church Island, Co. Derry, has ruins of a very ancient Church and fine Spire, 1½. James Young, sergeant.

1 Millquarter V	3½	I	R	1 R 2½ R
2 Toome V	3½	I	R	1 R 1 R 1½

BALLYSHANNON T. (Pop. 2443). South Division : Co. Donegal : Ulster. Tel. 8-8 : F, 2 each m. : PS, 2 th. : M, s. : D.I. : G. N. RY., ½. (1) 8.15 a.m., 9.30 a.m., 10 a.m., 3.15 p.m. : (2) 11 a.m., 3.20 p.m., 3.50 p.m., 4.30 p.m. : (3) PO, MOO, SB : (4) Yes, 10 : (5) A very ancient town, said to have been founded by the Scandinavians, of whom traces remain ; a splendid salmon river and leap (river Erne), and altogether a very pretty place ; Mr. Martin, D.I., was stationed here at the time of his murder at Gweedore, and a monument to his memory is in the Parish Church. James M'Gawley, sergt.

1 Ballintra V	7	B	G	Direct road
2 Belleek V	4	B	G	3⅞ L ⅛
3 Bundoran V	4	B	G	¾ R 3 R ¼

BALLYSHANNON R. West Offaly: South Kildare: Co. Kildare: Leinster. Kildare, G. S. W. RY. (1) 8.30 a.m., 6 p.m.: (2) 8.30 a.m, 6.15 p.m.: (3) PO: (4) Yes, 1: (5) No. George Emerson, sergeant.

1 Ardscul R	6	A	G	½ L ¼ R ¼ L ¼ R 1 L ½ X 1 X 1 R ¼ L ¼ R ¼ L ¼
2 Ballitore V	7	B	G	¾ X 1¼ R 1½ L 1 X 1 L ¾ R ¾
3 Curragh R	5	A	G	1 R 1 X 1 X 1 L 1
4 Kilcullen V	5	A	G	2¼ L ¼ L ¼ R ½ X 1 X ¼ R ¼ L ¼
5 Nurney R	5	A	G	1 L 1½ R ½ L 2

BALLYSHONEEN R. East Muskerry: Mid-Cork: Co. Cork, E.R.: Munster. (1) 8.30 a.m.: (2) 10.15 a.m.: (3) Rural PO, Berring, 1: (4) Yes, 1: (5) No. John Mullally, act.-sergt.

1 Blarney V	9	B D	G F	4½ L 1½ R ¼ E 2¾
2 Donoughmore R	5	B D	G F	3½ R 1½
3 Dripsey V	4½	D F	S P	1 R 1½ L 1 L 1
4 Inniscarra R	5	B D	G F	3 R 2

BALLYSHRUIL R. Longford East Division: Co. Galway: Connaught. Loughrea, 16, M. G. W. RY. (1) 8 a.m.: (2) 2 p.m.: (3) Portumna, 4½: (4) No: (5) Lough Derg, ½. Martin O'Neill, constable.

1 *Ballinagar* R	5½	B	F	¼ R ¼ L 2½ R 1 L ¼ L 1¼
2 Killimore V	6	D	F	½ L 1 X 1½ X ½ 1 X 1½
3 Portumna T	4½	B	F	¼ X ¼ R 2 L 1½ R ¼ R ¼
4 *Powers Cross* R	3¾	B	F	½ L 2¾ X ½
5 *Rossmore* R	8	B	F	½ L 2½ L 4 L 1
6 Tynagh V	6	B	F	½ R ¼ R 2 L 1 L 1½ R ¾

BALLYSIMON R. Clanwilliam: Limerick City: Co. Limerick: Munster. Killonan, 1¼, W. & L. I. RY. (1) 9.20 a.m.: (2) 6.20 p.m.: (3) PO: (4) Yes, 2: (5) No. Daniel Lynch, sergt.

1 Annacotty R	3½	B D C	G	1¼ X 1 L ½ X ½ R ¼ X
2 Blackboy V	1½	A	G	¼ X 1⅛ L ⅛
3 Drumbana R	2	A B B A	G	1/16 R 1 9/16 X 1/16 X ¼ X 1/16 R
4 Kilmurry R	3	B D A	G	1¼ L 1¼ L ½ X

BALLYTRAIN R. Cremore: South Division: Co. Monaghan: Ulster. (1) 9.45 a.m. (2) 3.15 p.m.: (3) Shercock, 5: (4) Yes, 2: (5) No. John Kearns, sergeant.

1 *Ballybay* T	7¼	H	G	½ L 3 R 1¾ R 1½ L ¼ R ¼
2 Carrickmacross T	9	A	G	1½ X 3 X 4 R ½
3 Castleblayney T	8	B	G	1½ X 3 R 2 R 1¼ R ¼
4 SHERCOCK V	5	B	G	¼ X ¼ L 2 X 2 X ½

BALLYVARY V. (Pop. 115). Gallen: East Division: Co. Mayo: Connaught. Manulla Junction, 6, M. G. W. RY. **(1)** 7.45 a.m.: **(2)** 6.25 p.m.; Sunday, 5.25 p.m.: **(3)** PO, SB, MOO: **(4)** Yes, 1: **(5)** Straide Abbey, 3. Patrick Doyle.

1 Balla V	7	F B	I	1 L ½ R ½ R 2 R 1 L 2
2 *Bohola* V	5	B	F	4½ R ½
3 *Foxford* V	7½	B	F	4 L 3½
4 Turlough V	3½	A	G	3 X ½

BALLYVAUGHAN V. (Pop. 145). Burren: East Clare: Co. Clare: Munster. Tel. 8-8: F, 29 May, 24 June, 6th and 18th Dec.: PS, 2 t.: M, th. (during Spring and Summer): D.I.: Corrofin, 16, W. C. RY. **(1)** 8 a.m.: **(2)** 4.30 p.m.: **(3)** PO, MOO, SB: **(4)** Yes, 7: **(5)** Corcomroe Abbey, 5; Corkscrew Hill, 5; Blackhead, 8. Patrick Ahern, sergeant.

1 Fanoremore R	10	B	G	9¾ L ¼
2 Kilcorney R	8	B D B	G	1 L 5¼ R 1 L ¾
3 *Kilfenora* V	11½	B D B	G	1 R 4 L 1½ L ½ R 1¾ R 1 R 1½ L ¼
4 Lisdoonvarna V	10	B D B	G	1 R 4 R 1 L 1¼ R ¼ L 1 X 1 L ½
5 New Quay V	7	B	G	4 L 2 R ¼ R ¾

BALLYWARD R. Lower Iveagh: South Division: Co. Down: Ulster. PSt. Ballyroney, 5, G. N. RY. **(1)** 8.45 am.: **(2)** 4.45 p.m.: **(3)** PO: **(4)** Yes, 2: **(5)** No. Andrew Carty, sergeant.

1 Castlewellan T	5	D	F	¼ X 2 L 1 R 1¾
2 Rathfriland T	8	D	F	2½ L 2½ X 3

BALLYWILLIAM R. Bantry: North Wexford: Co. Wexford: Leinster. Tel. 9-7: G. S. W. RY. and D. W. W. RY., ½. **(1)** 10 a.m.: **(2)** 3 p.m.: **(3)** PO, MOO, SB: **(4)** Yes, 1: **(5)** Rebellion scenes, '98, in vicinity. John Feeney, sergeant.

1 Ballinaboola R	8	B	F	¼ L V^2 ½ L ¾ X ¼ R ½ X 1½ X 2 L ¼ R 2½
2 *Clonroche* V	8	B	F	¼ V^4 1½ L 1 R ¼ X 3 X 1¾ R ¼
3 *Killanne* R	8	B	F	Direct road
4 New Ross T	7	B	F	¼ V^3 2¼ L ½ X 1¼ X 2¾
5 St. Mullins R	4	B	F	¼ V^4 1¾ R ¼ X 1¾

BALTIBOYS R. Talbotstown Lower: West Wicklow: County Wicklow: Leinster. **(1)** 12 noon: **(2)** 5 p.m.: **(3)** PO: **(4)** No. William Lalor, sergeant.

1 Ballymore (Eustace) V	3½	A	G	1 L 1½ R 1
2 Blessington V	4	A	G	1 R 3
3 Hollywood R	3½	A	G	3½ R
4 Laragh R	17	B E C	F	¾ R 7¼ L 9 (through Wicklow Gap)

BALTIMORE V. (Pop. 514). West Carbery: West Division: Co. Cork Munster. Tel. 8-8: PSt: B. C. & B. RY. (1) 8 a.m.: (2) 4.45 p.m.: (3) PO, SB, MOO: (4) Yes, 6: (5) Loughine, 4½. James Cormack, sergeant.

1 Skibbereen T	9	B	P	½ L 5¼ R 3¼

BALTINGLASS T. (Pop. 1056). Talbotstown Upper: West Division: Co. Wicklow: Leinster. F, 3 t.: PS, 2 f: M, f.: G. S. W. RY.: Tel. 9-7. (1) 5.15 a.m., 10.30 a.m.: (2) 4 p.m., 8 p.m.: (3) PO, SB, MOO: (4) Yes, 9: (5) Saunders' Grove, 3; Humewood, 5. Patrick Moloney, constable.

1 CASTLEDERMOT V	7	B	G	¾ R 2 X ½ R 1¾ X 2
2 Grange V	4½	C	G	1 L 1 R 1 R 1½
3 Kiltegan V	5	B	G	1 L 1 R ½ L ½ X 1 R 1
4 RATHVILLY V	5	B	G	½ L 2 X 2 L ½
5 Stratford V	4	B	G	1¼ R ¾ X 1 L 1

BANAGHER T. (Pop. 1138). Garrycastle: Birr Division: King's Co.: Leinster. F, 29 Jan., 7 Mar., 30 April, 14 July, 15, 16, 17, 18 Sept., 25 Nov.: PS, every alternate m: G. S. & W. RY.: Tel. 8-8. (1) 6 a.m., 1 p.m., 7 p.m.: (2) 6 a.m., 2 p.m., 7 p.m.: (3) PO, SB, MOO: (4) Yes, 10: (5) The River Shannon, ¼. Cornelius Shea, act.-sergeant.

1 Annagh R	6	B	G	2 L 4
2 Cloghan V	5	A	G	¼ R 1¼ X 2¼ L 1¼
3 Clonfert R	5½	A	G	1½ R 2½ R 1¼ R ¼
4 Parsonstown T	8	A	G	2 X 6
5 Shannon Harbour V	3	A	G	1½ R 1½

BANARD R. Magonihy: East Division: Co. Kerry: Munster. Rathmore, 4½, G. S. & W. RY. (1) 9 a.m., 1 p.m.: (2) 1 p.m., 7 p.m.: (3) Greeveguilla, ½: (4) Yes, 2: (5) No. Timothy Clyne, sergeant.

1 Headford R	8	B	G	1¼ L 2 L 2 R 1½ L 1¼
2 Inchicorrigane R	8	B	G	½ R 1¼ L 5 X 1¼
3 KNOCKNAGREE V	3	D	G	1½ X 1½
4 Rathmore V	4½	B	G	½ L ½ X 2 L 1½

BANBRIDGE T. (Pop. 4901). Upper Iveagh Upper Half: West Division: Co. Down: Ulster. F, 1 t.: PS, every alternate th.: M, m., w., f.: D.I.: G. N. RY.: Tel. 8-8. (1) 2.55 a.m., 8.55 a.m., 9.30 a.m., 5.25 p.m.: (2) 7.40 a.m., 10.10 a.m., 3.55 p.m., 6 p.m., 9.45 p.m.: (3) PO, SB, MOO: (4) Yes, 50: (5) River Bann. William Davies, sergeant.

1 Ballyally R	6	D A	F G	2 R ¾ X 1 X ¾ X ½ X 1
2 Dromore T	7	A	G	Straight and Level
3 Laurencetown V	3	C A C	G	2½ L ½
4 Loughbrickland V	3	A	G	Straight
5 Scarva V	4¼	A	F G	1¼ X 1 X 1¾ L ¼

BANDON T. (Pop. 3488). Kinalmeaky: South-East Division: Co. Cork: Munster. F, 1 w.: PS, each m.: M, s.: C.I.: D.I.: R.M.: C. B. & S. C. RY.: Tel. 8-8. (1) 6 a.m., 5 p.m., 8.10 p.m.: (2) 10 a.m., 3.30 p.m.. 8 p.m., 10 p.m.: (3) PO, SB, MOO: (4) Yes, 18: (5) Castlebernard Castle and Demesne, 1. Jacob Ruttle, sergeant.

1 Bandon (No. 2) T	½	A	G	⅜ L ⅛ L ¼
2 Innishannon V	4	A	G	¾ L 2¾ L ⅜
3 Kilbrittain R	7	B	G	¼ L 1 R 1¼ V³ 3½ R ⅛ L ¾ L ⅛

BANDON (No. 2) T. (1) 4 a.m., 4 p.m.: (2) 10.30 a.m., 8.30 p.m.: (3) PO, SB, MOO: (4) Yes, 15: (5) Castlebernard, seat of Earl of Bandon, 1. John Byrne, sergeant.

1 Ballineen V	11	A	G	4 R 1 L 3 R ¼ L 1¾ L 1
2 Bandon (No. 1) T	½	G A M	G	¼ R ¼ R
3 Mountpleasant R	5	D	I	¼ R 1¾ X 2 L ⅛ R ½
4 Upton V	5	C	G	½ X 1¾ X ¼ R 1½ X 1

BANGOR T. (Pop. 3820). Lower Ards: North Division: Co. Down. Tel. 8-8: F, 1 May, 1 Nov.: PS, 1 and 2 w.: B. & C. D. RY. (1) 7.15 a.m., 10.20 a.m., 4 p.m.: (2) 10.30 a.m., 2 p.m., 6 p.m., 8.30 p.m.: (3) PO, SB, MOO: (4) Yes, 30. James Kearney, sergeant.

1 Donaghadee T	5	D	S	½ R 1 X 1 X 1 L 1 R ½
2 Holywood T	8	A	F	2 X 2 L 4 X
3 Newtownards T	5	B	F	1½ X ½ L 2 R 1

BANGOR (ERRIS) R. (Pop. 78). Erris: North Division: Co. Mayo: Connaught. F, 20 Jan., Feb., March, April, and July; 10 May; 11 July, Aug., and Dec.; 8 and 29 Sept.; 16 Oct. and Nov.: M. G. W. RY., 28: Tel. Office, 12½. (1) 7.25 a.m., 9.40 a.m., 4.15 p.m., 4.35 p.m.: (2) 7.45 a.m., 7.50 a.m., 10 a.m., 4.40 p.m.: (3) PO, SB, MOO: (4) Yes, 6: (5) The centre of the wildest part of Ireland. James Farrell, sergeant.

1 *Ballycroy* R	12	B D	S P	7 L 1 X 2½ R 1½
2 Belmullet T	12½	B D	G F	Straight road
3 Corick R	8	B D	G F	5¼ R 2¾
4 Geesalia R	10	B D	S P	4 L 5 L ½ R ½
5 Glencalry R	16	D G	S P	¾ R 1 R 6 R 2¾ R 5 R 1
6 Rossport R	13	D G	S P	¼ R 1 R 6 R 1¼ L ¾ R S 1 S R ¼

BANNOWBRIDGE R. Cork: Cork City: County Cork: Munster. Leemount, ¼, C. M. L. RY. (1) 7.30 a.m., 3 p.m.: (2) 10 a.m., 9 p.m.: (3) PO: (4) No: (5) No. James Hough, sergeant.

1 Ballincollig V	8	A	S	¼ L ¼ R ½ R 2
2 Ballyshoneen R	8	B	S	¼ R 1 X 3½ R 2 X 1¼
3 Blarney V	4	D	S	¼ R 1 R ½ L ½ R 1 R ¾
4 Inniscarra R	4	B	S	¼ X 3½ R ¼
5 *Sundayswell* C	4	A C	G	1 R 2½ L ½
6 *Victoria Cross* R	3	A	S	¼ L ¼ L 2½

BANSHA V. (Pop. 341). Clanwilliam: South Division: Co. Tipperary: Munster. PS, 1 m. of month: F, 19 Feb., 30 April, 30 June, 30 Sept., 30 Nov.: W. & L. RY.: Tel. 8-7. (1) 8 a.m.: (2) 6 p.m. week days, 10 a.m. Sunday: (3) PO, SB, MOO: (4) Yes, 1: (5) Glen of Aherlow, 5; Galtee Mountains, 7. James Griffin, sergeant.

1 Ballydavid R	3½	B	G	⅛ R 1¼ L 2 L ⅛
2 GOLDEN V	7	B	G	¼ R 3 L ¼ L 1 R ¼ R 2
3 KILFEACLE R	4	B D	G	1 X 2 R 1
4 KILMOYLER R	4	A	G	1¼ R ¼ L 1½ X 1
5 Lisvernane V	9	B	G	Straight road
6 Tipperary T	5	A	G	1 R 1 X 2½ L ½

BANTEER V. (Pop. 113). Duhallow: North Division: Co. Cork: Munster. G. S. & W. RY., ¼: Tel. 8-7. (1) 2 a.m.: (2) 12.20 p.m., 10 p.m.: (3) PO, SB, MOO: (4) Yes, 3: (5) Kanturk; M'Carthy's Castle, 3. John J. Caven, constable.

1 *Ballyclough* V	7¼	A C B	F	1¼ L ¼ R 1½ L ½ R 1 R 1 R 1 L 1
2 Clonbannon R	6¼	B	F	¼ R ¼ L 3 L 1½ R ½ L ½ X ½
3 *Donoughmore* V	18	A C B	G	¼ L 3¾ L 4 R ½ L 9 L ¼
4 *Glountane* V	7	B D	S	1¾ R 1 L 2¼ L ¼ R ½ L 1
5 Kanturk T	4	A	G	¼ R ¼ X 2¼ R 1
6 Rathcoole R	5	B	F G	¼ X ¼ L 3¾ R 1 R ¾

BANTRY T. (Pop. 2922). Bantry: West Division: Co. Cork: Munster. Tel. 8-8: F, 14 Jan., 16 Feb., 19 March, 14 April, 1 May, 9 June, 15 July, 21 Aug., 14 Sept., 15 Oct., 14 Nov., 1 and 16 Dec.: PS, bi-monthly: M, s.: D.I: R.M.: C. B. S. C. RY., ⅛. (1) 5.50 a.m., 6 p.m: (2) 8.20 a.m., 6.10 p.m.: (3) MOO: (4) Yes, 20: (5) Yes, famous for archæological interest; from ½ to 12. John M'Grath, sergt.

1 Aughaville R	8	C	G	2 R 2 R 2½ L 1½
2 Durrus V	6½	C	G	2 R X 4½
3 Glengarriff V	11	A	G	1 L 1½ L 1 L 2 L 5½
4 Kealkil V	7	A	G	1½ L 1½ L 1 R 2 X 1

BAREFIELD HUT R. Islands: East Division: Co. Clare: Munster. Ennis, 3½, E. & A. RY. (1) 9 a.m.: (2) 9 a.m.: (3) PO: (4) No: (5) No. Patrick Flynn, act.-sergt.

| 1 Ballyhogan Hut R | 2¼ | B | G | ¼ L 2¼ R ½ |
| 2 Ruane R | 4 | B | G | ⅜ L 1 R 1½ R 1¾ |

BARNA V. (Pop. 155). Galway: Galway Borough: Co. Galway, W.R.: Connaught. F, 5 Feb., 6 May, 5 Aug. and Nov.: PSt: Galway, 5½, M. G. W. RY. (1) 7 a m., 3 p.m.: (2) 11 a.m., 7 p.m.: (3) PO: (4) Yes, 1: (5) No. Andrew Hamilton, sergeant.

1 Moycullen V	8	D	F	5 L 3
2 Salthill V	4	B	G	1½ X 1 R 1½
3 Spiddal V	6¼	B	F.	⅛ X 6¾

BARNAGH V. (Pop. 89). Clare: North Division: Co. Galway: Connaught. PS, 2 th: Ballyglunin, 6, A. & T. RY. **(1)** 9 a.m.: **(2)** 7 p.m.: **(3)** PO: **(4)** *nil.*: **(5)** *nil.* James Faughnan, constable.

1 Ballyglunin R	7	D B	F	2 X 1 X ½ L 2 L 1¼ R ¾
2 *Moylough* V	6¼	B	G	½ L 2¾ X 1 X ½ R 2 R ¼
3 Tuam T	6½	B	G F	1 L 1 R ¼ L 3 R 1 R ¼

BARNES GAP R. Kilmacrenan: West Division: Co. Donegal: Ulster. **(1)** 8 a.m.: **(2)** 5 p.m.: **(3)** Termon, 2½: **(4)** No: **(5)** Barnes Gap, ¼; Lough Grenary, 4. B. M'Closkey, sergt.

1 *Creeslough* V	5	D	G	1 L 1 X 1½ R ½ L ¾ L ⅜
2 *Glen* R	5	B	G	1 R 3¾ L ¼
3 *Glenveigh* R	6	D	F	¼ R 2 R 1½ R ½ L 1¾
4 Kilmacrenan V	4½	D	G	¼ L 1¾ X ½ L 1½ L ¼ R ¼

BARNESMORE R. Tyrhugh: South Division: Co. Donegal: Ulster. W. D. RY. **(1)** 6.30 a.m., 7.45 p.m.: **(2)** 5.30 a.m., 6 p.m.: **(3)** PO, MOO: **(4)** No: **(5)** Lough Eske; Barnesmore Gap. J. Coulter, sergeant.

| 1 *Ballybofey* V | 12 | C | G | ½ R 3¾ L 5 R 3 |
| 2 Donegal T | 6 | C | G | ¼ R A ¼ R V 1¾ L 1¼ L ¾ R ¼ R 1¾ R ¼ |

BARRINGTON'S BRIDGE R. Clanwilliam: East Division: Co. Limerick: Munster. Lisnagry, 4, W. L. RY. **(1)** 8 a.m.: **(2)** 6.30 p.m.: **(3)** PO: **(4)** No: **(5)** Castleconnell, 6; Clare Glens, 5. D. Falvey, act.-sergt.

| 1 *Annacotty* R | 3½ | B | G | 2½ L ¾ R ½ |
| 2 Murroe V | 3¼ | B | G | ⅜ R ¼ R ¼ L 2⅜ V³ ½ |

BATTERSTOWN R. Ratoath: South Division: Co. Meath: Leinster. Batterstown, ½, M. G. W. RY. **(1)** 10.27 a.m.: **(2)** 4.12 p.m.: **(3)** Dunshaughlin: **(4)** No: **(5)** No. Hugh Corrigan, act.-sergt.

1 Clonee R	6¼	A	F G	2 L 1 R ⅜ R ½ X 1 L ½ R ¾ L ¾ R ⅛
2 Dunshaughlin V	3½	A B A	F G	¼ R 1½ R ½ L 1¼
3 Moyglan R	7½	B	F P F	2 L ½ R 2⅝ X 2¼ R 1

BAURNAFEA R. Gowran: North Division: Co. Kilkenny: Leinster. Gowran, 6, G. S. W. RY. **(1)** 10 a.m.: **(2)** 4 p.m.: **(3)** Johnswell, 4½: **(4)** No: **(5)** No. John Breen, sergeant.

1 Carrigeen R	6	D	G	1 L 2 L ¼ R 2¾
2 Coolcullen V	5½	B D	G	2¼ R 1½ L 1½
3 Paulstown V	5	B	G	4 L 1

BAWNBOY V. (Pop. 200). Tullyhaw: West Division: Co. Cavan: Ulster. F, 1 m.: PS, 2 m.: M, m.: Bawnboy Road, 2: C. L. & R. L. RY.: Tel. 8-8. (1) 8.30 a.m., 2.30 p.m.: (2) 12.45 p.m., 4.20 p.m.: (3) PO, SB, MOO: (4) Yes, 3. (5) No. Patrick Cryan, sergeant.

1 Ballyconnell T	4	A C	G F	1¼ L ¼ L 2½
2 Corlough R	4½	D	G S	½ L 1¼ R ½ X 1¾
3 GARRADICE R	5	B	G F	1 R 3 L 1
4 Swanlinbar T	5¾	A	G	½ R 1¾ R 1 R 2½

BAWNMORE R. Galmoy: North Division: Co. Kilkenny: Leinster. Templemore, 9, G. S. W. RY.; Thurles, 9, G. S. W. RY. (1) 8 a.m.: (2) 5 p.m.: (3) Johnstown, 3¾: (4) No: (5) No. William O'Brien, sergeant.

1 Garrylawn R	3¾	B	G	1½ L 1 R ¼ L ¾ L ¼
2 Johnstown V	3¾	B	G	1½ X 2¼
3 MOYNE V	5	B	G	1 L 2 X ¼ X 1¾ R
4 TEMPLETOUHY V	5	B	G I	1 X 2½ X 1½
5 Urlingford V	4	B	G	1½ R 2¼ L ¼

BEAUFORT V. (Pop. 63). Dunkerron North: South Division: Co. Kerry: Munster. PS, last f.: Killarney, 6, G. S. & W. RY.: Tel. 8-8. (1) 5 a.m.: (2) 7.25 p.m.: (3) PO: (4) Yes, 1: (5) The Gap of Dunloe, 3; Lakes of Killarney, 2. Edwd. Russell, sergeant.

1 Killarney T	6	B	G	1½ R 1½ R 3
2 Killorglin T	8	B	G	½ L 3½ L 4
3 Milltown V	8	B	G	½ R ⅛ L 2⅝ L 2 R 3

BEAULNAMULLA R. Athlone South: South Division: Co. Roscommon: Connaught. PS, last f., at Brideswell, 4: Athlone, 3, M. G. W. RY.: (1) 7.30 a.m.: (2) 8 a.m.: (3) PO: (4) No: (5) No. John Grimley, sergeant.

1 Athlone T	3	B D A	G	1½ L ⅓ R 1
2 Carrowreagh R	8	B D B	G	⅛ L 1⅞ X 3½ L ½ L 1½ R ½
3 Clonark R	7	A	G	1½ R 1 L 1 L ½ R 1½ L 1½
4 Kiltoom R	7½	B D B	F P F	⅛ R 1⅛ R 1½ R 1 X 1 X 1 L 1

BEECHWOOD R. Lower Ormond: North Division: Co. Tipperary, N.R.: Munster. Nenagh, 4½, G. S. W. RY. (1) 8 a.m.; rural messenger: (2) 9 a.m.: (3) No: (4) No: (5) No. Thomas Maguire, sergeant.

1 BORRISOKANE T	8	D C D C	G F G F	¼ R 2¼ R 5½
2 CLOUGHJORDAN V	6	D B D C	G R G F	2½ R 1½ L 1 R 1
3 Nenagh T	4	D C D C	G F G F	¼ R ¼ X ½ L 1 X ½ L 1½
4 Puckawn V	7	B D B D	G F G F	¼ X ¾ R ½ R 1½ L 2 R 2
5 Toomevara V	7½	B D B D	F G F G	¼ L ¼ L ¼ R 2¼ R 1 L ½ R 3

BEECHWOOD R. Ballintober South : South Division : Co. Roscommon : Connaught. **(1)** 9 a.m (week days only) : **(2)** 5.30 p.m. (week days only) : **(3)** PO, Kilrooskey, 1½ : **(4)** No : **(5)** No. John Phillips, constable.

1 Ballinderry R	6½	B D	G	½ R ¾ R ¼ L 4 R 1
2 Ballymurray R	5	B D B D	G F	¼ L 3 R 1 L ¾
3 *Curraghroe* R	7½	D F	G	1½ X ¼ R 2¼ X 3½
4 LANESBORO (J.S.) V	5	B	S F	2½ X 2½
5 Roscommon T	4	D B	S F	½ X ½ X 3

BELCARRA R. Carra : West Mayo : Co. Mayo : Connaught. **(1)** 8.40 a.m. : **(2)** 6 p.m. : **(3)** PO, SB, MOO : **(4)** No : **(5)** No. John Thompson, sergeant.

1 Balla T	5	B	G	1 R 4
2 Ballyglass V	5	B	G	Straight road R
3 Ballyheane V	5	B	I	2½ L 2½ V
4 Castlebar T	6	B	G	Straight road L

BELCOO V. (Pop. 106). Clanawley : South Division : Co. Fermanagh : Ulster. F, 5 each month : S. L. & N. C. RY. **(1)** 8 a.m., 2.30 p.m. : **(2)** 11.45 a.m., 4.45 p.m. : **(3)** Blacklion, ¼ : **(4)** Yes, 4 : **(5)** Lakes M'Nean, Giant's Grave, Gardenhill, 1½ ; Hanging Rock, 2½ ; Marble Arch, 4. Samuel Murtagh, sergt.

1 Blacklion V	¼	A	F G	¼ R 20 yds.
2 Carngreen R	7	D F H G	S P G F	2 X 2 L ½ R 2 R ½
3 Kiltyclogher V	10	B D	F G F G	4 R 5¾ L Λ ¼
4 Letterbreen R	6	B D	F G F G	R 2 R 2 R 2

BELFAST CITY. (Pop. 273,058). The Commercial Capital of the North of Ireland : Upper Belfast Barony : Co. Antrim : Ulster. Has four Members to the Imperial Parliament—one each for the North, South, East, and West Divisions : Lies partly in the County of Down, of which the portion embraced in the City of Belfast is part of the Barony of Upper Castlereagh, and East Division of that county.

Belfast has a Lord Mayor and Corporation (1892), since raised to the rank of a City ; although Manchester and Liverpool have only "Mayors." The Police Force is a special Division of the Royal Irish Constabulary, in command of a Commissioner of Police, who holds the rank of a County Inspector of the Royal Irish Constabulary, but senior of that rank. The City has five District Inspectors and a complete Police organisation. The chief offices are in the Municipal Buildings, at the foot of High Street. Two R.M.'s. sit daily for police cases.

Tel. open always. **(1)** 7 a.m., 10.20 a.m., beside local mails: **(2)** 3.25 p.m., 4.25 p.m., 7.30 p.m., 8.40 p.m.: **(3)** Every branch of PO business; No delivery by postmen on Sundays; Letters given to callers within certain hours: **(4)** Unlimited practically: **(5)** See Special Notes. G. E. Dagg, 1st D.I.

EAST DISTRICT—				
1 Great Victoria St. C	¼	A & B	P & M	Various routes through streets of the City paved and macadamised
2 Hamilton Street C	¼	do	do	
3 Queen Street C	½	do	do	
SOUTH DISTRICT—				
1 Mountpottinger C	1	A & B	P & M	Do. Do.
2 Ballynafeigh C	1⅜	do	do	
3 Donegal Pass C	1	do	do	
4 Newtownards Rd. C	1¼	do	do	
NORTH DISTRICT—				
1 Glenravel Street C	¾	A & B	P & M	Do. Do.
2 Antrim Road C	1¾	do	do	
3 Henry Street C	¾	do	do	
4 York Street C	1¼	do	do	
WEST DISTRICT—				
1 Brickfields C	1	A & B	P & M	Do. Do.
2 Cullingtree Road C	¾	do	do	
3 Falls Road C	1½	do	do	
4 Grosvenor Street C	1¼	do	do	
5 Springfield Road C	2	do	do	
NORTH-WEST DISTRICT—				
1 Brown's Square C	¾	A & B	P & M	Do. Do.
2 Crumlin Road C	1¼	do	do	
3 Shankhill (No. 1) C	1¼	do	do	
4 Shankhill (No. 2) C	1½	do	do	

Antrim Road (Belfast) C. East Belfast: Co. Antrim: Ulster. See G.P.O., Belfast. William J. Carnahan, sergeant.

1 York Road C	½	E P	G	Various routes through streets of the City paved and macadamised
2 Henry Street C	¾	E P	G	
3 Glenravel Street C	¾	E P	G	
4 Whitewell V	3½	B	F	Straight road, Tram whole way

Ballynafeigh (Belfast) C. Upper Castlereagh: East Division: Co. Down: Ulster. See G.P.O., Belfast. Owen Mahony, head-constable.

1 Donegall Pass C	1½	A	P	1¼ L ¼
2 NEWTOWNBREDA V	1	A	G	1

Brickfields (Belfast) C. Belfast Upper: West Belfast: Co. Antrim: Ulster. D.I.: Western District Headquarters: Terminus, G. N. RY. See G.P.O., Belfast. George Brennan, sergt.

1 *Browne's Square* C	¼	P	G	Various routes through streets of the City paved and macadamised
2 Cullingtree Road C	½	P	G	
3 Falls Road C	½	M	G	
4 *Queen Street* C	¾	P	G	
5 *Shankhill* (1) C	½	P	G	
6 Springfield Road C	1	A	G	

Brown's Square (Belfast) C. Upper Belfast : West Belfast : Co. Antrim : Ulster. D.I. : North-West District Headquarters : G. N. RY., 1 ; C. D. RY., 1¼ ; N. C. RY., 1½. See G.P.O., Belfast. John Reynar, sergeant.

1 *Brickfields* C	¼	A	M P	Various routes through streets of the City paved and macadamised
2 *Glenravel Street*	¼	A	P M	
3 *Queen Street* C	⅜	A	M P	
4 Shankhill (1) C	¼	A	M	

Cullingtree Road (Belfast) C. Upper Belfast : West Belfast : Co. Antrim : Ulster. (1) 8 a.m., 11.5 a.m., 1.10 p.m., 5.5 p.m., 8.45 p.m. : (2) 4 a.m., 9.5 a.m., 11.40 a.m., 2.45 p.m., 6.40 p.m., 8.20 p.m. : (3) PO, SB, MOO : (4) Yes, 40 : (5) Academical Institution, 440 yds. Hugh Cohoon, constable.

1 Brickfields C	½	E P M	G	R ¼ L ¼
2 Grosvenor Street C	¼	A P M	G	L ⅛ R ⅛
3 QUEEN STREET C	½	A P M	G	R ½

Crumlin Road (Belfast) C. Upper Belfast : North Belfast : Co. Antrim : Ulster. F, 1 w. : PS, daily : M, w. and f. : D.I. : Cm. : R.Ms. (2) : G. N. RY., 2½ ; C. D. RY., 2½ ; B. & N. C. RY., 3 : Tel. 9-8. (1) 6 a.m., 2 p.m., 7.30 p.m. : (2) 4.20 a.m., 10 a.m., 2 p.m., 6.20 p.m. : (3) PO, SB, MOO : (4) Yes, *ad. lib.* : (5) Cave Hill, 3. James Boyd, sergeant.

1 Antrim Road C	1	A M	G	Various routes through streets of the City paved and macadamised
2 Glenravel Street C	¾	A M	G	
3 Shankhill (1) C	½	A M	G	
4 Shankhill (2) C	¼	A M	G	
5 LIGONIEL V	1½	A	G	⅝ R ¾ X ⅛ L ¼

Donegall Pass (Belfast) C. Upper Castlereagh : South Division : Co. Antrim : Ulster. G. N. RY., ½. See G.P.O., Belfast. Owen Mahony, head-constable.

1 Ballynafeigh C	1½	A	P	¼ R 1¼
2 DUNMURRY V	4	A	G	¼ 3¾
3 Glengall Street C	½	A	P	——

Falls Road (Belfast) C. Upper Belfast : West Division : Co. Antrim : Ulster. Tel. 9-8. (1) 8 a.m., 11.15 a.m., 1 p.m., 5.5 p.m., 8.45 p.m. : (2) 4 a.m., 10.50 a.m., 6.30 p.m., 7.40 p.m., 9 p.m. : (3) PO, SB, MOO : (4) Yes, 22 : (5) Fort (at Giant's Foot), 1 ; Fountain in Dunville Park, ⅙. Patrick Kelly, sergt.

1 ANDERSONSTOWN V	1½	A C A P M	G	L 1½
2 Brickfields C	½	C P M	G	R ½
3 Cullingtree Road C	⅜	C P A M	G	L L ⅜ L L ⅛
4 Grosvenor Street C	½	A C P M	G	L ¼ L ¼
5 Springfield Road C	½	A P M	G	L ¼ R ¼

Glenravel Street (Belfast) C. Upper Belfast: North Belfast: Co. Antrim: Ulster. F, 1 w.: PS, daily: M, w. and f.: D.I.: North District Headquarters: R.M.: B. N. C. RY.: (1) *nil*: (2) *nil*: (3) Carlisle Circus, 200 yds.: (4) 20 cars available in 10 minutes. Thomas Watton, constable.

1 Antrim Road c	¾	A	PM
2 *Brown square* c		B	P
3 *Crumlin road* c		A C	PM
4 Henry Street c		A	PM
5 *Queen street* c		A	PM
6 York Road c	¾	A	PM

Various routes through streets of the City paved and macadamised

Great Victoria Street (Belfast) C. Upper Belfast: South Belfast: Co. Antrim: Ulster. Headquarters East District: Tel. open all night to Dublin, Cork, Mallow, Londonderry, Limerick, and London, etc.: Police Office, daily: Commissioner: D.I.: G. N. RY. (1) 8 a.m., 11.15 a.m., 1.10 p.m., 5.5 p.m., 8.45 p.m.: (2) 4 a.m., 9.5 a.m., 11.40 a.m., 2.45 p.m., 6.40 p.m., 8.20 p.m.: (3) PO, SB, MOO: (4) Yes, 200 or more: (5) None, except magnificent shops and warehouses. Benjamin Good, head-constable.

1 Donegall Pass c	A P	G
2 Grosvenor Street c	A P	G
3 Hamilton Street c	A P	G
4 Queen Street c	A P	G

Various routes through streets of the City paved and macadamised

Grosvenor Street (Belfast) C. Upper Belfast: South Belfast: Co. Antrim: Ulster. F, 1 w.: PS, daily, except Sunday. John Foster, constable.

1 Cullingtree Road c	¼	A P M	G	½ R L ½
2 *Donegall Pass* c	1	A P M	G	¾ R R ¼
3 Falls Road c	½	A P M	G	¼ L R ½
4 *Glengall street* c	¾	A P M	G	¾ R

Hamilton Street (Belfast) C. Upper Belfast: South Belfast: Co. Antrim: Ulster. F, 1 w.: PS, daily: G. N. RY., 1; C. D. RY., 1: Tel. 9-8. Samuel Latimer, head-constable.

1 *Donegall Pass* c	¾	A P	G	¼ R ¼
2 Glengall Street c	½	A P	G	¾
3 *Mountpottinger* c	¾	A P	G	X
4 Queen Street c	1	A P	G	R 1

Henry Street (Belfast) C. Upper Belfast: North Belfast: Co. Antrim: Ulster. J. M'Williams, sergeant.

1 Antrim Road c	¾	C	G
2 Glenravel Street c	1	G	G
3 York Road c	¾	A	G

Various streets in City paved and macadamised

Mountpottinger (Belfast) C. Upper Castlereagh : East Division: Co. Down : Ulster. Station Street, B. & C. D. RY. : D.I. : South District Headquarters. Owen Mahony, head-constable.

1 Hamilton Street C	¾	A	P	¼ X ½
2 Newtownards Road C	¾	A	P	¼ L ½

Newtownards road (Belfast) C. Upper Castlereagh : East Division: Co. Down : Ulster. Bloomfield, B. & C. D. RY. Owen Mahony, head-constable.

1 Mountpottinger C	¾	A	P	Various routes through streets of the City paved and macadamised
2 STRANDTOWN V	¾	A	P	

Queen Street (Belfast) C. Upper Belfast : West Belfast: Co. Antrim : Ulster. F, 1 W. David Funston, head-constable.

1 Brickfields C	½	A P	G	Various routes through streets of the City paved and macadamised
2 Brown's Square C	¾	A P	G	
3 Glengall Street C	¼	A P	G	
4 Glenravel Street C	¾	A P	G	
5 Hamilton Street C	1	A P	G	
6 Henry Street C	1	A P	G	

Shankhill, No. 1 (Belfast) C. Upper Belfast : North Belfast : Co. Antrim : Ulster. Tel. 9-8 : G. N. RY., 1¼ ; C. D. RY., 1½ ; N. C. RY., 1¾. George M'Clarin, sergeant.

1 *Brickfields* C	½	A	M P	Various routes through streets of the City paved and macadamised
2 Brown's Square C	¼	A	M	
3 Crumlin Road C	¾	A	M P	
4 *Glenravel street* C	¾	A	M P M	
5 Shankhill (2) C	¼	A	M	

Shankhill, No. 2 (Belfast) C. Upper Belfast : West Belfast : Co. Antrim : Ulster. Christopher Whelehan, sergeant.

1 Crumlin Road C	½	A M	G	Various routes through streets of the City paved and macadamised
2 LIGONIEL V	2	C	G	
3 Shankhill (1) C	¼	A M	G	
4 *Springfield road* C	½	A P	G	

Springfield Road (Belfast) C. Upper Belfast : West Belfast : Co. Antrim : Ulster. John O'Donnell, sergeant.

1 ANDERSONSTOWN R	1¾	A	G	½ R 1 L ¼
2 Brickfields C	1	A	G	¾ L ¼
3 Falls Road C	½	A	G	¼ L ¼
4 *Shankhill* (2) C	½	A	G	¼ L ¼

York Road (Belfast) C. Upper Belfast : East Belfast : County Antrim : Ulster. William Loftus, sergeant.

1 Antrim Road C	½	E P	G	Various routes through streets of the City paved and macadamised
2 Henry Street C	¾	E P	G	
3 Greencastle V	2½	B	F	¼ R 2¼

BELGOOLY V. (Pop. 105). Kinalea: South-East Division: Co. Cork: Munster. Farrangalway, 3, C & B. L. RY. (1) 7.30 a.m.: (2) 5.30 p.m.: (3) Kinsale, 3½: (4) No: (5) No. James S. Whittaker, sergeant.

1 Ballinhassig R	8½	D	G	1 L 2 L ¾ R 1 R 3 L ½ L ¼
2 Ballyfeard R	4	B	G	2 L 1 R 1
3 Kinsale T	3½	B	G	1½ R 1½ X ¼ L ¼

BELLAGHY V. (Pop. 447). Loughinshollen: South Division: Co. Derry: Ulster. F, 1 m.: PS: Castledawson, 3, B. & N. C. RY. (1) 9.15 a.m., 6 p.m.: (2) 3 p.m., 7 a.m.: (3) PO, SB, MOO: (4) Yes, 3: (5) Lough Beg, 2; Church Island, 3. Stephen M'Hale, sergeant.

1 Castledawson V	3	C	G	2½ X ½
2 Gulladuff R	4	B	G	Direct road
3 Innisrush R	5	B	G	1 L 4
4 Toomebridge V	5¼	B	G	1½ V² ¾ X 1 L 2

BELLARENA R. Tirkeeran: North Division · Co. Londonderry: Ulster. Magilligan, ¾, B. & N. C. RY. (1) 10 a.m.: (2) 12.30 p.m., 3.30 p.m.: (3) Magilligan, ¾: (4) No: (5) No. Thomas Fennell.

1 Limavady T	6	B	I	¼ L ½ R 1 L 1 L ¼ L 2¾ L ¼
2 Castlerock V	9	D B	G S F	¼ R 4 R 4 L ¾

BELLEEK V. (Pop. 287). Lurg: North Division: Co. Fermanagh: Ulster. F, 17 each month: PS, 2 t.: M, s.: G. N. RY.: Tel. 8-8. (1) 7.30 a.m., 3 p.m.: (2) 11.20 a.m., 5.15 p.m.: (3) PO, SB, MOO: (4) Yes, 11: (5) Belleek Potteries; Flood Gates and Falls of Belleek; Eel Weirs; Trout and Salmon Fisheries; Lough Erne; short distance from station. B. Reilly, sergeant.

1 BALLYSHANNON T	4	B D B D	G	⅛ R 3 ⅞
2 *Castlecaldwell* R	5	B	G	4 R 1
3 Derrygonnelly V	15	B D B D	G	⅛ L ⅛ L 11¾ R 1 L ⅛ R ⅛ X 1¼ X ½
4 Garrison V	5	B	G	⅛ L ⅛ X 1¾ X 2¾ R ⅛ L ⅛

BELLEWSTOWN R. Duleek Upper: South Division: Co. Meath: Leinster. (1) 8.50 a.m.: (2) 5.10 p.m.: (3) PO: (4) Yes, 2: (5) No. John Kyne, act.-sergt.

1 Ardcath R	4½	D C D C	I F	⅛ X V 1½ R 1½ L 1¼ L ⅜
2 Duleek V	4	D A	B G	1½ V L 2 X ½
3 Gormanstown R	6	G D A	I F G	4¼ X R ½ R 1 R ¼
4 Julianstown R	4½	D	I	⅛ L 1½ L V 1¾ V R 1 L ⅜

• **BELMULLET T.** (Pop. 809). Erris: North Division: Co. Mayo: Connaught. Tel. 8-8: F, 15 of each month: PS,

2 s.: M, s.: B: D.I.: R.M. (1) 9.25 a.m.: (2) 2.40 p.m.: (3) PO, SB, MOO (4) Yes, 9. Samuel Lewis, sergeant.

1 Bangor V	12½	B	G	Straight road
2 Geesalia V	12	D B	G	4 R 8
3 Mullaghroe R	10	B	G S	Straight road
4 Rossport R	14	B D	F Sea	2½ L 7 L 3½ F ½ R ½

BELRATH R. Lower Duleek: South Division: Co. Meath: Leinster. Duleek, 5, G. N. RY. (1) 8.40 a.m.: (2) 5.20 p.m.: (3) PO: (4) No: (5) No. James Delahunty, sergeant.

1 *Deanhill* R	7½	B	F	1 X 2 L 1½ R 2½ L ½
2 *Dillon's Bridge* R	6¼	B	G	1¼ L 1¾ X 2¾ L ½
3 Duleek R	4	B	G	4
4 *Kilmoon* R	4	B	R	2 X 2
5 Slane V	7	D	G	1 X 2½ X 2 X 1½

BELTURBET T. (Pop. 1675). Lower Loughtee: West Cavan: Co. Cavan: Ulster. F, 1 th., Ash Wednesday, and 4 Sept.: PS, every 2 s.: M, th.: G. N. RY. and C. L. & R. LT. RY.: Tel. 8-8. (1) 5.20 a.m., 11.30 a.m., 1.10 p.m., 6.20 p.m., 6.30 p.m., 6.40 p.m.: (2) 6.20 a.m., 10.20 a.m., 12.50 p.m., 1.20 p.m., 7.10 p.m.: (3) PO, SB, MOO: (4) Yes, 6: (5) Lough Erne, 4½. T. Craddick, head-constable.

1 Ardlougher R	7	B	G	¾ L ¾ R 3 L 2½
2 *Ballyconnell* V	7½	B	G	¾ L ¾ R 3 R 2½ L Λ ½ Λ
3 *Butlersbridge* V	6	B	G	⅛ R ⅛ ½ 2 R 2¾ R ⅛
4 DERRYLIN R	9	B	G	1 R 1 X 1 X 1½ X 1½ X 2¾ X ¼
5 Killeshandra T	9	B	G	¾ L ¾ L 7½ V Λ
6 Redhills V	7	B	G	1 L 2 R 1½ X 2 R ½

BENBURB V. (Pop. 245). Middle Dungannon: South Division: Co. Tyrone: Ulster. Tel. 8-8: Moy, 4, G. N. RY. (1) 7.55 a.m., 11.30 a.m.: (2) 2 p.m., 6.30 p.m.: (3) PO, SB, MOO: (4) Yes, 5: (5) Benburb old Castle, seat of The O'Neill's. Thomas Lord, sergeant.

1 BLACKWATERTOWN V	2½	B	F G	¼ L ¼ R 2
2 Caledon V	8	B	F G	2¾ X ¼ R ⅛ L ⅛ L 4¾
3 *Dungannon* T	7½	B	F G	2 L 2 R 3 R ½
4 *Moy* V	4	B	F G	¼ L ¼ L 1¼ R 1¾ R ½
5 *Stackernagh* R	9	D	F G	1¾ L 2 R ⅛ L ½ R 1 R 1 X 2 X ⅛ L ½

BENNETSBRIDGE V. (Pop. 220). Gowran: North Division: Co. Kilkenny: Leinster. F, 24 Feb., 26 Aug., 19 Sept., 21 Dec.: W. C. I. RY. (1) 2 a.m., 8.30 a.m.: (2) 6 p.m., 9.30 p.m.: (3) PO: (4) No: (5) No. William Growcock, act.-sergt.

1 Dungarvan V	5½	A	G	⅛ L 2 L 1 X 2 L ¼ L ⅛
2 *Kilkenny* C	5¼	A	G	5 X ¼ R ¼
3 *Limetree* R	7	C	G	⅛ L ⅛ X 3 X 1 R 1 R 1¾
4 *Stoneyford* V	5	B	G	L ½ L 4 L ½
5 Thomastown T	5½	A	G	⅛ R ⅛ L 2½ X 2 R ¾

BERAGH T. (Pop. 434). East Omagh: Mid Division: Co. Tyrone: Ulster. F, 15 of each month: M, w. (winter and summer): G. N. RY.: Tel. 8-8. (1) 7 a.m., 10 a.m., 3.55 p.m., 6.45 p.m.: (2) 9.25 a.m., 3.5 p.m., 8.45 p.m.: (3) PO, SB, MOO: (4) Yes, 6: (5) Lough Patrick, 2. Thomas Venart, sergeant.

1 Ballygawley T	9	B D A	G F G	1 L X 1 R X 1½ L X 5½
2 Carrickmore V	6	B D	G S F	3 L 2½ X ¼ A ¼
3 Fintona T	8½	B D	G S F	2 X 1 X 1 X 1 X 1 X 2 X ½
4 Mountfield V	7	D F G B	G S G	1½ X 1 X ½ X ½ X ½ X R 3
5 Omagh T	7½	D B	G	1 L ½ R 2 X 3½

BERT R. West Narragh and Reban: South Kildare: Co. Kildare: Leinster. (1) 7.30 a.m.: (2) 5.45 p.m.: (3) Athy, 3½: (4) No: (5) Bert Demesne, ¼; Castlereban, 2; Clooney Castle, 3; Tubberard Well, 1. Thomas Whittaker, sergeant.

1 Ardscul R	5½	A	G	½ L 4 L 1
2 Athy T	3½	A	G	½ R L 1 2
3 *Monasterevan* T	8	A	G	2 R 4 X 2
4 *Nurney* R	8½	A	G	2 R 2¾ R 3¾

BILBOA R. Coonagh: East Limerick: Co. Limerick: Munster. Newpallas, 6, G. S. W. RY. (1) 10 a.m.: (2) 10 a.m.: (3) Pillar; Cappamore, 3½, PO, SB, MOO: (4) Yes, 4: (5) No. William Stokes, constable.

1 Cappamore V	3½	B	G	⅛ R 1½ L 1¾ X ⅛
2 Doon V	3	B	G	⅛ L 1 X ¼ X ⅝ X 1
3 Murroe V	6	B	G	⅛ R 1½ X 2 X 2⅜
4 New Pallas V	6	B	G	⅛ X 1 X 1 X 2 X 1⅞
5 REAR CROSS R	6	B	G	5¾ L ¼

BIRCHES R. O'Neilland West: South Division: Co. Armagh: Ulster. PS, 1 m. in month: Annaghmore, 4, G. N. RY. (1) 8.30 a.m.: (2) 5.30 p.m.: (3) PO: (4) Yes, 15: (5) Lough Neagh, 1; Maghery, 2½. E. R. M'Queen, constable.

1 Annaghmore R	3	D B	F	¼ X ½ R V 1 X 1 X ¼
2 *Ballinary* R	8	B	F	1 R 1 F 2 R 4
3 Portadown, Obin Street T	6½	A	F	Straight road
4 WASHING BAY R	5	B	F	1 L 1½ F 2½

BIRDHILL. Owney and Arra: North Division: Co. Tipperary: Munster. Tel. 8-8: W. & L. RY. and G. S. W. RY. (Junction). (1) 6.30 a.m.: (2) 7.30 p.m.: (3) PO, SB, MOO: (4) Yes, 2: (5) No. George Bolster, sergeant.

1 Ballina V	4¼	A	F	1¼ L 3
2 Castleconnell V	4½	A	F	4 R ½
3 Clonolough R	7	D	F	2 L 2 X 2½ L ½
4 Newport V	4	C	F	½ L 2½ R 1
5 O'Brien's Bridge V	3	A	F	½ R 2½

BLACKBOY T. (Pop. 534). Clanwilliam: Limerick City: Co. Limerick: Munster. F, last th. and f. Jan., April, July, Oct.: PS: Limerick, 1, W. & L. RY. (1) 6.45 a.m., 9 a.m., 1 p.m., 5 p.m.: (2) See Limerick: (3) Limerick, ½: (4) No: (5) No. Nicholas Clifford, constable.

1 Ballinacurra R	3	A	G	⅜ L ¼ L ¼ L ¼ X ¼ L ⅛ L ⅛ R ⅞ L ⅝ R ⅝ L 1
2 Ballysimon R	1½	A	G	½ R 1½ X ½
3 Drumbana R	3	A	G	1½ R ¼ X 1½
4 John Street C	1	A	G	⅜ R ¾ X ½
5 Kilmarry R	2½	C	G	¼ L ⅝ R 1¼
6 William Street C	1	A	G	⅜ L ¼ L ⅜ X ¼

BLACKLION V. (Pop. 134). Tullyhaw: West Division: Co. Cavan: Ulster. F, 22 of each month, and 19 Nov.: PS, 3 m.: M, s.: Belcoo, ½, S. L. & N. C. RY. (1) 8 a.m., 2 p.m.: (2) 12 noon, 5 p.m.: (3) PO, SB, MOO: (4) Yes, 2: (5) Marble Arch, 4; Coves of Loughan, 1¾. Robt. M. Taylor, constable.

1 Annagh R	5	A B	G F	1½ R 3½
2 Belcoo V	½	A	G	L ½
3 Dowra V	10	A B	G F P F	2 L 8
4 Glan R	10	A B	G F	1½ L 6 R 2½

BLACKLION R. Forth: Carlow: Co. Carlow: Leinster. Tullow, 6, G. S. RY. (1) 9 a.m.: (2) 4 p.m.: (3) No: Tullow, 5½: (4) No: (5) No. James Fox, constable.

1 Ballykealy V	5½	A	G	⅜ R ⅞ L 1 L ½ R ¼ X ¼ R 2
2 Clonegal V	5	D	F	1½ R 1 L 2½
3 Coolkenno R	5¾	D	S	1¼ R 1 X 1½ R ½ L 1
4 Tullow T	5½	A	G	2½ R ¼ R ¼ L 2½

BLACKROCK V. (Pop. 583). Cork: Cork City: Co. Cork: Munster. C. B. & P. RY: Tel. 8-8. (1) 7 a.m., 1 p.m.: (2) 12.30 p.m., 8 p.m.: (3) PO, SB, MOO: (4) Yes, 8: (5) Blackrock Castle, 1. John Dunne, sergeant.

1 Blackrock Road C	2	A C	G	1½ L ¼
2 Douglas V	2	A C	G	½ L ¼ R 1½ L ¼
3 Union Quay C	2	A C	G	1½ R ¼ L ¼

BLACKWATER V. (Pop. 177). Armagh: Mid Division: Co. Armagh: Ulster. P.St.: Armagh, 4½, G. N. RY.: Tel. 8-8. (1) 7.15 a.m., 7.15 p.m.: (2) 7.20 p.m.: (3) PO: (4) Yes, 2. W. Duggan, sergeant.

1 Armagh C	5	A	F	1½ X 2½ R 1
2 Benburb V	2½	B	F	2 L ¼ R ¼
3 *Loughgall* V	4¾	B	F G	½ X 1 X 2 L 1
4 Moy V	3¼	D	B	L 3¼
5 Tynan V	8	C	G	¼ R 2½ L 1¼ X 1 L ½ R X 2½

BLACKWATER V. (Pop. 200). Ballaghkeene: North Division: Co. Wexford: Leinster. F, 26 Mar., 17 May, 10 Aug., 11 Nov.: Wexford, 10½, D. W. & W. RY. (1) 8.30 a.m.: (2) 5 p.m.: (3) PO, MOO: (4) No: (5) Castletalbot, 1. William Farrell, act.-sergt.

1 Castlebridge V	7½	D C	G	¾ R 3½ R ⅛ L ½ L 1⅝ X 1
2 *Kilmuckridge* V	6½	C D	F	1 R 1½ X 1 L 2 R 1
3 *Oulart* R	6½	C	G	¾ X 1¼ R 1 L 1 R 2¼ L ¼

BLANCHARDSTOWN V. (Pop. 369). Castleknock: North Division: Co. Dublin: Leinster. PS, every alternate m.: Blanchardstown, M. G. W. RY.: Tel. 8-8. (1) 8.30 a.m.: (2) 5 p.m.: (3) PO, SB, MOO: (4) Yes, 2: (5) Strawberry beds; Irish Trotting Association Course. Anthony Daly, constable.

1 CLONEE V	4	A	G	½ X 1½ X 2
2 Finglas V	4	D	F	1⅜ X 1⅜ X ¾ L ½ R ⅛
3 Lucan T	5	B	G	½ X L 2½ R 1 V R 1
4 St Lawrence V	3½	C	G	R 1 R 1½ V 1 R
5 Ward R	6½	B	F	½ R 1½ X 1 L 1 R 1 L 1½

BLARNEY V. (Pop. 800). East Muskerry: Mid Cork: Co. Cork: Munster. Tel. 8-8: PS, 4 m.: Cork and Muskerry Tram, ⅛; G. S. & W RY., 1¼. (1) 6.30 a.m., 12.5 p.m., 2.40 p.m.: (2) 11 a.m., 1.50 p.m., 10.5 p.m. (3) PO, SB, MOO: (4) Yes, 12: (5) Blarney Castle, ½, and St. Anne's Hill Hydropathic Establishment. Edward O'Hanlon.

1 Banowbridge R	4	B	G	¾ L 1 L ½ R ½ L 1 L ¼
2 *Donoughmore* V	10	B	G	⅜ L ⅜ X ⅝ R 3 X 2 L 1½ L ⅜ L 1⅞ L ⅛
3 *Fairfield* R	5	B	G	½ R 1½ L 2 R V 1
4 Inniscarra R	5	B	G	½ R 1½ L 2 R 1
5 *Rathduff* R	6½	B	G	2 X 2 R ½ L 2
6 *Whitechurch* R	5	B	G	½ L 1¼ X ½ L ⅜ R 1 L ⅛ R 1⅛

BLENNERVILLE V. (Pop. 174). Trughenacmy: West Division: Co. Kerry: Munster. F, Dec. 19: T. & D. RY. (1) 6.30 a.m.: (2) 6.30 p.m.: (3) PO, SB, MOO, at Tralee, 1½: (4) No: (5) No. Robert P. Johnston, sergeant.

1 *Kilgobbin* R	8½	A	F	½ R 8
2 Spa V	4	B	G	½ L ½ L ½ R 1 L 1½
3 Tralee T	1½	A	G	1¼ L ¼

BLESSINGTON T. (Pop. 361). Talbotstown Lower: West Division: Co. Wicklow: Leinster. F, 13 each month: PS, m. fortnightly: M, th.: D. & B. S. Tramway: Tel. 8-8. (1) 10 a.m., 9.50 p.m.: (2) 4.20 p.m., 8.40 p.m.: (3) PO, SB, MOO:

(4) Yes, 8 : (5) Land Slip and Rocky Pool, ¼ ; Poulaphouca Waterfall, 5. John H. Bannan, constable.

1 BALLYMORE EUSTACE T	4½	B D B G	G F F	⅜ L 1¾ L ¼ R 2 R ¼
2 Baltiboys R	4	A G F	G G G	⅜ R 2¼ L ⅜ L 1¼ L ¼
3 KILTEEL R	6	A F G B	G F F	2¼ L 3 L ⅞
4 Lisheens R	5½	B B F B	G G F	⅞ L 1¼ R 1½ L ½ L ¾ R ¼ L 1½

BLUEBALL R. Ballyboy : Birr Division : King's County : Leinster. Tullamore, 6, G. S. W. RY. (1) 7 a.m. : (2) 5.35 p.m. : (3) PO : (4) Yes, 1 : (5) No. James Kennedy, constable.

1 *Cloghan* V	10	B D B	G F G	⅞ L 7¼ X 2½
2 *Frankford* V	6½	B D	G	2 X 3¼ R 1¼
3 Killoughey R	4	B D B D	G	2 R 1¼ R ⅜
4 Rahan R	5	B D B	G I G	⅞ R 2 L 1⅜ L ½ L ¼
5 Tullamore T	6½	B A	G	3 X 2 L 1½

BODYKE V. (Pop. 91). Tulla Lower : East Clare : Co. Clare : Munster. (1) 6.30 a.m. : (2) 6.30 p.m. : (3) Scariff, 4 : (4) Yes, 1 : (5) No. Edward Dalton, sergeant.

1 Broadford V	8	A	G	2 X 2 L 3 X 1
2 Feakle V	6	D	F	1 R 1 R 1 V R ¼ L 2½ R ¼
3 O'Callaghan's Mills V	8	A	F	¼ R 1¼ L ⅜ L 2 L ¼ R 2¼ R ⅜ R
4 Tulla V	8	A	F	⅜ R 1 L ¼ R 2 L ¾ R 1 X 1¼ R 1¼
5 Tomgraney V	3	A	G	¼ R ¼ L 2¼

BOFFIN ISLAND R. Connemara Division : Co. Galway : Connaught. B : Westport, 30, G. M. & W RY. From 1 May until 30 Nov. the post leaves three times weekly—viz., Monday, Wednesday, and Friday ; during the other period of the year it leaves twice weekly—viz, Tuesday and Friday ; the same boat takes the mails to the island, there is no prescribed hour for its arrival or departure. John Fergus, sergeant.

1 Cleggan V	7	Sea	Sea	S 7 S

BOHERARD R. Small County : East Division : Co. Limerick : Munster. Rosstemple, 2½, G. S. W. RY. (1) 10 a.m. : (2) *nil* : (3) PO ; Mednus, 2¼ : (4) No : (5) No. James H. Kerriss, sergeant.

1 Buff T	3⅞	B	F	Straight road
2 Bruree V	5	B	F	2¼ L ⅜ R 2¼ R ¼
3 *Croom* V	6	B	F	3 L ⅜ R 2¾ L ¼ R ¼
4 Fedamore R	6	B	F	2 R ¼ L 3¾

BOHERBUE V. (Pop. 269). Duhallow · North Cork : Co. Cork : Munster. Newmarket, 6, K. & N. RY. (1) 7.30 a.m. : (2) 7.30 p.m. : (3) Newmarket, 6 : (4) Yes, 1 : (5) No. Wm. Egan, sergeant.

1 Clonbannon R	4	B	G	1 X 3
2 Kanturk T	9	B	G	1 L 1 R 7
3 *Kiskeam* V	4	D	G	2 X 2 R
4 Knocknagree V	8	D	G	1½ X 3 X 3½
5 *Newmarket* T	6	D	G	1 L 1 X 4

Boh]   ROAD AND ROUTE GUIDE FOR IRELAND.   [Bor

BOHERMEEN R. Lower Navan: North Division: Co. Meath: Leinster. Ballybeg, 3¼, G. N. RY. (1) 8.30 a.m.: (2) 6.15 p.m.: (3) Navan, 5: (4) Yes, 2: (5) No. P. Breen, sergeant.

1 *Fordstown* R	5	B	F	1 L 2½ R 1½
2 *Kells* T	6	B	F	2½ R ½ L 3½
3 *Navan* T	5	B	F	1¼ L ½ X 1½ R 1¾
4 *Oristown* R	6	B	F	½ R 1 L 2½ X 2¼
5 *Robinstown* R	7	B	F	½ R ½ X ¾ X ¾ R ¼ R 1 L 2¾ L ¼

BOHOLA V. (Pop. 50). Gallen: East Mayo: County Mayo: Connaught. Foxford, 7½, M. G. W. RY. (1) 7.30 a.m., 6 p.m.: (2) 7.30 a.m., 6 p.m.: (3) PO, SB, MOO, Kiltimagh, 5: (4) No. Owen Gaffney, constable.

1 *Ballyvary* V	5	B B B B	F G F G	¼ L 1 L 1½ R ¾ L 1¾ X
2 Foxford T	7½	G B B B	G S F S	¼ R ¼ L 2 L ½ R 1 L 3½
3 Swinford T	5½	B C C B	G F S G	2 R ½ L 2 R 1
4 Kiltimagh T	5	B B B B	F G F G	2 X 2½ R ½

BONMAHON T. (Pop. 200). Decies without Drum: East Division: Co. Waterford: Munster. Tel. 8-7. (1) 8 a.m.: (2) 5 p.m.: (3) PO, SB, MOO: (4) Yes: (5) Yes, Coast Scenery in vicinity. P. Neil, sergeant.

1 Annestown V	5½	D	F	½ R ½ R ¼ R 1 R 1 R 2½
2 Kill V	4	D	G	½ R 1 L ¼ R ½ L 2¾ R ⅜
3 Kilmacthomas V	6¼	B	F	2¾ X ¼ L ¼ X 2½ R ¼ L ¼
4 Stradbally V	5	D	F	1¾ L 2¼ L 1

BONNICONLON V. (Pop. 60). Gallan: North Division: Co. Mayo: Connaught. Ballina, 6, M. G. W. RY. (1) 8 a.m.: (2) 6 p.m. (3) PO: (4) Yes, 1: (5) No. Joseph Price, constable.

1 ARDNAREE T	5¼	D	G F	1¼ L 2 R ½ R ¼ R 1¾
2 BALLYMOGHENRY R	6	D	F	2 X 3 R 1
3 GLENEASK R	4¾	B	G	Direct road

BOOKEEN R. Athenry: South Galway: Co. Galway: Connaught. (1) 9 a.m.: (2) 5.40 p.m.: (3) Kiltulla, 1¼: (4) *nil.*: (5) *nil.* George Lee, sergeant.

1 Athenry T	7½	B	F	1 L 3 R 1½ X 1¼ R ½ L ¼
2 Attymon R	4¾	B	G	1¼ X ½ L ½ R 1 L 1 R ¼
3 Loughrea T	6	B	F	⅜ L ¼ R 2½ X 1 L 1¼ L 1
4 New Inn R	8	B	F	⅜ L ¼ L 1½ R ¼ L 2¼ R 3¼ X 1
5 Riverville R	2½	B	F	⅜ R 1½ L ¼

BORRIS T. (Pop. 517). St. Mullin's Lower: Carlow: Co. Carlow: Leinster. Tel. 8-7; 9-10 on Sundays: F, 1 Jan., 5

66

Feb., 25 Mar., 25 April, 1 May, 1 June, 2 July, 15 Aug., 7 Sept., 5 Oct., 14 Nov., 4 Dec.: PS, 3 w.: M, m.: G. S. & W. RY. (1) 5.35 a.m., 10 a.m.: (2) 3.28 p.m., 7.13 p.m.: (3) PO, SB, MOO: (4) Yes, 6: (5) Ullard, 3. Thomas Egan, sergeant.

1 Bagenalstown T	7½	B M	G	¼ R 1¾ L ½ R ⅛ L 1¼ X 1¼ R ½ L ½ L 1 L ⅜
2 Ballinree R	6	B	G	2 X 1 X ⅜ X 1 X 1 R ¼
3 GORESBRIDGE T	4	B M	G	¼ L ¼ R 2½ L 1
4 GRAIGUE T	6	B M	G	⅜ L 1 L ¼ L 1 R ½ L 2¾
5 St. Mullin's R	9	D	G	⅜ L ⅛ L ¼ R ¼ L 1½ R ½ R 1½ X ¼ L ¾ R 1½ R ¼ L 1 R ¼ L ¼

BORRIS-IN-OSSORY V. (Pop. 492). Clandonagh: Ossory Division: Queen's County: Leinster. Tel. 8-8: F, 20 Jan., 20 Mar., 20 May, 19 June, 15 Aug., 18 Oct., 20 Nov., 20 Dec.: PS, t., fortnightly: Ballybrophy, 3¼, G. S. & W. RY. (1) 2.6 a.m., 10.50 a.m.: (2) 2.55 p.m., 9.55 p.m.: (3) PO, SB, MOO: (4) No. Thomas Murphy, sergeant.

1 Ballybrophy V	3¼	A	F	100 yds. R 2 R 40 yds. L 1 L 300 yds.
2 Castletown V	6⅝	C	F	⅜ L 1½ L 2 X 1½ L ½ R ½
3 Coolrain V	5	B	F	¼ R ½ R 2 R ½ R 1¼ L ½
4 ROSCREA T	8	A	F	¼ L ⅝ R 2¼ R ¼ L 1½ L 1½ L ½ X 1¼ R ⅝ R ¼

BORRISOKANE T. (Pop. 640). Lower Ormond: North Division: Co. Tipperary: Munster. F, 26 Jan., April, June, Sept.; 13 Feb., 17 March, 27 May, 4 Aug., 6 Nov., 15 Dec.: PS, 4 w.: M, t.: D.I.: Cloughjordan, 6½, G. S. & W. RY. (1) 7 a.m., 2 p.m.: (2) 5 p.m.: (3) PO, SB, MOO: (4) Yes, 7: (5) Lough Derg, 6. P. Henne, act.-sergeant.

1 Ballinderry V	5	B	F	1¼ X 2½ R 1 L ¼
2 Ballingarry V	5	B	G	2 X 1⅜ R ½ L 1⅝
3 *Beechwood* R	8	B	G	5½ L 2¼ L ¼
4 *Cloughjordan* T	6½	B	F	2 R ¾ L ¾ L ¾ L ¼ R 1 L 1
5 Coolbawn R	6	D F	P	1 X ½ L ½ L ⅝ R ¾ R 1¾ R ¼ L ¾ L ¾
6 Lorrha V	7¼	B	F	¼ L ¼ L ¾ L ¼ R 1½ L 1⅝ R ⅝ L ⅝ L ⅝ R 2
7 *Nenagh* T	10¼	A	G	2 R ⅝ R ½ L 2¾ X ½ R ½ L ⅛ L 2½ L ⅜ L ¾ L ¼

BORRIS-O-LEIGH V. (Pop. 664). Upper Kilmanagh: North Division: Co. Tipperary: N.R.: Munster. F, 9 June, 6 Aug., 27 Nov.: PS, every 2 m.: P.St.: Templemore, 7, G. S. & W. RY.: Tel. 8-8. (1) 7 a.m., 4.40 p.m.: (2) 8.30 a.m., 9 p.m.: (3) PO, SB, MOO: (4) Yes, 4: (5) No. J. Shelly, act.-sergeant.

1 Dovea R	5	A	G	4¼ L ¾
2 Goldingscross R	3	A	G	¾ X ¼ X ¼ X ½ R 1¼
3 *Roskeen* R	7	C	F	2 L ½ X 1 X 2¾ L ¾
4 *Shehevrie* R	7	C	B	2 L 1 R 2 R 1 X 1
5 Templederry V	6	A	G	¾ X 3¼ L 1¾ X ¼
6 Templemore T	6	A	G	¾ R ½ X 1¾ X 1¼ X ¼ X 1½

BOSTON R. Inchiquin: East Division: Co. Clare: Munster. Tubber, 4½, W. & L RY. (1) 9.30 a.m.: (2) 8 a.m., Sunday excepted: (3) Gort, 6: (4) No: (5) No. J. Murray, sergeant.

1 Carron R	9	D F G	G	1 R 1 L 2 R 1 L 1 X 3
2 Crusheen V	8	D B	G	½ V[2] 1½ X 2 X 3½ R ½
3 Gort T	6	D	G	½ L ¼ R 5 L ¼
4 Ruane V	10	G B D	G	½ L ½ R 5 L 4
5 Tubber R	5	B	G	½ R ½ L 3 L 1

BOYLE T. (Pop. 2450). Boyle: North Division. Co. Roscommon: Connaught. F, 3 Jan. and Feb., 6 March, 9 April, 9 and 30 May, 9 and 25 July, 16 Aug., 1 Oct., 25 Nov.; Pig Fairs on preceding days: PS, 2 and 4 w.: M, w. and s.: D.I.: R.M.: M. G. W. RY.: Tel. 8-8; Sunday, 9-10 a.m. (1) 1.30 a.m., 11.20 a.m., 3.30 p.m.: (2) 10.20 a.m., 2.40 p.m., 3.15 p.m., 10 p.m.. (3) Yes: (4) Yes, 15: (5) Ruins of Boyle Abbey; Lough Key, with numerous islands, having ruins: overlooked by Rockingham Castle and Demesne, 1½. John Clerkin, head-constable.

1 BALLINAFAD (J.S.) V	4½	D	S F	¾ X 3½ X ¼
2 Ballinameen V	7	D C	S F	½ R ¼ L 2¼ X 1½ L 2½
3 Croghan V	6	C	F	¼ L 2 L 3¼ X ½
4 Grevisk R	3½	A	G	⅛ L 3⅜
5 MULLAGHROE R	6	D	S P F	½ L 5½
6 Ross (J S.) R	5½	B	B R S	1½ X 3¼ X ¾

BRACKLIN R. Lower Philipstown: Tullamore Division: King's County: Leinster. Tullamore, 4, G. S. & W. RY.: (1) 8.40 a.m.: (2) 4.30 p.m.; Sundays (1) 8.40 a.m.: (2) 2.10 p.m.: (3) PO, Derrygoland, 1½: (4) No: (5) No. William Bond, sergeant.

1 Clonmore R	8	B	F	3½ R 4 R ½
2 *Croghan Hill* R	11	B	F	3½ L 2½ R ½ L 4½
3 LOWERTOWN BRIDGE R	2	B	F	½ R ½ R ½ R ½
4 Tullamore T	4	B	F	½ L ½ R 2 R 1

BRAY (J.S.) T. (Pop. 6787). Rathdown: East Wicklow: Co. Wicklow: F, 1 w.: PS, each alternate s: M, w. and s.: D.I.: R.M.: D. W. & W. RY. Tel. 8-8. (1) 8.10 a.m., 1.45 p.m., 6.20 p.m., 8.40 p.m.: (2) 7.30 a.m., 9.45 a.m., 11.40 a.m., 5 p.m., 6 p.m., 8 p.m., 10.30 p.m: (3) PO, SB, MOO: (4) Yes, 145; Mail car and Omnibus run to Enniskerry daily: (5) Bray Esplanade, ¼; Bray Head, 1½; Dargle, 2¼; Glen of Downs, 5¾; Kilruddery, residence of the Earl of Meath, 2; Sugar Loaf, 4; Fashionable summer sea-bathing resort, with splendid mountain scenery in vicinity. William J. Job, constable.

1 Delgany V	6	A	G	1 L 1¼ L 1¼ L 1 R 1¼
2 Enniskerry V	3½	A	G	¾ L 1¼ R ⅛ R 1¼ L ⅛
3 TILLYTOWN V	2	A	G	½ R 1 R ½

BREAFFEY R. Carbury: North Division: Co. Sligo: Connaught. Sligo, 10½, S. L. & N. C. RY. and M. G. W. RY.: (1) 8.30 a.m.: (2) 4.30 p.m.: (3) PO, SB, MOO: (4) Yes, 2: (5) No. William James Grey, constable.

1 Drumcliff R	5	D B D B	G F G F	½ X ½ L 1 R 1¼ R ¼ L ¾ R 1
2 Grange V	3	B D B D	F G F G	½ L ¼ X ⅜ X 1 R ¼ L ⅛

BREENAGH R. Kilmacrenan: East Division: Co. Donegal: Ulster. Letterkenny, 8, L. & L. S. RY. (1) 9.30 a.m.: (2) 3.20 p.m. (3) PO: (4) Yes, 3. John Delap, constable.

1 Churchhill R	6	D	F	3 L 1 R 1½ L ¾
2 Cloghan R	10	D	F	¼ L ⅜ R 4¼ R 5⅜
3 Fintown R	9¾	D	F	⅜ R 5¼ L 3½
4 Letterkenny T	8	B	G	⅛ L ¼ L 2⅜ L ⅜ R 5½

BRIDGETOWN V. (Pop. 184). Bargy: South Division: Co. Wexford: Leinster. F, Jan. 28, Feb. 14, Mar. 9, April 13, May 27, June 19, July 14, Aug. 5, Sept. 5, Oct. 19, Nov. 9, Dec. 17: Wexford, 9, D. W. & W. RY. (1) 8.30 a.m.: (2) 4.25 p.m.: (3) PO, SB, MOO: (4) No: (5) No. Thomas Dunne, sergeant.

1 Duncormick V	5	B	G	½ L 1½ X 1½ X 1¾ R ½
2 Killinick V	6	B	G	½ L 1⅛ X 1 X 1⅜ L ½ L 1½
3 Kilmore Quay V	6	B	G	R ¾ X 1 X ⅜ L ½ X ⅜ R ¼ L ¼ R ½ L 1
4 Murrentown V	4½	B	G	½ L ⅜ X 1¼ R ¼ L ⅞ X ½ R ⅞

BRITTAS R. Upper Cross: North Division: Co. Dublin: Leinster. D. & B. Steam Tramway. (1) 9.35 a.m.: (2) 4.30 p.m.: (3) 1¾: (4) No: (5) No. John M'Cabe, sergeant.

1 Corballis R	2½	C	G P	2¾ R
2 Kilteel V	5	A D H	F S P	1 R ⅜ R 1 L 1¼ R 1½ L 1
3 Lisheens R	3¾	A B	F P	1¼ L ¼ R 1 L ¾
4 Rathcoole V	3¾	C B A	F P F	1 L 1½ L 1

BROADFORD V. (Pop. 144). Tulla Lower: East Division: Co. Clare: Munster. F, 21 June and 21 Nov.: PS, 2 m.: Tel. 8-8. (1) 5 a.m. (2) 7.30 p.m.: (3) PO, SB, MOO: (4) Yes, 2: (5) No. Patrick Dempsey, constable.

1 Bodyke V	8	A	G F	1 X 2 R 1 R 1 X 2¼ L ½
2 Fermoyle R	4	I I	G F	½ L 1¼ R 1 L ⅞ R ½
3 Kilbane V	3½	D	S P	¼ L 3¼
4 Kilkishen V	7	B	F	R ¼ R ¼ R 1½ L 1 L 1 R 1½ R 1 R ¼
5 O'Callaghan's Mills V	4½	A	G	1 R 1¼ L ¼ X ¼ L 1 L ¼

BROADFORD V. (Pop. 232). Glenquin: West Division: Co. Limerick: Munster. Newcastle West, 11, W. & L. RY. (1) 7 a.m.: (2) 5.30 p.m. summer; 4.30 p.m. winter: (3) MOO: (4) Yes, 2: (5) *nil*. Robert Rolleston, sergeant.

1 Drumcolloher V	3	B	G	⅜ R 1½ R ⅜ L ¼ L ¼
2 Freemount V	5	D	G	¼ L 1⅜ L ¼ R 2¼ L ¼
3 Glenduff R	3	D	G	¼ R 1⅜ X ¼ L 1

BROCKAGH R. (Pop. 23). Burrishoole South : West Division : Co. Mayo : Connaught. Westport, 4½, M. G. W. RY. Nearest Post Office, Westport, 4½. James M'Guiness, sergeant.

1 Deergrove R	6	D	R F	¼ R 1⅓ L 2 R ½ L 1¾
2 Glenisland R	7	D	R F P	3½ X 3 R ½
3 Newport T	5¼	F	R P F	3 X 2 R ¼
4 Westport T	5	D	R P F	4½ R ½

BROOKBORO V. (Pop. 306). Magherastephena : South Division : Co. Fermanagh : Ulster. PS, 1 t. : M, t. : C. V. TRAM. : Tel. 8-8. (1) 7.30 a.m., 12 noon : (2) 12.30 p.m., 5 p.m. : (3) PO, SB, MOO : (4) Yes, 3 : (5) No. William M'Cutcheon, sergeant.

1 Eshnadarragh R	8	D F G H	S I P F	3 R 2 X 1¼ X 1¾
2 Fivemiletown V	6¾	B D C E	G F G F	¼ L ¼ R ⅛ R 1⅛ X 2 L 2 X 1
3 Lisnaskea V	5½	B D D C	F G F G	¼ L ¼ L 1 R ¼ L 1 X 1 R 1¼ L ½
4 Maguiresbridge V	3	B C B C	G F G F	¼ X 1 X ½ X 1 R ¼
5 Tempo V	6	D F C D	G F G F	2 R 1 X 2 L 1

BROOKVILLE R. Clanwilliam : South Division : Co. Tipperary : S.R. : Munster. 2, W. L. RY. (1) 7 a.m. : (2) 7.20 : (3) Tipperary, 2½ : (4) No : (5) No ; a temporary station. Patrick Flynn, constable.

1 Bansha V	4½	A C D C	F G	1⅓ L 1 R 1¼ X ½
2 Cordangan R	2½	A C	F G	1½ L ¾
3 Lisvernane V	7	D C	G F	¼ R ½ L 2¼ R 4
4 Tipperary T	2½	D C	G F	1½ R ¼ L ¾

BROSNA V. (Pop. 286). Trughanacmy : East Division : Co. Kerry : Munster. F, 24 Jan., 24 Feb., 25 March, 24 April, 14 June, 22 July, 29 Aug., 20 Sept., 25 Oct., 13 Nov., 8 Dec. : PS, 4 w. : Abbeyfeale, Co. Limerick, 9, W. & L. RY. (1) 10.30 a.m. : (2) 5.15 p.m. : (3) PO, SB, MOO : (4) Yes, 4 : (5) Charles Drummond's shooting lodge, Mounteagle, 5 ; J. Deane's shooting lodge, Knockawinna, 4. P. Galligan, sergeant.

1 ABBEYFEALE T	8	B	G	¼ L 1 R 3¼ L 3½
2 Castleisland T	14	D	G	¾ L ⅛ X 1 L 1 L 1 L 3 R 1 L 2 L 3 R 1⅝
3 Cordal R	10½	B D B	G	¼ L 1¼ L 1½ R 5 X 2 L ½
4 FEALEBRIDGE HUT R	5	B	G	½ L 1 R 3¼ L ¼
5 KINGWILLIAMSTOWN V	13½	D	G	2 R ½ L ¼ R 1¾ L 8¼
6 MOUNTCOLLINS R	3	B	G	¼ L 1 R 1½ R ⅛ L ⅛
7 ROCKCHAPEL V	7	D B	G	2 R ½ L 1 R 1¾ L 1¾

BROUGHDERG R. Upper Dungannon : East Division : Co. Tyrone : Ulster. Pomeroy, 10, G. N. RY. (1) 2 p.m. : (2) 10 a.m. : (3) PO : (4) Yes, 2 : (5) No. Michael Brislane, sergeant.

1 Cookstown T	14	D C D C	F G F G	½ R 1 R 2 L 8 R 2½
2 Gortin V	13	D C D C	F G F G	⅓ R 2½ R 2 L 1 L 4 R 3
3 Mountfield V	10	D F D F	S P S P	½ R 2½ L 2 R 5
4 Pomeroy V	10	D C D C	F G F G	½ L 3 R 1⅓ X 5

BROUGHSHANE V. (Pop. 568). Lower Antrim : Mid Antrim : Co. Antrim : Ulster. F, 17 June, 1 September, and 17 Nov. : PSt. : Ballymena, 4, B. & N. C. RY. (1) 9 a.m., 2.45 p.m. : (2) 12 noon, 3.50 p.m. : (3) PO, SB, MOO : (4) Yes, 6 : (5) Slemish Mountain ; ruins of Skerry Church, 2. James A. O. Anderson, sergeant.

1 Ballymena T	3¾	A	G	¼ 3 L ½
2 Connor V	7	D	P	R ¼ L 3 R 3¾
3 Martinstown R	6	B	F	2¼ R 1½ R ½ L ¾ L ¼ R ¾

BROWNSTOWN R. Kilmaine : South Division : Co. Mayo : Connaught. Ballinrobe, 5½, M. G. W. R. (1) 7.30 a.m. : (2) 6.30 p.m. : (3) Hollymount, 5 : (4) Yes, 2 : (5) No. George Kerr, sergeant.

1 Ballinrobe V	5½	B	F	½ R 2 X 1 X 2
2 *Ballyglass* V	5	B	F	½ L 2½ X 2
3 *Hollymount* V	5	B	F	½ L 1½ X 2 X 1

BRUFF T. (Pop. 847). Coshma : East Division : Co. Limerick : Munster. F, 25 Jan., 29 March, 16 May, 25 July, 22 Aug., 18 Oct., 28 Nov. : PS, every alternate w. : M, m. : D.I. : Kilmallock, 6, G. S. W. RY. ; Rosstemple, 6, G. S. W. RY. : Tel. 8-8. (1) 7.10 a.m., 1.20 p.m. : (2) 9.45 a.m., 7.30 p.m. : (3) PO, SB, MOO : (4) Yes, from 16 to 20 : (5) Loughgur, 2½ ; Ruins of Ballygrennan Castle, 1. F. Wadsworth, sergeant.

1 Boherard R	3¾	B	G	1 L 2¾
2 Bruree V	7½	D	G	2 R ½ R ½ L 2 X 2 L ¼ R ¼
3 Grange R	3½	A	G	½ R 1½ L ¼ X 1 R ¼
4 Herbertstown V	5¾	B	G	½ R 1½ R ½ L 1 X 1 X ¾ X ½
5 *Kilmallock* T	5½	A	G	2 X ½ X 1½ R 1 L ½
6 Knockainey V	4	B	G	1¾ L ¼ L ½ R 1 L ½

BRUREE V. (Pop. 400). Upper Connello : West Division : Co. Limerick : Munster. PS, t. : Bruree, ¼, G. S. & W. RY. : Tel. 8-8. (1) 7.45 a.m., 6.15 p.m. : (2) 11.5 a.m., 6.30 p.m. : (3) PO, SB, MOO : (4) Yes, 1 : (5) Old Castles, seats of Irish kings and bards. William Daly, sergeant.

1 Boherard R	5	B	G	⅛ L ⅛ L 1¼ X 1½ L ½ R 1½
2 Bruff T	7½	B	G	⅛ L ⅛ R 1¾ X 4 L 1½
3 *Castletown* V	7½	B	G	1½ X 2 X ¼ X ½ X ½ X 1 X ¼ L 1½
4 CHARLEVILLE T	6	B	G	1 R 5
5 *Kilmallock* T	4½	B	G	⅜ R 1⅜ X 1½ L ½ R ½ X ¼ X ¼

BRYANSFORD V. (Pop. 107). Upper Iveagh (Lower Half) : South Division : Co. Down : Ulster. Tel. 8-8. (1) 7.30 a.m. :

(2) 5.30 p.m. : (3) PO, SB, MOO : (4) Yes, 4 : (5) No. Robt. Cluff, constable.

1 Castlewellan T	3	B C	F	½ L ⅛ L 1¾ R ⅛ R ⅛
2 Dundrum T	5	B C	F	½ L ⅛ R ¼ R ⅛ R 1 X ½ R 1¾ L ¼ R ½ R
3 Hilltown T	10	B C	F	⅛ L ¾ L 1½ L ¼ R ¾ L 1½ L ¼ L 2 R 2 R ¾ L ⅛
4 Newcastle T	3¼	B C	F	½ R ⅓ R 1¼ R ¼ R ¾ R

BUNBEG R. Kilmacrenan : West Division : Co. Donegal : Ulster. Tel. 8-8 : F, last m. : PS, m., fortnightly : B : Letterkenny, 34, L. & L. S. RY. (1) 2 p.m. : (2) 9 a.m. : (3) PO, SB, MOO : (4) Yes, 4 : (5) Bloody Foreland Point, 5 ; Scull Island, 1½ ; Umphin, 4 (by sea) ; the Roman Catholic Chapel, the scene of Mr. Martin, D.I.'s, murder, 2½. Stephen Cooley, sergeant.

1 Anagry R	7	D	R S I	1 X 2½ R 3½
2 *Glassercoo* R	8	D	S P	1½ L 6½
3 Gweedore R	4	B	F	1 L 2½ L ½

BUNCRANA V. (Pop. 734). Inishowen West: North Donegal: Co. Donegal: Ulster. Tel. 8.8 : F, 1 t. : PS, 2 th. : M, t. : D.I. : L. & L. S. RY. (1) 7.15 a.m., 5.30 p.m. : (2) 8.45 a.m., 5.30 p.m. : (3) PO, SB, MOO : (4) Yes, 12 : (5) Commodious watering-place, banks of Lough Swilly ; ruins of Sir Cahir Roe's Castle, ¼. James Fox, sergeant.

1 Burnfoot R	7½	A	G	Direct road
2 Linsfort R	4	C	F	¼ L ¼ R 1½ R 1½ L ½
3 Mintiaghs R	6½	D	F	1½ L ¼ R 3½ L 1¼

BUNDORAN V. (Pop. 764). Tyrhugh : South Division : Co. Donegal : Ulster. Tel. 8-8 : G. N. RY. (1) 8.45 a.m., 9.15 a.m., 3.30 p.m., 4 p.m. : (2) 9.15 a.m., 9.25 a.m., 11 a.m., 4 p.m. : (3) PO, SB, MOO : (4) Yes, 30 : (5) Fairy Bridges, 1½ ; The Warren, 2 ; Madden's Fort, 3 ; Sulphur Spa, 1½. Patrick Reid, sergeant.

1 Ballyshannon T	4	A C A	F	¼ L 3 L ¾
2 KINLOUGH V	3	D B	F R F	¼ L ¼ R ½ R 1 R ¼ L ¾
3 TULLAGHAN V	2	A	G	¼ R 1¾

BUNNINADDEN R. Leyny : South Sligo : Co. Sligo : Connaught. F, 14 Jan., 27 Nov. : Ballymote, 5½, M. G. W. RY. : Tel. 8-8. (1) 6.45 a.m., 12.45 p.m. : (2) 10.45 a.m., 7.45 p.m. : (3) PO, SB, MOO : (4) Yes, 1 : (5) Kilturra, 3½. Henry Stevens, sergeant.

1 Ballymote T	5½	B	G	¼ R 3½ V⁴ 1½ R ¼
2 Chaffpool R	3	D	F	⅛ L 1⅞ L 1
3 Doocastle R	4	B	F	¼ R ¼ L 1 X ½ X 1 R 1
4 Mullaghroe R	8	D	I	¼ L 3¼ L 2½ X 2
5 Templehouse R	7	B	G	⅛ R 3½ V¹ 3¼ R ⅛

BUNRATTY R. Bunratty Lower : East Clare : Co. Clare : Munster. Cratloe, 2½, W. & L. RY. (1) 7 a.m. : (2) 6.25 p.m. : (3) PO, Sixmilebridge, 4½ : (4) No : (5) Bunratty Castle ; River Shannon, 1½. M. Sullivan, constable.

1 Cratloe R	2½	A B F B	P F	1¼ L 1¼
2 Newmarket-on-Fergus V	6½	A C A	P	¼ L 2¼ L ½ R ¼ L 1½ X 1½ R ¼
3 Sixmilebridge V	4½	B A	P	1¾ V^3 ¼ R 1 L 1½

BURNFOOT R. (Pop. 30). Inishowen : North Division : Co. Donegal : Ulster. PS, 3 f. each month : Burnfoot, ¼, L. & L. S. RY. (1) 6.46 a.m. : (2) 5.52 p.m. : (3) No : (4) No : (5) Scalp Mountain and Grianan (Aileach Neid) Fort, 3. John W. Stephens, sergeant.

1 Buncrana V	7½	A	G	Direct road
2 Muff R	6	B	F	⅛ L 2 X 2 X 1¾ R ⅛
3 *Newtowncunningham* V	9	A	G	½ R 1½ R 2 L 2 X 1 L 1 R 1
4 ROSEMOUNT, DERRY C	6	A	G	2 L 3 R ¼ L ½ R ¼

BURTONPORT R. Boylagh : West Division : Co. Donegal : Ulster. Tel. 8-8 : Stranorlar, 36, W. D. RY. (1) 11.45 a.m. : (2) 1.20 p.m. : (3) PO, SB, MOO : (4) Yes, 4 : (5) Arranmore Island (5 by sea), and other small islands, including Rutland, Innishcoo, Innisceragh, Owey, &c., varying from 1 to 4 by sea. James Quinn, constable.

1 Anagry R	10	D	B	½ R ½ L 2 L ½ L ½ R 5½ R ½
2 Arranmore I	5	Sea	Sea	Direct route (S 4¾ S) ¼ road
3 Dungloe V	5	D B	F G F	½ R ⅝ L 2 R ⅜ L 1½ L ½

BUSHMILLS T. (Pop. 1070). Cary : North Antrim : Co. Antrim : Ulster. Tel. 8-8 : F, 15th monthly : PS, 2 th : M, t. and f. : Portrush, 6¼, N. C. RY. (1) 10 a.m., 2 p.m. : (2) 11.10 a.m., 4.20 p.m. : (3) PO, SB, MOO : (4) Yes, 12 : (5) Giant's Causeway, 2 ; Carrick-a-Rede, 7. T. Behan, constable.

1 Dervock V	6¼	A M	G	1¼ L 3¼ X 1¾
2 Mosside V	8	D	F	½ R 1 L 3 L 2 R 1¼ R ¾
3 Portrush T	6¼	B M	F	2¼ R 1½ R 2 R ½

BUTLERSTOWN R. Middlethird : East Division : Co. Waterford : Munster. (1) 7.15 a.m. : (2) 6.15 p.m. : (3) Waterford, 3¾ : (4) No · (5) Butlerstown Castle, 1½. James M'Kenna, sergeant.

1 Ballyduff R	5¼	A	G	2¾ L 2½
2 Kill V	9	A	G	2¾ L 6¼
3 Manor Street C	3½	A	G	3 L ½
4 Peter's Lane C	3¾	C	G	3½ L ¼
5 Tramore T	6¼	B	F	1¼ L 2½ X 2½

BUTLER'S BRIDGE V. (Pop. 94). Upper Loughtee: West Division: Co. Cavan: Ulster. Ballyhaise Junction, 4, G. N. RY. (1) 8 a.m., 1.30 p.m.: (2) 10 a.m., 4.40 p.m.: (3) PO: (4) No: (5) No. James W. Quin, sergeant.

1 Ballyhaise v	6	B B	G	$2\frac{1}{4}$ L $3\frac{1}{2}$
2 Belturbet T	6	B B	G	3 L $\frac{1}{4}$ R 1 L $1\frac{1}{4}$
3 Cavan T	4	A	G	2 L $\frac{3}{4}$ R $1\frac{1}{4}$
4 Redhills v	6	B B	G	3 R $\frac{1}{4}$ L 2 L $\frac{1}{2}$

BUTTEVANT T. (Pop. 1600). Orrery and Kilmore: North Cork: Co. Cork, E.R.: Munster. Tel. 8-8: F, 27 March, 28 May, 11, 12, and 13 July, 14 Oct., 17 Dec.: PS, 2 and 4 th.: G. S. & W. RY., $1\frac{1}{4}$. (1) 7 a.m., 12 noon, 4 p.m.: (2) 10 a.m., 2.15 p.m., 10.15 p.m.: (3) PO, SB, MOO: (4) Yes, 12: (5) Kilcoleman Castle; Barry's Castle. John Aldworth, constable.

1 Ballyclough v	7	B F C	G	$\frac{1}{4}$ R 1 L $1\frac{3}{4}$ R 1 X $2\frac{1}{2}$ X $\frac{1}{2}$
2 Churchtown v	5	A	G	$\frac{1}{2}$ L $1\frac{1}{4}$ R $2\frac{1}{4}$ R 1
3 Doneraile T	4	A	G	$\frac{1}{4}$ L $\frac{1}{2}$ L $\frac{1}{4}$ L $1\frac{1}{2}$ X $1\frac{3}{4}$
4 Mallow T	7	A	G	$\frac{1}{4}$ L $\frac{1}{2}$ R $1\frac{3}{4}$ X 1 X 3 L $\frac{1}{2}$

C

CABINTEELY V. (Pop. 196). Rathdown: South Dublin: Co. Dublin: Leinster. PS, 2 w.: Carrickmines, $1\frac{1}{4}$, D. W. & W. RY. (1) 8.30 a.m., 8.30 p.m.: (2) 4 p.m., 9 p.m.: (3) PO, SB, MOO: (4) Yes, 3: (5) Druid's Glen and Bride's Glen; Druid's Chair. H. J. M'Namara, constable.

1 Ballybrack v	$2\frac{1}{2}$	A	G	1720 yds. R $\frac{1}{2}$ R 1 R 40 yds.
2 Dundrum v	5	C	G	L $\frac{1}{4}$ X $\frac{1}{4}$ X $\frac{1}{2}$ X $\frac{1}{4}$ X L 1 L $\frac{1}{4}$ X $\frac{1}{2}$ L $\frac{1}{4}$ R $\frac{1}{4}$
3 Glancullen R	5	C E	G S	L 1 L 2 L $\frac{1}{4}$ R $1\frac{1}{4}$ L $\frac{1}{4}$
4 Stepaside v	4	C A	G	L 1 L 2 R 1
5 Tillytown R	3	A	G	$2\frac{1}{2}$ L $\frac{1}{2}$

CADAMSTOWN R. Ballybritt: South Division: King's County: Leinster. Parsonstown or Birr, $11\frac{1}{2}$. (1) 10 a.m.: (2) 3 p.m.: (3) PO: (4) Yes, 1: (5) Castlebernard, $2\frac{1}{2}$. Anthony Monnelly, sergeant.

1 *Frankford* T	5	G B	G	$3\frac{3}{4}$ L $\frac{1}{4}$ R $\frac{1}{4}$ R $\frac{3}{4}$
2 *Killoughey* R	5	G B	G	3 L 2
3 Kinnetty v	$3\frac{1}{2}$	A B	G	$1\frac{1}{4}$ L 2 R $\frac{1}{4}$

CAHIR T. (Pop. 1968). Iffa and Offa West: South Division: Co. Tipperary: Munster. Tel. 8-8: F, 9 on last w. of month; 3 old fairs on 26 May, 20 July, 18 Sept.: M, f.: D.I.: W. L. RY. PS, every alternate th.: (1) 7 a.m., 12 noon, 4 p.m.: (2) 1 a.m., 3 a.m., 6 a.m., 10.30 a.m., 1 p.m., 3 p.m., 10.30 p.m. : (3) Yes : (4) Yes, 16 : (5) Cahir Abbey, ¼ , Cahir Castle ; Cahir Park, ¼. Charles Clare, sergeant.

1 Ardfinane V	6	C G	G G	2¾ R 1¼ X 2
2 Ballingeary R	6	A B	F G	2½ L 1 R 2½
3 Ballylooby R	4½	B	F G	1 X 1 R 2 X ½
4 Kilmoyler R	4½	A	G	1 L 2½ L ¾ X ¼
5 New Inn V	5	A C	F G	2 R 2 X 1
6 Rehill R	7	A	F G	1 X 2½ X 2½ X 1

CAHIRCIVEEN T. (Pop. 1994). Iveragh : South Division : Co. Kerry : Munster. Tel. 8-8. F, 5 Jan., 8 Feb., 1 and 22 March, 22 April, 10 May, 12 June, 12 July, 6 Aug., 1 and 28 Sept., 28 Oct., 13 Nov., 13 Dec. : PS, each alternate s. : M, w. : D.I W. K. RY. (in course of construction). (1) 9.45 a.m. : (2) 3.15 p.m. : (3) PO, SB, MOO : (4) Yes, 30 : (5) Carahan, birthplace of Daniel O'Connell, 8. John Harwood, sergeant.

1 Mountfoley R	9	A	G	3¼ X 5½ X ¼
2 Portmagee V	11	B	G F	1 X 1 X 2 R 1 X 1½ X 4½
3 Valentia I. V	3¾	B	G Sea	1½ R 1½ S ¾ S
4 Waterville V	12	D B	G	2 X 1 X 1 X 1½ X 1¼ X 1¾ X ¼ X 1½ X 1¾

CAHIRCONLISH V. (Pop. 200). Clanwilliam : East Division : Co. Limerick : Munster. Tel. 8-8 : Boher, 2, W. & L. RY. : (1) 8.30 a.m. : (2) 4 p.m. ; Sunday, 6 p.m. : (3) PO, SB, MOO : (4) No : (5) Knockroewilson, ¾. John Ayre, sergeant.

1 *Ballyneety* V	8½	A	G	¼ L 1 X R 2¼
2 *Ballysimon* R	6	A	G	¼ X 1½ L 4¼
3 Cappamore T	8	A	G	¼ R ½ V ½ R 1½ L 5¼
4 *Herbertstown* V	6	A	G	5¾ L ¼
5 Murroe V	6½	A	G	¼ R ½ X ½ X ¼ R 2 L ¼ R 2¾
6 Newpallas V	8	A	G	⅛ R 1 L ⅛ R ⅛ L 3 R 3⅝

CAHIRDANIEL V. (Pop. 80). South Dunkerron : South Division : Co. Kerry : Munster. F, 25 Oct., 11 Dec. : PS, 2 t. each month. (1) 3 p.m. : (2) 8.30 a.m. : (3) PO : (4) Yes, 2 : (5) Darrynane Abbey, 1 ; Staigue Fort, 5 ; wild mountain scenery. James Lynch, sergeant.

1 *Sneem* V	14	B	G	Straight road
2 Waterville V	9	B	G	Straight road

CAHIRDAVIN R. North Liberties : City of Limerick : Co. Limerick : Munster. (1) 8 a.m. : (2) 8 p.m. : (3) PO, 1 : (4) No : (5) No. Michael Chambers, sergeant.

1 Ardnacrusha R	4	A B	G	1 L ½ X ½ X 1 R 1
2 Meelick R	5	A	G	½ R 1 L ½
3 Thomondgate C	2	A	G	1 X ½ L ½
4 William Street, Limerick C	2	A	G	1 X ½ X ¼ L ⅛ X ⅛

CALEDON V. (Pop. 720). Lower Dungannon : South Division : Co. Tyrone : Ulster. F, 2 s. : PS, 2 s : M, s. : C. V. TRAMWAY : Tel. 8-8. (1) 7 a.m., 9.30 a.m., 4 p m. : (2) 8 a.m., 1 p.m., 9.30 p.m. : (3) PO, SB, MOO : (4) Yes, 4 : (5) Caledon Demesne and River Blackwater. Robert Elliott, sergeant.

1 Aughnacloy T	10	B	G	2 R 2 R 2 X 4
2 Benburb V	8	B	G	5 R ½ R 2½
3 EMYVALE V	6½	D	I	2¾ L 1¼ X ¾ R 1¾
4 GLASSLOUGH V	4	B	F	½ L 2 R 1½
5 TYNAN V	2	C	G	1 R ¾ L ¼

CALLAN T. (Pop. 2000). Callan . South Division : Co. Kilkenny : Leinster. Tel. 8-8. F, 3 w. in each month : PS, 1 th. : M, t : D.I. : Kilkenny, 10, G. S & W. RY. and W. C I. RY (1) 5 a.m., 12.35 p.m. : (2) 8 p.m., 1.45 p.m. : (3) PO, MOO, SB : (4) Yes, 20 : (5) Ruins of Augustinian Friary, much admired ; an Old Castle, of large size, in excellent preservation. John Dwyer, constable.

1 Kilamory V	6¼	B	F	1½ L 3⅛ R ⅛ L 1½
2 Kilmanagh V	6	B	F	½ L 2 X 3½
3 Limetree R	6	A	G	3½ X 2 X ½
4 Loughbrack R	4	B	G	1¼ L 1¼ X 1½
5 Mullinahone V	6	B	B	4¾ R ¾ L ½

CALLAGHANE R. (Pop. 53). Gaultier : East Waterford · Co. Waterford : Munster. PS, every 3 t. : R.M. : Waterford, 6, W. & L. RY. (1) 6.30 a.m., 4.30 p.m. : (2) 10 a.m., 6.30 p.m. ; letters are taken from the Station : (3) No : (4) No : (5) Yes, 2½. Patrick Kane, constable.

1 Dunmore East V	6	A	G	3½ X ½ X 2
2 Manor Street C	5	A	G	1 L 2¼ R 1 L ¼
3 Passage East V	4½	C	G	1 R ¼ L ⅛ L 2 A ⅛ V 1

CAMLOUGH V. (Pop. 183). Upper Orier . South Division : Co. Armagh : Ulster. F, 3 m. : Bessbrook, 2, G. N. RY. (1) 10 a.m., 3 p.m. : (2) 10 a.m., 3 p.m. : (3) PO : (4) Yes, 1 : (5) Bessbrook Factory, 1 : Camlough Lake, 1. David Kane, sergeant.

1 Balleek V	3½	A C A C	G	¾ R ¾ R ½ X 1½
2 Forkhill V	8	A F B	G S	1 L 3 L 3¾ R ¼
3 Jonesboro V	8	F B	S	¼ L 2 R ½ R 5¼
4 *Mountnorris* V	7	F G F	S	R 2 X 2 R ¼ L ¼ R 2½
5 Newry T	2¾	A C A G	G	2¼ L ½

CAMOLIN V. (Pop. 350). Scarawalsh : North Division : Co. Wexford : Leinster. Tel 8-8 : F, 9 June : Camolin, ½, D. W. & W. RY. (1) 8 a.m., 10.45 a.m. : (2) 2.45 p.m., 6.30 p.m. : (3) PO, SB, MOO : (4) No · (5) No. Charles M'Croary, sergt.

1 Ballycanew V	7	B	F P F	¼ R ½ R 2½ X 1 L 1¼ R 1½
2 *Ferns* V	3½	C	G	¾ L 2¼ L ½
3 Gorey T	7½	C	G	¼ R ½ L 3¾ L 3
4 Hollyfort R	9	D F E	B C	¼ L 1¼ R 2 R 1 X 1¼ R ¼ L ½ X 2 L ½

CAPPA R. (Pop. 50). Decies without Drum: West Division: Co. Waterford: Munster. W. D. & L. RY., ¾. (1) 8.10 a.m.: (2) 3.45 p m.: (3) PO: (4) No: (5) Cappagh Lakes, ¼. John St. John, acting-sergeant.

1 *Cappoquin* T	5¼	A	G	1½ X 1½ X 1 X 1 R ¾
2 Colligan R	5	C	G	3 L 2
3 Dungarvan T	6	A	G	3 X ¾ R 1½ X 1
4 Villierstown V	6	D	G	1 X ⅜ R 1¼ X ⅜ X ¼ X 1 R ¼ X 1 X 1

CAPPADUFF R. Carra: South Division: Co. Mayo: Connaught. F, 18 May, 29 June, 21 Oct., 18 Dec.: Ballinrobe, 14, M. G. W. RY. (1) 8.15 a.m.: (2) 5.20 p.m.: (3) PO, SB, MOO (4) Yes, 2: (5) Lough Mask, ½. Nathan Campbell, acting-sergeant.

1 Derrypark R	8	B	G	7 R 1
2 Kinnury R	11	B	G	5½ L 4 L 1½
3 Partry R	7	B	G	5¼ R 1¾

CAPPAMORE V. (Pop. 766). Owneybeg: East Limerick: Co. Limerick: Munster. F, 20 April, 1 July, 20 Sept., 12 Dec.: Tel. 8-8. (1) 7 a.m.: (2) 7 p.m.: (3) PO, SB, MOO: (4) Yes, 3. Daniel Lenihan, acting-sergeant.

1 Bilboa R	3½	B	G	1½ R 2
2 Doon V	4	B	G	1¼ X 2 X ½ R ¼
3 Murroe V	4½	B	G	1½ R ½ L 2½
4 Newpallas V	4	B	G	1¼ L ¾ R 2

CAPPAWHITE V. (Pop. 529). Kilnamanagh Upper: Mid-Tipperary: Co. Tipperary, S.R.: Munster. D.I.: Dundrum, 3, G. S. W. RY: PS, on each alternate f.: F, 19 Jan., 14 Feb., 19 Mar., 16 April, 9 May, 4 June, 27 July, 16 Aug., 29 Sept., 18 Oct., 16 Nov., 21 Dec.; if dates fall on Sunday, fair deferred to following Monday: Tel. 8-8. (1) 8 a.m.: (2) 6 p.m.; 5 p.m. on Sunday: (3) PO, SB, MOO: (4) Yes, 6: (5) Splendid spa on mountain slope, ½ from barrack; barrack flat roof, very handsome from distant view, Oriental fashion. Thomas Ryan, sergeant.

1 Anacarty V	3	A	G	1 R 2 X
2 Ballykeveen Hut R	2¼	A	G	⅜ X ½ R ¼ L ¼ R ¼ R ½ R ¼
3 Doon V	5	A	G	2½ L ½ R 2
4 Holyford V	6	A H	G	¾ L 2 L 3½
5 *Shanballymore* R	7	A	G	½ L 3 V³ 3½ L V³

CAPPOQUIN T. (Pop. 1377). Coshmore and Coshbride: West Waterford: Co. Waterford: Munster. Tel. 7-7: F, last th. each month: PS, every 2 th.: M, m. and th.: D.I.: W. D. & L. RY. (1) 7 a.m.: (2) 3.30 p.m. (3) PO, SB, MOO: (4) Yes, about 12: (5) Lismore Castle, 4; the steamer "Sybil," on Blackwater River, between Cappoquin and Youghal, 18, from 1 June to 10 Oct. each year; fare, 1s 6d single; 2s 6d return; hours of sailing vary with tide, and are published in monthly bills and time-tables. Mountmelleray Abbey, 4, cars to which meet all trains and boat; fare, 1s each passenger. Thomas Nash, sergeant.

1 *Cappa* R	5½	A	G	¼ L 1 X 1 X 1½ X 1¾
2 Ballinamult R	10	B	G	1¼ R 1½ L 1 L 1½ X 2 X 2½
3 Lismore T	4	A	G	3¾ L ¼
4 Killeenagh R	9	F	G	¼ L 2¼ L 1 L 5½
5 *Villierstown* V	7	B	G	1¼ L ½ R ¾ R 4½

CAPRAGH R. Clanmahon : West Division : Co. Cavan : Ulster. Drumhawna, 5½, M. G. W. RY. (1) 10 a.m. : (2) 4 30 p.m : (3) Ballinary, 1 : (4) Yes, 1 : (5) No. James Devaney, act.-sergt.

1 Fmea (J.S) V	5	B	G	¾ R 1 R 1 L 1½ L 1
2 Kilnaleck V	3	B	G	¼ L ¾ R 1 L ¼ L ½
3 Kilcogy V	4	·B	G	¼ X 1½ L 1¾ L ¼
4 Mountnugent V	5	B	G	¼ X 1¼ L ¼ X 1½ R ¾ L ¾

CARBURY V. (Pop. 55). Carbury : North Division : Co. Kildare : Leinster. F, 26 May, 2 Oct. : PS, 1 and 3 m. : M. G. W. RY. : Tel. 8-8. (1) 6.30 a.m., 11 a.m. : (2) 3 p.m., 6.20 p.m. : (3) PO, SB, MOO : (4) No : (5) Carbury Castle, ¼ ; Trinity Well, ¼ ; source of Boyne. P. Fitzpatrick, sergeant.

1 Allenwood R	6½	B	G	¼ L ¾ L ¾ R ¾ X 4¼
2 Ballinadrimna R	6	B	G	¼ L ¼ R 2 X ¼ X 1¾ R 1
3 Edenderry T	4	A	G	¼ R 1¾ R 1 L 1
4 Enfield T	7	B	G	¼ R 1 X 1½ L 1 R ¼ L 1 R 1 L 1
5 Russelwood R	6	B D	G	¼ L ½ L 1 R 1 R 1 L 1 L 1 L ¼

CARDTOWN R. Upperwoods : Ossory Division : Queen's Co. : Leinster. (1) 9.30 a.m. : (2) 5.30 p.m. : (3) Coolrain, 4 : (4) No : (5) No. Wilson Connolly, sergeant.

1 Castletown V	6	D C	S G	¼ L 2 X ¼ L ¾ R 1 R ¾ R 1
2 Clonaslie V	13	D	S	¾ L 1¾ R ¾ L 9¼ L ½
3 Coolrain V	4	D C	S G	¼ L 2 R ¼ X ½ X ¾ X ¼
4 Mountrath T	5¾	D C	S G	1 R ¼ L 1 R 2 R ¼ L 1¼

CAREYSVILLE R. Condons and Clangibbons : North-East Division : Co. Cork : Munster. Clondulane, 1, F. & L. RY. (1) 8.30 a.m. : (2) 6 p.m. : (3) Pillar ; PO, SB, MOO at Fermoy, 3½ : (4) No : (5) NOTE—Careysville is situated on the south side of the Blackwater, 3½ miles east of Fermoy, and contains the seat of Mr. Montgomery, J.P., built on the site of "Bally-mac-Patrick," a stronghold of the Condon family. This castle was taken by David, Earl of Barrymore, in January, 1642, from the Irish, and the garrison afterwards executed. On the opposite side of the Blackwater, near the exit of the Rivers Funcheon and Arraglin, are the ruins of another of those ancient castles, called Ballyderoon, which means "a place between two Rivers," and which also belonged to this once powerful and warlike tribe or sept; with the Castles of Carrigabrick and Liclash nearer Fermoy. *(vide Smith's Hist., Cork, vol. 1.)* John Power, sergeant.

1 Castlelyons V	5½	C	G	1 L 2½ R 2
2 Currabaha R	4½	C	G	1½ R 1 L 2
3 Fermoy T	3½	A	G	Slight rise midway

CARLANSTOWN V. (Pop. 79). Lower Kells: North Division · Co. Meath: Leinster. F, 12 March, 1 May, 12 Aug., 19 Nov. **(1)** 7 a.m.: **(2)** 6.20 p.m.: **(3)** Kells, 2½: **(4)** Yes, 1: **(5)** Headfort, 2. Thomas Gingles, sergeant.

1 Carnaross R	6	B	F	¼ R ½ R ½ X 1 L ½ R 1½ R 1½ L ¼
2 *Georgescross* R	6	B	P	¼ R ½ R 2½ X 2 L ¾
3 Kells T	2½	A	G	¼ R ½ L ½ L 1 R ¼
4 Moynalty V	3	B	F	¼ L ¾ R 1¾ L ¼
5 *Nobber* V	8	A	G	¼ R ½ L 1 R 1 X ½ R ½ X 1½ X 1 L 1 L ¾
6 Oristown V	4	B	F	¼ L 2 L 1¾

CARLINGFORD T. (Pop. 575). Lower Dundalk: North Division: Co. Louth: Leinster. F, last s. of each month: PS, every 4 th.: Carlingford, ¼, D. N. G. RY. Tel. 8-8 (on sea coast). **(1)** 6.30 a.m., 4 p.m.: **(2)** 10 a.m., 6.30 p.m.: **(3)** PO, SB, MOO: **(4)** Yes, 4: **(5)** Four ancient Castles in vicinity and Tholsel. One of these castles stands in a prominent position, looking seaward, and is in a fair state of preservation; in it King John held his court in the year 1210. Carlingford Lough, between the Counties of Down and Louth, is about 9 miles long by 3 wide midway, and is navigable; along its shores are several interesting places and beautiful scenery. Harbour for fishing industry, and good bathing place; Greenore, 2½ by rail; Omeath, 5½ by rail; Warrenpoint, in Co. Down, 6 by sea: Rostrevor, in Co. Down, 4 by sea. C. M'Quaid, sergt.

1 Greenore V	3	B	G	2 L 1
2 Omeath R	5½	B	G	Good coast road direct
3 ROSTREVOR T	4	Sea	Sea	S 4 S
4 WARRENPOINT T	6	Sea	Sea	S 6 S

CARLOW T. (Pop. 6158). Carlow : Carlow Division : Co. Carlow : Leinster. F, 4 w., and 26 March, 4 May, 8 Nov. : PS, m. : M, m. and th. : R.M. : C.I. : D.I. : G. S. & W. RY. : Tel. 8-8. (1) 7 a.m., 10 a.m., 5 p.m. : (2) 4 p.m., 10 p.m. : (3) PO, SB, MOO : (4) Yes, 30 : (5) Scenery of River Barrow ; Carlow Castle, ¼ ; Cromlech, 2. John Taaffe, acting-sergeant.

1 *Bagenalstown* T	10	A	G	⅞ L ¼ R 2⅔ X 1⅛ X 1⅛ X ⅚ X 1 L 1⅞
2 Baltinglass V	14	C	G	1⅛ L 1 ⅔ R 1⅛ R 3 X 3 X 3 L ⅚
3 Ballykealy V	12	C	G	⅚ R ⅚ R ⅔ R ½ L ½ X 1⅔ X 1⅝ X ⅚ X ⅓ L 1½ L 1 R ⅛ L 1 R ½
4 Carlowgraigue T	½	C	G	½
5 Castledermott V	6½	C	G	1 R 2 X 1 R 2½
6 *Fenagh* V	10	C	G	⅚ R ⅚ R ⅓ R ½ L ½ X 1⅔ X 1⅝ X ⅚ R 2 L ¼ R ¼
7 Grangemellon V	8¾	A	G	3¼ L 2 X 3½
8 *Leighlin Bridge* V	8¼	A	G	⅞ R 3⅜ X 4
9 Rathvilly V	12½	C	G	1⅙ R 1⅛ X 3⅙ X 1 X 1 L 1⅓ X ⅓ L 1⅚ R ⅙ R ⅛ R ⅔
10 Tullow T	10	C	G	⅚ R ⅚ X 4 ⅚ X 1½ L 1¼ R ¾

CARLOWGRAIGUE T. (Pop. 1028). Slievemargy : Leix Division : Queen's Co. : Leinster. Carlow, 1, G. S. W. RY. (1) 7.30 a.m., 10.30 a.m., 5 p.m. : (2) 3.30 p.m., 9.30 p.m. : (3) Carlow, ½ : (4) No : (5) Killeshin, 4. George Henry, sergeant.

1 Ballickmoyler V	4⅓	A	G	Straight road
2 Carlow T	½	A	G	⅛ X ⅜
3 Doonane R	8½	C	F	2 X 6 X ½
4 Milford R	5	C	G	4⅞ R ⅛

CARNAGH R. Ballinahinch : Connemara Division : Co. Galway : Connaught. PS, 1 th. each month. (1) 9.30 a.m. : (2) 3 p.m. : (3) PO, SB, MOO : (4) Yes, 5 : (5) No. Henry Cliffe, constable.

1 Cashel R	13	B D B D	F G F G	12 L 1
2 Kilkerrin V	6⅓	B D B D	F G F G	⅓ R 4 V^3 2

CARNAROSS R. Upper Kells : North Meath : Co. Meath : Leinster. Kells, 5, G. N. RY. (1) 9 a.m. : (2) 5.30 p.m. : (3) PO : (4) No : (5) No. John Hart, sergeant.

1 Carlanstown V	6	B	F	¼ L 1½ L ¾ R ¾ L (30 yds. R) ½ R 1½ L ¾
2 *Crossakiel* V	5	B	F	1 L ½ R 1½ L 1 X ¾ R ¼
3 Kells T	5	A	F	¼ R 1⅓ R 3 R ¼
4 Moynalty V	5	B	G	¼ X 1⅔ R 1 L (40 yds. R) 1¼ L ⅞
5 Mullagh V	6	B	F	¼ X 1⅔ L 1¼ X 1⅛ L 1 R ¼
6 *Scurlogstown* R	5½	B	G	1 L ¼ L ¼ R 1 L 1 X 1½ R ½
7 Virginia T	8	A	G	¼ L 1 L 2 X 2 X 1½ L 1 L ¼

CARNDONAGH T. (Pop. 759). Inishowen East : North Division : Co. Donegal : Ulster. Tel. 8-8 : F, 21 Feb., May,

Aug., and Nov.: M, m.: PS, 4 w. (1) 9.30 a.m., 3.30 p.m., 6 p.m.: (2) 6.30 a.m., 9.30 a.m., 3.30 p m.: (3) PO, SB, MOO: (4) Yes, 12 : (5) No. John M'Cambridge, sergeant.

1 *Carrowkeel* V	11	C	G	10¼ R ⅜
2 Clonmany V	8	C	G	¼ R 1 L ½ R 6 X ¼
3 *Culdaff* V	5¼	B	G	2½ R 1 R 2
4 *Grousehall* R	6	A	G	½ L 3¾ X 2 L ¼
5 *Malin* V	4	A	G	2½ L 1½
6 Muntiaghs R	6½	D	P	¼ L 5 X 1¼

CARNEW T. (Pop. 667). Shillelagh : West Division : Co. Wicklow : Leinster. Tel. 8-7 : F, 12 Jan., 8 March, 1 April, 8 June, 1 July, 10 Sept., 1 Oct., 22 Dec. ; Feb., May, Aug., and Nov., on Thursday between 12th and 19th : PS, 1 t. : M, t. : Shillelagh, 4½, D. W. & W. RY. (1) 7 a.m., 12 noon : (2) 2 p.m., 7 p.m: (3) PO, SB, MOO : (4) Yes, 7 : (5) No. James Hamilton, sergeant.

1 CAMOLIN V	9	D	S F	1 R 2½ X 1½ R 4
2 CLONEGAL V	8	B	S F	2 R 1 L 4 R 1
3 FERNS V	9	D	S F	1 X 1½ X 1 X 3¾ R 1 R 1
4 HOLLYFORT R	7½	D	S F	1 X 2½ X 2 R 2
5 NEWTOWNBARRY V	8	B	S F	1 L ¼ L ¼ L 1¼ R ¾ X 3¼ L ¼ L 1
6 Shillelagh V	4½	D	S F	1 R 1 X 1½ R ¾ L ¼
7 Tinahely V	8	D	S F	¾ R 1½ X ½ R ½ L 1 L ¼ L ¼ R 2¼ L 1

CARNGREEN V. (Pop. 38). Clanawley : South Division : Co. Fermanagh · Ulster. (1) 7 a.m. : (2) 5.30 p.m. : (3) Boho, ½ : (4) Yes, 1 : (5) No. Michael Madden, constable.

1 *Belcoo* V	7	D C	G C	3 L R 2 L 1 X 1
2 *Cossicon* V	8	B D B D	G P G F	2½ R 3 L ½ X 2
3 *Derrygonnelly* V	7	B D B ''	G P G P	½ L 2 L ¼ R 2 X 2
4 *Enniskillen* T	7½	B D B D	G P G P	½ R 3 L 1 X 3
5 *Letterbreen* R	7	D C D C	F G F G	½ R 3 R 1 X ½ R 2

CARRACASTLE R. Costello : East Division : Co. Mayo : Connaught. Ballaghadereen, 6½, M. G. W. RY. (1) 11 a.m. : (2) 7 a.m. : (3) Ballaghadereen, 6½ : (4) No : (5) No. John J. Nelson, acting-sergeant.

1 Ballaghadereen T	6½	B D	G	½ L 2½ R 1 L 2 R ¼ L ¼
2 Charlestown V	4¼	B	G	1 L 3½ L ¼
3 Curry R	4½	B	G	⅞ X 1½ X 2½
4 Doocastle R	8	B	G	¾ X 1½ R 5½ L ½
5 Kilmovee R	6	D	I	½ R ½ X 1½ R ¼ L 1¾ L 1½

CARRAHAN R. Upper Bunratty : East Division · Co. Clare : Munster. Ardsollus, 5, W. L. RY. (1) 10 a.m. : (2) 3 p.m. : (3) Quin, 4½ : (4) No : (5) No. Robert Price, sergeant.

1 Crusheen V	6½	B D	G	½ X ¾ R 1½ X 1½ R 1½ L 1½ R ¼
2 Cullane R	6	B	G	L 1¼ L ¼ R 1¾ X ¼ L 1½ R ¼
3 Ennis T	- 7½	B	G	⅜ X ¼ X ⅜ R 1¼ X 2½ X ½ R 1 L ¼ R ¼ L ¼ L ¼ L
4 Quin V	4½	B	R F	½ L 1¼ X ¾ L 1 X 1 R ¾
5 Tulla T	4½	B	G	1¼ L 1 L ⅜ R 1½ L ¾ R ¾ R ¼

81 *f*

CARRAROE R. Moycullen: Connemara: Co. Galway: Connaught. P.St.: Galway, 28, M. G. W. RY. (1) 11.30 a.m.: (2) 3 p.m.: (3) PO: (4) Yes, 4: (5) Costello Salmon Fishery, 4½; Gorumna Island, 13 by sea. Patrick Coughern, sergeant.

1 Inveran R	9	D B	G H R	4 R ½ R ¾ X 2¾ R 1
2 Kilkerran R	15	D B	G H R	1 R S 13¾ S ¼
3 Rosmuck R	14	D B	G H R	4 R ½ L 6 L 3½

CARRICK V. (Pop. 179). Banagh: South Donegal Division: Co. Donegal: Ulster. Tel. 8-8: F, 14th each month: Donegal, 28, W. D. RY. (1) 8.15 a.m.: (2) 1.50 p.m.: (3) PO, SB, MOO: (4) Yes, 7: (5) Giant's Grave, 1; fine coast scenery on Loughross Bay, 3; Slieveleage and Bunglass, 5. G. E. Dagg, 1st D.I.

1 Glengesh R	9	D B	G	¼ L 3 L 3¾ L V 1¾ L ¼
2 Glencolumbkille R	6	B D G	G	L 3 L V 2¾ R ¼ L
3 Kilcar V	3½	B D	G	¼ R 2 L ¾ R ½

CARRICKBEG T. (Pop. 1061). Upperthird: East Division: Co. Waterford: Munster. PS: Carrick-on-Suir, 1½, W. & L. RY. (1) 7 a.m., 2.30 p.m., 5 p.m.: (2) 1.10 p.m., 8.30 p.m.: (3) Carrick-on-Suir, ½: (4) No: (5) No. Charles Sullivan, sergt.

1 CARRICK-ON-SUIR T	½	B	G	⅛ L ⅛ R ⅛ L ⅛
2 Clonea V	5	F B	G	3 X 2
3 KILSHEELAN V	8½	B	F	⅛ R 2 R ⅛ R 3 R 3
4 Portlaw T	7	B	F	⅛ X ⅛ X 2 L 2 R 1¾ R ¼ X ¼ X ½
5 Rathgormac V	6½	B	F	⅛ R 2 L ½ L 3½ L ⅜

CARRICKBOY R. Shrule: South Division: Co. Longford: Leinster. P.St.: Edgeworthstown, 7, M. G. W. RY. (1) 8.30 a.m.: (2) 5.30 p.m.: (3) Edgeworthstown: (4) No: (5) No. Richard H. Cunningham, constable.

1 Abbeyshrule R	5	B	G	1 R 1 L 1 R ⅛ R ⅛ L 1½ R ¼
2 Ardagh V	3	B	G	1½ R ¾ R ¼ R ½
3 Ballymahon T	6½	B	G	2 R ⅛ X ⅛ X 2 X ⅛ X ¾ L ¼
4 *Castleray* R	6	D	R	1½ R ¾ L 2 X 1¾
5 Edgeworthstown T	6½	B	G	1 L ¼ R ¼ L ¼ R 2 X ¼ X 2¼ R ¼

CARRICKFERGUS T. (Pop. 4267). Lower Belfast: East Division: Co. Antrim: Ulster. Tel. 8-8: F, 1 s. Feb., 1 May, 1 s. Aug., 1 Nov.: PS, 2 t. and 3 m.: M, s.: N. C. RY. (1) 6.55 a.m., 8.55 a.m., 11.20 a.m., 3.15 p.m.: (2) 6.40 a.m., 10.15 a.m., 1.15 p.m., 3 p.m., 5 p.m., 6.15 p.m.: (3) PO, SB, MOO: (4) Yes, 12: (5) Whitehead, 5. James Duncan, head-constable.

1 Ballyclare T	11	C	F	1 R ¼ X 3¾ L 1½ X 2 L Ballynure Village, 2½
2 Larne T	14	A	G	1¾ R ⅛ L ⅛ R 5 X 4½ R ½ R 2¼
3 Whiteabbey V	5½	A	G	1⅛ L 1½ L 2 L ¼ L ¼

CARRICKGLASS R. Longford: South Division: Co. Longford: Leinster. Longford, 3½, M. G. W. RY. (1) 8 a.m.: (2) 7 p.m.: (3) No: (4) No: (5) Cornhill, 4. M. Kenny, sergeant.

1 Ballinalee v	4	B	G	¼ R ¾ X 1½ X ¼ X 1½
2 Drumlish v	6¼	D	P	¼ X ¼ R X ½ L 1½ R X ¾ R X ½ R 1½ R ¼ X ½
3 Longford (1) T	3¼	B P	G	1 R X 1¼ R 1
4 Longford (2) T	3½	B P	G	⅙ L 1¼ L ¾ L ½ L ½ L ½
5 Newtownforbes v	4	B	G	½ L 1 X ½ X ¾ X ½ L 1¼

CARRICKMACROSS T. (Pop. 1971). Farney: South Monaghan: Co. Monaghan: Ulster. F, 2 t. Jan., Feb., March, April, Aug.; 27 May, 10 July, 27 Sept., 9 Nov., 10 Dec.: PS, every alternate f.: M, t. and s.: B: D.I.: Tel. 8-8: G. N. RY. (1) 6.30 a.m., 9.30 a.m., 9.45 a.m., 4.45 p.m., 6.25 p.m.: (2) 7.8 a.m., 10.30 a.m., 3 p.m., 4.30 p.m., 6.25 p.m.: (3) PO, SB, MOO: (4) Yes, 20: (5) Essex Castle, town; Shirley Castle, 2. John Deane, acting-sergeant.

1 Ballytrain v	9	B	F	½ L 1 X 3½ L 1½ X 1½ L 1
2 Coolderry R	5	A	G	R ¾ R 1½ L ¼ R 1 L 1 L ¼ R ¼
3 Corrinshegagh R	8	B & D	E	1½ X ½ L ¼ R 1 L ¼ R ¾ X L 1 L 1¼ X 1½ L ¼
4 Inniskeen v	8	B	G	½ L ¼ X 1 L 1 R ¼ R ½ L 2¼ X 1 R ¾ L ¼
5 Kingscourt v	8	A	G	¼ R 1¼ L 1¼ R ½ X 1½ X ¼ L 1 R 1½ R ½
6 Lannatt R	5	B	G	1 R 1 L ¾ R ¼ L ½ R 1½
7 Shercock v	9	C	F	1 X 1 R ¼ R 1¼ X ¾ L 1 X ½ L 2¼ L ½
8 Tullyvaragh v	5	D	F	½ R 1 R ¼ L ¼ R ¾ R 1 R ¾ L ¾ R 1

CARRICKMORE V. (Pop. 140). East Omagh: Mid Division: Co. Tyrone: Ulster. F, last f. in month: PS, last w. in month: M, f.: Carrickmore, 1½, G. N. RY. (1) 8.30 a.m.: (2) 5 p.m.: (3) PO, Sixmilecross, 4, SB, MOO: (4) Yes, 3: (5) No. Wm. Muldarry, sergeant.

1 Beragh v	6	B D	G S F	¼ V ½ X 2½ R 3
2 Mountfield R	7	B D	G S F	1½ R 2¼ L 1½ X 1 R 1
3 Pomeroy v	6	B D	G S F	1 L 2 X 3

CARRICK-ON-SHANNON T. (Pop. 1096). Leitrim: South Division: Co. Leitrim: Connaught. Tel. 8-8: F, 18 Jan., 21 March, 12 May, 27 June, 11 Aug., 14 Sept., 22 Oct., 21 Nov., 16 Dec.: PS, f., fortnightly: M, th.: C.I.: M. G. W. RY. (1) 7 a.m., 11 a.m.: (2) 10 a.m., 3 p.m., 11 p.m.: (3) PO, SB, MOO: (4) Yes, 20: (5) Rockingham, 5. James Sloane, sergeant.

1 Croghan v	6	D	G	½ L ½ R 2¼ X 2 R ½ L ½
2 Drumsna T	4½	C	G	¼ R ¾ R 1 L 1 R ¼ L ½ L ½ L ¾
3 Grevisk R	6	C	G	¼ R 4 R ¼ L 1½
4 Hill Street v	6	D	G	½ L ½ L 1½ R 1 L 1½ L 1½
5 Leitrim v	4	C	G	½ L ½ R 1½ L ½ L 1 L ½

83

CARRICK-ON-SUIR T. (Pop. 4700). Iffa and Offa East: East Tipperary: Co. Tipperary, S.R.: Munster. F, new, last th. each month; old, 15 Aug., 1 t. after 11 Oct., 17 Nov.: PS, every alternate th.: Tel. 8-8; Sunday, 9 a.m. to 10 a.m.: M, s.: D.I.: W. & L. RY., ¼. (1) 3.30 a.m., 12 noon, 2 p.m.: (2) 7 a.m., 12.25 p.m., 4 p.m.: (3) PO, SB, MOO: (4) Yes, 30: (5) Curraghmore, seat of Lord Waterford, 7; Ormond Castle, Carrick-on-Suir. John Molloy, sergeant.

1 CARRICKBEG T	½	A	G	⅛ R ⅛ L ⅛ R ⅛
2 Glenbower R	5	A	F	1 R 3 X 1
3 Kilcash R	6½	A	F	⅛ R ⅛ L ½ L 1½ R ½ L ½ X 2 X ½ X ½
4 *Kilsheelan* V	9	A	G	⅛ R ⅛ X 4¾ L 4
5 PILTOWN V	4	A	G	½ R 1½ L ¾ R ¼ R 1
6 SLATE-QUARRY R	6½	A	F	1½ X 1 L 1½ R 1 L 1½

CARRIGADROHID R. East Muskerry: Mid-Cork: Co. Cork, W.R.: Munster. F, 24 June: Coachford, 4, C. M. S. RY. (1) 6 a.m: (2) 6.45 p.m.: (3) PO: (4) No: (5) Oakgrove, 1. Patrick Lynch, sergeant.

1 CASTLEMORE R	8	B	G	1½ R 1½ L 5
2 COACHFORD V	4	B	G	2 R 2
3 Kilmurry V	6	B	G	1½ R 1½ L 1½ R 1½
4 Macroom T	5	B	G	⅛ L 1 R 2 R 1 L ⅛ R ½
5 Rusheen R	4	B	G	¼ L ¾ R 1½ R 1 R ½

CARRIGAHOLT V. (Pop. 305). Moyarta: West Division: Co. Clare: Munster. Tel. 8-7: F, 1 June, 5 July, 19 Aug.: PS, 3 t.: Kilkee, 7½, S. C. RY. (1) 11.15 a.m.: (2) 9.15 a.m.: (3) PO, SB, MOO: (4) Yes, 1: (5) Loop Head, 12. Bernard M'Grath, sergeant.

1 Kilkee T	7½	B & C	G & F	¼ L 1 A 2¼ R 3 L ½ R ½

CARRIGALINE V. (Pop. 448). Kerricurrihy: South-East Division: Co. Cork: Munster. Tel. 8-8: F, Easter Monday, Whit Monday, 12 Aug., 8 Nov.: PS, every 2 w.: Cork, 4, G. S. W. RY. (1) 6 a.m.: (2) 7.15 p.m.: (3) PO, SB, MOO: (5) Carrigaline old Castle, 1: Drake's Pool, 3. Thomas Robinson, sergeant.

1 Ballinhassig R	8¼	B	G	4 X 1½ X 2 X ¾
2 Ballyfeard R	5	A	G	¼ R ¼ L ¼ R 1 L 3 R ¼
3 Crosshaven V	4¾	B	G	¼ L 1 L ½ L 3
4 Douglas V	5½	A	G	½ R 1 X ¾ L 1½ R 1¾
5 Monkstown V	5	B	G	¾ L ¼ R 1¼ L ¾ R 2½

CARRIGALLEN V. (Pop. 258). Carrigallen: South Division: Co. Leitrim: Connaught. F, 3 m. in January, March, May, July, Sept., Nov.: PS, every 2 m.: M, m.: Killeshandra, 6,

M. G. W. RY. : Tel. 8-8. **(1)** 8.30 a.m. : **(2)** 4.30 p.m. : **(3)** PO, SB, MOO : **(4)** Yes, 12 : **(5)** Cloncorick Castle, 1 ; Killygar, 5. J. Henry, sergeant.

1 Arva (J.S.) T	5	D	F	$\frac{1}{2}$ R 4 R $\frac{1}{2}$
2 Corrawallen R	4	D	F	$1\frac{1}{4}$ R $\frac{1}{2}$ L 1 L $1\frac{1}{2}$
3 *Corroneary* R	5	B	F	1 L $1\frac{1}{2}$ X $\frac{1}{2}$ X $1\frac{3}{4}$ R $\frac{1}{4}$
4 Killeshandra T	6	B	R	$\frac{1}{2}$ L $1\frac{1}{2}$ R $1\frac{1}{2}$ L $\frac{1}{4}$ L $\frac{1}{2}$ R $\frac{1}{2}$
5 *Leganommer* R	6	D	IR	2 L $\frac{1}{2}$ X $1\frac{3}{4}$ R $\frac{1}{4}$ R $1\frac{1}{4}$ L $\frac{1}{4}$
6 Newtowngore (J.S.) V $5\frac{1}{2}$		D	FS	$1\frac{1}{4}$ R $\frac{1}{4}$ L $1\frac{1}{4}$ R $\frac{3}{4}$ X $1\frac{1}{2}$ R $\frac{1}{2}$

CARRIGANS V. (Pop. 150). Raphoe North : East Division : Co. Donegal : Ulster. G. N. RY. **(1)** 7.30 a.m., 5 p.m. : **(2)** 9 a.m., 5.50 p.m. : **(3)** PO, SB, MOO : **(4)** Yes, 3 : **(5)** On the River Foyle. P. Clancy, sergeant.

1 Lifford T	10	C	G	$2\frac{1}{2}$ L $7\frac{1}{2}$
2 Raphoe V	10	A	G	$2\frac{1}{4}$ X $7\frac{1}{2}$
3 Newtowncunningham R	6	A	G	$1\frac{1}{4}$ R $\frac{1}{2}$ V³ R 1 L 3 L
4 Rosemount C	6	A	G	$2\frac{1}{4}$ R $3\frac{1}{2}$ L

CARRIGANIMMA HUT V. (Pop. 97). West Muskerry : Mid-Cork : Co. Cork, W.R. : Munster. Macroom, 7, Cork and Macroom Terminus. **(1)** 11 a.m. : **(2)** 3 p.m. : **(3)** PO : **(4)** No : **(5)** A wild mountainous district, celebrated for "moonlighting." John P. Fogarty, acting-sergeant.

1 Macroom T	7	A	G	$1\frac{1}{2}$ R $1\frac{1}{2}$ L $1\frac{1}{2}$ X $\frac{1}{2}$ L $1\frac{1}{2}$ L $\frac{3}{4}$
2 *Millstreet* T	7	A	G	1 L 1 X 3 R 1 L 1

CARRIGDANGAN R. West Muskerry : Mid-Cork : Co. Cork : Munster. Dunmanway, 8, C. B. & S. C. RY. **(1)** 10 a.m. : **(2)** 3 p.m. : **(3)** Shounlara, 4 : **(4)** No : **(5)** No. John M'Manus, acting-sergeant.

1 Dunmanway T	8	B	F	1 X $\frac{1}{4}$ L $\frac{1}{2}$ R $1\frac{1}{2}$ R $\frac{1}{2}$ R 1 R $1\frac{1}{2}$ R 1 L $\frac{3}{4}$ R $\frac{3}{4}$
2 Inchigeela V	5	B	F	$1\frac{1}{4}$ X 2 L 1 R $\frac{1}{4}$ R
3 Tarelton R	$7\frac{1}{2}$	H	F	$1\frac{1}{2}$ R $\frac{1}{4}$ L $\frac{1}{4}$ R $\frac{3}{4}$ L 1 L $1\frac{1}{2}$ R $\frac{3}{4}$ R $\frac{1}{2}$ R 1

CARRIGNAVAR V. (Pop. 100). Barrymore : North-East Cork : Co. Cork : Munster. Blarney, 6, G. S. & W. RY. **(1)** 9 a.m. : **(2)** 5 p.m. : **(3)** PO : **(4)** No : **(5)** No. John Farrell, sergeant.

1 Glenville V	6	D	F	1 L 1 X 3 X 1
2 Kilbarry R	$4\frac{1}{2}$	C	G	$1\frac{1}{2}$ R $\frac{1}{4}$ X $2\frac{1}{4}$ X $\frac{1}{2}$
3 Rathduff R	7	D	P	2 L $2\frac{1}{2}$ R $\frac{1}{4}$ L 2
4 Riverstown V	8	D	F	$1\frac{1}{4}$ R $\frac{1}{4}$ L $1\frac{1}{2}$ R $\frac{3}{4}$ L 1 R $\frac{1}{2}$ R $\frac{3}{4}$ L 1 L 1
5 Whitechurch V	2	D	F	$\frac{1}{4}$ R $1\frac{1}{2}$ X $\frac{1}{4}$

CARRIGEEN R. Gowran : North Kilkenny : Co. Kilkenny : Leinster. **(1)** 9 a.m. : **(2)** 9.30 a.m. : **(3)** John's Well, 1 : **(4)** No : **(5)** No. Patrick Joyce, sergeant.

1 Baurnafea R	6	C	G	1 L $\frac{1}{2}$ R $\frac{1}{4}$ L $\frac{1}{4}$ R 2 X $\frac{3}{4}$ R 1
2 Dunmore V	6	B	G	$\frac{1}{2}$ X 2 L $2\frac{1}{2}$ X 1
3 John St., Kilkenny C $4\frac{1}{2}$		C	G	1 R 3 L $\frac{1}{2}$

CARRON R. Burren : East Division : Co. Clare : Munster. (1) 9.30 a.m. on m., w., f., and s. : (2) 4.50 p.m. on m., w., f., and s. : (3) PO : (4) Yes, 1 : (5) Table Rock, 6½ ; Kilcorney Caves, 4. James Cunningham, sergeant.

1 Ballyvaughan V	11	B D	G	6 L ½ L 4½
2 Boston R	9	B D	G	3 X 1 R 1 L 2 R 1 L 1
3 Corrofin V	8	B D	G	¼ L ¼ R 1½ Λ 2 X 1½ L 2½
4 Kilfenora V	9	B	F	¼ R 3 L 2 R 2¼ R 1½
5 New Quay R	9½	B D	G	¼ L 6 L ¼ L 1½ R ¾ R ¾

CARRIGTUOHILL V. (Pop. 465). Barrymore : East Cork : Co. Cork : Munster. Carrigtuohill, ½, G. S. & W. RY. (1) 7.30 a.m., 3.30 p.m. : (2) 12.45 p.m., 8.45 p.m. : (3) PO, SB, MOO : (4) No : (5) Barryscourt, ½ ; Fota Island, 3. Nicholas Delaney, sergeant.

1 Ballincurrig R	7½	E	G	½ L 2¼ X 1 L ¼ X 2 L ½ L 1
2 *Knockraha* V	7	D	S	½ L ¾ L ½ X ¼ X ¼ L 1½ X 1¼ L 2
3 Midleton T	4	A	G	4 X
4 *New Glanmire* V	3	A	G	3 X
5 *Queenstown* T	7	A	G	¼ L 1 L 2 L 3½ X ¼

CARROWKEEL V. (Pop. 123). Inishowen : North Division : Co. Donegal : Ulster. Londonderry, 11, G. N. RY. (1) 8 a.m., 4 p.m. : (2) 8.30 a.m., 5.30 p.m. : (3) Moville, 9 : (4) Yes, 4 : (5) No. Patrick Deffey, constable.

1 Carndonagh T	11	C	G	¼ L 5 X 5¾ R
2 Muff V	5	A	G	2 L ½ L 2 L ¼ L ¼
3 Redcastle R	4½	C	G	Straight road

CARRYGART V. (Pop. 80). Kilmacrenan : West Division : Co. Donegal : Ulster. (1) 11 a.m. : (2) 2 p.m. : (3) PO, SB, MOO : (4) Yes, 4 : (5) Rosapenna Hotel, 1½ ; Lord Leitrim's Castle, Manorvaughan, 1½ ; Downing's Pier, 2¼. Jacob Holland, acting-sergeant.

1 *Cranford* R	6	D	F	Direct road
2 Creeslough V	7	D	F	1¼ R 3 R ⅛ R 2⅝
3 Glen V	4	D	F	1¼ L 2¾

CARROWREAGH R. Athlone : South Roscommon : Co. Roscommon : Connaught. Ballinasloe, 6, M. G. W. RY. (1) 8 a.m. on t., th., and s. : (2) 6 p.m. on t., th., s. : (3) Ballinasloe, 5 : (4) No : (5) No. Thomas Gahagan, sergeant.

1 Ballyforan V	9	D	G	2 L 5 L 2
2 Beaulnamulla R	8	B	G	2 R ½ R 4½ R 1
3 Clonark R	9	B	G	½ R 1½ X ½ L 2 L 1 L 3½
4 Creagh R	4	B	G	½ R 1 L 2½

CASHEL R. Ballinahinch: Connemara Division: Co. Galway, W.R.: Connaught. **(1)** 9 a.m.: **(2)** 4 p.m.: **(3)** PO, SB, MOO: **(4)** Yes, 12: **(5)** Ballinahinch, 8. Robert E. Lett, act.-sergt.

1 Recess R	6⅛	B D	G	1 L 4½ R ⅜
2 Roundstone V	8	B D	F	3¾ L 1 L 3¼
3 Carna R	13	B D	F G	1 R 12

CASHEL C. (Pop. 3216). Middlethird: East Division: Co. Tipperary, S.R.: Munster. F, 2 w.: PS, w., fortnightly: M, s.: D.I.: Gooldscross, 6, G. S. & W. RY: Tel. 8-8. **(1)** 2 a.m., 11 a.m., 5 p.m., 9.45 p.m.: **(2)** 6 a.m., 8.45 a.m., 11.45 a.m., 2.35 p.m., 10.15 p.m.: **(3)** PO, SB, MOO: **(4)** Yes, 30: **(5)** The Rock of Cashel, ¼; Cormac's Chapel and Ruins; Hoar Abbey, ½. John Minogue, sergeant.

1 Ballinure R	6	B C B	G F G F	1½ X 1½ L ⅜ R 2⅜
2 Golden V	4	A	G	3¾ R ¼
3 Longfield R	5	A C	F	3½ L ½ R ¾ L ¼
4 Mobarnan R	6¼	C D	F S	½ L 3½ L 2¼
5 New Inn V	5½	C	G F	3 X 2½
6 Peake R	6	A B	G F	3½ L ¼ L ¼ L ¾ R ¾ L ½
7 Rosegreen R	4	A C	G F	½ R 3½

CASTLEBAR T. (Pop. 3557). Carra: West Division: Co. Mayo: Connaught. Tel. 8-8: F, 11 May, 9 July, 16 Sept., 18 Nov.: PS, every w.: M, s.: D.I.: C.I.: R.M. (two latter at Westport, temporarily, for want of accommodation): M. G. W. RY. **(1)** 7 a.m., 1 p.m., 4.10 p.m.: **(2)** 12.55 p.m., 3.5 p.m., 9.30 p.m.: **(3)** PO, SB, MOO: **(4)** Yes, 22: **(5)** Lakes at Pontoon, 10; Round Tower at Turlough, 4. Henry C. Sloan, sergeant.

1 Balla V	8¾	D	F	¾ L ¾ R 1 L ½ R 2½ X 1 L ¼ L 2
2 Ballyhean V	5	D	F	¾ R ½ R 1½ R ⅜ L 2⅜
3 Belcarra V	6	D	F	¾ R ½ L 2½ L 1¼ L 1
4 Deergrove R	5	D	F	3½ L 1½
5 Glenisland R	8½	D	P	3½ R ⅛ R 4⅜
6 *Pontoon* R	10	B	F	⅛ L ⅛ R 4⅛ X 4⅜
7 Turlough V	4	D	F	½ R 3 R ½

CASTLEBALDWIN R. Tirerril: South Division: Co. Sligo: Connaught. F, 4 June and 3 Nov. **(1)** 9 a.m.: **(2)** 5 p.m.: **(3)** Riverstown, 4½: **(4)** Yes, 1: **(5)** Cairns, 2; Caves, 5; Cromlechs, 4. Timothy Moroney, sergeant.

1 Ballymote T	6½	B D	G F G F	1 X 2 V 1 L 2½
2 Ballinafad R	4	B	S F	Direct road
3 Conway's Cross R	6¼	D	F	½ R 1 X 2 Λ X 2¼ V L ¼
4 Keash R	7	B	G S F	2½ R 1 L 1½ L 2
5 Riverstown V	4	B	G	1½ R 2½

CASTLEBELLINGHAM V. (Pop. 461). Ardee: South Division: Co. Louth: Leinster. F, 4 t.: PS, last th.: Castlebellingham, 1¼, G. N. RY.: Tel. 8-8. **(1)** 7 a.m., 8.35 a.m.,

6.20 p.m. : (2) 7 a.m., 4.45 a.m., 8.20 p.m. : (3) PO, SB, MOO : (4) Yes, 5 : (5) Sea, ½ ; surrounding country very picturesque. John Briarly, sergeant.

1 *Clonmore* R	6	A B	G F	2¾ R 2¾ L ½
2 *Dunleer* V	5	A	G	2½ X 2½
3 *Lurgangreen* R	4	A	G	2 X 2
4 Stabannon R	4½	A B C	G F	1 R 2¾ X ⅜ L ¼

CASTLEBLAKENEY V. (Pop. 98). Tiaquin : East Division : Co. Galway, E.R. : Connaught. F, 2 Feb., 17 Mar., 1 t. after Whit Sunday, 26 July, 17 Oct., 21 Dec. : Woodlawn, 7½, M. G. W. RY. : Tel. 8-8. (1) 5 a.m. : (2) 8 p.m. : (3) PO, SB, MOO : (4) No : (5) No. William Watson, sergeant.

1 *Ahascragh* V	7	B	F	1⅛ R ⅝ L ⅜ R 3¾ R ⅛ R 1½
2 Ballinamore R	8	B	F	1⅛ R ⅜ L ⅝ L 1⅛ R 1¼ L 1 L ⅜ X 1½ L ⅜
3 Menlagh V	4½	B	F	1¼ L ½ R ⅛ R ⅝ L ⅝ R 1⅜
4 Mountbellew V	3½	B	F	¼ R 1 L 1½ R ¼ L ¼
5 *Woodlawn* R	7½	B	F	3 X 1 L 1¾ R ⅜ L 1⅜

CASTLEBLAYNEY T. (Pop. 1809). Cremorne : South Division : Co. Monaghan : Ulster. Tel. 8-8 : F, 1 w. : PS, t., fortnightly : M, w. : R.M. : G. N. RY. (1) 5.35 a.m., 11.33 a.m. : (2) 2.30 p.m., 6.50 p.m. : (3) PO, SB, MOO : (4) Yes, 20 : (5) Hope Castle and beautiful Demesne, open to the public ; Loch Muckno, 1. J. M'Donald, sergeant.

1 *Ballybay* T	7½	A	G	½ L ¼ L 3¼ X 3½
2 Ballytrain V	8	B	I	¼ L 1¼ L 2 L 3 X 1½
3 Corrinshigagh R	6¼	A	G	¼ L 2 R 1¾ X 1¼ R 1
4 *Cremartin* R	4½	A	G	½ L ¼ R 3¾
5 CROSSMAGLEN V	7	C	G I	¼ L 2 L 2 L ¼ R 2½
6 CULLYHANNA V	8	D	B	⅛ R ½ R 1 R 2 X 4 Λ
7 Tullyvaragh R	7	A	G	¼ R 1½ L ¼ R 2½ L 2 R ½

CASTLECALDWELL R. Lurg : North Division : Co. Fermanagh : Ulster: B : G. N. RY. (1) 7.30 a.m. : (2) 6 p.m. : (3) PO, Leggs, ¼ : (4) No : (5) Lough Erne, 100 yds. ; Castlecaldwell Old Demesne ; places of beauty, &c. R. Greer, sergeant.

1 Belleek V	5	B	G	Straight road
2 Pettigo V	8	B	G	7 R 1

CASTLECOMER T. (Pop. 1019). Fassadinin : North Division : Co. Kilkenny : Leinster. PS, t., fortnightly : M, w. and s. : D.I. : Tel. 8-8 : Ballyragget, 7½, W. & C. I. RY. (1) 7 a.m., 5.30 p.m. : (2) 9.30 a.m., 4.50 p.m. : (3) PO, SB, MOO : (4) Yes, 10 : (5) No. George H. Sheridan, acting-sergeant.

1 Ballinakill V	7⅞	D	F	⅛ L 1⅛ X 1 R ½ L 2 R ¾ L ¾ R ½ L ¾
2 Ballyragget V	7⅞	C	G	2 L ¼ L 2¾ V² 1½ R 1
3 Coolcullen R	6⅞	D F B	F	⅛ R ⅛ R 1⅝ X ¼ R 1¾ R 1¼ L Λ 1 L ¼
4 Corbetstown R	5¼	A	F G	1⅛ L ⅜ R 1 R 1⅜ R 1
5 Railyard R	4½	A	F G	½ L 1½ X 1 R 1 R ½

CASTLECONNELL V. (Pop. 329). Clanwilliam: East Limerick: Co. Limerick: Munster. Tel. 8-8: PS, every alternate m.: Castleconnell, W. & L. RY. (1) 4.10 a.m., 4.15 p.m.: (2) 8.40 a.m., 8.20 p.m.: (3) PO, SB, MOO: (4) Yes, 4: (5) Falls of Doonass, on River Shannon, 2, and ½ from public road. Thomas Coughlin, sergeant.

1 Annacotty V	3	B	G	2¾ R ¼
2 BIRDHILL R	4½	B	G	¾ L 4
3 NEWPORT V	4	B	I	½ L ¼ R 1 L 1 L 1
4 O'BRIEN'S BRIDGE V	3	B	G	¼ R ¼ L 2½

CASTLEBRIDGE V. (Pop. 246). Shelmaliere East: North Division: Co. Wexford: Leinster. F, 18 Jan., 19 Feb., 15 March, 11 April, 16 May, 13 June, 12 July, 8 Aug., 26 Sept., 20 Oct., 18 Nov., 26 Dec.: PSt.: Wexford, 3, D. W. & W. RY. (1) 10 a m. (2) 5 p.m.: (3) PO: (4) Yes, 4: (5) Ferrycarrig Castle, one of the first in Ireland, built by De Lacy, 1183, 2½. John Sherwood, sergeant.

1 Wexford T	3	A	G	1 R 1¾ L ¼
2 Crossabeg R	3	C B	G	⅜ L 2¾ L ¼
3 Blackwater V	7¼	A C	G F	1 X ¼ R ¼ R ¼ L 1½ L 1¾ X ⅜

CASTLEDAWSON V. (Pop. 436). Loughinshollin: South Division: Co. Londonderry: Ulster. F, 2 f.: B. N. C. RY.: Tel. 8-8. (1) 8 a.m., 12 noon, 5 p.m.: (2) 9 a.m., 1 p.m., 5 p.m., 7 p.m.: (3) PO, SB, MOO: (4) Yes, 5: (5) Mayola Park, ¼ Francis Dolan, sergeant.

1 Ballyronan V	5	B	F	1¼ X 2 X ¼ X ¼ X ½
2 Bellaghy V	3	C	G	⅜ X 1 X ½ X ¼ X ¼ X ¼
3 Gulladuff R	5	D	F	L 1 X 1 X 1 R 1½
4 Magherafelt T¾	2¼	B	G	¼ L ¼ R 1 X ⅜
5 Toome Bridge V	4½	B	G	⅜ R ¼ X ¼ X 1½ X ¼ X 1¼ X ¼

CASTLEDERG V. (Pop. 800). West Omagh: North Tyrone: Co. Tyrone: Ulster. F, last f.: PS, 1 s.: M, f.: C. & V. B. TRAMWAY: Tel. 8-8. (1) 7.45 a.m., 12.15 p.m., 6.30 p m.: (2) 8 a.m., 1.15 p.m., 6.30 p.m.: (3) PO, SB, MOO: (4) Yes, 15: (5) No. John M'Cabe, constable.

1 CASTLEFIN V	7	B	F	5¾ L 1 X ¼
2 *Drumquin* V	8	B	F	½ R ½ L 1½ X 4 R 1½
3 Killeter R	4½	B	F	2 L 2 R ½
4 *Newtownstewart* T	10	B	F	1¼ R 1 R ¼ X 3 L 4
5 Sion Mills V	8	B	F	1¼ R 1 L 4 L 1½

CASTLEFIN V. (Pop. 369). Raphoe South: East Donegal: Co. Donegal: Ulster. F, 2 m.: M, m.: F. V. & W. D. RY.: Tel. 8-8. (1) 4.15 a.m., 11.40 a.m., 5.45 p.m.: (2) 12.51 p.m.,

8.8 p.m.: (3) PO, SB, MOO: (4) Yes, 6: (5) No. Philip Barry, sergeant.

1 CASTLEDERG T	7	D M	I	¼ X 1 R 5¾
2 Crossroads V	4	B	F	2 X 1½ L ½
3 Lifford T	6	B M	F	2 L 4
4 Raphoe T	6	D M	I	½ R 1 L 1½ X 3
5 STRABANE T	7	B M	F	2 R ¼ L ¼ L 4½

CASTLEDERMOT V. (Pop. 536) Kilkea and Moone: South Division: Co. Kildare: Leinster. F, 22 Jan., 24 Feb., 2 t. after Easter, 24 May, 28 June, 5 Aug., 29 Sept., 10 Nov., 19 Dec.: PS, last f.: Mageney, 4¼, G. S. & W. RY.: Tel. 8-8. (1) 9 a.m, 10.30 a.m.: (2) 1 p.m., 5 p.m.: (3) PO, SB, MOO: (4) Yes, 5: (5) Round Tower, used as a Belfry, and Old Abbey in Village. John Hutchinson, sergeant.

1 Ballitore V	7½	A	G	3 X 4½
2 Baltinglass V	7	A	G	1 X 2 X 2 X 2
3 CARLOW T	6½	A	G	2½ L 1 X 2 L 1
4 Grangemellon R	7	A	G	3 X ¼ L 3¼ R ½

CASTLEGROVE R. Dunmore: North Galway: Co. Galway: Connaught. Tuam, 6½, D. & A. RY. (1) 10 a.m.: (2) 4 p.m.: (3) Kilcorney, 1: (4) Yes, 2: (5) Castlegrove, ¾. John Wrin, sergeant.

1 Castlehacket R	9	B E	G	⅛ L ⅜ L 1¼ L 2 R 1½ R 2 R 1½ R ½
2 HOLLYMOUNT V	11½	A	G	2½ R 4 X 2 R 1 X 2
3 KILMAIN V	8½	B	G	¼ R 2 L 1 R ½ R 2 L ¼ R 1½ L 1
4 *Milltown* V	4	D	I	⅛ R ½ L 1 L 1 L 1 L ⅜
5 SHRULE V	8½	D E A F	G	⅛ L ⅜ L 1¼ R ½ L 1¼ R ½ R ½ L 2 L 2¼
6 Tuam T	6½	C	G	1¼ L 2¼ X 1⅛ R 1½

CASTLEGREGORY V. (Pop. 561). Corkaguiny: West Division: Co. Kerry: Munster. F, 20 Feb., 15 April, 11 May, 15 July, 29 Sept., 31 Oct., 24 Nov., 17 Dec.: PS, 1 t.: Telephone: T. & D. LT. RY. (1) 9 a.m.: (2) 3.30 p.m.: (3) PO, SB, MOO: (4) Yes, 2: (5) Loughgill Lake, good for brown trout fishing, 5; Illauntaunig Islet, noted for its antiquities, 6: the road to Dingle, across Connor Hill, 14¾, is very beautiful, cut out of cliff, facing Mount Brandon, and from the pass at top commanding a view from Loop Head to the Skelligs. Augustus Champ, sergeant.

1 Cloghane R	9	B F	F	1 L ⅛ R 3⅛ R 2⅛ R ¼ R 2
2 Kilgobbin R	7	B	G	⅜ R 1½ X 1¼ X 1¾ X ¾ X 1½ X ⅜

CASTLEHACKET R. Clare: North Division: Co. Galway: Connaught. F, 2 June, 2 Oct.: Tuam, 7½, T. & A. RY. (1)

[Cas]   ROAD AND ROUTE GUIDE FOR IRELAND.   [Cas

6 a.m.: (2) 2 p.m.: (3) Cahirlistrane, 1¼: (4) No: (5) Knockmagh, ¾. Patrick Downes, acting-sergeant.

1 Cummer R	5	A G B D	G F	¼ R 1 L ¾ X 3½
2 Headford V	5	B D	G	1 L ½ L ¼ R ¼ L 2 R ¾ L ¼
3 Shrule V	5	B D	G F	1 L ¼ R 2¼ R ¾
4 Tuam T	7½	A C	G	¼ L 2 R 1¼ L 1 L 3

CASTLEISLAND T. (Pop. 1559). Trughenacmy: East Division: Co. Kerry: Munster. F, 1 Jan., 2 Feb., 17 March, 6 April, 20 May, 24 June, 1 Aug., 8 Sept., 1 Oct., 2 and 30 Nov., 14 Dec.; if date of fair falls on Saturday or Sunday, fair held on following Monday: PS, every alternate th.: M, t. and f.: G. S. & W. RY.: Tel. 8-8. (1) 7.45 a.m., 5.20 p.m.: (2) 10.10 a.m., 5.30 p.m.: (3) PO, SB, MOO: (4) Yes, 13: (5) A centre of disturbance in 1881 and 1882; many agrarian murders committed in vicinity; was anciently a stronghold of the Desmonds. James Hensey, head-constable.

1 Brosna V	14	C	F	1½ L 3 R 2 R 1 L 3 R 1 R 1 R 1 X ⅛ R ¼
2 Cordal R	4⅞	A	F	¾ R 1¾ R ⅛ L 1¾
3 Doolaig R	4½	E	F	2¼ L 2¼
4 Farranfore V	6	A	F	2 R 1¼ L ¾ L 2
5 Gortatlea R	5½	B	I	2¼ L 1⅛ L 1½
6 Knocknagoshil V	11	H	F	2¼ R 2 L 1½ L 3½ L 1½
7 Scartaglin V	5	E	F	¼ R 1 L 1½ X 2
8 Tralee T	11	A	C	2½ X 2 R 1½ R 5

CASTLELYONS V. (Pop. 206). Barrymore: North-East Division: Co. Cork, E.R.: Munster. (1) 7.55 a.m.: (2) 4.40 p.m.; 3.5 p.m. on Sunday: (3) PO: (4) Yes, 1: (5) The ruins of Barrymore Castle and two Abbeys in the village. Patrick Hurney, sergeant.

1 Ahern R	5½	B	G	¼ R 1¼ L 1½ X 2
2 *Ballincurrig* V	9	D	G	½ R 1¾ R 1¼ L 1¾ X 4
3 Careysville R	5½	D	G	2 L 2½ R 1
4 Currabaha R	6	A	G	¼ R 3 L ⅛ R 2¼
5 Fermoy T	4¾	B	G	¼ X 1 L 2 R 1¼
6 Rathcormac V	2½	B	G	⅜ R 2 L ⅞

CASTLEMARTYR V. (Pop. 374). Imokilly: East Division: Co. Cork: Munster. PS, every alternate t.: Mogeely, 1½, G. S. & W. RY.: Tel. 8-8. (1) 5 a.m., 4 p.m.: (2) 12.30 p.m., 8.30 p.m.: (3) PO, SB, MOO: (4) Yes, 6: (5) Castlemartyr, seat of the Earl of Shannon. William Roogan, sergeant.

1 *Ballycotton* V	8	B	G	1 X 2½ X 1 L ¼ L ½ R 1½ L 1
2 *Ballinacurra* V	6¼	B	G	1½ L 1 R 2 X 1 X 1
3 *Cloyne* V	6½	A C	G	1 X 2 R 2 X 1½
4 Killeagh V	3½	A	G	1¼ L ¾ L 1¼ L ½
5 *Midleton* T	5¾	A	G	1⅛ R 1½ X 2½ R ¼
6 Newtown R	11	D	G	1¼ L 3½ X 2 R 3¾ L ¼
7 Shanakiel R	7	B	G	1¾ L ¾ L 1¾ R 1¼ L 1¼ R ¼ L ¼ L ¼ R ½

CASTLEMORE (CROOKSTOWN) R. East Muskerry: Mid Division: Co. Cork: Munster. F, last m.: C. & M. D. RY.: Tel. 8-8. (1) 7 a.m., 3.45 p.m.: (2) 6.30 p.m.: (3) PO, SB, MOO: (4) Yes, 1: (5) Clodagh Castle, 2; Castlemore Castle, ⅛. T. L. Igoe, sergeant.

1 Coachford V	9	A E C A	F	⅜ R ⅜ R 1¼ L 1¾ L 1 L 2½ L 2¼
2 Farran R	5	A	F	⅛ R ¼ R 1¼ X 1 L 2 L ⅛
3 KILMURRY V	4	A E A	F	⅛ L ⅜ R ⅛ R ½ L ⅛ L ⅛ L ½ R 1¾ L ⅜

CASTLEPLUNKET V. (Pop. 67). Castlerea: South Division: Co. Roscommon: Connaught. F, 11 May, 13 Aug., 11th Oct.: Ballymoe, 5, M. G. W. RY. (1) 8.30 a.m.: (2) 5.10 p.m.: (3) Castlerea, 6¾: (4) No: (5) No. James M'Gowan, sergeant.

1 Ballinagare V	7	D	F	½ R 2½ X 1 R 2¼ R ½
2 *Ballinderry* R	7¼	D	F	¼ R 1½ L 1½ R ¼ L 3¼ R ½
3 Ballintobber V	4	D	G	1⅛ R ⅛ L 2
4 Castlerea T	6¾	D	G	½ L 1½ X 1¼ L 1¾ R 1½
5 *Rockfield* R	8½	D	F	1⅜ L ⅞ R 2 R 1 L ½ R 1¾ L 1⅛
6 *Tulsk* V	4½	D	G	½ L 4

CASTLEPOLLARD V. (Pop. 820). Fore: North Westmeath: Co. Westmeath: Leinster. F, 26 Jan., 2 Mar., 28 April, 21 May, 1 Aug., 10 Oct., 8th Nov., 10 Dec.: PS, each alternate w.: M, w.: D.I.: Float, M. G. W. RY., 7½. (1) 7.10 a.m., 1.12 p.m.: (2) 1.15 p.m., 5.15 p.m.: (3) PO, SB, MOO: (4) Yes, 10: (5) Fore Abbey and Cells, 3; Pakenham Hall, seat of Earl of Longford, 1. Edward Smith, constable.

1 Collinstown V	4	B	G	¼ L 2 R 1¾
2 Coole R	4½	B	G	2½ L 1½ R ½
3 Finea V	9	B	G	3 L ¼ R 1½ L 3½ L 1
4 Fore R	3	H C	G F	2 R 1

CASTLEREA T. (Pop. 1120). Castlerea: South Division: Co. Roscommon: Connaught. Tel. 8-8: F, 23 May, 21 June, 23 Aug., 7 Nov. (old); other 8 months about 20th: PS, s. weekly: M, t. and s.: D.I.: R.M.: M. G. W. RY. (1) 12 night, 11 a.m., 3 p.m.: (2) 7 a.m., 11.30 a.m., 3.15 p.m.: (3) PO, SB, MOO: (4) Yes, 25: (5) No. Daniel Donovan, sergeant.

1 Ballinagare V	8	C B D B	F S R S	½ R ¾ R 6 L ¾
2 Ballinlough V	6¼	D B D B	R S F G	½ L ⅛ R ½ L 5 R ⅛
3 Ballintobber V	5½	A B B D	F S F G	½ X 2 L 1 X 1½ R ½
4 BALLYMOE (J.S.) V	6	A B B D	F G F S	½ X 2 X ¾ L 2¾
5 Castleplunket V	6¾	C D B C	F S F G	1¼ L 1½ R 2 X 1½ R ½
6 Clooncan R	12	D B D B	R F S G	½ L ⅛ R ½ R 1¼ L 2 R 2 X 2¼ L 1⅛ L 2¼
7 Frenchpark V	8½	C D B A	F R S G	½ R ¾ L 1 R 2¼ R 2 R 2
8 Loughglynn V	6	C B D B	F R S F	½ R ¾ L 1 L 2½ L 1¼
9 WILLIAMSTOWN V	9	D D B B	R R S F	½ L ⅛ L 2½ A R 4 R 1⅛

CASTLEROCK V. (Pop. 133). Half-Barony Coleraine: North Division: Co. Londonderry: Ulster. Tel. 8-7: Castlerock, B. N. C. RY. (1) 8.10 a.m., 4.10 p.m., 6 p.m.: (2) 7.50 a.m., 8.30 a.m., 5.40 p.m.: (3) PO, SB, MOO: (4) Yes, 2: (5) Downhill Castle, 1¼. George Wilson, sergeant.

| 1 Bellarena v | 9 | D B | G S F | ⅜ R 4 L 4 L ¼ |
| 2 Coleraine T | 5 | C | G | ¼ L 1 X ½ X ¼ R 1¼ X ⅜ X ½ |

CASTLERAY R. Moydow: South Division: Co. Longford: Leinster. Longford, 6¼, M. G. W. RY. (1) 8.45 a.m.: (2) 5.20 p.m. (Moydow PO): (3) Longford, 6¼: (4) No: (5) No. John Kelly, sergeant.

1 Ardagh v	3½	D	B R	1 X 1½ L ¼ R ⅜
2 Carrickboy R	6	B	F	1 R 3 L ¼ L 1½
3 Kenagh v	3½	G D	B F	1 X 1 R ¾ R 1
4 Longford T	6¼	G B G	R F	½ R 1½ R ½ L 3 X 1½

CASTLETOWN V. (Pop. 63). Upper Connello: West Division: Co. Limerick: Munster. Bruree, 7½, G. S. RY. (1) 9 a.m.: (2) 3.45 p.m.: (3) PO: (4) No: (5) No. Richard Lonergan, constable.

1 Ballingarry v	5	D	S P	1½ V² 2 R ½ L 1
2 Bruree v	7½	B	G F	1½ R ¼ X 1 X ½ X ½ X ¼ X 2 X 1½
3 Feenagh v	5	B	S F	½ L 1 L 1 X 2 R ½
4 Kilmeedy R	3½	D	S F	1 X ⅜ X 1½ X ¼

CASTLETOWN V. (Pop. 259). Upperwoods: Ossory Division: Queen's County: Leinster. F, 29 June: Mountrath, 2½, G. S. & W. RY. (1) 7 a.m.: (2) 7.20 p.m.: (3) Mountrath, 1¾: (4) Yes, 1: (5) No. Hugh Deady, sergeant.

1 Ballacolla v	8½	C	F	½ R 1½ L ¾ R 1⅜ R 1 R ½ L 1 L 2⅝ R ¼
2 Borris-in-ossory v	6½		G	½ L ⅜ R 1½ X 2 R 1½ R ⅜
3 Cardtown R	6	C D	S I	1 L ⅜ L 1 L ⅜ R ½ X 2 R ¼
4 Coolrain v	4	C	G	½ R 1½ L ⅛ L ½ L 1½ R ½ L ¼
5 Mountrath T	2	A	G	½ L ⅜ X ⅜ R ¼ L ¼ L ⅛

CASTLESHANE V. (Pop. 42). Monaghan: North Division: Co. Monaghan: Ulster. Monaghan, 4, G. N. RY. (1) 7 a.m.: (2) 7.15 p.m.: (3) PO, MOO: (4) Yes, 1: (5) Castleshane Demesne, ¼; Clontibret, 3. Timothy Hanberry, sergeant.

1 Cremartin R	6½	A D	G	1 L 2 X 2 R 1½
2 Glassl ugh v	6	A B	G	¼ L 2 L ⅛ R 2½ L ⅜ R 1
3 Middletown T	5	A	G	3 R 2
4 Monaghan T	4	A	G	¼ R 3¾

CASTLETOWN BERE T. (Pop. 1306). Bere: West Division: Co. Cork, W.R.: Munster. F, 12 Jan., 8 Feb., 15 and 30 Mar., 9 April, 15 May, 5 June, 8 July, 17 Aug., 4 and 15 Sept., 11 and 31 Oct., 27 Nov., 21 Dec.; PS, alternate f.: M, t.: B: D.I.: Bantry, 24 by sea and 34 by road: C. B. & S. C. RY. (1) 1.30 p.m.: (2) 11.30 a.m.: (3) PO, SB, MOO: (4) Yes, 10: (5)

Dunboy Castle, 2½, the ancient seat of The O'Sullivans of Bere; burnt by the Lieut.-Deputy, 1642. Robert Nolan, sergeant.

1 Adrigole R	10	D	G	Straight road
2 Allihies Mines V	10½	F	F	5½ R 5 R
3 Iries V	5	D	I	4½ L ½ L

CASTLETOWNGEOGHEGAN V. (Pop. 184). Moycashel: South Westmeath: Co. Westmeath: Leinster. Castletown, 1½, M. G. W. RY.: Tel. 8-7, at Railway Station, Sunday excepted. (1) 5.45 a.m., 9.45 a.m., 3,45 p.m.: (2) 10 a.m., 4 p.m., 7 p.m.: (3) PO, SB, MOO: (4) Yes, 2: (5) No. James M'Caffrey, sergeant.

1 Ballinagore V	4	B D	G	2 L 1¾ L ¼
2 *Ballinea* R	6	B D	G	2¾ R ¼ L 2¼ R ½
3 *Loughnavally* R	4	B	G	1½ X 1 R 1½ R
4 Stoneyford R	5	B	G	2 L 1 L 1¾ L ¼
5 Streamstown R	5½	B	G	1 R 1¼ L ½ R 2 R ¾

CASTLETOWNROCHE V. (Pop. 654). Fermoy: North-East Cork: Co. Cork: Munster. Tel. 8-8: F, 20 April, 20 July, 20 Dec.: PS, each alternate th.: G. S. & W. RY., 2½. (1) 4 a.m., 3 p.m.: (2) 11.45 a.m., 8.30 p.m.: (3) PO, SB, MOO: (4) Yes, 3: (5) Bridgetown Abbey on bank of Blackwater, 2½. John Keegan, sergeant.

1 *Ballyhooly* V	4	B	G	¾ R 1 X 2 R ¼
2 *Doneraile* V	7	B	G	¼ L 2¾ X ½ X 1 X 1¾ X ¼ X ¾
3 Glanworth V	5½	B	F	¼ X 2½ L ¼ R 2½
4 Kildorrery R	7½	B	F	¼ R 2½ R ¾ X ¼ L 1½ X 1 X ½ L ¾
5 *Killavullen* R	3	B	G	2½ X ¼ X ¼
6 Shanballymore R	4½	B	F	¼ R 2½ R ¾ L ½ L ½

CASTLETOWNSEND V. (Pop. 355). Eastern Division West Carbery: South Cork: Co. Cork, W.R.: Munster. Tel. 8-8: Skibbereen, 6, C. & B. RY. (1) 8.30 a.m.: (2) 4.20 p.m.: (3) PO, SB, MOO: (4) Yes, 4: (5) No. Timothy M'Evoy, sergt.

1 Skibbereen T	6	D B	F	1¼ R ⅛ L ⅛ X ⅛ L 1⅛ R R 2 R ⅛
2 Union Hall V	5	H D	F	1 R 1¾ R 1¼ L ½ L ½

CASTLEWELLAN T. (Pop. 892). Upper Iveagh Lower Half: South Division: Co. Down: Ulster. Tel. 8-8: F, 1 Feb, May, June, and Sept., 13 Nov., and Tuesday before Christmas; on all other months the fairs are held on 2 m.: PS, 1 t. in month: M, m.: Newcastle, 4, B. C. D. RY. (1) 8 a.m., 1.30 p.m.: (2) 9.15 a.m., 6.15 p.m.: (3) PO, SB, MOO: (4) Yes, 20: (5) No. David Greer, sergeant.

1 Ballyward R	5	B D	F	⅛ R 1⅛ L ¾ X 1¼ X 1¼ X ½
2 Bryansford V	3	B D	G	⅜ L 2 R ⅛ R ¼
3 *Clough* V	5	B D	G	2½ X 1 X ¼ X 1¼
4 *Dundrum* T	5	B D	G	2 L ¼ L ½ X ¼ R 1⅛ L ⅛ R ¼
5 Hilltown T	10	B D	F	⅛ L ½ R ½ R ½ L ⅛ R ¾ X ¾ R ½ L ⅛ R ¾ L 2 L 2½ R ⅞
6 *Newcastle* T	5	B D	G	2 L ¼ X ¾ X ¼ R 1¾
7 Rathfriland T	10	B D	F	⅛ L ⅛ R ⅜ R ½ L ⅛ R ¾ X ¾ R ½ L ⅛ R ¾ X 2 X 1½ X 1⅛ X ½ R ¼

CAUSEWAY V. (Pop. 103). Clanmaurice : North Division : Co. Kerry : Munster. F, 2 April, 2 May, 15 July, 15 Nov. Pig fairs previous days : PS, every alternate t. : Abbeydorney, 6½ : N. K. RY. (1) 9.30 a.m. : (2) 2.45 p.m. : (3) PO, SB, MOO : (4) Yes, 1 : (5) River Shannon, 3. Jas Doherty, sergt.

1 Abbeydorney V	6½	B	G	¼ R Λ 4 L ¼ R 1½ R ½
2 Ardfert V	7	B	G	1½ X 2 L ¾ X 2 L ¼ R ¼ L ¼
3 *Ballyduff* V	5	D	G	½ L 2 X 1¼ L ¾ R ½
4 Ballyheigue V	5½	D	G	1½ L 2 L 1 L ¾ R ¼
5 *Lixnaw* R	7	B	F	½ R 1 L 1½ R 1 L 3
6 Ahabeg R	5	B	F	½ R 1 L 1½ R 1 L 1
7 Killahan R	4	B	F	½ R 3 L ½

CAVAN T. (Pop. 2969). Upper Loughtee : West Cavan : Co. Cavan : Ulster. Tel. 8-8 : F, 2 t. each month, except 14 Aug. and May and 12 Nov. : P.St. : PS, m. : M, t. : C.I. : D.I. : Cavan, ¾, M. G. W. & G. N. RY. (1) 7 a.m., 11.30 a.m., 1.30 p.m., 7 p.m. : (2) 6 a.m., 1.30 p.m., 6.30 p.m. : (3) PO, SB, MOO : (4) Yes, 25 : (5) Farnham Demesne, 2 ; Old Abbey in Abbey Street. James Stewart, sergeant.

1 Ballinagh V	5½	A C	G F	1 R 1¾ R 1¼ Λ 1½
2 Ballyhaise V	5	A D	F	¼ L 1½ R ¼ Λ 2 V 1
3 Butlersbridge V	4	A	G	¼ L 1¾ R 2
4 Crossdoney R	5¼	A	G	1 L 1 L ¼ X ¾ L 2¼
5 *Crosskeys* V	7	E H	F	1 R ¾ L Λ 1 X ½ Λ 1 Λ X ½ V 2¼
6 Stradone V	6½	A B	G F	1 L 3 L ¾ R ½ R ½ L ½ R ¼

CELBRIDGE T. (Pop. 804). North Salt : North Division : Co. Kildare : Leinster. Tel. 8-7 : F, last t. in April, 8 Sept., 7 Nov. : PS, 2 m. : Hazlehatch, 1½, G. S. & W. RY. (1) 9 a.m., 9 p.m. : (2) 5.30 p.m., 7.30 p.m. : (3) PO, SB, MOO : (4) Yes, 7 : (5) Donacumper, ¼ ; Castletown House and Demesne, ½ ; Lyons' Castle and Demesne, 3½. William Casserly, constable.

1 Leixlip V	4	A B C G	G S	¼ L 1½ L 2 R ¼
2 Maynooth T	4	A B C G	G S	1 R 2 L ¼ X ½ R ¼
3 RATHCOOLE T	6	A B C G	G S	¼ X ½ L 1 R 2 L ¼ R 1 R 1
4 Straffan V	4	A B C G	G S	2 L 1 L 1

CHAFFPOOL R. Leyney : South Division : Co. Sligo : Connaught. Ballymote, 7½, M. G. W. RY. (1) 7.30 a.m. : (2) 6 p.m. : (3) PO : (4) Yes, 2 : (5) No. John Dundon, sergeant.

1 Bunninadden V	3	C D C D	G P	½ R 2½
2 DOOCASTLE V	8	C D C D	G P	½ L ¼ L ¼ R 1½ L ½
3 *Templehouse* V	8	B C C D	G P	½ L 3 R 4½
4 Tubbercurry V	3¾	C D B C	G C B A	1 R ½ X 2¼

CHAPELFIELD R. Tireragh: North Division: Co. Sligo: Connaught. Farnaharpy (2) F, 27 of each month and 30 March; Ardnaglass (1½) F, 21 June, 17 Aug., 23 Sept.: PS, 1 m.: Ballisodare, 9, M. G. W. RY. (1) 10 a.m.: (2) 6 p.m.: (3) PO, SB, MOO; Skreen, 1: (4) Yes, 1: (5) No. Charles O'Leary, sergeant.

1 *Dromard* R	4	C	F	1 L ⅙ R 2⅔ X ½
2 Dromore West V	7	C	F	¼ L ⅛ R 1⅓ L 3 L 2

CHARLESTOWN V. (Pop. 767). Costelloe: East Division: Co. Mayo: Connaught. F, 1 th.: PS, 2 f.: M, w.: Tel. 8-8. (1) 8 a.m., 3 p.m.: (2) 8 a.m., 5.30 p.m.: (3) PO, SB, MOO: (4) Yes, 10: (5) No. Timothy Kirby, sergeant.

1 *Carracastle* V	4½	B B B	F F F	¼ R 3¼ X 1
2 CURRY V	8	D D B	F F F	¾ R 2 X ¼
3 *Doocastle* R	9	B B B	F F F	½ L 7¾ L 1
4 *Kilkelly* V	7½	B D	F S	1 L 6½
5 *Kilmovee* R	7½	B D	F S	1 L 6½
6 Swinford T	7	B D	G G	1 R 6

CHARLEVILLE T. (Pop. 1977). Orrery and Kilmore: North Cork: Co. Cork: Munster. Tel. 8-8: F, 10 Jan., 3 Feb., 16 March, 14 April, 12 May, 9 June, 6 July, 15 Aug., 12 Sept., 10 Oct., 12 Nov., 5 Dec.: PS, m.: M, w. and s.: D.I.: Charleville, 1½, G. S. W. RY. (1) 7.30 a.m.: (2) 11 a.m., 10 p.m.: (3) PO, SB, MOO: (4) Yes, 26: (5) No. Wm. M'Grath, sergeant.

1 BRUREE V	6	D C	F	5 R 1
2 Churchtown V	7½	C	F	5 R 1½ R 1
3 KILMALLOCK T	6	C	G	½ L ½ R 4 L 1
4 Milford V	9	C	F	2½ R ½ L 1½ R 3½ R ½ L ½
5 MOUNTRUSSELL V	5½	D	F	¼ R 3 R ⅛ L ⅛ R 1 L 1

CHURCHHILL V. (Pop. 70). Kilmacrenan: West Donegal: Co. Donegal: Ulster. F, 21st, monthly: PS, 2 w.: Letterkenny, 10, L. & L. S. RY. (1) 10.30 a.m.: (2) 3 p.m.: (3) PO: (4) Yes, 4: (5) Gartan Lakes, 1; St. Columbkille's birthplace, 2. John Morrin, sergeant.

1 Breenagh R	6	C	G	3 R 3
2 Barnes Gap Hut R	7	C	B I	4 R 1½ L 1½
3 *Glenveigh* R	7	B	G	½ X 3¼ L 1¼ L ½ L 1¾
4 Kilmacrenan V	6	B	G	1¾ L 4¼
5 Letterkenny T	10	A	G	5 L 5

CHURCHTOWN V. (Pop. 200). Orrery and Kilmore: North Division: Co. Cork: Munster. Buttevant, 4, G. S. & W. RY. (1) 8 a.m.: (2) 6.30 p.m.: (3) Liscarroll, 4: (4) Yes, 1: (5) No. J. M'Enery, sergeant.

1 Buttevant V	5	B	G	1¼ X ¼ X 1⅓ X ¼ X 1¾
2 Charleville T	7½	B	G	1 X ⅓ X ¼ X ¼ X ¾ X ¾ X 1¼ X 1¼ X 1
3 Liscarroll V	4	B	G	1½ X ½ R ½ X ½ X 1

CLANE V. (Pop. 250). Clane: North Division: Co. Kildare: Leinster. F, last m. in April: PS, 2 w.: Sallins, 3½, G. S. & W. RY. (1) 7 a.m., 11 a.m.: (2) 3 p.m., 5.15 p.m. (3) PO, SB, MOO: (4) Yes, 3: (5) Clongoweswood College, 2. William Carroll, constable.

1 Donadea R	5	B D B D	F G F G	1 L ½ R ½ X ½ L ½ X ¾ L ¾ X ¼ X ¼
2 Robertstown V	6	B D B D	F G F G	1 V¹ 1½ X ¼ L ¼ R 2 R 1
3 Sallins V	3	A C A C	F G F G	¾ L 1½ R 1
4 Straffan R	4	B D B D	F G F G	⅜ R 1¾ R ¼ R ¾ L ⅜ R 1
5 Thomastown R	6	B D B D	F G F G	1¼ X 3 L ¼ R 1¼ R ¼

CLARA T. (Pop. 1695). Kilcoursey: Tullamore Division: King's Co.: Leinster. Tel. 8-8: F, 6 Jan., 1 Feb., 5 Mar., 20 April, 12 May, 29 June, 25 July, 26 Sept., 1 Nov., 6 Dec.: PS, 2 w.: M, w.: G. S. & W. RY., ¾; M. G. W. RY., ¾. (1) 4 a.m., 11.15 a.m., 4.50 p.m.: (2) 11.30 a.m., 3.5 p.m., 4.50 p.m., 11 p.m.: (3) PO, SB, MOO: (4) Yes, 6: (5) No. John Healy, sergeant.

1 *Ballycumber* V	3	A	G	2¾ R ¼
2 HORSELEAP V	4	B	G	½ X 1 L 2½
3 KILBEGGAN T	6	A	G	¼ L ¾ R 1½ X 3¼ R ¼
4 Rahan R	6	B	B	3 L 2¾ R ¾
5 Tubber R	4	A	G	1 X 2 R ¾ X ¼

CLARE CASTLE V. (Pop. 616). Islands: East Division: Co. Clare: Munster. F, 11 May, 13 Nov.: W. & L. RY.: Tel. 8-8. (1) 7 a.m., 2 p.m.: (2) 1.15 p.m., 8 p.m.: (3) PO, SB, MOO: (4) Yes, 3: (5) Clare Abbey, 1¼. Patrick Webster, sergeant.

1 Ennis T	2½	A	G	⅜ R ⅞ R ¼ X ½ R ¼ R ⅛
2 Newhall R	3½	B C D	F G F	¼ R 1⅛ L 1¼ R ¾ L ⅜
3 *Newmarket-on-Fergus* V	5½	C	G	⅜ R ⅝ R 1 R 1¼ R X 2 X ¼
4 *Quin* V	5½	C D B	A F A	⅜ R ⅜ R 1 L 1½ R ⅛ R ⅜ L 1½

CLARE ISLAND I. Murrisk: West Division: Co. Mayo: Connaught. (1) Monday, Wednesday, and Saturday: (2) Same days: (3) PO: (4) No: (5) Granuaile's Castle at quay, said to be the residence of the Chieftain O'Malley about the 15th or 16th century; an old Monastery and Chapel on west side, and Lighthouse on north-east side. John Colgan, acting-sergeant.

1 ACHILL ISLAND I	15	W S	Sea	S 15 S
2 BOFFIN ISLAND I	28	W S	Sea	S 28 S
3 Louisburgh V	8	W S	Sea	S 7 S F 1

CLAREMORRIS T. (Pop. 1364). Clanmorris: South Division: Co. Mayo: Connaught. F, 1 w. in Jan., 2 w. before 17 March, 15 April, 24 May, 23 June, 17 Aug., 27 Sept., 23 Nov., 20 Dec.: PS, every alternate th.: M, w. and s.: D.I.: M. G. W. RY., ¼: Tel. 8-8. (1) 1 a.m., 11.30 a.m., 11.45 a.m., 2 p.m., 2.45 p.m.:

(2) 2.10 a.m., 11.45 a.m., 12.30 p.m., 2 p.m., 11 p.m.: (3) PO, SB, MOO: (4) Yes, 24: (5) No. James Rafferty, sergeant.

1 *Balla* V	8	B	F	1 L 5 R ½ L 1½
2 Ballindine V	4½	B	F	¼ L 1¾ R 2½
3 Cloontumper Hut R	8	B	F	¼ R 2¾ L 1 L 2 L 1¾ R ¼
4 Hollymount V	8½	B	F	¼ L 2¾ X ½ X 1 X 3¾ R ¼
5 Knock R	7	D	S	1¾ R 2 L 1 L 2 L ¼

CLARINA R. Pubblebrien: East Division: Co. Limerick: Munster. Patrickswell, 4½, G. S. & W. RY.: Tel. 8-8. (1) 7 a.m., 5 p.m.: (2) 8.20 a.m., 9 p.m.: (3) PO, SB, MOO: (4) No: (5) Carrig-o-Gunnell, 1¼. Joseph Reale, constable.

1 *Ballinacurra* R	3¾	A D F D	G S F G	1¼ R ¼ X 1¼ L ½ R
2 Kildimo V	3	A G A G	G S F S	¾ L 1¼ R ¼ L ¼ R ½
3 Patrickswell V	2¾	D F G D	F R F S	½ L ⅛ R 2⅛

CLASHMORE V. (Pop. 134). Decies within Drum: West Waterford: Co. Waterford: Munster. PS, 2 m.: Youghal, Co. Cork, 6, G. S. & W. RY. (1) 8.45 a.m.: (2) 6.15 p.m.: (3) PO: Youghal, Co. Cork, MOO, SB, 6: (4) No: (5) No. A. B. Jordan, sergeant.

1 Ardmore V	7	B	G	1 L 2½ L 2 R 1½
2 Keily's Cross R	7	D	F	½ L 1 R ½ L 2½ L 2½
3 Villerstown V	7	B	G	¼ L 2¾ L 1 X 2½ L ½
4 YOUGHAL T	6	A	G	1 L 2 R 2 L 1

CLAUDY V. (Pop. 232.). Tirkeeran: North Division: Co. Londonderry: Ulster. Tel. 8-8; 9 a.m. to 10 a.m. on Sunday: F, 3 t.: PS, 1 f.: M, f.: Derry City, 9, N. C. RY. (1) 7.40 a.m., 4.15 p.m.; Sunday, 7.40 a.m.: (2) 8.10 a.m., 5.20 p.m.; Sunday, 5.20 p.m.: (3) PO, SB, MOO: (4) Yes, 4: (5) The Ness, a place of great public resort, is within 3 miles of this station. Patrick Fitzsimons, sergeant.

1 DONEMANAGH V	9½	B D B D	F G	½ R ½ L ¼ L ½ R 1½ X ¾ R ½ X 3½ L ½ L 1
2 Dungiven V	10	B D B D	F G	1 R 1 L 1 X ½ L ½ L 2 L ¾ R 2 L 1 L ¼
3 Eglinton R	11½	C D	F G	½ R ¾ R ½ X 1¼ L 1½ R 1 R ¼ L 1¾ L ½ X 1¼ L ¼ R 1
4 Park R	5	B D	F G	½ L 1¾ X 2 L ¾
5 *Waterside, Derry* C	8½	D C A	F G	½ R ¾ R ½ X 1¼ L 1¼ L 1½ L 1¼ L ⅓ R ⅜ L ⅝ X ¼ L ⅜ R ½ L ¼

CLEGGAN V. (Pop. 173). Ballinahinch: Connemara Division: Co. Galway: Connaught. Westport, Mayo, 39, M. G. W. RY. (1) 11 a.m.: (2) 2 p.m.: (3) PO, SB, MOO: (4) Yes, 4: (5) In the heart of most magnificent mountain and lake scenery; splendid fishing and good hotels. Michael M'Hale, sergeant.

1 Boffin I. R	7	S	Sea	S 7 S
2 Clifden T	10	D	F	¼ R 4¾ R 1½ L 3½
3 Letterfrack V	11	D	F	¼ L 5¼ L 1 L V 4½

CLIFDEN T. (Pop. 933). Ballinahinch : Connemara Division : Co. Galway : Connaught. F, 10 in year, different days : PS, 1 and 3 t. : M, s. : D.I. : Galway, 49½, M. G. W. RY. (New Railway making from Galway) : Tel. 8-8. (1) 8.30 a.m., 7.30 p.m. : (2) 6 a.m., 4 p.m. : (3) PO, SB, MOO : (4) Yes, 20 : (5) The capital of Connemara, and centre of a most beautiful district of highlands and mountains ; lakes ; lochs ; and rivers full of salmon and trout ; a cheap and delightful resort for a holiday. John Maharry, constable.

1 Cleggan V	10	D	F	3½ R 1½ L 4¾ L ¼
2 Errismore R	6½	A	F	2½ R 4
3 Letterfrack V	9½	D	F	2 R 1½ R 3 R 3
4 Recess R	12½	B	G	10 L 1⅞ L ⅝
5 Roundstone V	11½	B	G	2⅛ L 6⅝ R 3¼

CLIFFONEY V. (Pop. 87). Carbury : North Division : Co. Sligo : Connaught. Tel. 8-8 : PSt. : Bundoran, 9, G. N. RY. (1) 8 a.m., 5 p.m. : (2) 8 a.m., 5 p.m. : (3) PO, SB, MOO : (4) Yes, 4 : (5) Mullaghmore, 3 ; Gleniff, 4. Robert Fairley, sergeant.

1 Grange V	4	A	G	1½ X ½ X 1 X 1
2 Mullaghmore V	3	B	S	2 L 1
3 TULLAGHAN V	6	A	G	1 X 2 X ½ X 1 X 1½

CLOGHAN V. (Pop. 398). Garrycastle : Birr Division : King's County : Leinster. Tel. 8-8 : F, 1 Jan., 21 Feb., 17 Mar., 18 April, 15 May, 12 June, 12 July, 15 Aug., 20 Sept., 29 Oct. : Belmont, 1, G. S. & W. RY. (1) 8.15 a.m. : (2) 5 p.m. : (3) PO, SB, MOO : (4) Yes, 1 : (5) No. James Nolan, sergeant.

1 Clonfanlough R	8	B B	G	¼ L 1¾ L 1 X 2½ L ½ L 2
2 Banagher T	5	B D	G	1¼ R 2¼ X 1¼ L ¼
3 *Blueball* R	10	B B	G	2¾ X 3 R 1¾ L 2 R ½
4 Ferbane V	3¾	B B	G	2¾ X 1
5 *Parsonstown* T	10	B B	G	5 R 4 R 1
6 Shannonharbour V	2½	B B	G	2 L ½

CLOGHAN R. South Raphoe : East Division : Co. Donegal : Ulster. F, 19th each month, except Aug., which is 25th. (1) 7 a.m. : (2) 6.15 p.m. : (3) Cloghan, 1 : (4) Yes, 2 : (5) Salmon Leap, ¼. James Doherty, constable.

1 Ballybofey T	7¾	B	G	3½ R ½ R 3¾
2 *Breenagh* R	10	H	R	2 R 3 L 4 L 1
3 *Fintown* R	10	D	I	2 L 3 L 5
4 *Tievelough* R	12	B	I	¼ R ¼ R ½ R 2 L 4 Δ 5¼

CLOGHANE V. (Pop. 181). Corkaguiny : West Division : Co. Kerry : Munster. (1) 2 p.m. : (2) 7 a.m. : (3) Castlegregory, 9 : (4) Yes, 2 : (5) Connor Hill, 5 ; Brandon Quay, 3 ; Splendid fishing lakes in valley; Brandon Mountain (3219 ft.), up till recently inhabitated by eagles; Fermoyle, 3. Terence Smith, acting-sergeant.

1 Castlegregory V	9	F B	F	1/8 L 1 L 2 3/8 L 4 L 1/2 L 1/2 R 1/2
2 Dingle T	10	F Λ V B	G	1/8 R 1 7/8 R 8

CLOGHEEN V. (Pop. 849). Iffa and Offa West: South Division: Co. Tipperary: Munster. Tel. 8-8: F, Whit Tuesday, 5 April, 1 Aug., 28 Oct., 12 Dec.: PS, th., alternately: Cahir, 9, W. L. RY. (1) 4.30 a.m., 4.30 p.m.: (2) 11 a.m., 8 p.m.: (3) PO, SB, MOO: (4) Yes, 10: (5) Shanbally Castle, 3; Bay Lough, 3; Knockmealdown Mountains; Killshielan Fairy Ring, 1¼; Shanbally Demesne, 1. NOTE—At Skehewrinky is a curious natural cavern, well worth visiting; it has a chamber 100 feet long and 70 feet high, and stalactite pillars; Earl Desmond hunted down here (1582). J. Lovett, sergeant.

1 Ardfinan V	6½	B D	G G	2½ X 1 L 1 L 1¼ R X ¼ X ½
2 Ballylooby V	4	A C	G G	¼ X 3½ R ¼
3 Ballyporeen V	6	A	G	1 X 2½ L 2½
4 LISMORE T	13	E G	G	1 R 5 R 4⅝ R 2 R ⅛ L ¼
5 Rehill R	8	B D	F	¼ R 2½ R 2 L ¼ R 2 R 1

CLOGHER R. Boylagh: West Division: Co. Donegal: Ulster. (1) 12 noon: (2) 1.15 p.m.: (3) Clooney, ½: (4) Yes, 3: (5) Inniskeel Island, 1½. Richard Dancy, constable.

1 Ardara V	6½	D	S	¼ Λ L ½ L ½ R 4¼ R ¾ X V ¼
2 Glenties V	8	B	F	¾ L 2¼ X 1½ R 3¼ R ¼
3 *Lettermacaward* R	6	B D	F R	¾ L 2¼ L Λ 1½ V ¼ L ¾ F S ¼ S R ¼

CLOGHER V. (Pop. 800). Ferrard: South Division: Co. Louth: Leinster. Dunleer, 7½, G. N. RY. (1) 9 a.m.: (2) 4.30 p.m.: (3) PO: (4) Yes, 6: (5) Clogher Head and Pier, ½. John T. Loughran, constable.

1 Clonmore R	6¼	B	G	2 R 1½ R 2 L ¾
2 Termonfeckin V	3	B	G	1¾ X 1¼

CLOGHER R. Coolavin: South Division: Co. Sligo: Connaught. Edmondstown, 1½, M. G. RY. (1) 8 a.m.: (2) 5.30 p.m.: (3) Monastredan, 1; PO, RSO: (4) No: (5) No. Thomas Gunnis, sergeant.

1 BALLAGHADERREEN T	4½	B	F	1½ X 3¼
2 Mullaghroe R	5	B D F H	P	4¾ L ¼

CLOGHER V. (Pop. 322). Clogher: South Division: Co. Tyrone: Ulster. F, 1 s.: PS, 2 t.: M, s.: C. V. TRAM., ½: Tel. 8-8. (1) 7 a.m., 11.30 a.m.: (2) 11 a.m., 6 p.m.: (3) PO, SB, MOO: (4) Yes, 4: (5) Knockmany, 3; Lumphfer's Glen,

2½; Clogher Park, ¼; Findramore (birthplace of Carleton, novelist), 3; formerly the See and City of St. Macartan; Church built on site of old Abbey founded by St. Patrick in 5th century. John Kidney, sergeant.

1 Augher v	2	A	G	⅞ X 1½
2 Fintona v	10	D	F	1 X 1 X 7 X ¼ X ½
3 Fivemiletown v	6¾	A	G	2 X 3 X 1½

CLOMANTO R. Cranagh: North Division: Co. Kilkenny: Leinster. Ballyragget, 9¼, W. C. I. & K. JN. RY. (1) 4.30 a.m.: (2) 7.30 p.m.: (3) PO: (4) No: (5) No. Jeremiah Godfrey, sergeant.

1 Freshford v	3½	DCDC	FGFG	½R1R1½R¾R½
2 Gathabawn R	5¼	DCDF	FGFP	½R1L1½L2½R½
3 Johnstown v	5½	DCDC	FGFG	½R¼L1½R¾R1½L1
4 Tullaroan v	6½	BDDF	FGFP	½L1XL¼L1½L½L2R1
5 Urlingford v	5½	DCBD	FGFG	½R¼L1½R¾L2¾L¼

CLONAKENNY R. Ikerrin: Mid-Tipperary: Co. Tipperary, N.R.: Munster. Roscrea, 8, G. S. W. RY. (1) 8.30 a.m.: (2) 8.30 a.m: (3) PO: (4) No: (5) No. Thomas Byrne, acting-sergeant.

1 DUNKERRIN v	5	B	G	1½ R ¼ R ¾ X 2½
2 Gurtderrybeg R	5	B	G	1 L ¾ R 1½ X 1 R 1
3 Killeagh R	4½	B D	G	½ R ¼ L ½ R 2 L ½ R 1 L ¼
4 MONEYGALL v	6½	B D B	G	1½ R ¼ L ¾ X 1½ R ¾ L 1 R ¾
5 Roscrea T	7½	B A	G	1 L ¾ R 1½ L 1 L 1½ R 1½ L ½ R ¼

CLONAKILTY T. (Pop. 3220). Eastern Division East Carbery: South Cork: Co. Cork, W.R.: Munster. Tel. 8-8: F, 1 m.: PS, 2 th.: D.I.: Clonakilty Extension, C. & B. RY. (1) 7 a.m., 5 p.m.: (2) 9.15 a.m., 6 p m. (3) PO, SB, MOO (4) Yes, 15: (5) The Island, 3; Dunnan Barytes Mines, 4. Michael M'Dermott, sergeant

1 Ballygurteen R	9	B	G	1¾ R ½ R 3 R 3½
2 Courtmacsherry v	9	B	I	2½ R 2½ L 1½ V² 2 R ½
3 Milltown R	5½	B	G	¾ L 1 R ⅔ R 1½ X 1½
4 Rosscarbery v	8	B	G	1½ L 2¼ X 4
5 Timoleague v	6	B D	F	½ R 1 L 1¼ R ½ L 2¼ L ½

CLONARK R. Athlone: South Division: Co. Roscommon: Connaught. Athlone, 7, M. G. W. RY. (1) 9 a.m., Sunday excepted: (2) 5 p.m., Sunday excepted · (3) PO, Thomastown, 2: (4) No: (5) Thomastown Park, 1½; Seven Churches, at Clonmacnoise, 4. John M'Sorley, sergeant.

1 Athlone T	7	A	G	1½ R 1½ L ½ R 1 R 1 L ½ R 1
2 Beaulnamulla v	7	A	G	1½ R 1½ L ½ R 1 R 1 L 1½
3 Carrowreagh v	9	A B B	G	3¼ R 1 R 2 R ½ X 1½ L ½
4 Clonfad v	8	A B D	G	1½ X 1½ L 2½ X 2½
5 Creagh (J S.) v	8	A	G	1½ L ½ R 1½ R 1½ L 2 R 1

101

CLONASLIE V. (Pop. 326). Tinnahinch : Ossory Division : Queen's County : Leinster. PS, 4 f. : Tullamore, 8, G. S. W. RY.; Mountmellick, 8, W. C. I. RY. : **(1)** 9.40 a.m. : **(2)** 4.30 p.m. : **(3)** PO, SB, MOO : **(4)** Yes, 3 : **(5)** Taughannagh, 2 ; Brittas Court, ½ ; Slieve Bloom Mountains, 4. Robert Blair, sergeant.

1 Cardtown R	13	H	R	½ R 10½ R ¼ L 1 R ¾
2 Killeigh V	6¼	A	G	2¼ X 2 R 2½
3 Killoughy R	3⅝	A	G	½ R 1½ L 1½
4 Rosenallis V	5¼	A	G	1¼ R ¾ R ¼ L 3

CLONBANNON R. Duhallow : North Cork : Co. Cork : Munster. Banteer, 6½, G. S. & W. RY. **(1)** 7 a.m. : **(2)** 8 p.m. : **(3)** PO : **(4)** No : **(5)** No. Thomas Lenahan, sergeant.

1 Banteer V	6½	B	F G	½ X ½ R ½ L 1¼ R 3 R ¼ L ¼
2 Boherbue V	4	B	G	3 X 1
3 Kanturk T	7	D	F	½ L 1½ X 3 R 1 R ¼ L ¼
4 Lisnaboy R	6½	B	F	⅞ R 4 X ½ R ½ L 1
5 Millstreet T	7	B	F	¾ L ⅞ R 1¼ R ½ L 1¾ X 1½ R ¾
6 Rathcoole R	4	B	G	⅞ X ½ R ¼ R ½ L 2¼

CLONBERN R. Ballymoe : North Galway : Co. Galway : Connaught. Ballinlough, 10, M. G. W. RY. **(1)** 9 a.m. : **(2)** 4 p.m. : **(3)** PO : **(4)** No : **(5)** Clonbern Park, 1. Patrick Davis, constable.

1 Dunmore T	6	B	F	⅜ L 5¾
2 Glenamaddy V	6	B	F	¼ R 2 L 1½ R 1½ L ⅞
3 Kilkerrin V	6	B	F	¼ R 2 R 2¾ R 1
4 Moylough V	8	B	F	1½ L 1 L 1½ R 2½ L 1½

CLONBOLOGUE V. (Pop. 101). Coolestown : Tullamore Division : King's County : Leinster. PS, 1 t. : Edenderry, 7, M. G. W. RY. **(1)** 11.30 a.m. : **(2)** 4.40 p.m. ; Sunday, 1.40 p.m. : **(3)** PO ; Rathangan MOO, SB, 4½ : **(4)** Yes, 1 : **(5)** No. James Fleming, sergeant.

1 Edenderry T	6½	A	G	½ R 3 R 3¼
2 Esker R	4¼	A	G	½ L 4¼
3 Kilmalogue T	8¾	A	G	¼ L 1 R 2 R 5¼ R ¼
4 Rathangan T	4½	A	G	2 L ¼ L 2¼

CLONBOO R. Clare : North Division : Co. Galway : Connaught. Galway, 7½, M. G. W. RY. **(1)** 11.30 a.m. : **(2)** 1.30 p.m. : **(3)** PO, SB, MOO Drumgriffin, 1 : **(4)** Yes, 1 : **(5)** On the direct new road from Galway to Castlebar, *via* Headford ; some strange and curious places in the neighbourhood, for which see Sir W. Wilde's "Lough Corrib." Elias F. Williams, acting-sergeant.

1 Eglinton Street, Galway T	7½	B	G	4½ X 2¼ X ¾
2 Headford V	8⅝	B	G	6¾ L ¼ R ¼ X 1¼ R ¼
3 Loughgeorge R	7	B	G	1½ R 1½ X ¼ R 3¾

CLONBUR V. (Pop. 97). Ross: Connemara Division: Co. Galway: Connaught. PS, second and last t.: M, f. (winter and summer): D.I.: Ballinrobe, 12, M. G. W. RY. (1) 7.30 a.m.: (2) 6 p.m.: (3) PO, SB, MOO: (4) Yes, 3: (5) No. James J. Fitzgerald, acting-sergeant.

1 America R	5	D	G F	2 L 3
2 Cong V	4	B D	G F	2 R ⅛ L 1¾ L ⅛
3 Cornamona V	6½	B D	G F	2 R 4½

CLONDALKIN V. (Pop. 307). Uppercross: North Division: Co. Dublin: Leinster. G. S. W. RY., 1: Tel. 7-7. (1) 8.30 a.m., 8.30 p.m.: (2) 5.15 p.m., 9.15 p.m.: (3) PO, SB, MOO: (4) Yes, 3: (5) Round Tower in Clondalkin. John Kelly, sergeant.

1 *Corballis* R	3¼	A	G F G	½ X ½ R 1 L ¼ R 1
2 Lucan T	3¾	A B	G F	½ X 1 X ½ X ¾ X 1
3 Rathcoole V	4	A	G	¼ R 2 L 1½
4 St. Lawrence V	4	B	S	½ R 1 R ¾ L ¾ R 1
5 *Tallaght* V	3¼	A	F	½ X 1 R ⅛ L 1⅛ L ½

CLONEA V. (Pop. 76). Upperthird: East Division: Co. Waterford: Munster. Carrick-on-Suir, 5½, W. & L. RY. (1) 8 a.m.: (2) 8 a.m.: (3) PO: (4) No: (5) Romantic scenery of Coumshunane Lake and Crotty's Lake; also, the caves on the Comeragh Mountains, and the beautiful scenery of the River Clodiagh: 8 miles to Coumshinane Lake, the Clodiagh running by the village. John Donoghue, sergeant.

1 Carrickbeg T	5	C	G	2 X 3
2 Kilmacthomas T	6	B	G	1 L 5
3 Portlaw T	6	B	G	3 X 3
4 Rathgormac V	4	C	G	1¼ X ½ X 2¼

CLONEE V. (Pop. 130). Dunboyne: South Meath: Co. Meath: Leinster. Tel. 8-8: Dunboyne, 1, M. G. W. RY. (1) 9.10 a.m.: (2) 4.30 p.m.: (3) PO, SB, MOO: (4) Yes, 1: (5) No. On the main road to Trim and the north-west. P. Farrelly, constable.

1 Batterstown R	6½	A B	G	¼ X 1¼ X ¼ X 1 X ¾ L ¾ R 2¼
2 BLANCHARDSTOWN V	4	A	G	2 X 1½ X ½
3 LEIXLIP V	5	B	G	⅜ R ¾ L 1¼ X 1¼ R ⅛ L 1
4 LUCAN V	3½	B	G	¼ R ¼ L ½ X 1 X 1¼ R ¼
5 Moyglare R	8½	B	G	¼ L 1¾ R 1¼ X ¾ L 1 R V ¾ R ¾ R ½ X 1½

CLONEEN R. Middlethird: East Tipperary: Co. Tipperary, S.R.: Munster. (1) 9.30 a.m.: (2) 4 p.m., Sunday excepted: (3) PO: (4) No: (5) No. Patrick Furey, sergeant.

1 Drangan V	3	B	F	1¼ R 1½ R ¼
2 Fethard T	4½	B	F	3½ L ½ R ½
3 Kiltinan R	4	B	F	½ R 1½ L 2
4 Mullinahone T	6	B	F	2 R 2 L 2
5 Ninemilehouse V	7	B	F	2 R 2½ R ½ R ⅛ R 1½ R ⅜

CLONEGAL V. (Pop. 203). St. Mullin's Upper: Carlow Division: Co. Carlow: Leinster. P.St.: Shillelagh, 7½, D. W. & W. RY. (1) 8 a.m., 2.30 p.m.: (2) 12 noon, 5.30 p.m.: (3) PO, SB, MOO: (4) No: (5) River Slaney, 1¼; Huntington Castle, ¼; Mount Leinster, 5. Samuel Forbes, constable.

1 *Ballykealy* V	7	D	G	2 L 1 R ¼ L 1 X 2 R ¾
2 BLACKLION R	5	D	G	2 L 1 R 1 L 1
3 CARNEW V	8	B	I	1 L 4 R 1 L 2
4 Myshall V	6½	B	G	1¼ R 1 R ¼ R 2 L 2
5 NEWTOWNBARRY V	5	B	F	1¼ L 2½ R 1 R ¼
6 SHILLELAGH V	7	B	I	1 X ¾ X 1½ X ½ X ¾ X 1½ X 1

CLONEGOWN V. (Pop. 120). Upper Philipstown Tullamore Division: King's County: Leinster. PS, 2 m. (1) 8 a.m.: (2) 5.30 p.m.: (3) PO: (4) No: (5) No. G. E. Dagg, 1st D.I.

1 Clonmore R	9	A	G	½ R 4½ L ¼ R 1¾ L 2
2 Kilmalogue T	4	A	G	¼ L ¼ R ¾ R 2½ L ¼
3 Killeigh V	8½	A	F	½ L 1½ R 1 R 1 X 2 R ¼ L 2 L ¼

CLONES T. (Pop. 2027). Dartrey: North Division: Co. Monaghan: Ulster. F, last th.: PS, every alternate f.: M, every th.: D.I.: G. N. RY.: Tel. 8-8. (1) 7 a.m., 11.5 a.m., 6.30 p.m.: (2) 10.15 a.m to Enniskillen, 12 noon to Belfast, 2.10 p.m. to Dublin, 5.20 p.m. to Enniskillen, 5.30 p.m. to Cavan, 5.45 p.m. to Glasgow, 8.50 p.m., General: (3) PO, SB, MOO: (4) Yes, 20: (5) Clones (Cluan-Innis) the Island of Retreat; Round Tower; Abbey; and ancient Cross. Samuel Brooks, constable.

1 NEWTOWNBUTLER V	6	A	G F	¼ L ¾ X 1 R 1¼ L ¼ R 1 L 1 L ½
2 Newbliss V	4½	C	G	½ L 1 R ½ L ½ R 1 R 1
3 ROSSLEA V	5	D	G	2½ R 1½ L 1
4 Scotshouse V	4½	A D	G	1¼ L ¼ R ¼ R 1 L ¾ R 1
5 Smithboro V	7	C D	G	1½ X 1¾ R ¼ L ¼ R 1¾ R 1 L ½

CLONEVAN R. Ballaghkeen North and Gorey: North Division: Co. Wexford: Leinster. (1) 8.10 a.m.: (2) 4.50 p.m. (3) Ballycanew, 5½: (4) Yes, 1: (5) No. Patk. O'Dowde, sergt.

1 Ballycanew V	5½	B	G	¾ X 1¼ L 1½ X 1¾ L ¼
2 Courtown Harbour V	6½	B	G	¾ R ¼ L ¼ L ¼ R ½ L 1 L ½ R 1 L 1 R ¼ R ¾
3 Kilmuckridge V	4	C	G	1 L ½ L 1¾ L ¾

CLONFAD R. Moycarnon: South Division: Co. Roscommon: Connaught. Ballinasloe, 7, M. G. W. RY. (1) 8 a.m.: (2) 6 p.m.: (3) PO: (4) No: (5) No. Thomas Higgins, constable.

1 Clonark R	8	D B A	G	2½ X 2½ R 1½ X ½ X 1
2 *Creagh* R	5	A	G	¼ X 3 L X 1¾
3 SHANNONBRIDGE V	3	A	G	1 X 2

CLONFANLOUGH R. Garrycastle: Birr Division: King's Co.: Leinster: Belmount, 6, G. S. W. RY. (1) 11 a.m.: (2) 11 a.m.: (3) PO: (4) No: (5) The Seven Churches of Clonmacnoise and Round Towers are favourite resorts for tourists and antiquarians; Annual Pattern held here. Maurice Murphy, sergt.

1 Ballinahown v	5	B D B	G	$\frac{1}{2}$ L $\frac{1}{2}$ R $\frac{3}{4}$ L $\frac{1}{2}$ L $2\frac{3}{4}$
2 Doone R	5	B D B	G	$\frac{1}{4}$ L $\frac{3}{4}$ R $\frac{1}{4}$ L $\frac{1}{4}$ R $2\frac{3}{4}$ X $\frac{1}{8}$
3 Ferbane v	7	B D B	G	$\frac{3}{4}$ R $1\frac{1}{2}$ R $\frac{1}{4}$ L 3 L $1\frac{1}{2}$
4 Shannonbridge v	7	B D B	F	$\frac{7}{4}$ L 6 R $\frac{1}{2}$

CLONFERT R. Longford: East Division: Co. Galway, E.R.: Connaught. Banagher, 5½, G. S. W. RY. (1) 8 a.m.: (2) 6 p.m.: (3) Eyrecourt, 5: (4) No: (5) Ancient Abbey. Timothy Spillane, sergeant.

1 Banagher T	5½	B	F	$\frac{1}{4}$ L $1\frac{1}{2}$ L $2\frac{3}{4}$ L $1\frac{1}{2}$
2 Eyrecourt v	5	B	F	1 X $2\frac{1}{2}$ R $1\frac{1}{2}$
3 *Lawrencetown* v	6	B	F	1 R 2 R $2\frac{1}{2}$ X $\frac{1}{4}$
4 Meelick R	6	B	F	1 X 2 X 1 R $\frac{1}{2}$ L 1 R $\frac{1}{2}$

CLONLARA V. (Pop. 122). Lower Tulla: East Division: Co. Clare: Munster. PS, 4 f.: Longpavement, 5½, W. & L. RY. (1) 7 a.m.: (2) 7.50 p.m.: (3) PO: (4) No: (5) Falls of Doonass, 2; Castleconnell, 3. John Geelan, constable.

1 *Ardnacrusha* v	4	D C	F G	$1\frac{3}{4}$ X $\frac{1}{2}$ L $\frac{1}{4}$ R $\frac{3}{4}$ X 1
2 Fermoyle R	5	C	F S	$1\frac{1}{4}$ X $\frac{3}{4}$ R 3
3 O'Brien's Bridge v	3	A	F G	$1\frac{1}{2}$ L $1\frac{1}{2}$

CLONMANY V. (Pop. 155). Inishowen East: North Division: Co. Donegal: Ulster. F, 2 t.: M, t. and f.: Buncrana, 11, L. & L. S. RY. (1) 9.15 a.m.: (2) 3.15 p.m.: (3) PO. SB, MOO: (4) Yes, 8: (5) Dunaff Head, 5; Mamore Gap, 6. Charles H. Sheridan, sergeant.

1 Carndonagh T	8	D	F	$7\frac{1}{4}$ L $\frac{1}{4}$ R $\frac{1}{2}$ L $\frac{1}{4}$
2 Linsfort R	8	D F	S P	$\frac{1}{4}$ L A $\frac{1}{4}$ A 2 V $\frac{1}{4}$ $\frac{1}{2}$ L 5
3 Mintiaghs R	5	B	F	$4\frac{3}{4}$ L $\frac{1}{4}$

CLONMEL T. (Pop. 9025). Iffa and Offa East: East Division: Co. Tipperary: Munster. F, 1 w.: PS, Borough, w.; Rural, alternate f.: M, s.: C.I.: D.I.: R.M.: Tel. 8-8. (1) 7 a.m., 11.50 a.m., 4.30 p.m., 7 p.m.: (2) 11.55 a.m., 1.50 p.m., 9.45 p.m.: (3) PO, SB, MOO: (4) Yes, 40: (5) No. H. Price, acting-sergeant.

1 Kilmanahan R	4½	B	G	$\frac{3}{4}$ R $\frac{1}{4}$ L $3\frac{1}{2}$
2 Kilsheelan v	4¾	A	G	$\frac{1}{4}$ R $1\frac{1}{2}$ X $\frac{3}{4}$ R $1\frac{3}{4}$
3 Kiltinan R	7	B	G	$\frac{3}{4}$ R $1\frac{1}{4}$ V L 3 L 2
4 Knockevan v	4½	A G	G	1 R $\frac{1}{4}$ L $1\frac{1}{4}$ R 2
5 Lisronagh R	4¾	A C	G	$2\frac{1}{4}$ X 2 L $\frac{3}{4}$
6 Marlfield v	1½	C	G	$\frac{1}{4}$ X $\frac{1}{4}$ L $\frac{3}{4}$

105

CLONMELLON V. (Pop. 430). Delvin : North Division : Co. Westmeath : Leinster. F, 28 Jan., 5 March, 4 April, 2 May, 25 July, 29 Sept., 5 Dec. : PS, 1 t. : M, t. : Athboy, 5, M. G. W. RY. (1) 8 a.m., 12.30 p.m. : (2) 2.15 p.m., 6.15 p.m. : (3) PO, SB, MOO : (4) Yes, 4 : (5) Ballinlough Castle, 2½ ; Killua Castle, 1. Michael Ormond, sergeant.

1 Archerstown R	4½	B D	F G	1½ L 1¼ X 2
2 ATHBOY V	5	B	F G	1 R ½ X 2½ R 1
3 CROSSAKIEL V	4½	B	F G	X 2¼ L ¼ X 2
4 Delvin V	5	B	F G	1½ L ¼ R 1½ R ¼ L 1½
5 Lisclougher R	5	B	F G	1⅜ L 1⅝ R 2
6 SCURLOGSTOWN R	4½	B	F G	1 L 1 X 2½
7 STIRRUPSTOWN R	3½	B	F G	1¼ R 1 L 1¼

CLONMORE R. Ferrard : South Division : Co. Louth : Leinster. Dunleer, 4, G. N. RY. (1) 10.15 a.m. : (2) 6.15 p.m. : (3) Dunleer, 3¾ : (4) No : (5) Barmeath Castle ; Dunany Residence, Demesne, &c. Richard Dowd, sergeant.

1 Castlebellingham V	6	C W	G	½ R 2¾ L 2¾
2 Clogher V	6¼	C W	G Sea·	¾ R 2 L 1½ L 2
3 Dunleer V	4¾	C V	G	¼ X 2 R 2¼ L ¼

CLONMORE R. Geashill : Tullamore Division : King's Co. : Leinster. Tullamore, 5, G. S. & W. RY. (1) 7 a.m. : (2) 6 p.m. : (3) PO : (4) No : (5) No. Thomas Coffey, act.-sergt.

1 Bracklin R	8	B	G	½ L 4 X 3½
2 *Clonegown* V	9	A	G	2 R 2½ L 4½
3 Killeigh V	6½	B	G	2½ R 4
4 *Philipstown* T	5½	A	G	2½ L 3
5 Tullamore T	4½	A	G	4½

CLONOLOUGH R. Owny and Arra : North Division : Co. Tipperary, N.R. : Munster. (1) 10 a.m. : (2) 3.30 p.m. : (3) PO, Killoscully, ¼ : (4) No : (5) Keeperhill Mountain, 4 ; Shallee Silver Mines, 4. Michael Corbett, sergeant.

1 Birdhill R	7	D	I	½ R 2½ X 2 R 2
2 *Kilboy* R	8	D	F	1 X 3 R 2 X 2
3 Newport V	5	B	G	½ X 3 X 1½

CLONROCHE V. (Pop. 228). Bantry : North Wexford : Co. Wexford : Leinster. PS, 1 f. : Chapel, 2, D. W. & W. RY. (1) 8.45 a.m. : (2) 5 p.m. : (3) PO : (4) No : (5) Castleboro, 3. Samuel Willis, sergeant.

1 *Ballywilliam* R	8	B A	G	⅜ L 1⅞ L ⅛ R 5¾ R ¼
2 *Ballinaboola* R	10	C	I & R	1½ L ½ V ½ L 2 L 3½ X L ½ R 1½
3 *Galbally* R	6½	C	P	1¼ L ¼ R ⅓ R 2 R X L 1 R 1½
4 Enniscorthy T	8	A	G	L ¼ L 1½ L ¼ R ½ R 1¼ X ½ X ½ L ¾ R ¼ R ¼ R ½ L ½ L ½
5 Killanne R	6½	D	F	1 R ½ L 1 L ¼ R X 1 R ⅝ L 1⅝ R 1
6 *New Ross* T	12	A	G	1½ R 3½ L 3 X 1 L 1 Λ 2

CLONTARF T. (Pop. 5105). Coolock: North Dublin: Co. Dublin: Leinster. C.I.: D.I.: Raheny, 2½, G. N. RY. (1) 8 a.m., 4.30 p.m., 8.15 p.m.: (2) 4 a.m., 10 a.m., 12 noon, 5 p.m.: (3) PO, SB, MOO: (4) Yes, 12: (5) Clontarf Castle, seat of the Vernon Family for 200 years, ¾; Brian Boru's Well, Castle Avenue, ½; Mound where Danes and Irish are buried together since the Battle of Clontarf, 1014, ¼. Patrick Murray, sergt.

1 Ballybough T	2	A	G	Straight road
2 Coolock V	3	B	F	⅛ R ⅝ L 1 R 1
3 Raheny V	2½	B	G	¾ R ¾ R ½ L ½

CLOONACOOL R. Leyny: South Division: Co. Sligo: Connaught. (1) 9.55 a.m.: (2) 4.20 p.m.: (3) Tubbercurry, 4½: (4) No: (5) No. John Brennan, sergeant.

1 Coolaney V	9¼	D	S	1¼ X 1 X 1½ X 3 X 2¼ X ¼
2 Glaneask R	8½	B	F	3 X 1½ X ½ R 3½
3 Tubbercurry V	4½	D	S	2 X ½ X 1½ R ½

CLOONCAN R. Castlerea: South Division: Co. Roscommon: Connaught. (1) 10 a.m.: (2) 4 p.m.: (3) Carrowbehy, 3: (4) No: (5) No. John Roughan, acting-sergeant.

1 Ballinlough V	5	B	G	3 L 2
2 BALLYHAUNIS T	7	D	G	2 R 5 L
3 KILMOVEE R	11	B	I	8 R 3 L
4 Loughglynn V	9	B	G	2 R 6 R 1 L

CLOONE V. (Pop. 100). Mohill: South Leitrim: Co. Leitrim: Connaught. F, 12th each month: PS, 1 w.: (1) 9 a.m.: (2) 5.30 p.m.: (3) PO: (4) Yes, 3: (5) No. Michael Keating, sergt.

1 Annaghmore R	5	B	G	½ R 1½ X 2 X 1
2 Corraneary R	4	A	G	½ L 3 X ½
3 Gorvagh R	4	G	I	½ L 2 X 1½
4 Leganommer R	5½	F	P	½ R L 3 X 2
5 Mohill T	5	A	G	½ R 2 X 2½

CLOONFAD V. (Pop. 35). Castlerea: South Roscommon: Co. Roscommon: Connaught. Ballyhaunis, 8, M. G. W. RY. (1) 8.15 a.m.: (2) 8.30 a.m.: (3) PO: (4) Yes, 1: (5) No. John J. Finn, constable.

1 Ballinlough V	7¾	D	F	3 L 4¾
2 Ballyhaunis T	8	D	F	1 R X 6⅝ X ⅛ X ¼
3 Cloontumper R	9	B	F	4 X 2 R 3
4 Dunmore T	5	D	I	1 R 4
5 Williamstown V	7	D	F	3 X 3 L 1

CLOONTUMPER R. Costello: South Division: Co. Mayo: Connaught. Ballyhaunis, 4½, M. G. W. RY. (1) 7 a.m.: (2) 7 p.m.: (3) No; Bekan, 1½: (4) No: (5) No. John Hunt, constable.

1 *Ballyhaunis* T	4	B	F	2⅛ X 1¾ L ⅛
2 Claremorris T	8	D	F	¼ L 1¾ R 2 R 1 R 2¾ L ¼
3 CLOONFAD V	9	D	F	3 L 2 X 4
4 Drymills V	8	D	S	L 1½ X 1⅓ L 1 R 4
5 Knock R	6	D	S	¼ R 1¼ X 1 L 3¼ R ¼

CLOUGH V. (Pop. 196). Kinelarty : East Division : Co. Down : Ulster. Tel. 8-8 : F, 27 June, yearly : PS, last f. : Tullymurry, 2½, B. & C. D. RY. (1) 7.30 a.m., 5.30 p.m. : (2) 7.30 a.m., 5.30 p.m. : (3) PO, SB, MOO : (4) Yes, 3 : (5) No. Robert Cooke, sergeant.

1 *Castlewellan* T	5	C E H	G F	1¼ X ½ X 1 X 2½
2 Downpatrick T	6¼	C G	G F	¾ X ¼ X ¾ X 1¼ X 1 X 1 X 1¼ X
3 Dundrum T	2½	C G	G F	1¼ X 1¼

CLOUGHJORDAN V. (Pop. 568). Lower Ormond : North Division : Co. Tipperary, N.R. : Munster. F, 12 Jan., 12 March, 12 April, 12 May, 12 Aug., 20 Sept., 12 Nov. : PS, every 4 f. : G. S. & W. RY. : Tel. 8-7. (1) 6 a.m., 12.20 p.m. : (2) 2.5 p.m., 6.10 p.m. : (3) PO, SB, MOO : (4) Yes, 4 : (5) Good farming lands and old places in the neighbourhood. William Shummacher, sergeant.

1 Ballingarry V	6	C D B C	F I G F	½ X ⅛ L 2⅜ R 1 L ¾ R 1¼
2 Beechwood R	6	C D B D	F G R G	1 L 1 R 1½ L 2½
3 Borrisokane T	6¼	C G D C	F B F G	1 R 1 L ¼ R ¾ R ¾ R ¾ L 2
4 Corraclevin R	4¾	C B D F	F G F G	½ L 1 L 1 R ½ L ¼ L ¾ R ½
5 Knockaspur R	2¾	C D F D	F G F G	½ R 1¼ R 1

CLOUGH MILLS R. Kilconway : North Antrim : Co. Antrim : Ulster. (1) 8.30 a.m. : (2) 4 p.m : (3) PO : (4) Yes, 7 : (5) No. Hugh Leonard, sergeant.

1 Loughguile R	5	D B D B	F S F G	½ X ¼ X ¼ R 2 X ½ X 1½ L ¼
2 *Martinstown* R	7	D F D E	S P F P	¼ X ¾ X 2 L V ¼ X ¼ X ½ R 2 X ¾ R ¼

CLOYNE T. (Pop. 988). Imokilly : East Cork : Co. Cork : Munster. Tel. 8-8 : PS, t., fortnightly : M, th. (winter and summer) : Midleton, 4½, G. S. W. RY. (1) 6.30 a.m., 4.30 p.m. : (2) 12 noon, 7 p.m. : (3) PO, SB, MOO : (4) Yes, 10 : (5) Round Tower, 102 ft. high, dating from 5th century ; Caves at Cloyne ; Druid's Altar at Castlemary, 1 ; Monument and Statue to Bishop Berkeley at Cloyne Cathedral. Patrick Kelly, const.

1 Ballincurra V	8	A C	G	1¾ L ¼ R 1
2 Ballycotton V	6¾	B	G	½ L 1¾ R 1 L 1 X 1 R 1 L 1
3 *Castlemartyr* V	6½	A C	G	1½ X 2 L 2 X 1
4 Whitegate V	6	A C	G	1½ L 1½ R 4

COACHFORD V. (Pop. 188). East Muskerry : Mid-Cork : Co. Cork, E.R. : Munster. F, 4 w. : PS, 4 m. : C. & M. L. RY. : Tel. 8-7. (1) 5.30 a.m. : (2) 7.10 p.m. : (3) PO, SB, MOO : (4) Yes : (5) No. Joseph Wharton, sergeant.

1 *Carrigadrohid* R	4	D	I	1 X 1 L 2
2 Castlemore R	9	D	G	¾ L ½ ¼ R 2 L 2 R ½ 2½ R ½ L
3 Donoughmore V	8	D	I	2 L 1¾ L 2⅜ X ¼ R ⅛ X 1½
4 Dripsey R	4	B	G	2½ X ⅛ R 1
5 Farran V	7	D	G	¾ L ½ X ¼ L 3 R 1½ L ½ L ½
6 *Rusheen* R	6	D	G	2½ R 1½ X 2
7 Rylane R	7¾	D	I	1¾ L ½ L 1½ ¼ ½ 8¼

COAGH V. (Pop. 482). Upper Dungannon : East Division : Co. Tyrone : Ulster. PS, 2 t. each month : Moneymore, 4½, B. & N. C. RY. : Tel. 8-8 ; 9 a.m. to 10 a.m. Sunday : R.M., 3½ miles. (1) 9.30 a.m., 8.30 p.m. : (2) 7.30 a.m., 3.15 p.m. : (3) PO, SB, MOO : (4) Yes, 7 : (5) Old Cross, Ardboe, 6, on shore of Lough Neagh ; ruins Old Abbey same place. Thomas M'Kenny, sergeant.

1 BALLYRONAN V	6½	B C	F	2¼ L ¼ R 1 R ½ R 2½
2 Cookstown T	6	B C	F	¼ X ¼ L 1½ L ¼ R 1 R ¼ L 1 L 1 R ½
3 MONEYMORE V	4	B C	F	¼ R ¼ X 2 L 1 L ½
4 Stewartstown V	7	B C	F	½ R 1 R 1½ L ½ X 1 R 1 L 1 L ½
5 Washing Bay R	10¼	B C	F	2 R 1 X ½ L 1 R ½ X ½ R ½ L 1¼ R 1 L 2

COALISLAND V. (Pop. 763). Middle Dungannon : East Division : Co. Tyrone : Ulster. Tel. 8-8 : M, t. and f. (winter) : G. N. RY., ⅛. (1) 7 a.m., 10 a.m. : (2) 2 p.m., 10 p.m. : (3) PO, SB, MOO : (4) Yes, 6 : (5) No. Robert Hewitt, sergeant.

1 Donaghmore V	5½	D	F	½ X ½ L 1 L ½ R 1 L ¼ R ½ X 1½ R ¼
2 Dungannon T	4	A	G	¼ R ¼ R 1 X ½ L ⅛ R ¼ L 1½ X ⅛
3 Laghey R	4	D	F	¼ R ¼ L ¾ R ¼ R ¼ L ½ L ½ R 1
4 Stewartstown V	3	B	G	1 X ½ R ½ L ¾ R ¼
5 Washing Bay R	4	B	G	1½ X ¼ L ¼ L ¼ R ¾ R 1 R ¼ L ¼

COLERAINE T. (Pop. 6510). North-East Liberties of Coleraine : North Division : Co. Londonderry : Ulster. F, 1 and 3 t. : PS, every alternate f. : M, s. : D.I. : R.M. : B. & N. C. RY. : Tel. 8-8. (1) 9 a.m., 11 a.m., 1.15 p.m., 6.15 p.m. : (2) 7.45 a.m., 8.5 a.m., 8.45 a.m., 12 noon, 3.15 p.m., 3.40 p.m., 5.5 p.m., 6.15 p.m. : (3) PO, SB, MOO : (4) Yes, 16 : (5) River Bann, on which the town is built. Michael Love, sergeant.

1 Agivey V	8	B	G	1 L 1 L 4 L 2
2 BALLYMONEY T	7½	A	G	2 L 1 X 2 L 1½ R 1
3 Castlerock V	5	C	G	½ X ¾ X 1¼ X ¼ X ½ R 1 R ¾
4 PORTRUSH T	6	A	G	½ R ½ R ½ L ½ R 3 X ½ X ½
5 Portstewart T	4	C	G	½ L 1½ L 1 L 1

COLLIERSTOWN R. Rathconrath : South Division : Co. Westmeath : Leinster. Streamstown, 10, M. G. W. RY. (1) 9 a.m. : (2) 4 p.m. : (3) Ballymahon, PO : (4) No : (5) No. Thomas Maguire, sergeant.

1 BALLYMAHON T	3	D	F G F G	⅛ L ⅜ R ½ X 1¾
2 Ballymore V	3	D	F G F G	1¾ X 1 R ¼
3 *Littleton* R	8	D	F G F G	1¾ R ⅛ R ⅜ X 1¾ R ⅛ R 1¾
4 Moyvore V	8¼	D	F G F G	1¾ L 1 R ⅛ L 2⅛ L 1½ L 1½ L ¼
5 *Walderstown* R	9	D	F G F G	3 R 2 L 2 R 2

COLLIGAN R. Decies without Drum : West Waterford ; Co. Waterford : Munster. Dungarvan, 5, W. D. & L. RY. (1) 6.30

a.m., 6.30 p.m.: (2) 6.30 a.m., 6.30 p.m.: (3) Dungarvan, 5, PO, SB, MOO: (4) No: (5) No. William Mahony, act.-sergt.

1 *Ballinamult* R	8	C B	G S	¼ R 1¼ R 3¼ X 3¼
2 Cappa R	5	A C	G	2 R 3
3 Dungarvan T	5	A C	G	2¼ L ¼ R 2½

COLLINSTOWN V. (Pop. 164). Demifore: North Division: Co. Westmeath: Leinster. F, 2 yearly: PS, 3 s. in month. (1) 7 a.m., 5.50 p.m.: (2) 7 a.m., 6 p.m.: (3) PO, SB, MOO: (4) Yes, 2: (5) Lough Lene, ½. John Meagan, constable.

1 *Archerstown* R	6½	B D	G	1 R ¼ R ½ X ½ L 1¼ R 2 R ½ L ½
2 Castlepollard T	4	B	G	1¾ L 2¼
3 *Crazycorner* R	7	B D	G	½ R 1 L ½ R 1 L 1¼ X 1 L ½ R 1¼ R ½
4 Fore R	3	B D	G	1 L 1 L ¾ L ¼
5 *Reynella* R	7	B D	G	¼ L 1¼ R ¾ L ¼ R 1¼ L ¼ R 1 X 2

COLLON V. (Pop. 420). Ferrard: South Louth: Co. Louth: Leinster. F, last f.: PS, every 4 th.: D.I.: Dunleer, 6, G. N. RY.: Tel. 8-8. (1) 8.30 a.m., 11.45 a.m.: (2) 4 p.m., 5.30 p.m.: (3) PO, SB, MOO: (4) Yes, 4: (5) Monasterboice Round Tower, 3¾, and Mellifont Abbey, 3¾. John Mullany, sergt.

1 *Ardee* T	6¼	C A	G	⅛ R 1 L 2 L 1 R 2 X ⅛
2 *Drogheda* T	7½	C	G	⅝ R 1¼ X R 5⅝
3 Dunleer V	7½	C A C	G	¾ R 1 X 2 X 2¼ X 1¼ L ¼
4 Parsonstown V	8	C	G	⅜ X 1¾ R 1 X 2 R 2½ L ⅝
5 Slane V	6	C	G	⅛ L 2 X ½ X 3⅜

COLLOONEY V. (Pop. 365). Tirrerill: South Division: Co. Sligo: Connaught. F, 23 March, 3 and 17 May, 30 June, 18 Sept., 31 Oct., 21 Nov.: PS, 4 w.: D.I.: M. G. W. & S. L. & N. C. RY.: Tel. 8-8. (1) 7.30 a.m., 11.45 a.m., 2.45 p.m.: (2) 11 a.m., 2 p.m., 6.45 p.m.: (3) PO, SB, MOO: (4) Yes, 5: (5) Cascade, ¼; Collooney; Markree Castle and Demesne, 2. Cornelius Kelliher, acting-sergeant.

1 Ballisodare V	2	A	G F	½ R 1½
2 Coolaney V	5½	B	F	½ L 3 L 2
3 Doonally R	3½	B	F	2 L ½ R 1
4 *Riverstown* V	6½	B	F	¼ R 1½ L ½ L 4¼
5 *Templehouse* R	6	A	G F	2½ R 3½

COMBER T. (Pop. 2081). Castlereagh Lower: North Down: Co. Down: Ulster. Tel. 8-8: F, 5 April, 19 Oct: P.St. · M, t.: B. & C. D. RY. (1) 8 a.m., 10.30 a.m., 1.25 p.m.: (2) 10.30 am., 3.5 p.m., 8 p.m.: (3) PO, SB, MOO: (4) Yes, 15: (5) Strangford Lough, 2½. John Wolfe, constable.

1 Ballygowan V	4¼	A M	F	1¼ L 3
2 Killyleagh V	10	C M	F	5 V[2] 5
3 Newtownards T	4⅛	A M	G	2 X 2⅓
4 Strandtown V	6	A M	G	3 R 2½ R ¼ L ¼

COMMONS, THE V. (Pop. 186). Slieveardagh: Mid Division: Co. Tipperary, S.R.: Munster. Laffansbridge, 11, w. & L. RY. (1) 10.30 a.m.: (2) 4.30 p.m.: (3) PO: (4) Yes, 2: (5) Kilcooly, 4. Michael Ashe, sergeant.

1 Ballingarry v	3	B	F	1 X 2
2 Earlshill R	6	D	I	1½ L ¼ R 1 R ½ L 2¾ L ⅜
3 Gurtnahoe R	6¼	B	F	½ L 2 R 1 R ¼ L 1¼ L ¼ L 1
4 KILMANAGH v	6¾	D	F	5 X 1¼ R ½ L ⅛
5 TULLAROAN v	6	D	F	¼ R 3½ X 1 L 1¼

CONG V. (Pop. 215). Kilmain: South Mayo: Co. Mayo: Connaught. PS, every 4 f.: M, t.: Tel. 8-8; Sunday, 9 a.m. to 10 a.m. (1) 6 a.m., 4 p.m.: (2) 8 a.m., 6.55 p.m.: (3) PO, SB, MOO: (4) Yes, 5: (5) Cong Abbey; Ashford Castle, ¼; Aghlahard Castle, 1; Lough Mask Castle, 4; Pigeon Hole, 1, and numerous Caves; Horse Discovery, ½; Captain Webb's Hole, ½; Rising of the Waters, ⅛; Kelly's Cave, ¼. See Sir W. Wilde's "Lough Corrib" *pass im*. NOTE—The main roads through Cong to Leenane from Galway *via* Headford are not shown below. William Warren, sergeant.

1 CLONBUR v	4	B D	G F	½ R 1¼ R ¼ L 1⅜
2 Neale v	3¾	A	G F	½ L 1 R 2 L ¼

CONNOR V. (Pop. 150). Lower Antrim: East Antrim: Co. Antrim: Ulster. Tel. 8-6:: F, 1 Feb., 1 May, 2 Aug., 28 Oct.: Kells, ½, B. & L. RY. (narrow-gauge) (1) 9.30 a.m., 2 p.m.: (2) 3 p.m., 3.30 p.m.: (3) PO, SB, MOO: (4) Yes, 2: (5) No. Robert Bailey, sergeant.

1 Antrim T	8	B	G	½ L 2 X ¼ X ½ L 1½ X 1¼ X 1¾ X ¼
2 *Ballymena* T	6	B	G	1¼ R 1¼ X ½ R 2 X 1
3 *Broughshane* v	7	D	P	3¾ L 3 R ¼ L
4 Randalstown T	8	B	S	3¼ R ¾ X 3¾ R ¼
5 Templepatrick v	10	B F G	G F S	8½ R ¼ L 1 R ¼

CONWAY'S CROSS R. Tirrerill: South Division: Co. Sligo: Connaught. (1) *nil*: (2) *nil*: (3) Geevagh PO, 3¼: (4) Yes, 4: (5) No. Patrick Doocy, acting-sergeant.

1 Ballintogher v	6¼	D	I	3¼ R ½ R 1 L 2 X ¼
2 *Castlebaldwin* R	6¼	D	G	¼ R A 2½ X V 2 X 1 L ½
3 Doonally R	6	A	G	1 R 2 X 1 L ¾ R ¼ L ¾ L ⅛
4 Geevagh R	8	A	G	¾ X 2¾
5 *Riverstown* v	6	A D	G	1 R 2 L V 1 X 1½ L ¼ R ⅜ R ½

COOKSTOWN T. (Pop. 3924). Dungannon Upper: East Tyrone: Co. Tyrone: Ulster. Tel. 8-8: F, 1 s.: PS, 2 and 4 f.: M, s.: D.I.: G. N. RY. and B. N. C. RY. Junctions. (1) 5.30 a.m., 8.30 a.m., 10.25 a.m., 5.40 p.m.: (2) 8.15 a.m., 12.15 p.m., 1.40

p.m., 4.10 p.m., 8 p.m. : (3) PO, SB, MOO : (4) Yes, 28 : (5) Tullyhogue, 3. Jeremiah Daily, sergeant.

1 Broughderg R	14	D C	F G	2½ L 8 R 2 L 1 L ½
2 Coagh V	6	B	F G	½ L 2¼ R ¼ L 1¼ L ¼ R 1 R ¼ R ¼
3 MONEYMORE V	4	A	G	1½ R ½ R 1 X 1
4 Rock V	6	D	F G	½ R ½ L ¼ R ½ L ¾ L 1¼ L ⅛ R ⅛ R 1 R 1
5 Stewartstown V	6	A	G	1¼ X 1 L ¼ R ¼ L 1¼ X 1¾ L ¼

COOLANEY V. (Pop. 181). Leyney : North Division : Co. Sligo : Connaught. F, 29 May, 11 July, 29 Aug., 29 Sept., 5 Dec. : PS, 3 w. : Collooney, 5½, M. G. W. RY. (1) 9 a.m. : (2) 6 p m. : (3) PO, SB, MOO : (4) Yes, 2 : (5) Tullaghan, 1½ ; O'Hara's Castle, 1 ; Mullough L., 2. Patrick Galligan, constable.

1 Ballisodare V	6	B C	F I	¼ L ¾ X 2 R 1 X 1¾ L ½
2 *Cloonacool* V	9¼	B	G F	¼ X 2¼ X 3 X 1½ X 1 X 1¼
3 Collooney V	5½	B	G	¼ L ¾ R 2 X 2 R ¼ X ¼ L
4 Dromard R	5	C A	S G	¼ L ¾ X 2½ L ¼ X 1¼
5 *Templehouse* R	3½	C D	G F S	½ L ½ X ¾ X ¼ X 1½

COOLBAWN R. Ormond Lower : North Division : Co. Tipperary : Munster. Nenagh, 10, G. S. W. RY. (1) 9.45 a.m. : (2) 3 p.m. : (3) Borrisokane, 6 : (4) Yes, 1 : (5) Lough Derg and River Shannon, 1. Thomas Tierney, sergeant.

1 Ballinderry V	5½	D	F	3½ R 1 L ¾ R ⅛ L ⅛
2 Borrisokane T	6	D	F	¾ R ¾ R ¼ L 1¾ L ¾ L ⅛ R ⅛ R ½ X 1
3 *Puckawn* V	5	B	G	2 L ½ R 1 R 1½

COOLCULLEN (J.S.) R. Fassadinin : North Division : Co. Kilkenny : Leinster. Milford, 8, G. S. & W. RY. (1) 10 a.m. : (2) 3.30 p.m. : (3) PO : (4) No : (5) No. George Kells, constable.

1 Baurnafea R	5½	B	B	3 L 2½
2 Castlecomer T	6½	B	I	¼ R V ¾ R 5½
3 Leighlinbridge V	8	B	I	1 L 1 R ½ Λ 1 V 1 3½
4 Railyard (Kilkenny City) R	6	B	I	½ V 3½ L 2

COOLDERRY R. Farney : South Division : Co. Monaghan : Ulster. Carrickmacross, 5, G. N. RY. (1) 10.30 a.m. : (2) 3.30 p.m. (3) Coolderry, 1 : (4) Yes, 2 : (5) No. E. Muldowney, sergeant.

1 Carrickmacross T	5	B	G	¼ L ¼ R 1 R 1 L ¼ R ½ L 1 L ¾ R
2 DRUMCONRA V	7	B	G	¼ L ¼ L ¼ L 1 X 1 L 2½ R 1¾ L
3 LANNATT R	6½	B	G	¼ R 2 X 3¾ R ½
4 MEATH HILL R	4½	D	B	¼ L ¼ L ¼ L 1 X 1 R ¾ R ½ L ½
5 REAGHSTOWN V	4½	D	B	1 L 1 L 1¼ R 1 L ¼

COOLE V. (Pop. 157). Demifore : North Division : Co. Westmeath : Leinster. Float, 3, M. G. W. RY. (1) 8 a m., 12.30 p.m., 2 p.m. : (2) 12 noon, 1.30 p.m., 6 p.m. : (3) PO : (4) No : (5) Lake Derravarragh, 2. John Glennon, constable.

1 ABBEYLARA V	5	B	G	2¼ L 2¾
2 Castlepollard T	4½	B	G	½ L 1½ R 2½
3 Street V	5½	B	G	1¼ L 1 L 1¼ L 1 L 1

COOLEEN R. Ida : South Kilkenny : Co. Kilkenny : Leinster. (1) 9 a.m. : (2) 3.30 p.m. : (3) PO : (4) No : (5) No. Patrick Morrisey, sergeant.

1 *Glenmore* V	8	D	G	2 L 3 L 1 X 2
2 Innistiogue V	5¼	D	G	¼ R 2 L 1¼ R 1 R ¾
3 *Mullinavat* V	8	D	G	2 L 1 R 3 X 2
4 Rosbercon V	6	D	G	1 X 3 L 2

COOLGLASS R. Ballyadams : Ossory Division : Queen's County : County : Leinster. Athy, 12, G. S. & W. RY. Wolfhill PO, 3¼. This station will probably be discontinued in a few weeks. John Flanagan, sergeant.

1 Luggarcurren T	3½	G	F	¼ R ¼ L ¼ X 2¾
2 Timahoe V	6½	G	F	¼ R ½ L 2¼ X ½ X 3
3 Wolfhill R	3¼	F	F	¼ R ½ R 2 R ½

COOLGREANEY V. (Pop. 180). Gorey : North Division : Co. Wexford : Leinster. F, 2 m. in month : PS : Inch, 2, D. W. & W. RY. (1) 9 a.m. : (2) 5.30 p.m. : (3) PO : (4) No : (5) No. J. O'Neill, head-constable.

1 ARKLOW T	5	D	R	¼ X ½ R ¼ L 3 X 1
2 Askinsh R	3	F	B	¼ L 1½ R 1¼
3 Ballyconlore R	2	B	R	¾ R 1 R ½ X ½ L ½
4 Croghan R	6	F	R	¼ L 1¼ X 2 R 2¼ L ¼
5 Gorey T	7	A	G	¾ L 1 X ½ R ¼ X 1½ V¹ 1¼ X 2 X ½

COOLICK R. Magonihy : East Division : Co. Kerry : Munster : (1) 4.30 a.m., 3 p.m., 8.30 p.m. : (2) 11.30 a.m., 8.30 p.m. : (3) PO, SB, MOO ; Killarney, 4½ : (4) No : (5) No. Michael M'Padden, sergeant.

1 Ballinillane V	5	D E	G E	2½ X 2½
2 Farranfore V	5	C G	G F	2¼ R 2½
3 Killarney T	6	C G	G F	2 X 4

COOLKENNO R. Shillelagh : West Division : Co. Wicklow : Leinster. (1) 9 a.m. : (2) 3.15 p.m. : (3) PO, SB, MOO : (4) No : (5) No. H. Joyce, sergeant.

1 BLACKLION R	5½	C	G	1 R ½ L 1½ X 1 L 1½
2 Shillellagh V	3¾	A	G	½ R 1½ L 2
3 TULLOW T	6½	A	G	¼ L 1 L 1 R ½ L 2¼ X 1½

COOLNABINNIA R. Tyrawley : North Division : Co. Mayo : Connaught. Ballina, 17, M. G. W. RY. (1) 10 a.m. : (2) 3 p.m. : (3) Crossmolina, 9 : (4) Yes, 1 : (5) Mount Nephin, 2. John O'Neill, acting-sergeant.

1 *Corick* V	11	B	G	4 L 4 L 2½ L ½
2 *Crossmolina* V	9	B C	G	1 L 4 L 1 R 2 L 1
3 *Glenisland* R	8½	B	G	3 R 1 L 1½ X 3
4 Nephin R	7½	B	G	1 X 2½ L 3¾ R ¼
5 *Newport* T	13¾	B	G	3½ R 10 L ¼

COOLOCK V. (Pop. 206). Coolock: North Division: Co. Dublin: Leinster. PS, second and last m.: Raheny, 2¼, G. N. RY. (1) 8.30 a.m., 5 p.m., 8.30 p.m.: (2) 8.30 a.m., 5 p.m., 8.30 p.m.: (3) Artane PO, 1: (4) No: (5) St. Dolough's Church, 900 years old, still used for Divine Service, 2¼; Artane Industrial School (over 800 boys), formerly Artane Castle, where Archbishop Allen was killed by Silken Thomas, 1; Belcamp Park, 2, the birthplace of Henry Grattan; Ruins of Killester Abbey, 1; Belcamp Hutchinson, former residence of the Secretary of State, Hon. Hely Hutchinson, 2. David Murnane, sergeant.

1 Baldoyle V	4	B	G	⅛ R ⅛ L 1¼ L ¾ R 1¾
2 Ballybough T	3	A	F	2¼ R ¾
3 Clontarf T	3	B	F	1 L 1 R ⅞ L ⅛
4 Drumcondra V	3¾	B	G	1½ R 1 L 1 R ¼
5 Malahide V	5¼	A	F	¾ X 1 X ½ X 1¼ X ½ X ½ X ¼ X ¼ X ¼
6 Raheny V	2½	B	G	¼ R 2¼
7 Santry R	2½	A B	G F	1 X 1 R ½

COOLRAIN V. (Pop. 115). Upperwoods: Ossory Division: Queen's County: Leinster. P.St.: Mountrath, 7, G. S. W. RY. (1) 8 a.m.: (2) 6 p.m.: (3) PO, SB, MOO: (4) No: (5) No. Wm. Roche, sergeant.

1 Borris-in-Ossory V	5	B	G	⅛ R ⅛ L 2 R 2¾
2 Cardtown R	4	B C	G	⅛ X 1 X 1 L 1⅞
3 Castletown V	4	B	G	⅛ R 2½ R 1¼ L ⅛
4 Mountrath T	5	B	G	⅛ R 2½ L ¾ R 1½ L ⅛

COOLRONAN R. Lune: North Division: Co. Meath: Leinster. (1) 12.30 p.m.: (2) 12.30 p.m.: (3) Balliver, 4: (4) No: (5) No. John J. Dobbin, sergeant.

1 Balliver V	4	B	F	2 R 1¼ L ¾
2 DELVIN V	5	B	F	¼ R 2 L 1¾ X 1
3 Kildalkey V	5½	B	F	2 R ¼ L 1 X 1 L 1¼
4 LISCLOUGHER R	6	B	F	2 L 1¾ L 2¼

COOR R. Kilmurry-Ibrickane: West Division: Co. Clare: Munster. (1) 10.40 a.m.: (2) 3 p.m.: (3) Donogan, PO: (4) No: (5) Donogan Castle ruins, ½. Patrick Crawley, constable.

1 Miltownmalbay V	6½	B	G	½ R ¾ L 2 L 1 R 1 L ⅛ R 1⅛
2 Mullough V	3¾	C	G	¼ L ¼ R ¾ R 1½ R ¼ L ¼

COORACLARE V. (Pop. 147). Moyarta: West Division: Co. Clare: Munster. Kilrush, 6, S. C. RY. (1) 10 a.m.: (2) 3.30 p.m.: (3) Kilrush, 5½: (4) No: (5) Ruins in Graveyard, Kilmacduagh. William White, constable.

1 Doonbeg V	6½	B	F	1½ X 1½ L 1 X ¼ L ¼ L ¾ R 1¼
2 *Kilmihill* V	5¼	D	F	2 R 1½ V³ 1½ R ¼
3 Kilrush T	5½	B	G	3 X 1 X 1¼ L ¼
4 Knock V	8½	D	F	½ L 2½ X 1½ X ½ X 3½
5 *Mullough* V	8½	D	F	3 X 3½ Λ R 2

COORACLEVIN R. Clonlisk: Birr Division: King's County: Leinster. Cloughjordan, 3¾, G. S. & W. RY. (1) 8.30 a.m.: (2) 8.30 a.m.: (3) Dunkerrin PO, 3: (4) No: (5) No. Edward Brady, constable.

1 CLOUGHJORDAN V	4½	B	G	½ R 1 L ¼ R ½ L 1½ R ¼ L ½
2 Dunkerrin V	3	B	G	½ L ½ L 1¼ R ¾
3 Knockaspur R	4	B	G	½ R 1 L ¼ L 1 L ¼ R 1
4 Moneygall V	6	B	G	½ L ½ R 2 L 1 R 2
5 Shinrone V	4	B	G	¼ R 1¼ L ½ R 1 R ½ L ½

COOTEHALL R. Boyle: North Division: Co. Roscommon: Connaught. PS, 3 t.: Boyle, 7¼, M. G. W. RY. (1) 9.15 a.m: (2) 5 p.m.: (3) PO, SB, MOO: (4) Yes, 1: (5) Oakport Demesne, 1. Neal Gallagher, sergeant.

1 CARRICK-ON-SHANNON T	7½	B A	F G	2 L ¼ L 5 L ¼
2 Grevisk R	3½	B A	F G	2 R ¼ L 1¼
3 Keadue V	6½	B	F	½ X ½ X 2 R 1 L ½ X 2
4 Knockvicar R	2	B	G	½ L 1¼ L ¼
5 LEITRIM V	5	D B	G	4 R 1

COOTEHILL T. (Pop. 1593). Tullygarvey: East Division: Co. Cavan: Ulster. Tel. 8-8: F, 3 f. each month: PS, every alternate s.: M, f. and s.: Cootehill, ½, G. N. RY. (1) 7 a.m., 11 a.m.: (2) 7 a.m., 2 p.m., 6 p.m.: (3) PO, SB, MOO: (4) Yes, 30: (5) Bellamont Forest and its Lakes; Dartrey and its Lakes, the seat of the Earl of Dartrey, Co. Monaghan. James Mount, sergeant.

1 Coroneary R	7½	D	I	¾ R ¼ R ½ R 2 L ¼ R ¼ L 1 R 2¼ X ¼
2 DROMOD HUT R	6	D	G	¾ R ¼ L ½ L ¾ R 1¼ R ½ L 2
3 Drum V	4¼	A	G	¾ L ¾ L ¾ R ¾ L 1 L ¼
4 Grousehall R	9¾	D	I	2½ X ¾ R 2 R 1½ L 1½ R ½ L 1¾
5 Redhills V	14	B	F	¾ L ¾ L ¾ R 1½ L 1½ X ¾ L 1¾ R ½ X 2½ X 2¾ R ½
6 ROCKCORRY V	5¾	A	G	¾ L 1¼ R 1½ R 2¼
7 Shercock V	10	D	F	¾ R ¼ L ½ R 2¼ L 1 R 1½ X 1 R 1¼ L 1 R ½
8 Tullyvin V	3	A	G	¾ L 1¼ L ¼ R ¾

CORBALLIS R. Upper Cross: North Dublin: Co. Dublin: Leinster. Dublin and Blessington Steam Tram. (1) 8 a.m., 1 p.m.: (2) 5 p.m.: (3) PO, SB, MOO; Saggart, 2: (4) No: (5) Steam Tram. passes through this sub-district *en route* to Blessington. Patrick Delaney, constable.

1 Brittas R	2½	A E A	G G G	¼ L 2 X ¼
2 Clondalkin V	3¼	A B A	G I I G	1 L ¼ R 1 L ½ X ½
3 Rathcoole V	3¼	A B C B A	G F G F G	¼ R 1¼ X ½ L 1¼
4 Tallaght V	2½	A	G	Direct road

CORBETSTOWN R. Fassadinin: North Division. Co. Kilkenny: Leinster. (1) 9 a.m.: (2) 5 p.m.: (3) PO, 5¾: (4) No: (5) Caves of Dunmore. John Magee, sergeant.

1 Castlecomer T	5¾	A	G	1½ R 1 R ¾ R ¾ R ½ L 2
2 *Dunmore* R	4	A	G	1 R ½ L ¼ R 1 R 1¼
3 Jenkinstown R	3¼	A	G	1 R ½ L ¼ R ¾ L ¾

CORBETSTOWN R. Warrenstown : Tullamore Division : King's County : Leinster. Edenderry, 9, M. G. W. RY. (1) *nil* : (2) *nil* : (3) Ballinabrackey, 2¾ : (4) No : (5) Clonmore, 4. James Griffith, sergeant.

1 BALLINABRACKEY R	2½	B	G G G	¼ L 1 R 1¼
2 Edenderry T	9	A	G G G G	¼ R 2 L ¾ R 1½ L 2½ X 2
3 Rhode V	5	B	G G G	2 L 2 L 1

CORDAL R. Trughenacmy : East Division : Co. Kerry : Munster. (1) 9 a.m. : (2) 9.15 a.m. : (3) No : (4) No : (5) Kilmurry Castle, 1. Peter Cooke, acting-sergeant.

1 Castleisland T	4½	B	F	1 R ⅛ L 2⅝ L 1
2 Gortglass R	4	B	F	1 L 1¼ L 1 L ¾
3 KINGWILLIAMSTOWN T	13	D	P	¼ R 4¾ X 6 X 2
4 Scartaglin V	5½	B	F	1 L 1¼ L 1 L 1 L 1⅛ L ⅛

CORDANGAN R. Clanwilliam : South Division : Co. Tipperary : Munster. Tipperary, 3, W. & L. RY. (1) 8 a.m. : (2) 6 p.m. : (3) Tipperary, 3 : (4) No : (5) Glen of Aherlow, 7. Patrick Curtin, sergeant.

1 Bansha V	4	B A	F S	¼ L ¼ R 3½
2 Brookville R	2¼	B F B G	B R S F	¾ R 1½
3 Tipperary T	3	B A	F S	¼ L 2½ L ⅛ R ⅛

CORICK R. (Pop. 23). Erris : North Mayo : Co. Mayo : Connaught. Ballina, 20½, M. G. W. RY. (1) 6 a.m., 5.45 p.m. : (2) 6.20 a.m., 6 p.m. : (3) PO : (4) Yes, 2 : (5) Corick Musical Bridge, in Corick. Michael Keenehan, sergeant.

1 Bangor V	8	B	G	Main road
2 *Coolnabinnia* R	11	B	G	½ R 2¼ R 4 R 4
3 *Crossmolina* V	12	A	G	½ L 2¾ L 4¾ L 4

CORK. (Pop. 73,345). A very ancient City on the River Lee; the See of a Bishop from very ancient times. It is the Commercial Capital of the South of Ireland. It has a separate Force of the R.I.C., and is divided into two Districts—North and South—each under a D.I.; two R.M.'s are stationed here; the City is the Headquarters of the South-Western Division, under a Divisional Commissioner, who is a County Inspector R.I.C. It is the Headquarters also of the Military South-Western District. Queenstown, the Port of Cork, is the Station of the Flagship of the Irish Naval Command, and the principal port of call for the North Atlantic Liners. St. Finnbarr's Cathedral, Shandon R.C. Church, the Courthouse, the Military Barrack on top of Patrick's Hill, the Glanmire Terminus and Junction, and the River, Quays, and Steamers form the principal attractions, while Patrick Street, The Mall, and Grand Parade are especially fine streets. The "Mardyke" is the favourite promenade. The Butter Exchange forms a very busy scene on the principal sale days. G. E. Dagg, 1st D.I.

Union Quay (Cork) C. City Division: Co. Cork: Munster. City Headquarters · Assizes: Quarter Sessions: PS, daily: F, horse fair, day after Races: M, th. and s.: C.I.: D.I.: R.M.'s (2): C. B. & S. C. RY., 1/4; C. B. & P. RY., 3/8 Tel. open all hours at G.P.O. (1) 2 a.m., 11.45 a.m., 2.30 p.m.: (2) 6 a.m., 10.30 a.m., 12.20 p m., 2.10 p.m.: (3) PO: (4) Yes, unlimited: (5) Agricultural Cattle Show, 1½. James Foye, sergeant.

1 Blackrock V	2	A	G	R 1/8 X 1/8 R 1/8 L 3/8 X 3/8 X 1/2 X 1/8
2 Blackrock Road C	1/2	A	G	R 1/8 R 1/8 X 1/8 X 1/8 L
3 King Street C	3/4	A M	G	Various routes through streets of the City paved and macadamised
4 Tuckey Street C	1/2	A	G	

King Street (Cork) C. Headquarters of North Cork District: D.I. (1) and (2) see Union Quay: (3) PO, SB, MOO: (4) Yes, 30. James Fitzgibbon, sergeant.

1 Blackpool C	1/2	A M	G	Various routes through streets of the City paved and macadamised
2 *Cornmarket Street* C	1/2	A M	G	
3 Lower Glanmire Rd. C	1/2	A M	G	
4 St. Luke's C	1	E M	G	
5 Shandon C	1/8	A M	G	
6 *Tuckey Street* C	3/8	A M	G	
7 *Union Quay* C	3/4	A M	G	

Tuckey Street (Cork) C. Headquarters of South Cork District: City Division: M, s.: Glanmire, 1, G. S. & W. RY., Albert Quay, ½, C. B. & S. C. RY.: Tel. 8-8, and at all hours for Dublin, Belfast, and Mallow (rail): George's Street PO in sub-district, ¼. (1) 7 a.m., 12.30 p.m., 3 p.m.: (2) 3 a.m., 10.40 a.m., 11.20 a.m., 1.40 p.m., 2.30 p.m., 2.50 p.m., 3.40 p m., 9.20 p.m.: (3) PO, SB, MOO: (4) Yes, unlimited: (5) Blarney Castle, 6. John Kelly, sergeant.

1 Bandon Road C	3/4	F	F	Various routes through streets of the City paved and macadamised
2 Cornmarket Street C	1/4	A	G	
3 Great George's St. C	1/4	A	G	
4 Union Quay C	1/2	A	G	

Bandon Road (Cork) C. City Division. (1) and (2) See Union Quay: (3) PO, SB, MOO, 1/8: (4) Yes, 10: (5) Queen's College, ½; St. Finnbarr's Cathedral; The Palace; St. Marie's of the Isle Convent, 1/8; Greenmount Industrial School, 1/8. James M'Conville, constable.

1 Blackrock Road C	1	A D A D	G	3/8 R 1/8 L 1/2
2 Great George's St. C	1	A D A	G	7/8 L 1/8
3 Toher R	1	A	G	1/4 L 3/4
4 Tuckey Street C	3/4	A D A	G	5/8 R 1/8
5 Union Quay C	1	A D A	G	1/2 R 1/2
6 Victoria Cross R	1½	A B A	G	1 R 1/2

Blackpool (Cork) C. City Division. Tel. 8-8. (1) and (2) see Union Quay: (3) PO, SB, MOO: (4) Yes, 20: (5) No. Edmond Quirk, sergeant.

1 Fairfield R	1½	F	G	½ L 1
2 Kilbarry R	2	E	G	1¾ L ¼
3 King Street C	½	A	G	Various routes through streets of the City paved and macadamised
4 Shandon C	¼	C	G	
5 St. Luke's C	1¼	E	G	

Blackrock Road (Cork) C. City Division. Summerhill South, ⅛, C. & M. RY. (1) 7 a.m., 12.20 p.m., 3 p.m.: (2) 5.40 a.m., 10.50 a.m., 12.20 p.m., 1.30 p.m., and 8.10 p.m.: (3) PO, SB, MOO: (4) Yes, 15: (5) No. Michael Quinn, act.-sergeant.

1 Bandon Road C	1	D	F	⅜ V ⅛ L ½
2 Blackrock V	2	A	G	½ R 1½
3 Douglas V	1¾	A	G	1½ X ¼
4 Union Quay C	½	A	G	½

Cornmarket Street (Cork) C. City Division. Police Court and PS, daily. (1), (2), and (3) see Union Quay: (4) Yes, 6: (5) Theatre, ¼; School of Art, ¼; Police Court. Thomas Mahony, constable.

1 Great George's St. C	¼	A	G	Various routes through streets of the City paved and macadamised
2 *Shandon* C	¼	A	G	
3 Tuckey Street C	¼	A	G	
4 Union Quay C	½	A	G	

Glanmire Road Lower (Cork) C. City Division. PS: G. S. & W. RY., ¼. (1) 2 a.m., 11.45 a.m., 2.30 p.m.: (2) 10.50 a.m., 12.55 p.m., 8.20 p.m.: (3) PO, SB, MOO: (4) Yes, 5: (5) Cork Barrack, ½; Railway Tunnel, 1. James Leary, constable.

1 *Glanmire* V	3¾	A M	G	2½ L 1¼
2 King Street C	¼	A M	G	Through various streets
3 St. Luke's	½	F A M	G	A ½

Great George's Street (Cork) C. City Division. Tel. 9-8: C. & M. RY. (1) 2 a.m., 11.45 a.m., 2.30 p.m.: (2) 5.35 a.m., 11.15 a.m., 12.55 p.m., 8.30 p.m.: (3) PO, SB, MOO: (4) Yes: (5) Mardyke. John Higgins, sergeant.

1 Bandon Road C	1	A	G	Through streets
2 Cornmarket Street C	¼	A	G	do
3 Tuckey Street C	½	A	G	do
4 Victoria Cross R	1	A	G	Direct

St. Luke's (Cork) C. (1) 2 a.m., 11.45 a.m., 2 p.m.: (2) 10.40 a.m., 1.40 p.m., 8.20 p.m.: (3) PO, SB, MOO: (4) Yes, 12. Daniel Breen, sergeant.

1 Blackpool C	1¼	C	G	Through streets of the City
2 Glanmire Road Lower C	½	C	G	V ½
3 Kilbarry R	3	A B	G	1 R 1 L ¾ R ¼
4 King Street C	½	C	G	Through streets of the City

Shandon (Cork) C. City Division. M, th. (1) 2 a.m., 11.45 a.m., 2.30 p.m.: (2) 10.50 a.m., 1.25 p.m., 1.50 p.m., 7 p.m.: (3) PO, SB, MOO: (4) Yes, 30: (5) Shandon Church, 1/8 (the Bells of Shandon); Butter Market, 1/8; St. Mary's Church, 1/4. W. Callaghan, sergeant.

1 Blackpool C	½	C	G	Various routes through streets of the City paved and macadamised
2 *Cornmarket Street* C	¼	A	G	
3 King Street C	⅝	A	G	
4 Sunday's Well C	¼	E	G	

Sunday's Well (Cork) C. City Division. Tel. 9-7. Glanmire, 1½, G. S. & W. RY. (1) Letters arrive from the General Post-Office to this Station: (2) 10.25 a.m., 1.5 p.m., 8.30 p.m.: (3) PO, SB, MOO: (4) Yes, 10: (5) Blair's Castle; City Gaol; and The Good Shepherd's Convent. John Lennox, sergeant.

1 *Bannowbridge* R	4	A C	G	1½ R 2½ L
2 Fairfield R	1½	H A	G F G	¼ L ¼ X ¾ L ¼
3 Shandon C	¼	G A	G	¼ L
4 *Victoria Cross* R	1	A C	G	½ L ¼ R ¼

CORLOUGH R. Tullyhaw: West Division: Co. Cavan: Ulster. (1) 10 a.m.: (2) 11 a.m.: (3) PO: (4) Yes, 5: (5) Shannon Pot, 10; Swanlinbar Spa, 7; mountain scenery, 3. John Reilly, constable.

1 Bawnboy V	4½	D A	F G	1½ X 2½ R ½
2 BALLINAMORE T	6½	D A	I S G	2 X 4 L ½
3 DRUMDARTON R	9	D A	I S G	2 X 4 R 3
4 GARRADICE R	9	D B	F G	¼ R 1½ L ½ R 4 L 2¾
5 Glan R	10	F G	S	2 L 8
6 Swanlinbar T	6½	D A	F G	1½ L 1½ X 1 X 2½

CORNAMONA V. (Pop. 52). Ross: Connemara Division: Co. Galway, W.R.: Connaught. (1) 10 a.m.: (2) 3.45 p.m.: (3) PO: (4) Yes, 3: (5) Lough Corrib, ¾; very beautiful scenery of a Highland character. Francis M'Grath, acting-sergeant.

1 America R	4½	B	G F	Direct road
2 Clonbur V	6½	B	G F	4½ L 2
3 *Maam* R	7	B D	G F	½ L 3 R V 3¼ L ¼

CORNWALL R. Shelmalier West: South Wexford: Co. Wexford: Leinster. Killurin, ½, D. W. & W. RY. (1) 8 a.m.: (2) 5 p.m.: (3) PO: (4) No: (5) River Slaney; Carrigmannon Demesne. Michael Dunphy, constable.

1 Crossabeg R	4	B	G	1½ L 1½ X ⅜ X ⅜ X
2 *Galbally* R	4½	D	F	½ L 1 R 1½ L 1¼ R ¼
3 *Taghmon* V	6	B	F	¾ R ¾ R ⅛ L 1⅜ X 1 X 2
4 Wexford T	7	A	G	1½ L 2 X 1 X ⅛ L 2 R ⅜

CORONEARY R. Clonkee : East Division : Co. Cavan : Ulster. Cootehill, 7½, G. N. RY. (1) 9.40 a.m. : (2) 4.50 p.m. : (3) Canningstown, 2 : (4) Yes, 1 : (5) No. Patrick Moran, constable.

1 Bailieborough T	6	D	F	¼ X ¼ L ½ R 1¼ X ¾ R ¼ R 2½
2 Cootehill T	7½	D	F	V ¼ X 1½ X 1 X 1 R 1 R 2 X ½ X ¼
3 Grousehall R	7	D	F	¼ R ¾ L 1 L ¾ R 1¾ L 1¼ R ¾ L 1 R 1
4 Shercock V	6	B	F	¼ L ¾ L ½ R ¾ R ¾ X 2½ R ½

CORRANEARY R. Carrigallen : South Division : Co. Leitrim : Connaught. (1) 10.30 a.m. : (2) 2.30 p.m. : (3) Augharas, 1 : (4) Yes, 1 : (5) No. John Deane, sergeant.

1 *Carrigallen* V	5	B	G	¼ L 1¾ X ¼ X 1¾ R 1
2 Cloone V	4	B	G	1 X 2½ R ½
3 *Corrawalleen* R	4	B	F	2 X 2
4 Leganommer R	5	H	R	¼ R ½ R Λ ½ 1¼ R ¼ 1¼ L 1

CORRATERRIFF R. Mohill : South Division : Co. Leitrim : Connaught. Mohill, 3½, C. L. & R. LIGHT RY. (1) 9.30 a.m. (week-days) : (2) 10 a.m. (week-days) : (3) PO, Eslin Bridge, ½ : (4) No : (5) No. William Alford, sergeant.

1 Dromod V	7	B H	I	1½ R Λ V ¾ L 1¾ R 2½ R ¼ R ¼
2 *Drumsna* V	6	B	G	½ L V ¼ L 1 ¼ R ⅛ R ½ X ½ R ½ X ⅛ L ½ R ¾ L ¼
3 Gorvagh R	6	B	G	½ X V 1 R ¼ R ¾ L ¾ X ¼ R 1 X 1 R ⅜ L ⅛
4 *Keshcarrigan* V	7	D G	I	½ X V 1 R ¼ L 1¼ R ½ R ½ L 2 R ¼ L ½
5 *Killyfad* R	6	D	G	½ L V ¼ L 1¼ R ⅛ L ¼ R ¼ L ½ R ¼ L ⅛ L ¼ L ⅛ R 1⅜
6 Mohill T	3	D H	B R	1½ L Λ V ¼ R ½ R ¾

CORRAWALLEEN R. Carrigallen : South Division : Co. Leitrim : Connaught. Lawderdale, 4, C. L. & R. RY. (1) 10 a.m. : (2) 3 p.m. : (3) No : (4) Yes, 1 : (5) No. Patk. O'Neill, sergt.

1 Carrigallen V	4	D	S F	1½ R 1¼ R ¼ L 1
2 *Corraneary* R	4	B	S F	2 X 2
3 Drumcowra R	3	D	S F	¼ R 2 L ¾
4 Newtowngore V	4	D	S F	1½ L 2 R ½

CORRINSHIGAGH R. Farney : South Division : Co. Monaghan : Ulster. Culloville, ½, G. N. RY. (1) 10 a.m. : (2) 5.45 p.m. : (3) Crossmaglen, 3 : (4) No : (5) No. Thos. Kelly, act.-sergt.

1 Carrickmacross T	8	B	G	¼ R 1½ X 1½ R 1 X ¾ R ¾ L 1½ L 1¾
2 Castleblayney T	6¼	B	G	1 L 1¼ X 1¾ L 2 R ¼
3 *Crossmaglen* V	3½	B	G	1½ X 2
4 Drumboat R	3½	B	G	1 R 2½
5 Inniskeen V	5	A	F	⅜ L ½ L 1 L 1¾ R ½ L ⅛ L ¾ R ¼
6 Tullyvarragh R	4	B	G	1 R 2 R 1

CORROFIN V. (Pop. 495). Inchiquin : East Clare : Co. Clare : Munster. F, 26 May and 22 Nov. : PS, each alternate w.: Corofin, w. c. RY.: Tel. 8-8. (1) 7.30 a.m., 2.30 p.m.: (2) 11.30 a.m., 6.30 p.m.: (3) PO, SB, MOO: (4) Yes, 4: (5) Inchiquin Lake; Ballypontery, Dysert, and Leminagh Old Castles, and six Druidical Tombs or Altars; also good pike and trout fishing. John Scott, sergeant.

1 Boston R	9	B	G	1 L 3 L ¼ R 2 R 1 L ½ L 1¼
2 *Carron* R	8	C	G	¼ R 1¼ R ¼ L 1 R 3½ L 1 R ¾
3 Ennis T	8½	A	G	¼ L 1 R 1 X 1 L 1 R ¼ L 1 L 1¼ L 1 L ¾
4 *Kilfenora* V	9½	C	G	¼ R 1¼ R ¼ L 1 L 2¼ L 1 R 3½
5 *Morris' Mills* R	5½	C	G	¼ R ¾ R ¼ L 2 R 1½ L ¾ L
6 Ruane V	5	B	G	1 L 1 L 1½ R ½ R 1

COSSICON R. Magheraboy: North Division: Co. Fermanagh: Ulster. Enniskillen, 5, G. N. RY. (1) 6.15 a.m.: (2) 6.45 p.m.: (3) PO: (4) Yes, 1: (5) Ely Lodge, 1; Lough Erne, 1. Robert Lipsett, sergeant.

1 Carngreen R	8	DH	I	½ L ⅛ L ⅛ R ¾ L ½ R 2 X ¼ L ⅛ R ⅛ R 3¼ X ¼
2 Derrygonnelly V	6¾	B	G	½ R 4½ L ¼ L ¼ R ¼ R ½ X ½
3 *Enniskillen* T	5	B	G	Straight road

COURTMASHERRY V. (Pop. 524). Ibane and Barryroe: South-East Division: Co. Cork, W.R.: Munster. Ballinascarthy, 9, T. & C. LT. RY. (Extension): Tel 8-8. (1) 6.45 a.m., 5.30 p.m.: (2) 9 a.m., 5.45 p.m.: (3) PO, SB, MOO: (4) Yes, 4: (5) Courtmasherry. Patrick Rourke, sergeant.

1 Timoleague V	3	B	G	½ R 2¼ R ¼

COURTOWN HARBOUR V. (Pop. 272). Ballaghkeen North: North Division. Co. Wexford: Leinster. (1) 8 a.m., 12 noon: (2) 2 p.m., 7 p.m.: (3) PO, SB, MOO: (4) Yes, 3: (5) Beautiful bathing place, resorted to by residents of North Wexford, Carlow, and South Wicklow; Earl of Courtown's Demesne. Henry Berney, sergeant.

1 Ballycanew V	6	A	G	¾ L 1 X 1½ R 1½ L 1¼
2 Clonevan R	6½	B	G	¾ L ¼ L 1 R 1 L ½ R 1 R ½ L ¼ R ¼ R ¼ L ¾
3 Gorey T	4	A	G	¾ R 1¼ L 1¼ R ¼ L ¼ R ¼

CRANAGHER R. Tulla Upper: East Division: Co. Clare: Munster. F, at Spancilhill, 1, yearly, 23 and 24 June: Ennis, 4½, W. & L. RY. (1) 8.30 a.m.: (2) 4.30 p.m.: (3) Ennis, 5: (4) No: (5) No. Thomas O'Beirne, acting-sergeant.

1 Carrahan R	1¾	C D	F	½ L 1 X ½
2 Crusheen V	6	B D	G	1 R 1¼ L 2 L 1¾
3 Ennis T	5	C D	F	1 X 1¾ X ½ R ¾ L 1
4 Quin V	4½	B D	G	¼ R 1 L ⅛ X 1½ L 1⅝

CRANFORD R. Kilmacrenan : West Division : Co. Donegal : Ulster. (1) 9.45 a.m. : (2) 2.45 p.m. : (3) PO, SB, MOO at Milford and Carrigart, 6 : (4) No : (5) The scene of Lord Leitrim's murder at Cratlagh Wood (year 1878). Mulroy on left of road going to Milford. Thomas Henery, sergeant.

1 Carrigart V	6	B D	F G	¼ R 3 R 1¼ X 1¼ R ¼
2 Glen V	8	D F	S P F P	¼ L ¼ R ¼ L 1 X ¾ L 1½ X 4
3 Milford V	6	B D	F G F G	¼ L 1½ X 2¼ L 2

CRATLOE R. Bunratty Lower : East Division : Co. Clare : Munster. W. & L. RY. (1) 3 a.m. : (2) 9 p.m. : (3) PO : (4) No : (5) Cratloe Woods, ¼. Edward Moriarty, sergeant.

1 Bunratty R	2½	B	G	1¼ R 1¼
2 Meelick R	2½	B	G	¼ L 2¼
3 Sixmilebridge V	4	B	G	1¾ L ¼ R 2

CRAUGHWELL V. (Pop. 126). Dunkellin : South Division : Co. Galway, E.R. : Connaught. F, 24 Oct., 16 Dec., 10 Mar. : Tel. 8-8 : W. & L. RY. (1) 2 a.m., 11.30 a.m. : (2) 1.30 p.m., 10.30 p.m. : (3) PO, SB, MOO : (4) Yes, 4 : (5) No. James M'Cabe, constable.

1 ARDRAHAN V	8	B	G	2½ X 2½ R 1½ L 1¼ R ¼
2 Athenry T	5½	B	G	½ R 1 R 2½ R ½ X ½ X ¼ L ¼
3 *Kilchreest* R	6	B	G	1 L ¼ R 1 R ¾ X 1 R ½ L 1¼
4 *Loughrea* T	7¾	A	G	1 L ¼ R 1 L 1 X 1 X 1 L 2 R ½
5 Moyvilla R	5	A	G	½ X 1 R 2½ L 1
6 *Riverville* R	3	B	G	1 L 1½ L ½

CRAZYCORNER R. Corkaree : North Division : Co. Westmeath : Leinster. PS, 1 m. each month : Mullingar, 5, M. G. W. RY. (1) 8.30 a.m. : (2) 6.20 p.m. : (3) PO : (4) Yes, 2 : (5) Derrevaragh Lake, 3½ ; Lough Owel, 5. David Colahan, sergeant.

1 *Collinstown* V	7	C	G	¼ L 1 X 1 X ¼ X 2 X 1 R ¼ L 1 X ¼
2 *Killucan* V	8	C	G	¼ X 1¼ X 1 X 3 X 1 X 1½
3 Knockeraville R	9	A	G	¼ X 1¼ X 1 X R 3 X ½ X 3
4 Mullingar T	4¾	C	G	¼ R 1¼ R 1 X 1¼ R 1
5 Multyfarnham V	7	C	G	1½ X 3 R ½ R 2
6 *Reynella* R	5¾	A	G	¼ X 1¼ L 1½ X 1 R ¼ X 1½

CREAGH R. Moycarnon : South Division : Co. Roscommon : Connaught. P.St. : Ballinasloe, 2, M. G. W. RY. (1) 6.30 a.m. : (2) 6 p.m. : (3) Ballinasloe, 1 : (4) No : (5) No. William Kells, sergeant.

1 BALLINASLOE T	1	A	G	1
2 *Carrowreagh* R	4	B	G	2 R 2
3 *Clonark* R	8	B	G	1 L ¼ R ¼ L 1½ R 2 L 1½ L ½ R 1
4 *Clonfad* R	5	B	G	1¾ R 3 X ¼

CREGGS V. (Pop. 129). Ballymoe: North Galway: Co. Galway: Connaught. F, 12 May, 12 June, 12 Aug., 19 Dec. : M, W. :

Donamon, 6, M. G. W. RY. (1) 8 a.m. : (2) 6.30 p.m. : (3) PO, SB, MOO : (4) Yes, 1 : (5) No. William Conlan, sergeant.

1 Ballygar V	6½	B	F	¾ X 2¾ L 3
2 Fuerty R	6	B	F	¾ L 2¼ L 2 R 1
3 Glenamaddy V	8½	B	F	1½ X 1½ L 2 X 3½
4 Rockfield R	8½	B D B	F	1½ R 2¾ L 2 R 2¼

CREESLOUGH V. (Pop. 127). Kilmacrenan : West Division : Co. Donegal : Ulster. F, 10th each month : M, th. : Letterkenny, 16, L. S. & L. RY. : Tel. 8-8. (1) 9.15 a.m. : (2) 3.45 p.m. : (3) PO, SB, MOO : (4) Yes, 4 : (5) Doe Castle, 1½. Patrick Doyle, sergeant.

1 *Barnes Gap* R	5	D	G	⅛ R ⅜ R ½ L 1½ X 1 R 1
2 Dunfanaghy V	6	D	G	¼ R 2¼ R ½ L ½ L ¾ R ¼ R ½ R 1
3 Glen V	3	D	G	¼ R ¼ L ¼ R ½ R ¼ L ¼ R 1¼
4 Glenveigh R	7	H	P	1 R 4¼ R 1¾

CREMARTIN R. Cremorne : South Division : Co. Monaghan : Ulster. Annyalla PO, 1. (1) 7.40 a.m. : (2) 6.5 p.m. : (3) Castleblayney, MOO, SB : (4) Yes, 1 : (5) No. Edward Moore, constable.

1 BALLYBAY T	4½	B	G	4 L ½
2 CASTLEBLAYNEY T	4½	B	G	4½ R
3 Castleshane R	6½	B	G	1½ L 2 X 2 R 1

CRINKLE V. (Pop. 137). Ballybritt : Birr Division : King's County : Leinster. Tel. 8-8 : Parsonstown, 1, G. S. W. RY. (1) 7.30 a.m., 1.30 p.m. : (2) 12.15 p.m., 6 p.m. : (3) PO, SB, MOO : (4) Yes, 7 : (5) No. Daniel Brennan, acting-sergeant.

1 Killyon R	5	A C B A	G F	¼ X ¾ X 4
2 Parsonstown T	1¼	C A	G	1 X ¼
3 RIVERSTOWN V	2	C	G	1 L 1
4 Sharavogue R	3½	C	G	Direct road

CROGHAN V (Pop. 110). Boyle : North Division : Co. Roscommon : Connaught. F, 28 Oct., yearly : PS, 3 m. each month. (1) 8 a.m. : (2) 6 p.m. : (3) PO, SB, MOO : (4) No : (5) Cavetown Lake, 2. James Potter, sergeant.

1 Ballinameen V	4	B	S G	¼ L X 2 X 1¾
2 Boyle T	6	C	F	½ X 3¼ R 2¼
3 CARRICK-ON-SHANNON T	6	B	F	¼ R 5¾
4 *Elphin* T	6	C	F	5½ R ½
5 Grevisk R	7	B	G	½ X 1¼ X 1¼ R 1¼ R 1 L ½ L ¼ L 1¾

CROGHAN R. Gorey : North Division : Co. Wexford : Leinster. Inch, 7, D. W. & W. RY. (1) *nil* : (2) *nil* : (3) Ballyfad, 2½ : (4) No · (5) Croghan Mountain. Joseph Ellison, sergeant.

1 Askinch R	4	F	B	½ L 1 L ⅛ R 1⅝ X R 1
2 Ballyconlore R	6	D B F G	R G	2⅝ R 1½ L 2 R ⅛
3 Coolgreany V	6	F	R	⅝ R 2⅝ L 2 X 1⅜ R ⅜
4 Holyfort R	7	B G	G	1½ R 2 L 2½ L 1

CROGHANHILL R. (Pop. 62). Lower Philipstown : Tullamore Division : King's County : Leinster. Tullamore, 11, G. S. & W. RY. (1) 9.25 a.m. : (2) 3.30 p.m. : (3) Philipstown, 4½ : (4) No : (5) No. Richard Horton, sergeant.

1 Philipstown T	4	B	F	¾ L 1¼ X 2
2 Rhode V	5	B	F	⅛ R 1 L 1¾ L ¼ L 2¼
3 Tyrrellspass T	5	B	F	⅜ L 1¼ R 3⅜

CROOKHAVEN V. (Pop. 190). Western Division West Carbery : West Cork : Co. Cork, W.R. : Munster. Tel. 8-8 : Skull, 15, C. & B. & S. C. TRAM. (1) 11 a.m. : (2) 1.30 p.m. · (3) PO, SB, MOO : (4) Yes, 1 : (5) Threecastle Head, 6. J. Nolan, sergeant.

| 1 Goleen R | 5 | B O D A | P F | 3½ L 1¼ R ¼ |

CROOM V. (Pop. 559). Coshma : East Division : Co. Limerick : Munster. F, 1 t. May, 4 w. June, 1 th. Sept., 2 th. Dec. : PS, 2nd m. : M, w. and f. : Croom, ½, G. S. & W. RY. : Tel. 8-8. (1) 8 a.m., 1 p.m., 6 p.m. : (2) 11 a.m., 1 p.m., 8 p.m : (3) PO, SB, MOO : (4) Yes, 3 : (5) No. M. Monaghan, sergeant.

1 Adare V	6	B	G	1 L 1¾ X 2¼ L 1
2 *Boherard* R	6	B	G	¼ L ¼ R 2¾ L ⅜ R 3
3 *Fedamore* R	7	B	G	¼ L ¼ L 1¼ L 5
4 Finnetterstown R	6	B	G	¼ R 1¼ R 3¼ L ⅜ L ¼
5 Patrickswell V	5½	B	G	1 X ½ R 2¾ X 1 R ¼

CROSS R. Coonagh : Mid-Limerick : Co Limerick : Munster. Oola, 3, nearest PO, which see. David O'Callaghan, sergeant.

| 1 Newpallas V | 3 | B | G | ½ R 1 R 1½ |
| 2 Oola V | 3 | B | G | ½ L 2½ |

CROSSABEG R. Shelmalier East : North Wexford : Co. Wexford : Leinster. Killurin, 3½, D. W. & W. RY. (1) 8.35 a.m., 3 p.m. : (2) 9.5 a.m., 4.50 p.m. : (3) PO : (4) No : (5) Edenvale, 2 ; Artramon Castle, 1½ ; Ferrycarrig Castle, 2¾. Hugh Craig, sergeant.

1 Castlebridge V	3	C	G	¼ R 1¾ R ¾ L ½ R ¼
2 Cornwall R	4	A	G	2½ R 1 L ½
3 Oylgate V	4	A	G	¼ L 1¼ R 2½
4 Wexford T	5¼	A	G	V 1¾ L 1¼ L 2¼

CROSSAKIEL V. (Pop. 178). Upper Kells : North Division : Co. Meath : Leinster. PS, 1 f. : Virginia Road, 5, G. N. RY. (1) 8 a.m. : (2) 6 p.m. : (3) Kells, 6¾ : (4) Yes, 2 : (5) No. W. J. M'Kenzie, constable.

1 *Carnaross* R	5	B	G S	1 X 1¼ R 1 L ½ R 1
2 CLONMELLON V	4¼	B	G S	2 X ¼ R 2¼
3 *Oldcastle* T	8½	B D	G P R S	2 L 1¼ R 1¼ R 2 R 1 L 1
4 Scurlogstown R	4¼	B	G S	2 X ¼ L ¼ L 2
5 Stirrupstown R	4¼	B D	G S	½ X ¼ L 2 X 1 R ½

CROSSDONEY R. (Pop. 50). Clanmahon : West Division : Co. Cavan : Ulster. Tel. 8-8 : F, 5 April, 27 May, 26 Aug., 17 Nov. : M. G. W. RY. (1) 7.40 a.m. : (2) 5.15 p.m. : (3) PO, SB, MOO : (4) No : (5) Trinity Island and Abbey, 3 ; Cloghoughter, 6. Thomas Byrne, acting-sergeant.

1 *Arva* V	7¼	D	F	¾ L ½ L ½ X ½ L 1 R 1 X 2 L ½ R ½
2 Ballinagh V	2	A	G	½ L 1½
3 Cavan T	5¼	A	G	2 R ¼ L ¾ R ½ X ¼ L ½ R 1
4 *Killeshandra* V	6¾	A	G	¾ L ½ R 2 R 3½
5 *Scrabby* V	9	D	F	½ R ½ L 1 R 1 X 2 L ½ L 2 L ½ R 1

CROSSGAR T. (Pop. 583). Upper Castlereagh : East Division : Co. Down : Ulster. F, 2nd w. : P.St. : M, w. : B. & C. D. RY. : Tel. 8-8. (1) 7 a.m., 11.30 a.m., 2.30 p.m. : (2) 10 a.m., 2 p.m., 5 p.m., 7 p.m. : (3) PO, SB, MOO : (4) Yes, 12 : (5) Sharman Crawford's Monument, 1½. Alexander Newman, sergeant.

1 Ballynahinch T	6	C D	G	¼ L 2¼ L 1¾ R 1¾
2 Downpatrick T	6½	A	G	5 R 1¼
3 Killyleagh T	5	C	G	2¼ X ¾ L 1 R 1
4 Saintfield T	5⅜	A	G	¼ R ¾ X 4 L ⅜

CROSSHAVEN V. (Pop. 178). Kerricurrihy : South-East Division : Co. Cork · Munster. Steamboat Station in connection with C. B. & P. RY. : Tel. 8-8. (1) 7 a.m., 2.30 p.m. : (2) 12 noon, 6.30 p.m. : (3) PO, SB, MOO : (4) Yes, 7 : (5) Cork Harbour ; "Drake's Hole." Thomas Carton, sergeant.

1 *Ballyfeard* V	7	D C D C	G	¾ R ¼ R ½ L 1 R 1¾ L 1 R ¼ L ¼ L 1 L ¼ R
2 *Carrigaline* V	4¾	B	G	2½ R 1 R 1 R ¼ R
3 Monkstown V	6¼	D C D C	G	2½ L ½ R ½ L ¼ R 1 R 1¼ R F ¼
4 Queenstown T	4½	Sea	—	S 4½ S
5 *Whitegate* V	3½	Sea	—	S 3½ S

CROSSKEYS V. (Pop. 60). Upper Loughtee : East Division : Co. Cavan : Ulster. F, 6 Jan. and 17 March, yearly : Cavan, 7½, M. G. W. RY. & G. N. RY. (1) 9.30 a.m., Sunday excepted : (2) 3.30 p.m., Sunday excepted : (3) Ballyjamesduff, 4½ : (4) Yes, 1 : (5) No. Denis Ring, sergeant.

1 Ballyjamesduff V	4½	C	G	¼ X 2¼ X 1¾ X ¼
2 *Cavan* T	7	C	G	2½ A ¼ V 4¼
3 Kilnaleck V	5¼	H	F	¼ R 1½ X ¾ X ¼ L 2½
4 *Stradone* V	5	H	F	⅛ L 1⅛ R 2 L ½ R ½

CROSSMAGLEN V. (Pop. 750). Upper Fews : South Division : Co. Armagh : Ulster. F, 1 f. : PS, 1 s. : M, f. : Culloville, 3, G. N. RY. : Tel. 8-8. (1) 8.45 a.m., 1 p.m. : (2) 10.50 a.m., 4.20 p.m. : (3) PO, SB, MOO : (4) Yes, 12 : (5) Loughross Lake, expansion of River Fane, with Island beautifully wooded. Chas. Feeny, sergeant.

1 CASTLEBLAYNEY V	7	B D	F	1 X 2 L ¼ R 2 R 1 R ¾
2 CORRINSHIGAGH R	3½	B D	F	2 X 1½
3 Cullyhanna V	4	B D	F	1 X ¼ L ½ R ¾ L ¼ L 1¼
4 DRUMBOAT R	4	B D	F	1 X 1 R 1½ R ½
5 HACKBALLSCROSS R	5¼	B D	F	1 X 1 L 1½ R ½ L 1¼
6 Silverbridge R	4	B D	F	1¼ R ¼ L 1¾ X ¾

CROSSMOLINA V. (Pop. 617). Tyrawley: North Division: Co. Mayo: Connaught. F, monthly, on different dates: PS, every 2 w.: M, th.: Tel. 8-8: Ballina, 7½, M. G. W. RY. (1) 7 a.m., 6 p.m.: (2) 10 a.m., 8 p.m.: (3) PO, SB, MOO: (4) Yes, 6: (5) Lough Conn, 1; Errew Hotel, 4. Geo. Hodgins, sergeant.

1 *Ballina* T	7¾	A	G	4 R 1 X 2 R ¾
2 Coolnabinnia R	9	D	S	1 R 2 L 1 R 4 R 1
3 Corick V	12	B	S	3 X 5 R 3 R 1
4 Farmhill V	9	B	S	¼ R ¼ L 1 L 1½ L 2 L 3 R 1
5 Nephin R	8	D	S	2½ L 1½ L 2 R 2

CROSSROADS R. Raphoe South: East Division: Co. Donegal: Ulster. F, 3 m.: Killygordon, 1, DONEGAL RY. (1) 7 a.m.: (2) 6 p.m.: (3) Killygordon: (4) Yes, 2. (5) Monellan Demesne. Lawrence Quinn, constable.

1 Ballybofey T	4	B D B	G	¾ R 1 R 1¼ L ¼ R ½ R ¼
2 Castlefin V	4	B	G	1 R 1½ X 1½
3 Raphoe T	7⅛	B F B F	G	1 X 1 X 1½ R ⅛ R 1 R ½ X ½ R ¼ L 1 R ½ R ½

CRUMLIN V. (Pop. 344). Upper Massereene: South Division: Co. Antrim: Ulster. F, 1st m.: PS, last m.: M, w.: G. N. RY.: Tel. 8-8. (1) 6.45 a.m., 12.45 p.m.: (2) 8.15 a m., 6.30 p.m.: (3) PO, SB, MOO: (4) Yes, 12: (5) Lough Neagh, 3; Langford Lodge, 4; Glenavy, 2. J. M'Court, sergeant.

1 Antrim T	7	B M	G	¼ L ½ X 1½ L ⅛ X 1 X 3⅝
2 *Aghalee* V	9	B	G	½ L 1¼ X 1 X ¾ X 1 X 2¼ X 2¼

CRUSHEEN V. (Pop. 111). Bunratty Upper: East Division: Co. Clare: Munster. P.St.: PS, th., monthly: Crusheen, ½, W. & L. RY. (1) 5 a.m., 7.50 p.m.: (2) 5 a.m., 7.50 p.m.: (3) Ennis, PO, MOO: (4) Yes, 2: (5) Inchicurran Lake, Island, and Abbey. Joseph Wier, acting-sergeant.

1 Boston R	8	B	F	½ L 3½ X 2 X 1½ V³ ½
2 *Carrahan* R	6½	B	F	¼ L 1¼ R 1½ X 1¼ X 1¼ L ⅜ X ⅜
3 Ennis T	8	A	G	¼ X 1¾ X 3 X 2 X 1
4 Ruane V	6	B	F	¼ X 1¾ R 1 X 3
5 TUBBER R	4½	B	F	½ L 3¼ R ¾

CUILMORE R. Murrisk: West Division: Co. Mayo: Connaught. Westport, 10½, M. G. W. RY. (1) *nil*: (2) *nil*: (3) *nil*: (4) Yes, 3: (5) Sheffry, 3½; Lough Doo, 10. Richard Knott, sergeant.

1 Erriff Bridge R	13	B	F	5¼ R 7¾
2 Louisburgh V	11¾	I	R	¾ L 6 L 4 L 1
3 Westport T	10¼	B	F	5¼ L 5¼

CULDAFF V. (Pop. 153). East Inishowen: North Division: Co. Donegal: Ulster. F, quarterly, 10 Feb., May, Aug., and Nov.: Moville, 9, Steamer to Londonderry—summer, daily; winter, tri-weekly. (1) 11 a.m.: (2) 2.15 p.m.: (3) PO, SB, MOO: (4) Yes, 3: (5) Glengad Head, 5; Druid's Altar, 2; Druidical Circle, 1½. William Hyland, sergeant.

1 *Carndonagh* T	5½	B A	G	2 L ¼ X ¾ L 2½
2 Grousehall R	3¾	D	G	½ R ¼ L ¾ X ½ X 1¼
3 Malin V	4	B	G	2 X ¼ X ¾ X ¾

CULLAGH R. Roscommon: North Division: Co. Roscommon: Connaught. (1) 2 p.m.: (2) 12 noon: (3) PO: (4) No: (5) No. M. Landers, sergeant.

1 Curraghroe R	5	B D	F S	1¼ L 3 ⅝ R ¼
2 Gillstown R	5	B D B	F S G	1¼ R 2¼ L 1½
3 Strokestown T	3½	B C B A	F G F G	1¼ X ¾ R 1 R 1
4 Tarmonbarry R	5	B B	S F	3 L 2

CULLANE R. Upper Bunratty: East Clare: Co. Clare: Munster. Ardsollus, 6, W. & L. RY. (1) 9.30 a.m.: (2) 3.30 p.m.: (3) Tulla, 4½: (4) No: (5) Cullane Tower, 1. John Wall, sergt.

1 Carrahan R	6½	D	S F	¼ L 1¾ R 1 X 1⅜ L ¼ R 1¼ R ⅜
2 *Kilkishen* V	4	B	L	⅜ R 2¼ R 1¼ R ¼
3 *Quin* V	4¼	D G	S F	¾ L 1¾ X ¾ L 1¼ L ¾
4 Tulla V	4½	B	F	¾ X 1¼ R ¼ R 1 L 1 X ½ L ¼

CULLEN V. (Pop. 96). Clanwilliam: South Division: Co. Tipperary: Munster. F, 26 Oct., annually: Oola, 1½, W. & L. RY. (1) 8.30 a.m.: (2) 6 p.m.: (3) PO: (4) No: (5) No. James Brophy, sergeant.

1 Glenbane R	1½	B D	P	1 L ¼ R ¼
2 Limerick Junction R	4	B A	G	2 L. 1 R 1
3 OOLA V	1½	B	P	1⅜ R ¼

CULLOHILL R. Clarmallagh: Ossory Division: Queen's Co.: Leinster. F, 27 May, 2 Oct. (1) 8.15 a.m.: (2) 5.55 p.m.: (3) Durrow, 4½: (4) No: (5) No. David Roche, sergeant.

1 Ballacolla V	6	B	G	¼ R 1 L ¼ R 2¼ R 2
2 Durrow V	4½	A	G	¼ L 4½
3 GARRYLAWN R	6	E	G	1 L ⅝ X ¼ R ½ X 1¼ L 1 L ¼ R ¾
4 GATHABAWN R	4	E	G	¼ X ¼ R 3½
5 JOHNSTOWN V	6¼	C	G	¼ R 3¼ X 2¼
6 Rathdowney T	6	A	G	¼ L ¼ X 2¼ L ¼ L ¾ X 1 R ¼ L ½ L ¼

CULLYBACKEY V. (Pop. 201). Lower Toome: Middle Division: Co. Antrim: Ulster. B. N. C. RY. (1) 8 a.m., 5 p.m.: (2) 9 a.m., 4.30 p.m.: (3) PO, SB, MOO: (4) Yes, 2: (5) No. William Gordon, sergeant.

1 Ahoghill V	3	C	G	1½ X 1½
2 Ballymena T	3¾	A	G	8¼ X ½
3 Portglenone V	6	C	G	2 R 1 L 3
4 Rasharkin R	7½	C	G	½ L 1½ L 2 X 1½ R 1½ R ½

CULLYHANNA V. Upper Fews: Southern Division: Co. Armagh: Ulster. Culloville, 7, G. N. RY. (1) 10 a.m.: (2) 3 p.m.: (3) PO: (4) No: (5) Sheetrim Lake, 1; Lisleitrim Fort, 2. A. Coyle, sergeant

1 Balleek V	6	B D A C	F G F G	1 R ½ X 2½ R 2
2 CASTLEBLAYNEY T	8	B D A C	I G I G	1½ R ¼ L 1 R 1¼ X 3 L 1
3 Crossmaglen V	4	D F D F	G F G F	1¼ R 1¼ L ¼ R ¼ X 1
4 *Newtownhamilton* T	5	D F D F	G F G F	1½ R 1½ L 2
5 Silverbridge R	3	B B B B	G F G F	1 V³ ½ L 1½

CUMMER R. Clare: North Division: Co. Galway: Connaught. Tuam, 6¼, M. G. W. RY. (1) 10 a.m.: (2) 4 p.m.: (3) Cummer, 3: (4) No: (5) No. Thomas M'Aloon, constable.

1 Ballyglunin R	7	B	F G	1 L 2½ X 1 R 2 L ½
2 Castlehacket R	5	D	F	3¼ X ½ R 1 L ¼
3 *Loughgeorge* R	7	B	F G	1 R 2 L ¾ R ½ X 2½ R ¼
4 Tuam T	6	D	F G	1½ R 1½ R 1¾ R 1¼

CURRABAHA R. Condon and Clongibbons: North-East Division: Co. Cork: Munster. (1) 10 a.m.: (2) 3 p.m.: (3) No: (4) No: (5) No. James Blair, acting-sergeant.

1 Ahern V	6	D	F	1¼ R 2 R 1¼ L 1 L ½
2 Ballyduff V	6	D B	F	1 L 1½ L 2½ L 1
3 Careysville R	4½	B G B	F	1¼ X ¾ R ½ L 2
4 Castlelyons V	6	D	F	1¼ X ¾ L ¾ R ½ L ¼ R ½ R 1½ L ½
5 Curriglass V	5	D	F	1½ R ¼ L 2¼ L ¾ L ¼

CURRAGH (No 1.) R. East Offally: South Division: Co. Kildare: Leinster. Tel. 8-8: PS, w., weekly: R.M.: Newbridge, 2½, G. S. W. RY. (1) 7 a.m., 10 a.m., 6.30 p.m., 10 p.m.: (2) 7.30 a.m., 4.45 p.m., 8 p.m., 11.30 p.m.: (3) Curragh Camp, 1; PO, SB, MOO: (4) Yes, 20: (5) Curragh Camp, 1; Donnelly's Hollow, ½. James Cummins, sergeant.

1 Curragh (2) R	1½	A	G	⅛ L ½ X ½ L ⅜
2 *Kilcullen* V	3½	A	G	½ L ¼ R 1 R 1¼ L ½
3 Kildare T	4	A	G	⅝ X ¾ L 1⅛ R 1 R 1
4 Newbridge T	2	A	G	⅛ R 1¼ R ⅛ R ½

CURRAGH (No. 2) R. East Offally: South Division: Co. Kildare: Leinster. F, 26 July (French furze), annual, horses. (1) 10 a.m.: (2) 7.20 p.m.: (3) Curragh Camp, 1: (4) Yes, 12:

(5) Curragh Camp, very pretty in summer; remarkable for military evolutions. Thomas Brannigan, sergeant.

1 *Ballyshannon* R	5	B	F	1 R 1 R 1¼ R 1 L ¾
2 Curragh (1) R	1½	B	G	¾ R ¼ X ½
3 Kildare T	3	B	F	1¼ R 1¼ L ½
4 *Kilcullen* V	4	B	G	2 R ¾ R 1¼
5 Nurney R	5	B	G	1 L 1 L ¾ L ¼ R 2

CURRAGHROE R. Roscommon: North Division: Co. Roscommon: Connaught. P.St.: Roscommon or Longford, 12, M. G. W. RY. (1) 10 a.m.: (2) 7 a.m.. (3) PO: (4) No: (5) River Shannon, 4. John M'Neill, constable.

1 *Beechwood* R	7½	D B	S F	3½ X ¾ R 1 L ¾ L 1½
2 Cullagh R	5	D A	S G	⅛ L 3⅝ R 1½
3 LANESBORO (J.S.) V	4	B	F	3¾ L ¼
4 Strokestown T	6¼	D A	S G	⅛ L 3⅜ R 2 R ¾ R ⅛ X ⅛
5 Tarmonbarry (J.S.) R	6½	B A	S G	¼ R 3½ R ½ R 2¼

CURRAGRANNY R. Longford: South Division: Co. Longford: Leinster. Newtownforbes, 2½, M. G. W. RY. (1) 7.15 a.m.: (2) 6.45 p.m.: (3) Newtownforbes, 2½: (4) Yes, 1: (5) Castleforbes Demesne, 1. John Branley, sergeant.

1 Drumlish V	4½	B D	F	1 L 3 L ½
2 JOHNSTONSBRIDGE R	3	B D	F	2¾ L ¼
3 Newtownforbes V	3	B	G	1 R ¾ L 1½

CURRIGLASS V. (Pop. 130). Kinnatallon: North-East Cork, E.R.: Co. Cork: Munster. Tallowroad, 4½, W. D. L. RY. (1) 8.30 a.m.: (2) 4.20 p.m.: (3) Tallow, 2: (4) No: (5) No. W. J. Cranwell, constable.

1 *Ahern* R	5	A	G	3 X 2
2 BALLYDUFF V	6	D	I	½ R 1 R 1 L ½ R 1½ R 1 R ½
3 *Currabaha* R	5	F	G	¼ R ¾ R ¼ L 3¾
4 Newtown R	6	D	G	1 L 1 R 4
5 TALLOW V	2¼	A	G	2¼

CURRY V. (Pop. 55). Leyney: South Sligo: Co. Sligo: Connaught. F, Ascension Thursday and Corpus Christi. (1) 8.15 a.m., 2.30 p.m.: (2) 8.15 a.m., 4 p.m.: (3) PO, Charlestown, 2¼: (4) No: (5) No. John J. M'Farland, sergeant.

1 Aclare V	6	B	F	⅛ L 2 L 1¾ L 2
2 CARRACASTLE R	4½	B	F	2⅜ X 1½ X ⅜
3 CHARLESTOWN T	3	B	G	¼ X 2 L ¾
4 Tubbercurry T	4½	B	G	⅜ R 1 L 1½ R 1¾

CUSHENDALL V. (Pop. 355). Lower Glenarm: Mid-Antrim: Co. Antrim: Ulster. Tel. 8-8: F, 14 Feb., 17 Mar., 14 May, 29 June, 14 Aug., 29 Sept., 14 Nov., 22 Dec.: PS, 2 t.: M, m.: B. N. C. RY., 7. (1) 9 a.m., 12 noon, 7.30 p.m.: (2) 6.45 a.m., 2 p.m., and 4.45 p.m.: (3) PO, SB, MOO: (4) Yes, 8: (5) Waterfalls, Glenariff, 5½. William Granney, sergeant.

1 *Glenarm* V	13	B	G	1½ L 9¼ L 2¼
2 Knocknacarry R	4	D	G	1 R 2½ R ½
3 Martinstown R	11¾	D	G	1½ R 10¼

D

DALYSTOWN R. Leitrim : South Galway : Co. Galway, E.R. : Connaught. Loughrea, 5, M. G. W. RY. (1) 7 a.m. : (2) 8 p.m. : (3) PO ; Loughrea, 5½ : (4) No : (5) No. Michael Hennesy, sergeant.

1 *Ballinagar* R	4½	B	F	¼ X ¼ X 1 X ½ X ¼ X ¼ L 1 X ¾ L
2 *Dooniry* R	3½	B	G	1 L 2¾ R ⅛
3 Gurtymadden R	8	D B D B	G	1 R 2 X 1 R R 1½ L 1½ 1
4 Killeenadeema R	5½	B	G	1 L ½ X 1 X 2½ X ½
5 Loughrea T	5½	B	F	1 L ½ X 1 X 2 X 1

DARRAGH HUT R. Islands : East Clare : Co. Clare : Munster. Ennis, 6, W. & L. RY. (1) 7.30 a.m. : (2) 5 p.m. (3) Ennis, 6 : (4) No : (5) Small fishing trout lakes scattered about. James Curley, sergeant.

1 Inch Hut R	4	D	G	2½ X ¼ L 1 V L ¼ A
2 Lisacasey R	7	C	G	1 R 1 R 4 R 1
3 Newhall R	3½	C	G	½ R 1¾ R 1¼ R ¼
4 Tiermaclane R	4	D	G	1 R 1 L 1 X 1

DARRAGH R. Coshlea : East Limerick : Co. Limerick : Munster. Mitchelstown, 8½, M. F. L. RY. (1) 10.30 a.m. : (2) 4.30 p.m. : (3) PO : (4) No : (5) No. John Wren, constable.

1 Ballylanders V	7	C B	F	½ L ¼ R ¾ R 1½ L 2 R ¼ L 2¼
2 Glenasheen R	5	B C	F	¼ R 2½ R 2¾
3 KILDORRERY V	7	B C	F	⅛ R 3 L 3¼
4 Kilfinane T	5	C D	F	⅞ L 4¾

DEANHILL R. Skreen : North Division : Co. Meath : Leinster. (1) 7 a.m. : (2) 6.45 p.m. : (3) PO : (4) Yes, 1 : (5) Beauparc Demesne, 1½. Patrick Reilly, sergeant.

1 *Belrath* R	8	A	G	½ R 2½ L 1½ R 3 X ¾
2 Dillonsbridge R	9	A B	G	¾ R 2½ R ¼ L 1¾ X 1 R 1 L ½ R ½ L 1
3 Georgescross R	9½	B C	G	1¾ X 2 L ¾ X 2 X 1½ X 2
4 Navan T	4	A	G	4
5 *Slane* V	4	A	G	3 L 1

DEERGROVE R. Burrishoole : West Mayo : Co. Mayo : Connaught. Castlebar, 6, M. G. W. RY. (1) 8 a.m. : (2) 6 p.m. : (3) PO, Dooleague, 2 : (4) No : (5) No. J. Henehan, sergeant.

1 *Ayle* R	6	D	I	1¾ R ½ L 2 R 1½ L ¼
2 Ballybean V	7	B	G	1¼ L 1½ R 2 R 1¾
3 *Brockagh* V	6	D	H	2 R 1 L 1 R 1½ L ¼
4 Castlebar T	5	B	G	2 X R 3
5 Glenisland R	7	B	G	2 X L ¼ X R 4¾
6 *Westport* T	7	C	G	1¾ R ½ R 4¼

DELGANY V. (Pop. 186). Rathdown : East Division : Co. Wicklow : Leinster. Greystones, 2, D. W. & W. RY. : Tel. 8-8.

130

(1) 7.30 a m., 10 a.m. : (2) 4 p.m., 7.30 p.m. : (3) PO, SB, MOO : (4) Yes, 20 : (5) Glen of Downs, 1½. Robert Shaw, sergeant.

1 Bray T	6	D A	F G	1½ L 1 R 1¼ R 1¼ R 1
2 Enniskerry V	7	A D	G F	¾ R 1¼ X 2 X ¼ L 1¾ R 1
3 Kilcoole V	2½	B	F	1¼ L ¾ R ½
4 Newtown Mount-kennedy V	4	A B	G F	¾ L ½ L 1 R ¼ R 1½

DELVIN V. (Pop. 200). Delvin : North Westmeath : Co. Westmeath : Leinster. Tel. 8-8 : Athboy, 8, D. & M. RY. (1) 6 a.m., 7 p.m. : (2) 6 a.m., 7 p.m. : (3) PO, SB, MOO : (4) Yes, 4 : (5) No. John Blessing, constable.

1 Archerstown R	3½	B	F G	⅛ X ⅛ X ½ R ½ L 1 R ¼ L 1
2 Clonmellon V	5	B	F G	1½ R ¼ L 1½ L ¼ R 1½
3 *Collinstown* V	6½	B	G	⅛ L ½ L ⅛ R 1½ L 1 R ¼ X 1
4 COOLRONAN R	5	B	P	1 X 1¾ R 2 L ¼
5 Killucan V	8	D	F G	¼ R 1 X ¾ R ¼ L 1½ X 2 L ⅛ R 1¾
6 Lisclougher R	5	B	S P	⅛ R ¼ L ¾ R ¼ L 1½ R ⅛ L 1½ L ½ R
7 Rathfarne R	6½	B	G	½ L 1¼ V^2 ⅛ R 2 L 1 L 1 R ½ R ½ L
8 Reynella R	4	B	F G	¼ R 1 X ¾ R ¼ R ⅛ L 1½ R ⅛

DERRYBRIEN R. Loughrea · South Division : Co. Galway, E.R. : Connaught. F, 14 June and 14 August. Gort, 10¾, W. L. RY. (1) 1 p.m. : (2) 7 a.m. : (3) Gort, 10¾ : (4) Yes, 1 : (5) No. Michael Mescall, acting-sergeant.

1 Ballinagar V	8	B D H	G I S P	4 X 1 X ½ X 1½ X 1 R ¼
2 *Gort* V	10¾	B D H	G I S P	4¼ X 3 X 1¾ X 1¼ L ¼
3 Loughatorick R	8	B D H	G I S P	4 X 3¾ R ½

DERRYGONNELLY V. (Pop. 252). Magheraboy : North Division : Co. Fermanagh : Ulster. F, 24th each month : PS, last f. : D.I. : Enniskillen, 11½, G. N. RY. (1) 7.30 a.m. : (2) 5.30 p.m. : (3) PO, SB, MOO : (4) Yes, 10 : (5) Lough Erne, 3 ; Boho Caves, 7 ; Corril, 4 : Knockmore, 4 ; Ely Lodge, 5. H. Toppin, D.I.

1 Belleek V	15	B D B	G B S	½ X 1¼ X ⅛ L ⅛ L 1 L Λ 10 R 1¾ R ⅛ R ⅛ R
2 Carngreen R	7	B D B	G F	½ R 1¼ L 2 L 1¼ 1¾ R ¼
3 Cossicon R	6¾	B	G	½ X ½ L ¼ L ¼ R ¼ R 4½ L ½
4 Garrison V	14	B H C	G B P G	½ X 1¾ L 6 L 5 L ½ L ¼

DERRYLIN R. Knockninny : South Division : Co. Fermanagh : Ulster. PS, 1 w. each month : Ballyconnell, 7, C L. & N. C. RY. (1) 9.50 a.m. : (2) 2.50 p.m. ; 10.30 a.m. on Sundays : (3) PO : (4) Yes, 4 : (5) Lough Erne, 3 ; Knockninny, 3. Thos. Tierney, sergeant.

1 BALLYCONNELL T	6½	. B D	G F	¼ R 3 X ¾ X 2½
2 BELTURBET T	9	B C B	G S F	¼ X 2¾ X 1½ X 1½ X 1 X 1 L 1
3 Drumboccas R	5¾	B C D	G F	¼ X ¼ X ¼ X ¼ R 1 X 1 X 2½ X ¼
4 Kinawley R	4	B C D	G F D	¼ X ¼ X ¼ X ¼ X 2 X 1
5 *Lisnaskea* V	9	B D B	G F P G	¼ L 1½ L 1 R ¾ R ½ W 1½ L ½ L 2¾ L ¼ V

DERRYPARK R. Ballinacalla: West Division: Co. Galway: Connaught. (1) 11 a.m.: (2) 3 p.m.: (3) No: (4) Yes, 2: (5) Lough Mask, 1; Maamtrasna, 4. Charles Carlos, act.-sergt.

1 CAPPADUFF V	8	B	G	1 L 7
2 Clonbur V	15	D	G S F	1 R 5 L 9
3 Leenane V	14	D	G S	8¾ R 5¼

DERVOCK V. (Pop. 283). Lower Dunluce: North Division: Co. Antrim: Ulster. F, 12 Jan., 23 Feb., 16 May, 22 June: PS, 1 t.: B. & N. C. RY. (1) 9 a.m., 1.30 p.m., 6 p.m.: (2) 8 a.m., 11 a.m., 3.30 p.m.: (3) PO, SB, MOO: (4) Yes, 3: (5) No. Patrick Farrell, constable.

1 Armoy V	7	C D	G	¼ L 2 R ¼ L ½ R ¼ L 3 R ¾
2 Ballymoney T	4¾	A	G	1 L 1½ X 1 L 1¼
3 Bushmills V	6¼	C	G	1¾ R 3¼ R 1¼
4 Loughguile R	10	D	F	¼ L 2 R ¼ R X 1 X ½ L 3 R 3
5 Mosside V	2¾	B	G	2¼ X R 1¼ R ¼

DILLONSBRIDGE R. Skreen Co. Meath: Leinster. (1) 6 a.m.: (2) 8.30 p.m.: (3) PO: (4) No: (5) Tara, 1. Patrick Driscoll, constable.

1 *Belrath* R	6½	B D B B	G	1 R X 2 L 3½
2 *Dunshaughlin* V	6	A E	G	⅛ L 1¼ X ½ X 1⅛ L 2¾ X ¼
3 *Dunsany* V	4	D F	F	1 L 1 L 1 R 1
4 Navan T	6¼	C E	G	1¼ V² 3 L 2
5 *Robinstown* R	6¼	B	F	¼ L 1½ R 1 L 2 V² 1 R 1

DINGLE T. (Pop. 2040). Corkaguinny: West Kerry: Co. Kerry: Munster. F, 2 s.: PS, 1 and 3 f: M, s.: D.I.: Tel. 8-8: T. & D. LT. RY. (1) 9.30 a.m.: (2) 2.45 p.m.: (3) PO, SB, MOO: (4) Yes, 7: (5) Gallorus Oratory, of Cyclopean Masonry, 6; Kilmalkeddar, 8; Fort Del Oro, where Sir W. Raleigh and Lord Grey massacred the Spanish Invaders, 1580, 9; Brandon Mountain, 8; Mackerel-fishing in spring attracts a very large fleet; Dingle Bay, 1; Cliff at Beenbawn, 1½; Earl Desmond's tomb in Graveyard, 1585. William Gilbert, sergt.

1 Auniscaul V	11¼	B B A	G	Main road, direct
2 Cloghane V	10	H G	G	¼ L 9¼ L ¼ L ¼
3 Ventry V	5	B C D	G	½ L ¼ R 4 L ¼

DOAGH V. (Pop. 219). Upper Antrim: East Antrim: Co. Antrim: Ulster. Doagh, B. & N. C. RY. (narrow-gauge): Tel. 8-8. (1) 7 a.m., 11.20 a.m.: (2) 10.15 a.m., 5.50 p.m.: (3) PO, SB, MOO: (4) Yes, 8: (5) No. Patrick Gallagher, act.-sergt.

1 Ballyclare T	2½	C	G	¼ L 2 R ¼
2 Templepatrick V	4	B D	G F	1 L ½ L ⅛ R 1 L 1⅜
3 Whiteabbey V	8	B D	G F	¼ X ¼ X ¼ L 1¼ X 2 X 1 X ½ X 1 L 1¼ L ¼
4 Whitewell R	7	B D A	G F	¼ X ¼ X ¼ L 1¼ R 2½ R 1½ L 1

DOAGHBEG R. Kilmacrenan: North Division: Co. Donegal: Ulster. Buncrana Railway Station, 23. (1) 12.30 a.m: (2) 12.35 p.m.: (3) Portsalon, 3, PO, SB, MOO: (4) Yes, 1: (5) Seven Arches, 3. Bartley Breheny, acting-sergeant.

1 Greenfort R	5	B	F	4½ L ½
2 Rossnakill V	8	B	F	4 R 4

DOHARRY BRIDGE R. Boylagh · West Division: Co. Donegal: Ulster. F, 25th, monthly: Stranorlar, 23, DONEGAL RY. (1) 9.35 a.m.. (2) 3.38 p.m.: (3) PO: (4) Yes, 2: (5) Great salmon fishery (Lord Cloncurry's); Glendowen, 5; Glenbeigh, 7; Corkscrew Hill, 1. Bernard Gunn, acting-sergeant.

1 Dungloe T	8	D	G	⅛ L Λ 6⅞ R 1
2 Fintown R	5	F H G B	P G	⅜ L ½ Λ 2¼ V 1 Λ ⅜ L ½
3 Lettermacaward R	6	D	F P S	1 Λ 2½ X 2¼ L ¼

DONABATE R. Nethercross: North Division: Co. Dublin: Leinster. G. N. RY. (1) 7.30 a.m.: (2) 4.45 p.m.: (3) PO: (4) Yes, 3: (5) No. Denis Kerr, sergeant.

1 Ballybohill V	6½	B	G	1¼ R 1 R ½ L ¼ L 1 V² 1 V² 1 V 4½
2 Lusk V	4½	B	G	1⅝ R 1 X ¼ X ⅛ X 1½
3 Swords V	3½	B	G	¾ R ½ L ½ R ¼ L 1½

DONADEA R. Ikeathy and Oughterany: North Kildare: Co. Kildare: Leinster. P.St.: PS, every 4th t.: Kilcock, 6, M. G. W. RY. (1) 10 a.m.: (2) 4 p.m.: (3) PO, Clane, 5: (4) No: (5) No. T. Hanna, sergeant.

1 Carbury V	10	B	F	¼ X 3¾ R 2½ X 2 L 1½
2 Clane V	5	B	G	¼ X ¼ X ¾ R ¾ X ½ R ½ X ½ L ½ R 1
3 Enfield R	7½	B	G	1 L 2 L 2½ R 1 R 1
4 Kilcock V	6	B	F	¼ L ¼ L 1¾ R 1¼ R ½ L 1¾ L ¼
5 Maynooth V	8¼	A	G	¼ L ¼ R ¾ L 2 X 1 X 1 L 1 X 2
6 Robertstown V	7	B	F	¼ L ¾ X 2 L 1 R ¼ L 2¼ R ½

DONAGHADEE T. (Pop. 1881). Lower Ards: North Down: Co. Down: Ulster. Tel. 8-8: PS, t.: M, w. and s.: Donaghadee, ¼, B. C. D. RY. (1) 9 a.m., 4.15 p.m.: (2) 1.30 p.m., 4 p.m, 7.30 p.m.: (3) PO, SB, MOO: (4) Yes, 12: (5) Lighthouse and Magazine. Patrick Hatton, constable.

1 Bangor T	5	C	G	2 R 3
2 Greyabbey V	8½	A	G	2½ R 2½ L 3½
3 Newtownards T	8	A	G	¼ L ½ R 1 V² 2 V² 4¼

DONAGHMORE V. (Pop. 229). Middle Dungannon: South Division: Co. Tyrone: Ulster. Tel. 8-8, Sunday, 9 a.m. to 10 a.m.: Donaghmore, ¼, G. N. RY. (1) 12.50 a.m., 9.50 a.m., 4.20 p.m.: (2) 8.50 a.m., 3.20 p.m., 8.50 p.m.: (3) PO, SB,

MOO : (4) Yes, 1 : (5) Ancient Celtic Cross in Churchyard. Michael Corrigan, sergeant.

1 Coalisland T	5½	D	F	¼ L ¼ X ¾ L ⅜ R 2 L ⅛ R 1 R ½ X ½
2 Dungannon T	2¼	A	G	½ R ¾ R 1 L ½
3 Pomeroy V	6½	A	G	¼ L ½ R ⅜ L 1½ L ¼ R ¾ L ¾ X 2 L ¼ X ¾
4 Rock V	5	C D	R	¼ L ⅜ R ¼ L ¾ R ¼ L ¼ R ¼ X 1 X ⅞ R ⅜
5 Stackernagh R	3	B	G	1½ L ¼ R ½ L 1¾

DONARD V. (Pop. 202). Talbotstown Lower : West Division : Co. Wicklow : Leinster. M, m. : Dunlavin, 4½, G. S. W. RY. (1) 9.30 a.m. : (2) 4.20 p.m. ; 11 a.m. on Sunday : (3) PO : (4) Yes, 1 : (5) No. Richard Walsh, sergeant.

1 Dunlavin T	4½	C	G	1¼ X 3
2 Hollywood R	6	A	G	1 R 5
3 Rathdangan V	10	C	G	3 R 1½ X 5½
4 Stratford V	4½	C	G	3 R ¼ X ½ L ¾

DONEGAL T. (Pop. 1372). Tyrhugh : South Division : Co. Donegal · Ulster. F, 2 f. : PS, 2 w. M, s. : D. RY. : Tel. 8-8. (1) 6.15 a.m., 1.30 p.m., 5.45 p.m. : (2) 7.30 a.m., 11 a.m., 2.15 p.m., 6.45 p m. : (3) PO, SB, MOO : (4) Yes, 20 : (5) Donegal Castle ; ruins of Donegal Monastery, where the "Annals of the Four Masters" were compiled, ¼. B. Shalvey, sergeant.

1 Ballintra V	7	C	G	3½ R ½ L 2 R 1
2 Barnesmore R	6	C	G	¼ L 1¾ L ¼ L ⅜ R 1½ R A 1¾ L V ¼ R ½
3 Mountcharles V	4	C	G	¼ L 1½ X 1 L ½ R A ¾

DONEMANAGH V. (Pop. 240). Strabane Lower : North Tyrone : Co. Tyrone : Ulster. Telegraph is being introduced . F, last th. each month : PS. 3 th. : Strabane, 8¼, G. N. RY. (1) 8 a.m. : (2) 6 p.m. : (3) PO, SB, MOO : (4) Yes, 8 : (5) Leckpatrick Rocking Stone, 4 ; Corbylina Waterfall, 1½. Barth. Murphy, sergeant.

1 CLAUDY V	9½	B D B D	F	1 R ½ R 3½ X ½ L ¾ X 1½ L ¼ R ¼ R ½ L ½
2 *Plumbridge* V	10	F B D B F G	F S F	1¾ R ¼ X 1½ R 1 R 1 R 1½ R ¼ L 2 L ½ L ¼
3 Strabane T	8	D B D A	F G	¼ R 2 L 1¼ L 1¼ L 2¾
4 WATERSIDE, LONDON-DERRY C	10½	D B D A	F G	1¼ R ¾ L 1 R 1 R ½ R 3¼ R 2¾

DONERAILE V. (Pop. 850). Fermoy : North Division : Co. Cork : Munster. Tel. 8-8 : F, 13 Feb., 18 April, 11 June, 25 Sept., 10 Dec. : PS, m., fortnightly : Buttevant, 5½, G. S. W. RY. (1) 7 a m., 4.30 p.m. : (2) 8.55 a.m., 7.25 p.m. : (3) PO, SB, MOO : (4) Yes, 5 : (5) Doneraile Demesne, ¼ ; Kilcolman Castle, 4. Cahirmee great Horse Fair, 12 and 13 July, 2½. John Kerr, sergeant.

1 *Buttevant* V	4	B D	G	1¾ X 1¼ R ¼ R ⅜ R ¼
2 *Castletownroche* V	7	B D	G	1 L ¾ R ¼ R 2¼ X 2½ R ¼
3 Killavullen V	7	D	G	1 R 2¼ X ¾ L ¼ R ⅜ R 2 L ¼ L ¾
4 Mallow T	7½	A C D	G	1 X 2¼ L A ¾ R ¼ L 2½ L ¾
5 *Shanballymore* V	6	C D B	G	⅞ R 1 R 1¼ R R 1 R 1 X 1

DONOUGHMORE R. East Muskerry: Mid-Cork: Co. Cork, E.R.: Munster. F, 18 May, 27 Nov.: PS, monthly: Coolmona, 1, M. E. L. RY. (1) 9.30 a.m.: (2) 4.30 p.m.: (3) PO: (4) No: (5) No. Michael M'Laughlin, sergeant.

1 Blarney V	10	B	F	1 L ¼ R 1 X 1½ X 1 X 1½ X 2¾ L 1
2 Ballyshoneen V	5	B	F	1½ L ¾ X 1¼ X 1 X ¼
3 Coachford V	8	D	F	1 X ¼ L ¼ X 2¾ R 1¾ R 2
4 Dripsey V	8	D	I	1½ L ¾ X 1½ X 1½ X ¾ L 1 X 1
5 *Glountane* R	10	D	I	½ R 1½ X 1 X 2 L 1 R 2 R 2
6 Rylane R	6	B	F	1½ R 1 L 1½ L 1 R 1
7 *Rathduff* R	9	D	F	1 L ¼ R 1 X ¾ X 1¼ R 1 L ½ R 2 L 1 R ¼

DOOCASTLE R. Costello: East Division: Co. Mayo: Connaught. Ballymote, 9, M. G. W. RY. (1) 8.30 a.m.: (2) 9 a.m.: (3) PO, SB, MOO: (4) Yes, 2: (5) No. William Batchelor, acting-sergeant.

1 BUNNINADDEN V	4	B	G	⅝ L 1⅜ X ½ X 1 X ¼ X ¼
2 Carracastle R	8	B	G	⅝ R 5½ L 1½ X ⅜
3 CHAFFPOOL R	3	D	G	¼ R 1½ L ½ R ¼ R ½ R
4 TUBBERCURRY T	5	D	G	¼ R 2¼ L 2⅜ L ⅛

DOOGORT V. (Pop. 116). Achill Island: Burrishoole: West Mayo: Co. Mayo: Connaught. Westport, 41, M. G. W. RY. (1) 3.30 p.m.: (2) 10.30 a.m.: (3) PO, SB, MOO: (4) Yes, 5: (5) Slievemore Mountain, ¼; cliffs, and splendid sea-fishing and shooting; good plain accommodation. Joseph Dusting, sergeant.

1 Achill Sound R	13	D	F	1 R 2 L 3 L 4½ R 2 L ½ L
2 Keel V	4½	D	F	1 R 2 L 1½ R

DOOLAIG R. Trughenacmy: East Division: Co. Kerry: Munster. (1) *nil*: (2) *nil*: (3) Castleisland, PO, 3¼: (4) No: (5) Earl Desmond's Grave, 2, and ruins of his Old Castle, 2½. John T. Magrath, acting-sergeant.

1 Castleisland T	4½	F H	I R	2¼ R 2¼
2 Gortatlea V	7¼	B	G	⅝ L 3¼ X ¼ R 1 L ½ X ¼ X ⅛ R 1¼
3 Knocknagoshil R	8	D H	S I	7½ L ½
4 Lyrecrompane R	5	D H	F	3 Λ 2

DOON V. (Pop. 371). Coonagh: East Division: Co. Limerick: Munster. F, 2nd, monthly: Newpallas, 6, W. L. RY. (1) 8 a.m.: (2) 6.30 p.m.: (3) PO, SB, MOO: (4) Yes, 4: (5) No. Martin Conway, sergeant.

1 Bilboa R	3	B D	F G	¼ R ¾ L ¼ R 1¾
2 Cappamore V	4	B	F G	¼ L ½ X 1½ X 1¾
3 CAPPAWHITE V	5	B D	F G	2 L ½ R 2½
4 KILCOMMON V	9	B D	F G	¼ L 2¼ R 2¼ L 3¼ L 1
5 Newpallas R	6	B	F G	¼ L ½ L 1½ R 1¾ L 2
6 Oola R	8	B	F G	1½ L ½ R 3 R 1½ L 1½

DOONALLY R. Tirerrill: South Division: Co. Sligo: Connaught. Collooney, 3½, S. L. & N. C. RY. (1) 8 a.m.: (2) 6 p.m.: (3) Ballygawley, 1: (4) No: (5) No. John Liddane, acting-sergeant.

1 Ballintogher V	4	B B B B	G G G F	¼ L ¾ L 1 R 2
2 Collooney T	8½	B B	G G	1 L X 2½
3 Conway's Cross R	6	B B	G G	3 X 3
4 Riverstown V	6	B B	G G	3 R 2½ L ½

DOONANE R. (Pop. 365). Slievemargy: Leix Division. Queen's Co.: Leinster. Carlow, 9, G. S. W. RY.: Tel. 8-8. (1) 9 a.m.: (2) 4 p.m.: (3) Crettyard, 2, PO, SB, MOO: (4) Yes, 1: (5) Clonbrock Coal Mines, 2. John Kinlough, sergeant.

1 Ballickmoyler V	6½	G E A G	F G B F	⅛ X 2 L ⅛ L ¼ R 1 L 3
2 Ballylenan V	7½	G A G A	F B I G	⅛ L 2½ X 1⅛ R 2 X ¼ X 1½
3 Carlowgraigue T	8½	G E C A	F G B G	⅛ X 2 L ⅛ L ¼ R 1 R 2½ X 2½
4 Railyard R	8½	G A G A	F B B F	¼ R 1¾ X ½ X 1
5 Wolfhill R	4	B D B D	F G F G	⅛ R ⅛ R 2¼ X ¼ R ½

DOONBEG V. (Pop. 117). Ibrickane: West Clare: Co. Clare: Munster. F, 8 Feb., 1 April, 2 May, 1 July, 26 July, 8 Oct., 16 December: Mountrivers, 1, S. C. RY. (1) 11.50 a.m.: (2) 1.30 p.m.: (3) PO: (4) Yes, 2: (5) Baltard Castle and Cliffs, 5; Doughmore Sandhills, 2. James Keating, sergeant.

1 Cooraclare V	6½	B	G	1¼ L ¾ R ¼ R ¼ X 1 R 1½ X 1½
2 Kilkee T	7½	D M	G	1½ X 1¼ X ½ L ½ X ½ V R 1¼ L 1 R ½ X Λ ½
3 Kilrush T	9	B M	G	2 L 1½ L 1¼ L ¾ X ¾ X ¾ R 1½ L ½ L
4 *Mullough* V	8	D	G	⅛ R ¾ R ⅜ L ⅛ R ¾ L 1 R ¾ L ⅛ X ¾ R ¼ R ⅛ L ⅞ R 1½

DOONE R. Garrycastle: Birr Division: King's County: Leinster. Ferbane, 5, G. S. & W. RY. (1) 10 a.m. · (2) 12 noon: (3) Ballinahown, 1½: (4) No · (5) Ruins of Doone Castle, ⅛. Philip Dolan, sergeant.

1 Ballinahown V	1½	B	G	⅛ R 1⅜
2 Ballycumber V	6½	B	G	3½ X 1¾ R ¼ L ½ X ½
3 Clonfanlough R	5	B D B	G	⅛ X 2⅜ L ½ R ¾ L ½ R ½
4 Ferbane V	5	B	G	⅛ L 1⅝ R 1½ R 1¾

DOONIRY R. Leitrim: South Division: Co. Galway, E.R.: Connaught. (1) 8 30 a.m.: (2) 6.30 p.m.: (3) PO, Curra, 1¾: (4) No: (5) No. Patrick M'Dermott, sergeant.

1 *Ballinagar* R	3	B	G	1¼ X ½ L ⅛ L 1 L ⅛
2 *Dalystown* R	3½	B	G	⅛ L 2⅜ R 1
3 Tynagh V	3	B	G	1½ R ½ R 1½

DOUGLAS V. (Pop. 500). Cork City: Munster. Blackrock, 2, C. & P. RY.: Tel. 8-8: PS, every alternate m. (1) 7 a.m.,

1 p.m.: (2) 11 a.m., 9 p.m.: (3) PO, SB, MOO: (4) Yes, 6: (5) No. Timothy Kennedy, sergeant.

1 Blackrock v	2	B	G	¼ R 1¼ L ¼ R ¼
2 Blackrock Road, Cork c	1¾	A	G	¼ X 1½
3 *Carrigaline* v	5¼	A	G	1¾ L 1½ R ¾ X 1 L ½
4 *Passage West* v	5	A	G	L 5
5 Toher R	3½	B	G	¼ L ½ R 1 L ¾ R 1 R ¾

DOVEA R. Eliogarty: Mid Division: Co. Tipperary, N.R.: Munster. Golding's Cross, 5, G. S. W. RY. (1) 8.30 a.m.: (2) 5 p.m.: (3) Bouladuff or Dovea, 1½: (4) No· (5) Killahara Castle, 1½; Inch House, 3; Dovea House, ½; Ballinlonty House, 2. Thomas Devany, sergeant.

1 Borris-o-leigh v	5	B	G	1½ R 3½
2 Golding's Cross R	5	B	G	1 L 3 X 1
3 *Roskeen* R	7	B	F	1½ X 1½ L 2¼ R 1½
4 Templemore T	5	B	G	4 L ½ R ¾
5 *Thurles* T	6¾	B	G	1½ L ¼ L 3 L 1 R ¾

DOWNPATRICK T. (Pop. 3133). Lecale: East Down: Co. Down: Ulster. F, 1 t.: PS, each alternate th.: M, t. and s.: C.I.: D.I.: R.M.: B. & C. D. RY.: Tel. 8-8. (1) 7 a.m., 12 noon, 3 p.m., 6 p.m.: (2) 10 a.m., 2 p.m., 7 p.m.: (3) PO, SB, MOO: (4) Yes, 24: (5) Newcastle, 12; Tollymore Park, 14; the accepted burial-place of St. Patrick; remains of ancient Cathedral founded by St. Patrick, 439, A.D., restored in 18th century; also, a Round Tower was taken down, 1771, for fear of its falling on the new Cathedral; when removed, still more ancient remains of stone buildings were found under its foundations. James Magee, sergeant.

1 Ardglass v	7¾	A	F G	1 L ½ X 1½ L ½ X 1 R 1½ L 1¾
2 Clough v	6¼	A	F G	1½ L 1¾ X 1½ R ½ L 1½
3 Crossgar v	6¼	B	F G	½ L ¾ L 1¼ R ¾ L 2½ R ¼
4 Killough v	6¼	B	F G	1 R 1 X 1½ L 2¼ R ½
5 Killyleagh v	6	B D	F G	½ L ¾ R 1½ R ½ R 1 X 1¾
6 Strangford v	8½	B	P G	½ R ½ X ¼ L ¼ R 1½ L 2 L 2 L 1½

DOWRA V. (Pop. 116). Tullyhaw: West Division: Co. Cavan: Ulster. F, 3rd each month: PS, 2 w.: M, th. (winter and summer): Belcoo, 10½, S. L. & R. RY.: Tel. 8-8. (1) 8.20 a.m.: (2) 4.25 p.m.: (3) PO, SB, MOO: (4) Yes, 6: (5) Loughallen, 2½. D. Glynn, sergeant.

1 Blacklion v	10	A	F	Straight road
2 DRUMKEERAN v	8	A	F	do
3 DRUMSHAMBO v	10¼	A	I	do
4 Glan R	6	C	I	do

DRANGAN V. (Pop. 110). Middlethird: East Division: Co. Tipperary, S.R.: Munster. (1) 10 a.m., 10.45 a.m.: (2) 2.45

p.m., 4 p.m. : (3) PO, MOO : (4) No : (5) No. Hugh M'Cann, sergeant.

1 Ballingarry V	7½	B	I	1 X L 3½ L 1 R 2
2 *Cloneen* V	3	B	I	½ L 2½
3 *Fethard* T	7	B	I	½ L 3 V ½ A 1 R 2
4 Killenaule T	5½	B	I	2 X 1 R 1½ R 1
5 *Mullinahone* V	4	B	G	1 L ⅜ R 1¾ L 1

DRAPERSTOWN V. (Pop. 483). Loughinshollin : South Division : Co. Londonderry : Ulster. F, 1 f. : PS, 3 t. : M, w. : D. & N. C. RY. : Tel. 8-8. (1) 9.30 a.m., 12.50 p.m., 6 p.m. : (2) 7.30 a.m., 4 p.m. : (3) PO, SB, MOO : (4) Yes, 8 : (5) No. Patrick Connellan, constable.

1 Broughderg R	9	D	I	1½ X 2½ R 5
2 Dungiven T	11	D	I	2½ R 1½ R 7
3 Maghera V	6½	B	F G	3 L 1 L 2½
4 Magherafelt T	8	B	F G	2 R 2 R 1 L 3
5 Moneymore V	9½	B	F G	2 R 2 R 1 R 4½

DRIMOLEAGUE V. (Pop. 318). Eastern Division West Carbery . South Division :, Co. Cork, W.R. : Munster. F, 20 May, 27 Aug., 25 Sept., 18 Dec. : PS, t., monthly : M, t. : Drimoleague, C. B. & S. C. RY. : Tel. 8-8. (1) 5.30 a.m. : (2) 7 p.m. : (3) PO. SB, MOO · (4) Yes, 6 : (5) Castledonovan, 5 ; Owen Hill, 8. Albert F. Cotter, constable.

1 *Aughaville* R	5	A	G	2 L 2¼ R ¾
2 Drinagh R	7	A D	G F	1½ R 1½ R 1 R 2 L ½ L ¼ R ¼
3 Dunmanway T	9	A	G	1⅜ L ⅛ L 2 L ¼ R 2¼ L 1¼ R 1¾
4 *Skibbereen* T	9	A	G	3 L ¼ R 1 R ½ L ⅛ R 2 R 1 R ⅜ L 1

DRINAGH V. (Pop. 64). Western Division East Carbery : South Cork : Co. Cork : Munster. (1) 9.10 a.m. (2) 2 p.m. : (3) PO, SB, MOO : (4) Yes, 1 : (5) No. John Dallas, sergt.

1 Ballygurteen V	8	B D	G F	1 R 1 R 2¾ R ¼ R ½ L ½ L 1 X 1
2 Drimoleague V	7	B D	G F	¼ L ¼ R ½ R 2 L 1 L 1½ L 1½
3 Dunmanway T	8½	B D	G F	1 R 1 R 2¾ R ¼ L 1 R 2½
4 Leap V	6½	B D H	G F S	¼ L ¼ L ½ L ½ R 2 L ½ R 2½
5 Rosscarbery V	10	B D H	G F S	¼ L ¼ L ½ L ½ R 2 L 6½
6 Skibbereen T	10	B D	G F	¼ L ¼ L ½ R 2 X 4 R 2 R 1

DRIPSEY R. East Muskerry : Mid Cork : Co. Cork, E.R. : Munster. Dripsey, ½, C. & M. L. RY. (1) 7 a m. : (2) 8 p.m. : (3) Coachford, 4 : (4) No : (5) Dripsey Castle, 3 ; Innislinga Abbey, 2 ; Shandy Hall, 1½. M. M'Kague, sergeant.

1 Ballyshoneen R	4½	D	F	1 X 1 R ¾ R 1 L ¾
2 Coachford V	4	B	G	1 L ¼ L ¼ X 2½
3 Donoughmore R	8	D	F	1 X 1 R ¾ X 3 L ½ R 1¾
4 Inniscarra V	4	A	G	¼ R 3½ L ¼
5 Rylane R	9	D	F	1 X 1 L 1 L ¼ R ¾ L 1 R 1½ R ¼ R ¼ L 2

DROGHEDA (North Quay) T. (Pop. 11873). Saint Peter's: South Louth : Co. Louth : Leinster. F, 2 w. : PS, alternate m. : M, s : D.I. : Drogheda, ½, G. N. RY. : Tel. 8-8. **(1)** 4 a.m., 4.25 a.m., 8.40 a.m., 10.5 a.m., 3.20 p.m., 4.55 p.m., 6.15 p.m., 8.55 p.m. : **(2)** 3.45 a.m, 7.5 a.m, 9.15 a.m., 10.15 a.m., 2.35 p.m., 5.30 p.m., 5.55 p.m., 8 p.m., 9.30 p.m. : **(3)** PO, MOO, SB : **(4)** Yes, 100 : **(5)** This historic old town was almost capital of Ireland in the 12th and 13th centuries. An University founded by the Pope, the precursor of Trinity College, Dublin, was for 100 years in existence here, but succumbed. Parliaments were frequently held here in the old Tholsel, and the Princes of the North and the Lords' Deputies made it a frequent stopping place. Battle of the Boyne, 1690, 3½ ; King William's Glen, 3 ; Tholsel, in town ; Ballsgrove, ½ ; Boyne Railway Bridge, 90 ft. high ; Old Bridge and Boyne Obleisk, 3. James Currin, sergeant.

1 Duleek v	5	A	G	½ R 2 X 2 R ½
2 Julianstown v	4	A	G	1¼ R ¼ L ½ L ¾ X 1
3 Termonfeckin v	5¼	A	G	3 X 1 X 1½
4 Westgate, Drogheda T ½		P	G	Paved streets

Westgate (Drogheda) T. Lewis Dempsey, sergeant.

1 *Collon* v	7½	A C M	G	1 R 1½ R 3 R 1 L 1
2 Duleek v	5	A	G	½ R 4½
3 Slane v	9	A	G	1 L 2 X 1½ R 1 R 8¼
4 Termonfeckin v	6	A	G	2 X 4

DROMAHAIRE V. (Pop. 277). Dromahaire : North Division : Co. Leitrim . Connaught. F, 1 th. : PS, 3 f. : M, t. : D.I. : R.M. : S. L. & N. C. RY. : Tel. 8-8. **(1)** 6.30 a.m., 3 p.m. : **(2)** 11 a.m., 8 p.m. : **(3)** PO, SB, MOO : **(4)** Yes, 5 : **(5)** Loughgill, 1½ ; Breffni Castle, 4 ; O'Rorke's Table, 3. B. T. Kerr, constable.

1 Ballintogher v	3½	D B D	F G	½ R 2½ L 1¼
2 Fivemileburn R	5	D B D F	F G B F	¼ L 3⅞ R ¼ ¾ L ¼
3 Killarga R	6	D B D	F G F	¼ R V 1 L 3½ R 1¼

DROMARA V. (Pop. 184). Lower Iveagh Lower Half : West Division : Co. Down : Ulster. F, 1st f. in Feb., May, Aug., and Nov. ; 1st f. after 15 March, June, Sept., and Dec. : PS, 3 m. : M, t. : Ballynahinch, 5¼, C. D. RY. **(1)** 7.30 a.m., 3.30 p.m. : **(2)** 8.45 a.m., 5.15 p.m. : **(3)** PO, SB, MOO : **(4)** Yes, 2 : **(5)** No. John Downey, sergeant.

1 Ballyalley R	7	C D C	G F	¼ L ¼ X ½ R ¼ X ¼ X 1¾ X 2 L 1
2 Ballynahinch v	5¼	B	G	¼ R 1¼ X 1 X 1 X ½ R ½ R ½
3 Dromore v	7	B C	G	¼ R 1 X 1¼ X 1¼ L 3

DROMARD R. Tireragh: North Division: Co. Sligo: Connaught. Ballisodare, 5¼, M. G. W. RY. (1) 8 30 a.m.: (2) 6.30 p.m.: (3) PO: (4) Yes, 1: (5) Tanrago Demesne and Ballisodare Bay, ½. James Rogers, sergeant.

1 Ballisodare V	5½	C E	F G S	2 L ½ L 1¾ L 1¼
2 *Chapelfield* R	4	C E	G F	2½ L ¼ R ½ L ½ R ¼
3 Coolaney V	5	C F	S F D	2 R 2 R ¾ R ¼

DROMOD V. (Pop. 117). Mohill: South Division: Co. Leitrim: Connaught. Tel. 8-8: F, 1 Jan.: PS, alternate m.: Dromod, ¼, M. G. W. RY. & C. L. & R. L. RY. (1) 7 a.m., 10.30 a.m., 3 p.m.: (2) 6 a.m., 10.40 a.m., 1 p.m., 3.30 p m, 12 night: (3) PO, SB, MOO: (4) Yes, 4: (5) River Shannon, ¼; Aughery Castle, ¼. William Green, sergeant.

1 Johnston's Bridge R	4½	B	I S	¼ R 1 L 1¼ R 1½ R ½
2 *Killyfad* R	3	B	I S	1½ L 1½
3 Mohill V	5½	A	G	¼ L ½ L 1½ X 1 R 1¼ R ½ R ½
4 RUSKEY V	2	A	I S	1½ R ½

DROMOD R. Cremorne: South Division: Co. Monaghan: Ulster Rockcorry, 6, G N. RY. (1) 9 a.m.: (2) 5.30 p.m.: (3) Latton, 3: (4) No: (5) No. Robert Poots, sergeant.

1 Ballytrain R	6	B D B B	G G G G	¼ X 1 X ½ R ½ L 2¾ L ½ X ½
2 COOTEHILL T	6	B G D B	G G G G	1½ L 2½ L 1 R ¼ R ¾
3 CORONEARY R	10	B C D E	G F I F	¼ R 1½ R 1½ X 1 L 2 R 2 L 1 R ¾
4 *Rockcorry* V	6	B G B B	G G G G	¼ L 1 X 2 R ½ L 1 R ¾ L ½

DROMORE T. (Pop. 2359). Lower Iveagh: West Division: Co. Down: Ulster. F, 1st s.; extra or quarterly, 1st s. March, 12 May, 1st s. Aug., 10 Oct., 2nd s. before Christmas: PS, 4 t.: M, w. and s.: G. N. RY.: Tel. 8-8. (1) 7.10 a.m., 11 a.m., 5.30 p.m.: (2) 8.15 a.m., 10.35 a.m., 3 p.m., 6.10 p.m., 8.30 p.m.: (3) PO, SB, MOO: (4) Yes, 18: (5) Mound, ⅛, Old Castle and Protestant Cathedral, in town; Loyola House, ⅛; Purgatory, ½; Gill Hall, 2; new Roman Catholic Church (St. Colman), old Iron Stocks, which formerly stood in the Market-place, and the "Great Cross of Dromore," all in town. Thos. Gallagher, constable.

1 Ballyalley R	6	A D	G F	2½ X L ½ R 1½ L ½ X 1
2 Banbridge T	7	A	G	Straight road
3 Hillsborough T	5½	A	G	do

DROMORE V. (Pop. 641). Omagh: Mid-Tyrone: Co. Tyrone: Ulster. Tel. 8-8: F, 17th, monthly: PS, 1 w.: M, m.: Dromore Road, 1, G. N. RY. (1) 7 a.m., 4 p.m.: (2) 1 p.m., 9 p.m.:

(3) PO, SB, MOO : (4) Yes, 10 : (5) No. Patrick Graham, constable.

1 Drumquin V	8	B	G	1 L 1 R ½ R 1 X ¾ X 2 X 1 L 1
2 Fintona T	6¼	A	G	½ L 1 L ½ X 1 X 1 R 1 R ½ R ¼
3 Lack V	7	B	G	1 L 1 R ¼ L 1⅞ R 1½ L 2
4 Omagh T	10	A	G	1 X 1 X 1½ R 2 X 1 X ½ R ½ L 1 R 1¼
5 Irvinestown T	9	A	G	1½ R 3½ X 3 R 1½ R ½
6 Trillick V	5	A	G	½ R ¼ X 1½ X 1 L ½ R 1 R ¾

DROMORE WEST V. (Pop. 180). Tireragh : North Division : Co. Sligo : Connaught. F, 6 June, 14 Aug., 15 Nov., 2 Dec. : PS, 1 w. : Ballisodare, 16, M. G. W. RY. : Tel. 8-8. (1) 9.30 a.m., 5 p.m. . (2) 9.30 a.m., 5 p.m. : (3) PO, SB, MOO : (4) Yes, 6 : (5) Lough Easkey, 9 ; Dunneil Waterfall, ⅛. Daniel Galvin, sergeant.

1 Ballymoghenry R	9	C	F G	1 X 1 X ½ L 1½ L 2 L 1 X 1 L 1 R
2 Chapelfield R	7	C	F G	½ X ½ L 1 L ½ X 2½ X 1½ L ¼ R ¼
3 Easkey V	4½	D	F G	½ R 1 L 1⅜ R ¼ X ¾ L ¼ R ¼

DRUM V. (Pop. 106). Dartrey : North Division : Co. Monaghan : Ulster. Newbliss, 4½, and Cootehill. 4½, G. N. RY. (1) 8.55 a.m. : (2) 5.30 p.m. : (3) PO : (4) Yes, 1 : (5) No. Francis Cox, sergeant.

1 Cootehill V	4¼	B C B C	F G F G	¼ R 1 R 1½ L 1½ R ¼
2 Newbliss V	4½	D C D C	F G F G	½ L ½ L ¾ R ¼ L ½ R ½ L 1 L ¾ R 1 L ½
3 Rockcorry R	6½	D C D C	F G F G	½ L ¼ R 2½ X 1½ L 2½
4 Scotshouse V	6½	D C D C	F G F G	½ L 1 R 2 R 1½ L 1½
5 Tullyvin R	7	D F D E	F G F G	1⅜ R 2 X 2 L 1½

DRUMBANA R. Clanwilliam : Limerick City : Co. Limerick : Munster. Limerick, 4, W. L. RY. (1) 7.30 a.m. : (2) 6.30 p.m. : (3) PO, Ballyneety, 2½ : (4) No : (5) No. John Pattison, sergeant.

1 Ballyneety V	2½	A A A	G G	1/16 X ¼ R 1 L 1/16 R ¾
2 Ballysimon V	2	A B A	G G	½ L ½ X ½ L 1½ L ½
3 Blackboy C	3	A A	G G	1¼ X ½ L 1½

DRUMBOAT R. Farney : -South Monaghan : Co. Monaghan : Ulster. Culloville, 3, G. N. RY. (1) 9.30 a.m. : (2) 4.30 p.m. : (3) Hackballscross, 4 : (4) No : (5) No. Charles Reihill, const.

1 Corrinshigagh R	3½	B	R & P	2½ L 1
2 Crossmaglen V	4	B	R & B	½ L ½ L 3½
3 Hackballscross R	4	A	G	½ R ¼ L 1½ R ½ R ½ L 1 L ½
4 Inniskeen V	4	D	I	½ R ½ L 1½ R ½ L ¼ R ½

DRUMBOCCAS R. Clanawley : South Division : Co. Fermanagh : Ulster. Florencecourt, 5, S. L. & N. C. RY. (1) 7 a.m. : (2) 6 p.m. : (3) Florencecourt, 4, PO, SB, MOO : (4) Yes, 2 : (5) Lough Erne, 1 ; Knockninny, 4 ; Marble Arch, 6. J. H. Ballantine, constable.

1 Arney R	4	B	F	2½ L 1½
2 Derrylin R	5¾	B D	F G	¾ X 2 L 2 L 1
3 Enniskillen T	7	B A	F	2½ X 2½ R 2
4 Kinawley R	5	B D	F G	¾ X 2 R 1½ R 1

DRUMCLIFF R. Carbury: North Division: Co. Sligo: Connaught. (1) 7 a.m.: (2) 6.30 p.m.: (3) PO: (4) No: (5) The Crosses at Drumcliff Church, ¼; Glencar Lake and Waterfalls, 5; Ben Bulbin Mountain Peak, overlooking Drumcliff Bay and Lissodill Demesne, 3. James Connors, sergeant.

1 Breaffey R	5	B	F	1¼ L 2¾ R 1
2 Grange V	5	C	G	1 X 1½ R ¼ R ¾ X 1¼ R ¼
3 Rosses's Point V	5	D	F	1¼ X ¼ R 1 R ¾ R 1½
4 Sligo (1 and 2) T	5½	A	G	1½ R ¼ L 2 L 1¾

DRUMCOLLOHER V. (Pop. 583). Upper Connello: West Division: Co. Limerick: Munster. F, 21 Jan., 11 Feb.; 15 Mar., 27 April, 18 June, 10 July, 24 Aug., 16 Sept., 13 Oct., 5 Nov., 3 and 31 Dec.: PS, 4th t.: M, w.: Charleville, 12, G. S. W. RY.: Tel. 8-8. (1) 5.45 a.m.: (2) 6.45 p.m: (3) PO, SB, MOO: (4) Yes, 8: (5) No. Thomas M'Gowan, sergeant.

1 Broadford V	3	B	F	¼ R ¼ R ¾ L 1¼ L ½
2 Feenagh V	5½	B	F	⅜ R ⅛ L ⅛ R 2⅝ R 2½ L
3 FREEMOUNT V	6	D	F	¼ L 1¼ L 2 L 2½ L
4 MILFORD V	3	B	F	L ½ R 2½

DRUMCONDRA Township. (Pop. 587, in part, which is in R.I.C. Sub-District). Coolock: North Dublin: Co. Dublin: Leinster. PS, every alternate f.: Broadstone, 1¼, M. G. W. RY.; Amiens Street Terminus, 2, G. N. RY. (1) 8 a.m., 1.30 p.m., 4 p.m., 8 p.m.: (2) 4 a.m., 9 a.m., 12.30 p.m., 5.35 p.m.: (3) PO, SB, MOO: (4) Yes, 10, at Belvedere Road, ½: (5) A Residentiary Suburb of the City of Dublin, abutting on the D.M.P. District. John Kehoe, sergeant.

1 Coolock V	3¾	B	G	¼ L 1 R 1 L 1½
2 Ballybough T	1	B	G	1
3 Glasnevin T	1⅛	B	G	⅛ R ¾ R ¼
4 Santry V	2½	A	G	2½

DRUMCONRA V. (Pop. 210). Lower Slane: North Meath: Co. Meath: Leinster. F, 3 t. in April, Aug., Oct.: PS, 1 w., monthly: Nobber, 5½, M. G. W. RY. (1) 9 a.m.: (2) 5 p.m.: (3) PO; Ardee, 5½, SB, MOO: (4) Yes, 2: (5) No. John Farran, sergeant.

1 ARDEE T	5½	A	G	⅛ L ⅝ R 2 L 1½ R 1¼ L ¼
2 COOLDERRY R	7	A	G	⅛ R 1¼ R ⅛ L 1½ R ½ R ½ X 1 R 1¼ R ¾
3 *Kilmainhamwood* V	9½	B	F	⅛ L 1 L ⅝ R 1 X 1½ L ¼ R 1¾ X 1¼ X 1 L 1¼
4 KINGSCOURT V	8½	B	F	⅛ L 1 L ⅝ R 1 X 1½ X 2½ L 1 L ¾ R ¼
5 Nobber V	5½	B	F	⅛ R ⅛ R 2 X ¾ L ½ R 1½ R ½
6 *Parsonstown* R	6	A	G	⅛ R ⅛ L ½ R 1¼ L ¼ L ¼ R 1 X 1¾ R ¼ X ⅜ R ⅛
7 REAGHSTOWN R	5½	D	F	⅛ R 1¼ R ⅛ R 1 L 1 R 1¾ X ¼

DRUMCOWRA R. Carrigallen : South Division : Co. Leitrim : Connaught. (1) 8 a.m. : (2) 8.30 a.m. : (3) Ballinamore, 3½ : (4) No : (5) No. John Glynn, acting-sergeant.

1 Ballinamore T	3½	A	G	1½ R 2
2 Corrawalleen R	3	A	G	¾ R 2 L ¼
3 Fenagh V	4	B	G	1½ X 2½
4 Garradice R	4	D	I	1 L 2 R 1
5 Newtowngore V	4½	B	G	1 X 2½ L ½ L ½

DRUMDARTON R. Carrigallen : South Division : Co. Leitrim : Connaught. Ballinamore, 3½, C. L. & R. L. RY. (1) 7.30 a.m. : (2) 7.30 a.m. : (3) Aughnasheelan, 1 : (4) No : (5) No. Thos. Shannon, sergeant.

1 Ballinamore V	3½	B	G	¼ X ¾ L 2 R ½
2 CORLOUGH R	9	I	B	3 L 4 X 2
3 Fenagh R	5	B	F	¼ R 1¼ L 1 L 1½ R 1
4 Mullagarve R	5	H	F	¼ R 1¼ R 3 R ½

DRUMKEERAN V. (Pop. 364). Drumahaire : North Division : Co. Leitrim : Connaught. F, 27 Jan., 17 Feb., 8 Mar., Easter Monday, 23 April, 27 May, 24 June, 18 July, 18 Aug., 16 Sept., 19 Oct., 11 Nov., 9 Dec. : PS, every 4 f. : M, w. (winter and summer) : Drumahaire, 8, S. L. & R. RY. : Tel. 8-7. (1) 6 a.m. : (2) 7 p.m. : (3) PO, SB, MOO : (4) Yes, 10 : (5) Lough Allen, 2. James Powell, sergeant.

1 DOWRA V	8	B D	G	Direct road
2 Killarga V	6	B D	G	3½ R 2½
3 Tarmon R	3½	D	G	Direct road

DRUMLISH V. (Pop. 318). Longford : North Division : Co. Longford : Leinster. F, 1 Jan., 17 March, 14 May, 24 June, 6 Aug., 19 Sept., 1 Nov., 2 Dec. : PS, every 4 t. : Newtownforbes, 5, M. G. W. RY. : Tel. 8-8. (1) 8 a.m. : (2) 6 p.m. : (3) PO, SB, MOO : (4) Yes, 2 : (5) No. James Doyle, sergeant.

1 *Ballinamuck* V	4¾	B D	F	¼ L ¼ X 3¼ X 1 L
2 *Ballinalee* V	6	B D	F	¼ R ¾ X 1 R 1½ X 1 R ½ X 1 L
3 Carrickglass R	6⅛	B D	I	¼ L ½ L 1½ L ½ X 1½ L ½ L ½ R 1 L X ⅛
4 Curragranny R	4½	B D	F	½ R 3 R 1
5 FARNAGHT R	4	B D	G	1 R 1½ R 1 L ½

DRUMQUIN V. (Pop. 249). West Omagh : North Division : Co. Tyrone : Ulster. Tel. 8-8. F, last th : M, th. : P.St. : Omagh, 9, G. N. RY. (1) 8 a.m. : (2) 7.30 p.m. : (3) PO, SB, MOO · (4) Yes, 6 : (5) Baronscourt, seat of the Duke of Abercorn, 5. John Noble, sergeant.

1 *Castlederg* T	8	B	B	1½ L 4 X 1½ R ½ L ½
2 *Dromore* V	8	D	B	½ R 1½ X 2½ L ½ R 1½ L 1¾
3 LACK V	9	D	B	½ R 1½ X 2½ R 1½ R ¼ R 2¼
4 Newtownstewart V	10	D	I	½ R 3 X ¼ X 2½ R 2 R 1 R ¾
5 *Omagh* T	9	A	I	½ L ½ L 7½ R ½

DRUMSHAMBO V. (Pop. 515). Leitrim : North Division : Co. Leitrim : Connaught. F, 8 Jan., 15 Feb., 11 March, 1 and 21 April, 16 May, 10 June, 16 July, 15 Aug., 11 Sept., 6 Oct., 16 Nov., 27 Dec. : PS, every 4 th. : M, f. : C. L. & R. L. RY. & TRAM. : Tel. 8-8. (1) 4 a.m., 3.30 p.m. : (2) 1 p.m., 8 45 p.m. : (3) PO, SB, MOO : (4) Yes, 7 : (5) Lough Allen, 1 ; Slieve Anierin Mountain (1922 ft.), 5. Owen Donohoe, sergeant.

1 Abigna R	5	B D	G F S F	1 R 2 L ¼ R Λ 1¾
2 Dowra V	10½	B	G F G F	⅛ L 10⅜
3 Keadue V	6	B	G F G F	1 R 2 L 3
4 Keshcarrigan V	6	B	G F G F	3¾ R 1 L 1¼
5 Leitrim (J S.) V	4	B	G F G F	2½ L 1½
6 *Mullagarve* R	5	D F H	S P	⅓ R Λ 2½ Λ 1¾ L Λ ¼
7 *Tarmon* R	7¾	B	G S F	1 R 6¾

DRUMSNA V. (Pop. 219). Leitrim : South Division : Co. Leitrim : Connaught. Tel. 8-8 : F, 20 May, 22 June, 25 Aug., 8 Oct, 13 Dec. : PS, 1st t. : M, t. : Drumsna, 2, M. G. W. RY. (1) 7 a.m., 11 a.m. : (2) 2.45 p.m., 7.15 p.m. : (3) PO, SB, MOO : (4) Yes, 2 : (5) Jamestown, 1 ; Mountcampbell, 1 ; Charlestown, ½ ; River Shannon. James Rogers, sergeant.

1 Carrick-on-Shannon T	4½	A	F	½ R ¼ R ¼ L 3 L ½
2 Kilmore V	3	A	G	½ L 1 R 1 L ½
3 Killyfad R	5	A	F	¼ R 1¼ R 1 L 1 R 1½
4 *Mohill* T	7	A	F	¼ R 1¼ L 1½ X 2 L ½ R ½ R 1

DRYMILLS V. (Pop. 190). Clanmorris : South Division : Co. Mayo : Connaught. M, m. : Claremorris, 8, M. G. W. RY. (1) 9.30 a.m. : (2) 5.30 p.m. : (3) PO, SB, MOO : (4) Yes, 2 : (5) The first Land League Meeting was held here in April, 1879, the Land League Cross stands on the Square. Irishtown and Gurteen are in the immediate vicinity. Wm. M'Laughlin, sergeant.

1 Ballindine T	3	B	S F	¼ X 2¾
2 Cloontumper R	8	B	S F	¼ R 4 L 1 R 2¾
3 Dunmore T	8	B	S F	Direct road
4 Miltown V	4	B	S F	¼ L 3½ L ¼

DUAGH V. (Pop. 242). Clanmaurice : North Division : Co. Kerry : Munster. Kilmorna, 4, L. & K. RY. (1) 10.30 a.m. : (2) 5 p.m. : (3) PO, SB, MOO : (4) No : (5) River Feale (salmon fishing), 1. James Forrest, constable.

1 Abbeyfeale V	4	E G	F G	1½ L 2⅔ R ⅜ R
2 Fealebridge V	8	E C	F G	2 L 2¼ R 3¾ R
3 Listowel T	6	B C	F G	3 R 2½ R ⅓ R
4 Newtownsandes V	10	I H	R F	½ L 1 L 1¼ L 2 R ½ L 4⅓ R

Depot, The R.I.C., Phœnix Park:

DUBLIN: Headquarters of Reserve R.I.C. (Pop. 597). Castleknock: North Dublin Division: Co. Dublin: Leinster. PS, every t.: A.I.G., R.I.C., Commandant: Dublin City and Castle, 3. As regards the Depôt only—(1) 8 a.m., 4 p.m., 8 p.m.: (2) 12.30 p.m., 5 p.m., 9.30 p.m.: (3) Infirmary Road, ⅛: (4) Yes, unlimited: (5) Viceregal Lodge, 1; Mr. Burke's murder, 1; Zoological Gardens, ¼. John Clear, Head Const.-Major R.I.C.

1 Ballybough V	3	C	F G	⅛ L ⅛ X ⅛ X 1⅛ X ¼ X ¾ L ¼ R ¼
2 Blanchardstown V	2¾	C D	F G	⅛ R 1 X ½ R 1⅛
3 Clondalkin V	4¼	C	F G	⅛ R ¼ R ¼ L ¼ R ¼ L 1 R 1⅜ R 1
4 Drumcondra V	2¾	C	F G	⅛ L ⅛ X ⅛ X 1¼ X ¼ L 1
5 Finglas V	4	E C	F G	⅛ L ⅛ X ⅛ X 1⅛ L ¼ L 1¼ Λ 1
6 Glasnevin V	2½	C	F G	⅛ L ⅛ X ⅛ X 1⅛ L ¼ R ½ L ¼
7 St. Lawrence (Chapelizod) V	2	C	F G	⅛ R ¼ R ¼ R 1⅜

DULEEK V. (Pop. 667). Lower Duleek: South Division: Co. Meath: Leinster. Tel. 8-8: F, 25 March, 3 May, 24 June, 18 Oct.: PS, 4 t., monthly. (1) 8.30 a.m., 11 a.m. (2) 4 p.m, 5 30 p.m.: (3) PO, SB, MOO: (4) Yes, 2: (5) Duleek Abbey, 1; Boyne scenery, 6. Robert Hackett, sergeant.

1 Ardcath R	4½	F	S	⅛ R ⅛ T 2¼ L ⅛ R 1½ L ¼ L ⅛
2 Bellewstown V	4	A E	G R	½ X 2 R 1½
3 Belrath R	4	B	F	4 X
4 West Gate T	5	A C	G	4½ L ½
5 North Quay T	5	A C	G	½ L 2 X 2 L ½
6 Julianstown V	6½	A C	F	½ X 3 R 1 R ¼ L 1¾
7 *Kilmoon* R	6¼	A	G	3 L 3¼ L

DUNCANNON V. (Pop. 323). Shelburne: South Division: Co. Wexford. Leinster. New Ross, 13, D. W. & W. RY. · Tel. 8-7. (1) 7.30 a.m., 5.30 p.m.: (2) 8 a.m., 5.45 p.m.: (3) PO, SB, MOO: (4) Ycs, 4: (5) Military Fort in village; Dunbrody Park, residence of Lord Templemore, 1; Kilcloggan Castle, 4. John Maher, sergeant.

1 Arthurstown V	2	B	G	1½ L ½
2 *Fethard* V	6	B	G	¼ R 1¾ R 1¼ L 1¼ R 1¼ R ¼
3 *Tintern* R	6½	B	F	¼ L 2¼ X 1½ X 1 R 1

DUNCORMICK V. (Pop. 91). Bargy: South Division: Co. Wexford: Leinster. PS, 3 f., monthly: Wexford, 12½, D. W. & W. RY. (1) 10.30 a.m. each day: (2) 2.30 p.m. on week days; 12.30 p.m. on Sunday: (3) MOO, Carrig-on-Bannow, 4: (4) Yes, 2: (5) No. Denis Newcome, sergeant.

1 Bridgetown V	5	B	G F	⅛ L 2 X 1⅛ X 1 R ⅛
2 Kilmore Quay V	6	B	G F	⅛ R 2 R 2 R 1⅛
3 Taghmon V	6	B	G F	⅛ L 1¼ L 1¾ X 1¼ R 1
4 Wellingtonbridge R	6	B	G F	1¼ L 2½ R 1½ R X L 1

DUNDALK (Anne Street) T. (Pop. 12449). Upper Dundalk: North Division: Co. Louth: Leinster. F, 3 w.: PS, every t. and f.: M, m.: D.Cm.: C.I.: D.I.: R.M.: G. N RY., ⅛: D. & G. RY., ¾: Tel. 8-8. **(1)** 7 a.m., 9.25 a.m., 4 p.m., 6 p.m.: **(2)** 3.30 a.m., 5.45 a.m., 7.40 a.m., 8.20 a.m., 12.15 p.m.: **(3)** PO, SB, MOO: **(4)** Yes, 80: **(5)** Castletown, 2; ancient stronghold of "The Pale;" King Richard II. landed here, 1399; King Edward Bruce defeated and slain at Foughart, near Dundalk, 1318. John Doherty, head-constable.

1 Bridge Street T	1	A P	G F	Numerous streets to right & left
2 Quay Street T	1	A M	P F	do do do
3 Lurgangreen V	5	D	G	1 X 2 X 1 X ½ L ½
4 *Martinscross* R	4¼	C	G	1¼ L ¼ L 1¼ L 1½ L

Bridge Street (Dundalk) T. Tel. 8-8: F, 3 w.: PS, every f.: M, m. and w.: Dundalk, 1½, G. N. RY. Robert Hazelton, constable.

1 Anne Street T	1	C	G	¾ X ¼
2 Ballymascanlon R	2¾	A	G	¼ X ½ X ¼ R ¾
3 Hackballscross R	4¼	B	G	1 X ¼ X ¼ X 1 X 1¾
4 Quay Street T	1	A	G	½ X ½

Quay Street (Dundalk) T. **(1)** 6 a.m., 8 a.m., 10 a.m.: **(2)** 3 p.m., 4 p.m., 8 p.m.: **(3)** PO, SB, MOO: **(4)** Yes, 10: **(5)** Line of steamers to Liverpool. Thomas Griffin, sergeant.

1 Anne Street T	1	A	G	¾ L ¼
2 Bridge Street T	1	A	G	¾ R ¼
3 Lurgangreen R	5	A	G	1 X 2 X 1 X ½ L ½

DUNDRUM V. (Pop. 473). Rathdown: South Dublin: Co. Dublin: Leinster. Tel. 8-8: PS, m., fortnightly: D.I.: D. W. & W. RY. **(1)** 7.50 a.m., 12.45 p.m., 7.45 p.m.: **(2)** 10 a.m., 1 p.m., 5 p.m., 10.30 p.m.: **(3)** PO, SB, MOO: **(4)** Yes, 18: **(5)** No. 1 Vartry Reservoir, 2; the Dublin Mountains, 2½. James Sheridan, constable.

1 Cabinteely V	5	D C	F G	⅛ X ⅛ R ¾ R ¾ R ½ R ¾ L ½ X ¼ L ¼ L ½ R ½
2 Rathfarnham V	3	A B A	G F G	¾ L ¾ L ¾ L ½ L ¼
3 Rockbrook R	4½	E F D	G F P	1 Λ R 1 L ¼ R ¾ L ¾ Λ L ¾ V
4 Stepaside V	3½	E	G	1¾ Λ R ½ Λ X 1 Λ X ¼

DUNDRUM V. (Pop. 144). Kilnamanagh Lower: Mid-Tipperary: Co. Tipperary, S.R.: Munster. PS, 2 m.: M, f.: Dundrum, ¼, G. S. & W. RY.: Tel. 8-8. **(1)** 8 a.m., 1.25 p.m.: **(2)** 9.25 a.m., 8 p.m.: **(3)** PO, SB, MOO: **(4)** Yes, 4: **(5)** Dundrum Demesne, Deerpark, Pheasantry, and Skating Pond, 1. Patrick Davis, constable.

1 Anacarty R	3	B D B D B	F G F G	1¼ X 1¼ R ½
2 *Golden* V	6½	A C D B D	F G F G	¼ R 1 L ½ R 1 R 1½ X 2 L ¼
3 Kilfeacle R	6	B D B D	I F S	1 X 1 L ½ R 1½ L 2
4 Rossmore R	6	B	G	¼ X ¾ L ½ X 2 X 1¼ L ½ L ¾

DUNDRUM V. (Pop. 469). Lecale Upper: East Division: Co. Down: Ulster. F, 3 t.: M, s · B: B. C. D. RY.: Tel. 8-8. (1) 8 a.m., 12 noon, 6.20 p.m.: (2) 9.30 a.m., 1.30 p.m., 4.30 p.m: (3) PO, SB, MOO: (4) Yes, 6: (5) Ruins of Dundrum Castle, ¼. Francis R. Sweeny, constable.

1 Bryansford V	5	B	F	½ R 2 X 1 R 1½
2 Cast'ewellan V	5	D	F	¼ L ⅛ R 1⅜ L ¼ X ½ R ¼ R 2
3 Clough V	2½	D	F	1¼ L ¼ R 1
4 Newcastle V	4½	B	F	⅜ L ⅛ L 1 L 2 L 1

DUNFANAGHY V. (Pop. 525). Kilmacrenan: West Division: Co. Donegal: Ulster. PS, every 2 s.: M, s.: D.I.: R.M.: Tel. 8-8: Letterkenny, 22, L. & L. S. RY. (1) 10.30 a.m., 2.30 p.m.: (2) 10.30 a.m., 3 p.m.: (3) PO, SB, MOO: (4) Yes, 8: (5) M'Swine's Gun, 3; Hornhead and Cliffs, 4¼. John Fitzpatrick, sergeant.

1 Creeslough V	6	C	G	1 L 2 R 2¾ L ¼
2 Falcarragh V	7	C	G	Direct road

DUNGANNON T. (Pop. 3812). Mid-Dungannon: East Division: Co. Tyrone: Ulster. Tel. 8-8: F, 1 w.: PS, m., fortnightly: M, th.: D.I.: G. N. RY. (1) 12.30 a.m., 8.20 a.m., 9.20 a.m., 3.40 p.m., 6.30 p.m., 10.35 p.m.: (2) 9.10 a.m., 1.15 p.m., 4 p.m., 7 p.m., 11 p.m.; Car to Cookstown, mail, 2.30 a.m.; Car from Cookstown, mail, 10.30 p.m.: (3) PO, SB, MOO: (4) Yes, 35: (5) The historic Castle of The O'Neills, in town. Henry Magee, sergeant.

1 Benburb R	7½	C	F	½ L 3 L 2 R 2
2 Coalisland V	4	A	G	⅛ X 1½ L ¼ R ⅛ L ½ R 1 X ¼ L ¼
3 Donoughmore V	2½	A	G	¼ L ¾ L 1 R ½
4 Laghey R	3	D	F	⅛ X ⅛ R ⅛ ⅛ R ⅛ R ¼ R 1 L ¼ L ⅛ L ¾
5 Moy V	5	A E A	G G	2½ L 2½ X
6 Stackernagh R	4	A	G	⅛ L ¼ L 2 L 1 X ⅛ R ½ R

DUNGARVAN T. (Pop. 5260). Decies without Drum: West Division: Co. Waterford: Munster. F, 3 w.: PS, every alternate s.: M, t. and s.: D.I.: R M.: W. D. & L. RY.: Tel. 8-8. (1) 7 a.m., 5 p.m.: (2) 8.30 a.m., 10.30 a.m., 5 p.m., 5.30 p.m.: (3) PO, SB, MOO: (4) Yes, 20: (5) Abbey of St. Mary, ½; Old Church and fine Roman Catholic Chapel. Patrick Casey, constable.

1 Cappa R	6	A	G	1½ R 1½ L ¼ L 1½ R 1¼
2 Colligan R	5	A C	G	1½ R 1½ L ¼ R ¾ L 1
3 Keilyscross R	9	A E A	G	1½ L ¾ L ¼ R 6½
4 *Lemybrien* R	8	A E A	G	¼ L 1¾ R 1 X ¼ L 1 X 1 R 1 X 1½ L ¼
5 Ring R	7½	A C	G	1½ L ¾ L ¼ R 1½ R ½ L 2 L ½ L ½
6 Stradbally V.	8¾	A C	G	¼ R 1½ X ¼ R ¾ X 2½ R 3½

DUNGARVAN V. (Pop. 72). Gowran : North Kilkenny : Co. Kilkenny : Leinster. (1) 8.30 a.m. : (2) 6 p.m. : (3) PO, Kilfane, 2 : (4) No : (5) Tulloherin Round Tower, ½. James Peters, constable.

1 Bennettsbridge V	5½	B D	F	⅛ R ¼ R 2 X 1 R 2 R ⅛
2 *Goresbridge* V	7	B D	F	⅛ L ⅛ L 2 R ½ L 2 R ⅛ L 1¼ R ¼
3 *Gowran* V	3½	B D	F	¼ R ½ L 2¼ L ½
4 Graiguenamanagh V	9	B D	F	4½ L 4¼ R ¼
5 Thomastown V	4¾	B D	F	½ R ½ L 2¼ L 1 R 1

DUNGIVEN V. (Pop. 749). Kennaught : North Division : Co. Londonderry : Ulster. F, 2 t. : PS, 3 th. : M, s. : B. & N C. RY.: Tel. 8-8. (1) 8.20 a.m., 5 p.m. : (2) 10 a m , 5.5 p m. · (3) PO, SB, MOO : (4) Yes, 8 : (5) Dungiven Castle, ½ ; School, ¼. John Daly, sergeant.

1 Claudy V	10	B D B D	F	½ L 1½ R 2 R 2 R ½ L ½ R 1 X 1 R 1
2 Limavady T	9	B D B D	F G	½ L 2½ R 2 L 1 R 2 L 1
3 Park V	9	B D	F G	½ L 1½ R 1½ L 1½ X 2½ R 1½

DUNGLOE V. (Pop. 393). Boylagh : West Division : Co. Donegal : Ulster. Tel. 8-8 : F, 4th, monthly : PS, 3 t. : D.I. : Stranorlar, 31, DONEGAL RY. (1) 11.15 a.m. : (2) 2 p.m. : (3) PO, SB, MOO : (4) Yes, 9 : (5) Arranmore Island, 10 ; Maghery Strand, 4½ ; Croghey Head, 5½ ; splendid fishing and shooting in vicinity. James M'Mahon, head-constable.

1 Anagrv R	7½	D	I R S P	2 R ½ R 5
2 Burtonport R	5	B D	F G F	⅛ R 1½ R ⅛ L 2 R ⅜ L ½
3 Doharrybridge R	8	D	G	1 L 6⅞ V R ⅛
4 Lettermacaward R	9	I	B R	1 L 6 R 1¼ R ¾

DUNKERRIN V. (Pop. 60). Clonlisk : Birr Division : King's Co. : Leinster. Roscrea, 6, G. S. & W. RY. (1) 7.20 a.m. : (2) 6.55 p.m. : (3) PO : (4) Yes, 1 : (5) No. John Powell, sergt.

1 CLONAKENNY R	5	B	F	2½ X ¾ L ¼ L 1½
2 Cooıaclevin R	3	B	G	½ L 1¼ R ¼ L ½ R ½
3 Moneygall V	3	A	G	½ R 1 X 1½
4 RıOSCREA T	6	A	G	1 L ⅛ R 1⅜ X 2¾ L ¼

DUNKINEELY V. (Pop. 249). Banagh : South Donegal : Co. Donegal : Ulster. F, 16th of each month ; if 16th fall on Sunday, fair will be held on 17th : M, th. : DONEGAL RY., ½ : Tel. 8-8. (1) 9.30 a.m., 4.30 p.m. : (2) 8 a.m., 3.30 p.m. : (3) PO, SB, MOO : (4) Yes, 5 : (5) M'Swine's Castle, 1 ; St. John's Point, 6½. John Neill, acting-sergeant.

1 Killybegs V	6	B	G	¾ R 3¼ L 2
2 *Mountcharles* V	7¾	B	G	2 R 2 R ¼ R ⅛ R 3¼

DUNLAVIN V. (Pop. 544). Talbotstown Lower: West Division: Co. Wicklow: Leinster. F, 2 w.: PS, each alternate w.: M, w.: D.I.: G. S. & W. RY.: Tel. 8-8. (1) 8 a.m., 10 a.m.: (2) 4.15 p m., 6 p.m (3) PO, SB, MOO: (4) Yes, 10: (5) Dunlavin Green, ¼. John M'Donagh, constable.

1 Donard v	4½	D	G F	3 X 1½
2 Grange (Con) v	5	C D	G F	⅜ R ⅞ L ½ X 1½ L 1 V² 1½
3 Hollywood R	5½	C D A	G F G	⅜ R ½ R 1 R 1½ X 1½ L 1 X ½
4 KILCULLEN V	7	C D F	G F	1 L ¼ L ¼ R 1 L 1¼ R 1 L ½ R 1 X ¾ R ¼
5 Stratford v	6½	D	G F	¾ R 1¼ X 1 R 2 R ⅞ L ½

DUNLEER V. (Pop. 210). Ferrard: South Division: Co. Louth: Leinster. Tel. 8-8: F, 4 w.: PS, 2 t.: G. N. RY. (1) 7.45 a.m., 5.45 p.m, 9 14 p.m., 3.45 a.m.: (2) 7.30 a.m., 5.30 p.m., 9 p.m., 10 p m.: (3) PO, SB, MOO: (4) Yes, 10: (5) No. Thomas Magorry, constable.

1 Ardee T	6½	A	G	½ R 3½ R 2½ L ¼
2 Cast'ebellingham v	5	A	G	2½ X 2½
3 Clonmore R	4½	D	G	1 R 2 X 1½
4 Collon V	7½	B	G	½ R 1½ X 2½ X 2 X 1 L ¾
5 Stabannon R	3½	B	G	½ R 2 R 1 L ½

DUNMANUS R. Western Division West Carbery: West Division. Co. Cork, W.R.: Munster. Schull, 6, W. D. W. C. RY. (1) 9.42 a.m.: (2) 2.42 p.m.: (3) PO, 3: (4) No: (5) Dunmanus Bay, 1; a Castle of The O'Mahony's and a large "Dun," 1½. M. O'Sullivan, acting-sergeant.

1 *Durrus* v	9	B D B D	F	½ X L ¾ R ½ L 1½ X 5
2 Goleen V	6	B D B D	F	½ L 1½ R 3½ L ⅞ L ½
3 Schull V	6	B D B D	F	1½ R 1½ L 2 R ½ R ½

DUNMANWAY T. (Pop. 2029). Western Division East Carbery: South Cork: Co. Cork, W.R.: Munster. F, 4 th.: PS, fortnightly: M, t.: D.I.: C. B. & S. C. RY.: Tel. 8-7. (1) 5.30 a.m., 5 p.m.: (2) 9 a.m., 7.15 p.m. (3) PO, SB, MOO: (4) Yes, about 20: (5) No. William Atwood, head-constable.

1 Ballineen v	7	A	G G	2 X 1 X 1½ X 1½ X ½ X ½
2 Ballygurteen v	6½	B	G	1 L X ½ R X 1 R X ½ L X 3½
3 Carrigdangan R	8	B	F	1 X ½ L ½ R 1½ R ½ R 1 R ½ R 1 L ¼ R ¾
4 Drimoleague v	9	A	G	1⅞ L ½ R 2 L ½ R 2½ L 1¼ R 1¾
5 Drinagh V	8½	B D	G F	1 R 1 R 2⅞ R ¼ L 1 R 2½
6 Kinneigh R	9	G A	S P G G	½ L 1 X ¼ R 1½ X 1½ R 1 X 1½ 1½ X ½ X ½

DUNMORE V. (Pop. 679). Dunmore: North Division: Co. Galway: Connaught. Tel. 8-8: F, 1 Jan., 15 Feb., 25 March, 27 April, 29 May, 9 July, 15 Aug., 10 Oct., 11 Dec.: PS, every

2 th.: M, th.: D.I.: Tuam, 9½, A & E. RY. (1) 6 a.m.: (2) 7 p.m.: (3) PO, SB, MOO: (4) Yes, 6: (5) No. John Brennan, sergeant.

1 Clonberne R	6	A	G	5⅓ R ⅓
2 CLONFAD R	5	B	G	4 L 1
3 DRYMILLS V	8	A	G	8 R
4 Glenamaddy V	8½	A	G	2½ R 3½ X 2½
5 Miltown V	8	A	G	¼ X 1 ¼ 3½ R 2 L ¾ R ¼ L ¼
6 *Tuam* T	9½	A	G	1 X 1 X 2½ X 2 X 2½ X ½
7 Williamstown V	8½	A	G	2 X 1 R 4 X 1 X ½ X

DUNMORE R. Gowran: North Division: Co. Kilkenny: Leinster. Kilkenny, 3, G. S. & W. RY. and W. & C. RY. (1) 8 a.m.: (2) 11 a.m., 7 p.m.: (3) Kilkenny, 3¼: (4) No: (5) Cave of Dunmore, 4. William Henderson, sergeant.

1 Carrigeen R	6	A B	G F	1 X 2½ R 2 X ½
2 *Corbetstown* R	4	A	F	1¼ L 1 L ¼ R ½ L 1
3 Dean Street, Kilkenny C	3	A	F	2 X ½ R ¼ X ⅛ L ⅜
4 John Street, Kilkenny C	3¼	A	F	2 X ½ X ¼ X ⅛ X ⅝
5 James Street, Kilkenny C	3¼	A	F	2 X ½ R ¼ X ⅛ L ⅝
6 Jenkinstown R	3½	A B	G F	1 X 1 L ¼ R 1

DUNMORE EAST V. (Pop. 405). Gaultier: East Waterford: Co. Waterford: Munster. Tel. 8-8. (1) 9 a.m., 7 p.m.: (2) 9 a.m., 6 p.m.: (3) PO, SB, MOO: (4) Yes, 12: (5) Bathing place. John O'Keefe, constable.

1 Callaghane R	6	B	G	2 X ½ X 3½
2 Passage East V	7	D	G	2½ R 4½
3 Tramore T	9¾	D	G	2 X ½ L 7¼

DUNMURRY V. (Pop. 400). Belfast Upper: South Division: Co. Antrim: Ulster. G. N. RY.: Tel. 8-8. (1) 7 a.m., 9.30 a.m., 4.30 p.m.: (2) 9 a.m., 4 p.m., 7 p.m.: (3) PO, SB, MOO: (4) Yes, 2: (5) No. William Baird, constable.

1 Andersonstown V	3½	A B A	G G G	½ R ¾ L 1½ R ¾
2 *Belfast* C	4	A A A A	G G G G	½ R ¾ X 1 X 1¾
3 Lisburn T	3¼	A A A A	G G G G	1 L ¼ L ¾ X 1¼
4 NEWTOWNBREDA V	5	D C C C	G G G G	¼ R 1½ L ¼ R ½ R 1½ L 1

DUNSANY R Lower Deece: South Division: Co. Meath: Leinster. Kilmessan, 3, M. G. W. RY.: Tel. 8-8. (1) 7.15 a.m., 12 noon: (2) 2.20 p.m., 6.55 p.m.: (3) PO, SB, MOO: (4) No: (5) No. Joseph Thomson, sergeant.

1 Dillonsbridge R	4	A	G	1¼ L ½ X ¾ X ¾ R ¾
2 Dunshaughlin V	4½	A	G	1¼ X 2¼ X 1
3 Robinstown R	8	A	G	¾ R 1¾ X ¼ R 2 X 1½ X 1¾
4 Summerhill V	8	D	G	1 X 1 X 3 X 2 R 1

DUNSHAUGHLIN V. (Pop. 261). Ratoath : South Division : Co. Meath : Leinster. Tel. 8-8 : F, quarterly : PS, 1 w. each month : D.I. (1) 8 a.m., 11 a.m. : (2) 3 p.m., 7 p.m. : (3) PO, SB, MOO : (4) Yes, 9 : (5) Good hunting with Ward Staghounds, and Co. Meath Foxhounds. Patrick O'Brien, sergt.

1 Batterstown R	3½	B	F	1¼ R ½ L 1¾ L ½
2 Dillonsbridge R	6	A	G	½ X 2¾ R 1⅜ X ½ X 1¼ R ⅜
3 Dunsany R	4½	B	F	½ L ⅞ R 3 L ½
4 Ratoath V	4	B	F	⅜ R ⅞ R 1¼ R 1¼ X ¾ L ¼

DURROW V. (Pop. 616). Clarmallagh : South Division : Queen's Co. : Leinster. F, 2 s. : PS, t., fortnightly : M, f. : Attanagh, 2, W. C. RY. : Tel. 8-8. (1) 6.50 a.m., 11.15 a.m. : (2) 3 p.m., 6.35 p.m. : (3) PO, SB, MOO : (4) Yes, 6 : (5) No. William Colclough, sergeant.

1 Abbeyleix T	5½	B D B	G	½ L 1 R 1 L 1 X 2 R ⅜
2 Ballacolla V	3½	B	G	½ L ⅞ L ½ R 2½
3 Ballinakill T	5	B D B	G	⅜ R ⅞ R ⅜ X ⅜ X 2½
4 BALLYRAGGOT T	5½	D B	G	½ L 1 R 3½ R ⅜ R ¾ R ¼
5 Cullohill V	4½	D	G	2 L ⅜ R 1 R 1 R ⅜

DURRUS V. (Pop. 180). Western Division West Carbery : West Division : Co. Cork, W.R. : Munster. F, 17 March, 9 July, 5 Nov. : PS, 4 w. : M, s. : Tel. 8-8 : C. B. & S. C. RY. (1) 8.30 a.m. : (2) 5 p.m. : (3) PO, SB, MOO : (4) Yes, 5 : (5) Dunmanus Bay. Jeremiah Keane, constable.

1 Aughaville R	9	B	F I F	5 X 1½ R ½ L 1¾ X ½
2 Ballydehob V	9	B D G B	F R S P F	2 R 2 L 1 X 1 R ½ X 2½
3 Bantry T	6½	C B C A	G S F	4 L 2½
4 Dunmanus R	9	B C F G	F R F	2 R 2 R 5
5 Kilcrohane V	10	B D B D	I S P F	¼ L ¼ L 5 L 4½

E

EARLSHILL R. Slievardagh : Mid Division : Co. Tipperary, S.R. : Munster. Laffansbridge, 7½, G. S. W. RY. (1) 10 a.m. : (2) 4 p.m. : (3) Ballincurry, 2 : (4) No : (5) No. Denis Regan, constable.

1 Ballingarry V	5	D	F	2 L 1 X 1½ X ½ L
2 Commons V	6	D	I	⅜ R 2¾ R ½ L 1 L ½ R 1½
3 Gortnahoe R	7½	D	F	¼ L ½ R 1 R 1 R ½ R 1 L 3½
4 Killenaule T	5	B D	I	1 R 1 L 1 X 1 R ⅜ R ¼

EASKEY V. (Pop. 322). Tirerragh : North Sligo : Co. Sligo : Connaught. Tel. 8-8 : F, 17 March, 1 May, 1 June, 18 Nov. : PS, 3 w. : D.I. : Ballina, 16, M. G. W. RY. (1) 10.30 a.m., 6.30 p.m. : (2) 7.30 a.m., 4.30 p.m. : (3) PO, SB, MOO : (4) Yes, 3 : (5) Blindcorra Castle, 1. Denis M'Carthy, constable.

1 Dromore West V	4½	A	F	1 L ½ X ½ L 2 R ½
2 Enniscrone V	8	A	F	½ R ¾ X 1½ L ½ L 1 X 2 R 1 X ½ R ½

EDENDERRY T. (Pop. 1500). Coolestown : Tullamore Division : King's Co. : Leinster. F, three in year, Feb , May, and Nov. (moveable) : PS, w., fortnightly : M, s. : D.I. : M. G. W. RY. : Tel. 8-8. (1) 7 a.m., 11 a.m. : (2) 3 30 p.m., 6 p m. : (3) PO, SB, MOO : (4) Yes, 12 : (5) The Canal Bridge, ¼. Robert M'Farland, head constable.

1 Carbury V	4	A	G	1 R 1 L 1¾ L ¼
2 Clonbologue V	6½	A	G	1 X 3 X 2½
3 Corbetstown V	9	A	G	2 X 2½ X 2½ X 2
4 Esker R	6½	A	G	1 X 2 X 3½
5 Rhode V	7	A	G	2 X 2½ X 2½
6 Russelwood R	5	A	G	2½ X 1 X 1½

EDENMORECROSS R. Trough : North Division : Co. Monaghan : Ulster. Aughnacloy, 3, C. V. TRAM. (1) 9 a.m. : (2) 5 p.m. : (3) Aughnacloy, 3 : (4) No : (5) No. Thomas Saunderson, sergeant.

1 AUGHNACLOY T	3	D A	F G	1 X 1 X 1
2 Emyvale V	5	B A	F G	¼ L 1 X 1¼ R 2½
3 Tydavnett V	7	D D	F F	2 X 3 R 1½ L ½

EDERNEY V. (Pop. 296). Lurg : North Division : Co. Fermanagh : Ulster. M, th. : Kesh, 2½, G. N. RY. (1) 7.30 a.m. · (2) 6.30 p.m. : (3) PO, SB, MOO : (4) Yes, 2 : (5) Deerpark, 3 : John Perry, sergeant.

1 Irvinestown V	5½	B	—	1¼ L 1¼ L 3
2 Kesh V	2½	B	G	1¼ X 1¼
3 Lack V	4½	B	G	¼ X 1¾ X 2½

EDGEWORTHSTOWN V. (Pop. 624). Ardagh : North Division : Co. Longford : Leinster. F, day before Shrove Tuesday, 3 April, 5 May, 2 July, 12 Sept., 5 Nov., Wednesday of week before Christmas : PS, 4 w. : M, t. : M. G. W. RY. : Tel. 8-8. (1) 8.30 a.m., 11.30 a.m. : (2) 3.40 p.m., 10 p.m. : (3) PO, MOO, SB : (4) Yes, 4 : (5) No. James Reilly, sergeant.

1 Ardagh V	5¾	D	F	¼ L 2 X 1 R 1½ R 1
2 Ballinalee V	7½	D	F	¾ R 1½ R ½ L 2 L 2½ R ¼
3 Carrickboy R	6½	D	F	¼ L 2 X 1 L 2 R 1¼
4 Lisryan R	6	B	F	¼ R 1¼ L 1½ L 2 L 1
5 Rathowen V	4½	B	F	3 X 1½
6 Street V	6	B	F	¼ R 1¼ L 1½ R 3

EGLINTON R. Tirkeeran : North Division : Co. Londonderry : Ulster. PS, 1 t. · Eglinton, 2, B. & N. C. RY. : Tel. 8-8. (1) 8 a.m. : (2) 5.50 p.m. : (3) PO : (4) Yes, 1 : (5) Lough Foyle, 2½. L. M'Enroe, sergeant.

1 Claudy V	11½	D C	F G	1 L ¼ R 1¼ X 2½ L 1¼ L 1½ R 1½ R 1¼ L 1
2 Limavady T	10½	C D	F G	¼ L ¾ R 2 X 1 X 1½ X 1½ X 1 R 1 R 1 X ½
3 *Waterside, Londonderry* C	6	C D	F G	¼ X 1¾ X 1 L ⅛ R ⅛ X 2¾

ELPHIN V. (Pop. 750). Roscommon: North Division: Co. Roscommon: Connaught. F, ten in the year: PS, 4 w.: M, w.: Carrick-on-Shannon, 8, M. G. W. RY.: Tel. 8-8. (1) 5.30 a.m., 7.45 p.m.: (2) 6 a.m., 8 p.m.: (3) PO, SB, MOO: (4) Ycs, 10: (5) No. Patrick Kelleher, sergeant.

1 Croghan V	6	C	G	½ L 5½
2 Hillstreet V	5½	B D	I	1½ L 4
3 Mantua R	5	B	F	¼ L 1¼ X 3½
4 Strokestown V	6¼	C	G	¼ L 1¼ R 1 R 3¼ R ¼
5 Tulsk V	6	A	G	1½ L ⅛ R 2 R ½ L ¼ X 1 R ½ R ⅛

ELTON V. (Pop. 72), Coshlea: East Limerick: Co. Limerick: Munster. F, 3 Nov., 20 Dec., 3 Mar.: Knocklong, 2½, G. S & W. RY. (1) 7.30 a.m.: (2) 7 p.m.: (3) PO; Knocklong, 2½, MOO: (4) Yes, 2: (5) No. John Horgan, sergeant.

1 Ballyscadane R	4	B	G	¼ L 2½ R ¾ R ½
2 Hospital V	5	B	G	1 R 3 L 1 R
3 Knockain°y V	4	B	G	1 R ¼ L ¾ L ¾ X ¼ R 1 L
4 Kilmallock T	6	B	G	1 R 1 L 1 R 1 R 2 L
5 Kilfinane T	6	B	G	¼ R 2¾ R 2½ R ½ R

EMLY V. (Pop. 351). Clanwilliam: South Division: Co. Tipperary: Munster. F, 21 May, 22 Nov.: G. S. & W. RY. (1) 8 a.m., 4 p.m.: (2) 10 a.m., 6 p.m.: (3) PO, SB, MOO: (4) Yes, 2: (5) No. J. Gallagher, sergeant.

1 BALLYSCADANE R	5½	B	F P	¼ L 3 V^{1} 1¾ V^{3} ½
2 ELTON V	6	B	F P	¼ L 3 V^{3} 2¾
3 GALBALLY V	5	B	B P	¼ R 2¾ R ⅛ L ¾ L 1⅛
4 Glenbane R	4	D	B P	¼ X 2 A ¼ V 1½
5 HOSPITAL V	4	B	F P	¼ L ¼ R 3½
6 Kilross R	4	B	B P	¼ R 2¾ L 1
7 KILTEELY V	5	B	B P	¼ R 3¼ L 1½

EMYVALE V. (Pop. 324). Trough: North Division: Co. Monaghan: Ulster. Tel. 8-8: PS, 3 t.: Glasslough, 3½, G. N. RY. (1) 3.10 a.m., 12.15 p.m.: (2) 6 a.m., 11.25 a.m., 9.15 p.m.: (3) PO, SB, MOO: (4) Yes, 4: (5) Anketell Grove, 1. Thomas Johnston, sergeant.

1 AUGHNACLOY T	5½	A	G	5½
2 CALEDO[N] V	6½	B C	F	1¾ L ¾ X 1¼ R 2¾
3 Edcnmore ross R	5	A C	G I	2½ L 1¼ X 1⅛ R ⅛
4 Glasslough V	3½	B	F	1½ R 1½ X ¼
5 Monaghan T	6½	A	G	Straight road
6 Tydavnett V	4½	D	G P	2 R 1¼ X 1¼

ENFIELD V. (Pop. 258). Moyfenrath Lower: South Division: Co. Meath: Leinster. Tel. 8-8; Sunday, 9 a.m. to 10 a.m.: M. G. W. RY. (1) 4 a.m., 8.30 a.m., 8.35 p.m.: (2) 4 a.m., 10 a.m., 2.30 p.m., 5.15 p.m., 8.20 p.m.: (3) PO, SB, MOO: (4) Yes, 11: (5) Cloncurry, 2; Dunfeirth, 2½. John Mescal, const.

1 BALLINADRINNA R	5½	A	G	2½ L R 1½ Λ 1½
2 CARBURY V	7	B	G	7
3 Donadea R	7	B	G	1 L 1 L 2 R 2 R 1
4 Kilcock T	7	A	G	1½ X 2½ X 1½ R ½ R 1
5 Longwood V	5	B	F	2½ R 2½
6 Rathmolyon R	6	B	F	1¼ Λ 1¼ L 2 R 1 L ¼
7 Summerhill V	8	B	F	1½ Λ 1¼ L ¾ R 4½

ENNIS T. (Pop. 6307). Islands: East Clare: Co. Clare: Munster. Tel. 8-8: F, 1st s., monthly; 3 April, two days; 2 Sept., two days; also 9 May, 1 Aug., 13 and 14 Oct., 3 Dec.: PS, f.: M, s.: D.I.: C.I.: R.M.: W. L. RY. (1) 6.30 a.m., 8 a.m., 1.45 p.m.: (2) 1.5 p.m., 7.30 p.m.: (3) PO, SB, MOO: (4) Yes, 20: (5) Ballyalla Lake and good fishing, 2; Fergus Slob Reclamation Works, 2; elegant Franciscan Abbey, founded by O'Brien in 1250, considered the most elegant Gothic Monastery in Ireland. At Slieve Callan, 10 miles from Ennis, is the Ogham Stone, discovered in 1784, covering a Tumulus, bearing the inscription, "Beneath this flag is interred Conan, the Turbulent and Swift-footed," whose death is recorded by Oisin. Clare was the ancient "Thomond," and formerly formed part of Connaught. M. O'Halloran, head-constable.

1 Barefield R	4	A	F	3 R 1
2 Clare V	2½	A	A	2½
3 Corofin V	8½	A	A	3 R 4 R 1½
4 Inch R	3	A	A	¼ X ½ R 2 R ¼ Λ
5 Newhall R	4½	A	A	1 X ⅛ X ¾ X 1 X L 1 R ¼
6 Ruane R	6½	A	A	1¾ L 1¾ L 2 R 1

ENNISCORTHY T. (Pop. 5040). Scarawalsh: North Division: Co. Wexford: Leinster. Tel. 8-8: F, 21 Jan., 21 Feb., 21 March, 25 April, 10 May, 7 June, 5 July, 25 Aug., 19 Sept., 10 Oct., 15 Nov., 21 Dec.: PS, m., weekly: M, th. and s.: D.I.: D. W. & W. RY. (1) 6 a.m., 11.30 a.m., 3.15 p.m.: (2) 10.30 a.m., 2.30 p.m., 8.30 p.m.: (3) PO, SB, MOO: (4) Yes, 20: (5) Vinegar Hill, 1, centre of Rebellion, 1798.

1 Ballycarney R	6¼	C	G	⅜ R ½ R 2¾ L 1½ R 1¼ R ¼
2 Clonroche V	8	D	G	½ R ½ R ½ L ¼ L ¼ L ¾ R ½ L ½ X 1¾ L ½ L ¼ R R ¼ R 1½
3 Cornwall R	8¾	F	P	½ L ¾ L 1½ V ¼ Λ ½ L ½ X Λ 2½ L 2½
4 Ferns T	7¾	C	G	⅜ R ½ R 2½ R ¾ R ⅙ L 3½ L ½
5 Galbally R	8	D	P	1¼ X ½ R ¼ L ¼ R 1½ X ¼ R ¼ L ½ L 2 R ¼ X 1
6 Killanne R	8	D	F	½ R ½ R ¼ L ¼ R ½ L ⅜ L 1¼ R 1⅜ X ⅓ X 1¼ L 1⅛
7 Oulart R	8	A	G	½ L ¼ X ½ X ¾ X ¼ L ¼ X 1¼ R 4 R ¼
8 Oylgate V	6¼	A	G	2½ R ½ R 1 R 1 L ¼ R ¼ R ¾

ENNISCRONE V. (Pop. 299). Tirerragh : North Division : Co. Sligo : Connaught. F, 18 Sept. : PS, last s. : Ballina, 8½, M. G. W. RY. : Tel. 8-8. **(1)** 8 a.m., 5 p.m. : **(2)** 9 a.m., 6 p.m. : **(3)** PO, SB, MOO : **(4)** Yes, 8 : **(5)** Killala Bay, ¼, where French landed, 1798 ; O'Dowd's Castle, Enniscrone, ¼ ; M'Firbus's Castle, Lackan, 2½. Michael O'Flynn, constable.

1 Ardnaree T	8	B A	G F G F	1 L 1½ R 1 R 2 R 1 R 1 R ½
2 Ballymoghenry R	4½	B A	G F G G	½ R 3⅝ L ¼ L ⅝
3 Easkey V	8	B	G F	½ L 1⅛ L 2 L ½ X ½ R 1¼ L ¾ L 1

ENNISKERRY V. (Pop. 241). Rathdown : East Wicklow : Co. Wicklow . Leinster. F, 2 w. Jan., 4 w. March, 3 w. May and July, 2 w. Sept., 3 w. Nov. : PS, every alternate f. : Bray, 3¾, D. W. & W. RY. : Tel. 8-8. **(1)** 8.30 a.m., 2.30 p.m., 8 p.m. : **(2)** 9.30 a.m., 4.30 p.m., 8.20 p.m. : **(3)** PO, SB, MOO . **(4)** Yes, 7 : **(5)** Powerscourt Demesne, ¼ ; Powerscourt Waterfall, 4 ; Dargle, ½ ; Scalp, 2 ; Glencree, 6 ; Lough Bray, 7 ; Glen of the Downs, 6. Owen Hughes, sergeant.

1 Bray T	3½	A	G	⅛ R 1¼ L ⅛ L 1¼ R ¾
2 Delgany V	7	A	G	⅛ R 1¼ L ⅛ R ¼ X ⅛ R 1 L 3 L 1⅛
3 GLANCULLEN R	3	D H	F	⅛ L Λ 1⅛ R Λ ½ V ½ R Λ ¾
4 *Lisheens* R	17	D	F	⅛ L Λ 1⅛ L ½ R 1½ R 3 L ⅛ L ⅛ V L 2 R 3 L 1½ R 1¼ V L 1 V L 1 R ¾
5 Roundwood V	14	D	F	⅛ R ⅛ Λ R 2 R ⅛ L ¼ R V 2 L ¼ R ½ L 4 X 2 X 1¼ R ¼ R ½
6 STEPASIDE V	5	A	G	⅛ L Λ ¼ L ⅛ R 2 L 1 L ½ L 1

ENNISKILLEN (No. 1) T. (Pop. 5673). Tyrkennedy : North Fermanagh : Co. Fermanagh : Ulster. F, 10th, monthly : PS, m. : M, t. and th. : C.I : D.I. : R.M. : G. N. RY. : S. L. N. C. RY. (Junction) : Tel. 8-8. **(1)** 7 a.m., 12.5 p.m., 1.50 p.m., 7.55 p.m. : **(2)** 4.45 a.m., 5.50 a.m., 6.30 a.m., 8.25 a.m., 12.45 p.m., 3.50 p m., 8.15 p.m., 6.55 p.m., 7 p.m. : **(3)** PO, SB, MOO : **(4)** Yes, 40 : **(5)** Devenish Island, with ruins of Round Tower and Monastery, founded by St. Laserian in the 7th century in Lough Erne Lower, 3 ; Ely Lodge, 4 ; Erne River ; Portora Castle, 1 ; Marble Arches, 9 ; Hanging Rock, 10. James Horner, constable.

1 Ballinamallard V	6	C	G F	½ L 1½ L 1 R 1 R ½ L ½ L ¼ L ¼
2 Lisbellaw V	4½	D C	G F	⅛ R 1½ L ¼ R 1 L 1½ R ⅛
3 Tempo V	10	D F	F	¼ L 4½ X 2½ X 2 L ¼ L ½

Enniskillen (No. 2). T. Daniel Conroy, constable.

1 Arney R	6	A D	F S	1¼ R ¼ R ¼ L 1¼ L 1¾ L 1¼
2 *Carngreen* R	7½	A C D F	F G	1 L 1½ L 1 L 1 R ½ R 2¼ L ¼
3 *Cossicon* R	5	A D	F G	1 R 1½ R 1 R 1½
4 Drumloccas R	7	A D	F G	2 L 2½ X 2½
5 Enniskillen (No. 1) T	½	C M	F S	Macadamised street
6 Letterbreen R	6	A C	F S	1¼ R ¼ R ¼ L 1¼ R ¼ L 1¼ X ¾ X ¾

ENNISTYMON T. (Pop. 1201). Corcomroe : West Clare : Co Clare : Munster. Tel. 8-8 : F, 25 Mar., 15 May, 2 July, last Saturday in July, 22 Aug., 29 Sept., 19 Nov., 2nd Saturday before Christmas : PS, w., fortnightly : M, t. and s. : D.I. : W. C. RY., 550 yds. (1) 7 a.m , 2.30 p.m. : (2) 11.30 a.m., 6.30 p.m. : (3) PO, SB, MOO : (4) Yes, 14 : (5) Cascade, ¼ ; Ennistymon House and Grounds, ¼, which are open to tourists ; Cliffs of Moher, 9½. John Brady, constable.

1 Kilfenora V	5	D C D C	F	¾ L ¼ R 1¼ X 1¾ X 1½ L ½
2 Lahinch V	2½	B	G	⅜ L ⅜ R 2¼ L
3 *Lisdoonvarna* V	8¼	D C	F	½ L ¼ L 1½ X 1½ X 1 X 2¾ X 1¼ X
4 Morris's Mills R	8	D C	F	1 R 1¼ R 1¼ X 1 L 2 R 1¼ L ¼ R ⅛

ERRIFFBRIDGE R. Murrisk : West Division . Co Mayo : Connaught. (1) 1 p.m. : (2) 1.30 p.m. : (3) PO, Ashleigh, 5 : (4) No : (5) Mountain scenery. John M'Grath, constable.

1 Cuilmore R	13	B D	F & S	8 L 5
2 LENANE V	8	B D B	F	7½ R ½
3 Westport T	12¾	B D B	F	8 X 4½ R ¼

ERRILL V. (Pop. 100). Clandonagh : Ossory Division : Queen's Co. : Leinster. F, 12 Jan. and 10 Mar. : PSt. : Ballybrophy, 6, G. S. W. RY. (1) 7 a.m. : (2) 7.20 p.m : (3) PO : (4) No : (5) Lisduff Demesne (Lord Castletown's), 2. Patk. Daly, act.-sergt.

1 Ballybrophy V	6	A C	G F G F	½ L 1¼ R ¼ L 1 L 1 L 1 R ½ L ½
2 Gurtderrybeg R	6	A B	G F S I	¼ R 1¾ R 2 R ½ R ½ R 1
3 Rathdowney V	4	A	G	½ R 1½ R ¾ R ¼ R ½ R ½
4 Timooney R	5¼	A D F	G F S P	1 L 2 L 1 X 1 L ¼

ERRISMORE R. (Pop. 100). Ballinahinch : Connemara Division : Co. Galway : Connaught (1) 10.30 a.m. : (2) 2.30 p.m. : (3) PO, SB, MOO : (4) Yes, 2 : (5) There are a great number of lakes in sub-district in which angling for trout is *free* ; there is also a good Salmon Fishery at Doohulla, for which a small charge is made, and there is a private hotel for anglers at the Fishery. Patrick Burns, sergeant.

1 Clifden T	6½	A	F	4 L 2½
2 *Roundstone* V	9⅜	D	S	9⅛ L ½

ESHNADARRAGH R. (Since abolished). Clankelly : South Fermanagh : Co. Fermanagh : Ulster. Brookboro, 8, C. V. TRAM. (1) 10 a.m. : (2) 10.5 a.m. : (3) Rosslea, 5, PO, SB,

MOO : (4) No : (5) Carnmore Rock, 3½. Henry Knox, acting-sergeant.

1 Brookboro v	8	G B F D	B I S	1¾ X 1¼ X 2 L 3
2 Fivemiletown v	9	G B	B I G	1¾ X 1¼ R 2¼ L 1¼ R 2 L ¾
3 Lisnaskea v	12	G B D	B I F	1¾ X 1¼ L ¾ R 2¼ L 1¼ R 2 X 2 X 2 R ¼
4 Rosslea v	5¾	G B	B G	1¼ R 3½ L ¼
5 Scotstown v	10	G B	B S R G	1½ L 3 L 1 L 4¼ L ¼

ESKER R. Coolestown : Tullamore Division : King's Co. : Leinster. (1) 9.30 a.m. : (2) 2.25 p.m. : (3) PO, Mount Lucas, 2½ : (4) No : (5) No. James Rohan, constable.

1 Clonbologue v	4¼	B	G	¼ R 4¼ R ¼
2 Edenderry T	6¾	B	G	¼ L 2¼ R 1¼ R ¾ L 2¼ X ⅜
3 Philipstown T	6	B	G	1¼ R 1 R 1¼ L 2⅞ R ¼
4 Rhode v	6⅓	B	G	1¼ R 1 R 2¼ X 1¾ R ⅜

EYRECOURT V. (Pop. 476). Longford : East Division : Co. Galway : Connaught. F, 8 Feb, m. after Easter Monday, 10 July, 8 Sept., 10 Nov., 21 Dec. : PS, 1st t. monthly : Banagher, 7, G. S. & W. RY. : Tel. 8-8. (1) 4 a.m., 3 p.m., 7.50 p.m. : (2) 12 noon, 8 p.m. : (3) PO, SB, MOO : (4) Yes, 4 : (5) Eyrecourt Castle. Stephen Connolly, constable.

1 Banagher T	7	A	G	1½ X 2 L 2½ R 1
2 Clonfert R	5	B	G	1¾ L ¼ R 2¼ X 1
3 Killimore v	7	B	G	¼ L 1 R ¼ R 1¼ L ¼ R 1¾ X 2
4 *Lawrencetown* v	4	F G B	G	¾ R ¼ R 1½ R 1⅛ L ¼
5 Meelick v	4	B	G	¼ L 1¾ R ¼ L 1¾
6 Portumna T	10	B	G	¼ L ¾ L ¼ R 3 R ¼ L ¼ L 1¼ R ½ L 3

F

FAIRFIELD R. Cork : Cork City Division : Co. Cork : Munster. F, 2 m. in June, 1 m. in Oct. : Glanmire, 3, G. S. W. RY. (1) 10 a.m. : (2) 10 a.m. : (3) Blackpool, 1½ : (4) No : (5) No. James C. Tonry, acting-sergeant.

1 Bannowbridge R	5	A B D C	G	¼ R ¼ L 1 X 1 R 2½
2 Blackpool C	1¼	G A	F G	1 R ⅜
3 Blarney v	5	G A	G	1 L ½ X 1 L 2¼
4 Kilbarry R	3	G A	G	1 R ¼ L 1 L ½
5 Sunday's Well C	1¼	A B	G	¼ R ¼ L ¾ X ¾
6 Victoria Cross R	2½	A B	G A	¼ R ¼ L ¾ X 1 L ¼ R ¼
7 Whitechurch R	6	G C	G F G	½ R ¼ X ¼ R ¼ L ¼ R ¼ L 4

FAIRYMOUNT R. Frenchpark : North Division : Co. Roscommon : Connaught. Castlerea, 6, M. G. W. RY. (1) *nil* : (2) *nil* : (3) PO, Frenchpark : (4) No : (5) Fairymount is said to be the highest point in Co. Roscommon ; Ben Bulbin and

Knocknarea Mountains, in Co. Sligo, can be observed from this point, and Neplin, in Co. Mayo: a splendid view of the Counties of Leitrim, Sligo, and Mayo on a clear, fine day. John Roughan, sergeant.

1 Castlerea T	6	B	F	½ R 2 X 1½ X 1½ R ½
2 Frenchpark V	5	B	F	⅔ L 4⅓
3 Loughglynn V	6	B	F	½ R 3 R 2½

FALCARRAGH V. (Pop. 223). Kilmacrenan · West Donegal: Co. Donegal: Ulster. F, last th. each month: PS, every alternate t.: Tel. 8-8: Letterkenny, 29, L. & L. S. RY. (1) 11.30 a.m.: (2) 1.45 p m.: (3) PO, SB, MOO: (4) Yes, 4: (5) Tory Island, by sea, 10. Peter Barrett, head-constable.

1 Dunfanaghy V	7	C	G	Direct road
2 Glasserchoo R	6⅓	D C	B G	⅓ R 3⅓ R V A ½ V 2
8 *Gweedore* R	12	C	G	2½ R ½ L 7¼ R 1¾

FANOREMORE R. Burrin: East Clare: Co. Clare · Munster. (1) *nil*: (2) *nil*: (3) Ballyvaughan, 10: (4) No: (5) No. Michael Culhane, sergeant.

1 Ballyreen R	8	B	G	¼ L 7¼ R ½
2 Ballyvaughan V	10	B	G	¼ R 9¾
3 Lisdoonvarna V	9	D	G	7¼ R 1¾

FARDRUM R. Clonlonan: South Westmeath: Co. Westmeath: Leinster. PS, Brawney, each alternate t. (1) 10 a.m.: (2) 6 p.m.: (3) PO, SB, MOO, Athlone, 3: (4) No: (5) No. Patrick Troy, sergeant.

1 Athlone T	3	A	G	1½ L ¼ L 1¼
2 Ballinahown R	4	B D B	G	3¼ R ¾ R
3 Ballykeeran R	4½	B	G	1¼ R ½ X 1 R 1¼ L ½
4 Moate T	7	A	G	2¾ X 1 L 1¼ R ½ X 1½ R

FARMHILL R. Tyrawley: North Division: Co. Mayo: Connaught. Killala, 6, M. G. W. RY. (1) 9 a.m.: (2) 12 noon: (3) PO, Kincun, ¼; SB, MOO, Killala, 6: (4) Yes, 2: (5) No. John Patton, sergeant.

1 Ballycastle V	6½	D	G	1 R 5½
2 Crossmolina T	9	D	G	1 L 3 R 2 R 2 R ¾ L ⅛ L ⅛
3 Killala T	6	A D	G	2 R 1 L 2 L 1

FARNAGHT R. Mohill: South Division: Co. Leitrim: Connaught. Dereen, 3, C. L. & R. LT. RY. (1) 10 a.m.: (2) 10.30 a.m.: (3) Drumlish, 4: (4) Yes, 1: (5) Lough Ryan, 3. Patk. Moran, sergeant.

1 Annaghmore R	4	B D	S	¼ R 3 L ¾
2 *Drumlish* V	4	B D	S	¼ X 3¾
3 Johnstonsbridge R	4	B A	S	¼ L 3¼ R ½
4 Mohill V	6	B	G	1 R X 4 L 1

FARRAN V. (Pop. 110). East Muskerry: Mid Cork· Co. Cork: Munster. PS, monthly: Kilcrea, 1¼, G. S. & W. RY. (1) 9 a.m., 3 p.m. : (2) 6 p.m. : (3) Ballincollig, 5 : (4) No: (5) Kilcrea Castle, 1½ ; Kilcrea Abbey, 2 ; Castlelinch, 4. Denis Dunney, sergeant.

1 Ballincollig V	5	B	G	¼ R 2½ L 2¼
2 Castlemore R	5	B	G	¼ X 4½
3 Coachford V	7	D	G	¼ R 2 L 4½
4 *Upton* R	8	F	S	¼ R 2 L 5¾ R

FARRANFORE V. (Pop. 103). Trughenacmy : East Kerry: Co. Kerry: Munster. F, six in year: G. S. W. RY., and Junction for Killorglin and Cahirciveen : Tel. 9-7. (1) 6 a.m., 4 p.m., 8 p.m. : (2) 6 a.m., 4 p.m., 7.30 p.m. : (3) PO, SB, MOO : (4) Yes, 2 : (5) No. Thomas Hickey, sergeant.

1 Ballinillane R	5½	C	G	¼ X 2 X ¼ R 2 L 1¼
2 Castleisland T	6	A	G	¼ R 2 X ¼ X 2 L ¼ X ¼ X 1
3 Gortatlea V	4	A	G	1 X 1 X 1¾ R ½
4 Longfield R	4	B	F	¼ R 2½ X ¼ L ¼ X ¼ L ½

FEAKLE V. (Pop. 185). Upper Tulla : East Division : Co. Clare : Munster. F, 17th and 24th, each alternate month : PS. 3 f. (1) 9 a.m. : (2) 3.30 p.m. : (3) PO : (4) Yes, 3 : (5) No. John M'Laughlin, constable.

1 Bodyke V	6	D H	I R	½ L 2½ R ½ L A 1 L 1 L 1
2 Loughgraney R	4	D B	F	½ L 2¼ R 1
3 Scariff V	6	D B	G F	R ¼ X 1½ R ¼ R 1 R 2½
4 Tulla V	8½	B B	G I F	¼ X ¼ L ¼ L ¼ R 2½ L ¼ R 3 R 1 R ¼

FEALEBRIDGE R. Trughenacmy : East Division : Co. Kerry : Munster. Abbeyfeale, 4, W. & L. RY. (1) 9 a.m. : (2) 6.20 p.m. : (3) Fealebridge (Pillar), ¼ : (4) No : (5) No. John M'Loughlin, constable.

1 Abbeyfeale T	3	B D G	F G	¼ R ¼ L ¼ L ¼ L 1¼ L ¾ L ¼
2 Brosna V	5	B F	F G	¼ R ¾ R ½ L 1½ L 1¾ R ¾ L ¼
3 Duagh V	8	B D G	F G	½ L 1½ R 1¼ L ¼ R 1¼ R 1½ L 1¼ L ¼
4 Knocknagoshel V	3¾	B D B D	F G	1½ R ½ R ¼ L ¼ L 1½ R ¼
5 Lackfooder R	6	B F D	F G	1¼ L 1¾ R ¼ L 2½ L ¼

FEDAMORE V. (Pop. 66). Small County : East Division : Co. Limerick : Munster. Croom, 7, G. S. & W. RY. (1) 10 a.m. : (2) 4.45 p.m. : (3) Croom, 7 : (4) No : (5) Glenogra and Rathmore Castles. Thomas Enright, constable.

1 Ballyneety V	6	B	G	1 L 2 R 1 L 2
2 Boherard R	6	B	G	½ R 2½ R ¾ R 2¾ L
3 Croom V	7	B	G	5 R 2
4 Grange R	5	B	G	1 L 2 R 2

FEENAGH V. (Pop. 140). Upper Connelloe : West Division : Co. Limerick : Munster. Newcastle West, 10, W. & L. RY. (1) 7.30 a m. : (2) 5 p.m. : (3) PO : (4) Yes, 1 : (5) No. John Gilhooly, sergeant.

1 Castletown Conyers V	5	B	G S	1 L 1½ L 1½ L 1
2 Drumcolloher V	5½	B G	G F	2¼ L 2⅜ L ⅜ R ⅛ L ⅛ V
3 Kilmeedy V	3	B	G F	1 R 1 L 1
4 Milford V	4½	D	I S	1 R 1 L 1½ R 1
5 Newcastle West T	10	B	G S F	1 X 2 X 2 L ½ R ½ X 2 L 2

FENAGH R. Leitrim : North Leitrim : Co. Leitrim : Connaught. (1) 8 a.m. : (2) 7.30 p.m. : (3) Ballinamore, 3½ · (4) Yes, 2 : (5) Fenagh Abbey, ¼. Edward Taylor, sergeant.

1 Ballinamore T	3½	D B D B	G I	¼ L 1¼ R 2
2 Drumcowra R	4	D B D B	G	¼ R 2 X ¾ L 1
3 Drumdarton R	5	D B D B	G I G	1 L 1½ R 1 R 1¼ L ¼
4 *Garvagh* V	3	C	G F	¼ L 1 L 1½ R ¼
5 *Keshcarrigan* V	5	D B	G	¼ R 2¾ R ½ X 1¾

FENIT V. (Pop. 103). Ballinaghlish : West Division : Co. Kerry : Munster. T. & F. RY : Tel. 8-8. (1) 9 a.m. : (2) 3.30 p.m. : (3) PO, SB, MOO : (4) No : (5) Fenit Fishing Pier, ½ ; Fenit Islands, 3 ; Castle (28 ft. high), Church, and Chapel in ruins, on Fenit Island ; extensive views of Dingle Range and Mount Brandon (3127 ft. high). Michael Costelloe, sergeant.

1 Spa V	4	B D	G	¼ R 1¾ R 1⅛ R ½ R

FENNAGH V. (Pop. 97). Idrone East : Carlow : Co. Carlow : Leinster. M, W. : Bagnalstown, 6½, G. S. W. RY. (1) 7.10 a.m., 1.10 p.m. : (2) 10 a.m., 6.50 p.m. : (3) PO, SB, MOO : (4) No : (5) Several pretty Demesnes in vicinity ; trout-fishing in Burren River, 1½. Michael Burke, sergeant.

1 Bagnalstown T	6½	B D B D	F G F G	¼ R 1¼ R ½ R 1¼ R 1½ R ½ L 1 R
2 Ballinree R	5	B	F G F G	¼ L 1½ X 1 X ¾ R 1 L ½
3 *Ballykealy* V	5	B	F P F G	¼ R 2 R ¼ L 1¼ L 1½
4 Leighlinbridge V	7	B D B D	F P F G	¼ L 1½ R ¾ L ¾ X ¾ X 1½ X 1½
5 Myshall V	4	B	G F G P	2 X ¾ R ¼ L 1

FERBANE V. (Pop. 400). Garrycastle : Birr Division : King's County : Leinster. Tel. 8-8 : F, 27 Jan., 14 April, 21 May, 16 June, 2 Aug., 20 Oct., 23 Nov. : PS, th., fortnightly : M, th. : D.I. : Ferbane, ¼, G. S. & W. RY. (1) 9 a.m. : (2) 4.45 p.m. : (3) PO, SB, MOO : (4) Yes, 7 : (5) Ruins of Coole Castle, about 2 ; Kilcolgan Castle, 2½. James Mullervy, sergeant.

1 Ballycumber V	7¼	B	G	2¼ R 3½ R 1 R ½
2 Cloghan V	3¼	B	G	1 X 2¾
3 Clonfanlough R	7	B D B	G	1½ R 3 R ½ L 1½ L ½
4 Doone R	5	B	G	1¾ L 1½ L 1⅜ L ⅛

FERMOY T. (Pop. 6491). Condons and Clangibbons: North-East Division: Co. Cork, E.R.: Munster. Tel. 8-8; Sunday, 9 a.m. to 10 a.m.: F, Cattle, 1st m.; Pigs, last m., monthly: PS, every alternate m.: M, s.: D.I.: G. S. & W. RY., ¾. (1) 4.20 a.m., 2.30 p.m., 7 p.m., 8.30 p.m.: (2) 4.30 a.m., 5 a.m., 12.10 p.m., 8.10 p.m.: (3) PO, SB, MOO: (4) Yes, 40: (5) Castlehyde, 2. John Doody, constable.

1 Ballyhooly V	5½	A	G	1 L 1 L ½ X 2½ X ½
2 Careysville R	3⅓	A	G	1⅜ L ⅜ L ⅜ R ⅜ L 1
3 Castlelyons V	4½	A	G	1 L 2 R 1½
4 *Glanworth* V	5½	A	G	1 R 1 X 1 X ½ L 2
5 Kilworth V	3½	C	G	1 X ¼ R ⅜ R ⅜ R ⅜ R ⅜
6 Rathcormac V	4½	A	G	1¼ R 1 R 2 R ¼

FERMOYLE R. Lower Tulla: East Clare: Co. Clare: Munster. Limerick, 9, W. & L. RY. (1) 4 a.m.: (2) 8.30 p.m.: (3) PO: (4) No: (5) No. John Kelly, sergeant.

1 *Ardnacrusha* V	7	A	F	3 X 3 X ¼ R ¾ X
2 Broadford V	4	A	F	⅛ L ¾ R 1 L 1⅛ R ¼
3 Clonlara V	5	C	F	3 L ½ X 1½
4 Kilbane V	5	C	F	3 R 2 L

FERNS V. (Pop. 515). Scarawalsh: North Wexford: Co. Wexford: Leinster. Tel. 8-8: F, 14 Jan., 11 Feb., 5 March, 5 April, 12 May, 15 June, 8 July, 12 Aug., 4 Sept., 29 Oct., 23 Nov., 18 Dec.: PS, 1 w.: M, m.: Ferns, 1, D. W. & W. RY. (1) 2.30 a.m., 10.42 a.m.: (2) 2.40 p.m., 9.30 p.m.: (3) PO, SB, MOO: (4) Yes, 13: (5) Ferns Old Castle and Ferns Old Abbey, ⅛. Michael Connor, constable.

1 Ballycarney R	3½	A G	F	1 L 1½ X 1 R
2 *Camolin* V	3½	A	G	½ R 2 R 1 X
3 Enniscorthy T	7¼	A E	G R	3⅜ R ⅛ L ¼ L 2¾ L ¾ X
4 Newtownbarry V	8¾	A C	F S	1 R 2 X 2 R 1 L 1 L ¼ R 1½ R
5 *Oulart* V	9	A B	F S	1 X ½ R 2½ X 1 L ½ R ½ L ½ 1½ R 1 X

FETHARD T. (Pop. 1608). Middlethird: East Division: Co. Tipperary: Munster. Tel. 8-8: F, 3 t.: PS, m., fortnightly: M, th.: S. RY. (1) 7.30 a.m., 5.30 p.m.: (2) 10.15 a.m., 6.40 p.m.: (3) PO, SB, MOO: (4) Yes, 15: (5) Old fortified town, walled in, having Castles, Abbeys, and four places for Divine Service; Saw Mills, two Creameries, and Town Commissioners. Horse Races, April, course 2½ miles; Horse Races, December, in sub-district, course 1½ mile. Good centre for hunting; Tipperary Hounds kept at Grove, 1½: also Military Harriers, kept at Fethard. Francis Phillips, sergeant.

1 Cloneen V	4½	D	R	½ L ½ R 3½
2 Kiltinan R	3½	B	G	1½ R 1 R ⅜ R ⅜
3 Killenaule T	7½	B	F	¼ R 2¾ L ½ X 1½ L 1½ R 1
4 Lisronagh R	4	C	G	½ X ⅛ R ½ R 1½ R ¼ L 1½
5 Mobarnan R	4½	B	G	½ X 1 R ¼ L 1½ L ⅜ L 1⅓
6 Rosegreen R	7¾	D	G	⅛ X ½ R 2¾ X V[8] 3 L 1 R ¾

FETHARD V. (Pop. 304). Shelbourne: South Division: Co. Wexford: Leinster. Tel. 8-7: F, 1 Feb. (annual): New Ross, 17, D. W. & W. RY. **(1)** 8.30 a.m., 6 p.m.: **(2)** 7.30 a.m., 5 p.m.: **(3)** PO, SB, MOO: **(4)** Yes, 8: **(5)** Baginbun Head, 1; Tower of Hook, 8; Loftus Hall, Marquis of Ely's Mansion, 6; "Buried City of Bannow," 3: Saltee Islands, 10. Strongbow is said to have landed in Ireland at Baginbun Head in 1170. Daniel O'Ryan, sergeant.

1 *Duncannon* V	6	B	G	¼ L 1¼ L 1½ R 1½ L 1¾ L ¼
2 Tintern R	5	B	G	¼ R ¼ L ¾ R ¼ R 4

FIDDOWN V. (Pop. 205). Iverk: South Division: Co. Kilkenny: Leinster. Tel. 8-7: F, 21 April, 16 June, 15 Sept., 17 Nov.: M, 1 and 3 t. each month: Fiddown, ¼, W. & L. RY. **(1)** 8 a.m.: **(2)** 7.45 p.m.: **(3)** Piltown, Pillar-box, 2: **(4)** Yes, 1: **(5)** No. Patrick Shea, sergeant.

1 Mooncoin V	4	A	G	½ L 3½
2 Pilltown V	2	A	G	¼ R 1¾
3 PORTLAW T	3½	A	G	½ R ¼ L 1½ R 1¼

FINEA (J.S.) R. Clanmahon: West Division: Co. Cavan: Ulster. F, 17 Jan., 27 Nov.: Ballywillan, 2½, M. G. W. RY. **(1)** 9.50 a.m.: **(2)** 5.25 p.m.: **(3)** PO: **(4)** Yes, 1: **(5)** Lough Sheelin, 1; Ross Castle, 5. Michael Kane, sergeant.

1 ABBEYLARA V	4½	B D	F G	1 L 1½ L ⅛ L 2½
2 Capragh R	5	B D	G	1 R 1½ R 1 L 1 L ½
3 CASTLEPOLLARD V	9	B	G	1 R 3½ R 1½ L ¼ R 3 R 3
4 Kilcogy V	4½	B D	F G	¾ L ¼ R ¾ L ¾ X 2

FINGLAS V. (Pop. 528). Castleknock: North Dublin: Co. Dublin: Leinster. Broadstone, 3, M. G. W. RY. **(1)** 8.30 a.m., 12.30 p.m., 8.30 p.m.: **(2)** 11 a.m., 5.30 p.m., 9 p.m.: **(3)** PO: **(4)** No: **(5)** Killsolloughy Castle, an ancient ruin belonging to the Earls of Fingal, and which is in a good state of preservation, 3. Thomas Curley, constable.

1 Blanchardstown V	4	B	G	⅛ L ½ R ¾ X 1½ X 1½
2 *Glasnevin* V	2	A B	G	1 L 1
3 Ward R	5	A	G	2¼ X 2¼ X ½

FINNETTERSTOWN R. Connelloe Upper: West Division: Co. Limerick: Munster. Adare, 3½, W. & L. RY. **(1)** 7 a.m.: **(2)** 9.5 p.m.: **(3)** Adare, 3½: **(4)** No: **(5)** Ruins of Old Castle, built in reign of King John, at Kilfinny, 1. Samuel G. Clarke, constable.

1 Adare V	3½	B D	F	⅛ R ½ L 2 R ⅜ R ⅜
2 Ballingarry V	4½	B	F	⅛ X 3½ R ¾
3 Croom V	6	B D	F	⅛ R ⅛ R 1½ R 1¼ R 1½ L 1 L ⅛
4 *Rathkeale* V	5	B D	F	⅛ L 3½ X 1 R ⅝

FINTONA T. (Pop. 1271). Clogher: South Division: Co. Tyrone: Ulster. F, 22nd, monthly: PS, every alternate m.: M, f.: G. N. RY.: Tel. 8-8. (1) 8 a.m., 12.30 p.m.: (2) 1 p.m., 9 p.m.: (3) PO, SB, MOO: (4) Yes, 10: (5) Ecclesville Demesne, 1. Patrick White, sergeant.

1 Beragh V	8½	B D	G S F	½ X 2 X 1 X 1 X 1 X 1 X 2
2 Clogher V	10	B	G S	½ L ½ X 7 X 1 X 1
3 Dromore V	6½	B	G S	1 X 5¼ X ¼
4 Fivemiletown V	9½	D	B	½ X ½ R ½ X 6 X 1½ X ½
5 Omagh T	9	A	G S	½ L ½ X 5 X 3
6 Trillick V	9	B	F	1 L ¼ R 4¾ X 2 X 1

FINTOWN R. Boylagh: West Division: Co. Donegal: Ulster. F, 3rd, monthly: Stranorlar, 18, DONEGAL RY. (1) 8.40 a.m.: (2) 4.45 p.m.: (3) PO: (4) Yes, 2: (5) Lough Finn, 1. Michael Gibney, sergeant.

1 Breenagh R	9¾	B F B	G F	3¾ R 5⅞ L ⅛
2 Cloghan R	10	B D B	G F	3 R 1 L 1 L 4 L 1
3 Doharrybridge R	5	B F G B	G P	½ R 1⅜ V 2¼ Λ ½ R ⅛
4 Glenties V	9	B D B	G F	½ L 5½ L 3
5 Trevelough R	10	B D	G F	3 R V 4 R Λ 3

FIVEMILETOWN V. (Pop. 571). Clogher: South Tyrone: Co. Tyrone: Ulster. F, 1 f.: PS, 1 th.: M, f.: C. V. TRAM.: Tel. 8-8. (1) 8.15 a.m.: (2) 5 p.m.: (3) PO, SB, MOO: (4) Yes, 10, and waggonettes: (5) In a good farming country; Fintramore, the birthplace of William Carleton, 2. Hugh Bracken, constable.

1 BROOKBORO' V	6¾	A	F	1 X 2 R 2 X 1¾ L
2 Clogher V	6½	B	F	1½ X 3 X 2
3 Fintona T	9½	D	F	2½ X 5 X 2 L
4 TEMPO V	7	B F	F	3 L 2 X 1 X 1 L

FIVEMILEBURN (J.S.) R. North Leitrim: Co. Leitrim: Connaught. (1) 9 a.m.: (2) 5 p.m.: (3) PO: (4) Yes, 1: (5) Loughgill, 1. Matthew Scully, sergeant.

1 Drumahaire V	5	C	F G	¼ R ½ L 1¾ R 2½
2 Glencar R	7	C	F G	5 L 2
3 Sligo T	6½	C	F G	2 X 1 R 2½ R ¼ L ¾

FOULKSMILLS R. Shilmaliere West: South Wexford: Co. Wexford: Leinster. F, 16 May, 28 Oct.: Killurin, 12, D. W. & W. RY. (1) 8 a.m., 5 p.m.: (2) 8 a.m., 5 p.m.: (3) PO: (4) Yes, 2: (5) "Stoneen Raw," 1; Slevoy Castle, 2; numerous scenes of skirmishes in '98. James Butler, sergeant.

1 *Ballinaboola* R	6	C	G	⅜ R 1 R ⅛ X ½ L 1 R ⅛ L ⅛ X 3
2 Taghmon V	5	C	G	⅜ R ½ X ½ R ⅛ L 1¾ R ⅛ L ¼ L 1½ R ½
3 Wellingtonbridge R	4½	D	F	⅜ L 1 L ½ R 1¼ L 1⅝ L ¼

FORDSTOWN R. Upper Kells: North Meath: Co. Meath: Leinster. Athboy, 4, M. G. W. RY. (1) 5 a.m.: (2) 9 p.m.: (3) PO, MOO: (4) No: (5) No. James Gogarty, sergeant.

1 Athboy T	4	B D	B R	2¾ R 1¼
2 *Bohermeen* R	5	B	G F I G	1½ L 2½ R 1
3 CLONMELLON V	6	B D	G F I	3 R ⅛ L ¾ R ⅝ L 1½
4 *Kells* T	5	B D	B R	2¾ X 2¼
5 Scurlogstown R	4½	B D	G F B	2½ R ⅛ R ⅝ R 1¼

FORE V. (Pop. 48). Demifore: North Division: Co. Westmeath: Leinster. Oldcastle, 8, G. N. RY. (1) 9 a.m.: (2) 9.10 a.m.: (3) PO: (4) Yes, 1: (5) Lough Leane, 1: ruins of an ancient Monastery and Anchorite's Cell, known as Fore Abbey, destroyed by Cromwell, 1650, ¼. Edward Gibbons, sergeant.

1 *Archerstown* R	6	B D	G F	¼ L 2 L ⅛ R ½ L ⅛ R 2 R ½ L ½
2 Castlepollard T	3	H C	G F	1 L 2
3 Collinstown V	3	B D	G	¼ R ¾ R 1 R 1
4 OLDCASTLE T	8	D F D F	F G	½ R 3 X 2 X 1 X ¼ L 1¼

FORKHILL V. (Pop. 200). Upper Orior: South Division: Co. Armagh: Ulster. F, 2 f.: PS, 2 w.: Adavoyle, 4, G. N. RY. (1) 8 a.m.: (2) 6 p.m.: (3) PO, SB, MOO: (4) Yes, 2: (5) Moira Castle, 3; Slievegullion Mountain, 3. James Belford, sergeant.

1 Balleek V	8	D	B	2½ L 5½
2 Jonesboro V	4	D	S	1½ R 1¾ L ¾
3 Silverbridge R	4	D	S	1¼ R 2¾

FORTSTEWART R. Kilmacrenan: East Division: Co. Donegal: Ulster. (1) 10 a.m.: (2) 4 p.m.: (3) PO: (4) No: (5) Old Abbey, near to barrack. Daniel M'Vey, sergeant.

1 Ramelton V	3½	B	F	1 L 1¼ L 1¼

FOUR-ROADS R. Athlone: South Roscommon: Co. Roscommon: Connaught. Roscommon, 6, M. G. W. RY. (1) 9 a.m.: (2) 6.10 p.m.: (3) Athleague: (4) Yes, 1 (5) No. William Bartley, sergeant.

1 Athleague V	4½	B	S F	1¼ L 1⅛ R 1¼ R ¾ R ⅛
2 Ballyforan R	4	B	S F	3¾ L ¼
3 Ballygar V	4½	B	S F	2¼ L 1¾ L ¼
4 Lecarrow V	10	D	S F	1 L 1½ R ½ R 1¼ L 1¾ R 1½ R 1 L 1 X ½

FOXFORD V. (Pop. 600). Gallen: East Division; Co. Mayo: Connaught. Tel. 8-8: F, 2 Jan., 1 Feb., 1 March, 1 April, 5 May, 25 June, 10 July, 1 Aug., 1 Sept., 3 Oct., 9 Nov., 10 Dec.: PS, every alternate th.: M, th.: Foxford, 1, M. G. W. RY. (1) 7 a.m., 12.30 p.m., 1.17 p.m.: (2) 2.15 p.m., 9.25 p.m.: (3) PO, SB, MOO: (4) Yes, 10: (5) Loughs Conn and Cullen, 1½;

Callow Lakes, 3 ; Pontoon, 5 ; River Moy, good salmon and trout fishing ; a woollen factory in the village. Edward Keegan, sergeant.

1 *Ballina* T	9	B	G	¼ R 6 X 1½ X 1¼
2 *Ballyvarry* V	7½	B	G	3 X 1 X 3½
3 Bohola V	7½	B	G	3 X 1 L 3½
4 *Bonniconlon* V	10	C	G	¼ X ¼ X ½ X 1½ R 4 R 3½
5 *Newtowncloghans* R	9¼	B	G	¼ X 2 R 3 L 4
6 Pontoon R	5	C	G	¼ X 2 X 2¾
7 Swinford T	8	B	G	½ R 1½ X 3 X 3

FOYNES V. (Pop. 220). Shanid : West Division : Co. Limerick : Munster. Tel. 8-7 : F, 4 w. : PS, 2 w. : W. & L. RY. (1) 7 a.m., 12.30 p.m. : (2) 12.30 p m , 6.30 p.m. : (3) PO, SB, MOO : (4) Yes, 3 : (5) Steamer to Kilrush ; lovely river scenery, islands, and wooded demesnes. P. Leary, sergeant.

1 Askeaton V	7	A	G	1½ L 1 X ½ R 4
2 Loughill V	4½	A	G	1¼ R 2¾ R ½
3 Shanagolden V	3	A	G	1½ R 1½

FRANKFORD V. (Pop. 615). Ballyboy : Birr Division : King's County : Leinster. Tel. 8-8 : F, 28 April, 28 May, 23 Sept., 8 Nov. : M, s. : PS, fortnightly. (1) 8 a.m : (2) 4.45 p.m. : (3) PO, SB, MOO : (4) Yes, 7 (5) No. Michl. Dillon, constable.

1 Blueball R	6½	B	G	¾ L ½ L ½ L 3 X 1¾
2 Cadamstown V	5	D	F	¾ L ¼ L ¼ R 3¼
3 Killoughy R	8	B	F	¾ R ½ X ½ R 3 R ½ L 1 R 1¾
4 Kinnetty V	7½	D	G	¼ X 1¾ R ½ L 2 L 3
5 Thomastown R	5	B	G	¼ L 1¾ R ½ L 2½

FREEMOUNT V. (Pop. 168). Cork : North Division : Co. Cork, E.R. : Munster. Kanturk, 8, G. S. & W. RY. (1) 9 a.m. : (2) 4.30 p.m. : (3) Sub-PO : (4) No : (5) No. O. Behan, acting-sergeant.

1 BROADFORD V	5	B G	S F	¼ R 2¾ L ¼ R 1½ R ¼
2 Dromcolloher V	6	B D G	S G F	1 L 3 X 2
3 *Kanturk* T	8	B	G I F	½ L 3½ X 4
4 *Kilbrin* V	7	B C D A	G R S	½ L 3 L ⅛ R 3⅝
5 Liscarrol V	6	D F G	I S P	1 R 3 R 2
6 *Meelin* V	8	D F G H	B I R P	4 R 1 L 1 L 1½ L ½
7 Milford V	6½	B D G	G S F	1 L ¼ R 2 X 1¼ L 1 R 1
8 *Newmarket* T	8	D F G H	I S P	½ X 4½ L 3

FRENCHPARK V. (Pop. 283). Frenchpark : North Roscommon : Co. Roscommon : Connaught. F, 21 May, 12 July, 21 Sept. : PS, 2nd and last w. : M, th. : Castlerea, 8½, M. G. W. RY. : Tel. 8-8. (1) 4 a.m., 6 p.m. : (2) 9.20 a.m., 9.30 p.m. : (3) PO, SB, MOO : (4) Yes, 4 : (5) Frenchpark House and Demesne, 1. Daniel Cullen, constable.

1 BALLAGHADERREEN T	8½	A	G	2 X 2½ X 4
2 Ballinagare V	2½	A	G	R 2½
3 *Ballinameen* V	6	B	G	1 R 5
4 Castlerea T	8½	A	G	1½ L 3 L 1½ X 1 R 1 L ½
5 Loughglynn V	7½	D	G	1½ R 2 X 3 R 1
6 *Ross (J.S.)* R	7	H	G	1 X 3 L 3

FRESHFORD V. (Pop. 733). Cranagh: North Division: Co. Kilkenny: Leinster. F, 5 Aug., 19 Dec.: PS, 1 f.: Ballyraggett, 5¾, W. C. I. RY.: Tel. 8-8. (1) 5 a m., 4.45 p.m., 7 p.m.: (2) 4.30 p.m., 6.45 p.m., 9 p.m.: (3) PO, SB, MOO: (4) Yes, 7: (5) No. Patrick Doyle, sergeant.

1 *Ballyraggett* V	5¾	B	G	1 R 1 R ½ R ¼ L 1¼ L 1½ R ¼
2 Clomanto R	3½	B	G	⅛ L ¾ L 1½ L 1 L ⅛
3 Gathabawn V	4½	B	G	¼ L ¾ R 1 X 1½ L 1
4 *Jenkinstown* R	5	B	G	¼ L 2 X 1½ R 1¼
5 Tullaroan V	6½	D	G	2 R 2½ ¼ L ¾ X ¾ X ¼

FUERTY V. (Pop. 38). Athlone: South Division: Co. Roscommon: Connaught. F, 4 Aug., 21 Nov. (1) 7 a.m.: (2) 8 p.m.: (3) PO: (4) No: (5) No. Murtha Doyle, sergeant.

1 Athleague V	3½	B	F	2½ L 1
2 CREGGS V	6	B	F	3½ R 2½
3 Rockfield R	5	B	F	3¾ L 1¼
4 Roscommon T	4	B	F	½ R 3½

G

GALBALLY V. (Pop. 280). Coshlea: East Limerick Co. Limerick: Munster. PS, 2 w.: Emly, 5, G. S. W. RY. (1) 8 a.m.: (2) 6.10 p.m.: (3) PO, SB, MOO: (4) Yes, 1: (5) Glen of Aherlow, 3; one of Diarmid and Grainne's beds, 1½. R. P. Kennedy, sergeant.

1 Ballylanders V	3	B	G	¼ R ¾ L 2
2 Ballyscadane R	5	B	G	¼ R ¾ R 1¼ X 1½ R ¼ X 1
3 KILROSS R	3½	B	F	1¼ R 1 R ¼ R 1
4 LISVERNANE V	3½	B	G	1 R 2½

GALBALLY R. Bantry: South Division: Co. Wexford: Leinster. Killurin, 4½, D. W. & W. RY. (1) 10 a.m.: (2) 2.30 p.m.: (3) Bree, 3: (4) No: (5) No. S. J. Haslam, constable.

1 Clonroche V	6½	A C D	F G F S	¼ L 1½ L 2 R ½ L 1 R 1¼
2 Cornwall R	4½	C	F S F G	¼ X 2 R 2 L ¼
3 Enniscorthy T	8	C D	F S F G	¼ L 1½ X 1 R ¼ L 2 R ½ R ¼ L ¼ R 1¼ X ⅛ L ¼
4 Taghmon V	6	C D	F	¼ R 2 L 1½ X ¼ X 2

GALWAY (Eglinton Street) T. (Pop. 11,129). Galway. Borough of Galway: Co. Galway, W.R.: Connaught. F, 30 and 31 May, 4 Sept., 21 Oct.: PS, m.: M, w. and s.: D.I.: C.I.: R.M.: M. G. W. RY.: Tel. 8-8. (1) 12.30 a.m., 11.30 a.m., 1.40 p.m., 2.20 p.m., 8 p.m.: (2) 6 a.m., 10.30 a.m., 12 noon, 12 night: (3) PO, SB, MOO: (4) Yes, 30: (5) Menlough Castle, 3;

Lynch's Castle, or Cross Bones, ¼ : an ancient Corporation, which formerly did a good trade with Spain. Galway Parliamentary Borough also includes Barra, Killeen, and Salthill, q.v. P. Duffy, acting-sergeant.

1 Claddagh T	½	P M	G	Through the Town
2 Killeen R	4	A C	G	Straight road
3 New Docks T	½	P M	G	Through the Town
4 Oranmore V	5	A C	G	1½ L 3½ R

Claddagh (Galway) T. (Pop. 4800). Galway : Borough of Galway : Co. Galway : Connaught. F (horse), 4 Sept. : M, w. and s. (1) 7.30 a.m., 12.45 p.m. : (2) 11.15 a.m., 1.35 p.m., 7.50 p.m., 9.55 p.m. : (3) PO, SB, MOO : (4) No : (5) Salmon Weir, ¼. Richard Flynn, sergeant.

1 Eglinton Street T	½	A M	G	Streets paved and macadamised
2 *Moycullen* V	7½	B	F	½ L 1½ R ∧ ¼ X ¼ R ¾ R ¾ R 1½ R ¼ L 1¾
3 New Docks T	½	A M	G	Streets paved and macadamised
4 Salthill V	1¼	A M	G	Streets paved and macadamised

New Docks (Galway) T. (Pop. 801). Galway : Borough of Galway : Co. Galway : Connaught. M, w. and s. : Galway, ¼, M. G. W. RY. (1) 8 a.m., 1.20 p.m. : (2) 1.40 p.m., 8 p.m., 9.50 p.m. : (3) PO : (4) Yes, 2 : (5) Blind Arch, 220 yds. ; Round Tower at Roscam, 3½. James Kirwan, sergeant.

1 Claddagh R	½	A M	G	Streets
2 Eglinton Street T	½	A M	G	Streets
3 Oranmore V	5	A C	G	1 R 1¼ R 1 R 1½ R ¼

GARRADICE R. Carrigallen : South Division : Co. Leitrim : Connaught. Garradice, 1, C. L. & R. LT. RY. (1) 8 a.m : (2) 5.30 p.m. : (3) Garradice PO : (4) Yes : (5) Lough Fenvoy, or Garradice Lough, ¼. J. M'Dermott, sergeant.

1 Ballinamore V	3	B D	G S	Straight road
2 BAWNBOY V	5	B D	G S	1 R 3 L 1
3 CORLOUGH R	9	F G	S P	1 L 1 L 2 R 3½ L 1½
4 Drumcowra R	4	B D	G P	1 L 2 R 1
5 Newtowngore V	3½	B D	G S	½ R 1½ R 1½

GARRISON R. Magheraboy : North Fermanagh : Co. Fermanagh : Ulster. Belleek, 5, G. N. RY. (1) 10 a.m. : (2) 3.30 p.m. : (3) PO : (4) Yes, 3 : (5) Lough Melvyn, famed for salmon and trout fishing ; excellent fishing accommodation available. James Dolan, sergeant.

1 Belleek V	5	B	F G	¼ L 3 X 1½ X ¼
2 Derrygonnelly V	14	D	G S	¼ R 6 R 5½ R 2¼
3 GUBALAUN R	2	B	F G	1¾ L ¼
4 KILTYCLOGHER V	5	B	F G	2½ R ½ R 2

GARRISTOWN V. (Pop. 286). Balrothery West : North Dublin Division : Co. Dublin : Leinster. F, 5 May, 15 Aug., 1 Nov. :

Duleek, 6, G. N. RY. (1) 11 a.m.: (2) 2.50 p.m.: (3) Ashbourne, 4½: (4) Yes, 3: (5) No. Joseph Phelan, sergeant.

1 ARDCATH R	2½	D	G	1¼ L 1¼
2 ASHBOURNE R	4½	D	G	¾ R 1 R 1½ L 1 X 1 L
3 KILMOON R	3½	D	G	½ X 2 R ½
4 Naul V	6	D	G	1 R 2 L 2⅜ R ⅛
5 Rollestown R	8	D	G	1 X 2 R ¾ L ⅝ X 1 R 1½ R 1 L ¼ L ¼

GARRYLAWN R. Galmoy: North Division: Co. Kilkenny: Leinster. Ballybrophy, 9, G. S. W. RY. (1) 7.30 a.m.: (2) 6.15 p.m.: (3) Galmoy, 1: (4) No: (5) No. John Ward, sergeant.

1 Bawnmore R	3¾	B	G	½ R ¾ R ¼ R 1 L 1½
2 CULLOHILL R	6	B	G	¾ L ½ R 1 R 1½ X ½ L ¼ X ½ R 1
3 Gathabawn R	6½	B D	G	¼ L 1 R 2 X 1½ R 1¾
4 Johnstown V	3½	B	G	½ X ¼ X 3
5 RATHDOWNEY V	5½	B	G	½ L ½ R ½ L 2 X 2

GARVAGH V. (Pop. 660). Coleraine: South Division: Co. Londonderry: Ulster. F, 3 f.: PS, 4 th.: M, f.: D. C. RY.: Tel. 8-8. (1) 10.15 a.m., 1.40 p.m., 8 p.m.: (2) 6.40 a.m., 9.15 a.m., 3.5 p.m.: (3) PO, SB, MOO: (4) Yes, 6: (5) Garvagh Demesne, ½. John Eakins, sergeant.

1 Agivey R	7	B	F	¾ R 3 X 1¼ R 2
2 Kilrea V	6	A	G	¼ V³ 3⅝ X 2
3 Swatragh V	5	B	G	½ R ¼ X 4½

GATHABAWN R. Galmoy: North Division: Co. Kilkenny: Leinster. Ballyraggett, 7¾, W. C. I. RY. (1) 9 a.m.: (2) 10 a.m.: (3) PO: (4) No: (5) No. Peter Rice, sergeant.

1 *Ballyraggett* V	7½	B D	F G	1 L 2¼ X 1½ X 2 R ⅜ L ⅜
2 Clomanto R	5½	B D	F G	1 R 1⅛ R 1¾ R 1 L ¼
3 CULLOHILL R	4	B D	F G	3¼ L ½ X ½
4 Freshford V	4½	B D	F G	1 R 1½ X 1 L ⅜ R ⅝
5 Garrylawn R	6½	B D	F G	1¾ L 1½ X 2 L 1 R ¼
6 Johnstown V	6	B D	F G	1¾ L 1½ L 2¾

GEESALIA R. Erris: North Division: Co. Mayo: Connaught. (1) 12.40 p.m.: (2) 7 a.m.: (3) PO, MOO: (4) Yes, 1: (5) Doohoma, 6. Cormick Kiernan, acting-sergeant.

1 Bangor V	10	B	F S	⅛ L ¼ X 9½ R ⅛
2 Belmullet T	12	D F G	G I	⅛ L ¼ L ¼ R 7⅜ L 4

GEEVAGH R. Tirerrill: South Sligo: Co. Sligo: Connaught. (1) 10.30 a.m.: (2) 4 p.m.: (3) PO: (4) Yes, 1: (5) No. John Daly, sergeant.

1 BALLYFARNON V	3	B	F	⅛ X 2¾ X ⅛
2 Conway's Cross R	3	B	F	2¾ X ⅛

GEORGE'S CROSS R. Morgallion: North Meath: Co. Meath: Leinster. PS, 2nd t., monthly: Wilkinstown, 2¼, M. G. W. RY.

(1) 9.30 a.m. : (2) 4.45 p.m. : (3) Castletown, 2 : (4) No : (5) No. Thomas Hobson, sergeant.

1 Carlanstown V	6	B	G	1 R 2 X 2 L 1
2 Navan T	8¼	B	G	⅛ R ⅛ R 2 X 2 X 4
3 Nobber V	5	B	G	1 L 1¼ X ¼ X ½ R 1 L ½ R ½
4 Oristown R	5	B	G	1½ X 1 R 1¾ X ¾
5 Parsonstown R	6½	B	G	⅛ R ⅛ X 1 L 1¾ X 3 R ½

GILFORD T. (Pop. 2184). Lower Iveagh Upper Half : West Division : Co. Down : Ulster. F, 2 s. : PS, last w. : Tandragee and Gilford, 1, G. N. RY. : Tel. 8-8. (1) 2.15 a.m., 9.15 a.m., 5.15 p.m. : (2) 8.5 a.m., 4.5 p.m., 10.5 p.m. : (3) PO, SB, MOO : (4) Yes, 8 : (5) No. William Carson, constable.

1 Laurencetown V	2¼	C	G	Straight road
2 LURGAN T	6½	B	F	2 L 4½
3 PORTADOWN T	5½	A	G	½ L 1½ L 3½
4 Scarva V	3	B	F	¼ R 2⅝ R ⅛
5 TANDRAGEE T	2¾	D	F	⅝ R 2⅛
6 Waringstown V	5½	B	F	2 R 1½ X 2

GILLSTOWN R. Ballintobber North : North Division : Co. Roscommon : Connaught. Dromod, 10, M. G. W. RY. (1) 8 a.m. : (2) 5 p.m. : (3) Glann PO, 1½ : (4) No : (5) Ruane Lake, 2. Thomas M'Loughlin, acting-sergeant.

1 Ballykilcline R	4	B F D	I F R	1 L A ¼ L 1¾ R 1
2 Cullagh R	5	B F D	I F	1 R A ⅛ R 2 L 1⅞
3 Hillstreet V	8½	A B A	G P G	⅛ R 1⅞ R 2 R 3 L 1½
4 Strokestown V	3	B	R P	⅛ L 1⅞ L 1

GLAN R. Tullyhaw : West Cavan : Co. Cavan : Ulster. F, 14 Dec. : Belcoo, 10½, S. L. & N. C. RY. (1) 10.30 a.m. : (2) 1 p.m. : (3) PO : (4) Yes, 4 : (5) Source of River Shannon, 4. Luke M'Mahon, acting-sergeant.

1 Blacklion V	10	C	G	1½ L 7½ R 1
2 Corlough R	10	C	S	3½ X 3½ R 3
3 Dowra V	6	D	I	6

GLANCULLEN R. Rathdown : North Division : Co. Dublin : Leinster. Carrickmines, 4, D. W. & W. RY. (1) *nil* : (2) *nil* : (3) Goldenball, 2 : (4) No : (5) Fenian rising and attack on R.I.C. Barrack, 7th March, 1867. Henry O'Donnell, act.-sergt.

1 ENNISKERRY V	3	C	G S	2 L 1
2 Rockbrook R	6	D	G S	4 R 1 R 1
3 Stepaside V	3	D	B S	2 R ½ R ½

GLANEASK R. Leyny : South Division : Co. Sligo : Connaught. (1) 11 a.m : (2) 11 a.m. : (3) Mullough, 3 : (4) No : (5) Lough Talt and Slieve Gamph Mountains (1383 ft.). Francis Dolan, constable.

1 Aclare V	5	D	F	2½ R 2½
2 BONNICONLON V	4½	D	F	Direct road
3 Cloonacool V	8½	D	F	3¾ L ½ X 1½ X 3
4 Tubbercurry T	10	D	F	Main road

GLANMIRE V. (Pop. 237). Cork: Cork City Division: Co. Cork, E.R.: Munster. Dunkettle, 1¼, G. S. & W. RY.: Tel. 8-8. **(1)** 7 a.m., 2 p.m.: **(2)** 10.45 a.m., 9 p.m.: **(3)** PO, SB, MOO: **(4)** No: **(5)** River Lee, 1; Glanmire River, ¼. James Dolan, sergeant.

1 *Kilbarry* R	4	[E A D A	G	½ A ½ L ¾ R 1 R 1¼
2 *Lower Glanmire Rd.* C	3¾	A	G	1¼ R 2½
3 New Glanmire V	3½	C A	G	½ R 1 L 2
4 Riverstown V	1	A	G	Straight road
5 *St. Luke's* C	3½	E	G	½ A ½ L 1 L 1½

GLANWORTH V. (Pop. 519). Fermoy: North-East Cork: Co. Cork: Munster. F. & M. RY. and G. S. & W. RY. **(1)** 8 a.m.: **(2)** 6.15 p.m.; Sunday, 12 noon: **(3)** PO, SB, MOO: **(4)** Yes, 3: **(5)** Crinny Stone and Glanworth Castle, ½. P. O'Callaghan, constable.

1 *Ballyhooly* V	4	A	G	¼ R 1½ X 1¼ L 1
2 Castletownroche V	5½	A C D C	G	¼ V¹ 2 L ¼ R 1½ R ½ L ½
3 *Fermoy* T	5½	A C A C D	G	¼ L 2 L ¼ R 1 L 1 R ½
4 Kildorrery V	6	A C C	G	¼ V² ¼ R 2½ X ¾ R ¾ R ¾ R ¾
5 *Kilworth* V	5½	C	F	¼ R 1¼ R 1 L ¼ R ½ R 1 X ¾ R ¼
6 Mitchelstown T	7	A C	F	¼ V³ 2 R 1 R ¼ X 1 L 1 L 1 X ¼ X ¼

GLASHAKEENLEEN R. Duhallow: North Cork: Co. Cork: Munster. Tel. 8-8. Banteer, 8, G. S. W. RY. **(1)** 7.15 a.m.: **(2)** 8 p.m.: **(3)** PO, SB, MOO: **(4)** Yes, 6: **(5)** Birthplace of John Philpott, 3. Jacob Byron, sergeant.

1 Boherbue R	6	F	F	4½ L V A 1½
2 Kanturk T	5	A	G	½ R L 4½
3 Kiskeam R	8	F	F	4½ R V A 3½
4 Meelin V	5	F	F	2 L 3
5 Tour R	9	F	F	1 L 5 A 3 R

GLASSALLEN R. Upper Slane: North Division: Co. Meath: Leinster. Beauparc, 6, G. N. RY. **(1)** 9.30 a.m.: **(2)** 9.30 a.m.: **(3)** Collon, 3: **(4)** No: **(5)** Mellifont, 2½. J. M'Afee, sergt.

1 Collon V	3	D	F G	1 X 2
2 Drogheda T	8	D A	F G	2½ L 1 R 4½
3 *Parsonstown* R	8	D	F G	2½ X 5½
4 *Slane* V	4½	D	F G	1½ X 3

GLASSLOUGH V. (Pop. 180). Trough: North Division: Co. Monaghan: Ulster. Tel. 8-8: F, 3 f.: P.St.: Glasslough, ¼, G. N. RY. **(1)** 6 a.m., 10 a.m., 3.30 p.m.: **(2)** 8 a.m., 1 p.m., 10 p.m.: **(3)** PO, SB, MOO: **(4)** Yes, 5: **(5)** Glasslough House and Demesne, ¼. William Price, sergeant.

1 Caledon V	4	B B B A S	G S	¼ R 1 L 2 R ⅝ R ⅝
2 Castleshane R	6	B B B B B B	S F	1 L ⅛ R 2½ L ⅝ R 2 R ¼
3 Emyvale V	3½	B D A	S F	1⅜ L 1¾ R ⅜
4 Middletown V	3½	B D A	G S	1 L 2¼ L ¼
5 Monaghan T	6½	B D D C	S G	3 L 1¾ R 1½ L ¾
6 Tynan V	4	B D	S G	¾ R 2¾ X ½

GLASNEVIN V. Township of Drumcondra, &c. (Pop. 458). Coolock : North Division : Co. Dublin : Leinster. Tel. 9-7 : Broadstone, 1½, M. G. W. RY. (1) 8 a.m., 3.30 p.m., 8 p.m. : (2) 4 a.m , 9.30 a.m.. 5.30 p.m. : (3) PO, SB, MOO : (4) No : (5) Botanic Gardens, ¼ ; Albert Model Farm, ½ ; Glasnevin Cemetery, 1. George Turner, sergeant.

1 Drumcondra V	1⅛	B	G	½ L ¾ L ⅛
2 *Finglas* V	2	D A	I G	1 R 1
3 Santry R	3½	A B A	G G G	2¼ R ¾ L ½

GLASSERCOO R. Kilmacrenan : West Donegal : Co. Donegal : Ulster. (1) 12 noon : (2) 1.45 p.m. : (3) Gortahork, 4, PO, SB, MOO : (4) No : (5) Tory Island, 9, by sea ; boats available. John Reynolds, sergeant.

1 *Bunbeg* R	8	D F	B	6½ R 1½
2 Falcarragh V	6½	D C	G B	2 Λ ½ V Λ L 3½ L ½

GLASSON V. (Pop. 58). Kilkenny West : South Division : Co. Westmeath : Leinster. PS, 4 w. : Athlone, 6, M. & G. W. RY. and G. S. & W. RY. (1) 7 a.m., 9 a.m., 9.30 a.m. : (2) 7 p.m. : 5 p.m., 5.10 p.m. : (3) PO : (4) No : (5) No. William Cline, sergeant.

1 Ballykeeran R	2½	B	G	2¼ R ¼
2 Littleton R	4	B	G	¼ X 2 L ¾ R 1
3 Walderstown R	3½	B	G	¼ R 1 X 1¾ L ½

GLEN V. (Pop. 70). Kilmacrenan : West Donegal : Co. Donegal : Ulster. F, 14th, monthly : Letterkenny, 14, L. & L. S. RY. (1) 12.30 p.m. : (2) 12.40 p.m. : (3) PO, Creeslough, 3 : (4) Yes, 2 : (5) Lough Salt, 3. Peter Brady, sergeant.

1 *Barnes Gap* R	5	B	S	¼ R 3¾ L 1
2 Carrigart V	4	B	F	1¾ X 1 X 1 X ¼
3 *Cranford* R	8	D	I S	5¼ L 1½ 1
4 Creeslough V	3	D	I	1¼ X ¼ X ¼ X ½ L ¼ R ¼ X ¼

GLENADE R. Rosclogher : North Leitrim : Co. Leitrim : Connaught. (1) 11 a.m. : (2) 2.20 p.m. ; no post on Sunday : (3) PO : (4) Yes, 1 : (5) No. Timothy Hurley, acting-sergeant.

1 Kinlough V	6	B	F	Straight road
2 Manorhamilton T	7	B	F	Straight road

GLENAMADDY V. (Pop. 133). Ballymoe : North Galway : Co. Galway : Connaught. F, 22 Jan., 20 March, 2 May, 21 June, 17 Sept., 5 Nov. : M, w. : Ballymoe, 10½, M. G. W. RY. (1) 8 a.m. : (2) 5.30 p.m. : (3) PO, SB, MOO : (4) Yes, 2 : (5) No. John Sweeny, acting-sergeant.

1 Ballymoe V	9	B	G	3 R 1 L 5
2 Clonbern R	6	B	F	½ R 2 L 1 R 2¼ L ¼
3 CREGGS V	8½	B	F	3½ X 2 R 1½ X 1½
4 Dunmore V	8½	B	G	2½ X 3½ L 2½
5 Kilkerrin V	4	B	G	3½ X ½
6 Williamstown V	6	B	G	3 L 1½ R 1½

GLENARM T. (Pop. 1248). Glenarm Lower: Mid Division: Co. Antrim: Ulster. F, 26 Jan., 26 May, 30 Aug., 29 Oct.: PS, 1st m., monthly: Larne, 12, N. C. RY.: Tel. 8-8. (1) 9.45 a.m., 5.45 p.m.: (2) 6 a.m., 3 50 p.m.: (3) PO, SB, MOO: (4) Yes, 8: (5) Glenarm Castle and Demesne. P. M'Donnell, head-constable.

1 Broughshane V	13	B D	G	¼ L 2¼ R 1 L 9
2 Cushendall V	13	A	G	¼ R 1¾ R ½ R 1 R 9½
3 Larne T	12	A	G	3¼ L 8¾

GLENASHEEN R. Coshlea: East Limerick: Co. Limerick: Munster. Kilmallock, 7½, G. S. W. RY. (1) 10 a.m.: (2) 4.45 p.m.: (3) PO: (4) No: (5) Beautiful mountain scenery. John Roberts, sergeant.

1 Darragh R	5	B	G	1 L 1 R 2 R 1 R
2 Kilfinane T	5	B	G	2 R 3 R
3 Mountrussell R	4	B	G	2¼ X L 1½ L

GLENBANE R. Clanwilliam: South Division: Co. Tipperary, S.R.: Munster. Oola, 3, W. & L. RY. (1) 8.30 a.m.: (2) 6 p.m.: (3) PO: (4) No: (5) No. John Davey, sergeant.

1 Cullen V	1½	B D	P	¼ L ¾ R 1
2 Emly V	4	B D	G	3½ X ¼ R ¼
3 Kilross R	4½	D	I	1½ R ⅛ L 1 R 1¾ R ⅛
4 Limerick Junction V	5	B	G	¼ R ¼ L 2 L ¼ R 1¼ R 1
5 Tipperary T	6	B	I	¼ R ¼ R 2½ L 3

GLENBEIGH R. Iveragh: South Division: Co. Kerry: Munster. F, 4 Jan., 8 Feb., 21 March, 21 April, 9 May, 13 June, 11 July, 31 Aug., 27 Sept., 26 Oct., 14 Nov., 12 Dec.: G. S. & W. RY. Tel. 8-7. (1) 7 a.m.: (2) 5.25 p.m.: (3) PO, SB, MOO. (4) Yes, 8: (5) Camping Ground for R.H.A. and F.A. for Annual Artillery Practice, ⅛; Rossbeigh Strand and Bathing Lodges, 2. John M'Burney, sergeant.

1 Glencar R	12	B D	G F	2 R 1¼ R 1½ R ¾ R ¼ R Λ 2 R V 2½ R 1½ L ¼ R
2 Killorglin V	9	B	G	2 R 1¼ L 1½ L ½ R ½ L 1 R 2¼ R
3 *Mountfoley* R	10	B	G	⅛ R ⅛ L 4 R ¼ R 5½

GLENBOWER R. Iffa and Offa East: South Eastern Division: Co. Tipperary: Munster. Carrick-on-Suir, 5, W. L. RY. (1) 9.30 a.m.: (2) 10 a.m.: (3) South Lodge, 1: (4) No: (5) No. Daniel Hegarty, sergeant.

1 Carrick-on-Suir T	5	B	F	1 X 3 L 1
2 Kilcash R	3	B	F	2¼ R ¾
3 Ninemilehouse V	5	C	F	3 L 1 R ½ L ½
4 Slatequarry R	6¾	B	F	1 L 3 L 2 L ¾

GLENCALRY V. (Pop. 20). Tyrawley: North Division: Co. Mayo: Connaught. (1) 10.3c a.m.: (2) 2.45 p.m.: (3) PO, Balderig, 4: (4) Yes, 2: (5) No. J. P. Harnett, acting-sergt.

1 Ballycastle v	14	B D	G	1 R 13
2 Bangor v	16	B D	G 8	1 L 7 L 8
3 Rossport R	14	B D	F 8	1 L 5 R 8

GLENCAR R. Dunkerron North: South Kerry: Co. Kerry: Munster. Killorglin, 13, G. S. & W. RY. (1) 11 a.m.: (2) 3 p.m.: (3) PO: (4) Yes, 5: (5) Liskeen and Carah Lake, 2; The M'Gillycuddy's Reeks, 5. Michael Daly, sergeant.

| 1 Glenbeigh R | 12 | B D F G | F | $\frac{1}{2}$ R 1$\frac{1}{2}$ L 2$\frac{3}{4}$ L V 1$\frac{3}{4}$ L$\frac{1}{4}$ L$\frac{3}{4}$ L 1$\frac{1}{2}$ L 1$\frac{1}{4}$ L 2 |
| 2 Killorglin T | 13 | D G | G | 1 L 5$\frac{1}{2}$ L 6$\frac{1}{4}$ L $\wedge$ 1 R $\frac{1}{4}$ |

GLENCAR R. Rosclogher: North Division: Co. Leitrim: Connaught. Manorhamilton, S. L. & N. C. RY. (1) 10 a.m.: (2) 10 a.m.: (3) Gurteen, 1$\frac{1}{2}$: (4) Yes, 2: (5) Glencar Lake and Waterfalls, 4$\frac{1}{2}$; delightful scenery. Nicholas Mullany, sergt.

1 DRUMCLIFF R	10	B	G S	3 R 3 R 2$\frac{3}{4}$ L $\frac{1}{2}$ R 1$\frac{1}{4}$ L $\frac{1}{4}$
2 Fivemileburn R	7	B C A	G F G	2 R 3 R 2
3 Glenade R	9	B D G B	G S G S	2 L 1$\frac{1}{4}$ L $\frac{3}{4}$ L 5
4 Manorhamilton T	4$\frac{3}{4}$	B C A	G	2 X 1$\frac{1}{2}$ L 1
5 SLIGO T	12	B D C	G S F	3 L 3$\frac{3}{4}$ L 2 L 1$\frac{1}{2}$ X 1$\frac{1}{2}$ X $\frac{1}{4}$

GLENCOLUMBKILL R. Banagh: South Division. Co. Donegal: Ulster. (1) 3.25 p.m.: (2) 6 a.m.: (3) PO, SB, MOO: (4) No: (5) Glen Head and Martello Tower, 3; St. Columbkill's Penal Stations, $\frac{1}{2}$; Prince Charlie's Bed, 3$\frac{1}{2}$; Druidical Circle, 3$\frac{1}{2}$; Cromlechs, 3. John Crawford, sergeant

| 1 Carrick v | 6 | D | F | $\frac{1}{2}$ L 3 L 2$\frac{1}{2}$ L |
| 2 Glengesh R | 11 | D | S | 1 R 4 L 5$\frac{1}{2}$ L $\frac{1}{4}$ L |

GLENDUFF R. Glenquin: West Division: Co. Limerick: Munster. Newcastle West, 10$\frac{1}{2}$, W. & L. RY. (1) 8 a.m.: (2) 4.30 p.m., summer; 3.30 p.m., winter: (3) Broadford, 3: (4) Yes, 2: (5) No. R. H. Dyas, sergeant.

| 1 Broadford v | 3 | D | G | 1 R $\frac{1}{4}$ X 1$\frac{1}{2}$ L $\frac{1}{4}$ |
| 2 Killedy R | 4 | D | G | 2 X 1$\frac{1}{2}$ R $\frac{3}{4}$ |

GLENGARRIFF V. (Pop. 83). Bere: West Cork: Co. Cork: Munster. PS. 4 w.: Bantry, 11, C. B. & S. C. RY.: Tel. 8-7. (1) 9 a.m.: (2) 3.30 p.m.: (3) PO, SB, MOO: (4) Yes, 20: (5) Cromwell's Bridge, $\frac{1}{8}$; Waterfall, 1$\frac{3}{4}$; Tunnel, 6; Caha Lakes (365 in number), 6$\frac{1}{2}$; Garnish Island and Martello Tower, 1$\frac{1}{2}$; Glengarriff Castle, 3; Eagle's Nest (2005 ft.), 5$\frac{1}{2}$; Cobdhur Mountain (1244 ft.), 4; Glengariff Harbour, $\frac{1}{2}$; Barley Lake (area, 16 a.), 6; Lockavoul Lakes, 3$\frac{1}{2}$; Glengarriff

Demesne and Lodge, 1½ : Prince of Wales' route to Killarney. D. M'Bride, sergeant.

1 *Adrigole* V	12	D F G	S P F	L 6 X 6
2 Ban'ry T	11	D F E W	G S F	5¼ R 2 R 3½
3 Kealkil V	12	D B	G F	5¼ R 5 X 1½
4 KENMARE T	20	B F G A	F I G	11½ X 3 X 2 X 3 X ½

GLENGESH R. Banagh : South Division : Co. Donegal : Ulster. (1) *nil* : (2) *nil* : (3) Ardara : (4) No : (5) Mountain scenery ; Caves of Maghera, 8. James Woods, sergeant.

1 Ardara V	6	D	F	½ L 1½ V 2¾ L 1½
2 Carrick R	9	D	F	¼ R 4¾ L 3½ R ½
3 Glencolumbkille R	11	D F G	I P F	R ½ R 5¾ R 4 L 1
4 Kilcar V	12	D	F	¼ R 4¾ L 3½ L 3 R ½

GLENISLAND R. Carra : West Mayo : Co. Mayo : Connaught. (1) 9 a.m., Sunday excepted : (2) 5.15 p.m., Sunday excepted : (3) PO, Barnastang, 1 : (4) Yes, 1 : (5) Beltra Lake, ⅛ ; salmon and white trout fishing. Maurice O'Connor, sergeant.

1 *Brockagh* R	7	B	B R	½ L 3 X 3½
2 Castlebar T	8¾	B	G F	1 R 1½ L 2¾ L ½ L 3
3 *Coolnabinnia* R	8¾	B	G F	3 X 1½ R 1 L 3
4 Deergrove R	7	B	G F	1 R 1 L 2¾ L ½ R 2
5 *Nephin* R	7¼	B	G F	3 R 3 L 1½
6 *Newport* T	7	D	B R	½ R 2 A ½ V 3 R 1

GLENMORE V. (Pop. 120). Ida : South Kilkenny : Co. Kilkenny : Leinster. New Ross, 6¼, W. & W. RY. (1) 8.45 a.m., 5.30 p.m. : (2) 5.30 p.m. : (3) PO : (4) No : (5) No. John Bergin, sergeant.

1 Cooleen R	8	D	S	1 R ½ L ½ L 2½ L 2½ R 1½
2 Mullinavat V	8	D	S	1 L 2 X ½ L 2 X 2¾
3 Rosbercon V	5¾	A	G	L 1 X 2 X 1 X 1 R ½ L ½ L ½
4 Slieverue R	7	A	G	1 X 3 X 2 X 1

GLENROAN R. Strabane Upper : Mid Division : Co. Tyrone : Ulster. Newtownstewart, 11, G. N. RY. (1) 10.30 a.m. : (2) 3.30 p.m. : (3) Cranagh, 2½ : (4) Yes, 2 : (5) Barnes Gap, 1. Michael Grogan, acting-sergeant.

1 Gortin V	8	D F	G S F	2 L 2½ A V R 1½ L 2
2 Plumbridge V	5	D F	G S F	2½ X 1½ X 1
3 PARK R	10	H F	S P	2½ L 7½

GLENTIES V. (Pop. 424). Boylagh : West Division : Co. Donegal : Ulster. F, 12th, monthly : PS, 1 f. : M, m. : Stranorlar, 23, DONEGAL RY. : Tel. 8-8. (1) 10 a m. : (2) 3.15 p.m. : (3) PO, SB, MOO : (4) Yes, about 10 : (5) No. T. Barber, sergeant.

1 Ardara V	6	B	G	R ¾ R ¾ R 1¾ L 2½ L ¼
2 Clogher R	8	D	F	½ L ½ R 2¾ L 1½ L 3½
3 *Fintown* R	9	B	G	½ R 1½ L 1 R 5¾ R ½
4 *Lettermacaward* R	6	D	F	½ L ½ R 2¾ R 1½ R 1 F ½
5 Tievelough R	5	B	G	L 4 R 1

GLENVEIGH R. Kilmacrenan : West Division : Co. Donegal : Ulster. Letterkenny, 15, L. & L. S. RY. (1) 8 a.m. : (2) 4 p.m. : (3) PO, Termon, 6 : (4) No : (5) Glenveigh Castle and Lake in the centre, almost, of the beautiful Derryveagh and Glendowen range of mountains, 2. Michael Fay, sergeant.

1 *Barnes Gap* R	6	B D	G	1¾ R ½ L 1½ L 2 L ¼
2 *Churchhill* V	7	B D	G	1¾ R ½ R 1¼ R 3¼ X ¼
3 Creeslough V	7	H D	P	1¾ L 4¼ L 1
4 *Kilmacrenan* V	8¼	B D	G	1¾ R ½ L 1½ R 1 X 1 R 2 L ¼ R ¼

GLENVILLE V. (Pop. 116). Barrymore : North-East Cork : Co. Cork : Munster. (1) 10 a.m. : (2) 3 p.m. : (3) PO : (4) No : (5) No. William Flynn, sergeant.

1 Ballyhooly V	9	D	I	⅛ X 1 R ½ L 1½ X 3⅛ R 2½ V^3 ⅛ L ⅛
2 *Carrignavar* V	6	C	F	⅛ R ¼ L 3½ X 1 R 1 R ⅛
3 *Killavullen* V	11	D	P	⅛ L 1½ R ¼ L 6 R 1 R 2 R ⅛
4 Rathcormack V	7	B	G	⅛ L ½ L 1 R 1 X 1¾ X 1½ X 1 L ⅛
5 *Rathduff* R	12	D	I	⅛ R ¼ R 2½ L ⅛ R 2 R 1 L 3 R ¼ L 2¼ L ⅛
6 Watergrasshill V	5	B	G	⅛ L ½ R ¼ L 3⅛ L 1

GLIN V. (Pop. 765). Shanid : West Division : Co. Limerick : Munster. F, 1 t. : PS, each alternate th. : Foynes, 9, W. L. RY. : Tel. 8-8 ; Sunday, 9 a.m. to 10 a.m. (1) 7.6 a.m., 11.5 a.m., 1.55 p.m., 5.24 p.m. : (2) 6.56 a.m., 10.55 a.m., 1.45 p.m., 5.14 p.m. : (3) PO, SB, MOO : (4) Yes, 3 : (5) No. Anthony M'Donough, constable.

1 *Athea* V	8	D	F	½ L 1 L 1 R 1 X 1 X 1 R 2½
2 NEWTOWNSANDES V	8	D	F	½ L 1 R 2½ R ¼ L 3¾
3 Loughill V	4	B	G	2¼ L 1 L ¾
4 TARBERT V	4	BM	G	2½ R 1½

GLOUNTANE R. Duhallow : North Cork : Co. Cork, E.R. : Munster. PS : Lombardstown, 1½, G. S. & W. RY. (1) 8.30 a.m. : (2) 6 p.m. : (3) PO, SB, MOO : (4) No : (5) Blackwater. D. Costello, acting-sergeant.

1 Ballyclough V	8	B	G	1 R ½ R ½ R ¼ L 2½ R 2 L 1¼
2 *Banteer* V	7	B	G	1 R ½ L ¼ R 2½ R 1 L 1¾
3 Donoughmore V	10	D	F	2 L 2 L 1 R 2 X 1 X 1½ L ½
4 Mallow T	6½	B	G	1 L 2½ X 1½ L ¼ L 1
5 Rathduff R	13	B	G	1 R 1 L ½ R ½ X ½ V^2 2 R ½ L ¼ L ¼ R ¾ R ¼ L 2 L 1½ L ¼ R 1¾

GOLDEN V. (Pop. 277). Clanwilliam : South Division : Co. Tipperary. S.R : Munster. F, 18 May, 26 Aug., 26 Oct., 15 Dec. : PS, 3 t. : Dundrum, 6½, G.S. & W. RY. (1) 7.30 a.m., 12.30 p.m. : (2) 10.30 a.m., 9 p.m. : (3) PO : (4) Yes, 1 : (5) Athassel Abbey, 1 ; River Suir, running beside the village of Golden. Timothy Curran, sergeant.

1 Bansha V	7	B	G	2 L ½ L 1 R ¼ R 3 L ½
2 Cashel C	4	B	G	L 2 X 2
3 Dundrum V	6½	B	G	½ R 1 R ⅛ L 1 X 1 L ½ L ½ R ½ L 1 R ½ R ⅛
4 Kilfeacle R	4	B	G	½ L ¼ L 1 X 2½
5 New Inn V	7	B	G	⅛ R ⅛ L 2½ R 1¼ X ¾ L ¾ L 1 L ¼

GOLDEN GROVE R. Clonlisk: Birr Division: King's County: Leinster. Roscrea, 2½, G. S. W. RY. (1) 7 a.m.: (2) 8 p.m.: (3) Roscrea, 2½: (4) No: (5) Golden Grove, ½; Mount St. Joseph's Monastery, 2½. Thomas Butler, sergeant.

1 Ballybritt R	4½	B	G	⅝ L 1½ X 1½ L ¾
2 Dunkerrin V	7	B	G	⅜ R ⅜ R ¼ L 1 X ½ X ⅛ R 1½ R 1⅝ L ½ R 1
3 ROSCREA T	2½	B	G	⅜ R 1⅜ L ¼
4 *Sharavogue* R	6	B	G	3 R ¼ L 1½ L 1¼
5 Shinrone V	6	B	G	3 L ½ R ½ L 2

GOLDING'S CROSS R. Ikerrin: Mid Division: Co. Tipperary: Munster. (1) 8 a.m., 2.30 p.m.: (2) 8 a.m., 10.30 a.m., 2.40 p.m.: (3) Templemore, 4: (4) No: (5) "The Devil's Bit" Mountain, 3. John Larkin, sergeant.

1 Borris-o-leigh V	3	B	F	1½ L ¼ R ½ X ¾
2 Dovea R	5	B	F	1 X ½ R ¼ L ½ R 1¾ R 1
3 Killeagh R	4½	B	F	½ L 3 L 1
4 Templemore T	4	A	F	½ R 1¼ L ¼ X 2

GOLEEN V. (Pop. 128). Western Division West Carbery: West Cork: Co. Cork, W.R.: Munster. F, 20 Jan., 5 March, 25 May, 19 July, 2 Sept., 24 Oct., 20 Dec.: PS, 4 s.: Skull, 10, S. C. T. RY. (1) 10.15 a.m.: (2) 2.15 p.m.: (3) PO, MOO: (4) Yes, 2: (5) Ballyrisode, 4. Matthew Benns, sergeant.

1 Crookhaven V	5	A C D B	P F	¼ L 1¼ R 3½
2 Dunmanus R	6	A C B	P F	⅝ R 1 R 3⅛ L 1¾
3 Skull V	10	A C E	S P F	⅜ R 1 R 3⅜ R 2¾ R 1 L 2

GORESBRIDGE V. (Pop. 298). Gowran: North Division: Co. Kilkenny: Leinster. F, 18 Jan., 3 March, 13 April, 15 June, 1 Aug., 15 Oct, 18 Nov., 18 Dec.: PS, 3 m., monthly: G. S. & W. RY.: Tel. 8-7. (1) 5.30 a.m., 10.15 a.m.: (2) 3.30 p.m., 8 p.m.: (3) PO, SB, MOO: (4) Yes, 5: (5) No. Patk. Lawler, const.

1 BAGNALSTOWN T	6	A	G	2 R ½ R 2 R 1½
2 BORRIS V	4	A	G	¾ R 2½ L ½ R ½
3 Gowran V	3½	B	F	¾ R 1¾ R 1
4 *Graigue-na-Managh* V	8	D G	F S	2 L 1½ X 4½
5 Paulstown V	5½	A B	G F	2 R ½ L 3

GOREY T. (Pop. 2266). Gorey: North Wexford: Co. Wexford: Leinster. Tel. 8-8: F, first s., monthly: PS, each alternate f.: M, s.: D.I.: D. W. W. RY. (1) 7 a.m., 11.15 a.m., 3.45 p.m., 5 p.m.: (2) 10 a.m., 3 p.m., 10 p.m.: (3) PO, SB, MOO: (4) Yes, 35; (5) Courtown-harbour, 4. John Nolan, sergeant.

1 Ballycanew V	6	A	G	¼ L 2¾ X 1¾ L ¼ X 1
2 Ballyconlore R	5	B D B D	F R	¼ L 1½ L 1¼ L ½ R ¼ R ¼ L ½ R ½
3 Camolin V	7½	C	G	2 R 3¼ R ½ R 1¼
4 Coolgreney V	7	A	G	A ½ X 2 X 1½ X 1 A 1¼ X ¼ L ½
5 Courtownharbour V	4	A	G	¼ R ¼ R ¼ L 1¼ R 1¼ L ¾
6 Hollyfort R	5	C D	G I S	¼ R 3¾ R 1

GORMANSTOWN R. Upper Duleek: South Meath: Co. Meath: Leinster. (1) 10 a.m.: (2) 4 p.m.: (3) Balbriggan, 3: (4) No: (5) No. Thomas Hanlon, constable.

1 Ardcath R	8	B	G	¼ L 1 L ½ L ¼ R 2 X 1 L 3 R
2 BALBRIGGAN T	3	B	G	½ L ½ L 2 R
3 Bellewstown R	6	B	G	¼ L 1 L ½ L X 4¼
4 Julianstown R	4	B	G	2 X 1½ X ½ X
5 NAUL V	5½	B	G	¼ L 1 L ½ L ¼ L 2 L 1½ R

GORT T. (Pop. 1648). Kiltartan: South Division: Co. Galway: Connaught. Tel. 8-8: F, 17 March, 10 May, 11 Aug., 7 Nov.: PS, each alternate S.: M, S.: D.I.: R.M.: W. & L. RY. (1) 4 a.m., 9.45 a.m., 12 noon, 5.45 p.m.: (2) 9.45 a.m., 1.45 p.m., 9 p.m.: (3) PO, SB, MOO: (4) Yes, 16: (5) Lough Coutra, its Castle and Demesne, 3½; Kilmacduagh Round Tower and ruins, 4. Richard Howard, sergeant.

1 Ardrahan V	7¾	C	G	2½ R 2 L 1½ R ½ L 1¼
2 Kilafin R	7	B D G	G B F	1½ R ½ R 1½ R 1 R ½ R V 2
3 Kinvarra T	9	B M	G	2½ L 1⅓ L 1½ X V 3½
4 Peterswell V	5	B	G	1½ X 2 L 1¼ R ¼
5 Tubber R	6	B	G	½ L ½ R 2½ X 2¼ R ¼

GORTATLEA R. Trughenacmy: East Division: Co. Kerry: Munster. Tel. 9.20 a.m. to 7 p.m.: G. S. & W. RY. (1) 7.30 a.m., 4 p.m.: (2) 10.45 a.m., 6 p.m.: (3) PO: (4) No: (5) No. Richard Walker, constable.

1 Castleisland T	5½	B D	G	1½ R 1½ R 2½
2 *Farranfore* V	4	B D	F	¼ L 1¾ X 1 X 1
3 *Tralee* T	7	A	G	¼ R 2¾ X 2 X 2

GORTATOO V. (Pop. 67). Clanmaurice: North Kerry: Co. Kerry: Munster. (1) 10.30 a.m.: (2) 5 p.m.: (3) PO, Kilflynn, ½; SB, MOO, Lixnaw, 3: (4) No: (5) No. George Hunter, acting-sergeant.

1 Abbeydorney V	3	C	G	2 L 1
2 *Lixnaw* V	4½	B	G	R 1⅜ L 3 R ⅛
3 *Mountcoal* R	6	A	G	1¼ L 4¾
4 Tralee T	7	A	G	1 R 6

GORTGLASS HUT R. Trughenacmy: East Division: Co. Kerry: Munster. (1) *nil*: (2) *nil*: (3) Scartaglin, 2:. (4) No: (5) No. Richard G. Sandles, acting-sergeant.

1 Castleisland T	4	B	F	¾ X 1½ R 1½ L ¼
2 Cordal R	4	B	F	¾ R 1 R 1¼ R 1
3 Ranalough V	5	B	F	¾ L 2¼ R 2 R
4 Scartaglin V	2	B	F	¾ L ¼ L 1 L

GORTIN V. (Pop. 335). Upper Strabane: Mid Division: Co. Tyrone: Ulster. F, 1 w.: PS, 1 f. after fair: M, w.: Newtownstewart, 6, G. N. RY. (1) 7.40 a.m.: (2) 6.20 p m.: (3) PO, SB, MOO: (4) Yes, 9: (5) No. John Casey, sergeant.

1 Broughderg R	13	A F B	G F	2¼ L ½ R 4½ L 1 R ½ R ¼ V X 1 X 3
2 Glenroan R	8	B D F	G P G	½ R 1½ R 1½ L Λ V 2½ R 2
3 Mountfield V	8	B D F	G P F	2¼ R ¼ L 2½ R 3
4 Newtownstewart T	6	B	G	4 R ½ L 1 L ½
5 Omagh T	10	A	G S	3 L 1 L 1½ R 1½ R 1 L 1 R 1
6 Plumbridge V	4	C	F	½ X 1½ L 1¼ L ¾

GORTMORE R. Corkaguiny: West Kerry: Co. Kerry: Munster. Dingle, T. & D. L. RY. (1) 2.30 p.m.: (2) 7 a.m.: (3) PO, Ballyferriter, ½; Dingle, SB, MOO, 10: (4) Yes, 1: (5) At Smerwick Harbour is Fort del Oro, referred to in Kingsley's "Westward, Ho!" where Sir W. Raleigh slaughtered 600 Spaniards in cold blood, 1580; "The Three Sisters," bold and beautiful promontaries, 2. Peter Muldoon, sergeant.

1 Ventry R	5	B	G	¼ R 3¾ L 1

GORTROO R. Imokilly: East Cork: Co. Cork: Munster. Killeagh, 4, C. & Y. RY. (1) 11 a.m.: (2) 7 p.m.: (3) PO, Killeagh, 4: (4) No: (5) Glenbower, on the Ponsonby estate (scene of evictions), 5. James O'Leary, sergeant.

1 Killeagh V	4	A	G	¼ L 1 L ¼ X 2½
2 Shanakiel R	3½	B	G	½ R 1 L 1 L ½ L ½
3 Youghal T	4½	A	G	¼ R ¼ R 2 L ½ X 1½

GORVAGH R. Mohill: South Division: Co. Leitrim: Connaught. Adoon, ¾, C. L. & R. L. RY. (1) 9 a.m.: (2) 8.45 a.m.: (3) PO: (4) No: (5) No. James Brady, acting-sergeant.

1 Cloone V	4	G D B D	I S	¼ L 1 L ½ L ¼ X 1½ L ½
2 Corrateriff R	6	D B F	I S	¼ R ½ L 2½ X 2¼ L ½
3 *Fenagh* V	3	B D G	G	¼ L 1 R 1¾
4 Mohill T	4	B	G	¼ X 3¼ L ½

GOWRAN V. (Pop. 525). Gowran: North Division: Co. Kilkenny: Leinster. PS, 3 t.: Gowran, 2, G. S. & W. RY.: Tel. 8-8. (1) 4.30 a.m., 10.30 a.m.: (2) 3 p.m., 8.30 p.m.: (3) PO, SB, MOO: (4) Yes, 3: (5) Gowran Castle, ½. Anthony Linneen, constable.

1 *Dungarvan* V	3½	B	G	¼ L 1½ R ½ L 1 R ½
2 Goresbridge V	3½	B	G	⅛ R ½ R ¾ L 1½ R ½ L ¾
3 Paulstown V	4	B	G	⅜ L ⅝ L 1¾ L ¼ R 1½

GRAIGUE-NA-MANAGH T. (Pop. 1003). .Gowran: South Division: Co. Kilkenny: Leinster. F, 27 Jan., 28 Feb., 7 April,

10 May, 11 June, 8 July, 7 Aug., 29 Sept., 30 Oct., 26 Nov., 26 Dec.: Tel. 8-7: PS, 1 w.: M, th.: Borris, Co. Carlow, 6, G. S. & W. RY. (1) 7 a.m., 11.30 a.m.: (2) 2 p.m., 6.5 p.m.: (3) PO, SB, MOO: (4) Yes, 12: (5) Graigue Abbey, 1; Ullard Church, 3½: Brandonhill, 1. David Ryan, sergeant.

1 Borris T	6	A	G	¼ R 2¾ R 2¾ R ¼
2 Dungarvan V	9	E	F	¼ L 4¼ R 4½
3 Glynn R (known as St. Mullin's)	4	D	G	⅛ R 1½ V² 1¼ L 1 X ⅛
4 Goresbridge V	8	A	G	¼ R 2¾ L 1⅜ R ¼ R 3
5 Gowran V	9½	A	G	¼ R 2¼ L 1¾ R ¼ L 1 L ⅛ R 1⅜ X 1¼ L ¾
6 Innistiogue V	7	F	I	¼ R ¼ L 2½ X 1 L 3
7 Rower R	7	A	G	¼ L 4¾ L 2
8 Thomastown T	11½	C	F	¼ L 4¼ X 2¼ L 2¼ R 2¼ R ¼

GRANARD T. (Pop. 1835). Granard: North Longford: Co. Longford: Leinster. F, 15 Jan., 23 Feb., 1 April, 3 May, 23 June, 15 Aug., 1 Oct., 13 Nov., 7 Dec.: M, m.: PS, last w., monthly: Ballywillan, 4, M. G. W. RY. (1) 6 a.m., 10 p.m.: (2) 1.30 p.m., 8 p.m.: (3) PO, SB, MOO: (4) Yes, 14: (5) No. P. Ballantine, sergeant.

1 Abbeylara V	2½	B	G	¼ R ¼ R 2
2 Ballinalee V	7¾	C	G	¼ L 2 R 1½ X ¾ R 1½ R 1 L ¾
3 Kilcogy V	5½	C	G	¼ L ½ R 1 L ¼ R 2 R 1½
4 Lisryan R	5	B	G	½ L 1 R 2 L 1½
5 Larkfield R	4½	C	F	⅛ R 1 R 2 L 1 R ⅜

GRANGE R. Small County: East Limerick: Co. Limerick: Munster. Kilmallock, 9, G. S. & W. RY. (1) 8 a.m.: (2) 5.15 p.m.: (3) Holycross, 1: (4) No: (5) Loughgur and Loughgur Castle, 4. John Kilkenny, constable.

1 Ballyneety V	5½	A	G	1¼ L ¾ R 1¼ L ¼ X 2
2 Bruff T	3½	A	G	¼ X ¾ X ¼ R 2¼
3 Fedamore V	5	B D	G	2 L 2 L 1
4 Herbertstown V	5½	A B	G	¼ X ¾ X ¼ L ½ L 1½ X 1 X ¾ X ¼ L ¼

GRANGE V. (Pop. 120). Carbury: North Division: Co. Sligo: Connaught. F, 20 Jan., 20 Feb., 20 Mar., 20 April, 20 May, 2 and 29 June, 25 July, 25 Aug., 29 Sept., 28 Oct., 20 Nov., 10 Dec. (should these dates fall on Saturday, fair is held on following Monday): PS, f., fortnightly: Sligo, 10½, M. G. W. RY. (1) 7.30 a.m., 6 p.m.: (2) 7.15 a.m., 5.40 p.m.: (3) PO, SB, MOO: (4) Yes, 2: (5) Ben Bulbin Mountain, 4; Innishmurray Island, 6, by sea. Robert Thompson, sergeant.

1 Breaffey R	3	B	G	¼ R ¾ X ½ R ½ X ⅛ L ⅛
2 Cliffoney V	4	A	G	1 X 1 X ½ X 1½
3 Drumcliff R	5	A	G	¼ X 1⅜ X 1 X 1½ X 1⅛

GRANGE R. Talbotstown Upper: West Division: Co. Wicklow: Leinster. G. S. & W. RY. (Tullow Branch). (1) 5 a.m., 10.15 a.m.: (2) 4.30 p.m., 8.30 p.m.: (3) PO: (4) Yes, 1: (5) A number of Danish forts, or raths, in district. George Bollard, constable.

1 BALLITORE V	4¼	D B	F	⅛ R ¼ R 1¼ R ⅛ X 1¼ R 1 L ¼
2 Baltinglass V	4½	B D	F	1½ L 1 L 1 R 1
3 Dunlavin V	5	D B	F	1⅜ V² 1 R 1½ L ½ R ⅜ L ⅛
4 Stratford V	4	B D	F	¼ R 1½ L ½ R 1¾

GREENCASTLE V. (Pop. 695). Lower Belfast: North Division: Co. Antrim: Ulster. P.St.: B. N. C. RY.: Tel. 8-8. (1) 8 a.m., 2 p.m., 5 p.m.: (2) 11 a.m., 2 p.m., 6 p.m.: (3) Whitehouse, PO, SB, MOO, ¼: (4) No: (5) Cave Hill, 1½. John Slattery, sergeant.

1 Belfast C	2½	A	G	¼ L ¼ L 2
2 Whiteabbey V	2	A	G	¼ R ¾ R ¾ R ¼
3 *Whitewell* V	2	B	G	¼ R ¾ L 1

GREENCASTLE V. (Pop. 200). Inishowen East: North Division: Co. Donegal: Ulster. (1) 10.40 a.m.: (2) 2.50 p.m.: (3) PO, MOO: (4) Yes, 5. (5) Inishowen Head and Port-a-Dhouras, 3½; sea-bathing resort; entrance to Lough Foyle, with Fort and old Castle ruin, built by Earl De Burgh in the 15th century. John Haire, constable.

1 Moville T	3	B	G	1½ L 1½

GREENFORT R. Kilmacrenan: North Division: Co. Donegal: Ulster. Fahan, 17, L. & L. S. RY. (1) 11.30 a.m.: (2) 2.30 p.m.: (3) Portsalon, PO, SB, MOO, 1: (4) Yes, 2: (5) The Seven Arches; 2; Lough Swilly, 1; Ballymastocker Bay, 1; peculiar cliffs, 3. William Parke, sergeant.

1 Doaghbeg R	5	D	B	½ R V 2 X 2½
2 Kerrykeel V	5	D	B	¼ X ¾ X 2 X 2
3 Rosnakil V	3	D	B	¼ R 1 R ¼ L ¾ R ¼ L ½

GREENORE V. (Pop. 266). Lower Dundalk: North Louth: Co. Louth: Leinster. L. & N. W. RY., of England; Railway and Steampacket Station: Tel. 8-8. (1) 8 a.m., 9.30 a.m., 4.15 p.m.: (2) 10 a.m., 2.30 p.m., 5.15 p.m.: (3) PO, SB, MOO: (4) No: (5) Carlingford Lough; Mourne Mountains, 2. J. Doherty, sergeant.

1 Ballymascanlon R	11	B	F	1 X 1 X 1 X ½ R ½ L 4 L 3
2 Carlingford T	3	B	G	1 R 2
3 KILKEEL V	6	W B	Sea G	S 2 S R 4
4 WARRENPOINT V	8	W	Sea	S 8 S

GREVISK R. Boyle. North Division : Co. Roscommon : Connaught. Boyle, 3½, M. G. W. RY. (1) 7 a.m. : (2) 7 p.m. : (3) Boyle, 3½ : (4) No : (5) Rockingham Castle and Demesne, at Barrack, the residence of the late Edward King-Harman, M.P. James Heslan, sergeant.

1 Boyle T	3½	A	G	3⅜ R ⅛
2 CARRICK-ON-SHANNON T	6	A	G	1¼ R ¼ R ¼ L ¼ L 3¾ L ¼
3 Cootehall R	3½	A B	F G	1¼ R ¼ L 2
4 Croghan R	7	A B	G	1¼ R ¼ R ¼ R 1 L 1¼ L 1¼ X 1¼ X ½
5 Knockvicar R	3	A B	G	1¼ L 1¾

GREYABBEY V. Lower Ards : North Division : Co. Down : Ulster. Tel. 8-8 : F, 28 March, 23 June, 29 Oct., 5 Dec. : PS, 2nd m., monthly : (1) 9 a.m., 3.30 p.m. : (2) 9.15 a.m., 4 p.m. : (3) PO, SB, MOO : (4) Yes, 4 : (5) Old Abbey. John M'Grath, sergeant.

1 Donaghadee T	8½	B	G	3 X 3 L 2½
2 Kircubbin V	3½	A	G	Straight road
3 Newtownards T	7¾	A	G	Straight road

GROUSEHALL R. Upper Loughtee : East Cavan : Co. Cavan : Ulster. Cootehill, 9, G. N. RY. (Branch). (1) 10 a.m., Tuesday, Thursday, Friday, and Saturday : (2) 11 a.m., Tuesday, Thursday, Friday, and Saturday : (3) PO : (4) Yes, 2 : (5) No. P. M'Gowan, sergeant.

1 *Ballyjamesduff* T	8	D	P	¾ R ¾ R ½ L 2 X ¼ L ¾ X 1½ L 1½
2 Bailieborough T	7½	D	F	1¼ R ½ L 1¼ R 3 X 1½
3 Coroneary R	7	D	P	1 L 1 R ¼ L 1¼ R 1¼ L ½ R 1 R ½ L ¼
4 *Crosskeys* V	9	D	I	⅛ L 1⅞ R 1 R 2½ L ⅝ R 1 X ½ R 1 L ¾ L ⅛
5 *Stradone* R	6½	D	F	⅜ L 1⅞ R 1 R 2 R ¼ R 1¼
6 *Virginia* V	9	D	P	¾ R ¾ L 1 R 2 L ⅛ X 1⅛ L 1 R 1 R 1¼

GROUSEHALL R. Inishowen East : North Division : Co. Donegal : Ulster. F, last t. in Jan., April, July, and Oct. : (1) 10 a.m., 3 p.m. : (2) 10.15 a.m., 3.15 p.m. : (3) PO : (4) Yes, 2 : (5) Carrowmore, 3 ; Crughaughrim, 3 ; grand scenery. John Boylan, sergeant.

1 *Carndonagh* V	6	D	G	¼ R 2¾ X ¼ R ¼ L 2¼ X ¼
2 Culdaff R	3¾	D	G	1¼ X ½ X ¾ R ¾ L ½
3 Moville T	6	D	G	¼ L ¼ R 1 R 1½ X 3

GUBALAUN R. Rosclogher : North Division : Co. Leitrim : Connaught. Belleek, 6½, G. N. RY. (1) 11 a.m. : (2) 2.30 p.m. : (3) PO, Rossinver, ¼ : (4) Yes, 2 : (5) Lough Melvin, ½ ; Ruins of St. Mogue's Abbey, ¼. William M'Gurk, constable.

1 GARRISON V	2	D B D B	F G F G	¼ R ¾ L 1
2 Kiltyclogher V	4½	B H D B	F G S	¼ L 1 R 2 R ¼ L 1
3 Kinlough V	9	B G	F G F G	¼ L 1 R 3¾ R 2 R 1⅜ L ⅛
4 Manorhamilton T	7¼	H B G	F G F G	¼ X ½ R 1 L ¼ Λ ¾ R ½ L 3 L ½ V ½ L

GULLADUFF R. Loughinshollen : South Derry Division : Co. Londonderry : Ulster. Knockloughrim, 2, D. C. RY. (1) 6 a.m., 11 a.m. : (2) 11.30 a.m., 2.30 p.m. : (3) Knockloughrim, PO, MOO, 1¼ : (4) No : (5) No. Thomas Prior, sergeant.

1 Bellaghy V	4	D B	G F G	⅛ X 1⅜ X 1 X ¾ L ¼
2 Castledawson V	5	B D B	F G	1¼ L 1 X 1 X 1 R ¾
3 Innisrush R	5	D B D	G F	⅛ L ¾ X 1¼ X 1 R 1 X ⅛ X ¾
4 Maghera T	3½	B D B D	G	2 X 1 X ½ straight road
5 Magherafelt T	5½	B D B D	F G	1¼ X 1 X ½ L ⅛ R 2 X ⅛ X ¼ L ¼

GURTDERRYBEG R. Ikerrin : Mid-Tipperary : Co. Tipperary : Munster. Roscrea, 8, G. S. W. RY. (1) 10 a.m. ; (2) 10 a.m. : (3) Roscrea, 7¾ : (4) No : (5) No. Nicholas Nally, act.-sergt.

1 Clonakenny R	5	B D B	F P F	1 L ¼ X 1¼ L ¾ R 1
2 ERRILL V	6	B D B	F P S F	1 L ¼ L ⅛ L 1¾ L 2⅜ L ¾
3 Roscrea T	7¾	B A	F G	1¼ X ¾ L ½ R 1 R 2 R ¼ L 1 R 1
4 *Templemore* T	7¾	B A	F S P G	1 L ¼ R 1¼ R 2½ R 2 R ¾
5 Timooney R	3½	B F H B	I S P F	1¼ R 1¼ L ¾ L ¼

GURTEEN R. Tiaquin : East Division : Co. Galway : Connaught. PS, f., fortnightly : Attymon, 4¼, M. G. W. RY. (1) 9 a.m. : (2) 9.30 a.m. : (3) Attymon, 4¼ : (4) No : (5) No. Edward Corvan, sergeant.

1 Attymon R	4	B	G	2½ L 1½
2 *Menlogh* V	6	B	G	1½ L ½ R 3½ R ½
3 Monivea V	8	B	G	2½ R 2 R 2 L ½ L 1
4 Woodlawn R	8	B	G	1½ R 5¼ R 1¼

GURTYMADDEN R. Longford : East Division : Co.' Galway : Connaught. (1) 9.35 a.m. : (2) 3.30 p.m. : (3) PO ; Killimore, SB, MOO : (4) Yes, 1 : (5) No. Edward Garry, sergeant.

1 Dalystown R	8	B D B	G F	1½ R 1½ L 1 L 1 X 2 L 1
2 *Killimore* V	5½	B D B D	G	½ R 2½ R ¼ L 2¼
3 *Kiltormer* V	8	B D B	F	2¼ R 1 L 1 R 2 L ⅛ R 1⅝
4 Kilreecle V	4¾	B D	F G	2 L 2½ R ¼
5 Loughrea T	7½	B D	G	1½ R 1½ R ¼ L 1½ L 1¼ R 1 R ½
6 *Tynagh* V	5	B D B	G	4 L ¼ L ¾

GURTNAHOE R. Slievardagh : Mid Division : Co. Tipperary, S.R. : Munster. (1) 7.40 a.m., from 1st March to 30th Oct. ; 8.40 a.m., from 1st Nov. to 28 Feb. : (2) 5.20 p.m. : (3) PO : (4) Yes, 1 : (5) Kilcooly Abbey. Joseph Orange, sergeant.

1 Commons, The V	6¼	B D	F	1 R ¼ R 1½ R ¼ L 1 L 2 R ¼
2 Earlshill R	7½	D	F	3½ R 1 L ½ L 1 L 1 L ¼ R ¼
3 MOYNE V	8	D B	F I F	2 L ¼ L ¼ R 3½ L 1½ R ½
4 URLINGFORD T	4	B	G	1⅜ R ⅛ L 2

GWEEDORE R. Kilmacrenan : West Division : Co. Donegal : Ulster. Letterkenny, 30, L. & L. S. RY. : Tel. 8-8. (1) 9.55 a.m., 1.20 p.m. : (2) 9.50 a.m., 1.25 p.m. : (3) PO, SB, MOO : (4) Yes, 3 : (5) Errigal Mountain, 5, Poisoned Glen, 6. John Hanratty, sergeant.

1 Anagry R	5½	D	F	½ L 1½ L 3½
2 Bunbeg R	4	B	F	½ R 2½ R 1
3 *Falcarragh* V	12	B	G	1¾ L 7¼ R ⅛ L 2⅓
4 *Glenveigh* R	14	D	F	1¼ R 4 L 6¼ R 2

H

HACKBALLSCROSS R. Dundalk Upper: North Division: Co. Louth: Leinster. Inniskeen, 4, G. N. RY.: (1) 8 a.m.: (2) 6 p.m.: (3) PO: (4) Yes, 2: (5) Roche Castle, 3. Robert Linden, constable.

1 Dundalk (Bridge Street) T	4¼	A	G	1¾ X 1 X ¼ X ¼ X 1 V
2 CROSSMAGLEN V	5¼	B C B	G	1 R ¼ R ½ L 1½ L ¼ R 2
3 DRUMBOAT R	4	B	G	1 R ¼ L ½ R ¼ L ½
4 FORKHILL V	6	D	F	¼ R ¼ X 1 X 1 R ½ L 1 X 1 X 1¾
5 INNISKEEN V	4	D B	F	1 R 2 R ½ L ½

HACKETSTOWN V. (Pop. 561). Rathvilly: Carlow Division: Co. Carlow: Leinster. F, 13 Jan., 4 Feb., 12 March, 13 April, 4 May, 23 June, 13 July, 2 and 21 August, 18 Sept., 16 Oct., 15 Nov., 21 Dec.: PS, last th. each month: M, t.: Rathvilly, 8, G. S. & W. RY.; Tinahely, 8, D. W. & W. RY. (1) 7.30 a.m., 12.30 p.m.: (2) 2.35 p.m., 5.10 p.m.: (3) PO, SB, MOO: (4) Yes, 4: (5) No. James Dalton, sergeant.

1 KILTEGAN V	3½	B D	G	V ½ L V 1½ L ½ R 1½
2 KNOCKANANA V	3	B D	G	¼ R ¼ R ½ R 1½
3 Rathdangan V	5	B D	F	V ½ R A 1 L ¾ R 1 R ½ L 1 L 1½
4 Rathvilly V	8	B D	G	1 R 1 R 1 L 2 L 2 X 1
5 Tinahely T	7	B D	G	¼ R 4¼ L ½ R 1¾

HARRISTOWN R. Knocktopher: South Division: Co. Kilkenny: Leinster. Mullinavat, 5½, W. & C. I. RY. (1) 12 noon: (2) 12 noon: (3) PO, SB, MOO, Pilltown, 7: (4) No: (5) No. John M'Cormack, sergeant.

1 Hugginstown V	4	D H	R	1½ L 2½
2 Mullinavat V	5¼	D H	F	2¼ R V 2¾ X ¼
3 Templeorum R	4	D H	R	2¼ L 1½

HAULBOWLINE I. Barrymore: South-East Division: Co. Cork, E.R.: Munster. Tel. 9-6: B: Queenstown, ¾, G. S. W. RY. (1) 8.30 a.m., 1.15 p.m.: (2) 9 a.m., 3 p.m.: (3) Queenstown, ½: (4) No: (5) Naval Dockyard and Dry Dock, made by convicts from Spike Island; Spike Island, formerly a great convict station, now Fort Carlisle. James Donoghue, sergeant.

1 Queenstown T	¾	W	Sea	By Sea

HEADFORD V. (Pop. 615). Clare: North Division: Co. Galway: Connaught. F, 1 Jan., 1 Feb., 17 March, 11 May, 29 June, 15 Aug., 8 Sept., 14 Oct., 1 Nov., 8 Dec.: PS, each alternate m.: M, t.: Tuam, 12½, W. & L. RY.: Tel. 8-8. (1) 6.30 a.m.: (2) 6.30 p.m.: (3) PO, SB, MOO: (4) Yes, 7: (5) Ross Abbey, 1½; Lough Corrib, 4. J. M'Manus, sergeant.

1 Castlehacket R	5	A	G	¼ R ½ L 1½ R ½ L 1 R 1½
2 *Clonboo* R	8½	B D	G	¼ L 1 L ½ R ¼ L 3 R 2 R 1½
3 *Shrule* V	4	C	G	¼ L 3 L ½

HEADFORD R. Magonihy: East Division: Co. Kerry: Munster. G. S. W. RY., ¼. (1) 7.15 a.m.: (2) 8.45 p.m.: (3) PO: (4) Yes, 4: (5) Good mountain scenery in vicinity. Alex. Smyth, sergeant.

1 Banard R	8	B D	G I G F	1¼ R 1⅓ L 2 R 2 R 1¼
2 Inchicorrigane R	9	D	F P F I	1¼ L 3½ X 2 R 1½ L ¾
3 Killaha R	4	D	F P F G	¾ R 2¾ R ¾
4 Killarney T	8	D	G I I G	¾ R 7½
5 Rathmore R	7	B	F G F G	1½ R ½ L 2 R 3

HEATH R. Maryboro East: Leix Division: Queen's County: Leinster. Maryboro, 4½, G. S. & W. RY. (1) 11.40 a.m.: (2) 12.40 p.m.: (3) Emo, 2½: (4) No: (5) Rock of Dunamaise, 2½; the Great Heath of Maryboro, 3. James Meara, constable.

1 Ballybrittas V	4½	B	G	½ X ½ X ¼ X 1 X 2¼
2 Maryboro T	4½	A	G	½ L 1½ X 2¼ L ⅛ R ⅛
3 *Stradbally* T	5	D	F	¼ X ⅛ R 2¼ X ⅛ R 1¼ L ¼

HERBERTSTOWN V. (Pop. 206). Small County: East Division: Co. Limerick: Munster. Knocklong, 6, G. S. W. RY. (1) 9 a.m.: (2) 5.30 p.m.: (3) PO: (4) Yes, 3: (5) Ballinard and Rawlingstown Castles, 2. Edward Daly, sergeant.

1 Bruff T	5¾	B	G	½ X ¾ X 1 X 1 R ½ L 1½ L ½
2 Cahirconlish V	6	B	G	¼ R 3 X 2¾
3 Grange R	5½	F	G	¼ R ¼ X ¾ X 1 X 1½ R ½ R ¼ X ¾ X ¼
4 Hospital V	4	B	G	¼ L 1⅛ X 1¾ R ¼
5 Kilteely V	4	F	G	¼ R 1¾ R ⅛ X 1 L ½
6 Knockainey V	4	F	G	½ L 1¼ R 2 L ¼

HILLSBOROUGH V. (Pop. 697). Lower Iveagh Upper Half: West Down: Co. Down: Ulster. Tel. 8-8: F, 3 w.: PS, 1 s.: Hillsborough, ½, G. N. RY. (1) 6.30 a.m., 8.30 a.m., 10.45 a.m., 5.10 p.m., 7 p.m.: (2) 8.20 a.m., 10.45 a.m., 3.15 p.m., 6.20 p.m., 8.55 p.m.: (3) PO, SB, MOO: (4) Yes, 15: (5) Residence of the Marquis of Downshire; Park and Demesne; old and new Castle; Maze Racecourse, 3. James Wade, sergt.

1 Dromore V	5½	A	G	Straight road
2 Lisburn T	4	A	G	¼ R 3¾
3 Moira T	7	B	F	¼ R 6¾

HILLSTREET V. (Pop. 50). Roscommon: North Division: Co. Roscommon: Connaught. PS, 1 f.: Drumsna, 4, M. G. W. RY. (1) 10 a.m.: (2) 5 p.m.: (3) PO: (4) No: (5) Rockvilla Demesne, 1, with several lakes. John Cushin, constable.

1 Carrick-on-Shannon T	6	B A	F G	3½ R 1 L 1½
2 Elphin T	5½	D B	G G	2 L 2 R 1½
3 Gillstown R	8½	B B	F I	1½ R 3 L 2 L 1⅜ L ⅛
4 Kilmore V	4	B B	F F	2 L ½ R 1 L ½

HILLTOWN V. (Pop. 221). Upper Iveagh : South Division : Co. Down : Ulster. F, 2 t. : PS : Ballyroney, 6, G. N. RY. (1) 7.15 a.m., 12.30 p.m. : (2) 10 a.m., 6 p.m : (3) PO, SB, MOO : (4) Yes, 5 : (5) No. Patrick Dowd, sergeant.

1 Bryansford v	10	B	G	½ R ¾ L 2 L 2 R ¼ R 1¼ R ¾ L ¼ R 1¼ R ¾ R ¾
2 Mayobridge v	3¾	B	G	1¼ R ¼ L ¼ X 1½
· 3 Rathfriland T	3	B	G	¾ L ¾ X ½ R 1
4 Rostrevor v	7	B	G	½ R 1 L 5¾

HOLYCROSS R. Middlethird : East Division : Co. Tipperary : Munster. (1) 7.15 a.m. : (2) 6 p.m. : (3) No : (4) No : (5) Holycross Abbey. Philip Wallace, sergeant.

1 Littleton v	6	B	F	1 R 1 X 4
2 PEAKE R	3	B	F	1¼ L 1½
3 Thurles T	5½	A	G	1 L ¾ R 4

HOLYFORD V. (Pop. 50). Kilnamanagh Upper : Mid Division : Co. Tipperary, S.R. : Munster. Dundrum, 8, G. S. & W. RY. (1) 10 a.m. : (2) 4 p.m. : (3) PO : (4) No : (5) No. William Merry, constable.

1 Annacarty v	6	B	F	4 L 2
2 Cappawhite v	6	B	F	4 R 2
3 *Kilcommon* v	7¼	D	I	3½ L 2 L 1¼ X ¼
4 Rossmore R	9	D	P	3¼ X 5 L ½
5 *Shehevrie* R	6	D	I	3 R 2 R 1

HOLYWOOD T. (Pop. 3388). Lower Castlereagh : North Division : Co. Down : Ulster. PS, 2 and 4 m. : B. & C. D. RY. (Holywood Branch) : Tel. 8-8. (1) 6.45 a.m., 10.10 a.m., 2.35 p.m. : (2) 10.55 a.m., 2 p.m., 6.20 p.m., 7.45 p.m. : (3) PO, SB, MOO : (4) Yes, 16 : (5) Belfast Lough, ⅛. Charles Cosgrove, constable.

| 1 Newtownards T | 8¼ | B | G | 3½ R 2 R ¾ L 2 |
| 2 Strandtown v | 3 | A | G | 3 |

HOLLYFORT R. Gorey : North Division : Co. Wexford : Leinster. Gorey, 5, D. W. & W. RY. (1) 9 a.m. : (2) 5 p.m. : (3) PO : (4) No : (5) No. Edward Kenny, sergeant.

1 Ballyconlore R	7	DFDF	GFSG	½ L 2½ X 2½ X ¼ L ¼ L ¾ R ¼
2 Camolin v	9	DFE ɪ	B C	½ R 2 X ¼ R ¼ L 1¼ X 1 L 2 L 1¼ L ¼
3 CARNEW v	7½	D	S F	2 L 2 X 2½ X 1
4 Croghan R	7	B G	G	1 R 2½ R 2 L 1½
5 Gorey T	5	C D	GSFG	1 L 4

HOLLYMOUNT V. (Pop. 249). Kilmaine : South Division : Co. Mayo : Connaught. F, 16 May, 11 Dec. : PS, s., every four weeks : M, s. : Hollymount, 1, M. G. W. RY. : Tel. 8-7. (1) 3.30

a.m., 1.30 p.m. : (2) 10 a.m., 9 p.m. : (3) PO, SB, MOO : (4) Yes, 3 : (5) No. John Weakley, sergeant.

1 Ballindine V	8	B	F	½ R 1¼ X 3¾ L ¼ R 2
2 Ballinrobe T	6	B	G	½ L 2 L 3½
3 Ballyglass V	7½	B	G	½ R 1½ R 3 L 2½
4 Brownstown R	5	B	G	½ R 1½ X 2 X 1
5 Castlegrove R	11½	B	G	2½ L 4 X 2 L 1 X 2
6 Claremorris T	8½	B	G	½ L 2½ X 3 X ½ X 2
7 Kilmain V	6	B	G	1½ R 1 X 3¼ L ¼

HOLLYWOOD V. Lower Talbotstown : West Wicklow : Co. Wicklow : Leinster. (1) 11 a.m. : (2) 3.15 p.m. : (3) PO, SB, MOO : (4) Yes, 2 : (5) No. Patrick Carroll, constable.

1 BALLYMORE EUSTACE V	2¼	A	G	¼ R 1 X 1¼
2 Baltiboys R	3½	A	G	1 R ¼ L 1 L 1¼
3 Donard V	6	A	G	1 X 2 L 2 L 1
4 Dunlavin V	5½	A C	G	¼ X 1 R 1½ X 2¾

HORSELEAP (J.S.) R. Moycashel : South Division : Co. Westmeath : Leinster. M. G. W. RY. (1) 8.30 a.m. : (2) 5.30 p.m. : (3) Kilbeggan, 4½ : (4) No : (5) No. Loughlin Doran, sergt.

1 CLARA T	4	B	G	2½ R 1 X ½
2 Kilbeggan T	4½	A	G	1¾ L 1 L 2 L ¼
3 *Moate* T	6	A	G	½ L 1 X ⅜ X 1⅝ L ½ R 2
4 Streamstown V	4	B	G	¼ R 1¾ X 1¼ L ¾
5 TUBBER R	5	B	G	⅛ L 1 X ⅜ L 1¾ L 1¾

HOSPITAL V. (Pop. 670). Small County : East Limerick : Co. Limerick : Munster. F, 9 July, 8 Sept. : PS, each alternate f. : M, t. and f. : Tel. 8-7. (1) 7.30 a.m., 12 noon : (2) 12.45 p.m., 7 p.m. : (3) PO, SB, MOO : (4) No : (5) Cromwell Hill, 4 ; Kilfrush, 1½. Charles Sweeny, constable.

1 *Ballyscadane* R	5	B	G	¾ L 2¼ V² 2
2 Elton V	5	B	G F	¾ R 3¼ L 1
3 EMLY V	4	B	F G	1 R 2 L 1
4 Herbertstown V	4	B	G	¼ L 1¾ X 1½ R ½
5 Kilteely V	5	B D	G F	⅛ R 2⅜ L 2¼ R ¼
6 Knockainey V	2	B	G	1¾ R ¼

HOWTH T. (Pop. 1500). Coolock : North Dublin : Co. Dublin : Leinster. PS, 2 m. summer ; 4 m. winter : Tel. 8-8 : G. N. RY., ¼. (1) 9 a.m., 2.30 p.m., 8.10 p.m. : (2) 10.30 a.m., 5.15 p.m., 9.10 p.m. : (3) PO, SB, MOO : (4) Yes, 15 : (5) Howth Head, 1 ; Howth Demesne, ½ ; Ireland's Eye, 1 by sea ; Dublin G.P.O., 8½. P. Ward, sergeant.

1 Baldoyle V	3	A	G	2 R 1
2 Raheeny V	5	A	G	2 X 1 X 1 X 1

HUGGINSTOWN V. (Pop. 130). Knocktopher : South Kilkenny : Co. Kilkenny : Leinster. F, 12 May, 12 Aug., 12 Nov. (1) 10 a.m. : (2) 4.30 p.m. : (3) No : (4) No : (5) No. John O'Donnell, acting-sergeant.

1 Harristown R	4	D	R F	2½ R 1½
2 *Kilmoganny* V	4½	B	G F	¼ L 1¾ R ½ R 2
3 *Knocktopher* R	4	D	R F	1 L ¾ L 1 R ½ L ½ L ¼

I

INAGH R. Inchiquin : West Clare : Co. Clare : Munster. Wilbook, 5, W. C. RY. (1) 7.15 a m. : (2) 6 p.m. : (3) PO : (4) Yes, 1 : (5) No. James Power, sergeant.

1 *Ennis* T	10	A	G	¼ X R 4 L 1 L 3 L ¾ L 1
2 Ennistymon V	8	A	G	¼ R 3 R 1 R 1¾ R 2
3 Morris' Mills R	2½	C	G	¼ R 2¼

INCH R. Islands : East Division : Co. Clare : Munster. Ennis, 3½, W. & L. RY. (1) 7.30 a.m. : (2) 5 p.m. : (3) PO, SB, MOO, Ennis, 3 : (4) No : (5) No. Daniel Fitzgerald, acting-sergt.

1 *Ballyillaun* R	5½	E	G	1¼ R 2 L 2 X ¼
2 Darragh R	4	B	G	¼ R Λ 1 R ¼ X 2½
3 Ennis T	3	B	G	V ¼ L 2 L ½ X ¼
4 *Inagh* R	10	B	F	½ X 3 X 1 X 2 R 1 V R 2½
5 Newhall R	4	B	G	V ¼ R Λ 1 R ¼ L Λ 2¼ R ¾

INCHICORRIGANE V. Magonihy : East Kerry : Co. Kerry : Munster. Killarney, 7, G. S. W. RY. (1) 8 a.m. : (2) 9 a.m. : (3) PO, Kilcumm, 3 : (4) No : (5) Very mountainous vicinity. John Murphy, sergeant.

1 *Ballaghantouragh* R	3	H I	B I	¾ L 1¼ L Λ 1
2 Banard R	8	D	G	5 R 3
3 Coolick R	7	D	G	1 R 1½ R Λ 1 V³ 3½
4 Headford R	9	B	F	¾ R 1¼ L 2 V³ 5
5 Killarney T	7	B	G	1 L 1½ R 4½

INCHIGEELA V. (Pop. 162). West Muskerry : Mid-Cork : Co. Cork, W.R. : Munster. F, 23 March, 31 May, 31 Aug., 3 Dec. : M, w. : P.St. : Macroom, 11, C. & M. RY. (1) 9 a.m. : (2) 3.45 p.m. : (3) PO, SB, MOO : (4) Yes, 2 : (5) Gougane Barra, 11 ; Keim-an-Eigh, 10 : Inchigeela Lakes, ¼. James Kavanagh, sergeant.

1 *Carrigdangan* R	5	B	G	⅛ L 1 R 2 X 1½
2 Macroom T	10	C	G	⅛ R 1¾ R 3 R ⅜ R 2 L 1 L 1 L ½ L ½
3 Tarelton R	9	D	F	1½ L 3⅜ R ⅛ L 1¾ R 1¾

INNISCARRA R. East Muskerry : Mid-Cork : Co. Cork, E.R. : Munster. Cloghroe, 1¼ : C. & M. L. RY. (1) 6 a.m. : (2) 8 p.m. : (3) Ballincollig, 4 : (4) No : (5) Ardrum Demesne, ½. Edward Stedmond, sergeant.

1 Ballincollig V	3	A	G	⅛ L 1⅞ R ¼ L ¾
2 Ballyshoneen R	5	B	G	1 L ½ L ⅜ L ⅛ R 1½ X 1⅜ X ⅛
3 Bannowbridge R	4	A	G	⅛ L 1⅞ L ¼ R 1⅜ X ⅛
4 Blarney V	5	B	G	1 R ½ R ½ L ⅜ R ⅛ L ½ R ½ L ⅜ R ⅛
5 Dripsey V	4	A	G	¼ R ¼ L 3¼ L ¼

INNISHANNON V. (Pop. 331). Kinalea : South Division : East Cork : Co. Cork : Munster. F, 29 May, 24 Oct. : PS, 2 t. : Upton, 2, C. B. & S. C. RY. : Tel. 8-8. (1) 7 a.m., 4.30 p.m. :

(2) 8 p.m. : (3) PO, SB, MOO : (4) Yes, 5 : (5) No. Wm. Robinson, sergeant.

1 Bandon (No. 1) T	4	A	G	½ R 3½
2 *Ballinhassig* R	6	A	G	1 L 3½ R 1½
3 Ballinspittle V	12	B D	F	¼ L 4 V² 1½ R 6
4 *Kinsale* T	10	A	G	½ X 1 X 1 R 3 X 2½ L 2¼
5 Upton R	3½	D	F	¾ R ¼ L 1 X ¾ L 1

INNISKEEN V. (Pop. 100). Farney : South Division : Co. Monaghan : Ulster. G. N. RY., Junction for Carrickmacross. (1) 8 a.m., 9.20 a.m. : (2) 2.30 p.m., 5.45 p.m. : (3) PO : (4) No : (5) No. Hugh Reilly, sergeant.

1 Carrickmacross T	8	B	G	¼ R ¾ L 1 X 2½ R ½ L ¾ L 1 R 1 X ¾ R ¼
2 Corrinshigagh R	5	D	I	1 R ¾ R ⅝ R ¼ L 1½ X ¼ R 1 R ¼ R ⅛
3 Drumboat V	4	D	I	L ¼ R ¼ L 1¼ R ¼ L ¼
4 HACKBALLSCROSS R	4	B	G	¾ X 2 L 1½
5 LANNATT R	5	B	G	½ R ¾ L 1 X 2¼ L ¼ R ¼ R ¼
6 LOUTH V	5	B	G	½ L 2½ X 2¼ L ¼ L ½

INNISRUSH V. (Pop. 100). Loughinshollen : South Division : Co. Londonderry : Ulster. PS, 1 t., at Portglenone : Kilrea, 7½, D. C. RY. ; Cullybackey, 8½, B. N. C. RY. (1) 10 a.m. : (2) 2 p.m. : (3) Portglenone, 2 : (4) No : (5) Tamlaghtocrilly Old Church, 3. John Stokes, sergeant.

1 Bellaghy V	5	D B C	P F	1 X 1 R 2½ R ½
2 Gulladuff V	5	D B	P F	1 R 1 X 1 X 2
3 *Kilrea* T	7	D G F	G F	1 L ¾ L 2½ X 3
4 PORTGLENONE T	2	D G	G F	1 L ¾ X ¼ X ¼
5 *Swatragh* V	7½	D F B	P F	2 L 1 R 1 X 3 L ½

INNISTIOGUE V. (Pop. 595). Gowran : South Division : Co. Kilkenny : Leinster. Tel. 8-8 : F, 11 March, 9 June, 12 Oct., 13 Dec. : Thomastown, 6, W. & C. RY. (1) 6 a.m., 11.45 a.m., 8 p.m. : (2) 2 p.m., 8 p.m. : (3) PO, SB, MOO : (4) Yes, 8 : (5) Woodstock, celebrated natural scenery, with lovely demesne and flower gardens ; Mountalto, 2 ; the scenery to New Ross (10) is very grand, by the Rivers Nore and Barrow. John Glennon, acting-sergeant.

1 Cooleen R	5¼	C D	F	¾ L 1 L 1¼ R 2 L ¼
2 Graigue V	7	C D	G	¼ R ¼ L 2½ R 3½ L ¾
3 Rower V	6	B C	G	¼ R ¼ R 1 R ⅝ R ¾ L 1¼ L 1 R ¾
4 Thomastown T	5¼	A B	G	2 R 2 L ¾ L ¾

INVERAN R. Moycullen : Connemara Division : Co. Galway, W.R. : Connaught. Galway, 19, M. G. W. RY. (1) 10 a.m. : (2) 4.30 p.m. : (3) PO, 2 : (4) Yes, 5 : (5) No. M. Cullen, sergt.

1 Carraroe R	9	D	F	1 R 3 X 1 X ¼ X 3¼
2 Spiddal V	7¼	D	F	7¾ X ⅛

IRIES V. (Pop. 135). Bere : West Division : Co. Cork, W.R. : Munster. F, 20 Feb., 28 April, 30 May, 24 June, 20 July, 2 Sept., 29 Oct. : M, t. : Kenmare, 25, G. S. & W. RY. (1) 3.30 p.m. : (2) 4 p.m. : (3) PO, SB, MOO : (4) Yes, 2 : (5) No. William Higgins, sergeant.

1 Allihies Mines V	8	D B I	I F R	½ R ½ R 4 R 3 mountain path
2 ARDEA R	17	D B D	I G	9½ L 7½
3 Castletown Bere V	5	D	I	½ R 4½

IRVINESTOWN V. (Pop. 982). Lurg : North Division : Co. Fermanagh : Ulster. F, 8th, monthly : PS, each alternate f. : M, w. : G. N. RY. : Tel. 8-8. (1) 4.30 a.m., 2 p.m., 8.35 p.m. : (2) 12.22 p.m., 8.40 p.m. : (3) PO, SB, MOO : (4) Yes, 10 : (5) Rossclare, 3½. P. Martin, sergeant.

1 Ballinamallard V	4¼	A C B A	G F F G	½ R ½ L 1½ X 1¾
2 DROMORE V	9	A B C D	G S S G	⅛ L 1¼ L 3 X 3⅛ L 1½
3 Ederney V	5½	A	G S G S	⅛ L ⅝ L 1¾ L ¾ R 2¼
4 Kesh V	5¼	A A A	G S G S	⅛ L ⅝ L 1¾ L ¾ X 2
5 Lack V	8	A C D B	G B F S	⅛ R 1⅞ R 1½ X 2½ L ¼ R 1¼ L ¼ L ¼
6 TRILLICK V	7	A B C A	G S S G	⅛ L 2½ X 2⅜ L ⅛ R 1⅝ L ¼ R ¼

J

JENKINSTOWN R. Fassadinin : North Division : Co. Kilkenny : Leinster. Ballyraggett, 4¾, W. C. RY. (1) 9 a.m. : (2) 6 p.m. : (3) Ballyraggett, PO, 4¾ : (4) No : (5) No. G. Burdge, sergt.

1 Ballyraggett V	4¾	B	G	1¼ L ¼ R 1 L 2¼
2 Corbetstown R	3¼	B A	G	1 L ¼ L ¼ L 1¾
3 *Dunmore* R	3¼	B A	G	1 L ¼ R 1 X 1
4 *Freshford* V	5	B	G	1½ L 1½ X 2 R ¼

JOHNSTOWN V. (Pop. 412). Galmoy : North Division : Co. Kilkenny : Leinster. PS, 1 s. : D.I. : Ballybrophy, Thurles, and Templemore, 13, G. S. W. RY. : Tel. 8-8. (1) 4 a.m., 8.15 p.m. : (2) 4 a.m., 7.30 a.m., 8.15 p.m. : (3) PO, SB, MOO : (4) Yes, 10 : (5) One of the Round Towers of Ireland at Grangefutagh, 2¾. Thomas Doyle, sergeant.

1 Bawnmore R	3¾	B	G	2¼ X 1½
2 Clomanto R	5½	B	G	1 R 1¾ L ¾ L 1½ L ¼ R ¼
3 Garrylawn R	3½	B	G	3 X ¼ X ¼
4 Gathabawn R	6	B D	G	2¾ R 1½ R 1¾
5 Urlingford V	2	B	G	1⅞ R ⅛

JOHNSTON'S BRIDGE R. Mohill : South Division : Co. Leitrim : Connaught. (1) 8 a.m., 4 p.m. : (2) 8.30 a.m., 6 p.m. : (3) PO : (4) No : (5) No. Thomas M'Cormack, sergeant.

1 CURRAGRANNY R	3	B	G	¼ R 2¾
2 Dromod V	4½	B	S	¼ X 1½ X L 1¼ R 1 L ¼
3 Farnaught R	4	B	S	¼ L ¾ L 2 R 1

JONESBOROUGH (J.S.) V. Upper Orier : South Armagh : Co. Armagh : Ulster. Adavoyle, 2, G. N. RY. : Tel. 8-8. **(1)** 8.20 a.m., 10.30 a.m. : **(2)** 3 p.m., 5.40 p.m. : **(3)** PO, SB, MOO : **(4)** Yes, 2 : **(5)** Ravensdale Park, 1. P. Boylan, sergeant.

1 BALLYSCANLON R	6	A	G	6 L direct road
2 Forkhill v	4	D C	F G	Direct road
3 Newry (J.S.) T	6	A	G	6 R direct road
4 OMEATH R	7	D	S F	1 L 6

JULIANSTOWN R. Lower Duleek : South Division : Co. Meath : Leinster. PS, 4 m. : Laytown, 2½, G. N. RY. **(1)** 8 a.m. : **(2)** 3.25 p.m. : **(3)** PO : **(4)** No : **(5)** Laytown, 2½ ; Bettystown, 4 ; bathing resorts. William Small, sergeant.

1 Bellewstown R	4½	F H	I S P	½ R 1½ L 1 R ½ R 1¾
2 Duleek v	6¼	A	G	1½ R ½ L 1¼ L ⅜ X 1⅓ R 1 L ¼ R ¼
3 Gormanstown R	4	A	B R S P	⅛ L ¼ X 1½ L ¼ R 1¼ R ¼ X ⅜
4 NORTH QUAY, DROGHEDA T	4	A	I S P	⅜ L 1¼ L ½ X 1¾ X ¼

K

KANTURK T. (Pop. 1790). Duhallow : North Division : Co. Cork : Munster. F, monthly, varying dates : PS, s., fortnightly : M, s. : D.I. : G. S. & W. RY., ½ : Tel. 8-8. **(1)** 6 a.m., 2.30 p.m. : **(2)** 11.10 a.m., 9 p.m. : **(3)** PO, SB, MOO : **(4)** Yes, 10 : **(5)** An interesting old ruin, M'Carthy's Castle, built in the 16th century, 1 mile from town, on Banteer Road, in a good state of preservation. John Baker, sergeant.

1 *Ballyclough* v	8½	B	G	½ R ¼ L 1 R 1 X 2 X 3¾
2 Banteer v	4	A	G	1 L 2½ X ¼ L ¼
3 Boherbue v	9	C	G	7 L 1 R 1
4 Clonbannon R	7	D	F	½ R ½ L 1 L ∧ 3 X 1½ R ¼
5 *Freemount* v	8	B	G	2 R 2 X 3½ X R ¼
6 Kilbrin v	4	F	G	1¼ R 1¾ R 1
7 *Newmarket* T	5	A	G	2 L ⅛ L 1¼ R 1½

KEADUE V. (Pop. 170). Boyle : North Division : Co. Roscommon : Connaught. PS, 1 f. : Arigna, 3, C. L. & R. LT. RY. & TRAM. **(1)** 8.15 a.m. : **(2)** 6.30 p.m. : **(3)** PO : **(4)** Yes, 4 : **(5)** Lough Meelagh, 1 ; Carolan's Grave, 1½. John Kelly, sergt.

1 Arigna R	5	B	P	2½ L 2¾
2 Ballyfarnon T	3½	B	G	½ R 2½ R ⅓
3 Cootehall v	6½	B	F	2 X ½ R 1 L 2 X ½ X ½
4 DRUMSHAMBO T	6	B	F	3 R 2 L 1
5 Knockvicar R	5¾	B	F	½ L ½ X 1½ L 2½ L ½
6 LEITRIM v	5	D	F	1 L 1 X ½ L 2 L ½

KEADY T. (Pop. 1419). Armagh: Mid-Division: Co. Armagh: Ulster. Tel. 8-8: F, 2 f.: PS, 2 and 4 th.: M, f.: Armagh, 7¾, G. N. RY. **(1)** 7 a.m., 2.30 p.m.: **(2)** 10 a.m., 8 p.m.: **(3)** PO, SB, MOO: **(4)** Yes, 20: **(5)** Patch Mills, ½. James Reid, sergeant.

1 Armagh C	7¾	B M	G	¼ L 3 L 3¼ L ¼ R 1
2 CASTLEBLAYNEY T	10	B M	G	1 L 8 R 1
3 *Markethill* V	9	D	F	¼ R 2¼ X 1½ X 1 L 4
4 Middletown V	8	D	F	1 X 3½ L 1 L 1 X 1½
5 Newtownhamilton V	8	D	F	¼ L 2 R 1 X ½ X 1 X 2½ R ¾

KEALKIL V. (Pop. 60). Bantry: West Division: Co. Cork: Munster. **(1)** 10 a.m.: **(2)** 3 p.m.: **(3)** PO: **(4)** Yes, 1: **(5)** "Gougane Barra," 8; Carrigan's Castle, ¼; lovely locality. John Goode, sergeant.

1 Bantry T	7	B	G	2 X 1½ L 1½ X 2
2 Glengarriff V	12	B	G	2 X 1½ R 2 L 6½
3 Inchigeela R	18	A	G	9 R 4 R 5

KEASH R. Corran: South Division: Co. Sligo: Connaught. Ballymote, 4½, M. G. W. RY. **(1)** 7.50 a.m.: **(2)** 8.45 a.m.: **(3)** PO: **(4)** Yes, 1: **(5)** Caves of Keash, 1. John Flaherty, sergt.

1 Ballinafad R	6	B D	G S F	2½ L 3 L ½
2 Ballymote T	4½	B D	G F G F	2½ X 2
3 BOYLE T	9	A D	S F	2½ R 5½ L 1
4 Castlebaldwin R	7	B	G S F	2 R 1½ R 1 L 2½
5 Mullaghroe R	5½	B D H	F S P	1½ L 2 X 1½ R ½

KEEL R. Trughenacmy: West Division: Co. Kerry: Munster. Castlemaine, 5, G. S. & W. RY. **(1)** 10 a.m.: **(2)** 10.30 a.m.: **(3)** No: **(4)** No: **(5)** No. Martin King, sergeant.

1 *Auniscaul* V	13	B	G	½ L 12 R ½
2 Miltown V	6½	B	F	½ R 4¼ R ¼ R 1½

KEEL V. (Pop. 417). Burrishoole: West Mayo: Co. Mayo: Connaught. Westport, 39½, M. G. W. RY. **(1)** 3.30 p.m., Monday, Wednesday, and Saturday: **(2)** 10 a.m., Monday, Wednesday, and Saturday: **(3)** PO: **(4)** Yes, 2: **(5)** Slievemore, 2; Meenaux Cliffs, 1½; Keem Bay, 5; Annagh Bay, 5; Slievecruaghan, 7; Achill Head, 7. John Brosnan, act.-sergt.

1 Achill Sound R	11½	D	F	1½ R 3 R 4½ R 2 L ½
2 Doogort L. V	4½	D	F	1½ R 2 L 1

KEILYSCROSS R. Decies within Drum: West Division: Co. Waterford: Munster. Dungarvan, 9, W. D. L. RY. **(1)** 9 a.m., Tuesday, Thursday, Saturday: **(2)** 5 p.m., Tuesday, Thursday,

Saturday: (3) Ardmore, PO, SB, MOO, 5: (4) No: (5) No. Henry M'Geary, sergeant.

1 Ardmore V	5	B	F	1 X 2 R 2
2 Clashmore V	7	B	S F	2½ R 3½ R 1
3 Dungarvan T	9	B D	S G	6½ L 2½
4 Ring R	11	B	G	1 L 4½ X 2 R 2½ R 1

KELLS T. (Pop. 2346). Upper Kells: North Division: Co. Meath: Leinster. Tel. 8-8: F, 2 f.: PS, 1st m., monthly: M, s.: D.I.: G. N. RY. (1) 7 a.m., 11.45 a.m., 3.40 p.m., 8 p.m.: (2) 11 a.m., 11.45 a.m., 3 p.m., 10.30 p.m.: (3) PO, SB, MOO: (4) Yes, 20: (5) Round Tower; Celtic Cross; Columbkille's stone-roofed house; Headford Place (Marquis of Headford), 1. John P. Griffin, head-constable.

1 *Bohermeen* R	6	A	G	½ L 5½
2 Carlanstown V	2½	A	G	⅛ R ⅛ L 1 L ½ R ½ L ¼
3 Carnaross V	5	A	F	¼ L 3 L 1½ L ¼
4 *Fordstown* R	5	A	F	½ X 2 L 2½
5 Moynalty V	5	A	F	¼ X 1 R ¼ R 2½ R 1
6 Oristown V	4	A	G	⅛ R ⅛ X ¼ L 2 L 1½ R
7 *Scurlogstown* R	4½	A	G	½ R 2 L 1 L 1

KELLS V. (Pop. 165). Kells: South Division: Co. Kilkenny: Leinster. Kilkenny, 8½, G. S. W. RY. (1) 9 a.m., 2 p.m.: (2) 11.50 a.m., 5.50 p.m.: (3) PO, SB, MOO: (4) No: (5) Seven Castles, ⅛; Round Tower of Kilree, 2. Thomas Walsh, sergt.

1 Callan T	6¼	A	G	¾ R 1½ L 1¾ R 1½ R ¾
2 Limetree R	6	B	G	1¼ L 1 R ½ L 1½ R ¼ L 1½
3 Loughbrack R	4	B	G	¾ L 2 R 1¼
4 Stoneyford V	2	B	G	¼ L 1¾

KENMARE T. (Pop. 1112). Glanarought: South Division: Co. Kerry: Munster. Tel. 8-7: F, 16 Jan., 17 Feb., 21 Mar., 15 April, 27 May, 16 June, 1 July, 15 Aug., 26 Sept., 20 Oct., 20 Nov., 15 Dec.: M, w., summer; each alternate w. in winter: D.I.: Headford, 18, G. S. W. RY. (1) 6 a.m., 5 p.m.: (2) 7 a.m., 6 p.m.: (3) PO, SB, MOO: (4) Yes, 19: (5) Kenmare River and Suspension Bridge, ¼; Moll's Gap, 5; Dunkerron Castle, formerly the residence of The O'Sullivan More, 3; Cromwell's Bridge, with Druidical Circle adjoining, ¼; there is also a Point Lace Industry kept by the "Poor Clares" Convent. NOTE—J. Townsend-Trench, Esq., J.P., the botanist, resides here, and grows the herbs from which his celebrated "Remedies" are made. Daniel Horan, sergeant.

1 Ardea R	10	B	G	½ R 9½
2 GLENGARRIFF V	21	D F	S	½ X 3 X 2 X 4 X 11½
3 Kilgarvan V	6½	B	I	2 L ½ R 3 R ¾ X ¼
4 Mulgrave R	10	D F	S	¾ R 1¼ X 2 X 2½ R 3¼
5 Templeroe R	5	B	G	¾ L 2¼ X 1 X 1

KENAGH V. (Pop. 169). Rathcline: South Division: Co. Longford: Leinster. F, 10th Oct. each year: PS, 22 Jan., 19 Feb., 18 March, 15 April, 13 May, 10 June, 18 July, 2 and 30 Sept., 28 Oct., 25 Nov., 23 Dec.: Longford, 8¼, M. G. W. RY. (1) 9 a.m.: (2) 5.30 p.m.: (3) PO, SB, MOO: (4) Yes, 1: (5) Mosstown, 1. John Lynch, sergeant.

1 Ballina R	6½	B	F	2 L 1 R 2 R 1½
2 Ballymahon T	5	C	G	1½ R 1½ L 2
3 Castleray R	3½	H	R	2½ L 1
4 Killashee V	6	G	P	1¼ L 1½ L 3¼

KERRYKEEL V. (Pop. 146). Kilmacrenan: North Division: Co. Donegal: Ulster. F, 8th, monthly. (1) 9.40 a.m.: (2) 3.10 p.m.: (3) PO, SB, MOO: (4) Yes, 1: (5) Mulroy Bay; Lord Leitrim shot, 1878. Robert Gillespie, sergeant.

1 Greenfort R	5	B	G	1½ R 3½
2 Milford T	4	B	G	3 R 1
3 Rathmullen T	9	D	F	¼ R 6 L 2¾
4 Rosnakill V	4	B	G	1½ R 2 L ½

KESH V. (Pop. 228). Lurg: North Division: Co. Fermanagh: Ulster. F, 4th, monthly: PS, 1 t.: M, t: D.I. · G. N. RY.: Tel. 8-8. (1) 6 a.m, 2.30 p.m., 7.30 p.m.: (2) 5.30 a.m., 11.45 a.m., 7.15 p.m.: (3) PO, SB, MOO: (4) Yes, 10: (5) Lough Erne, ¼; Crevenish Castle, ½; Deerpark, 3; Castle Archdale and Islands, 4. Peter M'Guigan, sergeant.

1 Ederney V	2½	B D D	G	2 X ⅛ L ⅜
2 Irvinestown V	5¼	A A	G	2 X ¾ L 1¾ L ⅝ L ⅛
3 Pettigo V	5	B D	G	1 L 4

KESHCARRIGAN V. (Pop. 81). Leitrim: North Division: Co. Leitrim: Connaught. PS, 1 m.: Kiltubrid, 2, C. L. & R. LT. RY. & TRAM. (1) 4.30 a.m.: (2) 8.20 p.m.: (3) PO: (4) Yes, 2: (5) No. James Henderson, sergeant.

1 Drumshambo V	6	C B	G	½ Λ ¾ R ¾ R ¼ L ¼ L 3½
2 *Fenagh* V	5	D H	S F	1¾ X ¼ R 3
3 *Gorvagh* R	5	D B	S F	2½ R 1 X 1¼ L ½
4 Leitrim V	6	C A F	F S	½ Λ 1 L 1 R ½ L 1 R ¼ R 1¾

KILAFIN R. Kiltarton: South Division: Co. Galway: Connaught. Gort, 7, W. & L. RY. (1) *nil*: (2) *nil*: (3) Gort, 7: (4) No: (5) Loughcutra Castle and Lake, 1½. James Slattery, sergeant.

1 Gort T	7	D B	I G	2½ L ¾ L 2 L ½ L 1¼
2 Tubber V	7	F B D	S G F	1½ R 1¼ L ¼ R 2 R 1 L 1

KILBANE V. (Pop. 70). Lower Tulla: East Division: Co. Clare: Munster. Ballina, 7½, W. & L. RY. (1) 8 a.m.: (2) 10.30 a.m.: (3) PO: (4) No: (5) No. John Callaghan, const.

1 Broadford V	3½	D	S P	3¼ R ¼
2 Fermoyle R	5	C	F	2 L 3
3 Killaloe T	6½	H	S P	¼ A 1¼ V 3 X 1 L 1
4 O'Briensbridge V	6	D	F	1 L 3½ R ⅛ L ⅛ L 1¼

KILBARRY R. Cork: Cork City Division: Co. Cork: Munster: (1) 8 a.m.: (2) 6 30 p.m.: (3) PO, SB, MOO: (4) Yes, unlimited, when half a mile—see Cork: (5) No. William Furlong, sergeant.

1 Blackpool C	2	A	G	½ L 1½
2 Carrignavar R	4½	C	G	½ X 2¼ X ¼ L 1½
3 Fairfield R	3	A	G	½ R 1 R ½ L 1
4 *Glanmire* V	4	A D A E	G	1¼ L 1 L ¾ R ½ V ½
5 Whitechurch R	5½	B	F	1 L X 1 R X ½ R X 3

KILBEGGAN V. (Pop. 885). Moycashel: South Division: Co. Westmeath: Leinster. F, 2 March, 25 April, 16 June, 15 Aug., 28 Oct., 6 Dec.: PS, each alternate S.: M, S.: D.I.: M. G. W. RY., 4½: Tel. 8-7. (1) 7 a.m., 11 a.m.: (2) 2.40 p.m., 6 p.m.: (3) PO, SB, MOO: (4) Yes, 10: (5) No. Oliver Smith, sergeant.

1 Ballinagore V	3½	B	G	2½ R ½ R ½
2 CLARA T	6	A	G	¼ L 3¼ X 1½ L ¾ R ¼
3 Horseleap (J.S.) V	4½	A	G	¼ R 2 R 1 L 1¼
4 Lowertown B R	4½	B	G	¼ X 1½ R 1 R 1½ R ¼
5 Streamstown R	7	B	F	3½ X ¾ X 1¼ X ½ R ½
6 Tyrrellspass V	6	A	G	4½ R 1½

KILBEHENNY V. (Pop. 120). Coshlea: East Limerick: Co. Limerick: Munster. (1) 9 a.m.: (2) 5 p.m.; Sunday, 10 a.m. (3) PO: (4) No: (5) Beautiful view of the Galtees; Mitchelstown Caves, 3. Michael Hannigan, sergeant.

1 Ballylanders V	11	A	E S	3⅜ R 3 X 3 L ½ R ½ R ⅛ L ½
2 Ballyporeen V	7	A	E S	2 R 4⅞ X ⅛
3 Mitchelstown T	3½	A C	G	¼ L 3¼
4 Rehill R	7	B	G	2 L 1 X 1½ X 2 X ½

KILBOY R. Upper Ormond: North Tipperary Division: Co. Tipperary: Munster. (1) 9 a.m.: (2) 4.30 p.m.: (3) PO: (4) No: (5) No. Patrick Foster, constable.

1 Clonolough R	8	C	G	2 X 2½ X V 3½
2 Kilkeary R	5	A	G	2 X 1½ X ½ X 1
3 Nenagh T	4½	A	G	Direct road
4 Templederry V	6	H	F	¼ L 3¼ X 2½

KILBRIN R. Duhallow : North Cork : Co. Cork, E.R. : Munster. Kanturk, 4, G. S. & W. RY. (1) 8.25 a m. : (2) 4.50 p.m. : (3) PO : (4) No · (5) No. Robert Kinahan, acting-sergeant.

1 *Ballyclough* v	7	D G	G S	1 V L 1 R $\frac{1}{4}$ X $\frac{1}{4}$ X 1 X 2$\frac{3}{4}$ L $\frac{1}{4}$
2 *Freemount* v	7	D G	S P	V 2$\frac{1}{2}$ X $\frac{1}{2}$ A X 2 R V $\frac{1}{2}$ R A 1$\frac{1}{2}$
3 Kanturk T	4	D G	G S	1 L 1$\frac{3}{4}$ L 1$\frac{1}{4}$
4 *Liscarroll* v	8	D G	P S	$\frac{1}{2}$ V X $\frac{1}{2}$ X A 1$\frac{3}{4}$ R $\frac{1}{4}$

KILBRITTAIN V. (Pop. 106). Eastern Division East Carbery : South-East Division : Co. Cork : Munster. Tel. 8-8. (1) 5.30 a.m. : (2) 7 p.m. : (3) PO, SB, MOO : (4) Yes, 2 : (5) Harbourview, 3. John Manton, sergeant.

1 Ballinspittle v	6	B	F	2 X 1$\frac{3}{4}$ X $\frac{1}{2}$ L 1$\frac{1}{2}$ X L $\frac{1}{4}$ X
2 Bandon (No. 1) T	7	A	F	$\frac{1}{4}$ R $\frac{3}{4}$ L 3 X 1$\frac{1}{4}$ L 1$\frac{1}{4}$ R $\frac{1}{4}$
3 Timoleague v	5$\frac{1}{2}$	B	F	$\frac{1}{4}$ L $\frac{1}{4}$ X R $\frac{1}{4}$ L 2$\frac{3}{4}$ X L 1$\frac{1}{2}$

KILCAR V. (Pop. 196). Banagh : South Division : Co. Donegal : Ulster. Tel. 8-8 : F, 26th, monthly : PS, Killybegs, 2nd m., monthly. (1) 9.5 a.m. · (2) 1 p.m. : (3) PO, SB, MOO, 1 : (4) Yes, 1 : (5) Coast scenery; Sligo, Leitrim, and Mayo Mountains across Donegal Bay; Muckross Head, locally known as the Market House, often visited and sketched by English tourists, 3. P. Humphreys, sergeant.

| 1 Carrick v | 3$\frac{1}{2}$ | B D | F G | $\frac{1}{2}$ L $\frac{3}{4}$ R 2 L $\frac{1}{4}$ |
| 2 Killybegs v | 8 | D | F G | $\frac{3}{4}$ R 1 R 1$\frac{1}{2}$ L 5 |

KILCASH R. Iffa and Offa East : East Tipperary : Co. Tipperary, S.R. : Munster. Kilsheelan, 4½, W. & L. RY. (1) 8.30 a.m., 12 noon : (2) 8.30 a.m., 4.30 p.m. : (3) PO : (4) No : (5) Slievenamon, 1 ; Kilcash Woods and ruins of Ormond Castle. Michael Flanagan, constable.

1 Carrick-on-Suir T	6$\frac{1}{2}$	B A	G	$\frac{1}{4}$ X $\frac{1}{2}$ L $\frac{1}{2}$ L 4 R $\frac{1}{2}$ L 1 R $\frac{1}{4}$ L $\frac{1}{4}$
2 Glenbower R	3	B A	G	L 2$\frac{3}{4}$
3 Kilsheelan v	4$\frac{1}{2}$	B A B	G	$\frac{1}{4}$ R $\frac{1}{4}$ X 3$\frac{1}{2}$ L $\frac{1}{4}$

KILCOCK V. (Pop. 648). Ikeathy and Oughterany : North Division : Co. Kildare : Leinster. F, 4 Feb., 25 Mar., 11 May, 14 July, 11 Aug., 29 Sept., 22 Oct., 24 Nov., 13 Dec. : M, w. (spring) : M. G. W. RY. : Tel. 8-8. (1) 8.30 a.m., 5 p.m., 8.30 p.m. : (2) 10 a.m., 5.10 p.m., 7.30 p.m., 10 p.m. : (3) PO, SB, MOO : (4) Yes, 8 : (5) No. Francis Gleeson, sergeant.

1 Donadea R	6	A B	G F	$\frac{1}{4}$ X 1$\frac{1}{2}$ R $\frac{1}{2}$ L 1$\frac{1}{2}$ L 1$\frac{1}{2}$ R $\frac{1}{2}$
2 Enfield v	7	A	G	$\frac{1}{2}$ L 1 L 1$\frac{1}{2}$ X 2$\frac{1}{2}$ X 1$\frac{1}{2}$
3 *Maynooth* T	4	A	G	2$\frac{1}{4}$ L 1$\frac{1}{4}$ R $\frac{1}{4}$
4 Moyglare R	4	B	F	$\frac{1}{4}$ R $\frac{1}{2}$ R 3 R $\frac{1}{4}$
5 Summerhill v	6$\frac{1}{2}$	D	I	$\frac{1}{2}$ R $\frac{1}{4}$ L 3 X $\frac{1}{2}$ L 2 L $\frac{1}{4}$

KILCOGY R. Clonmahon: West Division: Co. Cavan: Ulster. Ballywillan, 3, M. G. W. RY. (1) 9 a.m.: (2) 6 p.m.: (3) PO, SB, MOO: (4) Yes, 1: (5) St. Patrick's Well, 2; Lough Sheelin, 4. Patrick O'Donnell, sergeant.

1 Ballinagh V	9	B	G	1/8 L 1/4 R 1/8 L 3 L 1/8 R 2 R 1 L 2 3/8
2 Capragh R	4	B	F	1/8 R 3 7/8
3 Finea (J.S.) V	4 1/2	B	F	3 1/2 L 1
4 GRANARD T	5 1/2	B A	G	1/8 L 1/4 L 5 1/8
5 Scrabby V	8	D	P	1/8 L 1/4 R 1 L 2 1/8 R 4 1/2

KILCOLGAN V. (Pop. 60). Dunkellin: South Division: Co. Galway: Connaught. (1) 2 a.m.: (2) 10 p.m.: (3) PO: (4) Yes, 9: (5) Kilcornan Demesne, 2. Bernard Boylan, sergeant

1 Ardrahan V	4 3/4	A	G	1/4 R 2 L 2 1/2
2 Kinvarra V	6	D	G	2 1/2 X 1 L 1 L 1 R 1/2
3 MOYVILLA R	6	B	G	1/2 R 3/4 R 3/4 R 1/2 R 1 1/2 X 1 3/4 R 1/4
4 *Oranmore* V	5 1/2	A	G	1/2 R 3/4 R 3/4 R 1/2 L 1/4 L 1 R 1 R 3/4

KILCOMMON R. Kilnamanagh Upper: Mid Division: Co. Tipperary: Munster. M (Butter), 1st m. in May to last m. in Nov.: New Pallas, L. & W. RY.; Nenagh, 16, G. S. & W. RY.; Thurles, 17 1/4, G. S. & W. RY. (1) 12.30 p.m.: (2) 2 p.m.: (3) PO, SB, MOO, 1 1/8: (4) Yes, 1: (5) Loughill Iron Spa, 1/2; Grousehall Iron and Sulphur Spa, 4 1/2. Jeremiah Regan, sergt.

1 Doon V	9	B	G	1 R 3 1/4 R 2 1/4 L 2 1/4 R 1/4
2 Hollyford V	7 1/2	B	G	1 L X 3/4 R 1 1/4 R 1 L 3 1/2
3 Kilboy V	11 1/2	D	G	L 1 1/8 R 1/8 L 7/8 L 3 1/4 X 1 3/4 L 5/8 R 2 L 1 1/4 R 1/2
4 Rearcross R	4	B	G	3 7/8 X 1/8
5 Shehevrie R	5 1/2	B	S	1 L 1/2 X 3/4 R 1 1/4 L 1 L 1
6 Templederry V	9	D	S	L 1 1/8 L 1 L 2 5/8 X 2 3/4 L 1 1/2

KILCONNELL V. (Pop. 131). Kilconnell: East Galway: Co. Galway: Connaught. F, 6 March, 9 May, 29 June, 4 Aug., 11 Nov., 18 Dec. (1) 9.5 a.m.: (2) 5.20 p.m.: (3) PO, MOO: (4) Yes, 2: (5) Kilconnell Abbey, 1/8. Martin Coghlan, const.

1 Ahascragh V	7	B C	F G	1/8 L 1 L 1/2 R 2 3/8 R 2 L 1
2 Aughrim V	4 1/2	B C	F G	1/8 R 1 3/8 L 2 1/2 X 1/2
3 Ballinasloe T	8	B C	F G	1/8 R 1 L 1 X 1 1/8 R 3/4 L 1 1/2 X 1 R 1 R 1/2
4 *New Inn* R	5 1/2	B C	F G	1/4 R 1/4 R 2 1/4 L 3/4 R 1/2 L 3/4 R 3/4
5 *Woodlawn* R	5	B C	F G	1/4 R 1/4 R 2 1/4 R 2 1/4

KILCOOLE V. (Pop. 350). Newcastle: East Division: Co. Wicklow: Leinster. D. W. W. RY., 1. (1) 8 a.m., 6 p.m.: (2) 9 a.m., 6.15 p.m.: (3) Newtownmountkennedy, 2 1/2: (4) Yes, 5: (5) No. William M'Whirter, acting-sergeant.

1 *Ashford* V	8	A	G	1/2 L 1 1/2 R 1/4 V 3 L 2 1/4
2 Delgany V	2 1/2	A	G	1 L 1 1/2
3 Newtownmount-kennedy V	2 1/2	B	G	1/4 R 2 1/4

KILCORNEY R. Burren : East Clare : Co. Clare : Munster. Corofin, 10, W. C. RY. (1) 8 a.m. : (2) 4.30 p.m. : (3) PO : (4) Yes, 2 : (5) No. David Dunlea, acting-sergeant.

1 Ballyvaughan V	8	D	G	¾ R 1 L 5¼ R 1
2 Carron R	6	D	G	¼ L ¼ R 2 L 3 L ½
3 *Kilfenora* V	5½	D	G	¼ R 2 L 3 L ⅛ R ⅛
4 Lisdoonvarna V	6½	F B	I	¾ L ¾ R ½ L ½ L 2½ L 1¼ L ¼

KILCREEST V. (Pop. 96). Dunkellin : South Division : Co. Galway, E.R. : Connaught. Loughrea, 4½, M. G. W. RY. (1) 7.15 a.m. : (2) 6.50 p.m. : (3) PO, SB, MOO at Loughrea, 4½ : (4) No. (5) No. Thomas Molloy, sergeant.

1 ARDRAHAN V	8	B	F	1½ R 1 R 1 L 1 L 3½
2 *Craughwell* V	6	B	F	¾ R 1¼ V^2 4
3 Killeenadeema R	5	B	F	1½ R ½ R 3
4 Loughrea T	4½	B	F	1½ R ½ X 1 L 1½
5 Peterswell V	6	B	F	1½ L 2½ X 2
6 Riverville R	5½	B	F	¾ R 1¼ V^3 ½ L 1 X 2

KILCROHANE R. Western Division West Carbery : West Division : Co. Cork, W.R. : Munster. Bantry and Durrus Road, 16, C. B. S. C. RY. (1) 12 noon : (2) 1 p.m. ; no Post on Sundays : (3) PO : (4) Yes, 2 : (5) Sheepshead Tower, 6. P. Tuohy, sergeant.

1 Durrus V	10	B D B	F S	4½ R 5½

KILCULLEN V. (Pop. 678). Kilcullen : South Kildare : Co. Kildare : Leinster. PS, 2 f. : M, s. (winter and summer) : Newbridge, 5¾, G. S. & W. RY. : Tel. 8-8. (1) 7 a.m., 11.30 a.m. : (2) 3 p.m., 8.30 p.m. : (3) PO, SB, MOO : (4) Yes, 5 : (5) Harristown and Gilltown Demesnes. P. Flanagan, sergt.

1 *Ballymore Eustace* V	6½	B	G	¼ R 1¾ V^3 1 R ¼ L 1 L ¼ R 1 R 1
2 Ballyshannon R	5	A	G	¼ R ¼ L ½ X 1 X ¼ L ¼ R ¼ R 2 L ¼
3 *Curragh* (1) R	3½	A B	G	¼ R ½ R 1¼ L 1 L ¼ R ¼
4 DUNLAVIN V	7	B	G	¼ L ¼ L ¼ X 1 L ¼ R 1 L 1 L ¼ R 1 L ¼ R 1 R ¼
5 *Naas* T	7½	A	G	¼ L ¾ R ¼ L 1½ X ¼ L 1¼ X ½ R ¾ X 2¼
6 *Newbridge* T	5	A B	G	¼ R ½ R 1½ R 1 X 1 R 1

KILDALKEY R. Lune : South Division : Co. Meath : Leinster. F, 27 Feb., 14 May, 9 Aug., 13 Dec. : Athboy, 4, M. G. W. RY. (1) 7.30 a.m. : (2) 6.45 p.m. : (3) PO ; Athboy, SB, MOO, 4 : (4) Yes, 2 : (5) No. Peter Fahy, sergeant.

1 Athboy T	4	B	G	2¾ L 1¼
2 Ballivor V	4	B	G	1¼ L ¼ L ¼ L ½ R ¼ L ¼ R 1¼
3 Coolronan R	5½	B	G	1¼ L ¼ L ¼ R ¾ X 1¼ R ¼ L 1½
4 *Trim* T	6	B	G	½ L 1½ R 1½ L 2½

KILDARE T. (Pop. 1165). East Offaly : South Division : Co. Kildare : Leinster. Tel. 8-8 : F, 4 t. : PS, 2nd and last th. : M, th. : D.I. : G. S. & W. RY. (1) 8.30 a.m., 5.30 p.m., 3.30

a.m.: (2) 8.30 a.m., 5 p.m., 3 a.m.: (3) PO, SB, MOO: (4) Yes, 10: (5) Curragh Camp, 3; Round Tower (preserved); Geraldine Castle; and Gray Abbey, which was the former burial-place of the Geraldine family—all in town. Martin King, constable.

1 Curragh (1) R	4	A	G	1 L 1 L 1¼ R ¾ X ⅛
2 Curragh (2) R	3	B	F	¾ R 1 L ⅜ L 1
3 Monasterevan T	6¼	A	G	¾ R 1 L ¼ X 4 R ¼
4 Nurney R	4½	B	F	1 X 2½ L 1
5 Rathangan V	6¼	A	G	1¾ L 2½ X 1½ R 1

KILDIMO V. (Pop. 139). Kenry: West Division: Co. Limerick: Munster. Adare, 5, W. & L. RY. (1) 4.30 a.m., 5.15 p.m.: (2) 8 a.m., 8.40 p.m.: (3) PO: (4) Yes, 2: (5) No. Jeremiah F. Ryan, sergeant.

1 Adare T	5¼	B	G	¾ X ½ R ¼ L 2 L 1⅜
2 Clarina R	8	A	G	½ L ¼ R ½ L 1½ R ¼
3 Pallaskenry V	3	B	G	1½ R 1½ L ½ R ⅛
4 Stonehall R	3½	B	G	1¼ L ¾ L ¾ R ½

KILDORRERY V. (Pop. 376). Condons and Clangibbons: North-East Cork: Co. Cork: Munster. Tel. 8-8: F, 20 Jan., 1 May, 27 June, 3 Sept., 3 Oct., 27 Nov.: PS, each alternate w.: Glanworth, 6, G. S. & W. RY. (1) 8.30 a.m.: (2) 5.30 p.m.: (3) PO, SB, MOO: (4) Yes, 4: (5) No. J. Kelly, sergeant.

1 Castletownroche V	7½	B	G	¼ R 3 X 1 R 2 L 1¼
2 Darragh R	7	D	I	3½ R 3½
3 Glanworth V	6	B	G	3 X 3
4 Mitchelstown T	7	C	G	2½ X 4½

KILDYSART T. (Pop. 560). Clonderalaw: West Clare: Co. Clare: Munster. Pig fair, 1st th., monthly: Tel. 8-8: D.I.: PS, m., fortnightly: M, th.: F, 21 Jan., 12 and 20 Feb., 15. Mar., 24 April, 22 May, 13 June, 15 July, 27 Aug., 12 and 15: Sept., 24 Oct., 10 Nov., 18 Dec. (1) 7 a.m.: (2) 4.45 p.m.: (3) PO, SB, MOO: (4) Yes, 7: (5) Boat from Limerick, calling at Caherconn Pier, 2; Caherconn, seat of Lord Emly; beautiful woods and scenery along the Shannon; all islands in Shannon and Fergus can be seen from town. M. Champion, acting-sergt.

1 Ballincally V	4	C	G	3½ R ½
2 Labasheeda V	8	D	G	½ L ½ R 1½ A V R V 3 R 1 V L ¼ R 2½ A L ½ R ⅜
3 Lissycasey R	8	D	G	½ R 3 R 1½ L 3 X ¼

KILFEACLE R. Clanwilliam: South Division: Co. Tipperary: Munster. Bansha, 3, W. & L. RY (1) 9 a.m.: (2) 9 a.m., 6 p.m., 7 p.m.: (3) Tipperary, 5: (4) No: (5) No. John A. Cantlon, constable.

1 *Bansha* V	3	C D	G F	¾ L 1½ X ¾ R ½
2 Dundrum V	6	C D	G F	2 R 1½ L ½ R 1 X 1
3 *Golden* V	4	C	G	2¼ X 1½ R ⅛ R ¼
4 *Tipperary* T	5	C	F G	⅞ R 4 R ¼

KILFENORA V. (Pop. 222). Corcomroe : West Clare : Co. Clare : Munster. F, 4 June, 15 Aug., 9 Oct. : Ennistymon, 5, W. C. RY. (1) 8 a.m. (2) 5.15 p.m. (3) PO : (4) No : (5) Lemenagh Castle, 3½ ; Lisdoonvarna, 6 ; beautiful Celtic Cross and ruins of old Church in the graveyard ; was formerly the See of a Bishop, said to have been founded by St. Fachnan. Cardinal Paparo, in 1152, rendered it suffragan to Cashel, but in 1660 it was annexed to Tuam, and in 1752 to Killaloe. Patrick O'Gorman, acting-sergeant.

1 *Carron* R	9	B	G	1 R ½ L 2 L 1½ X 3 L 1
2 *Corrofin* V	9½	C D	G	1 R ½ L 2 R V 1½ L ¼ R 1½ R ¼ L 2½
3 Ennistymon T	5	C D C D	F	½ R 1¼ L 1¼ X 1½ L ¼ R ½ V
4 *Lisdoonvarna* V	6½	D C D C	F G	¼ L 2 L ¾ R 1¼ L 1½ R Λ ¾

KILFINANE T. (Pop. 1148). Coshlea : East Division : Co. Limerick : Munster. Tel. 8-8 ; 9 a.m. to 10 a.m. on Sundays : F, 27 Jan., 21 Mar., 19 May, 1 July, 9 Aug., 25 Oct., 7 Dec. : PS, s., fortnightly : D.I. : Kilmallock, 5½, G. S. & W. RY. (1) 7.30 a.m., 2 p.m. : (2) 10 a.m., 7 p.m. : (3) PO, SB, MOO : (4) Yes, 8 : (5) The town is situated in the centre of the most naturally picturesque scenery in Ireland. Thomas Hobbins, head-constable.

1 Ballylanders V	6½	B D	G	¼ R 2 L 1½ L 1¾ X 1
2 Darragh R	5	B D	G	3 X 1¼ R ¼ R ½
3 Glenasheen R	5	B D	G	3 L 2
4 Kilmallock T	6	B D	G	1 R 2½ R 1 R ½ R ½ R ½
5 Mountrussell R	5	B D	G	1 L 2 R 1¾ L ¼

KILGARVAN V. (Pop. 277). Glanarought : South Division : Co. Kerry : Munster. PS, 3 th. : M, t. : G. S. & W. RY. (in course of construction). (1) 10 a.m. : (2) 3 p.m. : (3) PO, SB, MOO : (4) Yes, 2 : (5) Mangerton Mountain, 6. B. M'Mahon, sergt.

1 BALLYVOURNEY V	16	D I	G	3 X Λ V 7½ L 1½ L V ½ R ½ L 3
2 BANTRY T	22	D G	I	⅛ L ⅛ R 14 L 2 L 5¾
3 Kenmare T	6½	B F	G	⅛ R 1 L 3½ R 1⅞
4 *Killarney* T	21	B F	G	3 L 5 L 4 L V 8 L 1

KILGOBBIN R. Corkaguiny : West Division : Co. Kerry : Munster. F, 26 Jan., 8 April, 23 July, 18 Sept. ; Fairs falling on Saturday are held on Monday following : Castlegregory Junction, ¾, T. & D. L. RY. : (1) 6.50 a.m. : (2) 5.20 p.m. : (3) Railway Sub PO : (4) Yes, 1 : (5) Glen-na-Gealt, 1½, where Irish tradition alleges the souls of all idiots come ; Kilgobbin is also called Camp. John Madden, sergeant.

1 Auniscaul V	8¾	D	G	Straight road
2 *Blennerville* V	8½	B	F	½ L 7 L 1
3 Castlegregory V	7	B	G	⅛ X 1½ X ¾ X 1¾ X 1¼ R 1½ L ⅛

KILKEARY R. Upper Ormond : North Division : Co. Tipperary, N.R. : Munster. PS, Nenagh, every s. : Nenagh, 4½, G. S. & W. RY. (1) 8 p.m. : (2) 8 p.m. : (3) Ballinaclogh, 2 : (4) No : (5) No. James Bell, acting-sergeant.

1 Kilboy V	5½	B	G	1 X ½ R 1 X 3
2 Nenagh T	4½	A	G	2 X 1½ R ½ R ½
3 Toomevara V	5	B	F	2 L 1 X 1½ R ½

KILKEE T. (Pop. 1831). Moyarta : West Clare : Co. Clare : Munster. Tel. 8-7 : F, 2 t. in Jan., 24 Feb., 3 m. in April, 13 May, 10 July, 13 and 14 Aug., 5 Oct., 26 Nov. : PS, each alternate f. : M, 2 t. : R.M. : S. C. RY., ¼. (1) 10 a.m., 4.30 p.m. : (2) 8.30 a.m., 3 p.m. : (3) PO, SB, MOO : (4) Yes, 10 : (5) Cliffs and Sea-bathing ; a fine watering-place, much frequented ; Fairy Bridges, 1. Charles O'Sullivan, sergeant.

1 Carrigaholt V	7½	B	G	½ L ½ R 3 L 2¾ Λ 1 R ¼
2 Doonbeg R	7½	B	G	½ X ½ L 1 R 1¼ L 1 R 3¼
3 Kilrush T	8	C	G	¾ L 1 R 1 R ½ L 1 R ½ R ¼ R 1 L 1½ X ½

KILKEEL T. (Pop. 1367). Mourne : South Down : Co. Down : Ulster. Tel. 8-8 : F, last w., monthly : PS, last t., monthly : M, every w. (1) 7 a.m., 11 a.m., 1 p.m. : (2) 7.20 a.m., 12.40 p.m., 4 p.m., 6 p.m. : (3) PO, SB, MOO : (4) Yes, 10 : (5) Happy Valley, 8 ; Blue Lake, 11 ; Lough Shannon, 10. James Benister, sergeant.

1 *Newcastle* T	13	B	G	13 R
2 Rostrevor V	9	B	G	9 L

KILKELLY V. (Pop. 258). Costello : East Division : Co. Mayo : Connaught. F, 2 Jan., 8 Feb., 26 March, 10 April, 2 and 27 May, 26 June, 8 July, 5 Aug., 30 Sept., 2 and 25 Nov., 21 Dec. : M, s. : Ballyhaunis, 10, M. G. W. RY. (1) 3 a.m. : (2) 9.20 p.m. : (3) PO, SB, MOO : (4) Yes, 2 : (5) No. Francis Flanagan, sergeant.

1 Ballyhaunis T	10	D M	F	½ L 1¼ R 4¼ X 1 L ½ R 1½ R 1
2 *Charlestown* V	7½	D M	F	3 X 2 X ½ R 1¼ R ¾
3 Kilmovee R	7	D	F	½ L 1½ X 2½ X 1 R 1½
4 *Kiltimogh* V	7	B M	F	½ R ½ R ¾ R 1¾ R ¼ L 1¼ R 2
5 *Knock* R	8	B	F	½ R ½ L 2 X 3 X 1½ X ½
6 *Swinford* T	7	B M	F	5 R 2

KILKENNY CITY (James Street). (Pop. 11,024). Kilkenny : Kilkenny City Division : Co. Kilkenny : Leinster. F, 2 w. : PS, t., fortnightly, for Kilkenny City ; s., fortnightly, for Grace's Old Castle : M, s. : R.M. : C.I. : D.I. : G. S. & W. RY. and W. & C. I. RY. : Tel. 8-8. (1) 7 a.m., 11 a.m., 4 p.m., 5 p.m. :

(2) 1.23 a.m., 3 a.m., 9.40 a.m., 3 p.m., 3.10 p.m , 3.30 p.m., 5.30 p.m., 6.35 p.m., 10 p.m. : (3) PO, SB, MOO : (4) Yes, 56 : (5) Kilkenny Castle, founded in 1195 ; St. Canice's Cathedral; Canal Walk, some houses in Dutch style; palaces, cathedrals, banks, and colleges ; the first Parliament in Ireland held here, 1367 ; ruins of St. Francis' Abbey ; Kilkenny Castle Picture Gallery, free to visitors on Tuesday, Thursday, and Saturday—no admittance on other week days ; Black Abbey Roman Catholic Church ; numerous old ecclesiastical edifices and ruins ; some fine modern buildings. John Harrington, constable.

1 *Bennettsbridge* V	5½	C	G	¼ L ¼ X 5
2 Dean Street C	¼	A M	G	Macadamised street
3 Dunmore R	3¼	A	G	1 L 2¼
4 John Street C	¼	A M	G	Macadamised street
5 *Limetree* V	4½	A	G	¼ L 3 X 1¼

Dean Street (Kilkenny) C. Kilkenny : Kilkenny City Division : Co. Kilkenny : Leinster. Daniel Fitzgibbon, sergeant.

1 Carrigeen R	4½	D	F	1 L ⅛ R 2¼ L 1⅛
2 Dunmore R	3	A	G	No branch road after passing borough boundary
3 Freshford V	8¼	A	F	¾ R 4 R ¼ L ½ L 1¾ R 1
4 Gowran V	8½	C B	F	1½ L 1½ L ⅛ R ⅛ L 1¼ R 2 R ¾ L 1 L ¼
5 James Street C	¼	A M	G	Within the city
6 John Street C	½	A M	G	Within the city
7 Kilmanagh V	10	A D	B F	¾ R ½ R 2½ X ¾ L 1½ X 1½ R 1 X 1¼ L ⅛ R ⅛
8 Tullaroan V	9½	A C	G F	4 R 1 L 1½ X 1¼ X 1¾

John Street (Kilkenny) C. W. J. M'Ginlay, sergeant.

1 Bennettsbridge V	5½	C	G	¼ L ¼ 5
2 Carrigeen R	4½	C	G	1 R 3 L ½
3 Dean Street C	½	A M	G	Streets
4 Dunmore R	3	A	G	Main road
5 James Street C	¼	A M	G	Streets

KILKERRIN V. (Pop. 94). Ballinahinch : Connemara Division : Co. Galway : Connaught. F, 2 Jan., 1 March, 20 June, 9 Sept., 17 Oct., 6 Dec. (1) 11.40 a.m. : (2) 7.45 a.m. : (3) PO : (4) Yes, 3 : (5) No. Thomas M'Evoy, constable.

1 Carna V	6⅛	B D B D	F G F G	2 A ¼ L ⅜
2 *Rosmuck* R	10	B D B D	F G F G	2½ V 1½ V 2 R 4

KILKERRIN R. Tiaquin : East Galway : Co. Galway : Connaught. (1) 7 a.m. : (2) 6 p.m. : (3) Glenamaddy, 4 : (4) No : (5) No. F. Masterson, sergeant.

1 Clonbern R	6	B	G	½ X ⅛ L 5¼ L ⅜
2 Glenamaddy V	4	A	G	Direct road
3 *Moylough* V	5	A	G	¾ R ⅝ L 2⅝ L ⅝ R 1⅛

KILKISHEN V. (Pop. 236). Bunratty Lower: East Division: Co. Clare: Munster. (1) 8 a.m.: (2) 5.20 p.m.: (3) Postal Orders issued only; Tulla, 4½, SB, MOO: (4) Yes, 2: (5) Belvoir, 2; Kilkishen Demesne, 1. John Gibbons, sergeant.

1 Broadford V	7	B	F	⅛ R ⅛ R 1½ X 1¼ R 1¾ L ¼ L ½ R 1 R ¼ L ⅛ L ⅛
2 Cullane R	4	B	I	⅛ L 1⅛ L 2¼ L ½
3 O'Callaghan's Mills V	4½	B	F	⅛ R ⅛ L 1¾ V^{3} 1¼ R ¼ L 1
4 Sixmilebridge V	5½	A	G	¼ R 1 L 1¼ L ¼ X ⅛ R 1 R ¼ L ¾ R ⅛ R ⅛
5 Tulla V	4½	A	G	¼ L 1 R 2⅛ X ¼ R ¼ R ¼

KILL V. (Pop. 143). South Salt: North Division: Co. Kildare: Leinster. (1) 10 a.m., 10 p.m.: (2) 6.15 p.m.: (3) PO; Naas, SB, MOO, 3½: (4) Yes, 1: (5) Palmerstown, seat of Lord Mayo, ½; Round Tower, Oughterard, 2. Thomas Phelan, sergeant.

1 Kilteel V	5	B	G	1¾ R ½ L ¼ R 1½ R V 1 Λ
2 Naas T	3½	A	G	Straight road
3 Rathcoole V	5	A	G	Straight road
4 Sallins V	4	B	G	2 R 1 R 1
5 Straffan V	5½	B ,	G	¼ L 3½ R ¼ L 1½

KILL V. (Pop. 200). Decies without Drum: East Waterford: Co. Waterford · Munster. Carroll's Cross, 4, W. D. L. RY. (1) 9 a.m.: (2) 4.20 p.m.: (3) Bonmahon, 4: (4) No: (5) Knockmahon Copper Mines, 2½; Kilmurrin Cove, 3; St. Bernard's Well, 1. A. M'Clure, sergeant.

1 Annestown V	4	B	G	½ L V ¼ L 1½ L ½ R 1¼
2 Ballyduff R	7½	B	G F S	1⅜ L ⅜ X 3 V^{4} ¾ X 2
3 Bonmahon V	4	C	G	⅛ R 2¾ L ⅛ R ¼ L ¼ R ½
4 *Butlerstown* R	9	A C B	G	1 X 1 Λ 2 L 3 R 2
5 Kilmacthomas V	6	C	G	½ R ½ Λ 1½ L 2 L 1½

KILLAHA R. Magonihy: East Division: Co. Kerry: Munster. Headford, 4, G. S. & W. RY. (1) 8.45 a.m.: (2) 4.30 p.m.: (3) Glenfesk, ½: (4) No: (5) Killaha Castle, ¼; Robbers' Den, 6. Francis Regan, acting-sergeant.

1 BALLYVOURNEY V	15	B D B D	F G	2 R 5 L 2 R 5¾ L ¼
2 Headford R	4	B	F G	2 L 2
3 *Kilgarvan* V	14½	B D B D	F S G	2 R 3 R 1½ R 4½ R 3½
4 Killarney T	7	B D D A	F G F G	2 L 3 L 1½ L ½
5 Muckross V	7	B D G D	I S P	¼ R 6½ L ½

KILLAHAN R. Clanmaurice: North Division: Co. Kerry: Munster. Abbeydorney, 3, W. L. RY. (1) 10 a.m., 11 a.m.: (2) 2 p.m.: (3) PO, Abbeydorney, 3: (4) No: (5) Ballymacquim Castle in ruins, 1. Michael Murphy, constable.

1 Abbeydorney V	3	B	F	½ L 1 X 1 R ½
2 Ahabeg R	4	B	F	1 L 2 R 1
3 Ardfert V	6	B	F	3 L 2½ L ½
4 Ballyheigue V	8	B	F	3 L 3 R 2
5 Causeway V	4	B	F	½ R 3 L ½

KILLALA T. (Pop. 588). Tyrawley: North Division: Co. Mayo: Connaught. Tel. 8-8: F, 1st s. in Jan., Feb., Mar., April, and Dec, 6 and 28 May, 10 June, 8 July, 17 Aug., 2 Oct., 8 Nov.: PS, every alternate th.: M, s.: Killala, ⅛, M. G W. RY. (1) 5.30 a.m.: (2) 7.25 p.m. (3) PO, SB, MOO: (4) Yes, 4: (5) Moyne Abbey, 2; Rosserk Abbey, 5; Bartragh Island, 3; Kilcuminn Head, 8. The French, under General Humbert, landed here to assist the rebels in 1798; they were defeated by, and surrendered to General Lord Cornwallis at Ballinamuck, about three weeks (8 Sept.) after: the last invasion of the United Kingdom. James Toole, sergeant.

1 Ballina T	8¼	B D	G	2 X 2½ X 4
2 Ballycastle V	10	B D	G	3 L 1 X 1¼ X 1½ X 2 X 1½
3 Farmhill R	6	B D	G	1 R ½ L 1½ R 1½ X 1¼

KILLALOE T. (Pop. 1224). Tulla Lower: East Clare: Co. Clare. Munster. Tel 8-8; 9 a.m. to 10 a.m. on Sundays: F, 12 April, 20 May, 3 Sept., 20 Oct.: P.St.: PS, t., fortnightly: Ballina, 1, W. & L. RY. (1) 6.30 a.m., 5 p.m.: (2) 1 p.m., 7 p.m.: (3) PO, SB, MOO: (4) Yes, 8: (5) Old Killaloe; Brian Boru's Fort, 1; St. Flanin's Cathedral. Killaloe and Ballina form one town, divided by the Shannon. Thomas Guiry, constable.

1 BALLINA V	¼	A	G	½ L ½
2 Kilbane R	6¾	H	S P	1 R 1 X 3 A 1¼ V ¼
3 O'Briensbridge V	5	A	F	¼ L 2½ L 2
4 O'Gonnelloe R	4¼	A	F	¼ L 2¼ R 1 R ¼ L

KILLAMORY R. Kells: South Division: Co. Kilkenny: Leinster. (1) 8.15 a.m.: (2) 5.45 p.m.: (3) PO: (4) No: (5) No. James Cussen, sergeant.

1 Callan T	6¼	B	F	1½ R ¼ L 3½ R 1½
2 Loughbrack R	6	B	F	1 L 1 L 1 R ½ X 1 X ½ L 1
3 MULLINAHONE V	4½	B	F	2 R 1 L ¼ R ⅜ R 1
4 NINEMILEHOUSE R	1⅜	B	F	1 L ¼
5 Windgap V	3	B	F	1 R ¼ L 1 R ½

KILLANNE R. Bantry: North Division: Co. Wexford: Leinster. (1) 8.40 a.m.: (2) 4.20 p.m.: (3) PO: (4) No: (5) No. Wm. J. Campbell, constable.

1 *Ballywilliam* R	8	B C D	G F G	1 X 2 R 5
2 BORRIS T	12	D F G B	G R I G	1 L ¾ L ¼ X 1½ R ¼ L 3⅜ L 2½ R 2½
3 Clonroche V	6¼	B	G F	¼ L ¾ R 1¼ X 1¼ X ½ X 1 R ½ L 1
4 Enniscorthy T	8	B G C	G F	¼ L ½ X 2 X ¼ X 1 R ¼ L 2 X ¼ L 1 X ¼
5 Newtownbarry V	12	D	F	1 L ¾ R ⅛ R ¼ L 2 X 2½ X 1½ X 3¼ R ¼

KILLARNEY T. (Pop. 5686). Magonihy: East Division: Co. Kerry: Munster. PS, t.: M, s.: D.I.: R.M.: Killarney, ⅛, G. S. & W. RY.: Tel. 8-8. (1) 3.30 a.m., 3.30 p.m., 8.30 p.m.:

(2) 11.15 a.m., 8 p.m. : (3) PO, SB, MOO : (4) Yes, 100 : (5) The Lakes of Killarney, 2 ; The Gap of Dunloe, 10 ; Muckross Abbey, 3 ; Ross Castle, 2 ; Torc Waterfall, 4. James Cross, constable.

1 Aglish R	7¼	A D	G S	1¼ L 2¼ R Λ ¼ L 2¼ R ½ R Λ ¾
2 Ballinillane R	6	D H	G F	¾ R ¼ R 1 L Λ 1 R 1½ R V ⅛ L Λ ⅜ R 1
3 *Beaufort* V	6	A B	G	3 L 1½ R 1½
4 Coolick R	6	D H	G F	¼ R 1¼ X Λ 1¾ X V Λ 2¾
5 Killaha R	7	B H	G F	¾ L ½ R V ¾ L Λ ½ R ½ R 2½ R 1½
6 Muckross V	3	A	G	¼ R ⅛ L 1 R ½ R 1 R ⅛

KILLARGA R. Drumahaire : North Division : Co. Leitrim : Connaught. Manorhamilton, 6. (1) 9 a.m. : (2) 6 p.m. : (3) Yes, 3 . (4) No . (5) No. P. Dodd, sergeant.

1 Drumahaire V	6	D B	I	1 R 3½ L ¼ R 1¼
2 Drumkeeran V	6	B D	G	1 X 5
3 *Manorhamilton* T	6	D	G	1½ X 4½

KILLASHEE V. (Pop. 128). Moydow : South Longford : Co. Longford : Leinster. F, 24 May, 29 Sept. : Longford, 5, M. G. W. RY. (1) 7 a.m. : (2) 7 p.m. : (3) PO : (4) Yes, 1 : (5) No. Edward Scully, sergeant.

1 *Kenagh* V	6	B	F	3 R 1 R 2
2 Lanesboro V	5½	B	F	3¼ R 2 R ¼
3 Longford T	5	B	F	1 X 2 L 2
4 TARMONBARRY V	5	B	F	¼ L 1 R 2½ L 1½

KILLAVULLEN V. (Pop. 230). Fermoy : North-East Cork : Co. Cork : Munster. G. S. & W. RY., ¾. (1) 8.30 a.m. : (2) 6 p.m. : (3) PO, SB, MOO : (4) No : (5) Blackwater, Nagle Mountains, Carrigacunna and Monanimy Castles, in vicinity. James Fitzmaurice, sergeant.

1 Ballyhooly V	6	B	G	¼ R ½ R 2¼ R 3
2 Castletownroche V	3	B D	G	¼ L ½ R ¼ L 2
3 Doneraile V	7	B D	F	½ R ¼ R 2 L ⅛ L ⅛ R ¾ X 2¼ L 1
4 Glenville R	11	B	F	1 L 2 L ½ L 1 R 4 R 1 L 1½
5 Mallow T	6½	B D	G	⅛ R 1¼ R 2 R 2 R 1
6 Rathduff R	13	B D	F	1 L 2 L ½ R 2½ L 3 R ⅛ L 2⅞ L 1
7 Shanballymore R	7	B	F	¼ L ½ X 2¼ X 1 V³ 2 R 1

KILLEAGH V. (Pop. 330). Imokilly : East Cork : Co. Cork, E.R. : Munster. F, last m. : G. S. & W. RY. and C. & Y. RY., ¼ : Tel. 8-8. (1) 5.30 a.m., 3.35 p.m. : (2) 12.35 p.m., 8.30 p.m. : (3) PO, SB, MOO : (4) Yes, 4 : (5) Glenbower, 1. Henry A. Swift, sergeant.

1 Ballydaniel R	6½	D C	F	¼ R 2 L 1½ X 1¼ R ¼ L 1¼
2 Castlemartyr V	3½	A	G	¼ X 1¼ R ¾ R 1¼
3 Gortroo R	4	A	G	2½ X ¼ R 1 X ¼
4 Newtown V	9	D C H	F S I	¼ L ¾ R ¼ L 1¾ X 1 L 2 X 1½ R 1½
5 Shanakiel V	4	B	G	¼ L 1¼ L 1½ R ¼ L ¼ L ¼ R ½
6 Youghal T	8	A	G	2½ X ¼ R 1 X ¼ R 1½ L ½ X 1 L 1

KILLEAGH R. Ikerrin: Mid-Tipperary: Co. Tipperary: Munster. (1) 10 a.m.: (2) 10 a.m.: (3) Templemore, 3½: (4) No: (5) No. Maurice Horan, sergeant.

1 Clonakenny R	4½	D B	I	¼ R 1 L ¼ R 2 L ¼ R ⅜ L ½
2 Goldingscross R	4½	B D A	I	¼ R ¼ L 3 R 1
3 Templemore T	3¾	B D A	G	¼ L 1 R 1¾ L ¼ L ¼

KILLEDY R. Glenquin: West Limerick: Co. Limerick: Munster. Newcastle, 7½, L. & K. RY. (1) 9 a.m.: (2) 4 p.m.: (3) PO, Ashford, ½: (4) No: (5) No. Timothy Kelly, acting-sergt.

1 Glenduff R	4	B	G	¼ L 3½
2 Newcastle West T	7¼	B	G	2½ X 2 L 2½ L ¼
3 Tournafulla V	4¾	B	G	¼ L 1¼ R 1 L 2

KILLEEN R. Galway: Borough of Galway: Co. Galway: Connaught. Galway, 4, M. G. W. RY. (1) 7.40 a m.: (2) 6.40 p.m.: (3) PO, SB, MOO, Claregalway, 2½: (4) No: (5) No. James M'Caffrey, sergeant.

1 Galway T	4	B C B	G	2 L ¼ R 1 X ½
2 Loughgeorge R	3½	B C B	G	1½ L 1 X 1
3 Oranmore V	6½	B C B	G I G	1¾ R 1½ R 1 X 2¼ L ¼

KILLEENADEEMA R. Loughrea: South Galway: Co. Galway: Connaught. Loughrea, 3, M. G. W. RY. (1) *nil*: (2) *nil*: (3) Loughrea, 3: (4) No: (5) No. Francis Carey, sergeant.

1 Dalystown R	5¼	B	P	¼ X 2¼ X 1½ X 1
2 Kilcreest V	5	B B	I I	3 L ¼ X 1½
3 Loughrea T	3	B B	I I	1¾ R 1¼

KILLEENAGH R. (Pop. 29). Coshmore and Coshbride: West Division: Co. Waterford: Munster. Cappoquin, 9, W. D. & L. RY. (1) 11 a.m: (2) 1 p.m.: (3) PO, SB, MOO: (4) No: (5) Strancally Castle, 2; Ballinatroy House, 6: Headborough House, 2. Patrick Keefe, acting-sergeant.

1 Lismore T	9	B	G	6 L 3
2 Tallow T	8	C	G	2½ V L 5½
3 *Villierstown* V	5	F W	I	3 R 1 F ¼ R ¼
4 YOUGHAL T	9	B E	G C	2½ L 6½

KILLEIGH V. (Pop. 132). Geashill: South Division: King's County: Leinster. F, 1 June, 1 Oct.: Geashill, 5½, G. S. & W. RY. (1) 8.10 a m.: (2) 5.10 p.m.: (3) Tullamore, 5½: (4) No: (5) Ruins of an old abbey, and celebrated for its wells. John Walker, sergeant.

1 Clonegowan V	8¼	A	G	¼ L 2¼ L ¼ R 2¼ X ½ L 1 R 1 R 1 R
2 CLONASLIE V	6¾	B	I	2½ L 4
3 Clonmore R	6¾	A	G	1 R 2 R ½ L 1 L ¼ X 1¼ L ¼
4 Killoughey R	8	A	G	2½ X 1½ L 2 L 2
5 ROSENALLIS V	6½	B	I	¼ R ¾ R 1 R 1 R 2½ R 1
6 Tullamore T	5	A	G	1 R 1½ R 1¼ L 1½

205

KILLENAULE V. (Pop. 610). Slievardagh: East Tipperary: Co. Tipperary, S.R.: Munster. F, 1 Jan., 25 March, 12 May, 13 Oct.: PS: D.I.: Laffinsbridge, 2½, w. & L. RY.: Tel. 8-8. (1) 8 a.m.: (2) 6.45 p.m.: (3) PO, SB, MOO: (4) Yes, 4: (5) No. Michael Salts, sergeant.

1 Ballingarry V	7	C	G	¼ L ¾ R ½ X 2 X 1 X 1 X ½ L 1
2 *Ballinure* R	4½	C	G	1 L 1 X ½ L 2
3 Drangan V	5¼	C	G	1 L 1½ L 1 X 2
4 Earlshill R	5	D	I	¼ L ¾ L 1 X 1 R 1 L 1
5 *Fethard* T	7½	A	G	1 R 1 X 1½ X ½ X 2½ X 1
6 Littleton V	7	A	G	½ R 1 R ½ L 2¼ R 1¼ R 1

KILLESHANDRA V. (Pop. 603). Tullyhunco: West Division: Co. Cavan: Ulster. F, w.: PS, each alternate th.: M, w. (winter and summer): R.M.: D.I.: M. G. W. RY.: Tel. 8-8; Sunday, 8 a.m. to 9 a.m. (1) 7.30 a.m., 2 p.m.: (2) 12 noon, 5 p.m.: (3) PO, SB, MOO: (4) Yes, 6: (5) Lough Oughter, 2; Lough Oughter Castle, 4; Glasshouse Lake, Killegar, 3½; Gartanowle Point, 3; Eonish Island, 2; Inch Island, 2; Rynn Point, 4. William Hart, head-constable.

1 Ardlougher R	5	B	G	¾ X ½ R ½ L 3 R ¼
2 Arva (J.S.) V	7¾	BDF	GRSF	¼ L 2 X A 4 L 1
3 Belturbet T	9	BCGB	—	1 R 1½ L 2½ R ¾ L 1¼ R 1¾
4 Carrigallen V	6	BC	GSF	½ L 1¾ R ¼ R 1½ L 1¾ R ¼
5 *Crossdoney* V	6¾	BDFB	GF	3½ L 2 L ½ R ¾

KILLETER R. West Omagh: North Division: Co. Tyrone: Ulster. F, 21st, monthly: Castlederg, 5, TRAM. (1) 10 a.m.: (2) 4 p.m.: (3) No: (4) No: (5) No. John Boyce, acting-sergt.

1 Castlederg V	4½	B	F	½ L 2 R 2
2 Pettigo V	12	D	F	1½ L 1 L 7½ R 2 R

KILLIMORE V. (Pop. 280). Longford: East Division: Co. Galway: Connaught. F, 1 Jan., 25 March, 29 June, 29 Sept., 22 Nov.: PS, 1 s.: Ballinasloe, 13, M. G. W. RY. (1) 8 a.m.: (2) 5.20 p.m.: (3) PO, SB, MOO: (4) Yes, 2: (5) Hearnsbrook Demesne, 1. James Quigley, sergeant.

1 Ballyshruil V	6	D	F	2 X 2½ X 1 R ½
2 Eyrecourt V	7	B	F	2½ X 4½
3 *Gurtymadden* R	5½	B	G	2½ X ¼ X 2½ X ¼
4 *Kiltormer* R	6	B	G	3 X 2 R 1
5 Portumna T	7	B	G	2½ X 1¼ X 3½
6 Tynagh V	4	B	F	½ R 2 R 1 X ½

KILLINICK V. (Pop. 120). Forth: South Division: Co. Wexford: Leinster. PS, 1 t.: Wexford, 6½, D. W. & W. RY. (1) 10 a.m.: (2) 2 p.m.: (3) PO, SB, MOO: (4) Yes, 2: (5) No. David Cullinane, sergeant.

1 *Bridgetown* V	6	A	G	1 R 2 X 1 X 1 R 1
2 Murrentown V	5	A	G	½ L ½ X 1½ L 2½
3 Tagoat V	3½	A	G	1 R 2½
4 Wexford, Main St. T	6¼	A	G	¾ R 1½ R ¾ X 1½ L 1 R 1½

KILLORAN R. Longford : East Galway : Co. Galway : Connaught. (1) *nil* : (2) *nil* : (3) Kiltormer, 5½ : (4) No : (5) No. James Lee, sergeant.

1 Aughrim V	6	D	F	1 X 1 R 1½ X 2½ X
2 Gurtymadden R	5½	B	G	1 R 3¼ X 1¼ L
3 Kiltormer R	5½	B	G	1 L 3½ X 1 X

KILLORGLIN T. (Pop. 1178). Trughenacmy : West Division : Co. Kerry : Munster. Tel. 8-7 : PS, 1 and 3 f. : M, t. : D.I. : G. S. W. RY. (1) 7 a.m., 7.30 p.m. : (2) 10 a.m., 6.30 p.m. : (3) PO, SB, MOO : (4) Yes, 12 : (5) Dunloe, 12½ ; Carah Lake, 4. Michael Kerins, sergeant.

1 Beaufort V	8	B	G	4 R 3½ R ½
2 Glenbeigh R	9	C G	F G	½ L 2 X 4 R 1 L 1½
3 Glencar R	13	D G	G	½ L V ¾ R 5¼ R 5½ R 1
4 Milltown V	5	D G	P	2 R 2¾ L ¼

KILLOUGH V. (Pop. 656). Lecale Upper : East Down : Co. Down : Ulster. B. & C. D. RY. : Tel. 8-8. (1) 8 a.m., 4.30 p.m. : (2) 8.5 a.m., 5.15 p.m. : (3) PO, SB, MOO : (4) Yes, 4 : (5) No. Thomas Morton, constable.

1 Ardglass V	3	B	F	1¼ R 1 R ¾
2 Downpatrick T	6¼	B	F	1 R ¼ R ¾ X ½ L ¾ L ¼ X 1 R ½ X 1 L ¼

KILLOUGHEY (J.S.) R. Ballyboy : Birr Division : King's Co. : Leinster. (1) 10.30 a.m. : (2) 3 p.m. : (3) Clonaslie, 3½ : (4) No : (5) No. Peter Coghlan, sergeant.

1 Blueball R	4	B	G	¾ R 1¼ L 2
2 *Cadamstown* V	5	B	G	2 R 3
3 CLONASLIE V	3½	B	G	2½ L 1
4 *Frankford* V	8	B	G	2¼ R ¾ L 5
5 Killeigh V	8	B	G	3 R 5
6 Tullamore T	8	B	G	6½ R 1½

KILLUCAN V. (Pop. 120). Farbill : North Division . Co. Westmeath : Leinster. F, 25 March, 25 May, 27 Sept., 28 Nov., and 3rd w. Jan. and July : PS, each alternate t. : Killucan, 1¾, M. G. W. RY. : Tel. 8-8. (1) 3.20 a.m., 9.30 a.m , 8 p.m., 9.3c p.m. : (2) 4.6 a.m., 8 a m., 9 a.m., 4.20 p.m., 8.50 p.m., 9.45 p.m. . (3) PO, SB, MOO : (4) Yes, 6 : (5) No. H. Dobbs, sergeant.

1 *Crazycorner* R	8	D	F	Direct road
2 Kinnegad V	4½	A B A	G F G	½ R ¼ X R 2 X 1¼ L ½
3 *Knockeraville* R	7	C D	G F	X ¼ X ½ R ½ X ¾ X 2
4 Rathfarne R	2½	C	G	Direct road
5 Reynella R	6	D B	F F	1¼ X ¾ R ¾ X 2 X 1 L ¼

KILLYBEGS V. (Pop. 635). Banagh : South Division : Co. Donegal : Ulster. Tel. 8-8 ; Sunday, 9 a.m. to 10 a.m. : F, 6th, monthly : PS, 2 m. : M, m. : D. & K. LT. RY. (nearly completed).

(1) 10.30 a.m., 5.30 p.m. : (2) 7 a.m., 2.45 p.m. : (3) PO, SB, MOO : (4) Yes, 12 : (5) Killybegs Harbour is one of the safest and best in Ireland, narrow at the entrance, having Rotten Island Lighthouse within two miles of the town. The harbour extends inland for over a mile, and widens to fully a mile. A Narrow-gauge Railway is being made from Donegal to Killybegs (18 miles), and it is expected to be open for traffic about June, 1893. Patrick Quinn, sergeant.

1 Ardara V	10	B	F P	1½ L 3 L ⅛ R V 3 R 1⅛ R ½
2 Dunkineely V	6	B	F	1½ R ⅛ V^3 ⅞ R 1 L 2½
3 Kilcar V	8	D	P	5 R 1½ L 1 L ½

KILLYFAD R. Mohill : South Division : Co. Leitrim : Connaught. Dromod, 3¼, M. G. W. RY. (1) *nil* : (2) *nil* : (3) Dromod, 3 : (4) No : (5) River Shannon, ¼. Wm. Mannion, sergeant.

1 Dromod V	3	B A	F G	1¾ R 1¼
2 Drumsna V	5	B A	F G	1½ L 1½ L ½ L 1¼ L ¼
3 Corraterriff R	6	B D A D	F S G S	1½ X 2 R 1 L 1 R ½

KILLYLEAGH T. (Pop. 1504). Dufferin : East Division : Co. Down : Ulster. F, 10 April, 11 Oct. : PS, 1 m. : Crossgar, 5, B. & C. D. RY. : Tel. 8-8. (1) 7.45 a m , 3.30 p.m. : (2) 9 a.m., 6.15 p.m. : (3) PO, SB, MOO : (4) Yes, 12 : (5) Strangford Lough and Islands. Peter King, constable.

1 Crossgar V	5	D	F G	¾ L 1 R 3¼
2 *Comber* T	10	D	F G	5 V^2 5
3 Downpatrick T	6	D	F G	5¼ L ½ R ¼
4 *Portaferry* V	5	—	Sea	——
5 Saintfield T	9	D	F, G	¾ R 3¼ V^2 3¾ V^2 1¼
6 Strangford T	5	—	Sea	——

KILLYON R. Eglish : Birr Division : King's County : Leinster. Parsonstown, 5½, G. S. & W. RY. (1) 9.30 a.m. ; none on Sunday : (2) 9.30 a.m : (3) PO, Clareen, 2 : (4) No : (5) No. J. O'Callaghan, sergeant.

1 Crinkle V	5	A B C A	F G	2 X 2 X ¾ X ¼
2 Kinnetty V	3½	A	G F	1½ X 1 L 1
3 Thomastown R	3½	B	F G	2½ L 1

KILLYON R. Moyfenrath Upper : South Meath : Co. Meath : Leinster. Hill of Down, 1¼, M. G. W. RY. (1) 8 a.m. : (2) 6 p.m. : (3) Hill of Down, 1¼ : (4) No : (5) Clonard, 3¾. John Culhane, constable.

1 Ballivor V	4	B	G	⅝ L ¾ L ⅛ R 2¼ L ¼
2 BALLINADRIMNA R	6	B	G F	⅜ R 1 R ½ L 1⅝ L ¼ X 1⅜ R ⅛
3 KINNEGAD V	6	A	G	2 X 3 R 1
4 *Longwood* V	4	B	G F	⅝ R 1 L ⅜ R 1¼ L ½
5 RATHFARNE R	6	B	G F	¼ L 2¼ R 3½
6 *Ticroghan* R	6	A B	G	2 L 1½ R ½ R ½ L 1½

KILMACOW V. (Pop. 281). Iverk : South Division : Co. Kilkenny : Leinster. PS, th., monthly : W. & C. I. RY. (1) 7 a.m. : (2) 6.30 p.m. : (3) PO, MOO : (4) Yes, 1 : (5) Granny Castle old ruins, 3. Francis Kenny, constable.

1 FERRYBANK T	4	B D	I F	2 X ¼ X ½ R 1¼
2 Mooncoin V	5	B D	S I F	1 L 3 L 1
3 Mullinavat V	5½	B	G F	1 R ¾ R ¾ L 3
4 Slieverue R	7	D	F G	¼ R 2 X 1½ R ⅜ L 2½

KILMACRENAN V. (Pop. 125). Kilmacrenan : West Division : Co. Donegal : Ulster. F, 1st, monthly : Letterkenny, 6¾, L. & L. S. RY. (1) 8 a.m., 5.15 p.m. : (2) 8 a.m., 5.15 p.m. : (3) PO, SB, MOO : (4) Yes, 6 : (5) River Lennon, ¼ ; Old Abbey where St. Columbkille received his education, ¼ ; the Holy Well and Rock of Doon, 2½. Richard Stephens, sergeant.

1 Barnes Gap R	4½	D	G	¼ L ¼ R 1½ R ½ X 1¾ R ¼
2 Churchhill V	6	B D	F	4¼ R 1¾
3 Glenveigh R	8¼	D	G F	¼ L ¼ R 1½ L 1 X 2½ R ¼ L 2½
4 Milford V	5	B	G	1½ L 3½
5 Letterkenny T	6¾	D F	G	½ X 3 X 3 L ¼
6 Ramelton V	7	B	G	1½ R 2¾ X ½ L ⅛ L 2⅛

KILMACTHOMAS V. (Pop. 419). Decies without Drum : East Division : Co. Waterford : Munster. Tel. 8-8 : F, last t. : PS, 2 t. : Kilmacthomas, W. D. & L. RY. (1) 6 a.m., 4.15 p.m. : (2) 8.45 a.m., 4 p.m., 6 p.m. : (3) PO, SB, MOO : (4) Yes, 5 : (5) Serge Factory in village. John White, sergeant.

1 Ballyduff R	6¼	C	G	Straight road
2 Bonmahon V	6¼	B	G	¼ R ¼ L 2½ X ¼ R ¼ X 2¾
3 Clonea V	6	D	F	¼ L ¼ X 3¼ X 1¼ X 1
4 Kill V	6	D	R	¼ L ½ R 2¼ X ⅜ L ¾ X ¼ X ¼ X 1
5 Lamybrien R	5	A	G	1½ X 1 L 1¼ X 1 X ¼ R
6 Portlaw T	8	C	G	1¾ L ¼ X 1 R 1½ X ½ V[1] 3
7 *Stradbally* V	6	B	G	1½ L 1 X 1½ X ½ V[2] 1 X ½

KILMAIN V. (Pop. 120). Kilmain : South Division : Co. Mayo : Connaught. F, 12 July, 28 Oct. : PS, 4th w., monthly : Ballinrobe, 5½, M. G. W. RY. (1) 8.30 a.m. : (2) 5.45 p.m. : (3) PO : (4) No : (5) Several ruins of old Castles of the 16th century, 1. Thomas Carty, sergeant.

1 Ballinrobe T	5½	B	G	⅛ L 2 R 3⅜
2 CASTLEGROVE R	8½	B	G	1½ L ¼ R 2 L ½ L 1 R 2 R 1 L ¼
3 Cong V	8½	D	F	¼ R 6 L 2¼
4 *Hollymount* V	6	B	G	⅛ R 4½ L 1⅜
5 Neale V	5	D	F	⅛ L 2 L 2½ L ⅜
6 Shrule V	5	B	G	½ L 4½

KILMAINHAMWOOD V. (Pop. 80). Lower Kells : North Division : Co. Mcath : Leinster. (1) 9.35 a.m. : (2) 3 p.m. :

(3) PO : (4) Yes, 1 : (5) Whitewood Lake, 1 ; Newcastle Lake, 1. H. Duffy, sergeant.

1 KINGSCOURT T	4¾	D	F	1 V ¾ 3¼
2 Meath Hill R	5½	H	I	¼ L 1 Λ ¼ L ¼ R 2 X 1¾ R
3 Moynalty V	8	B	F	L 2 L 1¼ X 1 X 3¾
4 *Nobber* V	4	B	F	¼ L 1 Λ ¼ R 2½

KILMALLOCK T. (Pop. 1676). Kilmallock : East Division : Co. Limerick : Munster. Tel. 8-8 : F, 4 Jan., 23 Feb., 14 Mar., 8 April, 6 May, 20 June, 20 July, 4 Aug., 15 Sept., 13 Oct., 21 Nov., 9 Dec. : PS, each alternate m. : M, f. : R.M. : G. S. W. RY. (1) 1 a.m., 11.30 a.m., 4 p.m., 8.30 p.m. : (2) 6 a.m., 12 noon, 10.30 p m., 12 night : (3) PO, SB, MOO : (4) Yes, 18 : (5) Abbey ruins, ½. This was a walled-in town. One of the White Knights was buried in the Abbey. Sarsfield was born here. The Police Barrack was attacked by 200 armed Fenians, and defended by 14 constables for three hours, who sallied out and drove of the besiegers with loss (5th March, 1867). John O'Brien, sergeant.

1 *Bruff* T	5½	B	G	½ R 1 L 1½ X ½ X 2
2 *Bruree* V	4½	B	G	¾ X ¼ X ½ L ½ R ⅓ 1⅓ X ⅜ L ⅜
3 CHARLEVILLE T	6	B	G	⅜ L ½ R 2¼ X 2½ R ⅝ L ⅜
4 Elton R	6	B D	G	⅜ R 2 X 1 L 1¼ R 1⅝
5 Kilfinane T	6	B D	G	⅜ L 1¼ R ¼ L ½ L 3 L ½
6 Mountrussell R	6	B D	G	½ L ¼ L 2 L ⅛ R ½ L 1⅝ R 1

KILMALOGUE (Part of Portarlington) T. (Pop. 736). Upper Philipstown : Tullamore Division : King's County : Leinster. Portarlington, 1½, G. S. W. RY. (1) 8.30 a.m., 10.30 a.m., 6.30 p.m. : (2) 8.10 a.m., 4.10 p.m., 8.30 p.m., 9.30 p.m. : (3) Pillar-box : (4) No : (5) No. David Maxwell, constable.

1 Clonbologue V	8¾	A B A	G	¼ L ¼ X 2¼ R ¾ L 2 L 1½ L 1⅛ R ¼
2 Clonegowan V	4	A	G	¼ R 2⅓ L ¾ L ¼ R ¼
3 MOUNTMELLICK T	7	A	G	¼ L 1¼ L ¼ R 1 X 3 R ½ R ¼
4 PORTARLINGTON T	½	A M	G	¼ R ¼

KILMANAGH R. Cranagh : North Division : Co. Kilkenny : Leinster. PS, last th., monthly : Kilkenny, 10, G. S. & W. RY. and W. C. RY. (1) 8.15 a.m. : (2) 4.45 p.m. : (3) PO, SB, MOO : (4) Yes, 2 : (5) No. John Connaughton, sergeant.

1 BALLINGARRY V	7	D	F	⅓ L ⅜ X 2½ R 2 X 2
2 COMMONS, THE R	6½	D	F	⅜ R ⅜ L 1¼ X 5
3 Callan T	6½	B	G	⅜ R ⅜ X 1 X 1½ X ¾ X 1 X 1¼ R ¼ X ¼
4 *Dean St., Kilkenny* C	10	B	G	⅛ X ⅛ R 1¼ X 1 L 1½ X 2 X 2¾ X 1 L ⅛ R ⅛
5 Limetree R	6½	B	G	⅛ X ⅛ R 1¼ X 1 X 2½ X 1½
6 Tullaroan V	4	H	F	⅜ R ⅝ X 1 X 1½ X ¼ X 1

KILMANAHAN V. (Pop. 120). Glenahiry : West Division : Co. Waterford : Munster. Clonmel, 4½, W. & L. RY. (1) 4.30 a.m. : (2) 8.30 p.m. : (3) PO : (4) No : (5) Knocklofty House and Demesne, residence of Lord Donoughmore, 1. James Vaughan, sergeant.

1	ARDFINAN V	6½	D	G	1 L ½ L 5
2	Ballymacarberry V	5	B	G	4½ L ½
3	CLONMEL T	4½	B	G	3½ R ½ L ¾
4	Marlfield V	5	F	G	2¾ L ¼ R 2
5	NEWCASTLE V	5	B	G	2½ R 2½

KILMEEDY V. (Pop. 105). Upper Connelloe : West Division : Co. Limerick : Munster. Newcastle West, 8, N. K. RY. (1) 9 a.m. : (2) 6.15 p.m. : (3) Ballingarry, 6 : (4) No : (5) No. N. O'Doherty, sergeant.

1	*Ballingarry* V	6	A C	G	⅛ R ¾ R ½ R ½ R 1½ R ½ L ⅛ L 1½ X ¾ X ¼
2	Castletown Conyers V	3½	D	F S	½ X 1½ X ½ R ½ L ⅝ L ⅛
3	Feenagh V	3	B	G	⅛ L ¾ R 1¾ L ⅝
4	Knockaderry V	7	B D	G	⅛ R ¼ R ½ R ½ R ¼ L 1⅝ X 2 L 2
5	Newcastle West T	8	A C	G	⅛ R ¼ R ½ L ⅛ X 1 R ½ R ½ L ¼ L 1¼ L ½ R ¾ L 1¾ X ½

KILMIHILL V. (Pop. 138). Clonderlaw : West Division : Co. Clare : Munster. F, 7 Jan., 30 March, 19 May, 18 July, 15 Aug., 28 Sept., 1 Nov. : M, w. (1) 8.30 a.m. : (2) 4.30 p.m. : (3) PO, SB, MOO : (4) Yes, 3 : (5) No. Maurice Keane, acting-sergeant.

1	*Cooraclare* V	5¼	D	P	¼ L 1½ V² 1½ L 2
2	Lisacasey R	8	D F G	P G	2¾ L 5¼
3	*Mullough* V	10	D F G	P	⅛ 1 X 1 L ⅛ 2 R 2½ X 2 L 1¼ L
4	*Knock* V	8½	D B D	P	2 L ½ X 2½ 1½ R ½ L 1½

KILMOGANNY V. (Pop. 273). Kells : South Division : Co. Kilkenny : Leinster. PS, 1 m. : Ballyhale, 7½, W. C. I. RY. (1) 9.15 a.m. : (2) 4.50 p.m. : (3) PO, SB, MOO : (4) Yes, 2 : (5) No. Daniel Courtney, sergeant.

1	*Hugginstown* V	4½	B D B D	F G F G	2 L ½ L 1¾ R ¼
2	Loughbrack R	4	B D B D	G P G P	2 X 1 L 1
3	Slatequarry R	5	C D C D	R P R P	2 R ½ X 2 L ½
4	Windgap V	4½	C D C D	S P S P	½ R ¾ L 2 L 1 R ½

KILMOON R. Skreen : South Division : Co. Meath : Leinster. (1) 12.15 p.m. : (2) 12.15 p.m. : (3) Ashbourne, 4½ : (4) Yes, 2 : (5) No. Edward Leer, constable.

1	*Ardcath* R	4½	D	G	¼ R 2 L ¼ R 1¼ L ½ R ¼
2	Ashbourne R	4	C	G	1 X ½ X 2 X ½
3	*Belrath* R	4	C	F	2¾ X 1¼
4	*Duleek* V	6¼	C	G	¼ L 1 X 1 X 2 X 1½ X ½ L ¼
5	GARRISTOWN V	3	D	F	½ L 2 X ½
6	Ratoath V	5	D	G	½ X 1 R ¾ L ¾ X 1 L 1

KILMORE-QUAY V. (Pop. 363). Bargy : South Division : Co. Wexford : Leinster. (1) 10.30 a.m. : (2) 3.15 p.m. : (3) PO :

(4) Yes, 5 : (5) Saltee Island Great, 4½ by sea ; Saltee Island Little, 3½ by sea. Patrick M'Grane, sergeant.

1 Bridgetown V	6	B	G	1¼ L ¼ R ⅓ L ⅜ L ⅛ X ⅛ R ¾ X 1 X ½ L ¾
2 Duncormick V	6	B	G	1¼ L ⅜ L 2 L 2 L ⅛

KILMORE R. Ballintubber North : North Division : Co. Roscommon : Connaught. Drumsna, 2, M. G. W. RY. (1) 9 a.m. : (2) 6 p.m. : (3) PO : (4) No : (5) No. Francis Kelly, sergeant.

1 Ballykilcline R	7	B	S F	3 R 3 L 1
2 Drumsna V	3	B C	S F	½ R 2 R ½
3 Hillstreet R	4	B C	S F	½ L 1½ L ¼ R 1¾
4 Ruskey R	7	B	S F	3 L 3¾ L ¾

KILMOVEE R. Costello : East Division : Co. Mayo : Connaught : Ballaghaderreen, 6½, M. G. W. RY. (1) 8.30 a.m. : (2) 5.40 p.m. : (3) PO, SB, MOO : (4) No : (5) No. James Crosbie, sergeant.

1 Carracastle R	6	D	I	1½ R 1¾ R ¼ L 1½ X ½ L ½
2 *Charlestown* V	7½	D	I	4 L 2½ R 1
3 Kilkelly V	7	D	F	1½ L 1 X 2½ X 1½ R ½
4 LOUGHGLYNN V	9	B	G	1 R 2 L 2 X 2½ R 1½
5 Rathnagussane R	2	B	F	⅛ L ¾ X 1⅛

KILMOYLER R. Clanwilliam : South Division : Co. Tipperary : Munster. Bansha, 4, W. L. RY. (1) 8 a.m. : (2) 10 a.m. : (3) Bansha, 4 : (4) No : (5) No. John Natin, sergeant.

1 *Ballydavid* R	2½	B	G	¼ R 1¼ L 1
2 *Bansha* V	4	A	G	1 X 1½ R ¼ L 1¼
3 Cahir T	4½	A	G	¼ X ¾ R 2½ R 1

KILMUCKRIDGE V. (Pop. 190). Ballaghkeen North : North Division : Co. Wexford : Leinster. Enniscorthy, 15, D. W. & W. RY. (1) 9.30 a.m. : (2) 3.30 p.m. : (3) PO : (4) Yes, 3 : (5) Good sea-bathing. John H. Neill, sergeant.

1 *Blackwater* V	6½	C	F	¼ R ¼ L 2 X 1 R 2 L 1
2 Clonevan R	4	C	G	¾ R 1¾ R ½ R 1
3 Monamolin R	6	B	G	1½ R 3 R 1 L ½
4 Oulart R	6	B	G	½ R ½ L 2½ R 1½ L 1

KILMURRY V. (Pop. 80). West Muskerry : Mid-Cork : Co. Cork, W.R. : Munster. Dooniskey, 2, C. & M. RY. (1) 8.15 a.m. : (2) 6.15 p.m. : (3) PO : (4) No : (5) Warrenscourt, 1½. William Dunbar, sergeant.

1 CASTLEMORE R	4	A C	G P	1¼ R 1 R ¾ L ½ R ½
2 Carrigadrohid V	6	D	P	1½ L 1½ R 2 L 1
3 *Kinneagh* V	9	B D	P	1½ R 2½ L 2 L 2 L 1
4 Macroom T	7	A C	G	1¼ L 3¾ R 2
5 *Mountpleasant* R	6	B D	P R	1½ X 4½
6 Tarelton R	6	D B	P R	¼ L 2 R 1 L 2¾

KILMURRY (J.S.) R. Clanwilliam : East Limerick : Co. Limerick : Munster. Limerick, 3, W. L. RY. and G. S. & W. RY. (Terminus). (1) 8 a.m. : (2) Pillar-box opposite Barrack cleared at 9.10 p.m.: (3) Cecil Street, Limerick: (4) No: (5) Castle Troy, 1½, on banks of Shannon; Ruins of Old Castle, known as New Castle; Limerick Waterworks. M. J. Fitzgibbon, sergt.

1 Annacotty V	2½	A	G	¼ L 1¼ L ½ L ½
2 Ballysimon R	3	B	G	½ R 1¼ R 1¼
3 Blackboy C	2¼	A	G	1¼ L ¾ R ¼
4 John St., Limerick C	2	A	G	1½ L ¼ X ⅛ L ⅛

KILNALECK V. (Pop. 323). Castleraghan: East Division: Co. Cavan: Ulster. F, 2 Feb., 25 Mar., 13 May, 11 and 29 June, 10 Aug., 11 Sept., 1 Nov., 17 Dec.: PS, last f.: M, th: Ballywillan, 7, M. G. W. RY.: Tel. 8-8. (1) 8.30 a.m.: (2) 5.30 p.m.: (3) PO, SB, MOO: (4) Yes, 8: (5) Lake Sheelin (good trout lake), 2½; Kill Lakes, 1½; Coal Mine (now closed), 1. James M'Garvey, sergeant.

1 *Ballinagh* V	6¼	B D	G R	⅛ R ⅛ L 1⅜ X 1 R ½ R Λ 1 R 1¾ L ¼
2 Ballyjamesduff V	6½	B	G	⅛ L ½ R 1½ X 1½ L ⅛ X ½ X 1⅛ L ⅛ R 1
3 Capragh V	3	B	F	⅛ R ½ R ⅛ R 1 L 1 R ¼
4 Crosskeys V	5¼	D	F	⅛ L ¼ L ½ R ¼ L 1 R ¼ X ½ X 2 L ⅛
5 Mountnugent V	4	A B	F	⅛ R ½ L ¾ X 1 L ⅛ R 1 L ¼ R ¼

KILREA V. (Pop. 883). Loughinshollen: South Division: Co. Londonderry: Ulster. F, 2 and 4 w.: PS, 1 m.: M, w.: D. C. RY.: Tel. 8-8. (1) 9.30 a.m., 12.52 p.m., 5.52 p.m., 7.37 p.m.: (2) 7.16 a.m., 9.30 a.m., 3.44 p.m.: (3) PO, SB, MOO: (4) Yes, 12: (5) River Bann, ¼. Michael M'Cormack, const.

1 Agivey R	8	D C D C	G	4 X 3 X R 1
2 Garvagh V	6	B D	G	¼ X 2¾ X R 3
3 Innisrush V	7	D B	G S	2¼ X 2 X L 2½
4 Rasharkin V	3½	G B D F	G	1¼ X V 1½ X V ¾
5 Swateragh V	6	B D B G	G	1 X ¼ X 1¼ X R 3½

KILREECLE V. (Pop. 40). Leitrim: South Division: Co. Galway: Connaught. Loughrea, 5½, M. G. W. RY. (1) 7.45 a.m.: (2) 6.15 p.m.: (3) PO: (4) No: (5) No. James Brien, sergeant.

1 *Aughrim* V	9½	B D	F G S	⅛ R 2⅜ R ⅛ R 1⅜ X 3 R 1 L 1½
2 Gurtymadden V	4¾	B	F G S	¼ L 2½ R 2
3 *Kilconnell* V	8	B	F G S	⅛ R 2⅜ R ⅛ R 1⅜ L ¼ L ⅛ R 2⅜ L 1 R ¼
4 *Kiltormer* V	8	B	F G S	⅛ L 2⅜ X 1 L ½ R 3½ X ½
5 Loughrea T	5½	B D	F G S	⅛ R ¼ R 2⅛ R 1 L ⅛ R ¾ R ⅛ L ⅛ L ⅛
6 New Inn R	7	D	F G S	⅛ R 2⅜ L 1½ R 1 L 1½ L ½

KILROSS R. Clanwilliam. South Division: Co. Tipperary, S.R.: Munster. (1) 7 a.m.: (2) 6.45 p.m.: (3) Galbally, 3½: (4) No: (5) No. J. Finn, sergeant.

1 Emly V	4	B	I	½ R 3¼ L ¼
2 GALBALLY V	3½	A	G	¼ L 3
3 Glenbane R	4½	D	I	⅛ L 1¾ L 1 R ⅛ L 1½
4 Lisvernane V	6	H	S	⅜ R ¼ R 5⅜
5 Tipperary T	6	A	G	6 L

KILRUSH T. (Pop. 3159). Moyarta : West Clare : Co. Clare : Munster. Tel. 8-8 : F, 4 w., 10 May, 12 Oct. : PS, m. : M, w. and s. : D.I. : Kilrush, ⅛, S. C. RY. (1) 9 a.m., 3.45 p.m : (2) 9.30 a.m., 4 p.m. : (3) PO, SB, MOO : (4) Yes, 30 : (5) Scattery Island and Round Tower on the River Shannon, 2½ (by sea). Andrew Moore, sergeant.

1 Cooraclare V	5½	C	G	¼ L 1¼ X 1 X 3
2 Doonbeg V	9	C	G	1 X 2 X 2½ X 3 R ½
3 Kilkee T	8	C	G	1 L 1½ X 1½ L 4
4 Knock V	6½	C	G	1 R ½ L 1 X 2½ X 1½

KILSHEELAN V. (Pop. 187). Iffa and Offa East : East Division : Co. Tipperary, S.R. : Munster. W. & L. RY. : Tel. 9-7. (1) 8.30 a.m. : (2) 6.15 p.m. : (3) PO : (4) Yes, 1 : (5) No. William Orr, sergeant.

1 CARRICKBEG T	8¼	C D	G	3 L 3 L ⅛ L 2 L ⅛
2 *Carrick-on-Suir* T	9	A C A	G	3¼ R 5⅜ L ⅛
3 Clonmel T	4½	A	G	4½
4 Kilcock R	4½	A B F B	G F	½ X ¼ R 2¼ X Λ ¾ R ¾
5 Kiltinan R	6	A B A	G	½ X ¼ L ¾ R 1½ L 1 R 2
6 Lisronagh R	7½	A B D	G F	½ X ¼ L ¾ R 1½ L 1 R 2 R 1½

KILTEAN R. Irraghticonnor : North Division : Co. Kerry : Munster Lisselton Cross, 4½, B L. RY. (1) 8.20 a.m. : (2) 6.20 p.m. : (3) Lisselton Cross, 4½ : (4) No : (5) No. George Ross, constable.

1 Ballyduff V	4⅛	B D	F I	1½ L ½ L 2 X ⅛
2 Ballybunnion V	6	B	F	1 X 1 L 1½ R 1½ R ⅛ L ⅛
3 Ballylongford V	13	B D	F S I F	1 R 1½ R 2 V^3 ½ L 3 R 3 L 1½ R ½
4 Listowel T	6	B A	F I F	2 X 2 L 2

KILTEEL R. South Salt : North Division : Co. Kildare : Leinster. Naas, 7, G. S. & W. RY. (1) 7.30 a.m : (2) 5.10 p.m. : (3) Rathmore, 2½ : (4) No : (5) No. Philip Heany, sergeant.

1 Ballymore Eustace V	9	C A C	G	2½ X 1½ R ⅛ L 4⅞
2 BLESSINGTON V	6	D A	G	½ R 3 R 2½
3 BRITTAS R	5	F G A	G P G	1 R 1¼ L ¼ R 1 L ½ L 1
4 Kill V	5	D A	G	1 L 1½ L ⅛ R 1 L 1⅝
5 LISHEENS R	5	B F G	P G	3 Λ V L 1 R 1
6 Naas T	7½	G D B	G	2½ R 1½ L 1 R 2½
7 RATHCOOLE V	4	C A	G	Straight road

KILTEELY V. (Pop. 139). Small County : East Division : Co. Limerick : Munster. F, 1 Feb. : Pallas, 6, W. & L. RY. (1) 9.5 a.m. : (2) 5.15 p.m. summer ; 3.45 p.m. winter : (3) PO : (4) Yes, 1 : (5) No. Denis O'Sullivan, sergeant.

1 EMLY V	5	B	G	1½ R 3½ L ½
2 Herbertstown V	4	B	G	⅛ L ¼ R 1 L ⅛ R ¾ L 1¼ L ¼ R ¼
3 Hospital V	5	B	G	⅛ L ¼ L 1¼ L ¾ R 1⅛ L 1¼ L ¼
4 *Newpallas* V	5	B	G	⅛ R ⅛ L ¼ R 2¼ L ¼ X ⅛ R 1¼ R ¼ L ¼ X ⅛

KILTEGAN V. (Pop. 110). Upper Talbotstown : West Division : Co. Wicklow : Leinster. Tel. 7-8 : Baltinglass, 5, G. S. & W. RY. **(1)** 6.45 a.m., 11.45 a.m. : **(2)** 3 p.m., 6.30 p.m. : **(3)** PO, SB, MOO : **(4)** Yes, 3 : **(5)** Humewood Castle, ½ ; Highpark, 3. Benjamin Byrne, sergeant.

1 Baltinglass T	5	A	G	¼ L 1½ X ½ X 1 L 1¾ R
2 HACKETSTOWN T	3½	A C	G	¾ L 1¾ L ¼ R 1 R ¼ A
3 Rathdangan V	3	B	G	1 R 2
4 Rathvilly V	6	D C	G F G	¼ R ¾ R 1 L 1½ R 2 X ½

KILTEMAGH V. (Pop. 923). Gallen : Mayo East : Co. Mayo : Connaught. F, last th., monthly : PS, f., fortnightly : M, th. : Balla, 8, M. G. W. RY. : Tel. 8-8. **(1)** 8.30 a.m., 2 p.m. : **(2)** 10.45 a.m., 5.45 p.m. : **(3)** PO, SB, MOO : **(4)** Yes, 12 : **(5)** No. Jordan H. Roche, sergeant.

1 Balla T	7½	B B D D	F G F G	¼ X ¾ R 3 R ⅛ R ⅞ L 1½ L ½ L ½
2 Bohola V	5	B B B B	F G F G	½ L 2½ X 2
3 Claremorris T	11	B B D B	F I F G	¼ L ¾ L 2 L 1 R 2½ L 3½ L 1
4 Kilkelly V	7	B B D B	F G F G	R 2 L 1 X ½ R ¼ L 1¼ L 1 L ½ L ½
5 Knock V	6	B B B B	F G F G	5¾ R ¼
6 Swinford T	7½	D D D B	F G F G	⅛ R 1¼ X 1¼ R 1 X 2⅜ R 1 R ⅛ X ⅜ L ⅜

KILTOOM R. Athlone : South Division : Co. Roscommon : Connaught. M. G. W. RY., ¼. **(1)** 7.50 a.m. : **(2)** 8 p.m. : **(3)** Curnaseer, 1 : **(4)** No : **(5)** Loughrea, ½. John M'Cabe, sergt.

1 Athlone T	6½	B	F G	1 X ¾ X 1¼ X 2⅓ L ⅛ X ⅝ R ⅜ L ⅛
2 Beaulnamulla R	7½	B D B	F P F	1 R 1 X 1 X 1 L 1½ L 1⅜ L ⅝
3 Lecarrow R	4	B	F G	1½ X 1 X ½ X 1 X ½

KILTINAN R. Middlethird : East Division : Co. Tipperary : Munster. Fethard, 4, W. & L. RY. **(1)** 8 a.m. : **(2)** 5 p.m. : **(3)** Fethard, 4 : **(4)** No : **(5)** Kiltinan Castle and grounds, with roaring spring fountain and old ruins adjoining, ¼ ; Slievenamon Mountain, from which a magnificent view of the Counties of Waterford and Tipperary can be had, ½. Thomas Mullany, constable.

1 Clonmel T	7	B	S	X 2 R 3 R V 1½ L ½
2 *Cloneen* V	4	B	S	2 L 2
3 *Fethard* T	3½	B	S	3½
4 Kilsheelan V	6	B	S	X 2 L 1 R 1½ R 1½
5 Lisronagh R	3¼	B	S	1 L 1½ X ½ X ¼

KILTORMER R. Longford : East Division : Co. Galway : Connaught. Ballinasloe, 9, M. G. W. RY. **(1)** 7.20 a.m. : **(2)** 6.40 p.m. : **(3)** PO : **(4)** Yes, 2 : **(5)** No. Timothy Mahoney, sergt.

1 Aughrim V	7½	B	G	1 R 2 R 1 R ½ L 3
2 Ballinasloe T	8	B	G	2 X ½ X 2½ X 1½ X ½ R 1
3 *Gurtymadden* R	8	B	G	1 L ¼ R 2¾ X 1 X 1 X L 3
4 *Killimore* V	6	B	G	1 L ¼ X 1 X ½ X ¼ X 1 X ¾ X 1½
5 Killoran R	5½	B	G	1 L ¼ R 2¾ R 1 L ½
6 *Kilreecle* V	8	B	G	1 L ¼ R 1¾ X 1 X 1 X 2¾ X R ¼
7 Lawrencetown V	4½	B	G	2 R ¼ X 1 L ½ X ¼ X ½

KILTYCLOGHER V. (Pop. 261). Rosclogher: North Leitrim: Co. Leitrim: Connaught. Tel. 8-8: F, 14th, monthly: PS, 1 t., monthly: M, f.: Glenfarne, 5, S. L. & N. C. RY. **(1)** 6 a.m., 4 p.m.: **(2)** 10 a.m., 6 p.m.: **(3)** PO, SB, MOO: **(4)** Yes, 5: **(5)** Natural Bridge at Clackum (across a river) on road leading to Garrison, 1. Edward F. Carty, sergeant.

1 Annagh R	5¾	D H	B	1 R 2 L ¾ L 1½ V L ½
2 BELCOO V	10	B	P G S	1 L 2 R 5½ R 1¼ R ¼
3 GARRISON V	5	B	G	2½ L 2¼ R ¼
4 Gubalaun R	4½	D H	I R	1 L ¼ R 2¾ R ½
5 Manorhamilton T	8½	F G	B	1 X Λ 1½ 1 L V 2 R 1½ L 1½

KILWORTH V. (Pop. 459). Condons and Clangibbons: North-East Cork: Co. Cork: Munster. Tel. 8-8: Fermoy, 3, G. S. & W. RY. **(1)** 5 a.m., 3 p.m.: **(2)** 11 a.m., 7.45 p.m.: **(3)** PO, SB, MOO: **(4)** No: **(5)** No. Patrick Browne, acting-sergeant.

1 *Araglen* V	8	B	G	¾ X ¼ L 4¼ R 1 R 1 R ¾
2 BALLYDUFF V	10	A	G	¾ X ¼ R ¾ L 1 R 7¼
3 Fermoy T	3½	C	G	¼ L ¾ L ¾ L ¼ L ½ L ½ X ½
4 *Glanworth* V	5½	A	G	¼ R ¾ X 2 L ½ R 2
5 *Mitchelstown* T	8	C	G	¼ R ½ R 3 L ½ R 3 R ½

KINAWLEY R. Clanawley: South Division: Co. Fermanagh: Ulster. Florencecourt, 6½, S. L. & N. C. RY. **(1)** 11.30 a.m.: **(2)** 1.20 p.m.: **(3)** PO: **(4)** Yes, 3: **(5)** Ben Auchlan, 4; several sulphur springs in the neighbourhood. James Woods, sergeant.

1 Arney R	5½	B D	G	3 X 2½
2 Derrylin R	4	B D	G	1 X 2 X 1
3 Drumboccas R	5	B D	G	1 L 1 L 3
4 SWANLINBAR V	4	B	G	2½ L 1½

KINGSCOURT V. (Pop. 883). Clankee: East Division: Co. Cavan: Ulster. F, 1 t.: PS, 1 w.: M, t.: M. G. W. RY.: Tel. 8-8. **(1)** 8 a.m., 12 noon, 3 p.m., 6 p.m.: **(2)** 8 a.m., 12 noon, 3 p.m., 6 p.m.: **(3)** PO, SB, MOO: **(4)** Yes, 12: **(5)** Cabra Castle, with a demesne of 2,200 acres, 1. Robert Backhous, sergeant.

1 Bailieboro T	8½	C	F	½ L ½ L 1 R 2 L ½ L ¼ L 1½ X 1 L ½ R 1
2 CARRICKMACROSS T	8	C	G	1 L 1¾ R 1 R ½ X 1¼ X ½ L ½ R 1 L ½
3 KILMAINHAMWOOD V	4½	C	F	½ R 2 R ¼ X 1¾
4 MEATHHILL R	4	C	F	1 R ¾ R ¼ L 2
5 Shercock V	7½	D	F	¾ R 1½ L ½ L ½ X ¼ R 1¾ X ¼ R ¼ X 1½ L ½

KINGWILLIAMSTOWN V. (Pop. 148). Duhallow: North-West Division: Co. Cork, E.R.: Munster. Rathmore, 9, G. S. W. RY. **(1)** 9 a.m.: **(2)** 5 p.m.: **(3)** PO: **(4)** Yes, 1: **(5)** No. John Magill, constable.

1 CORDAL V	13	D	G	2 X 6 X 4¾ L ½
2 Kiskeam V	4	B	G	4
3 *Knocknagree* V	6	B	F	½ R 2½ X 3
4 Newmarket T	13	B	G	2 R 11
5 Tour R	9	B	G	2 R 1 L 5 R 1

KINLOUGH V. (Pop. 200). Rosclogher: North Division: Co. Leitrim: Connaught. F, 6th, monthly: PS, last t., monthly: M, m. (winter and summer): Bundoran, 3, G. N. RY. (1) 10 a.m.: (2) 3.15 p.m.: (3) PO, SB, MOO: (4) Yes, 2: (5) Lough Melvin and Bundrowes River, for trout and salmon. Michael Donohoe, constable.

1 Bundoran T	3	B D	S P	$\frac{3}{4}$ R $\frac{1}{4}$ L 1$\frac{1}{4}$ L $\frac{1}{4}$
2 Glenade R	6	B	G S F	3 R $\frac{1}{16}$ L 2 $\frac{15}{16}$
3 Gubalaun R	9	B D	G S F	2$\frac{1}{4}$ L 6$\frac{1}{2}$ R $\frac{1}{4}$
4 Tullaghan V	3	B	S F	$\frac{3}{4}$ L 2$\frac{3}{4}$

KINNEGAD V. (Pop. 384). Farbill: North Division: Co. Westmeath: Leinster. F, 9 May, 9 Oct.: Killucan, 4, M. G. W. RY.: Hill-of-Down, 3, M. G. W. RY. (1) 7 a.m.: (2) 7 p.m.: (3) PO, SB, MOO: (4) Yes, 5: (5) No. Michael M'Cormick, constable.

1 Ballynabrackey R	6	B	G	$\frac{1}{2}$ R 3 L 1$\frac{3}{4}$ R $\frac{3}{4}$
2 Killucan V	4$\frac{1}{2}$	B	S	$\frac{1}{4}$ R 3 X 1
3 Killyon R	6	B	G	$\frac{1}{4}$ L 3$\frac{3}{4}$ X 2
4 Knockeraville R	7	A	G	3$\frac{1}{2}$ L 1 R 2$\frac{1}{2}$
5 Milltown V	6$\frac{1}{4}$	A	G	$\frac{1}{4}$ R 6$\frac{3}{4}$
6 Rathfarne V	6$\frac{1}{2}$	B	G	$\frac{1}{2}$ R 1 R 2$\frac{1}{2}$ X 2$\frac{1}{2}$
7 Ticroghan R	4	B	G	$\frac{3}{4}$ R 2 L 1$\frac{1}{4}$

KINNEIGH R. Western Division East Carbery: South Division: Co. Cork: Munster. Ballineen, 4½, C. B. & S. C. RY. (1) 8 a.m.: (2) 8 a.m.: (3) PO: (4) Yes, 1: (5) No. James Whelan, sergeant.

1 Ballineen V	4$\frac{1}{2}$	B D	S P	1$\frac{3}{4}$ R $\frac{1}{4}$ R 1$\frac{1}{2}$ X $\frac{1}{2}$ R $\frac{1}{2}$
2 Dunmanway T	9	G A	S P G G	$\frac{1}{4}$ L 1 X $\frac{1}{2}$ R 1$\frac{1}{2}$ L 1$\frac{1}{2}$ R 1 X 1$\frac{1}{2}$ X 1$\frac{1}{2}$ X $\frac{1}{2}$ X $\frac{1}{2}$
3 Kilmurry R	9	D	S P	$\frac{1}{2}$ L $\frac{1}{4}$ X 2$\frac{1}{2}$ X 2$\frac{1}{4}$ X 1$\frac{1}{2}$ L 1 R 1
4 Mountpleasant R	9	D	S P	$\frac{1}{2}$ L $\frac{1}{4}$ R $\frac{1}{4}$ X 2 X 2 R $\frac{1}{4}$ R 1 L 3
5 Tarelton R	7	D	S P	$\frac{1}{2}$ R 1$\frac{1}{4}$ X $\frac{1}{2}$ X $\frac{1}{4}$ X 1$\frac{1}{2}$ X 1$\frac{1}{2}$ X 1

KINNETTY V. (Pop. 231). Ballybritt: Birr Division: King's Co.: Leinster. Tel. 8-8: F, 2 Oct.: PS, each alternate t.: Birr, 8, G. S. & W. RY. (1) 9 a.m.: (2) 4.30 p.m.: (3) PO, SB, MOO: (4) Yes, 2: (5) The Gap of Glendine, 8. William Giltrap, sergeant.

1 Cadamstown V	8$\frac{1}{4}$	A	G	$\frac{1}{4}$ L 2 R 1$\frac{1}{4}$
2 Frankford T	7$\frac{3}{4}$	C	G	1$\frac{1}{4}$ L 1 R 3 L 1 X 1$\frac{1}{4}$
3 Killyon R	3$\frac{3}{4}$	A	G	2 R 1$\frac{1}{2}$ L 1
4 Thomastown R	5	C	G	1 L 1 X 1 L 1 R 1

KINNURY R. Carra: West Division: Co. Mayo: Connaught. (1) 8.30 a.m.: (2) 5.30 p.m.: (3) Ayle, 4½: (4) Yes, 3: (5) No. Martin Duffy, sergeant.

1 Ayle R	5	D B	F G	1$\frac{1}{4}$ L 3 X $\frac{1}{2}$
2 Ballyhean V	7$\frac{1}{2}$	D B	F G	1$\frac{1}{2}$ R $\frac{1}{4}$ X 2 L 3$\frac{1}{4}$
3 Partry V	8	D B	F G	1$\frac{1}{2}$ R 2$\frac{1}{4}$ X $\frac{1}{4}$ X 3$\frac{3}{4}$

KINSALE T. (Pop. 4695). Kinsale: South-East Division: Co. Cork: Munster. Tel. 8-8: F, 3 w.: PS, 2 s.: M, f.:

D.I.: C. B. S. C. RY., I. (1) 5.15 a.m., 4.45 p.m.: (2) 9.15 a.m., 7.30 p.m.: (3) PO, SB. MOO: (4) Yes, 15: (5) Charles Fort, 2½, built 1670; Kinsale Harbour; 5000 Spaniards took Kinsale, 1601, surrendered to Lord Mountjoy same year; King James II. landed here, 1689; Cromwell sacked it, 1649. John F. Bourke, sergeant.

1 Ballinhassig R	10½	A	G	4½ X 1½ X 2 X 1 R 1½
2 Ballinspittle V	6½	B	F	2¼ L 2 R 1 L ½ X ¾
3 Belgooly V	3½	B	G	¼ R ¼ X 1½ L 1½
4 Innishannon V	10	A	G	2¼ R 2½ R 3 X 1 X 1 X ¼ L

KINVARRA V. (Pop. 385). Kiltartin: South Galway: Co. Galway: Connaught. Tel. 8-8: F, 18 May and 17 Oct.: PS, each alternate w.: M, w. (1) 6 a.m.: (2) 6.30 p.m.: (3) PO, SB, MOO: (4) Yes, 8: (5) No. John Moan, sergeant.

1 Ardrahan V	6½	B	G	½ R 1¾ L ¼ R 2½ R 1½
2 Gort T	9	B	G	3½ X 1½ R 1½ R 2½
3 Kilcolgan V	6	B	G	½ L 2½ X 1 X 2
4 New Quay V	7	B	G	1 R ¼ L 1¼ L 2 R 2¼ R ¼

KIRCUBBIN V. (Pop. 596). Upper Ards: North Down: Co. Down: Ulster. F, 1 m.: Newtownards, 11¼, B. C. D. RY.: Tel. 8-8. (1) 9.30 a.m., 4 p.m.: (2) 9 a.m., 3 p.m.: (3) PO, SB, MOO: (4) Yes, 3: (5) No. Edward Murphy, sergeant.

1 Greyabbey V	3½	A	G	3½
2 Portaferry V	7¾	A	G	7 L ¼ R ½

KISKEAM V. (Pop. 142). Duhallow: North Division: Co. Cork, E.R.: Munster. (1) 7.30 a.m.: (2) 7 a.m.: (3) PO: (4) No: (5) No. Patrick Russell, acting-sergeant.

1 *Boherbue* V	4	B B B B	G	½ R 1¼ R ¼ R 1½ R ½
2 Kingwilliamstown V	4	B	G	¼ X ¾ L 2¼ R ½ L ¼
3 *Knocknagree* V	8	B B D B	G	¼ L ¾ L 2¼ R 1 R ¼ L 1 R 2½
4 Tour R	7	B D B D	G P G P	½ L 3 L ¾ R 2¾

KNOCK V. (Pop. 93). Clonderlaw: West Division: Co. Clare: Munster. PS, 2nd and last t. (1) 10 a.m.: (2) 3 p.m.: (3) PO, SB, MOO: (4) No: (5) Coleen Bawn Grove, 1½; Clonderlaw Bay, south; woods and plantations on north, east, and west. Hugh Courtenay, constable.

1 Kilrush T	6½	B	G	1 R ¾ X 1½ X 2 R ½ X 1
2 *Labasheeda* V	6¾	B	F	2 R ½ X ¼ R 1 R 2 X ½ R ¼
3 Cooraclare V	8½	D	S	1 V ½ X ¼ A ¾ L ¼ R 1½ X ½ X ¼ R 2¼ R 1 R ¼

KNOCK R. Costello: South Division: Co. Mayo: Connaught. (1) 7.45 a.m.: (2) 6.15 p.m.: (3) PO, SB, MOO: (4) Yes, 3: (5) No. John M'Carter, sergeant.

1 *Ballyhaunis* T	8	D	F	¼ R 4¾ X 3
2 Claremorris T	7	D	F	¼ R 2 R 1 R 2 L 1¾
3 Cloontumper R	6	D	F	¼ L ½ L 2¼ R 4½ L 1½
4 *Kilkelly* V	8	D	F	¼ X 5½ X 1¾ X ½
5 *Kiltemagh* V	6	D	F	¼ L 5¾

Kno]   ROAD AND ROUTE GUIDE FOR IRELAND.   [Kno

KNOCKADERRY V. (Pop. 161). Glenquin: West Division: Co. Limerick: Munster. Newcastle, 5, L. & W. RY. (1) 9 a.m.: (2) 5.30 p m. summer; 4 p.m. winter: (3) PO; Newcastle, SB, MOO, 5: (4) Yes 1: (5) Ballyallanin Castle, in ruins, 1½. Thomas Mongey, sergeant.

1 Ardagh v	6½	G A	R G	½ X 1 R ½ L 1½ X 2¾ L ¼
2 *Ballingarry* T	6	B D	R F	2¾ X 1 L 2 L ¼
3 Kilmeedy R	7	G H	R F	2 R 2 X 1½ R ¼ L ½ L ½ L ¼ R ⅜
4 Newcastle West T	5	G A	R G	½ X 1 X 2 L 1 R ¼
5 Rathkeale T	6	G A	R G	1 X 3¼ L 1 L ½

KNOCKAINEY V. (Pop. 157). Small County: East Division: Co. Limerick: Munster. F, 11 Aug., 11 Nov.: Knocklong, 5, G. S. & W. RY. (1) 9 a.m.: (2) 4.30 p.m.: (3) Hospital, PO, SB, MOO, 2: (4) No: (5) Loughgur, 4. Luke Carr, sergeant.

1 Bruff v	4	B	G	¼ R ¾ X 1 R ¼ L 1 R ¾
2 Elton v	4	B	G	¼ R ¾ X 1 X ¼ L 1 L ¾
3 Herbertstown v	4	B	G	¼ L 1½ R 1¾ L ¼
4 Hospital v	2	B	G	¼ R 1¾ L

KNOCKANANA V. (Pop. 120). Ballinacor South: West Division: Co. Wicklow: Leinster. (1) 9 a.m.: (2) 9.15 a.m.: (3) PO, Pillar: (4) Yes, 2: (5) Splendid mountain scenery. James Ward, sergeant.

1 Aughrim v	9	D F	G	¼ V³ 1¼ L ¼ A R 2¼ R 1¼ R 3
2 Hacketstown v	3	D	G	1¼ L 1½
3 Rathdangan v	6	D	G	¼ V¹ 1 L ¾ R ¼ L 2¾ R 1
4 Tinahely v	6	D	G	¼ V ⁴ 2¼ R 2 L 1½

KNOCKASPUR R. Clonlisk: Birr Division: King's County: Leinster. Cloughjordan, 2¾, G. S. W. RY. (1) 9 a.m.: (2) 10 a.m.: (3) Cloughjordan, PO, SB, MOO: (4) No: (5) Emill Castle, ½. Andrew Stanford, sergeant.

1 Cloughjordan v	2¾	B	C	¼ L ¾ L 1¼ L ½
2 Cooraclevin R	4	B D	C	1 L ¼ R 1 R ¼ R 1 L ½
3 Moneygall v	4	B	C	⅛ R ¾ R 1½ X 1½ L ⅜

KNOCKBRACK R. Raphoe: East Division: Co. Donegal: Ulster. Pluck, 3, L. & L. S. RY. (1) 8 a.m.: (2) 9 a.m.: (3) No: (4) No: (5) No. John MacGrath, sergeant.

1 Letterkenny (No.1) T	3½	D A	F G	⅜ L ¼ L ½ L ½ X 1¼ X 1 L ¼ R ¾ R ¼
2 Letterkenny (No 2) T	4	D A	F G	⅜ L ½ L ¼ R ¼ X ½ L 2 L ⅜ L ½ L
3 Manorcunningham v	4	D A D A	F G F G	¼ X 2¼ R ¼ L ¼ L ¼ L ¼ R ¼
4 *Raphoe* v	4	D H D	F I G	⅛ X ⅜ A ⅜ R ⅜ A ⅜ R ¼ L 1¼

KNOCKERAVILLE R. Farbill: North Division: Co. Westmeath: Leinster. (1) 10 a.m.: (2) 10 a.m.: (3) No: (4) No: (5) No. Francis M'Connon, sergeant.

1 Crazycorner R	9	B	G	5 L 4
2 KILLUCAN v	7	B	G	3 R 4
3 KINNEGAD v	7	A	G	3 R 4
4 Milltown v	3	B	G	½ L 2¼
5 Mullingar T	6	B	G	5¾ L ½

219

KNOCKEVAN V. (Pop. 162). Iffa and Offa East: East Division: Co. Tipperary: Munster. Clonmel, 5, W. & L. RY. (1) 8.45 a.m.: (2) 5.20 p.m.; Sunday, 9 a.m.: (3) PO: (4) No: (5) Knockevan Demesne; Clerihan Castle, 2½; Ballyclerihan Graveyard and Ruin, 1; Magonstown Ruin, 3; Newchapel Graveyard, 2½. M. E. Mangon, sergeant.

1 Ballingeary R	4⅓	B	F	1 X ½ L ½ L 2⅓
2 Clonmel T	4⅓	A C G A	G	2 R ¼ L ¼ R 1 L 1
3 Lisronagh R	4	A B C A	G B G	1 R 2 R X 1
4 Marlfield V	6	D	G	2 X 1 L 2 R ½ X ½
5 Rosegreen V	6¼	A C A C	G	1 L ¾ X 1¾ X ½ R 1½ X 1¼

KNOCKLOUGHRA R. Burrishoole: West Division: Co. Mayo: Connaught. Westport, 12½, M. G. W. RY. (1) 9 a.m.: (2) 5 p.m.: (3) Terenaur, 1: (4) Yes, 1: (5) Clew Bay, ¼; Castle of Grace O'Malley, ½. Richard Faughnon, acting-sergeant.

1 Mulranny V	5½	B	G	Straight road
2 Newport V	5½	B	G	Straight road

KNOCKNACARRY R. Lower Glenarm: North Antrim: Co. Antrim: Ulster. F, 1 w. each alternate month at Cushendun: P.St.: Parkmore, 11, N. C. RY. (1) 12.40 p.m.: (2) 1.15 p.m.: (3) Cushendun, PO, SB, MOO, ¼: (4) Yes, 4: (5) Archæologically interesting neighbourhood, including Caves at Cushendun, old Druidical remains in immediate vicinity, and splendid views of Cantyre, the Isles, and Ayrshire. Felix Rogers, constable.

1 *Ballycastle* T	12½	D	G	¼ R 9½ L 2 R ¾
2 Cushendall V	4	B	G	1 L ⅛ R ⅛ L 1⅛ L ⅛ R 1 L ½

KNOCKNAGOPPUL R. West Muskerry: Mid-Cork: Co. Cork, W.R.: Munster. Macroom, 9, C. & M. RY. (1) 10 a.m.: (2) 3.45 p.m.: (3) Macroom, 9: (4) No: (5) No. Timothy Watson, acting-sergeant.

1 Carriganimy V	8	D	G	1 R 1 L 2 L 3 R 1
2 Macroom T	9	C	G	1½ R X 2½ L 2¼ X 2¾
3 *Mushra* R	9	C	F	1 R 3½ R 4½
4 Rusheen R	7	D	F	1⅓ L 1⅓ X 3 L 1
5 RYLANE R	5	C	F	1½ L 2⅓ R 1

KNOCKNAGOSHEL V. (Pop. 213). Trughenacmy: East Division: Co. Kerry: Munster. (1) 9.45 a.m.: (2) 12 noon: (3) PO, SB, MOO: (4) Yes, 1: (5) No. James Ivers, sergeant.

1 Castleisland T	11	D	G	2 R 9
2 Doolaig V	8	H	F	¼ R 7¾
3 Fealebridge V	3¾	F	G	¼ L 1¾ L 1¾
4 Lackfooder R	4	F	G	2 L ⅞ R 1⅞
5 Lyrecrompane R	9	H	F	6 R 3

KNOCKNAGREE V. (Pop. 145). Duhallow: North Division: Co. Cork, E.R.: Munster. F, 20 Feb., 22 Mar., 28 April, 16 June, 25 July, 16 Aug., 16 Sept., 20 Oct., 16 Nov., 20 Dec.: P.St.: PS, 1st t., monthly: Rathmore, 4, G. S. W. RY. **(1)** 8 a.m.: **(2)** 7 p.m.: **(3)** Greevaghmills, 4½: **(4)** Yes, 3: **(5)** No. John J. Gaughan, sergeant.

1 Banard R	3	E	G	1¼ X 1½'
2 Boherbue V	8	B	G	3 V X V 1¼ R 1¼ X 2
3 *Kingwilliamstown* V	6	B	G	1 L 2¼ X 2 L ½
4 *Kiskeam* V	8	B	F	1 R 1¼ L 1 R 2¼ L 1½ R ¾
5 Lisnaboy R	5	D	G	1¼ V L 2 X 1¾
6 Rathmore V	4	D	G	1¼ V R 1 R 1¼ L ¼

KNOCKRAHA V. (Pop. 60). Barrymore: East Division: Co. Cork, E.R.: Munster. Queenstown (Junction), 5, G. S. & W. RY. **(1)** 8.35 a.m.: **(2)** 8.40 a.m.: **(3)** PO: **(4)** No: **(5)** No. James Penny, sergeant.

1 *Ballincurrig* V	7	D	F	1¼ L 1½ X A 2 L V 2
2 *Carrigtwohill* V	7	H	S	½ L 1 R ½ R 2¾ X ½ L 1¾
3 New Glanmire V	4½	D	F	1 R ¾ L ½ X 1½ L ½ X ¼ X ¼
4 Riverstown V	4¾	D	F	1 R ½ R 2¼ L ½ R ¼
5 *Watergrasshill* V	4½	D	F	1 L 3½ R ¼

KNOCKROWER R. Trughenacmy: East Kerry: Co. Kerry: Munster. Rathmore, G. S. & W. RY., 8. **(1)** *nil*: **(2)** *nil*: **(3)** Scartaglen, 5: **(4)** No: **(5)** No. John Moran, act.-sergeant.

1 Ballaghantouragh R	6	D	P	1 V 1 L 1½ R 2¼
2 *Banard* R	5	D	F	1 V 1½ L 1 R 1 L ¾
3 *Inchicorrigane* R	5	D	I	1 V 1½ R 2¼
4 Kingwilliamstown V	8	C	G	½ V 1¾ R 4 X 2
5 Scartaglen V	5	C	G	¾ V 1½ L 1 X 2

KNOCKTOPHER V. (Pop. 153). Knocktopher: South Division: Co. Kilkenny: Leinster. Ballyhale, 2, W. C. I. RY.: Tel 8-8: **(1)** 8 a.m., 1 p m.: **(2)** 9.10 a.m., 6.10 p.m.: **(3)** PO, SB, MOO: **(4)** No: **(5)** Knocktopher Abbey, ¼. Thomas Bergin, sergeant.

1 Hugginstown V	4	D	G	X ¼ R 3½
2 Kells V	6¼	D	G	X ¼ L 6¼
3 Stoneyford V	4	A	G	X 1 L 3
4 Thomastown V	5	A	G	X 1 L 4

KNOCKVICAR R. Boyle: North Division: Co. Roscommon: Connaught. Boyle, 6½, M. G. W. RY. **(1)** 9 a.m.: **(2)** 6 p.m.: **(3)** PO, MOO: **(4)** Yes, 2: **(5)** Lough Key, ½. Thomas M'Govern, sergeant.

1 Ballinafad R	7	B	G	½ L 1 L 2¼ X 2¾ R ¼
2 Ballyfarnon V	6½	B	G	R ¾ X 1½ L 2 X 1½ L ½
3 Cootehall R	2	B	G	½ R 1½ R ½
4 Grevisk R	3	B A	G	1½ R 1½
5 Keadue V	5½	B	G	½ R ½ X 1½ R 2½ R ½

L

LABASHEEDA V. (Pop. 251). Clonderlaw : West Clare : Co. Clare : Munster. F, 10 June, 10 Aug., 10 Oct., 10 Dec. **(1)** 9 a.m. : **(2)** 3.15 p.m. : **(3)** PO, MOO : **(4)** Yes, 3 : **(5)** On brink of Shannon ; steamers ply between Kilrush, Foynes, and Limerick, daily ; Clonderlaw Bay, 2½, celebrated for the amount of salmon taken there. Edmond Lucett, sergeant.

1 Kildysart T	8	B	F	⅛L⅛RV1¼R¾L¼RA1L3A
				LΛV1½L⅛R⅛
2 Knock V	6¾	B	F	⅛L⅛LVΛ¾L⅛R A 1¾L A ¾L
				¼L⅛R¼XA¼LVA²

LACK V. (Pop. 169). Lurg : North Division : Co. Fermanagh : Ulster. PS, 1 f. : M, f. : Kesh, 7, G. N. RY. **(1)** 9 a.m. : **(2)** 5 p.m. : **(3)** PO ; Ederney, PO, SB, MOO, 4½ : **(4)** Yes, 5 : **(5)** No. Samuel Chambers, sergeant.

1 DROMORE V	7	D	IR	⅛L2R⅛L2R½L1½R¾
2 DRUMQUIN V	9	D	I	⅛L2L1L1L4R⅛R¾L⅛
3 Ederney V	4½	B	G	R1¼L2R1R⅛
4 Irvinestown V	8	D	F	⅜R1R1¼X⅛R2X2L1¼

LACKFOODER R. Trughenacmy : East Division : Co. Kerry : Munster. **(1)** *nil* : **(2)** *nil* : **(3)** PO, Knocknagoshel, 5 : **(4)** No : **(5)** No. T. M'Donnell, sergeant.

1 Brosna V	10	D	F	⅛L3L3X3¾
2 Castleisland T	10	D	F	⅛L3R1X5¾
3 Cordal R	10	D	F	⅛L3R1L3L2¾
4 *Fealebridge* R	6	B	F	¼R2R1X2¾
5 Knocknagoshel V	5	D	F	2⅞L⅛R2

LAGHEY R. Middle Dungannon : East Division : Co. Tyrone : Ulster. Trew and Moy, 1½, G. N. RY. **(1)** 8 a.m., 12 noon : **(2)** 6.30 p.m. : **(3)** Killyman, ½ : **(4)** No : **(5)** Lough Neagh, 6. Thomas Casey, sergeant.

1 Coalisland V	4	D	F	1L¾R½XR¼L½L¾R1L½
2 Dungannon T	8	D	F	¾X⅛R¼R1R¼L⅝L⅛L⅜XR¼
3 Moy V	4	D	F	¼L¾R1L½R1R½

LAHINCH V. (Pop. 252). Corcomroe : West Clare : Co. Clare : Munster. Lahinch, ¼, W. C. RY. : Tel. 8-8. **(1)** 7.30 a.m., 2.33 p.m. : **(2)** 11.20 a.m., 6.20 p.m. : **(3)** PO, SB, MOO : **(4)** Yes, 4 : **(5)** Cliffs of Moher, 7 ; Glenville, 1½. David Connor, constable.

1 Ennistymon T	2½	B	G	X2¼XL⅛R⅛
2 Lisennnor V	3	B	G	⅛L1¼X1L⅛
3 Miltownmalbay T	6½	B	G	⅜R⅛X3⅛X⅛X⅞X½R⅛

LAMYBRIEN R. (Pop. 165). Decies without Drum : East Division : Co. Waterford : Munster. Durrow, 3, W. D. & L. RY.

(1) 11 a.m.: (2) 3 p.m.: (3) Killrosenty: (4) Yes, 2: (5) "Clough Lowris" and Comeragh Mountains. Michael Ryan, sergeant.

1 Clonea R	9	B	F	3 X 1½ R 4½ R
2 Dungarvan T	8	B	G	1½ X 1½ X 1 X 1 R 1 X 1 X 1 X
3 Kilmacthomas V	5	B	G	¼ L 1 X 1¾ R L 1¼ X ¾ X
4 Stradbally V	5	B	F	½ X 1 X 1 L 1 L 1½ X

LANESBORO V. (Pop. 178). Rathcline: South Division: Co. Longford: Leinster. F, 12 February: PS, 1 t.: M, m. (1) 7.50 a.m.: (2) 6.10 p.m.: (3) PO, SB, MOO: (4) Yes, 4: (5) No. Daniel Conroy, acting-sergeant.

1 *Ballina* R	7	B D B	F	¾ R ¼ L 1½ X 1½ L 2 R ½ L ¼ L ¼
2 BEECHWOOD R	5	B	F	2½ X 2½
3 CURRAGHROE R	4	B	F	¼ R 3¾
4 Killashee V	5½	B	F	¼ R 1¾ R ¼ L 3¼

LANNATT R. Ardee: North Division: Co. Louth: Leinster. Essexford, 2, G. N. RY. (1) 5.45 a.m.: (2) 7 p.m.: (3) Carrickmacross, 4; Louth, 4: (4) Yes, 1: (5) No. Thomas Corry, constable.

1 CARRICKMACROSS T	5	B	F G	¼ R ½ L ½ R 2½ L 1 L ¼
2 INNISKEEN V	5	B	F G	¼ L ¼ L 1½ X R 2¾ L ½
3 Louth V	4	B	F G	¼ R 1¼ L 1¾ R ¼ L ¼ L ¼ R
4 Reaghstown R	6	B	F G	¼ L 3 L 2½ L ¼
5 Tallanstown V	5	B	F G	¼ R 1½ R 2 R ¼ L 1¼

LARAGH V. (Pop. 93). Ballinacor North: West Division: Co. Wicklow: Leinster. Rathdrum, 8, D. W. & W. RY. (1) 8.30 a.m., Sunday excepted: (2) 4.30 p.m., Sunday excepted: (3) PO, Brockagh, ½; PO, SB, MOO, Annamoe, 2½: (4) Yes, 5: (5) Ruins of Seven Churches, 2; Glendalough Round Tower, 1½. William Bryans, sergeant.

1 *Hollywood* V	14	D	F G	¼ R ¾ R 8 L 5
2 *Rathdrum* V	7	D	F G	¼ L ¼ R ½ L 2¼ L ¼ R 3¼ R ¼
3 Roundwood V	5½	B	F G	2¾ L 2½ L ¼

LARGYMORE (J.S.) T. (Pop. 2811). Upper Castlereagh: East Division: Co. Down: Ulster. F, 1 m.: PS, th., fortnightly: M, t. and s. (winter and summer): D.I.: Lisburn, 1, G. N. RY.: Tel. 8-8. (1) 7.15 a.m., 9.55 a.m., 1.5 p.m., 2.15 p.m., 4.45 p.m., 6.50 p.m.: (2) 8.35 a.m., 3.25 p.m., 9 p.m.: (3) PO, SB, MOO: (4) Yes, 50: (5) A suburb of Lisburn: the part lying in the Co. Down Flax Mills and Bleaching Greens. Joseph Sloan, sergeant.

1 Dunmurry V	4	A	G	Direct road
2 Hillsborough V	4	A	G	Direct road
3 Lisburn T	¾	A	G	¾

LARKFIELD R. Granard : North Division : Co. Longford : Leinster. Ballywillan, 6, M. G. W. RY. (1) *nil* : (2) *nil* : (3) Dring, 1½ : (4) No : (5) Lough Gowra, 1½ ; Inchmore Island, 2. John Gorman, sergeant.

1 Ballinalee V	7½	B D C D	G F G F	¼ R ⅝ R ⅜ R 1½ X 1½ R ¾ X 1¾ L ¼ R ¼ R 1
2 Granard T	4½	C D C D	G F G F	½ L ¼ X ¾ L ¼ L ¾ R 1½ L 1
3 Kilcogy V	7	D F G H	I S R P	⅜ R ¼ R 1 R 2 L ⅝ R 2 X 1½
4 Scrabby V	4	B D D B	G F G F	⅜ R ¼ L 2¼ L 1⅝
5 Smear R	7	G D B D	G F G F	¼ R ⅝ R ⅝ R 1½ R 1¾ L 1¼ R ½ R 1

LARNE T. (Pop. 3984). Lower Belfast and Upper Glenarm : East Antrim : Co. Antrim : Ulster. Tel. 8-8 : F, 2 th : PS, 2nd and last t. : M, w. : D.I. : B. N. C. RY., ½. (1) 7.45 a.m., 3.45 p.m., 5.40 p.m. : (2) 7.50 a.m., 12.50 p.m., 5.45 p.m. : (3) PO, SB, MOO : (4) Yes, 50 : (5) Druid's Altar, Islandmagee, 3 ; Olderfleet Castle, 1½ ; O'Halloran's Castle, 5. Benjamin Hobson, sergeant.

1 Ballyclare V	10	A M	G	2¼ X ¼ L ¼ X 1½ X 3 X ¼ R 2½
2 Carrickfergus T	14	A M	G	2¼ L ½ L 4½ X 5 L ⅛ R ⅜ L 1½
3 Glenarm V	12	A M	G	2¼ R 2 R 4½ R 3¼

LAURENCETOWN V. (Pop. 214). Lower Iveagh Upper Half : West Division : Co. Down : Ulster. G. N. RY., ¼. (1) 6.50 a.m., 10.20 a.m., 6.30 p.m. : (2) 7.5 a.m., 3.5 p.m., 8.5 p.m. : (3) PO, SB, MOO : (4) No : (5) River Bann. Michael Shanley, sergeant.

1 Banbridge T	3	C A C	G	½ R 2½
2 Gilford T	2¼	C A	G	2¼
3 Scarva V	4½	C A B	G	2¼ L ⅛ R 2⅛
4 Waringstown V	5	C A C	G	½ L 4½

LAWRENCETOWN V. (Pop. 205). Longford : East Division : Co. Galway : Connaught. PS, th., fortnightly : Ballinasloe, 9, M. G. W. RY. ; Banagher, 9, G. S. & W. RY. (1) 3.30 a.m. : (2) 8.30 p.m. : (3) PO, SB, MOO : (4) Yes, 1 : (5) No. George M'Ilhagger, sergeant.

1 Ballinasloe T	8	B	G	¼ L ¼ L ½ X 1½ X 2½ R ½ R 1¼ X ¼ R 1
2 *Clonfert* R	6	B	G	¼ X ¾ X 2½ X 2 L 1
3 *Eyrecourt* T	4	B	G	¼ X ¼ R 1¾ L 1¼ X ½
4 Kiltormer R	4½	B	G	1 R ¼ X 1 X ¼ L 2

LEAP V. (Pop. 180). Western Division East Carbery : South Division : Co. Cork, W.R. : Munster. F, 24 May, 20 Oct. : M, w. : Tel. 8-8. (1) 7 a.m. : (2) 5.30 p.m. : (3) PO, SB, MOO : (4) Yes, 2 : (5) Glandore, 2. Patrick Mackey, constable.

1 *Drinagh* V	6½	D	F	2½ L ½ R 2 L ⅜ R ½ R ¼ R ¼
2 *Rosscarbery* V	6	B	G	2 R 4
3 Skibbereen T	7	B	G	3 X 3 R 1
4 Union Hall V	2	B	G	1 R 1

LECARROW R. Athlone : South Division : Co. Roscommon : Connaught. PS, 2 w. : F, 25 and 26 Oct. (annual) : Knockcroghery, 2½, M. G. W. RY. (1) 9.15 a.m. : (2) 5 p.m. : (3) PO ; PO, SB, MOO, Knockcroghery, 3 : (4) Yes, 1 : (5) No. Thomas Beirne, sergeant.

1 *Ballymurry* V	5	B	G F	1 R 1⅓ L ½ R ¼ R ¾ L ½ R ¼ L ¼
2 *Four-Roads* V	10	D	F	½ X 1 R 1 L 1½ L 1¾ R 1¼ L ½ L 1½ R 1
3 Kiltoom V	4	B	G	½ X 1 X ½ X 1 X 1¼

LEENANE V. (Pop. 74). Ross : Connemara Division : Co. Galway : Connaught. F, 20 May, 15 Aug., 8 Sept., 29 Dec. : B : Westport, 20¾, M. G. W. RY. (1) 8.30 a.m. : (2) 4.45 p.m. : (3) PO, SB, MOO : (4) Yes, 12 : (5) Mountain scenery. Denis Taylor, sergeant.

1 Cuilmore V	12	B	F	F 8 1¼ S 10¾ X
2 Derrypark V	14	B	F	5¼ L 8¾
3 ERRIFFBRIDGE R	8	D	F	½ L 7½
4 *Letterfrack* V	12	B	F	3¾ R 3 L 4 R 1¼
5 Maam R	10	D	F	½ R 5¼ R 4 R ⅛ R ⅛
6 Recess R	18	D	F	6¾ L 10 R 1¼
7 Tully V	16	D B	F	3¾ R 11¼ R 1 R

LEGANOMMER R. Carrigallen : South Division : Co. Leitrim : Connaught. (1) 10.30 a.m. : (2) 2 p.m. : (3) PO, Corriga, 2¼ : (4) Yes, 2 : (5) No. Charles M'Mackin, acting-sergeant.

1 BALLINAMUCK V	8	D	I	1 L 1½ L 3 R 1 L 1 L ½
2 *Carrigallen* V	6	B	F	1 R 1¼ L ¼ R 2 X 1½
3 Cloone V	5½	G	R	1 L 1¼ R 2¼ R ½
4 Corraneary R	5	H	R	1 R 1¼ ¼ L 1¼ V ½ L ½ L ¼

LEIGHLINBRIDGE V. (Pop. 789). Idrone East and Idrone West : Carlow Division : Co. Carlow : Leinster. F, 14 May (annual) : Bagenalstown, 2½, G. S. & W. RY. : Tel. 8-8. (1) 7 a.m., 11.30 a.m. : (2) 2.30 p.m., 7 p.m. : (3) PO, SB, MOO : (4) Yes, 2 : (5) No. Daniel Connor, sergeant.

1 Bagenalstown T	2½	A	G	¾ R ¾ R ½ R ½
2 COOLCULLEN R	8	F	P	2¼ X ∧ H 2¼ X 2 L ½ R 1
3 Fennagh V	7	D	F	2 X 1 X ½ X 1 R ½ L 1 R 1
4 *Milford* R	4	B	G	2 R ¾ L ¼ L ½ L ½

LEITRIM V. (Pop. 170). Leitrim : South Division : Co. Leitrim : Connaught. F, 22 Jan., 20 Feb., 25 March, 15 April, 5 May, 16 June, 23 July, 1 Sept., 13 Oct., 6 Nov., 1 and 29 Dec. (1) 3.10 a.m. : (2) 9.10 p.m. : (3) PO : (4) Yes, 3 : (5) No. John Magill, sergeant.

1 Carrick-on-Shannon T	4	C A	G	½ R 1 R ⅛ R 1⅞ R ½
2 COOTEHALL V	5	C D F	G S P	⅛ L ⅛ L ¾ ∧ 3½ X ⅛
3 Drumshambo V	4	C A	G	⅛ R ⅛ R ¾ R ⅛ L ⅛ R 2¾
4 Drumsna V	5	C B	G F	½ R 1 R ⅛ L 1 L ⅛ R 1⅜ R ½ L ⅛ R ⅛ R ⅛
5 KEADUE V	5	C B	G F	⅛ L ⅛ R 2 R ⅛ X ⅛ R 1
6 Keshcarrigan V	6	F A G	S G	1¼ L ¼ L 1 L ½ L 1 R ¼ R 1¼

LEIXLIP V. (Pop. 669). North Salt: North Division: Co. Kildare: Leinster. Tel. 8-7: M. G. W. RY., 1; D. L. & L. TRAM. (1) 8.30 a.m., 8.30 p.m.: (2) 5 p.m., 10 p.m.: (3) PO, SB, MOO: (4) No: (5) The celebrated Salmon Leap; King John's Castle, Leixlip; Sulphur and Iron Spas; New Spa Hotel, 1. Edward Wilson, sergeant.

1 Celbridge V	4	B A	G	½ L 2 R ½ R 1
2 CLONEE V	5	E B	G	1 R ⅛ L 1¼ X 1¼ R ¾ L ⅝
3 LUCAN V	2	A	G	½ L 1 L ½
4 Maynooth T	5	A	G	⅓ R ½ R 1¼ L 2 L ¾

LETTERBREEN R. Clanawley: South Division: Co. Fermanagh: Ulster. PS, 3 f.: Florencecourt, 2, S. L. & N. C. RY. (1) 8 a.m.: (2) 5 p.m.: (3) Florencecourt, 4: (4) No: (5) No. Michael Colgan, sergeant.

1 Arney R	4	A	G	¾ X ¾ R 1¾ V² ¾
2 Belcoo V	6	A	G	Straight road
3 *Carngreen* R	7	A D	F	¾ L 2¼ L 4
4 Enniskillen T	6	A	G	¾ X ¾ X 1½ X ½ X ¾ X 1¾

LETTERFRACK V. (Pop. 289). Ballinahinch: Connemara Division: Co. Galway: Connaught. F, 2 June, 30 Aug., 3 Oct.: PS, 1st m., monthly. (1) 9.30 a.m.: (2) 3.30 p.m.: (3) PO, SB, MOO: (4) Yes, 6: (5) Kylemore Castle, 3; Diamond Hill, 3. James Mangan, constable.

1 Clifden T	9½	D	F	3 L 3 L 1⅓ L 2 R
2 Cleggan V	11	B	F	4½ V R 1 R 5¼ R ¼
3 Leenane V	12	B	F	1¼ R 4 L 3 R 3¾ R
4 Recess R	15	B	F	1¼ R 3¾ R 9¾ R ½ R
5 Tully V	5	D	F	1 R 1¼ R 1¾ R 1

LETTERKENNY (No. 1) T. (Pop. 2316). Kilmacrenan: East Division: Co. Donegal: Ulster. Tel. 8-8: F, 8th, monthly: PS, each alternate th.: M, f.: D.I.: C.I.: R.M.: L. & L. S. RY. (1) 5.30 a.m., 11 a.m., 2.10 p.m., 6.30 p.m.: (2) 6.40 a.m., 1.50 p.m., 4 p.m., 7.20 p.m.: (3) PO, SB, MOO: (4) Yes, 26: (5) Ballymacool, 1; Rockhill, 2; Knockybrin Mount, 2½; a silver mine was worked some years ago; Ballyraine Port, 1; vessels up to 160 tons can and do arrive with merchandise; Castlegrove, the seat of Colonel Mansfield, and Roughpark House (Mr. M'Keon's)—nice seats on the Swilly Lough, "The Lake of Shadows." Edward O'Reilly, sergeant.

1 Breenagh R	8	D	G	½ L 2½ R 2 L ½ R 2 R ½ R
2 Churchhill V	10	F	G	½ L 2½ R 2 R 2½ L 2 R V Λ ½
3 Knockbrack R	3½	D	G	⅓ L ⅛ L ⅛ R V Λ 1⅓ X 1 X ⅓ R ½ R V ⅔ R
4 Letterkenny (No 2) T	¼	E M	G	¼ V Macadamised

LETTERKENNY (No 2) T. Cornelius M'Carthy, head-const.

1 Kilmacrenan V	6¾	D F	G	¼ X 1½ X 1½ X 3 X ½ R
2 Knockbrack R	4	A D	G F	⅜ R ½ R ⅛ R 2 R ¼ X ¼ L ¼ R ⅛ R ⅜
3 Letterkenny (No. 1) T	¼	E	G	¼ A
4 Manorcunningham V	5	A	G	⅛ R ½ R ⅜ L 2¼ L 2 L
5 *Ramelton* V	7½	C	G	1½ L 2¼ L 2 X 1¼ L ½

LETTERMACAWARD R. Boylagh : West Division : Co. Donegal : Ulster. B : Stranorlar, 29, DONEGAL RY. (1) 12.15 p.m. : (2) 1.30 p.m. : (3) PO, SB, MOO : (4) No : (5) No. Thomas Walsh, sergeant.

1 *Clogher* R	6	S D	Sea S F	¼ S ¼ S F 1 Λ 1½ V R 3
2 Doharrybridge R	6	D	S P F	¾ R 2¼ X 2½ V 1
3 Dungloe V	9	I	B R	¾ L 1¼ L 6 R 1
4 *Glenties* V	6	S D	Sea S F	¼ S ¼ S F ½ L 1½ Λ ¾ V L 2½ R ¼

LIFFORD V. (Pop. 453). Raphoe : East Donegal : Co. Donegal : Ulster. Tel. 8-8 : PS, 2nd m., monthly : Strabane, ½, G. N. RY. (1) 6.20 a.m., 11.40 a.m., 3.20 p.m. ; Sunday, 6.20 a.m. : (2) 10.5 a.m., 1.50 p.m., 7.40 p.m. ; Sunday, 9 a.m., 9.40 p.m. : (3) PO, SB, MOO : (4) Yes, 3 : (5) No. Abraham Williams, sergeant.

1 Carrigans V	10	C	G	1 R ½ L ⅛ R 2 R 1⅜ R 1½ L ½ R 1 X 1¾ R ¼
2 Castlefin V	6	B	F	1¾ L 1¼ L 1 R 2
3 Raphoe V	6	B	G	1 L 1½ X ¼ L ⅛ R ⅜ X 1 R ¼ L 1½ L ¼
4 STRABANE T	¾	A	G	¾

LIGONIEL T. (Pop. 4023). Upper Belfast : North Belfast : Co. Antrim : Ulster. Tel. 8-8 : PS, 1 and 3 w. : Belfast, 4, G. N. RY. and B. N. C. RY. (1) 8 a.m., 11 a.m. : (2) 10 a.m., 12.20 p.m., 2 p.m. : (3) PO, SB, MOO : (4) Yes, 2 : (5) Cave Hill, 3. Robert M'Mahon, sergeant.

1 Andersonstown R	4	A	G	¼ R ⅛ X ½ X ¼ X ⅛ X ¾ L ¾ R 1¼ X
2 *Crumlin Rd., Belfast* C	1½	A	G	¼ R ⅛ X ¾ L ⅜ X
3 *Greencastle* V	5	A B	G	¼ R ¼ L ¾ X 1¼ X ½ L 1 R ½ L ½ X
4 *Templepatrick* V	8	D	S	¼ R ½ L 2 R 4 X 1¼ X
5 Whitewell R	5½	A B	G	¼ R ¼ L ¾ X 1½ X ½ L 1 X 1½ X

LIMAVADY T. (Pop. 2817). Kennaught : North Division : Co. Londonderry : Ulster. Tel. 8-8 : F, 2nd m. Feb., March, May, June, July, Sept., and Oct. : P.St. : PS, t., fortnightly : M, m. : L. & D. RY. (1) 7.45 a.m., 9.30 a.m., 11.20 a.m., 1.50 p.m., 4 p.m., 6.40 p.m. : (2) 7 a.m., 8.40 a.m., 10.30 a.m., 10.55 a.m., 1.5 p.m., 2.30 p.m., 6 p.m. : (3) PO, SB, MOO : (4) Yes, 11 : (5) Kane's Rock Waterfall, 1½ ; Salmon Leap, on River Roe ; Roe Park, ½. Joseph Madill, sergeant.

1 Bellarena R	6	B	I	¼ R 2¾ R ¼ R 1 R 1 L ½ R ¼
2 Dungiven V	9	D B C B	G F	R 1 R 2 R 1 R 2 L 2½ R ½
3 Eglinton V	10½	D C	G F	¼ X 1 L 1 L 1 X 1½ X 1½ X 1 X 2 L ¾ R ½

LIMERICK CITY. (Pop. 37,159). Limerick is reckoned the fourth City of Ireland, and is one of the most historical Cities in the Kingdom. It was a walled garrison City in old times, the old City having been built on King's Island, but the modern City extends on both sides of the Shannon, and consists of three parts—Irishtown or Garryowen, King's Island, and Newtown-Pery. The ancient name was "Lumneach." About 550 A.D. St. Munchin founded a Bishop's See here, and built a church, destroyed by the Danes about 853. Donat O'Brien, King of Limerick (Thomond), founded the Cathedral about 1200. The City obtained its first charter, 1195. John Stafford, first Provost; Adam Servant, first Mayor, 1198. The City was often besieged, captured, recaptured, burnt, rebuilt, etc. Repulsed Cromwell 1649; taken by Ireton in 1651, after six months' siege; besieged by Ginckel 1690, and surrendered on most honourable terms 3rd Oct., 1691. A terrible explosion occurred (1st Feb., 1694) of 218 barrels of gunpowder, which killed many; a similar explosion occurred 12 Jan., 1837.

The Danes (about 900) greatly extended its commerce. The English first captured the City 1174. The Castle and Tower sustained a great many sieges, etc., and from the disgraceful repudiation of the treaty, made by Wm. III. on the surrender of Sarsfield and the Garrison 1691, by the Irish Parliament 1695, the City has acquired the name of "The City of the Violated Treaty." The Cathedral of St. Mary is of Gothic architecture, and contains fine tombs of the Kings of Thomond. The Tower commands a very fine view. The Thomond Castle and Treaty Stone are still preserved. The Quays are extensive, and there is a fine Graving Dock (opened by Earl Spencer, 13th May, 1873) and a Floating Dock, admitting vessels of 3000 tons. Sarsfield Bridge has a swivel span, admitting vessels, and crosses the river at the upper end of the quays. G. E. Dagg, 1st D.I.

William Street (Limerick) C. Clanwilliam : Limerick City : Co. Limerick : Munster. Assizes : Quarter Sessions : C.I. : D.I. : R.M.: PS, every f.: Police Court, daily : Court of Conscience, weekly : Police force, 130 : F, 1st m. monthly; last th. and f. in Jan. and July; Great Munster Fair (2 days), last th. and f. (coming together) in April and Oct.—first day, horses and pigs; second day, horned cattle and sheep: M, w. and s.;

Cattle Market, 1st t., monthly: G. S. & W. RY.; W. & L. RY.; N. K. RY.; L. & F. RY.: Tel. 7-11; Sunday, 9-10 a.m. and 5-6 p.m. (1) 8 a.m., 12 noon, 6 p.m.: (2) 4.20 a.m., 6.10 a.m., 10.15 a m., 10.30 a.m., 2.20 p.m., 5.15 p.m., 11 p.m.: (3) All branches of PO business transacted by General and Local Offices, and Pillar-boxes: (4) Practically unlimited in City; over 100 available: (5) See remarks above. Thos. Quinn, constable.

1 Blackbuoy R	1	A	G	¼ R ½
2 Boherboy C	1	A	G	½ L ¼ R ¼
3 Docks C	¾	A	G	⅞ R ¼
4 John Street C	¼	A	G	¼ L ½
5 Mary Street C	½	A	G	⅜ R ½ R ¼
6 Thomondgate C	½	A	G	½ L ¼

Boherbuoy (Limerick) C. (Pop. 7978). Pubblebrien: Borough of Limerick: Co. Limerick: Munster. Limerick Terminus, ½, G. S. & W. RY. (1) 8 a.m., 1 p.m., 6 p.m.: (2) 5.30 a.m., 7.45 a.m., 10.30 a.m., 1.45 p.m., 4.10 p.m., 8.50 p.m.: (3) PO, SB, MOO: (4) Yes, 10: (5) No. Thomas Sherwood, sergeant.

1 Ballinacurra R	1¼	A	G	¼ X 1
2 *Blackboy* R	1⅜	A	G	¼ X ¼ R ¾
3 Docks C	¼	A	G	¼ X ½
4 John Street C	1	A	G	⅜ X ½
5 William Street C	1	A	G	½ L ¼ R ¼

Corbally (Limerick) C. (1) 7.45 a.m., 12.30 p.m., 5.30 p.m.: (2) 8.20 a.m., 1.20 p.m., 8.50 p.m.: (3) Rutland Street, ⅞: (4) Yes, street cars: (5) Lax Weir, ½. Wm. Hunter, constable.

1 Ardnacrusha V	2	A B	G	1 L 1
2 John Street C	1	A	G	½ R ¼ L ¼ L ¼
3 Kilmurry R	2¼	A	G	¼ L ¼ L ¼ L ⅜ L 1 X ¼
4 Mary Street C	¾	A	G	¼ L ¼ R ⅜

Docks (Limerick) C. Pubblebrien: Borough of Limerick: Co. Limerick: Munster. Boat Station. (1) 8.30 a.m., 1 p.m., 6 p.m.: (2) 5.30 a.m, 8 a.m., 10.20 a.m., 1.40 p.m., 4.10 p.m., 9 p.m.; 5.30 p.m. on Sunday: (3) G.P.O., ½: (4) No: (5) No. Thomas Sheridan, sergeant.

1 Ballinacurra R	2	A	G	2
2 Boherbuoy C	½	A	G	½
3 William Street C	¼	A	G	¼

John Street (Limerick) C. L. & W. RY. and G. S. & W. RY.: Tel. 8-8. (1) 7 a.m., 11.55 a.m., 2 p.m., 4.55 p.m., 8.10 p.m.· (2) 8.30 a.m., 1.25 p.m., 8.50 p.m.: (3) PO, SB, MOO: (4) Yes, 30: (5) Portion of Town Wall (in good repair), Roman

Catholic Cathedral, and Sarsfield's Memorial, ⅛. P. M. Phelan, head-constable.

1 Blackboy V	1	A M	F	¼ L ¾
2 Boherbuoy C	1	D	I	⅛ R ⅛ R ⅛ X ⅛ X ⅛ X ⅜
3 Corbally C	1	A M	F	⅜ R ¼ R ⅛ L ⅛
4 Docks C	1	A M	F	⅛ R ¼ R ⅛ X ⅛ X ⅛ L ⅛ R ⅛ L ⅛
5 Kilmurry R	2	A	F	⅛ R ¼ X 1⅝
6 Mary Street C	¼	A M	F	¼ X ⅛
7 Thomondgate C	⅜	A M	F	⅛ X ⅛ X ⅛ L ⅛
8 William Street C	½	A M	F	⅛ R ⅛ R ⅛ X ⅛

Mary Street (Limerick) C. (1) 1.20 a.m., 11 a.m., 1.30 p.m., 4.30 p.m.: (2) 9.30 a.m., 11 a.m., 2.45 p.m.: (3) PO, SB, MOO: (4) Yes, 6: (5) St. Mary's Cathedral, Ireton's House, and ruins of St. John's Castle, ⅛; Limerick Castle, ¼. Chas. J. Doherty, constable.

1 Corbally C	¾	A P M	G F	½ R ¼ L ⅜
2 John Street C	¼	A P M	G F	⅛ X ⅛
3 Thomondgate C	⅜	A P M	G F	⅛ X ⅛ L ⅛ L ⅛
4 William Street C	⅜	A P M	G	⅛ L ¼ L ⅛

Thomondgate (Limerick) C. (1) 7 a.m., 1 p.m., 5.15 p.m.: (2) 1.10 p.m., 8.40 p.m.: (3) PO, SB, MOO: (4) Yes, 2: (5) Doonass, 6; Clare Glens, 8; Treaty Stone. Isaac W. Heatly, constable.

1 ARDNACRUSHA V	2	A	G	1 R 1
2 Caherdavin R	2	A	G	¼ R ¾ X 1
3 Corbally C	1½	A	G	¼ L 1¼
4 Mary Street C	½	A	G	⅛ R ⅛ R ⅛ X ⅛
5 William Street C	½	A	G	¼ R ¼

LIMERICK JUNCTION V. Clanwilliam: South Division: Co. Tipperary, S.R.: Munster. Tel. 8-8; Sunday, 8 to 10 a.m.: G. S. & W. RY. (1) 7 a.m., 10.15 a.m.: (2) 10 a.m., 3.10 p.m., 7 p.m.: (3) PO, SB, MOO: (4) Yes, 1: (5) No. Richard Downes, sergeant.

1 Cullen V	4	A B D	G F	1 L 1 X 2
2 OOLA V	4	A G	G	1¼ X 2¾
3 Shanballymore R	5½	A B D	G F	1¾ R ⅛ X ⅛ X ⅛ 2½ L ½
4 Tipperary T	3	A	G	¾ X 2¼

LIMETREE R. Shillelogher: North Division: Co. Kilkenny: Leinster. Kilkenny, 4½, W. & C. I. RY. (1) 4.30 a.m., 11.45 a.m.: (2) 2.30 p.m., 9.5 p.m.: (3) PO: (4) No: (5) Burnchurch, where Henry Grattan Flood is buried, 2; Desart Court, residence of Earl of Desart, 2¼. Michael Mullan, sergeant.

1 Bennettsbridge V	7	B	G	⅛ R 2 X ¾ R 1¼ L 2 V ¾ R ⅛
2 Callan T	6	A	G	L ½ X 2 X 3½
3 Dean Street, Kilkenny C	4½	A	G	1¼ X 3 R ¼
4 Kells V	6	B	G	L ¾ L 1¼ L ¼ R 1 L 2 R V ¾
5 Kilmanagh V	6½	B	G	1½ R 2½ X 1 X 1¼ L ⅛ X ⅛

LINSFORT R. Inishowen : North Division : Co. Donegal : Ulster. Buncrana, 4, L. & L. S. RY. (1) 9.15 a.m. : (2) 3.15 p.m. : (3) PO, Linsfort, ¼ : (4) No : (5) Dunree, 3 ; Mamore Gap, 5. Patrick Beirne, sergeant.

1 Buncrana V	4	B	S F	¼ R 2 R 1¼ R ½
2 Clonmany V	8	D	S F	4 R 4
3 Mintiaghs R	8	B	S F	½ R 2 L 1½ L 4

LISACASEY R. Islands : West Division : Co. Clare : Munster. M, w. : Ennis, 12, E. A. W. & L. RY. (1) 7 a.m. : (2) 6 p.m. : (3) PO, SB, MOO : (4) Yes, 2 : (5) No. James Canning, sergeant.

1 Ballinacally V	7¾	B	F	¼ R 4¾ R 1 R 1¾
2 *Darrah* R	7	B	G	7
3 Kildysart T	8	D	I	¼ L 3¾ R ¼ L 3 L ¾
4 Kilmihill V	8	D	F	5 R 3

LISBELLAW V. (Pop. 405). Tyrkennedy : North Division : Co. Fermanagh : Ulster. F, 11 May, 11 Nov. : PS, 3 f. : M, w. : G. N. RY., ¼ : Tel. 8-8. (1) 6 a.m., 11.15 a.m. : (2) 1.30 p.m., 6.30 p.m. : (3) PO, SB, MOO : (4) Yes, 4 : (5) Belleisle, 4 ; Lough Erne, 3. Robert Goodwin, sergeant.

1 *Enniskillen* (No. 1) T	4¼	B G	G	¼ L 1 R ¼ L 1 L 1¾ L ¼
2 Maguiresbridge V	3¾	D C	G	2 L ½ R 1¼
3 Tempo V	6	B D	G S	1 L ½ X 3¼ R ½ R ¾

LISBURN T. (Pop. 12,250). Upper Massereene : South Division : Co. Antrim : Ulster. Tel. 8-8 : F, 2nd m., also 21 July and 5 Oct. : PS, t., fortnightly : M, t. : D.I. : C.I. : G. N. RY. (1) 7 a.m., 9.40 a.m., 12.50 p.m., 2.0 p.m., 4.30 p.m., 6.35 p.m. : (2) 8.50 a.m., 12.15 p.m., 6.0 p.m., 9.20 p.m., 10 p.m. : (3) PO, SB, MOO : (4) Yes, about 50 : (5) Town Park and Castle Gardens, both within Township. William Wilson, head-const.

1 Aghalee V	12	A	G	¾ L 1¼ X 2 L 1¼ R 3½ R 1 L 1 X 1
2 *Crumlin* T	12¼	C	G	1 R 1¾ X 2 X 3 R 2½ X 1 X 1 R
3 Dunmurry V	3¼	A	G	½ L 1¼ X ¼ ¾ R ¼
4 HILLSBOROUGH T	4	A	G	1 X 1½ R ¾ L ¾ R
5 LARGYMORE (J.S.) T	¾	C	G	¾
6 MOIRA V	7¾	A	G	5½ L 2 X ¼
7 Railway Street T	½	A	G	½ X

Railway Street (Lisburn) T. (1) 2.55 a.m., 4.40 a.m., 6.50 a.m., 7 a.m. : (2) 7 a.m., 9.40 a.m., 4 p.m., 4.35 p.m., 6.30 p.m. : (3) PO, SB, MOO : (4) Yes, 55 : (5) see Lisburn. William Percy, constable.

1 Andersontown V	8	A A B B	G G F F	2 X 2 X 1½ X ¾ L 1 R ¾
2 Dunmurry V	5¼	A A	G G	1 X 1 X 1¼
3 Largymore T	½	A	G	½
4 Lisburn T	½	A	G	½
5 Moira V	7¾	A A B B	G G F F	3 X R 2¾ X 2 X

LISCANNOR V. (Pop. 286). Corcomroe : West Clare : Co. Clare : Munster. F, 6 Jan. (annual): Lahinch, 3, W. C. RY. (1) 8.50 a.m. : (2) 4.55 p.m. : (3) PO, SB, MOO : (4) Yes, 4 : (5) Cliffs of Moher, 4. J. H. Hosford, sergeant.

1 *Ballyreen* R	9	D	G	¾ L ½ R ¼ L 2¼ L 1 X 1 R ¼ L 1 L 1¼
2 *Lahinch* V	3	A	G	¼ R ¼ R 1¼ R

LISCARROLL V. (Pop. 368). Orrery and Kilmore : North Cork : Co. Cork, E.R. : Munster. F, 25 March, 1 and 31 May, 31 Aug., 21 Oct., 29 Nov. : PS, w., fortnightly : M, m. : Buttevant, 5¾, G. S. & W. RY. (1) 9 a.m. : (2) 5.30 p.m. : (3) PO, SB, MOO : (4) Yes, 5 : (5) The Historic Castle—noted in the History of Cork—on the north of the village. John Killackey, sergeant.

1 Buttevant T	7	B	G	1 L 2 X 1 R X 1 L 2
2 Churchtown V	4	B	G	1 R ½ R ½ L 2
3 Freemount V	6	D	F	1¼ R ¼ R L 2¼ X 2
4 Kilbrin R	3	B	G	¼ L 1¼ V X ½ X A ½
5 Milford V	7½	B	G	⅝ R 2 L 2 X 1¼ R 1¼ L ⅝ L ¼

LISCLOUGHER R. Delvin : North Westmeath : Co. Westmeath : Leinster. (1) 8.30 a.m. : (2) 8.30 a.m. : (3) Athboy, 3 : (4) No : (5) No. John Bruen, sergeant.

1 ATHBOY T	3	A	G	1¼ L 1 L ½
2 Clonmellon T	5	B	F	2 X 1½ L ½ R 1
3 Delvin T	5	A	G	1 R 1¼ X 1¼ R 1¼
4 COOLRONAN R	6	B	F	2 R 2 R 2

LISDOONVARNA V. (Pop. 220). Burrin : East Division : Co. Clare : Munster. M, daily, 1st June to 1st Oct. : Ennistymon, 8½, W. C. RY. : Tel. 8-8. (1) 9 a.m., 4 p.m. : (2) 10 a.m., 4.30 p.m. : (3) PO, SB, MOO : (4) Yes, 44 : (5) Sulphur Spa Wells ; Iron, Magnesia, and Copperas Wells—in village ; Cliffs, Moher, 7 ; Blackhead, 10 ; Corkscrew Hill, 5 ; Kilfenora, 5½ ; Ballinalacken, 4 ; St. Bridget's Well, 8 ; Corcomroe Abbey, 15 ; Inchiquin, 11. Thomas Dowling, sergeant.

1 Ballyreen R	3½	B	G	½ R ¾ R ¼ L 1 R 1¼
2 Ballyvaughan V	10	B D B	G	¼ R 1 X 1 R ¼ L 1¼ R 1 L 3 L 2
3 *Ennistymon* T	8¼	B D B	F	¼ L 1 X 2¾ X 1 L ½ X 2 R 1
4 Fanoremore R	9	F	P	½ R 1 L 1½ R 3 R 3
5 *Kilfenora* V	6½	B	G	¼ L 1 R 1¾ R 2¼ L 1½

LISHEENS R. Talbotstown Lower : West Division : Co. Wicklow : Leinster. (1) 10 a.m. : (2) 4 p.m., 9 p.m. ; Sunday, 4 p.m. : (3) No : (4) No : (5) Source of the Liffey ; it rises at Kippure Mountains, from which there is a fine view of Dublin City and Bay, Kingstown, and Bray on a clear day ; residence of the

Right Hon. W. H. F. Cogan, P.C., Tinode, 2; Manor of Fletcher Moore, J.P., Kilbride, 2. Robert Jones, sergeant.

1 Blessington V	5½	A	G	¾ R ⅛ R ⅛ L ½ R 1 R 1½ L 1½
2 Brittas R	3½	A	G	1½ R ¼ L 1 R ¾
3 Kilteel V	5½	C	G	¾ R ⅛ R ¼ R 1¼ L ⅛ R 2 L ¼ R ¼
4 *Roundwood* V	19	C	I	¾ L 1 R 2 L 2 R 5 X 5 L 2¼ R 1

LISMORE T. (Pop. 1632). Coshmore and Coshbride: West Division: Co. Waterford · Munster. F, 2 w.: PS, s., fortnightly: M, w. (winter and summer): G. S. W. RY. and W. D. & L. RY.: Tel. 8-7. (1) 6 a.m., 2 p.m., 5.30 p.m.: (2) 6.30 a.m., 7.50 a.m., 11.40 a.m., 3.20 p.m., 5.50 p.m.: (3) PO, SB, MOO: (4) Yes, 15: (5) Lismore Castle. M. Doyle, sergeant.

1 Araglen R	11	C	G	¼ L ¼ R 2½ X 8
2 Ballyduff V	6	A	G	¼ L ¼ L 5¼ L ¼
3 Cappoquin V	4	A M	G	¼ R ⅛ R 3⅜ L ¼
4 Clogheen V	13	E M	G	½ R ⅛ L 2 L 4⅝ L 6
5 Killeenagh R	9	C	G	¼ R 2¼ R 1½ R 3 L 1½ R ½
6 Tallow V	5	C M	G	⅜ R ¼ L 3⅜ L 1

LISNABOY R. Duhallow: North Division: Co. Cork: Munster. Millstreet, 5½, G. S. W. RY. (1) 11.30 a.m.: (2) 6 p.m.: (3) Rathmore, 5: (4) No: (5) No. James Quinn, acting-sergeant.

1 Boherbue V	6	B	F	¼ R 1 R ½ Λ L 1 L 1½ R 1¾
2 Clonbannon R	6½	B	F	¼ R 1 R ½ Λ L 1 R 3¾ X
3 Knocknagree V	5	B	F	¼ L 1¾ X 2 R 1 Λ
4 *Millstreet* T	6½	D	F	¼ R 1 R ½ Λ L ⅛ R 4⅜
5 Rathmore R	5	D	G	1 V R 3½ V³ ½

LISNASKEA V. (Pop. 762). Magherastephena · South Division: Co. Fermanagh: Ulster. F, 3 w.; Hiring Fair, 1 s. May and Nov.: PS, 2nd and last s.: M, w. and s. winter; s. summer: B: D.I.: G. N. RY. · Tel. 8-8. (1) 7 a.m., 11.30 a.m., 2 p.m.: (2) 10.30 a.m., 1.20 p.m., 6.15 p.m.: (3) PO, SB, MOO: (4) Yes, 6: (5) Lough Erne, 4; Innisrath, 5; Lough Head Old Fort, in ruins, 1½; Moat, Crowning-place of Kings Maguires, of Fermanagh, ½. Joseph Kenny, head-constable.

1 Brookboro V	5½	D C D C	F G F G	½ R ¾ L ½ R 1 L 1 X X 1¼ R ½
2 *Derrylin* R	9	B D B D	G P G F	¼ R 2¾ R ½ R 1½ F ½ W ¾ L 1 R 1½ R ¼
3 Eshnadarragh R	12	D F D E	S P F D	⅜ L 1 X 2 X ¼ X ½ X 1 L 1 R 2½ L ⅛ R 2 X 1¼
4 Maguiresbridge V	3	D C D C	G F	½ L ⅛ R 2⅜
5 Newtownbutler V	6	B	G F	⅜ L 1½ X 1¼ R 2¾
6 Rosslea V	13	B	G F	⅓ L 1½ X 1¼ L ¼ X 2 X 2 X 1 X 4½

LISRONAGH R. Iffa and Offa East: East Division: Co. Tipperary: Munster. (1) 6 a.m.: (2) 7.40 p.m.: (3) Fethard, 4¼: (4) No: (5) No. Lawrence Dooley, acting-sergeant.

1 Clonmel T	4¾	A M	G	2 X 1¾ X 1
2 *Fethard* T	4	A M	G	¼ L 1¾ X 2
3 Kiltynan R	3¼	A M	G	½ L 1¼ L 1¼ X ½
4 Knockevan V	4	A M	G	1 X L 2 L 1
5 Kilsheelan V	7½	B M	G	2 R X 1½ L X 2 L 2

LISRYAN R. Ardagh: North Division: Co. Longford: Leinster. Float, 3½, M. G. W. RY. (1) 6.30 a.m.: (2) 8.30 p.m.: (3) Granard, 5: (4) No: (5) Coolamber Manor, 1. James M'Quaid, sergeant.

1 Abbeylara V	4	B	G	2 X 2
2 *Edgeworthstown* T	6½	D M	G	½ L 3½ X 2½
3 Granard T	5	A M	G	1¼ R 2 L 1½ R ¾
4 STREET V	4	B	G	1 L ½ L 1¾ R ¾

LISTOWEL T. (Pop. 3511). Iraghticonnor: North Division: Co. Kerry: Munster. F, 2 w.: PS, every m.: M, w. and f.: D.I.: R.M.: W. & N. K. RY.: Tel. 8-8; Sunday, 9 a.m. to 10 a.m. (1) 8.15 a.m., 2.30 p.m., 8.15 p.m.: (2) 7.15 a.m., 11.15 a.m., 1.15 p.m., 7.15 p.m.: (3) PO, SB, MOO: (4) Yes, 16: (5) Listowel Old Castle and Ballinruddery Old Castle, 2. Patk. M'Quaid, constable.

1 Ballylongford V	9	B C	F G	¾ L 1½ X R ¼ R 1 2 R ¼ 3¼
2 Duagh V	6	A D	G F	¼ L 2¾ L 3
3 Kiltean R	6	A D	G F	¼ L 1½ R 2 X 2 X ½
4 Lixnaw V	7	A	G	¼ R 1½ R 1½ X 1¼ X 2¼ X ¼ R
5 Lyrecrompane R	9	A D F G	F	¼ R 1½ L 1¾ L 1 R 2 L ½ R 1 V 1 Λ

LISVERNANE (J.S.) R. (Pop. 75). Clanwilliam: South Tipperary: Co. Tipperary, S.R.: Munster. Tipperary, 8, W. & L. RY. (1) 9.30 a.m.: (2) 5 p.m.; Sunday, 1 p.m.: (3) No: (4) Yes, 2: (5) The Glen of Aherlow and the Galtee Mountains. John Irwin, sergeant.

1 Bansha V	9	B	G	Straight road
2 GALBALLY V	3½	B	G	2½ L 1
3 Tipperary T	8	F	B	2 L 5½ R ½

LITTLETON V. (Pop. 101). Eliogarty: Mid Division: Co. Tipperary: Munster. (1) 7 a.m.: (2) 8 p.m.: (3) Thurles, 5: (4) Yes, 2: (5) No. Thomas Cusack, acting-sergeant.

1 Ballinure V	6	A	G	6
2 Hollycross V	6	A	G	6
3 Moyne V	8	A	G	8
4 Killenaule V	7	A	G	7
5 Thurles T	5	A	G	4½ L ½

LITTLETON R. Kilkenny West: South Division: Co. Westmeath: Leinster. (1) 10 a.m.: (2) 4 p.m.: (3) Three Jolly Pigeons, 1: (4) No: (5) "Auburn" Lake and Village (Oliver Goldsmith's "Deserted Village"). Peter Talty, acting-sergeant.

1 BALLYMAHON T	5	D B	P F	2¾ L 2¼
2 *Collierstown* R	8	B D	F G	1¼ L ⅛ L 1¾ X 3 L ⅛ L 1¾
3 Glasson V	4	B F B	F P F	1¼ L Λ ⅛ R ¾ L 1½
4 Walderstown R	5½	B F D	F P F	1½ L Λ 1¾ L ¾ R 1½

LIXNAW V. (Pop. 216). Clanmaurice: North Kerry: Co. Kerry: Munster. W. & S. RY. (1) 8.30 a.m., 7.30 p.m.: (2)

8.30 a.m., 7.30 p.m. : (3) PO : (4) Yes, 1 : (5) Lixnaw Monument, 1 ; Lixnaw Old Court, ½. Michael Nonnoyle, sergeant.

1 *Abbeydorney* V	6	G A	G	⅛ L 5⅜ R
2 *Ahabeg* R	3	F B	F	½ R X 1¾ L 1 R
3 Ballyduff V	6¼	F B	F	¼ R X 4¼ R 1 R 1 L
4 *Gortatoo* V	4½	G A	G	⅛ X L 3 R 1⅜ L
5 Listowel T	7	G A	G	3½ L 3½ L
6 Mountcoal R	5½	F B	F	2½ L 2 R X 1

LONDONDERRY CITY.—Stands on a hill 119 feet above high water ; is a walled and fortified place, formerly of great strategic strength. (Pop. 32,893). It is the See of a Bishop, a County of a City, and a Parliamentary Borough. Like Belfast, it has a separate Force of R.I.C., under a D.I., to the cost of which the City makes a contribution. The See is of very great antiquity ; St. Columba founded an Abbey here in 546 A.D. The name "Londonderry" commemorates its colonization by the London Companies, to whom James I. granted a charter. The "Siege of Derry," when the Protestants under Col. Rev. George Walker, D.D., who assumed the place deserted by the recreant Governor, "Lundy," made a heroic defence against King James' II. Irish army, 1690. The Siege lasted 105 days, costing the Garrison over 10,000 men, and the Besiegers over 8,000 men. The Cathedral is a noble Gothic edifice, founded 1633. The King's stores contain some old pieces of ordnance, the "Walker," dated 1642, being among the old cannon. "Roaring Meg" is an old piece on the Walls, which are still preserved. Four miles north-west of Derry is the "Grianan," Aileach Neid, the great stone palace of the Kings of Ulidia—the O'Neills—destroyed by Murtough O'Brien in 1101. G. E. Dagg, 1st D.I.

Victoria (Londonderry) C. City and Liberties : Borough of Londonderry : Co. Londonderry : Ulster. F, 1 w. ; 17 June, 4 Sept., 17 Oct. : M, w. and s. : PS, every m. and th. : D.I. : C.I. : R.M. : G. N. RY., ¼ ; L. & L. S. RY., ¾ ; B. & N. C. RY., 1. (1) 4.5 a.m., 6.30 a.m., 10 a.m., 10.5 a.m., 10.15 a.m., 11.45 a.m., 12.20 p.m., 2.25 p.m., 3.35 p.m., 3.50 p.m., 5.5 p.m., 7 p.m , 7.15 p.m., 7.45 p.m. (2) 12.15 a.m., 5.40 a.m., 6.30 a.m., 6.50 a m., 10.10 a.m., 10.55 a.m., 11.20 a.m., 1.30 p.m., 1.55 p.m., 2.20 p.m., 4.5 p.m., 4.20 p.m., 5.10 p.m., 6 p.m., 8.45 p.m., 10.50 p.m., 11.10 p.m. : (3) All branches of PO business ; Telegraph open always : (4) Yes, about 150 : (5) See remarks above. D. Devlin, sergeant.

1 Bishop Street C	1½	E M	G	1
2 Rosemount C	1½	E M	G	½ R ¼ X ¼ X ¼ X ¼
3 Waterside C	1	A P M	G	F L ½ X ½

Lon]   ROAD AND ROUTE GUIDE FOR IRELAND.   [Lon

Bishop Street (Londonderry) C. Joseph Pratt, acting-sergeant.

1 Rosemount c	1¾	A C M	G	¼ X R¾ X ¼
2 Victoria c	1	C M M	G	¾ X L ¼
3 Waterside c	1	A M M	G	¼ X R¾

Rosemount (Londonderry) C. David Noonan, acting-sergeant.

1 Bishop Street c	1½	C A C	G	¼ X ¼ X ¼ X ¼ R¾
2 Burnfoot v	6	C A B	G	¼ L¾ R¼ L 3 R 2
3 Carrigans v	8	C A B	G	¾ R 1 R 1 R ½ L 2½ R ¾
4 Muff v	6	C A	G	¼ L ½ R ¾ L ½ R 1 R 3¼
5 Newtowncunning-ham v	8	C A B	G	¼ R 1 R 1 R ¼ X 1 R 3 L 1¼
6 Victoria Station c	1½	C A	G	¼ X ¼ X ¼ X ¼ L ¾

Waterside (Londonderry) C. Half-Barony of Tirkeeran : Borough of Londonderry : Co. Londonderry : Ulster. P.St. : B : B. & N. C. RY. : Tel. 7-7.30. Hugh Casey, sergeant.

1 Bishop Street c	1	A	G	¼ V² ¼ L ¼ X ¼
2 *Claudy* v	8½	A G	G	¼ R¾ L ¼ R ¼ X ¼ R ¼ L ¼ R 1¼ R 1½ R 1½ R 1½ X ¼ L ¾ L ¼
3 Donemanagh v	10¼	A D B D	G F	2¼ L 1 L ¼ R 2 L ½ L 1 L 1 R ¾ L 1¼
4 *Eglinton* R	6	A	G F	2¼ X ¼ L ¾ R 1 X 1¼ X ¼
5 Rosemount c	1¼	A E	G	¼ V² ¾ X ¼ L ¼ L ¼ R ¼
6 Strabane T	14	A	G	2¾ R 2 R 2¼ R 2¼ F 2¾ F 2
7 Victoria Station c	1	A	G	¼ V² ¾ X ¾

LONGFIELD R. Magonihy : East Division : Co. Kerry : Munster, Molahiffe, 1½, G. S. W. RY. (1) 8 a.m., 3.30 p.m. : (2) 10 a.m., 8 p.m. : (3) Firies, 1 : (4) No : (5) No. Patrick M'Kenna, acting-sergeant.

1 Ballinalane R	5	B	G	¼ R 1½ L ½ L 2¾ X ¼
2 Farranfore v	4	B	G	½ L ¼ R ¾ X ¼ R ¼ X 2¼ L ¼
3 *Milltown* v	6	B	G	4 R ¾ L 1 L ¼

LONGFIELD R. Middlethird : East Division : Co. Tipperary : Munster. Gooldscross, 1¼, G. S. & W. RY. (1) 8 a.m. : (2) 10.15 a.m., 4.15 p.m., 6.40 p.m. : (3) Firies, 2 : (4) Yes, 6 : (5) Holy Cross Abbey, 7 ; Rock of Cashel, 5. John J. O'Brien, const.

1 Cashel c	5	B D	F	¼ R ¾ L ¼ R 3½
2 Dundrum v	7	B D	F	1 X ¼ R ¾ X 1 L 4
3 Peake R	5	B D	F	¼ R ¼ L ¼ L ¼ R 2¼ L 1
4 Rossmore R	5	B D	F	1 R 1 L 2 R 1

LONGFORD (No. 1) T. (Pop. 3827). Ardagh and Longford : South Division : Co. Longford : Leinster. Tel. 8-8 : F, 1 Feb., 14 Mar., 20 April, 16 May, 10 June, 6 Sept., 24 Oct., 5 and 29 Dec. : PS, every m. : Assizes : Quarter Sessions : M, w. and s. : D.I. : C.I. : R.M. : M. G. W. RY. (1) 7.30 a.m., 11 a.m., 9 p.m. : (2) 11.30 a.m., 3.30 p.m., 10 p.m. : (3) PO, SB, MOO : (4) Yes, 46 : (5) On the River Camlin ; is a county town ; it formerly possessed two religious houses—an Abbey, founded by Idus, its first abbot, and a Dominican Friary, founded by Cornelius O'Ferroll, Bishop of Ardagh, 1400, A.D. Thomas C. Gilroy, constable.

1 *Ardagh* V	6½	B	G	1¼ R 3¼ X 1¼ L 1¼ R ½
2 Carrickglass R	3¼	B	G	1 L 1¼ X L 1
3 Castleray R	6¼	D B D	F R	1½ X 3 R ½ L 1 L ¼
4 Killashee V	5	B	F	2 R 2 X 1
5 Longford (No 2) T	1	A	G	¼ R ¾

LONGFORD (No. 2) T. Michael Murphy, acting-sergeant.

1 Carrickglass R	3½	B	G	¼ R 1 R ¾ R 1¼ R ¼
2 *Drumlish V	6	B	G	¼ R 1 L 1 X 1¼ X 2½
3 Longford (No 1) T	1	A	G M	¾ L ¼
4 Newtownforbes V	2½	B	G	¼ L 2¼
5 TARMONBARRY V	6	B	G	½ R 3½ X 2

* This Station is not contiguous, but this is a more direct route than by Newtownforbes.

LONGWOOD V. (Pop. 143). Upper Moyfenrath : South Division : Co. Meath : Leinster. F, 2 Feb., 12 July, 11 Dec. : PS, last t., monthly : Moyvalley, 2, M. G. W. RY. (1) 9.45 a.m. : (2) 3.55 p.m. : (3) PO : (4) Yes, 2 : (5) No. J. Gavin, sergeant.

1 BALLINADRIMNA R	4	B	G	½ L 1½ L 1⅞ R ⅛
2 Enfield V	5	B A	G	2½ L 2½
3 *Killyon* R	4	B	G	½ R 1¼ L ⅝ R 1 L ⅝
4 Rathmolyon R	6	B D	G	½ L 1¼ L 1¼ R ¾ R ⅛ L 1¾ L ¼
5 Ticroghan R	6½	B	G	½ L 1½ R ¼ L 1¼ L ½ L ½ R ½ L 1½

LOOSCAUN R. Leitrim : South Division : Co. Galway, E.R. : Connaught. Loughrea, 14, G. S. W. RY. (1) 9.30 a.m. : (2) 11 a.m. : (3) Ohilly, ¾ : (4) No : (5) Clondadauv Castle, 4. Kieran Murphy, sergeant.

1 Power's Cross R	2½	B	G	¼ X 1¼ R 1
2 Rossmore R	2	B	F	⅛ R 1⅛ R ¾
3 Whitegate V	7½	B D	G R	¾ X 2½ X 1¼ X 1½ L 1 R ½
4 Woodford V	3	B D	G F	¼ L 1¾ L 1

LORRHA V. (Pop. 122). Ormond Lower : North Division : Co. Tipperary : Munster. Tel. 8-8 : PS, every 4 th. : Birr, 12, G. S. & W. RY. (Ballybrophy and Parsonstown Branch). (1) 9 a.m. : (2) 3.30 p.m. : (3) PO : (4) Yes, 1 : (5) Ruins of three Abbeys at Lorrha and of Ballyquirk Castle, 2 ; Lackeen Castle, 2 ; Redwood Castle, 3 ; Lough Derg, expansion of the Shannon, 2½. Thomas O'Rorke, sergeant.

1 Ballinderry V	8	B A E D	G F	2 L ⅛ R ⅜ R Λ ⅛ R 2⅝ X 2½ X ¼
2 Ballingarry V	8½	B A B	G R G	2 L ⅛ R ⅜ L 1 R 1 X ¼ L ¾ R ¼ X 1½ L ¼ R 1
3 Borrisokane T	7¼	B A E D	G	2 L ⅛ R ⅜ R Λ ⅛ L 1⅜ R 1½ L ¼ R ¾ R ¼ R ¾
4 Pike (Rathcubbin) R	4½	D B	G	1½ L 1¼ L ¼ X 1½
5 Portland R	4	D B C	G	1 L V 3

LOUGHATORICK R. Leitrim: South Division: Co. Galway, E.R.: Connaught. (1) 2 p.m.: (2) 2 p.m.: (3) Woodford, 9½: (4) No: (5) Good trout-fishing in the lough and streams. John Bailey, sergeant.

1 Derrybrien R	8	D	F	¼ L 3¾ X 4
2 Loughgraney R	8	D G	F	6 R 1 L 1
3 Woodford V	9½	D	F	4½ R 1½ R 3 R ½ R

LOUGHBRACK R. Kells: South Division: Co. Kilkenny: Leinster. Ballyhale, 8, W. & C. I. RY. (1) 8 a.m.: (2) 6 p.m.: (3) Callan, 4: (4) No: (5) No. John Vanston, acting-sergeant.

1 Callan T	4	B	F	2 L 1 R ⅛ L ⅛
2 Kells V	4	B	F	1 L 2 R 1
3 Killamory V	6	B D	F	¾ R ¼ X 1¾ X ½ R 1¼ L 1½
4 Kilmoganny V	4	B D	F	1 R 1 X 2
5 Stoneyford V	5½	B D	F	1 X 1 X 1 R ½ X 1 X ½ L ½
6 Windgap V	5½	B D	F	¾ R ¾ L 3½ R ⅛ L ¼ R ⅛ L

LOUGHBRICKLAND V. (Pop. 320). Upper Iveagh: West Division: Co. Down: Ulster. Tel. 8-8: P.St.: Scarva, 3, G. N. RY. (1) 7.30 a.m., 11.30 a.m.: (2) 2.30 p.m., 7.10 p.m.: (3) PO, SB, MOO: (4) Yes, 3: (5) No. Terence Magee, constable.

1 Banbridge T	3	A	G	Straight road
2 Newry T	9	A	G	½ X 1 L 1 X 1½ L 1 R 1 L 1 X 1 X 1¼
3 *Poyntzpass* V	3½	D	F	3½
4 Rathfriland T	10	D	G	½ L 3 X 1 L 1 X 1 L 1½ X 2
5 Scarva V	3	A	G	¼ R ½ R ¾ L 1¼ R ¼

LOUGH-GALL V. (Pop. 204). Oneilland West: North Division: Co. Armagh: Ulster. PS, 3 w.: Richhill, 3, G. N. RY.: Tel. 8-8. (1) 6.30 a.m., 2 p.m.: (2) 11 a.m., 8 p.m.: (3) PO, SB, MOO: (4) Yes, 2: (5) Lough-gall Demesne and Lake, ½. Robert Magovern, acting-sergeant.

1 Annaghmore R	4	B	G	¼ L ½ L 1 X ¼ R ¼ L 1¾
2 *Armagh* C	5	A	G	½ X ¼ X ¼ X 1½ X 2 X ½
3 *Blackwater* V	4½	B	G	¼ X ¼ X ¼ R 2¼ X 1¼
4 Moy V	5	A	G	½ R ½ L 1 X 1 X ½ X 1 X ½
5 Portadown T	7	A	G	¼ X 1 L 2 X 3 X ¾
6 Richhill V	4	B	G	¼ X 1 R 1 X ¼ X 1 X ½

LOUGHGEORGE R. Clare: North Galway: Co. Galway: Connaught. Oranmore, 6, M. G. W. RY. (1) 9 a.m.: (2) 5 p.m.: (3) PO, SB, MOO: (4) Yes, 1: (5) Cregg Castle, 2½. Michael Wallace, acting-sergeant.

1 Ballyglunin R	7½	A	I	1 R 2 R ½ L 1 L 1 R 1½ X ½
2 Clonboo R	7	B	S	3 X L 1½ X L 2½
3 *Cummer* R	7	A	R	Straight road
4 Killeen R	3½	A	R	1¼ X X 2¼
5 Oranmore V	7	B	R	1¼ X L 5¾

LOUGHGLYNN V. (Pop. 150). Frenchpark: North Division: Co. Roscommon: Connaught. F, 25 May, 29 July, 14 Oct.,

19 Dec.: P.St.: Castlerea, 6, M. G W. RY. (1) 8 a.m., 2 p.m.: (2) 9 a.m., 9 p.m.: (3) PO, SB, MOO: (4) Yes, 4: (5) Lough Glynn, ½. J. A. Fogarty, sergeant.

1 BALLAGHADERREEN T	7	B	G	¼ R 1¼ X 3½ R ¼ R 1¾
2 Ballinlough V	7	D	G	3 X 4
3 Castlerea T	6	B	G	1 R 3 R 1 R 1
4 Frenchpark V	7½	D	G	1 L 3 X 2 L 1½
5 KILMOVEE R	9	B	G	1½ L 2½ X 2 R 2 L 1

LOUGHGRANEY R. Tulla Upper: East Clare: Co. Clare: Munster. PS, 3 f., monthly. (1) 11 a.m.: (2) 1.30 p.m.: (3) Cahir, 1: (4) No: (5) Most picturesque lake and mountains. M. Owens, sergeant.

1 Feakle V	4	B	G	1 L 2¾ R ¼
2 KILAFIN V	10	B	G	1 R 9 R
3 Loughatorick R	8	D H	F	1 R 1 L 6
4 *Scariff* V	10	B	G	1 L 9 R

LOUGHGUILE R. Dunluce Upper: North Division: Co. Antrim: Ulster. F, 19 Feb., 19 June, 19 Aug., 19 Nov.: Killagan, 7, N. C. RY. (1) 10 a.m.: (2) 2 p.m.: (3) Clough, 8: (4) Yes, 5: (5) No. P. Geraghty, sergeant.

1 Armoy V	6½	D C	S G	R 1 X 2½ V⁴ 1½ R ½ L 1
2 Cloughmills V	5	D C	S F	L 2 L ¼ R ½ L 1½ L ¼ L ¼
3 Dervock V	10	D C	S F	R 1 X 2½ V⁴ 1½ X ¼ X ½ R ¾ R ¼ L 2¾

LOUGHILL V. (Pop. 160). Shanid: West Division: Co. Limerick: Munster. Foynes, 4½, W. L. RY. (1) 6.30 a.m., 1.30 p.m.: (2) 11.40 a.m., 6 p.m.: (3) Glin, 4: (4) Yes, 1: (5) The River Shannon in all its beauty. Joseph Sheridan, sergeant.

1 Foynes V	4½	A	G	4½
2 Glin V	4	A	G	⅜ R 1 R 2¼
3 Shanagolden V	6	B	F	¼ R 2 L 3¾

LOUGHNAVALLY R. Rathconrath: South Division: Co. Westmeath: Leinster. Castletown, 2, M. G. W. RY. (1) 8 a.m.: (2) 6 p.m.: (3) Pillar-box; PO, SB, MOO, Castletowngeoghegan, 3½: (4) No: (5) Ushnahill, 2. Thomas M'Donagh, sergeant.

1 Ballinea R	5	C	G	1½ L 2½ R ½ L ¼ R ¼
2 Ballymore V	7	C	G	2½ X 1½ X 1½ L ¼ X ¾ R ¼
3 Castletown-geoghegan V	3¼	B	G	¼ L ¾ L 1¼ X 1½ X ¼
4 Moyvore V	7	B D	F	¼ L 1 R 1 X 1 R ¾ L 1½ X ⅜ X ⅜
5 Rathconrath R	4	D	F G	¼ R 2¼ R 1
6 Streamstown R	6	D	G	¼ R ¾ R 2¼ L 2½ L ⅜ R ¼

LOUGHREA T. (Pop. 2815). Loughrea: South Division: Co. Galway: Connaught. Tel. 8-8; Sunday, 9 a.m. to 10 a.m.: F, 11 Feb., 25 May, 20 Aug., 5 Dec., 3rd th. in April, last th. in June, 2nd th. in Sept., and th. in second week of October: PS, every th.: M, th.: D.I.: R.M.: M. G. W. RY. (Attymon Branch).

(1) 4 a.m., 12 noon, 8 p.m., 8.45 p.m.: (2) 6 a.m., 2.15 p.m., 9.30 p.m.: (3) PO, SB, MOO: (4) Yes, 12: (5) The Lough, a fine sheet of water, 1600 acres, and Racecourse, 2; Abbey, founded by Ric. de Burgh, 1310, and an old castle in town. The Lough is said to be supplied by Seven Springs, which are called the "Seven Sisters." Edward Monaghan, head-constable.

1 Bookeen R	6	B	G F	½ R 1¼ R 1¼ R ½ R ¼ X 2 X ½ X ¼
2 Dalystown R	5½	B	G F	¼ R 1½ L 1½ L 1¼ R 1
3 Gurtymadden R	7½	B D	G	¼ R 1½ L ¼ R 1¼ R 1¼ R ¼ L 1½ L 1¼
4 Kilcreest V	4½	B	F	1½ R 1 X ½ L 1½
5 Killeenadeema R	3	B B	I I	1½ L 1½
6 Kilreecle V	5½	B	F G	¼ R 1½ L ¼ R 1¼ L 1¼ L ¾ L ¼
7 New Inn R	8	B	F G	2 R 2 R 4
8 Riverville R	5	B	F	½ R 1¼ R 1¼ R ½ L 1¾

LOUISBURGH V. (Pop. 400). Murrisk: West Division: Co. Mayo. Connaught. F, 1 May, 1 July, 1 Oct., 8 Dec.. PS, 1st m, monthly: M, m.: Westport, 14, M. G. W. RY. (1) 8.30 a.m.: (2) 5.30 p.m.: (3) PO, SB, MOO: (4) Yes, 4: (5) "Croagh-patrick" Mountain, also called "The Rake," 2510 ft. high. The legend says that it was here St. Patrick collected all the snakes and reptiles and cast them into the sea. It is a place of pilgrimage to many humble folk yet. Patrick Guinan, sergeant.

1 Clare Island I	8	B Sea	F Sea	1 R 3 S 4 S
2 Cuilmore R	11	B B D	S P R	1 R 4 R 6
3 Murrisk R	7¼	B B	G G	2 X 5¼

LOUTH V. (Pop. 239). Louth: North Louth: Co. Louth: Leinster. F, 2 f.: PS, 2 th.: Tel. 8-8: Inniskeen, 5, G. N. RY. (1) 5 a.m., 11 a.m., 7.15 p.m.: (2) 6 a.m., 1.30 p.m., 7.30 p.m.: (3) PO, SB, MOO: (4) Yes, 3: (5) Mullacrew, 1; Priory of B.V.M., founded by St. Mocté (5th century), and an Abbey of B.V.M., with a *mitred abbot*, founded here by Dermot O'Carrol, King of Oirghiall, and Edan O'Kelly, Bishop of Clogher, 1148—no remains exist; Louth Hall, 4. The village and abbey gave the name to the county. James Brownlee, sergeant.

1 Inniskeen V	5	B	F G	½ L 1½ X 3½
2 Lannatt R	4	B	F G	¼ L ½ R ¼ L 1¾ R 1¼ R ¼ L
3 Martinscross R	5	B	F G	1¼ X ½ X 1 L 1½ L ¾
4 Reaghstown R	5	B	F G	½ X 1 X ¼ R ¼ L ¼ X 2¼ X ½
5 Tallanstown V	2½	D	F G	1 X 1 R ½

LOWERTOWN BRIDGE R. Moycashel: South Division: Co. Westmeath: Leinster. Tullamore, 6, G. S. & W. RY. (1) 8.20 a.m.: (2) 2.35 p.m.; Sunday, 2 p.m.: (3) PO, Derrygolan, ¼; SB, MOO, Kilbeggan, 4½: (4) No: (5) No. W. Gannon, sergeant.

1 Bracklin R	2	B	F	½ L ½ L ½ L ½
2 Kilbeggan T	4½	B	G	¼ L ¼ L 2½ L 1¼ L ¼
3 Tyrrellspass V	5¾	B	F	¼ X ¼ X ½ L 1 R ¼ L 2¾ L ¼ R ¼

LUCAN V. (Pop. 850). Newcastle : North Division : Co. Dublin : Leinster. Tel. 8-7 : Sunday, 9 a.m. to 10 a.m. : PS, each alternate t. : D.I. : G. S. & W. RY., 1½ ; M. G. W. RY., 1½ ; D. & L. TRAM. **(1)** 9 a.m., 9 p.m. : **(2)** 5 p.m., 10 p.m. : **(3)** PO, SB, MOO : **(4)** Yes, 3 : **(5)** Lucan Hydropathic Spa and Hotel ; Lucan Demesne, ½ ; River Liffey, ¼ ; Salmon Leap, 1½ ; Strawberry Beds, 3. John Knox, head-constable.

1 Blanchardstown V	5	B	G F	¼ R ⅝ L V ¼ X ½ X ¾ L ¼ R ½ X 1 X ⅝ R ¼
2 Clondalkin V	3¾	B	F	1 X ¾ X ½ X 1 X ½
3 CLONEE V	3½	B	F	¼ L 1¼ X 1 X ½ R ¼ L ¼
4 LEIXLIP V	2	A	G	½ X 1 X ½
5 Rathcoole V	6¾	B	F	¾ X 2 L ¼ R ¼ X 2 X 1½
6 St. Lawrence V	4¾	A	G	½ X ¾ X 1 X 1½ X 1

LUGGACURREN V. (Pop. 130). Stradbally : Leix Division : Queen's County : Leinster. Athy, 8, G. S. & W. RY. **(1)** 9.15 a.m. : **(2)** 5.15 p.m. : **(3)** PO : **(4)** No : **(5)** "Duns" of Clopook and Luggacurren ; Gallows Hill : was scene of " Plan of Campaign," 1889. William Allen, constable.

1 Ballylenan V	6	B	G	1 R 2 R ½ L 1½ R ½ R ½
2 Coolglass R	3½	F	R	2¾ X ¼ R ¼ L ¼
3 Stradbally V	6	B	G	1 R 1 X 2 R 2
4 Timahoe V	5	B	G	1 R 1 R 3
5 Wolfhill V	4½	D	P	2½ L V 1½ R V ½

LURGAN T. (Pop. 11,700). Oneilland East : North Division : Co. Armagh : Ulster. F, 2 th. : PS, 1st and 2nd t., monthly : M, t. and th. : D.I. : G. N. RY. : Tel. 8-8. **(1)** 5.30 a.m., 9.15 a.m., 5.30 p.m. : **(2)** 5.45 a.m., 11.45 a.m., 5.30 p.m., 10 p.m. : **(3)** PO, SB, MOO : **(4)** Yes, 35 : **(5)** Lough Neagh, 2 ; Lurgan Castle, Demesne, and Lake. H. Maguire, constable.

1 Edward Street T	½	M	G	¼ L ¼
2 Queen Street T	½	M	G	⅛ R ¼ L ⅛

Edward Street (Lurgan) T. O. Livingstone, constable.

1 Ballinary R	4½	D	F	2½ L V ⅜ L V ½ R ½ L ¼ R ¼
2 Lurgan T	½	M	G	¼ R ¼
3 *Portadown* T	5½	A	G	2½ X 1¼ X 1¾

Queen Street (Lurgan) T. Joseph Dockery, constable.

1 GILFORD T	6½	C	G	¼ R 3¾ X 2½
2 Lurgan T	½	P	G	⅛ R ¼ L ⅛
3 MOIRA V	5	C	G	½ L 2¼ L 2 R ¼
4 WARRINGSTOWN V	2½	B	G	⅛ L ⅛ L 1½ L ¼ R ½

LURGANGREEN R. Blackrock V. (Pop. 229), 1½ miles from Barrack. Louth : North Division : Co. Louth : Leinster. Tel. 8-8 ; Sunday, 8 to 10 a.m. : B : Dundalk, 3, G. N. RY. **(1)** 9 a.m. : **(2)** 6.30 p.m. ; Sunday, 10 a.m. : **(3)** PO, SB, MOO : **(4)** Yes, 2 : **(5)** Blackrock (watering-place and salt water baths),

1½ ; Clermont Park, ½ ; Round Tower of Dromiskin, 2. Nicholas Wynne, sergeant.

1 Anne St., Dundalk T	4	A	G	⅛ X ⅜ X ⅛ X ½ X 1⅛ X 1 X ⅜
2 *Castlebellingham* V	4	A	G	⅛ X 1⅝ X 2⅛
3 *Martinscross* R	4¾	B	G	X ⅜ L 1 X ⅞ X 1¼ X ⅜ L ⅜
4 Quay St., Dundalk T	5	B	G	⅛ R ⅝ X 1 X 2 X 1

LUSK V. (Pop. 357). Balrothery East : North Division : Co. Dublin : Leinster. F, Easter Monday, 24 June, 13 July, 25 Nov. : Rush and Lusk, 1¼, G. N. RY. (1) 8 a.m. : (2) 5.30 p.m., 8.10 p.m. : (3) PO : (4) Yes, 3 : (5) The Round Towers of Lusk, ⅛. P. Reynolds, sergeant.

1 Balbriggan T	6	B	F	1 L 1¾ X 1 X ⅞ R 1½
2 Ballybohill R	5	B	F	⅛ L ⅜ X 1 R ⅜ X 2 X 1¼
3 Donabate R	4¾	B	F	1½ X ⅜ X ⅜ X 1 L 1⅝
4 Naul V	8	B	F	⅛ L ⅜ X 1 R 2½ L 2½ R 1¾
5 Rush T	3½	B	F	⅛ R ⅛ X ⅛ X ⅛ X ⅛ X 2
6 Skerries T	5	D	G	2⅞ R ⅛ L ⅞ R ⅜ X ⅛ R 1
7 Swords T	5	D	G	1½ R ⅛ X ⅞ X ⅞ R 1 R 1½

LYRECROMPANE R. Clanmaurice : North Kerry : Co. Kerry : Munster. Listowel, 9, L. & R. RY. (1) 11 a.m. : (2) 8 a.m. : (3) PO : (4) Yes, 1 : (5) Historic Ivy Bridge, 2½. Thomas Mooney, sergeant.

1 *Doolaig* R	5	D	P	2 V 3
2 Duagh V	9	B	F	2½ L 2 R 2 L ½ R 2
3 Knocknagoshil V	9	D	P	3 L 6
4 Listowel T	9	D	F	1 V 1 V ⅛ L 2½ R ⅛ L 1¼ R 2½
5 Mountcoal R	7	D	F	1 V 1 V ½ L 2 L 2½

M

MAAM V. (Pop. 135). Ross : Connemara Division : Co. Galway, W.R. : Connaught. F, 12 March, 10 July, 2 Sept. : PS, every 4 w. : B : Galway, 32½, M. G. W. RY. (1) 6.30 a.m. : (2) 6 p.m. : (3) PO, SB, MOO : (4) Yes, 1 : (5) Lough Corrib, 1 ; Castlekirk, 2 ; Doon, 6 ; Maam and other mountains, ½. James Newell, sergeant.

1 Cong V (Via Cornamona)	14	D B	G	Main road
2 *Cornamona* V	7	D B	G	⅛ L ⅜ R 6⅝ R ⅛
3 Leenane V	10	B	G	⅛ L ⅛ L 4 X 5¼ X ½
4 Maam Cross R	5	F B	G	⅛ R 4⅞

MAAM CROSS R. Ross : Connemara Division : Co. Galway, W.R. : Connaught. Galway, 27½, M. G. W. RY. (1) 5 a.m., 4.20 p.m. : (2) 9.30 a.m., 7.30 p.m. : (3) PO, SB, MOO : (4) Yes, 1 : (5) Screeb Fishery, 7. Austin Burke, acting-sergeant.

1 Maam V	5	B	E	4¾ L ⅛
2 Outerard V	10	B	G	Direct road
3 *Recess* V	9	B	G	8⅞ L ⅛
4 Rossmuck R	10	B	F	7 R 3

MACROOM T. (Pop. 3163). West Muskerry: Mid-Cork: Co. Cork, W.R.: Munster. Tel. 8-8: F, 11th and 12th, monthly: PS, each alternate w.: M, th. and s.: D.I.: R.M.: C. & M. RY. Terminus. (1) 6.30 a.m., 3.30 p.m., 5.45 p.m.: (2) 7.30 a.m., 10.30 a.m., 6 p.m.: (3) PO, SB, MOO: (4) Yes, 40: (5) Macroom Castle, built by King John, burnt in 1641, rebuilt by Earls of Clancarty (Admiral Penn said to have been born in it), ⅛: two ancient towers, 60 ft. high; Drishane Castle, 1: Carrigafouky, a Castle of the M'Carthies (on a rock), and a Druid's altar; Dunda Castle, 2½; Mashanglass Castle and Glen of Glyncoun, 2½. Edward Redmond, acting-sergeant.

1 *Ballymakeera* V	10	A	G F	½ L 1 R 3½ L ½ R 4 L ½
2 Carrigadrohid V	5	A	G	⅝ L ⅛ R 1 L 2 L 1⅝ R ⅛
3 Carriganimma V	7	A B	G	½ R 1½ R ½ X 1½ R 1½ L 1½
4 Inchigeela V	10	B C	F	½ R ½ R 1 R 1 R 2 L ⅛ R 3 R 1¾ L ⅛
5 Kilmurry V	7	A D	G F	½ R ½ L 1½ L 2 R 1 R 1¼ L ⅛ R ⅛
6 Knocknagoppul R	9	B	G F	¼ L 2 X 1¾ R 2 L 2 R 1
7 Rusheen R	4	A	G	½ L ⅛ L ⅛ R 3¼
8 Tarelton R	9	B	G F	½ R ½ R 1 R 1 L 1½ X 1½ R 3

MAGHERA V. (Pop. 942). Loughinshollin: South Division: Co. Londonderry: Ulster. Tel 9-8: F, last t., monthly: PS, last s., monthly: M, t.: Maghera, 1½, D. C. RY. (1) 9.30 a.m., 12.30 p.m., 5.30 p.m., 6.30 p.m.: (2) 7.15 a.m., 9 a.m., 10.20 a.m, 4 p.m.: (3) PO, SB, MOO: (4) Yes, 10: (5) Ruins of first and oldest Christian Church in Ireland, ¼; Tobbermore, 3; the valley of the Moyola is beautiful: here are some moats and raths. John Neely, constable.

1 Draperstown T	6½	A C A	G	1½ X 1½ R ½ R 1½ X ½ L 1
2 Dungiven T	13	A E G	G P F	2 L ½ R 3 R 4 R 3½
3 Gulladuff R	3½	C	F	½ L 1¼ L 1¾
4 Magherafelt T	9	A	G	1½ X 1½ L ¼ R 3 L 1¼ R 1½
5 Swatragh V	5	A C	G	¼ L 1¼ L 1 R ¼ L ½ R ¾ L 1

MAGHERAFELT T. (Pop. 1420). Loughinshollin: South Division: Co. Londonderry: Ulster. F, 2nd and last th.: PS, 2nd and last w.: M, th.: D.I.: R.M.: B. N. C. RY.; D. C. RY.; D RY. (1) 8.10 a.m., 11.30 a.m., 1.15 p.m., 5.30 p m.: (2) 8.40 a.m., 12.40 p.m., 4.40 p.m., 6.50 p.m.: (3) PO, SB, MOO: (4) Yes, 12: (5) No. Mark Reilly, constable.

1 Ballyronan V	4½	B	G	1¼ L 1¼ X ½ X 1½ R
2 Castledawson V	2½	A	G	¼ L ¼ X ¼ X 1 L ½ R ¼
3 Draperstown V	8	D	F	1 R 1½ R 1 L 1½ X ½ L 1½ R 1
4 Gulladuff R	5½	D	F	Straight road
5 Moneymore V	5¼	C	G	1 R 1 L ¼ R 2 X 1 L

MAGUIRESBRIDGE V. (Pop. 532). Magherastephena: South Division: Co. Fermanagh: Ulster. G. N. RY. and C. V. TRAM. (Junction Station), ¼: Tel. 9-7 (at Railway). (1) 7.15 a.m.,

11.15 a.m.: (2) 1.30 p.m., 5.20 p.m.: (3) PO, SB, MOO: (4) Yes, 4: (5) No. William Duff, sergeant.

1 Brookboro v	3	C	F	½ L 1½ X ½ X 1½
2 Lisbellaw v	3¾	C B	G G P	¼ L 1¼ R 2
3 Lisnaskea v	3	C B B C	G S S G	⅜ R 1/16 R 2¼ L 1/16 R ¼
4 Tempo v	6	B	F	¼ R ½ L ½ L 1¾ X 1¼ L 1½ R ¼

MALAHIDE V. (Pop. 572). Coolock: North Division: Co. Dublin: Leinster. G. N. RY.: Tel. 8-8. (1) 7.15 a.m.: 7.50 p.m.: (2) 5 a m., 6.10 p.m.: (3) PO, SB, MOO: (4) Yes, 7: (5) Malahide Castle, ¼; favourite seaside residentiary resort. Thomas Dunlop, sergeant.

1 Baldoyle v	4	B	G	½ X ¼ X ½ X 1¼ L ½ X ½ X 1
2 Coolock v	5¼	A	G	¼ X ¼ X ¼ X ½ X ½ X 1¼ X ½ X 1 X ¾
3 *Donabate* R	3	Railway	—	2¼ X ½ (by rail track, estuary intervenes)
4 *Swords* T	3	A	G	½ X ¼ R ½ X 2

MALIN V. (Pop. 105). Inishowen East: North Division: Co. Donegal: Ulster. Tel. 8-8: F, 24 June, 1 Aug., 31 Oct.: PS, 4 w. (1) 10.10 a.m.: (2) 2.50 p.m.: (3) PO, SB, MOO: (4) Yes, 5: (5) Malin Head, 8. James Greany, constable.

1 *Carndonagh* v	4	B	G	2 R ½ L 1½
2 Culdaff v	4	B	G	¾ X ¾ X ¼ X 2
3 Malin Head R	8	D	G	4 R ½ L 1 R ¼ L 2 R ¼

MALIN HEAD R. Inishowen East: North Division: Co. Donegal: Ulster. (1) 11.45 a.m: (2) 1.15 p.m.: (3) PO, Ballygorman, 1½: (4) Yes, 2: (5) Malin Well, 1; Lloyd's Signal Tower, 2; Hell's Hole, 2½; Innistrahull Island Lighthouse, 9 (by sea). Thomas M'Dermot, sergeant.

| 1 Malin v | 8 | D | G | ¼ L 2 R ¼ L 1 R ½ L 4 |

MALLOW T. (Pop. 4469). Fermoy: North-East Cork: Co. Cork, E.R.: Munster. Tel. 8-8; Railway Tel. Office open all night: F, 1st t., monthly: PS, t.: M, f.: D.I.: R.M.: G. S. & W. RY.; C. F. & L. RY. (Junction). (1) 1.9 a.m., 9 a.m., 11.15 a.m., 1 p.m., 3 p.m., 10 p.m., 10.32 p.m., 11.15 p.m.: (2) 12.30 a.m., 1 a.m., 10.30 a.m., 1 p.m., 1.58 p.m., 10 p.m.: (3) PO, SB, MOO: (4) Yes, 22: (5) Spa Wells, ½; Mallow Castle,. Castle Demesne and Park, ½, on bank of river Blackwater; "The Rakes of Mallow." This town was formerly a very fashionable watering-place. Andrew Daly, constable.

1 Ballyclough v	5½	A F A B	G F G F	1¾ R 3½ R ¼
2 Buttevant v	7	A B A B	G I G	½ R ¾ L 2½ X 3½
3 Doneraile v	7¼	B C G A	G P F G	½ R 2½ R V 4¼
4 Glountane R	6¼	B A B	G F I F	½ R 2 R 4
5 Killavullen v	6¼	A C B A	G F G F	½ L ½ L 5¼
6 Rathduff v	10¾	A B A B	G F G F	1 R 9¾

MANORCUNNINGHAM V. (Pop. 150). Raphoe North: East Division: Co. Donegal: Ulster. L. & L. S. RY., 1½. (1) 6 a.m., 8.30 p.m.: (2) 4.30 a.m., 9.30 a.m., 5 p.m., 7.30 p.m.: (3) PO: (4) Yes, 3: (5) Lough Swilly, ½. Robert M'Minis, constable.

1 Knockbrack R	4	D	F	1½ L 2⅓
2 Letterkenny T	5	A	G	2 R 3
3 Newtowncunningham V	7	A	G	1 R 1 L 4 R 1

MANORHAMILTON V. (Pop. 939). Dromahaire and Rosclogher: North Division: Co. Leitrim: Connaught. F, 12th each month, except 8 May, 1 July, 7 Oct.: PS, every alternate w.: M, m. and th.: D.I.: S. L. & N. C. RY., ½: Tel. 8-8. (1) 645 a.m., 8.40 a m., 2.30 p.m.: (2) 11.30 a.m., 4.30 p.m., 7.30 p.m.: (3) PO, SB, MOO: (4) Yes, 7: (5) Ruins of Sir F. Hamilton's Castle in the town, erected in the reign of Queen Elizabeth; Cor Castle, 2½. Charles Canning, constable.

1 Annagh R	9	B	F G	1 L ½ R ½ R 2 X 1 R 3½ R ½
2 *Fivemileburn* R	8	B D	F	1¼ R 1¼ L 3½ R 1 R 1
3 Glenade R	7	B	F G	¼ R 1¼ R ½ L 5
4 Glencar R	4½	B	F G	1¼ R 1¼ X 2
5 Gubalaun R	7¼	D	B R	1 L ½ R 2½ R 1 L 1¾ X ½
6 *Killarga* R	6	B D	I P	4¼ L ½ R ¾ L 1
7 Kiltyclogher V	8½	D	B R	1 L ½ R ½ L 1¾ L 2¼ R ½ V ½ ½ L 1

MANTUA R. Roscommon: North Division: Co. Roscommon: Connaught. Castlerea, 10½, M. G. W. RY. (1) 10 a.m.: (2) 8 p m.: (3) PO, Mantua, 1½: (4) No: (5) No. Matthew Cole, sergeant.

1 Ballinagare V	3	B	B F I	¾ L 2⅛ L ⅛
2 Ballinameen V	6	B	S P	2 L ¾ X 2 R 1¼
3 Elphin V	5	A C	G F	3½ X 1¼ R ¼
4 Tulsk V	7½	A C	G F	¼ R 3¼ X 2½ X 1¼ R ½

MARKET-HILL V. (Pop. 739). Lower Fews: Mid-Armagh: Co. Armagh: Ulster. F, 3 f.: PS, last m.: M, f.: G. N. RY.: Tel. 8-8. (1) 6.30 a.m, 11 a.m., 2.30 p.m.: (2) 7 a.m., 12.5 p.m., 2.30 p.m., 8 p.m.: (3) PO, SB, MOO: (4) Yes, 12: (5) Gosford Castle and Demesne, 1; Vicars Cairn: on the Keadybeg River, 3. John Bowen, sergeant.

1 Armagh C	7	C	G	3 X 3 X 1
2 Mountnorris V	4	B	F	1½ R ½ X 1 X 1
3 Richhill V	5	A	G	½ R ¾ X ¼ L 1½ X 2
4 Tandragee T	6	B	F	½ L ½ X 1½ X 1 X 1 R ⅛ R X 1⅜

MARLFIELD V. (Pop. 144). Iffa and Offa East: East Tipperary · Co. Tipperary, S.R.: Munster. Clonmel, 2, W. & L. RY. (1) 7 a.m., 1 p.m.: (2) 7.30 p.m.: (3) PO, MOO: (4) No:

(5) Malcolm's Rock, 2; Patrickswell, ¾; Marlfield Pond, ⅛; Barne Pond, 2½: Old Distillery, ⅛. John Aldworth, sergeant.

1 Ballingeary R	6	C	G	½ X ½ L 1¾ L ⅜ R ⅜ R 1½ L 1½
2 Clonmel T	1½	CM	G	¾ R ¼ X ½
3 Kilmanahan R	5	•C	F	3 L ¼ R 2¼
4 Knockevan V	6	D	G	½ X ½ L 2 R 1 X 2

MARTINSCROSS R. Dundalk Upper: North Division: Co. Louth: Leinster. Dundalk, 4, G. N. RY. (1) 4.30 a.m.: (2) 8 p.m.: (3) PO, etc., Dundalk, 4: (4) No: (5) No. Edmond Lonergan, sergeant.

1 *Dundalk, Anne St.* T	4½	A C	G	¼ X 3 R 1¼
2 Louth V	5	C	G	⅜ R 1 X 1½ R 2⅜
3 *Lurgangreen* R	4¼	C	G	¼ R 1¼ X 1¾ R 1

MARTINSTOWN R. Lower Antrim: Mid Division: Co. Antrim: Ulster Knockanally, ⅛, B. N. C. RY. (1) 8 a.m.: (2) 6.30 p.m.: (3) PO: (4) Yes, 1: (5) Glenariff, 6. James M'Callen, sergeant.

1 Ballymena T	7¾	B	G	1½ X 1 X 1¼ X ½ X ¾ X ¾ X ¼ X 1¾
2 Broughshane V	6	B	G	¾ L ¼ R ¾ R ½ L 1½ L 2¼
3 *Cloughmills* V	7	D	F	1½ R 2½ X 3.
4 Cushendall V	11¾	D	G	⅛ X 1 X 2 X 2⅜ R 5 L 1½

MARYBOROUGH T. (Pop. 2809). Maryborough East: Leix Division: Queen's County: Leinster. Tel. 8-8: F, 1 and 28 Jan., 24 Feb., 25 March, 14 April, 12 May, 5 June, 5 July, 5 Aug., 4 and 28 Sept., 23 Oct., 13 Nov., 4 Dec. (movable): PS, 2 t.: M, th.: C.I.: D.I.: G. S. & W. RY. and W. & C. I. RY. (1) 7 a.m., 9.30 a.m., 5 p.m.: (2) 4.30 p.m., 9.30 p.m., 10 p.m.: (3) PO, SB, MOO: (4) Yes, 13: (5) Clonreher Castle, 1¾; Sheffield House, 2¼; the Prison and Lunatic Asylum, ½. The town is called after Queen Mary of England, wife of Philip II. of Spain. Thomas Hayes, sergeant.

1 *Abbeyleix* T	9½	A	G	⅛ L 2⅞ R 2½ X 2½ L 1¼ R ¼
2 Ballyroan V	6¼	A	G	⅛ R 1⅞ R 1 X 1¾ R 1½
3 Heath R	4½	A	G	⅛ L ⅛ R 2¼ X 1½ R ½
4 Mountmellick T	6¼	A B	G	⅛ R ⅜ R 1¼ R 1 L 2¼ X ¼ R 1
5 *Mountrath* T	8½	A	G	⅛ X 1 L 2¾ R 3 X 1⅝
6 Stradbally T	6	A	G	¼ L ⅛ R 1¾ X 2⅝ R 1½ X ¼
7 Timahoe V	7½	A	G	⅛ R 1⅞ X 2¾ X 2¾

MAYNOOTH T. (Pop. 1530). North Salt: North Division: Co. Kildare: Leinster. Tel. 8-7: F, 4 May, 19 Sept.: M, m.: G. W. RY., ¼. (1) 8.30 a.m., 8.30 p.m.: (2) 5 p.m., 10 p.m.: (3) PO, SB, MOO: (4) Yes, 6: (5) Roman Catholic College (opened 1795), 500 students—fine building; the Castle of the Geraldines; Carton Demesne, seat of the Duke of Leinster; the Round Tower, Teghadoe, 3; for centuries before 1795 a Col-

May] ROAD AND ROUTE GUIDE FOR IRELAND. [Mee

legiate Church existed at Maynooth of a Provost and six priests, on the foundation of Gerald, Earl of Kildare, that prayers should be said for him and his Countess. Philip Brady, sergt.

1 Celbridge v	4	A	G	½ L 1 X 2¾
2 *Kilcock* v	4	A	G	⅛ L 3¾
3 Leixlip v	5	A	G	2¼ X 2¼
4 MOYOLARE R	1½	A	G	⅛ R 1⅜
5 Straffan R	5	A	G	¼ R 3 X 1 X ¾

MAYOBRIDGE R. Iveagh Upper, Upper Half: South Division: Co. Down: Ulster. F, last m., monthly: P.St.: Newry, 6, G. N. RY. (1) 8.30 a.m.: (2) 5.30 p.m.: (3) PO: (4) No: (5) No. John Flynn, sergeant.

1 Hilltown v	3¾	C	G	R 1 X ¼ R 1 L 1⅛
2 Newry T	5	C	G	⅜ R ¼ L 1 R ½ X 1 X ½ R ¼ R ¾
3 Rathfriland v	5	D	I	1 R 1 X ½ L ¼ R ¼ L 1 L ½
4 Rostrevor v	6	D	I	¼ L 2 X 2¼ L ¼ R ¼ R ⅜
5 Warrenpoint v	6¼	D	I	2 L ⅛ R ⅜ L 1 L 1 R 1 R ¾ L ⅜

MEATH-HILL R. (Disestablished 26th Oct., 1892.) Lower Slane: North Meath: Co. Meath: Leinster. Kingscourt, 4, M. G. W. RY. (1) 10 a.m.: (2) 2 p.m.: (3) Kingscourt, 4: (4) No: (5) Bellahoe Lake and River, 2. Here O'Neill ("Con Bocca") and O'Donnell of Tyrconnell were routed with great slaughter, 1538. J. Wallace, sergeant.

1 COOLDERRY R	4½	D	I	⅜ R ¼ L ¾ L 1 X 1 R ¼ R ¼ R ¼
2 *Drumconra* v	4¾	A	G	1⅛ X 3
3 Kilmainhamwood v	5¼	C	G	1¼ X 1½ L ¼ R 2
4 KINGSCOURT V	4	C	G	X 4 L
5 *Nobber* v	6¾	C	G	1⅛ L 1½ R ½ R 3

MEELICK R. Lower Bunratty: East Division: Co. Clare: Munster. (1) 8.30 a.m.: (2) 8.30 a.m.: (3) Cratloe, 2½: (4) No: (5) No. George M'Millin, sergeant.

1 Ardnacrusha v	6¼	A	G	3¼ L ¼ X 3
2 CAHERDAVIN R	2	A	G	Direct road
3 Cratloe R	2¾	A	G	2 R ½

MEELICK R. Longford: East Division: Co. Galway, E.R.: Connaught. Banagher, 7, G. S. W. RY. (1) 8 a.m: (2) 10 a.m.: (3) Eyrecourt, 4: (4) No: (5) No. Owen Dockery, sergeant.

1 Banagher T	7	B	F	¼ R 3½ R 3 R
2 Clonfert R	6	B	F	¼ L 1 R 1½ X 3
3 Eyrecourt v	4	B	F	1½ R ½ L 1½ R ⅛

MEELIN V. (Pop. 150). Duhallow: North Cork: Co. Cork: Munster. Newmarket, 5½, G. S. & W. RY. (1) 9 a.m.: (2) 5 p.m.: (3) Newmarket: (4) No: (5) No. Michael Downes, acting-sergeant.

1 *Freemount* v	8	C	F	½ R 1 X 1 R 5½
2 Newmarket v	5	C	F	½ X ½ L 3 R 1
3 Rockchapel v	7	C	F	3½ L 3½
4 Tour R	7	C	F	2 L ⅛ R 1¼ X 1¼ R ⅛ L 1⅛

247

MENLAGH V. (Pop. 80). Tiaquin: South Division: Co. Galway, E.R.: Connaught. Woodlawn, 10, M. G. W. RY. (1) 8 a.m.: (2) 6.30 p.m.: (3) PO: (4) Yes, 1: (5) Menlagh Castle, 1. Daniel Minihane, constable.

1 Castleblakeney V	4½	A	G	1 L ¼ R 1 L ½ L ½ R 1
2 Gurteen R	6	B C	G	¼ L 3 L 1 R ¾ R 1
3 Monivea V	7	A C	G	¼ R ½ L 2 L ¼ R 2 R 1 L 1
4 Mountbellew V	6	A	G	1½ L ¼ R 1½ L ½ R ¼ R 1 R 1
5 Moylough V	6	A	G	1½ L ¼ L ½ R 1⅞ R 1 L ¾ L 1

MIDDLETOWN V. (Pop. 400). Tirany: Mid Division: Co. Armagh: Ulster. PS, last s., monthly: M, th.: Tynan, 4, G. N. RY. (1) 8 a.m., 5 p.m.: (2) 1 p.m., 6 p.m.: (3) PO, SB, MOO: (4) Yes, 7: (5) The Ulster Canal, between Loughs Neagh and Erne, passes the town. James Hynes, acting-sergt.

1 Armagh C	11¾	B	F	⅞ X 1 L 1 X 2 L 1¼ L 4 L 1¾
2 Castleshane V	5	B	F	¼ L ½ R ½ R 1 L 1 X 1¾
3 Glasslough V	3½	A	G	¼ R 2¼ R 1
4 Keady T	8	B	F	¼ X 4 R 1 R 2¾
5 Tynan V	3½	A	F	¼ L 3 R ⅞
6 Monaghan T	7	A	F	¼ L ½ R ½ R 1 R ⅞ L 2 L 1¼ L ½

MIDLETON T. (Pop. 3233). Imokilly: East Division: Co. Cork, E.R.: Munster. Tel. 8-8: F, 2nd m., monthly; 14 May, 5 July, 10 Oct., 22 Nov.: PS, 2 th.: M, s.: D.I.: G. S. & W. RY., ¼. (1) 7 a.m., 3.30 p.m.: (2) 12.30 p.m., 8.30 p.m.: (3) PO, SB, MOO: (4) Yes, 15: (5) Cahirmore Castle, 2, erected 1645; a Cistercian Abbey was founded in 1180 by one of the Fitzgeralds; Midleton College, where Curran studied. Michael Byrne, sergeant.

1 Ballinacurra V	1½	A W	G Sea	⅜ S 1¼ S
2 Ballincurrig R	6½	B	F	1 L 1 R 1 R 2 X 1½
3 Carrigtwohill V	4	A	G	4
4 *Castlemartyr* V	5¾	A	G	¼ L 2¼ X 1½ L 1¼

MILFORD V. (Pop. 158). Orrery and Kilmore: North Division: Co. Cork, E.R.: Munster. Charleville, 10½, G. S. & W. RY. (1) 6 a.m.: (2) 7.10 p.m.: (3) PO: (4) Yes, 2: (5) Old Castle on River Deel, 1. Thomas Cahill, sergeant.

1 Charleville T	9	A	G	5 L 2 R 2
2 Dromcolloher V	3	A	G	2¼ L ½
3 Feenagh V	4½	B	F	2 L 1½ R 1
4 Freemount V	6½	D	F	¼ R 2 L ¼ R 2 R 1¾
5 Liscarroll V	7¾	A	F	½ R 2 L 5

MILFORD V. (Pop. 374). Kilmacrenan: North Division: Co. Donegal: Ulster. F, 23rd of each month; if Sunday, on following day: PS, th., fortnightly: M, f.: Fahan, 10, L. & L. S. RY.: Tel. 8-8. (1) 9 a.m., 4 p.m., 8 p.m.: (2) 6.15 a.m., 9.15 a.m., 4.15 p.m.: (3) PO, SB, MOO: (4) Yes, 8: (5) Mulroy Bay, 1½; Lough Salt, 4; Lough Fern, 1¼: Lough

Columbkille, 2; Cratlagh Wood, 3½. Cratlagh Wood is the place where Lord Leitrim and' his two servants were murdered on 2nd April, 1878. Hugh Callaghan, acting-sergeant.

1 Cranford R	6	C D B	F F F	¼ L 1¼ R 1¾ X 2¼ X ½
2 Kerrykeel V	4	C D B	F F F	¼ R ¾ L ¼ X ¼ L 3½
3 *Kilmacrenan* V	5	C D B	F F F	3 X 1 X 1
4 Ramelton V	4	C D B	F F F	⅛ L ½ X ⅛ R ¼ X ½ X ¼ R 2¼
5 Rathmullen V	8	C D B	F F F	⅛ L ½ X ⅛ R ¼ X ½ L 1½ L ⅛ R 2½ X 2⅜

MILFORD R. Idrone West: Carlow Division: Co. Carlow: Leinster. Tel. 8-8; 8 a.m. to 9 a.m. on Sunday: Milford, 2, G. S. & W. RY. (1) 8 a.m.: (2) 6 p m.: (3) PO, SB: (4) No: (5) Clogrennan Castle, 2½. Anthony Wilson, sergeant.

1 Carlow T	5	A	G	⅛ L 4⅞
Second road East of River Barrow	5½	A	G	⅛ R ⅛ L ⅛ L 1 L 4⅛
2 CARLOW GRAIGUE T	5	A	G	⅛ L 4⅞
3 *Leighlinbridge* V	4	A	G	⅛ R 1 R ⅞ L 2
Second road East of River Barrow	5	A	G	⅛ R ⅛ L ⅛ L 1 R 3⅝

MILLQUARTER R. Upper Toome: South Division: Co. Antrim: Ulster. Toome, 4, B. N. C. RY. (1) 10 a.m.: (2) 3 p.m.: (3) PO, Crosskeys, 1; SB, MOO, Toome, 4: (4) Yes, 1: (5) No. Francis Carroll, sergeant.

1 *Ahoghill* V	5½	D B	B F	1 X ½ X 1 X 3
2 *Portglenone* V	6½	D B	B F	1 L ½ R 1 R 3 L 1
3 Randalstown T	7	D B	B G	1 R ⅞ L ⅛ R 1 L 2 R 2
4 Toome V	4	D B	F G	1½ R 2½

MILLSTREET T. (Pop. 1319). West Muskerry: Mid-Cork: Co. Cork, W.R.: Munster. F, 6 Jan., and 1st of every other month: Pig fair, previous days: PS, m., fortnightly: M, f.: D I.: G. S. & W. RY., 1½: Tel. 8-8; 8 a.m. to 9 a.m. on Sundays. (1) 8 a.m., 3 p.m. · (2) 11.30 a.m., 9 p.m.: (3) PO, SB, MOO: (4) Yes, 12: (5) Drishane Castle, 2 (erected by Dermott M'Carthy in 1436, forfeited in 1641 by Donagh M'Carthy), is a beautiful, ancient, and modern structure. The whole environs of Millstreet are most picturesque. Denis Moroney, sergeant.

1 *Carriganimmy* V	7	A	P	4 X 2½ R ½
2 CLONBANNON R	7	B	I	¾ L 1½ X 1½ R ½ L 1¼ L ¾ R ¾
3 LISNABOY R	6½	D	I	1¾ L 3 L ¼ R ¼ L 1¼
4 Mushera R	6½	D	B	¾ R 2½ R V ¼ L Λ ¾ R 2 L ¼
5 RATHCOOLE R	5	A	F	¾ L 1½ R 2¾
6 RATHMORE V	8	A	G	4 X 3¼ X ¾

MILLTOWN R. Ibane and Barryroe: South Division: Co. Cork: Munster. Clonakilty, 5½, C. B. & S. C. RY. (1) 9 a.m.: (2) 4.15 p.m · (3) PO: (4) No: (5) Castlefreke, ½; Galley Head, 3. Thomas Looney, sergeant.

1 Clonakilty T	5½	A	F	1¾ X 1¼ L ¾ L 1 R ¾
2 Rosscarbery V	4	C	F	1 R 1 R 1 L 1

MILLTOWN V. (Pop. 129). Dunmore: North Division: Co. Galway: Connaught. PS, each alternate t : M, t. : W. & L. RY., 1 (in course of construction). (1) 8.30 a.m. : (2) 5.30 p.m. : (3) PO, SB, MOO : (4) Yes, 5 : (5) No. D. A. Kidd, sergeant.

1 BALLINDINE V	5	A	G S	¼ L 2½ R 2¼
2 *Castlegrove* V	4	D C	G F	¼ R 1 R 1 R 1 R ½ L ¼
3 DRYMILLS V	4	D C	G F	¼ R ¼ L ¾ L ¼ L 2⅜ R ⅛
4 Dunmore V	8	D C	G F	¼ R ¼ L ¾ R 2 L 3½ R 1 X ¼
5 *Tuam* T	8	A	G S	¼ L 1½ R 2½ R 1 L 1 X 1½ L V ⅛ L ⅛

MILLTOWN V. (Pop. 517). Trughenacmy: West Division: Co. Kerry: Munster. F, 26 April, 23 June, 23 Aug., 15 Dec.: PS, 2 w. : M, w. : G. S. & W. RY., ¾. (1) 8 a.m. : (2) 4.15 p.m. : (3) PO, SB, MOO: (4) Yes, 4 : (5) Kilcolem Abbey, ½. Daniel Sullivan, sergeant.

1 *Ballinilane* R	7	D	G	¾ L 1¼ L ¾ R 2¼ X 1½ R ½
2 Beaufort V	8	A	G	¾ R 3¼ L 2 R 1½ R ¾ L ¼ R
3 Keel R	6	A	G	¼ R 1 L ¼ L 2 R 2 L ½
4 Killorglin T	5	A	G	¼ R ¼ L 1 L 1⅓ X 1½ R ¼ R ⅛ X ⅛
5 *Longfield* R	6	B	G	¼ R 1 R ¾ L 4
6 *Tralee* T	12	A	G	¼ R 1 L ¼ X ¾ R 1¼ L 3 L 2½ R ¾ L ¼ L ⅛ R 1⅙ L ¾

MILLTOWN V. (Pop. 75). Fartullagh: South Division: Co. Westmeath: Leinster. Killucan, 5, M. G. W. RY. (1) 5.30 a.m. : (2) 6.55 p.m. : (3) PO : (4) Yes, 1 : (5) No. Thomas Donohoe, constable.

1 *Kinnegad* V	6½	A	G	½ R 2¼ R ¼ L 3½
2 Knockeraville R	3	B	G	1¼ R 1¼ R ½
3 *Rochfortbridge* V	3	A	G	Straight road

MILLTOWN R. Kenry: West Division: Co. Limerick: Munster. Askeaton, 6, L. F. RY. (1) 9.30 a.m. : (2) 5 p.m. : (3) PO, SB, MOO, Pallaskenry, 2½ : (4) No : (5) No. Benjamin Watson, sergeant.

1 Askeaton V	5	A B	G	1½ R X 3½
2 Pallaskenry V	2½	B	G	¼ R ¾ L 1½
3 Stonehall R	4½	A B D	G	¼ R 1¼ R 1 R ¼ L ¼ R 1½

MILTOWNMALBY T. (Pop. 1245). Ibrickane: West Division: Co. Clare: Munster. Tel. 8-8: F, 1 Feb., 9 March, 4 May, 20 June, 11 Aug., 11 Sept., 18 Oct., 9 Dec. . PS, every 2nd th. : M, th. : W. C. RY., ¼. (1) 3.30 a.m., 3 p.m. : (2) 11 a.m., 6 p.m. : (3) PO, SB, MOO : (4) Yes, 8 : (5) Spanish Point, a beautiful seaside resort; has derived its name from the fact that some of the Spanish of the Armada were drowned and buried there; about 3 miles further on is the Puffing Hole; very fine scenery at Freagh Castle. John Allingham, sergeant.

1 Coor R	6½	C	F	1½ L ¼ R 1¼ R 1 L ½ R 1 R 1
2 Inagh R	10	B	G	1 L 4 L 2 X 3
3 Lahinch V	6½	C	F	1½ R ¼ R 1½ X ¾
4 Mullough V	4	A	P	1 X 1¼ L ¾ R ¾ R ¼

MINTIAGHS R. Inishowen : North Donegal · Co. Donegal : Ulster. Buncrana, 6½, L. & L. S. RY. (1) 8.30 a.m. : (2) 4 p.m. : (3) Drumfries, 1¼ : (4) No : (5) Mintiaghs Lakes, ¼ ; Peculiar mountain scenery, one of the lakes nestling at the base of a steep hill ; Barnionmore, 1044 feet, ½. Michael Finan, sergeant

1 Buncrana V	6½	D	F	1¼ R 2½ X 1 L ¼ R 1½
2 Carndonagh V	6½	D	F	1¼ 5 R ¼
3 Clonmany V	5	B	G	¼ R 4¾
4 Linsfort R	8	D	F	1¼ R 2½ X 1 R ½ R 1 1½ L ¼

MITCHELSTOWN T. (Pop. 2000). Condons and Clangibbons : North-East Cork : Co. Cork : Munster. Tel. 8-8. F, last f. (cattle) ; 3rd w. (pigs) : PS, each alternate f. : M, th. : R.M. : D.I. : G. S. & W. RY. (Fermoy and Mitchelstown Branch). (1) 7.30 a.m., 3.15 p.m. : (2) 11.30 a.m., 7 p.m. : (3) PO, SB, MOO : (4) Yes, 20 : (5) Mitchelstown Caves, 6 ; Round Tower and Church of Brigowne, 1½ ; Caherdring and Corrignowla Castles, ½ ; Castlehyde on the Blackwater. Edward Coen, acting-sergt.

1 Araglen V	11	D G	G	⅛ L 1¾ L 1 R ∧ 2⅝ X V 3½ L 1½ R ½
2 DARRAGH R	9	D	G	⅛ X ⅛ L 1 L ¼ R 3 L ½ R 2 R ⅛ L 1¾ L ⅛
3 Glanworth V	7	B	G	⅛ X ⅛ X 1½ X 1½ X 1 L 2½ X ¼
4 KILBENNY V	3½	B	G	⅛ X ⅛ R ¼ X 2⅞ L ⅛
5 Kildorrery V	7 ·	B A	G	⅛ R ⅛ X 1 R 1 L 2 X 1¾ L ∧ 1
6 *Kilworth* V	8	F B	G	⅛ X ½ L 3½ L ⅛ X 2½ L 1¼

MOATE T. (Pop. 1340). Clonlonan : South Division : Co. Westmeath : Leinster. F, 28 Jan., 3 Mar., 21 and 25 April, 22 June, 3 Aug., 1 and 2 Oct., 4 Nov., 15 Dec. : PS, each alternate th. : D.I. : M. G. W. RY. : Tel. 8-9. (1) 9.38 a.m., 4.13 p.m., 8.10 p.m., 10.13 p.m., 12 night, 2.16 a.m. : (2) 9 a.m., 12.35 p.m., 3.35 p.m., 9.30 p.m. : (3) PO, SB, MOO : (4) Yes, 10 : (5) Donegan Castle, 2½. The town was formerly called "Moat-a-Grenoge." James' II. forces defeated here, 1690. John Pounden, head-constable.

1 Ballinahown R	7¼	A D B	G	2 X 1¾ L ⅛ R 1¾ L 1¼ L ⅝
2 Ballycumber V	6	B	G	¼ R 1½ X 1½ R 1¼ L ½ X ½ X ½
3 Fardrum R	7	B	G	2 R ¼ L 1 R ½ X 3¼
4 Moyvoughly R	3	B	G	½ X 1¼ R 1¼
5 Streamstown R	8	B F B	G	½ R 1½ L ½ R ¼ R ½ L ½ R ½ L 1½ R 1¼ L 1
6 Tubber R	2½	B	G	¼ L 2¼
7 Walderstown R	7	D B	G	1½ L 1¾ R ¼ L ¼ R ⅛ R 1⅛ X ¾ R ½ R 1

MOBARNAN R. Middlethird : East Division : Co. Tipperary : Munster. Farranaleen, ½, W. & L. RY. (1) 8.35 a.m. : (2)

4.55 p.m. : (3) PO, Fethard, 4½ : (4) No : (5) No. Michael Kelly, sergeant.

1 Ballinure R	4¾	B	S F	1½ R 1 L 2
2 Cashel C	6¼	D	S F	½ L 2½ L R 3¼ L
3 Fethard T	4½	B	S G	1 R ⅜ R 2¾ R ⅜
4 Rosegreen R	5½	B	S F	1 L ¼ R 2¾ R 1½ L

MOHILL T. (Pop. 1100). Mohill : South Division : Co. Leitrim : Connaught. F, 1 th. in Jan. and Feb., 25 Feb., 3 Mar., 2 th. in April, 8 May, 1 th. in June and July, 31 July, 3 th. in Aug., 2 th. in Sept., 1 th. in Oct., 19 Oct., 2 th. in Nov., 1 th. in Dec. (movable) : PS, 2 t.. M, th. : D.I. : C. L. & R. L. RY., ¼ : Tel. 8-7. (1) 7 a.m., 11.30 a.m. : (2) 2 p.m., 8.45 p.m. : (3) PO, SB, MOO : (4) Yes, 13 : (5) Lough Rynn. John Lynch, sergeant.

1 Annaghmore R	4	B	F	¼ L 1¾ L 2
2 Cloone V	5	B	G	1½ X 1 X 2 L ⅛
3 Corraterriff R	8	I	R	¾ L ¾ R 1¼ R V Λ ¼ R
4 Dromod V	5½	B	G	½ L ¾ L 1 L 1½ L 1¾
5 Farnaght R	6	B	G	½ X 4½ L 1
6 Gorvagh R	4	B	G	1 X ¾ X 2⅜ X ⅛

MOIRA V. (Pop. 410). Lower Iveagh Upper Half : West Division : Co. Down : Ulster. F, 1st th. May, Aug., Nov. : PS, last w. : G. N. RY. : Tel. 8-8. (1) 8 a.m., 10 a.m., 4.45 p.m. : (2) 8.30 a.m., 3.45 p.m., 7.15 p.m. : (3) PO, SB, MOO : (4) Yes, 10 : (5) Gave title "Earl of Moira" to Marquis of Hastings. James Maguire, sergeant.

1 AGHALEE V	4	A B B A	G	½ L 1 L 2½ L ¼
2 Dromore V	7	D H D H	F	1 R ⅜ L ¾ L ½ Λ ⅜ R ¼ L 3 V ½
3 Hillsborough V	7	B B B B	F	¼ R 1½ R 2 L 3 L ¼
4 LISBURN T	7¾	A A A A	G	¼ X 2 R 5½
5 LURGAN T	5	A A A A	G	¼ L 2 R 1½ X ¾ R ½
6 Waringstown V	5	A B B B	F	¼ L 2 L ½ R ½ L ¼ L ½ R 1

MONAGHAN T. (Pop. 2900). Monaghan : North Division : Co. Monaghan : Ulster. Tel. 8-8 : F, 1 m. : PS, m., weekly : M, m. : D.I. : C.I. : G. N. RY. and Ulster Canal. (1) 7 a.m., 10 a.m., 4.10 p.m., 7.10 p.m. : (2) 10 p.m., 7.30 a.m., 12.35 p.m., 2.25 p.m., 3.30 p.m., 6.20 p.m., 9 p.m. : (3) PO, SB, MOO : (4) Yes, 30 : (5) Rossmore Park ; Cornecassa House, 1 ; the Jail Hill and "Diamond," Old Church, &c., in town. G. H. Montgomery, head-constable.

1 Ballinode V	4	A	G	⅝ L ⅛ R ¼ X 1¼ L 1½ L ½
2 Castleshane R	4	A	G	⅜ R ¾ L 3⅜
3 Emyvale V	6½	A	G	¾ X 5¾
4 Glasslough V	6½	B D	S G	¾ L 1½ R 4¼
5 MIDDLETOWN V	7	B	G	¾ R 1½ R 4¾
6 *Smithboro* V	7	A	G	⅝ L ⅛ L ¼ R 1 X 5¼
7 Stranooden R	5	B B D A	F G	1 R 3 L 1
8 Tydavnett V	4½	D	F	½ L 1 R ½ L 2½

MONAMOLIN V. (Pop. 119). Ballaghkeen North : North Wexford : Co. Wexford : Leinster. Ferns, 7, D. W. & W. RY. **(1)** 7 a.m. : **(2)** 6 p.m. : **(3)** PO : **(4)** No : **(5)** A fine old church. Patrick Mooney, sergeant.

1 Ballycanew V	4½	A	G	½ L ¾ L 1 R ¼ L 1½ R 1
2 Kilmuckridge V	6	B	G	¼ R 1 L 3 L 1½
3 Oulart R	6	B	G	½ L ¾ R ½ X ½ R 1¼ X 1¼ R 1

MONASTEREVAN T. (Pop. 1030). West Offaly : South Division : Co. Kildare : Leinster. Tel. 8-8 : F, 3 m. : PS, 2 f. : M, s. : G. S. & W. RY. **(1)** 7.30 a.m., 9.30 a.m. : **(2)** 9.30 p.m. : **(3)** PO, SB, MOO : **(4)** Yes, 10 : **(5)** Moore Abbey, ¼ ; the acqeduct at the River Barrow, ½ ; the Irish Peat Moss Litter Manufactory at Umerous, 3 ; Lea Castle, 3. W. Hurst, sergeant.

1 BALLYBRITTAS V	3½	A	G	½ L 1 L 1 X 1
2 Kildare T	6½	A	G	¼ L 6
3 Nurney R	7½	A	G	¼ L 1¾ L ½ R 2 L 2 X ¾
4 PORTARLINGTON T	5¼	B	G	½ L 2½ R 2
5 Rathangan V	6¼	B	G	½ R 1½ X 1 X 2½ L 1¼

MONEYGALL V. (Pop. 376). Clonlisk : Birr Division : King's County : Leinster. PS, each alternate m. : Cloughjordan, 6, G. S. W. RY. : Tel. 8-8. **(1)** 8 a.m. : **(2)** 6 p.m. : **(3)** PO, SB, MOO : **(4)** Yes, 3 : **(5)** Loughton, 1 : Thornvale, 2 ; Busherstown, 1 ; "Devil's Bit" Mountain, 5. Francis Ashe, sergeant.

1 Dunkerrin V	3	A	G	1½ X 1 X ½
2 Knockaspur R	4	B	G	⅛ R 1½ X 1¼ L ¾ L ⅛
3 TOOMEVARA V	4	A	G	1 X ½ X 1 X ½ X 1

MONEYMORE V. (Pop. 537). Loughinshollin : South Derry : Co. Londonderry : Ulster. F, 21st, monthly : PS, 1 t. : R.M. : B. & N. C. RY., ½ : Tel. 8-8. **(1)** 8.20 a.m., 10.50 a.m., 12.25 p.m., 4.45 p.m., 5.30 p.m. : **(2)** 8.20 a.m., 10.30 a.m., 12.25 p.m., 4.20 p.m. : **(3)** PO, SB, MOO : **(4)** Yes, 6 : **(5)** Lough Fea, 9. John Bell, sergeant.

1 Ballyronan V	6¼	F B	G	½ L 3 X 1 X 1 X ¾
2 COAGH V	4	F B G	G	¼ R 3½ X ¼
3 COOKSTOWN T	4	F B	G	1 X 1 L ½ L 1¼
4 Draperstown V	9½	B	G	⅛ R 4½ X 2 L 2½
5 Magherafelt T	5¼	B D	G	2 L 2 L 1¼

MONIVEA V. (Pop. 130). Tiaquin : East Division : Co. Galway : Connaught. F, Ascension Day and Corpus Christi : M, th. : Athenry, 6, M. G. W. RY. **(1)** 8 a.m. : **(2)** 6 p.m. : **(3)** PO : **(4)** Yes, 2 : **(5)** No. R. Coulson, sergeant.

1 Athenry T	6	A	G	2 L ¾ R 1¼ L 1¾ R ¼
2 BALLYGLUNIN R	7	D	G F	1 R 4 R 1¾ X ¼
3 Gurteen R	8	B	G F	1¼ L 1 L 1¾ L ⅛ R 2 R 1½
4 *Menlagh* V	7	C	G	1¼ L 1 R 1¾ R ¼ L 2 L ½ R ¼

253

MONKSTOWN V. (Pop. 550). Kerrycurrihy : South-East Division : Co. Cork : Munster. Tel. 8-8 : Passage West, 2, C. B. & P. RY. (1) 5.30 a.m., 1.30 p,m. : (2) 11 a.m., 8 p.m. : (3) PO, SB, MOO : (4) Yes, 10 : (5) Monkstown Castle and Giant's Stairs, ⅛ ; a residentiary suburb of Cork and Queenstown. M. Downes, sergeant.

| 1 *Carrigaline* v | 5 | B | G | 1¾ L ⅛ R ¼ L ¾ R 1½ R ⅛ |
| 2 Passage West T | 2 | B Sea | G | ¾ F ¾ R ½ F ¾ |

MOONCOIN V. (Pop. 503). Iverk : South Division : Co. Kilkenny : Leinster. Grange, 1, W. & L. RY. (1) 8.10 a.m. : (2) 5 p.m. : (3) Piltown, 5½ : (4) Yes, 1 : (5) Silverspring, 2 ; Rathcurby, 3. Patrick Sheil, sergeant.

| 1 Fiddown v | 4 | A B | G | ¼ X ¾ X 1 X 1 X 1 |
| 2 Kilmacon v | 5 | B | G | ¼ X ¾ L 1 X 1 X 1¾ R ¼ |

MORRIS'S MILLS R. Inchiquin West Division : Co. Clare : Munster. Corofin, 5½, W. C. RY. (1) *nil* : (2) *nil* : (3) Inagh, 2½ : (4) No : (5) No. Patrick Kelly, constable.

1 Corofin v	5¼	D	F	½ R 2¼ L 2¼
2 *Ennis* T	9¾	B D B	F	2½ R 4 L ¾ L 2½
3 Ennistymon v	8	B D B	F	1¼ L 2¼ R ¼ X 3¾ R ¼
4 Inagh v	2½	B	F	¼ R 2½ L ⅛

MOSSIDE V. (Pop. 136). Carey : North Division : Co. Antrim : Ulster. F, 13 Feb., 21 May, 21 July, 21 Nov. : Stranocum, 3½, B. LT. RY. (1) 10.30 a.m. : (2) 1.15 p.m. : (3) PO : (4) Yes, 2 : (5) No. John Gallagher, constable.

1 Armoy v	4½	B	F	1¼ R ½ L 3½
2 Ballycastle T	7¼	B	F	1¼ X 4½ L ¾ R ½ L ¼
3 Bushmills v	8	D	F	¼ R ⅞ L 2 R 3½ R 1 L ¼ L ½
4 Dervock v	3¾	B	F	¼ X 2 L 1½

MOUNTBELLEW V. (Pop. 400). Killian : East Division : Co. Galway : Connaught. F, 3 May, 3 July, 27 Sept., 16 Nov. : PS, each alternate t. : M, t. : Woodlawn, 11, M. G. W. RY. : Tel. 8-8. (1) 6 a m. : (2) 7.30 p.m. : (3) PO, SB, MOO : (4) Yes, 20 : (5) Castlebellew, 1 ; Oldtown, Mountbellew, 1. James Cullen, sergeant.

1 Ballinamore R	8	B	G	1 R 1½ R 4 R 1½
2 Castleblakeney v	3½	B	F	¼ R 1¾ R 1¾
3 Menlagh v	6	B	G	1 L 1½ L 2 R 1¾
4 Moylough v	3	A	F	1 X 2

MOUNTCHARLES V. (Pop. 405). Banagh : South Division : Co Donegal : Ulster. F, 22nd each month : R.M. : Tel. 8-8 : Donegal, 4, DONEGAL RY. (1) 8 a.m., 3 p.m. : (2) 9 a.m., 5 p.m. : (3) PO, SB, MOO : (4) Yes, 6 : (5) Mount, ¼ ; Salthill, 1. Patrick Lyons, sergeant.

| 1 Donegal T | 4 | B | G | Direct road |
| 2 *Dunkineely* v | 7¾ | B D | G | 4 R 3¾ |

MOUNTCOAL R. Clanmaurice: North Kerry Division: Co. Kerry: Munster. Listowel, 5, W. & L. RY. (1) 10 a.m., Monday, Wednesday, Friday: (2) 11 a.m., Monday, Wednesday, Friday: (3) Listowel, 5; Finoge, 2: (4) Yes, 1: (5) No. John Roche, sergeant.

1 *Gortatoo* R	6	A B F	G	1½ L 3½ R 1
2 Listowel T	5	A	G	1¼ X 1¼ X 2 L ½
3 Lixnaw V	5½	A B	G	½ X 2½ L 2¾
4 Lyrecrompane R	7	D	F	2 R 5
5 *Tralee* T	13	A	G	1½ L 11½

MOUNTCOLLINS R. Glenquin: West Division: Co. Limerick: Munster. Abbeyfeale, 9, L. K. RY. (1) 11 a.m.: (2) 4.20 p.m.: (3) PO: (4) Yes, 1: (5) No. Martin Carroll, sergeant.

1 Abbeyfeale T	8	B	G	¼ R ½ R 1½ R 1½ R 1¼ R ¾ L ¾ L 1½
2 BROSNA V	3	B	G	¼ R ½ R 1½ L ¾
3 ROCKCHAPEL R	6	B	G	¼ R ½ L 1½ L ¾ L ¼ L 2¾
4 Tournafulla R	8	D	F	¼ L 1¾ R 2 X 2 R 2

MOUNTFIELD R. Strabane Upper: Mid Division: Co. Tyrone: Ulster. Omagh, 7, G. N. RY. (1) 8.55 a.m.: (2) 5.40 p.m.: (3) PO: (4) Yes, 1: (5) No. J. Kane, constable.

1 *Beragh* V	7	B G F D	G S B	3 L ⅓ X ½ X ½ X ⅓ X ⅓ X 1½
2 *Broughderg* R	10	F G F B	I G F G	5 L 2 R 2½ L ½
3 *Carrickmore* V	7	D B D	I S F	1 L 1 X 1½ R 2¼ L 1¼
4 Gortin V	8	F G D	P I F	6 L ¾ L 1¼
5 *Omagh* T	7	B D A	I P G	½ L ½ X 1¾ X 2¾ L 1½

MOUNTFOLEY R. Iveragh: South Division: Co. Kerry: Munster. (1) 8 30 a.m., 4.15 p.m.: (2) 8.30 a.m., 4.15 p.m.: (3) PO: (4) No: (5) Kells, 1. James Crigan, constable.

1 Cahirciveen T	9	A	G	¼ X 5½ R 3¼
2 Glenbeigh R	10	B	S	6 X 4

MOUNTMELLICK T. (Pop. 2621). Tinnahinch: Ossory Division: Queen's Co.: Leinster. Tel. 8-7: F, 3 t., and on 2 Feb., 17 Mar., 29 May, 26 Aug., 29 Sept., 1 Nov., 11 Dec.: PS, 2 m.: M, m. and s: W. & C. I. RY. (1) 7 a.m., 12.15 p.m.: (2) 2.20 p.m., 7.20 p.m.: (3) PO, SB, MOO: (4) Yes, 11: (5) On the Owinass River: in 1832 the population was 2600. W. Cullen, sergeant.

1 Rosenallis V	3½	A	G	2 X 1½
2 Maryborough T	6¼	A	G	3 X 3¼
3 Portarlington T	7½	A	G	1 R ¼ L ½ L 6

MOUNTNORRIS V. (Pop. 234). Lower Orier: South Division: Co. Armagh: Ulster. Loughgilly, 2, G. N. RY. (1) 7.45 a.m.,

2.4 p.m. : **(2)** 11.55 a.m., 6.20 p.m. : **(3)** PO, SB, MOO, Glenanne, 1 : **(4)** Yes, 2 : **(5)** No. Michael Hourican, sergt.

1 Balleek v	5	F	G V	$\frac{1}{2}$ L $\frac{3}{4}$ R $\frac{1}{4}$ L $\frac{3}{4}$ R $\frac{1}{3}$ R $\frac{1}{2}$ X $\frac{1}{2}$ L $\frac{3}{4}$ R $\frac{3}{4}$
2 Camlough v	7	F	G V	$2\frac{1}{2}$ L $\frac{1}{4}$ R $\frac{1}{4}$ L 2 X 2
3 Markethill v	4	C	G	1 X 1 X $\frac{1}{2}$ L $1\frac{1}{2}$
4 Newtownhamilton T	8	F	F	$1\frac{1}{4}$ L 1 X 2 X 2 L $1\frac{1}{2}$
5 Poyntzpass v	7	F	G	$\frac{1}{4}$ L $1\frac{1}{2}$ L $2\frac{1}{4}$ R $2\frac{1}{4}$ L $\frac{3}{4}$

MOUNTNUGENT V. (Pop. 78). Clonmahon : West Division : Co. Cavan : Ulster. F, 1 May, 1 June : PS, 3 th. : Oldcastle, 6, G. N. RY. : Tel. 8-8. **(1)** 8 a.m. : **(2)** 5.45 p.m. : **(3)** PO, SB, MOO : **(4)** No : **(5)** Lough Sheelin, 1 ; Ross Castle, 4. Michael Grealy, sergeant.

1 Ballyjamesduff v	$4\frac{1}{2}$	B D	G F	$\frac{1}{4}$ R $1\frac{1}{4}$ L 1 R $1\frac{3}{4}$
2 Capragh R	5	B B	G F	2 L 1 X 2
3 Finea v	8	B D	G F	.7 R 1
4 Kilnaleck v	4	B	G	2 X 2
5 OLDCASTLE V	5	B D	G F	$2\frac{1}{2}$ X 1 L $1\frac{1}{2}$

MOUNT ORIEL ROAD R. Ferrard : South Division : Co. Louth : Leinster. Dunleer, 8½, G. N. RY. **(1)** 8.30 a.m., 11.45 a.m. : **(2)** 4 p.m., 5.30 p.m. : **(3)** PO, SB, MOO, Collon, 1¼ : **(4)** No : **(5)** Mount Oriel 744 ft., surrounded by charming hills. Patk. Lally, acting-sergeant.

1 *Ardee* T	$5\frac{1}{2}$	D A	F G	$\frac{1}{2}$ A 2 V $1\frac{1}{4}$ X $\frac{3}{4}$ R 2
2 Collon v	$1\frac{1}{2}$	G A	G	$1\frac{1}{4}$ R $\frac{1}{4}$ L $\frac{1}{4}$
3 DRUMCONRA v	$9\frac{1}{4}$	D A	F G	$\frac{1}{4}$ A 2 V $1\frac{1}{4}$ X $\frac{2}{4}$ L $1\frac{3}{4}$ X $\frac{1}{2}$ L $2\frac{1}{2}$

MOUNTPLEASANT R. Roscommon : South Division : Co. Roscommon : Connaught. Roscommon, 9, M. G. W. RY. **(1)** 9 a.m. : **(2)** 5.15 p.m. : **(3)** PO, Tully, ½ : **(4)** No : **(5)** Slievebawn Mountain, 5. Henry Roe, sergeant.

1 Ballinderry R	4	C	G	$3\frac{3}{4}$ L $\frac{1}{4}$
2 Strokestown T	$3\frac{1}{2}$	A	G	$2\frac{3}{4}$ X 1
3 Tulsk v	7	A D A	G I G	1 R 2 R $1\frac{1}{2}$ X $2\frac{1}{2}$

MOUNTPLEASANT R. Kinalmeaky : South-East Cork : Co. Cork, W.R. : Munster. Bandon, 5, C. & B. RY. **(1)** 8 a.m. : **(2)** 5.45 p.m. : **(3)** PO : **(4)** No : **(5)** No. Thomas Armstrong, sergeant.

1 *Ballineen* R	9	B	F	$\frac{3}{4}$ R 1 X $\frac{1}{2}$ L $\frac{1}{4}$ R 1 L 1 L 1 R 4
2 Bandon (No. 2) T	5	D F B	F	$\frac{1}{4}$ L $\frac{3}{4}$ R $\frac{1}{4}$ X $\frac{1}{2}$ L 1 X $1\frac{1}{2}$ L $\frac{1}{4}$
3 CASTLEMORE V	6	D B D	F	$\frac{1}{4}$ L $\frac{1}{4}$ R $\frac{1}{4}$ X 1 L 1 R $2\frac{1}{4}$
4 *Kilmurry* v	6	B	F	$\frac{1}{4}$ L $\frac{1}{4}$ R $\frac{1}{4}$ X 1 L 1 L $1\frac{1}{4}$ R 1
6 *Kinneigh* v	9	B D	F	R 1 X $\frac{1}{2}$ L $\frac{1}{4}$ R 2 R $1\frac{1}{2}$ X 3 R $\frac{1}{4}$
7 Upton v	7	D B	F	$\frac{1}{4}$ R $\frac{3}{4}$ L $\frac{3}{4}$ R $\frac{1}{2}$ L $\frac{3}{4}$ X $\frac{1}{2}$ L 2 X 1 R $\frac{3}{4}$

MOUNTRATH T. (Pop. 1651). Maryborough West : Ossory Division : Queen's County : Leinster. F, 6 Jan., 17 Feb., Easter Monday, 11 May, 10 Aug., 29 Sept. : PS, each alternate f. : M, t., w., and s. : D.I. : Mountrath, 3¼, G. S. & W. RY. : Tel.

8-8. (1) 2.15 a.m., 10 a.m., 3 p.m., 5.15 p.m.: (2) 1 a.m., 8.30 a.m., 2 p.m., 4 p.m., 9.30 p.m.: (3) PO, SB, MOO: (4) Yes, 10: (5) Ballyfin. 5: in 1832 this town numbered 3594 in population. James Keogh, sergeant.

1 Abbeyleix T	9	B	G	¼ L 3½ X ½ R 1 X 2 X A 1½
2 Cardtown R	5¾	D	G S	1¾ R ¼ L 2 L A ½ R ½ L ¾
3 Castletown V	2	A	G	1¼ X ¼ R ½
4 Coolrain V	5	D	G H	2¼ L ½ R A ¾ L ½ L ¾ L ¼
5 Maryborough T	8½	A	G	1½ X 1½ X 1½ L A 3½ R V ½
6 Mountmellick T	12	B	G S	4 R V 2 L V 1½ R 3½ R 1

MOUNTRUSSELL R. Coshlea: East Division · Co. Limerick: Munster. (1) 9 a.m.: (2) 4 p.m.: (3) PO, Ardpatrick, 2: (4) No: (5) No. John Commons, sergeant.

1 Charleville T	5½	B	G	1 L 1 X 3½
2 Glenasheen R	4	B	G	2 R 2
3 Kilfinane V	5	B	G	2 R 3
4 Kilmallock T	6	B	G	3 L 3

MOUNTSHANNON V. (Pop. 154). Leitrim: South Galway: Co. Galway: Connaught. PS, 1 t.: Killaloe, 16½, W. & L. RY. (1) 7.30 a m.: (2) 5 p.m.: (3) PO: (4) Yes, 1: (5) Lough Derg, ⅛ ; Holy Island (2), with a Round Tower 70 ft. high and seven chapels—very ancient; Kincora, Palace of King Brian Boroimhe is to be seen at Cancora; this King's tomb is in the Cathedral of Killaloe. Thomas Phelan, constable.

1 Scariff V	6	A	F	1 L 3 L 2
2 Whitegate V	2½	D B	G F	1½ R ¼ X ½ X ½ R ½

MOVILLE T. (Pop. 1179). Inishowen East: East Donegal: Co. Donegal: Ulster. Tel. 8-8: F, last th., monthly: PS, 1 t.: M, th.:. D.I. (1) 9 a.m., 5.30 p.m.: (2) 9.30 a.m., 6 p m.: (3) PO, SB, MOO: (4) Yes, 20: (5) Favourite watering-place; American packets call to receive and land mails and passengers. James Orr, acting-sergeant.

1 Greencastle V	3	B D	F G	1½ R 1½
2 Grousehall R	6	B D	F G	3¼ L 2⅜ R ½
3 Redcastle R	4	B D	F G	Straight road

MOY (J.S.) T. (Pop. 570). Middle Dungannon: East Tyrone: Co. Tyrone: Ulster. Tel. 8-8: F, 1 f.: PS, 2 and 4 w.: M, s.: Trew and Moy, 2½, G. N. RY. (1) 7.30 a.m., 10 a.m.: (2) 3.15 p.m., 10.15 p.m.: (3) PO, SB, MOO: (4) Yes, 30: (5) Roxboro Castle, the seat of Earl of Charlemont (historical). Matthew Price, sergeant.

1 *Annaghmore* R	7	B G B G	F G F G	2 X 1½ L 2¾ X ¼ L ¾
2 Benburb V	4	H B B B	F G F G	½ X 1 L 2½
3 *Blackwatertown* V	3¼	B B B B	F G F G	3¼
4 Dungannon T	5	A E A	G G G G	2½ X 2½
5 Laghey R	4	B A B A	F G F G	1 L ¼ R 1 L 1½
6 Loughgall V	5	D E D E	F G F G	½ X 1 X ½ X 1 X 1 R ¼ L ¼

MOYCULLEN V. (Pop. 50). Moycullen : Connemara Division : Co. Galway : Connaught. Galway, 7½, M. G. W. RY. (1) 7 am., 3 p.m. : (2) 11 a.m., 7 p.m. : (3) PO : (4) Yes, 1. (5) No. Daniel Connell, sergeant.

1 *Barna* V	8	E	G	3 R 5
2 *Galway* C	7½	A	G	Straight road
3 Outerard V	10	A	G	Straight road
4 *Spiddal* V	8½	E	G	Straight road

MOYGLARE R. (Pop. 46). Upper Deece : South Division : Co. Meath : Leinster. Maynooth, 1½, M. G. W. RY. (1) 8.30 a.m., 8.30 p.m. : (2) 5 p.m., 10 p.m. : (3) PO, SB, MOO, Maynooth, 1½ : (4) Yes, 6 : (5) Carton Demesne, seat of the Duke of Leinster, 2½. James Malone, sergeant.

1 Batterstown V	7½	B	F	1 L 2⅓ X 1½ L 2⅔
2 Clonee V	8½	B	F	1¼ L 2 L ¾ L 1 R ¼ X 2 R 1 R ¼
3 Kilcock V	4	B	F	½ X 2½ L ¾ X ¼
4 Maynooth V	1½	B	G	1¼ X ¼

MOYLOUGH (Newtownbellew) V. (Pop. 190). Tiaquin : East Division : Co. Galway, E.R. : Connaught. F, 28 May, 21 June, 10 Aug., 8 Nov. : D.I. : Woodlawn, 14, M. G. W. RY. : Tel. 8-8. (1) 6 a.m. : (2) 7 p.m. : (3) PO, SB, MOO : (4) Yes, 4 : (5) No. Robert T. Huggard, sergeant.

1 BARNAGH V	6½	B	G F	¼ L 2 L ¼ X 1 X 2½ R ½
2 CLONBERN R	8	B	F G	½ R 1½ X ¼ R 2 L ½ R 2½ R ¾
3 KILKERRIN V	5	B	F G	2¾ R 1 R ¼ L 1
4 Menlagh V	6	B	F G	½ R ¼ R ¾ R 1½ L 1 L ¼ R 1¾
5 Mountbellew T	8	B	F G	1 R ⅛ L ¾ R ⅛ L 1

MOYNALTY V. (Pop. 87). Lower Kells : North Division : Co. Meath : Leinster. PS, 1 th. : Kells, 5½, G. N. RY. and M. G. W. RY. : Tel. 8-8. (1) 5 a.m., 12.30 p.m. : (2) 2.15 p.m., 9 p.m. : (3)PO, SB, MOO : (4) Yes, 1 : (5) No. John M'Laughlin, sergeant.

1 Carlanstown V	3	B	F G	¼ R 1¾ L 1
2 Carnaross V	4	B	F	1 X 1 L 1¾ X ¼
3 Kells T	5	A	F I	1 L 2 X ¾ L 1¼
4 Kilmainhamwood V	8	C	F	¼ R ¾ R 2 R ½ X ½ R 4
5 MULLAGH V	3	A	F	¼ L ¼ L ½ R 2

MOYNE V. (Pop. 108). Eliogarty : Mid-Tipperary Co. Tipperary, N.R. : Munster. Thurles, 7, G. S. W. RY. (1) 10 a.m. : (2) 4.30 p.m. : (3) PO, SB, MOO, Thurles, 6½ : (4) No : (5) No. John Boylan, sergeant.

1 BAWNMORE R	5	B	G	½ L 4 R ½
2 GURTNAHOE R	8	B	I	½ L 1½ R 3½ L ¼ R ¼ R 2
3 Littleton V	8	B	I	5 R ½ L 1½ R 1
4 *Templetuohy* V	5	B	G	4½ R ½
5 Thurles T	6½	B	G	½ R 6

MOYVILLA R. Dunkellin: South Division: Co. Galway, E.R.: Connaught. Athenry, 4½, M. G. W. RY. (1) 12 night, 11 a.m., 2.45 p.m.: (2) 2.45 p.m., 12.35 night: (3) PO, SB, MOO, Athenry, 4½: (4) No: (5) No. John Kinsella, sergeant.

1 Athenry V	4½	B	G	1½ R 1 L 1½ R ½
2 Craughwell V	5	B	G	1 R 1½ L 1 L ½ R ¼ R ¾
3 *Kilcolgan* V	6	B	G	1½ X 1 L ¾ L ¼ L 1 L 1½
4 *Oranmore* V	5	B	G	1½ L 1½ R 1 R 1

MOYVORE V. (Pop. 102). Rathconrath: South Division: Co. Westmeath: Leinster. F, 4 May, 20 Aug., 5 Dec.: Castletowngeoghegan, 8, M. G. W. RY. (1) 9 a.m., 12.45 p.m.; Sunday, 9 a.m.: (2) 4.15 p m.; Sunday, 10 a.m.: (3) PO, SB, MOO: (4) No: (5) Newcastle, 1; Forgney Church, 1½. Henry Donnelly, sergeant.

1 ABBEYSHRULE V	6	B	F	½ L ½ L 2 L 1½ X 1 L ½
2 BALLYMAHON V	6	B	G	3 L 2⅞ R ⅛
3 Ballymore V	5	B	F	½ R 2 R 1½ L ⅞ L ⅛
4 Ballynacargy V	6	B	F	½ L 2½ L 2⅞ R ⅛
5 Collierstown R	8¼	B	F	½ R 2 R 1½ R ⅛ L 1⅞ R 2¼
6 Loughnavally R	7	B	F	½ X ½ X 2 R ¼ L 3¾
7 Rathconrath R	5	C	F	½ X ½ X 1½ X 2½

MOYVOUGHLY R. Rathconrath: South Division: Co. Westmeath: Leinster. Moate, 3, M. G. W. RY. (1) 11 a.m.: (2) 7 p.m.: (3) Moate, 3: (4) No: (5) No. Thomas Beirne, sergt.

1 *Ballymore* V	5½	A	G	½ X ½ X 1½ L 3
2 Moate V	3	A	G	1 X 1¼ X ½ R ¼
3 *Streamstown* R	7	B	G	½ R 2 L ¼ X ¼ X ¼ X ½ L 1¼ R 1¾ R ¼
4 Walderstown V	6	B	G	½ X ½ L 1¾ R ¼ L 1¾ X 1¼

MUCKROSS R. Magunihy: East Division: Co. Kerry: Munster. F, 10 June, 17 Oct., 5 Dec.: Killarney, 3, G. S. & W. RY. (1) 7 a.m., 6 p.m.: (2) 6 p.m.: (3) PO: (4) Yes, 6: (5) Muckross Abbey, ¼; Muckross House, ¾. Lakes of Killarney—Lower Lake, ½; Middle, 1; Upper, 4. Dinish Island and Cottage, 4; Glenna Bay and Cottage, 5; Mangerton, to foot, 2½, to top, 7; "Devil's Punch Bowl," 4; Torc Mountain and Waterfall, 2. Edward Fitzgerald, sergeant.

1 Killaha R	7	A D B	G F F	¼ R 5¾ L 1
2 Killarney T	3	A	G	¼ L 1¼ L 1¼ R ⅛ L ⅛
3 *Mulgrave* R	7	A C E	G	⅛ R 6⅞

MUFF (J.S.) R. Inishowen West: North Division: Co. Donegal: Ulster. F, 11 Dec.: Londonderry, 6, L. & L. S. RY; G. N. RY., 6½; B. & N. C. RY., 7. (1) 7 a.m., 3.30 p.m: (2) 9.15 a.m., 6.15 p.m.: (3) PO: (4) No: (5) Lough Foyle, ¼. John Poyntz, sergeant.

1 Burnfoot V	6	D	F	⅛ L 1¾ X 2 X 2 R ⅛
2 *Carrowkeel* V	5	B	F	1 R 4
3 LONDONDERRY C	6	B	F	¼ R 5 L ¾

MULGRAVE R. Magunihy: East Division: Co. Kerry: Munster. Killarney, 11, G. S. & W. RY. (1) 10 a.m.: (2) 10.5 a.m.: (3) Muckross, 8: (4) Yes, 1: (5) Lakes of Killarney, 1; Gap of Dunloe, 5. Bernard Dunne, sergeant.

1 Kenmare T	10	F B G F G	F G F G	4 L 2½ L 1½ R 2
2 *Muckross* R	7	G B	F G	⅛ L 6⅞

MULLAGARVE R. Leitrim: North Division: Co. Leitrim: Connaught. Kiltubrid, 4, C. L. & R. LT. RY. (1) 9 a.m. on Tuesday, Thursday, and Saturday: (2) Same hour, same days as No. (1): (3) PO, SB, MOO, and Tel. Office, Drumshambo, 5: (4) No: (5) No. Martin Daly, sergeant.

1 Drumdarton R	5	D B	F	¼ L ½ R 2 L ½ L 1 L ½ L ¼
2 *Drumshambo* V	5	D B	F	¼ R ¾ R 1 R 3½
3 *Keshcarrigan* V	5½	B	G	¼ R ¼ L 2½ X 1½ R 1

MULLAGH V. (Pop. 157). Castlerahan: East Division: Co. Cavan: Ulster. F, last f., monthly: PS, last f., monthly: M, f.: Virginia Road, 6, M. G. W. RY. (1) 5.30 a.m., 1 p.m.: (2) 1.45 p.m., 8.30 p m.: (3) PO: (4) Yes, 3: (5) No. Philip M'Gowan, sergeant.

1 Bailieborough T	8½	B	F	7 L 1½
2 CARNAROSS R	6	B	F	¼ L 1 R 1½ X 1 R 2 X ¼
3 MOYNALTY V	3	B	F	2¾ R ¼
4 *Virginia* V	6½	D	F	3½ X 3

MULLAGHMORE V. (Pop. 50). Carbury: North Division: Co. Sligo: Connaught. Bundoran, 8, G. N. RY. (1) 9.30 a.m.: (2) 10 a.m.: (3) PO: (4) Yes, 2: (5) Bundoran, 8; sea and mountain views across Donegal Bay; sea-bathing. Robert M'Alester, sergeant.

1 Cliffoney V	3	B	S	1 R 2

MULLAGHROE R. Erris: North Mayo: Co. Mayo: Connaught. Ballina, 50, M. G. W. RY. (1) 2 p m.: (2) 8 a.m.: (3) PO, Clogher, ¾: (4) Yes, 2: (5) No. George Willis, act.-sergeant.

1 Belmullet T	10	D	S	Straight road

MULLINAHONE V. (Pop. 579). Slieveardagh: South-East Division: Co. Tipperary, S.R.: Munster. Tel. 8-7; Sunday, 9 a.m. to 10 a.m.: PS, every 4th f.: Fethard, 10, S. RY. (G. S. & W. RY.) (1) 8 a.m.: (2) 5.10 p.m.: (3) PO, SB, MOO: (4) Yes, 2: (5) No. Owen Heavey, head-constable.

1 *Ballingarry* V	6	B F	I	2⅞ R ⅛ L 3
2 CALLAN T	6	B	G	½ R ¾ L 4¾
3 Cloneen V	6	B	I	2 R ⅛ L 3¾
4 *Drangan* V	4	B	F	½ R 2¼ R 1¼
5 KILLAMORY V	5	B	G	1 L 1 L ⅛ R 1⅛ L 1¾
6 Ninemilehouse V	4½	B	G	1 L 1 L ⅛ R 2⅜ R ¼

MULLINAVAT V. (Pop. 338). Knocktopher: South Division: Co. Kilkenny: Leinster. P.St.: W. C. I. RY. (1) 8.30 a.m.: (2) 5.30 p.m.: (3) PO: (4) Yes, 2: (5) Tory Hill, 2; Poulnassy Waterfall, 1. Samuel G. Bannan, sergeant.

1 *Cooleen* V	8	D	S	$3 X \frac{3}{4} L 1\frac{1}{4} R 1 X \frac{1}{2} R 1 X \frac{1}{4}$
2 Glenmore V	8	D	S	$2 R 1 L \frac{1}{4} X 1\frac{1}{4} X \frac{3}{4} X 2 R 1$
3 Harristown V	5¼	D	S	$\frac{1}{4} R 3 L 2\frac{1}{4}$
4 Kilmacow V	5½	B	G	$3 R \frac{3}{4} L \frac{3}{4} L 1$

MULLINGAR T. (Pop. 5385). Moyashel and Magheradernon: North Division: Co. Westmeath: Leinster. F, 7 and 8 Jan., 6 April, 2 May, 4 July, 29 Aug., 29 Sept., 11 and 12 Nov.: PS, every s.; Town Court, f.: M, th.: D.C.: D.I.: C.I.: RM.: M. G. W. RY.: Tel. 8-8. (1) 6 a.m., 10 a.m., 7 p.m.: (2) 9.10 a.m., 1.20 p.m., 4.45 p.m., 9 p.m., 3 a.m.: (3) PO, SB, MOO: (4) Yes, 35 or 40: (5) Belvedere Lake, 3; Lough Owel, 3. David Colahan, sergeant.

1 Ballinea R	3	A	G	$\frac{1}{2} X 1 X \frac{3}{4} X \frac{1}{2} X \frac{3}{4} X \frac{1}{4}$
2 Crazy corner R	4¾	A	G	$\frac{3}{4} L 1\frac{1}{4} X 1 L 1\frac{1}{2} L \frac{1}{4}$
3 Knockeraville R	6	A	G	$R \frac{1}{4} L \frac{3}{4} R \frac{1}{4} L 2\frac{3}{4} L 2\frac{3}{4}$
4 Multyfarnham V	7	A	G	$\frac{3}{4} L \frac{1}{4} X \frac{3}{4} R 1 X 2 X 1\frac{1}{2} R 1\frac{1}{4}$

MULLOUGH V. (Pop. 120). Ibrickane: West Division: Co. Clare: Munster. F, 1 Jan., 17 March, Easter Monday, Whit Monday: Kilmurry, 2, S C. RY. (1) 10.25 a.m.: (2) 3.25 p.m.: (3) PO, SB, MOO: (4) Yes, 1: (5) Spanish Point, 4. Timothy Flynn, sergeant.

1 Coor R	3¼	D	G	$\frac{1}{4} R \frac{1}{4} L 1\frac{1}{2} L \frac{3}{4} L \frac{1}{4} R \frac{1}{4}$
2 *Cooraclare* V	8½	A	G	$2 L X 3\frac{1}{4} X 3$
3 *Doonbeg* V	8	B	G	$1\frac{1}{4} L \frac{3}{4} R \frac{1}{2} L \frac{1}{4} L \frac{1}{2} X \frac{3}{4} R \frac{3}{4} L 1 R$ $\frac{3}{4} L \frac{1}{4} R \frac{3}{4} L \frac{3}{4} L \frac{1}{4}$
4 Kilmihill V	10	D	G	$\frac{1}{2} R \frac{1}{4} R \frac{3}{4} L 2 X 2 L \frac{1}{4} X \frac{1}{2} R \frac{1}{2} L$ $1 R 1\frac{1}{2} X 1 R \frac{3}{4} L \frac{3}{4}$
5 Miltownmalbay T	4	D	G	$\frac{1}{4} L \frac{3}{4} L \frac{3}{4} R 1\frac{1}{4} X 1$

MULLOUGHROE R. Coolavin: South Division: Co. Sligo: Connaught. PS, 3 th.: Kilfree Junction, 2, M. G. W. RY. (1) 9.15 a.m.: (2) 5.20 p.m.: (3) PO, SB, MOO, Gurteen, 2: (4) Yes, 3: (5) Old Castle of Moygara. William Johnson, sergeant.

1 Boyle T	6	B D	G F S	$5\frac{1}{2} R 1\frac{1}{2}$
2 Bunninadden V	8	B D	F S P	$2\frac{3}{4} X 3 R \frac{1}{4} L 1\frac{3}{4} R \frac{1}{4}$
3 Clogher R	5	B D F H	B P	$\frac{1}{4} R 4\frac{3}{4}$
4 Keash R	5½	B D H	F S P	$\frac{3}{4} L 1\frac{1}{2} X 2 R 1\frac{1}{2}$

MULRANNY V. (Pop. 130). Burrishoole: West Division: Co. Mayo: Connaught. F, last s., monthly: W. M. & A. RY. EXTENSION (in progress): Tel. 8-8. (1) 10.30 a.m.: (2) 3.30 p.m.: (3) PO. SB, MOO: (4) Yes, 4: (5) Clew Bay, ½; most beautiful highland scenery; islands, moors, and mountains; Achill Bridge, 9. James Hoey, sergeant.

1 Achill Sound R	9	B	F G	$\frac{1}{4} R X L 8\frac{3}{4}$
2 Ballycroy R	9	B	F G	$\frac{1}{4} R X R 8\frac{3}{4}$
3 Knockloughra R	5½	B	F G	Straight road

MULTYFARNHAM R. Corkaree: North Westmeath: Co. Westmeath: Leinster. F, 4 March, 13 May, 2 Dec.: PS, 2 w.: Multyfarnham, 1, M. G. W. RY.: Tel. 8-8; Sunday, 9 a.m. to 10 a.m. (1) 9 a.m., 10 a.m.: (2) 4 p.m., 5.20 p.m., 6.35 p.m.: (3) PO, SB, MOO: (4) Yes, 2: (5) Lough Derravaragh, 2; Lough Owel, 2. John Fallon, sergeant.

1 *Ballinalack* V	4	B	G	⅛ L 1⅞ R 2
2 Crazycorner R	7	B	G	2 L 1 L 2½ R 1½
3 Mullingar T	7	B	G	2 L 1 R 3 R 1

MURRENTOWN R. Forth: South Wexford: Co. Wexford: Leinster. (1) 8 a.m.: (2) 5.30 p.m.: (3) 4 miles: (4) No: (5) Johnstown Castle, ¾; Forth Commons; Pinnacle Rock, 3. Michael Clare, sergeant.

1 *Bridgetown* V	4½	B D G	G F S	¾ L ½ X ½ R ¼ L 1¼ X ½ R ¾
2 Killinick V	5	B D G	G F S	2 R 1 X 1 R 1
3 South Main Street, Wexford T	4	A C G	G F S	1 R 2 L 1
4 Wexford T	4	A C G	G F S	1 L 2 X 1

MURRISK V. (Pop. 24). Murrisk: West Division: Co. Mayo: Connaught. Westport, 5¾, M. G. W. RY. (1) 7.30 a.m.: (2) 6.45 p.m.: (3) PO: (4) Yes, 2: (5) Croagh Patrick, 3; islands in Clew Bay, 4; Murrisk Abbey, ½. Francis B. Murphy, acting-sergeant.

1 Louisburgh T	7¼	B	G	7¼
2 Westport T	5¾	B	G	3¾ R 2
3 Westport Quay V	5½	B	G	3¾ L 1¾

MURROE V. (Pop. 107). Owneybeg: East Division: Co. Limerick: Munster. PS, 2nd and last m. (1) 8 a.m.: (2) 5 p.m.: (3) PO: (4) Yes, 2: (5) Clare Glens; Glenstal. Wm. Gahan, sergeant.

1 Barrington's Bridge R	3½	B	G F	1 V^{2} 2½
2 Bilboa R	6	D	G	1 X 2 X 1½ L 1½
3 Caherconlish V	6½	B	G	2¾ L ¼ R 2 L ¼ X ½ X ½ L ¼
4 Cappamore V	4½	B	G F	1 L 3¼ L ¼
5 NEWPORT V	5	D	F	2½ V^{2} 2½

MUSHERA R. West Muskerry: Mid-Cork: Co. Cork, W.R.: Munster. (1) 11 a.m.: (2) 11 a.m.: (3) PO, Kilcorney, 1: (4) No: (5) No. Patrick O'Brien, acting-sergeant.

1 Millstreet T	6½	D	I	¼ R 2½ R ½ L ½ L 2½ L 1
2 Rathcool R	4½	D	I	1½ L ⅛ R ¾ R ¾ X ¾ L ⅛
3 Carriganimmy V	11½	D	I	⅛ X 2 X 1¾ L ⅛ R 3½ R 4
4 Macroom T	14	C	R	2 X 1¼ R 2 L 3 X 2 X 1¾ X 2
5 Knocknagoppul V	9	C	R	2 X 1¼ X 2½ X 2¼ R 1

MYSHALL V. (Pop. 101). Forth : Carlow Division : Co. Carlow : Leinster. F, 10 May and 14 Sept. : PS, last w. : Borris, 9, G. S. & W. RY. (1) 8 a.m., 2 p.m. : (2) 9.30 a.m., 6.5 p.m. : (3) PO : (4) Yes, 2 : (5) No. Jeremiah King, constable.

1 *Ballykealy* V	5	B	G F G P	1⅜ R 1⅛ R 1½ R 1
2 Ballinree R	6	B D B D	G P F P	½ R ¾ R ⅛ R 1¼ L ½ L 1 R 1 L ½
3 Clonegal V	6½	D C D C	G P F P	2 R 2 R ¼ X ½ L 1½ L ½
4 Fennagh V	4	B	G F G P	1 R ¼ L ¾ X 2
5 NEWTOWNBARRY V	8	D C D C	G P F P	2 R 2 R ¼ R 3¼ L ½

N

NAAS T. (Pop. 3000). Naas : North Division : Co. Kildare : Leinster. Tel. 8-8 : F, Pig Fair, 3 t. ; Cattle, Sheep, and Horse Fair, 3 w. : M, m. and th. : PS, every m. : C.I. : D.I. : G. S. & W. RY. (Sallins and Tullow Branch). (1) 5.30 a.m., 9.25 p.m. : (2) 7.10 a.m., 10.28 a.m. : (3) PO, SB, MOO : (4) Yes, 30 : (5) Jigginstown, ⅛ ; Rathmore Moat, 5 ; Kilteel Castle, 7¼ ; Punchestown Racecourse, 2½ ; Liffey Salmon and Trout Fishery, 3 ; The Moat of Naas, ⅛. A. M'Kinley, sergeant.

1 Ballymore Eustace V	6½	C G	G G	¼ R 2 R 1¼ R 2½ R ½
2 BLESSINGTON V	7	C G	G G	3 X 1 L 1 R 1 R ½ L ½
3 *Kilcullen* V	7½	A G	G G	R ½ L ¼ 1⅛ R 1 L 1 X 1 R ⅛ X 2 R ½
4 Kill V	3½	A G	G G	⅛ L 1 S ⅛ R ¾ L 1½
5 Kilteel R	7½	D G	G G	⅛ R ½ L 1 L ⅛ R 1½ L 1 R 1 L ⅛ L 2 L ⅛
6 Sallins V	2½	A G	G G	⅛ R 1¾ L ⅛ R ½
7 Thomastown R	3½	B G	G G	L 1 R 1¼ X 1 R ¼

NAUL V. (Pop. 95). Balrothery West : North Dublin : Co. Dublin : Leinster. P.St. : Balbriggan, 5, G. N. RY. (1) 10.35 a.m. : (2) 3.35 p.m. (3) PO : (4) Yes, 2 : (5) The Glen of Naul and Roches Cascade, the stream of which divides Meath from Dublin ; Naul Castle. Daniel Tuohy, constable.

1 ARDCATH R	6	D	F	1 R 2 L ¼ R ½ L 2¼
2 Balbriggan T	5	B	G	⅛ R 3 L 1½ R ⅝
3 Ballyboghill R	5½	D	G	1 X 1 X 3 L ½
4 Garristown V	6	B	G	⅛ L 2⅞ R 2 L 1
5 GORMANSTOWN V	5½	D	G	1 R 1 L 1½ R 2
6 Lusk V	8	D	G	3 L 3 R 2 L 1

NAVAN T. (Pop. 3970). Lower Navan : North Meath : Co. Meath : Leinster. Tel. 8-8 : F, 4 Jan., 1 Feb., 7 Mar., 4 and 25 April, 23 May, 13 June, 11 July, 8 Aug., 5 and 26 Sept., 10 and 24 Oct., 14 Nov., 5 Dec. (in 1892) : PS, each alternate w. : M, w. : D.I. : R.M. (1) 12.30 a.m., 11 a.m., 4 p.m., 8 p.m. : (2) 12.30 a.m., 11 a.m., 4 a.m., 7 p.m. : (3) PO, SB, MOO : (4) Yes, 15 : (5) Athlumney Castle, 1 ; an Abbey of B.V.M. stood where the Barrack stands, founded by Joceline Nangle in 12th century; the town was walled by Hugh de Lacy; Donoughmore Round Tower, 70 feet high, has a cross engraved on keystone of doorway, 1½; Ardbraccan Church and Palace, 3, Dunmow Castle, built by H. de Lacy, and defended for Charles I. by Captain Power, 1641. Daniel Murphy, sergeant.

1 Bohermeen R	5	B	F	1¾ L 1⅛ X ½ R 1¼
2 Deanhill R	4	A	G	Straight road
3 Dillonsbridge R	6¼	A	G	2 R 3 V 3 1¼
4 George's Cross R	8¼	B	G	4 X 2 X 2 L ⅛ L ⅛
5 Robinstown R	4¾	B	F	¼ L 1 X 1¼ R ¼ L 2

NEALE, THE V. (Pop. 107). Kilmaine: South Division: Co. Mayo: Connaught. F, 5 Feb., 6 May, 4 Aug, 5 Nov.: Ballinrobe, 4, M. G. W. RY. (not yet opened for traffic). (1) 6 a.m., 3 p.m.: (2) 9 a.m., 7.30 p.m.: (3) PO, MOO, Cong, 3¾: (4) Yes, 2: (5) "Lough Corrib," 3; Lough Mask, 3. George F. Anderson, constable.

1 Ballinrobe T	4	A	G F	¼ X 3 R ¼ L ½
2 Cong V	3¾	A	G F	¼ X 3 R ½
3 Kilmain V	5	D F	I F	¼ R 3¼ R 1⅓
4 Shrule V	9	B D	G F	¼ L 2¾ X 2 L 4

NENAGH T. (Pop. 4700). Upper Ormond: North Division: Co. Tipperary, N.R.: Munster. Tel. 8-8; 8 a.m. to 9 a.m. on Sunday: F, 1st m. Jan., Feb., Mar.; 24 April, 29 May, 31 July, 4 Aug., 1 Sept., 10 Oct., 1 Nov., 1st m. Dec.: PSt.: PS, s.: M, m., t., th., s.: D.I.: C.I.: R.M.: Nenagh, G. S. & W. RY. (1) 5 a.m, 12.17 p.m.: (2) 2.15 p.m., 7.30 p.m.: (3) PO, SB, MOO: (4) Yes, 50: (5) Nenagh Castle and Keep; a Friary of Grey Friars founded here in the reign of Henry III. by the Kennedy's or the Butler's. James O'Neill, sergeant.

1 Beechwood R	4	A G A E	G	1⅓ R ⅛ X 1 R ⅛ X ¼ L ¼
2 *Birdhill* V	14	A	G	1½ L ¼ R 1 L ¼ R ¾ X 1½ L 1¾ X 1 X 1 X 3 L ½ R ½ X 1
3 Kilboy R	4½	A	G	⅛ L ⅜ L ¾ R 2 L ¾
4 Kilkeary R	4⅓	A	G	¼ L ¼ L 1¾ X 2¼
5 Portroe V	8	A D	G I	1⅛ X 1½ X 1 X ¼ L 1 R 2½ R ¼
6 Puckawn V	5	G C F G	G I	1¼ L 1¼ R ⅛ L ½ X 1⅜
7 Toomevara V	7	A C A	G I G	½ R 1 X ½ R ½ R 1 X ⅛ X 2½ L ⅛

NEPHIN R. Tyrawley: North Division: Co. Mayo: Connaught. Foxford, 10, G. W. RY. (1) 10 a.m.: (2) 4 p.m.: (3) Lahardane, 2: (4) Yes, 4: (5) Lough Conn, 3; Nephin Mountain, 2646 ft. high, 1½. George H. Lester, constable.

1 *Castlebar* T	11½	D F B A	S R G	⅛ X 2½ X 2⅜ Λ 4½ X ¼ X 1¾
2 *Coolnabinnia* R	7½	D B	R S	¼ L 3¼ R 2½ X 1
3 *Crossmolina* V	8	D B D	I F	¼ X 1¾ X 2 X 1½ X 2½
4 *Glenisland* R	7½	D F B	S F S	⅛ X 2¼ R 2⅜ L ½ X 2
5 Pontoon R	5	D F B	S I S	⅛ L 1½ R 3

NEWBLISS V. (Pop. 337). Dartrey: North Division: Co. Monaghan: Ulster. PS, 1 w.: M, w. (for butter only): Tel. 8-8: G. N. RY. (1) 7.30 a.m., 10.30 a.m.: (2) 2 p.m., 6.40 p.m.: (3) PO, SB, MOO: (4) Yes, 5: (5) No. John Storey, sergeant.

1 Clones T	4½	D B A	G	½ R 1 L ¼ L ¼ L ¼ R ¼ L 1 R 1
2 Drum V	4½	C D C D	G F G F	⅛ L 1 L ½ R 1 R ¼ R ½ L ¾ L ⅛ R ¼
3 Rockcorry V	7	D B	G F G	2 L ½ L ¼ R ⅛ R ¼ R 2 R 1½
4 Scotshouse V	6½	H D G B	G F	2½ X 1½ X 1 L 1¼ L ¼
5 Smithboro V	6½	D H D B	G	½ R 1 R ⅛ L ¾ X ⅛ L 3 R 1
6 *Stranooden* R	8	B H G B D	G F	½ R 1 L 1 R ½ L 1 X 1 L ½ R 2½

NEWBRIDGE T. (Pop. 3197). Connell: North Division: Co. Kildare: Leinster. Tel. 8-8: F, 2 t.: PS, th., fortnightly: M, w.: Newbridge, ¾, G. S. & W. RY. (1) 7 a.m., 8.30 a.m., 2 p.m., 6 p.m., 9 p.m.: (2) 9.15 a.m., 5 p.m., 8.30 p.m., 11 p.m.: (3) PO, SB, MOO: (4) Yes, 110: (5) The Curragh Camp, 2½; Hill of Allen, 4; Great Connell Abbey, founded by Miler Fitzhenry, 1202. Here he lies buried in its Chapter House, with an inscription in Latin—"Indomitus Domitor totius gentis Hiberniæ"—"The untamed tamer of the whole Irish race." John Dolan, head-constable.

1 Curragh (No. 1) R	2	A	G	½ L ¼ L 1¼
2 *Kilcullen* V	5	A	G	1½ L 1 X 1¼ L 1¼
3 *Thomastown* R	3½	A	G	2 R 1¼ R ¼

NEWCASTLE V. (Pop. 848). Upper Iveagh: South Down: Co. Down: Ulster. Tel. 8-8: B. & C. D. RY. (1) 7.20 a.m., 12.15 p.m., 6.40 p.m.: (2) 9.5 a.m., 1.25 p.m., 5.20 p.m., 6.20 p.m.: (3) PO, SB, MOO: (4) Yes, 15: (5) Bloodybridge, 2; Maggie's Leap, 1; Donard Demesne, ¼; Slieve Donard Mountain, above the village, 2796 ft., 2; Chimney Rock, 2152 ft.; Spence's Mountain, 1529 ft.: the route to Kilkeel by the shore road is simply magnificent, the Mourne Mountains on one side and the Irish Sea on the other. Robert J. Dickson, acting-sergeant.

1 Bryansford V	3¼	D	G	¾ L ¼ L 1¼ L ½ L ½
2 Castlewellan V	5	A	G	1 L 1¼ X ½ X ½ R 1¾
3 Dundrum V	4½	B	G	1 R 2¾ R ¾
4 Kilkeel T	13	A	G	Direct road by the shore route

NEWCASTLE V. (Pop. 60). Iffa and Offa West: South Division: Co. Tipperary: Munster. Clonmel, 9½, W. & L. RY. (1) 8 a.m.: (2) 5.45 p.m.: (3) PO: (4) Yes, 2: (5) Mountmelleray Abbey, 10; the Knockmeildown Mountains; fine scenery and fishing in mountain lakes. Michael Conway, sergt.

1 Ardfinan V	5	B B	G G	¾ L 2½ L 1½ L ¼
2 Ballymacarberry V	6	B	G	1 L 2 X 1½ R 1½
3 Ballinamult V	8	B F	G	4 L 4 R
4 Kilmanahan R	6	B	G	1 L 2 L 3

NEWCASTLE WEST T. (Pop. 2850). Glenquin : West Division : Co. Limerick : Munster. F, 3 Jan., 3 Feb., 4 March, 1 April, 3 May, 10 June, 12 July, 20 Aug., 10 Sept., 1 Oct., 2 Nov., 10 Dec. : PS, each alternate f. : M, th. and s. : D.I. ; W. & L. RY. . Tel. 8-8. (1) 6.15 a.m., 12 30 p.m. : (2) 12.30 p.m., 8 45 p.m. : (3) PO, SB, MOO : (4) Yes, 10 : (5) A Preceptory of Knights Templars stood near the Church ; part of it is modernised ; founded by Geffry de Mariscis in the 13th century : became Hospital of St. John (*tempo* Edward II.) when the Templars here were massacred in numbers by the people. Edward Dooney, acting-sergeant.

1 Ardagh v	4	B	G	½ X 3½
2 Dromcolloher v	11	A	F	⅜ R 2½ X 1¼ L 6½
3 Feenagh v	10	B	F	2 R 4 R 1 X 3
4 Kileedy R	7½	B	F	⅜ R 2½ R 2 X 2½
5 Kilmeedy v	8	B	F	2 R 5 X 1
6 Knockaderry v	5	A	G	1 L 1½ R 2½
7 Templeglantin R	9	A	G	3 X A 6

NEW GLANMIRE V. (Pop. 97). Barrymore : East Division : Co. Cork, E.R. : Munster. Queenstown Junction, ½, G. S. & W. RY. : Tel. 9-7. (1) 7 a.m., 2 p.m. : (2) 10.40 a.m., 9.10 p.m. : (3) PO (4) No : (5) No. John Clayton, sergeant.

1 Carrigtuohill v	3	A	G	2 L 1
2 Glanmire v	3½	A C	G	2 R 1 L ⅓
3 Knockraha v	4½	D	F	¼ X ¼ X ½ R 1½ X ½ R ½ L 1
4 Queenstown T	8½	A C	G	2 R 1 R 1½ R 1½
5 Riverstown v	4½	D	F	¼ X ¼ X ½ L 1¾ V² 1½ L ¼

NEWHALL R. Islands : East Clare : Co. Clare : Munster. Tel. (Clarecastle, 3) 8-8 : Clarecastle, 4, W. L. RY. (1) 9 a.m., 1.30 p.m. : (2) 1.5 p.m., 7.30 p.m : (3) PO, MOO, Tiermaclane, 1½ : (4) No : (5) Ruins of an old Castle : In Camna Island, in the River Shannon, the ruins of an old Abbey are to be seen ; the scenery is very fine. John Connaughton, sergt.

1 Clare Castle v	3½	C	G	¼ R ⅜ L 1⅓ R X 1
2 Darragh R	3½	C	G	½ L 1 L X 2½
3 Ennis T.	4½	C	G	¼ L 1 R X 1 X ⅞ X ½ X 1
4 Inch R	4	C	G	½ L 1 R 1 L 1 L X ⅜
5 Tiermaclane R	2½	C	G	¼ R ⅞ R X 1½

NEW INN V. (Pop. 122). Middlethird : East Division : Co. Tipperary, S.R. : Munster. P.St. : Cahir, 5½, W. & L. RY. (1) 8.30 a.m. : (2) 6.30 p.m. : (3) Cahir, 5½ : (4) No : (5) Rockwell College, 1 ; Knockgraffon Moat, 4. Joseph Coulter, sergt.

1 Ballingeary R	4½	A	F S	¼ R ⅞ L 1½ X 2
2 Cahir C	5	C	F S	½ X ¼ L 1¼ X 1 R 1 L 1
3 Cashel T	5½	C	F S	2½ X 2 R ¾
4 Golden v	7	A	F S	1½ R ½ R 1½ L 3½
5 Rosegreen R	5½	B	F S	2½ R 2½

NEW INN R. Kilconnell: East Division: Co. Galway, E.R.: Connaught. Woodlawn, 4, M. G. W. RY. (1) 9.55 a.m.: (2) 3.55 p.m.: (3) PO: (4) Yes, 2: (5) Remains of an ancient Castle and Chapel, 1. Thomas Meally, sergeant.

1 *Attymon* R	6½	B	F	½ R 1 L 2 L 3
2 Bookeen R	8	B	F	1 R 4 L 2 R ¼ L ¾
3 *Gurteen* V	9	B	F	1 R 3½ R 4 L ½
4 *Kilconnell* V	5½	B	F	¾ L ¾ R ½ L ¾ R 2¼ L ¼ L ¼
5 Kilreecle V	7	D	F	¼ R 1 L 2¾ L 3
6 *Woodlawn* R	4½	B	F	2½ L 1½ X ½

NEWMARKET T. (Pop. 1066). Duhallow: North Division: Co. Cork: Munster. Tel. 8-8: F, monthly (dates fixed by toll-collector, according to circumstances): PS, each alternate f.: M, every th.: D.I.: K. & N. RY. (1) 7 a.m.: (2) 8 p.m.: (3) PO, SB, MOO: (4) Yes, 8: (5) The Castles of Carrigacushen and MacAuliffe; in the neighbourhood are limestone, coal beds, and abundant bog; mountainous vicinity. Jacob Byron, sergt.

1 Boherbue V	6	D	F	¼ L 3¾ L 2
2 Kanturk T	5	A P	G	1½ L 1¼ R ¼ R 2
3 Kiskeam V	10	D	F	¼ L 3¾ R 6
4 Meelin V	5	D	F	¼ R 1 L 3¾
5 Tour V	9	H	F	¼ R 1 L 5 R 2¾

NEWMARKET-ON-FERGUS V. (Pop. 522). Bunratty Lower: East Division: Co. Clare: Munster. F, 20 Dec.: PS, each alternate th.: Ballycar, 2, W. & L. RY.: Tel. 8-8. (1) 4 a.m., 12.20 p.m.: (2) 1.15 p.m., 8 p.m.: (3) PO, SB, MOO: (4) Yes, 1: (5) Dromoland Castle (Lord Inchiquin), 2; Clare Abbey, 5, founded by Donald O'Brien, King of Thomond, in 1195. Robert Burdett, sergeant.

1 Bunratty R	6½	A C A	G	¼ L 2¼ L ½ R ¼ L 1½ X 1½ R ¼
2 *Clare Castle* V	5⅝	A C A	G	¼ X 2 X 1¼ L 1 L ⅝ L ⅝
3 Quin V	5¼	A D B	F S	⅜ R 1½ L ⅝ R 2⅝ L ⅛ L ¼
4 Sixmilebridge V	6	C B	G	¾ R ¼ L 1 R ¾ L ¼ R 1 X ½ X 1¼ R ¼

NEWPALLAS V. (Pop. 132). Coonagh: East Division: Co. Limerick: Munster. Tel. 8-8: PS, 2 t.: D.I.: W. & L. RY. (1) 1.15 a.m., 12.30 p.m., 8.30 p.m.: (2) 1 a.m, 6 a.m., 4 p m., 11.30 p.m.: (3) PO, SB, MOO: (4) Yes, 2: (5) No. Michael M'Cormick, acting-sergeant.

1 Cahirconlish V	8	B	G	1½ R 1¼ L 1 R 2 R ¼ L ¼ R 1¾
2 Cappamore V	4	B	G	¾ L 1¼ L 1 R 1
3 Doon V	6	B	G	¾ L 1¼ R 2 L 1 R 1
4 Kilteely V	5	B	G	¾ L ¾ X ¾ L ½ R 2¼
5 Oola V	4½	B	G	½ L ⅛ L 1¼ R 1½ R ⅛ X 1

NEWPORT V. (Pop. 700). Burrishoole: West Mayo: Co. Mayo: Connaught. Tel. 8-8: F, 1st m., monthly: PS, every alternate t.: B.: D I.: Westport, 8, M. G. W. RY. (1) 8 a.m., 2.30 p.m.: (2) 12.10 p.m., 9.10 p.m.: (3) PO, SB, MOO: (4) Yes, 6: (5) A Line of Light Railway will be complete from Westport by Newport to Achill Sound by summer, 1893, the total distance being 28 miles ; fine shooting and fishing in the vicinity. William Stock, sergeant.

1 Brockagh R	5¼	D	R	¼ L 2 X 3
2 Coolnabinnit R	13¼	A	F	⅛ R 10 L 3½
3 Knockloughra R	5½	A	G	Direct road to the right
4 *Glenisland* R	7	C	R	1 L 3 A V 3
5 *Westport* T	8	A	G	¼ R 7¾

NEWPORT V. (Pop. 770). Owney and Arra : North Division : Co. Tipperary, N.R. : Munster. F, 25 Mar., 22 April, 16 June, 21 July, 23 Oct., 27 Dec. : PS, alternate f. : D.I. : Tel. 8-8 : Castleconnell, 4, W. L. RY. (1) 8 a.m., 5 p.m. : (2) 8 a.m., 6 p.m. : (3) PO, SB, MOO : (4) Yes, 4 : (5) Clare Glens, 2 ; Castle Connell, 3, on a high rock—"the fortress of Connell the Chieftain"—blown up 1690 ; Ballingown, 4, formerly the residence of the Earl of Clare. Patrick Cahill, constable.

1 Birdhill V	4	D C	G	1 L 1 R 1 R ½ L ½
2 Clonolough V	5	D C	F	½ L ½ R 3½ R ½
3 CASTLECONNELL V	4	A B	S F	1 R 1 R 1 L ⅜ R ½
4 MURROE V	5	B	F	½ L ½ L 1 X 2 L 1
5 Rearcross V	8¼	D B	F	½ X 2¼ L 5¼

NEW QUAY V. (Pop. 47). Burren : East Division : Co. Clare : Munster. (1) 6 45 a.m. : (2) 5.30 p.m. : (3) PO, SB, MOO : (4) Yes, 1 : (5) The "Red Bank, Burren," oysters come from here. Maurice O'Connor, sergeant.

1 Ballyvaughan V	7	B D	G F	¼ R ½ L ⅜ L 1½ R 4½
2 Carron R	9½	B F	G F	½ R ½ L ¼ L 1½ R ½ R 6 R ¼
3 KINVARRA V	7	B	G	½ X 3⅞ L 1½ R 1 R 1

NEW ROSS T. (Pop. 5562). Bantry : South Wexford : Co. Wexford : Leinster. Tel. 7-7 : F, 10 Jan. and Feb., 15 Mar., Easter Monday, 3 May, Whit Monday, 10 July, Aug., and Sept., 18 Oct., 10 Nov., 8 Dec. : M, w. and s. : PS : D.I. : D. W. & W. RY. (1) 7.30 a.m., 10 a.m., 12 noon, 6.30 p.m. : (2) 7 a.m, 3.15 p.m., 6 30 p.m. : (3) PO, SB, MOO : (4) Yes, 40 : (5) Woodstock, 8 ; St. Mullin's, 10 : Steamer to Waterford, on River Barrow, 24. New Ross was surrounded by a wall and defended by an old castle, part of which still remains, in which Cromwell lived, 1650, during his stay in the town ; the siege and capture of Ross, 1798. A Monastery of St. Saviour stood at the east end of the town, founded by Sir John Devereux for Conventual Franciscans in the 13th century, on the site of a house of Crutched Friars ; an Augustinan Monastery founded *tempo* Edward III. William Feeny, head-constable.

1 Ballinaboola R	6	A	G	½ L ½ X 3 L 2
2 Ballybrazil R	8	A	G	⅜ R 3 L 1 R 1 L 2½
3 Ballywilliam R	7	A	G	3 F R 1½ L 1 X 1 R ½
4 ROSBERCON V	1	A	G	½ L ½ R ¼

NEWRY (Canal Street) T. (Pop. 13,691). Upper Orior: Borough of Newry: Co. Armagh: Ulster. F, 1st m., monthly: M, t., th., and s: PS, every m. (town) and w.: D.I.: G. N. RY. (1) 7 a.m., 9.25 a.m., 5 40 p.m.: (2) 1.30 a.m., 2 a.m., 5.30 a.m, 8.45 a.m., 9.15 a.m., 12.40 p.m., 2.25 p.m., 3.50 p.m., 4.20 p.m., 5.30 p.m., 6.50 p.m., 9 p.m.: (3) All branches of PO business; Tel. 7-10; Sunday, 9-10 a.m. and 5-6 p.m.: (4) Yes, 85: (5) The Town is partly in Armagh and partly in Down, and lies in a valley. A canal connects Carlingford Lough with Lough Neagh. Was formerly a military post of great importance. Surprised and taken by Sir Con Magenis, and retaken by Lord Conway 1641. Burnt by the Duke of Berwick when flying from Schomberg (June, 1689). The wealthy Abbey of Newry was founded by M'Laughlin, King of Ireland, in 12th century, and endowed by Hugh de Lacy in the 13th century. Some of the privileges of the Abbey are in force up to the present. There is a large Rath 1 mile from town. Warrenpoint, 6½; Rostrevor, 8; Carlingford, 10; Newcastle, 20. The Mourne Mountains and Carlingford Lough afford exquisite scenery, and are held in great estimation as health resorts. Bernard Mallon, sergeant.

```
1 Camlough V         2¾    A    G    ½ R 2½
2 CHURCH STREET T    ¾     A    G    ¾ L ⅜ R ¼ R A ⅛
3 HIDEMARKET T       ¾     A    G    ⅜ R ¼ L ⅜
4 Jonesboro R        6     A    G    ⅜ R 5½
5 Poyntzpass V       9     A    G    2 R 4 X 3
```

Church Street (Newry) T. Lordship of Newry: Borough of Newry: Co. Down: Ulster. F (Ballybot), 1 m., monthly: M, t., th., and s.: PS, every w.: G. N. RY. (branch from Goraghwood to Newry and Warrenpoint); D. N. & G. RY. Edward Durnan, sergeant.

```
1 CANAL STREET,
   NEWRY (J S) T     ¼     P M  G    ½
2 Hidemarket, Newry T ⅛    P M  G    A ¼ ⅜ A L ¼ ½ L ⅜ R ⅛
3 Loughbrickland V   9     A    G    M'in road
4 Mayobridge R       5     A    G    ¾ L ½ L ¼ X 1 X ½ L 1 R ½ L ½
5 Rathfriland T      10    A    G    ⅛ L ⅜ R 1 L 1 X 1 X 1½ R ¼ X 1 R
                                     1 X 1 V² ½ R ¼ L ¼ X ½ R ¼ L ½
6 Warrenpoint V      6⅛    A    G    2 L 1½ L 1 F ½ L 1½
```

Hide Market (Newry) T. Lordship of Newry: Borough of Newry: Co. Down: Ulster. M, t., th., and s.: PS, every w.: R.M.: Dublin Bridge, ¼, G. N. RY. Philip M'Mahon, sergeant.

```
1 Canal Street, Newry T ¾   A    G    ⅜ R ⅛ L ⅜
2 Mayobridge V          6   B    G    1¼ R ¼ R 1½ L 3
3 Warrenpoint V         6⅛  A    G    1¾ R 3¾ R 1
```

NEWTOWN R. Kinnataloon : North-East Cork : Co. Cork, E.R : Munster. (1) 10.30 a.m. : (2) 2 p.m. : (3) PO ; SB, MOO, Tallow, 6 : (4) No : (5) Ruins of an Abbey in vicinity. George Ferguson, sergeant.

1 *Ahern* R	5	A	G	1½ X ½ X L 2¾ ¼
2 Castlemartyr V	11	D	G	¼ R ½ X 2 X 1½ X 6¾
3 Curriglass R	6	D	G	4 L 1 R 1
4 Killeagh V	9	C E	S P	2 X 4 R 3
5 Tallow T	6	C	S P	2 L ¼ R ¾ X 3

NEWTOWNARDS T. (Pop. 9177). Upper Ards and Lower Castlereagh : North Down : Co. Down : Ulster. F, 2 s. ; Jan. 23, May 14, Sept. 23 : PS, 2 and 4 th. : M, s. : D.I. : B. & C. D. RY. : Tel. 8-8. (1) 7.55 a.m., 11.15 a m., 2.5 p.m., 6.20 p.m. : (2) 7.30 a.m., 8.40 a.m., 10.10 a.m., 2.5 p.m., 2.30 p.m., 5 p.m., 7.20 p.m. : (3) PO, SB, MOO : (4) Yes, 30 : (5) Greyabbey, 7¾ ; Scrabba Hill, 1 : settled by Scotch under James Hamilton, Lord Clanaboy, and Clanbrassil, was burnt in the Civil Wars : the Cross in the High Street bears the date 1636. The Castle of the Montgomeries, near town. The view from Scrabba is very fine indeed. G. E. Dagg, 1st D.I.

1 Bangor T	5	C	F	Direct road
2 Comber V	4¾	A	G	Straight road
3 Donaghadee V	8	D	F	Straight road
4 Greyabbey V	7¾	A B	G	Straight road
5 Holywood T	8¼	F D	I S	2 R ¾ L 2 L 8½
6 Strandtown R	8¼	E G A	G	Straight road

NEWTOWNBARRY V. (Pop. 909). Scarawalsh : North Wexford : Co. Wexford : Leinster. F, 13 in year : PS, 1st and last s. : M, s. : Shillelagh, 12 ; Ferns, 9¾, D. W. & W. RY. : Tel. 8-7. (1) 8 a.m., 1.15 p.m. : (2) 1.30 p.m., 6.45 p.m. : (3) PO, SB, MOO : (4) Yes, 8 : (5) Formerly called " Bunclody " ; Carrickduff, 1 ; Mount Leinster 2610 ft., and Blackstairs Mountain 2409 ft., in full view. James Doyle, sergeant.

1 Bal'ycarney V	6¼	A	G	1¾ R 4½ L
2 C onegal V	5	A	G	½ L ¾ L 4 L
3 Myshall V	8	A	G	3 L ¼ R 4¾ L

NEWTOWNBREDA V. (Pop. 370). Upper Castlereagh : North Division : Co. Down : Ulster. PS, last s. : Belfast, 4, G. N. RY. ; B. & C. D. RY., 4 ; N. C. RY., 5. (1) 7 a.m., 12 noon : (2) 11 a.m., 5 p m. : (3) PO : (4) No : (5) Purdysburn, 1 ; Giant's Ring, 2 ; Belvoir, seat of late Lord Deramore ; beautiful Church and Steeple. T. Flanagan, constable.

1 *Ballynafeigh, Belfast* C	1	A	G	¼ L ¾
2 Dunmurry V	5	B	G	1 R 1 L 3
3 Strandtown V	4¾	A	G	½ L ½ R 2 R 1¼ L ¼

NEWTOWNBUTLER V. (Pop. 418). Coole : South Division : Co. Fermanagh : Ulster. F, 12 May and 12 Nov. : PS, 3 t. : M, t. : B. : G. N. RY. : Tel. 8-8. (1) 4.35 a.m., 10.50 a.m., 7.45 p.m. : (2) 1.45 p m., 7.45 p.m. : (3) PO, SB, MOO : (4) Yes, 2 : (5) Lough Erne, 2 ; Crom Castle (Earl of Erne), 4. The Jacobites defeated here, at a place called Mullyduff, 30th July, 1689, when retreating from the aboitive siege of the old Castle of Crom. Ambrose Terrett, constable.

1 CLONES T	6	A	F	½ R 1 R 1 L ¼ R 1¼ L 1 X ¾ R ¼
2 Lisnaskea V	6⅛	A	F	1 R 2 L 2⅛ R 1
3 REDHILLS V	8	B D	F	¼ L ¼ R 2½ L ¼ R 2 R 1¼ L 1 R ½
4 Rosslea V	11	B D	F	½ R 1 R 1 L ¼ R 1¼ L 1 X ¾ L ¼ R 2 R 1 L 2
5 SCOTSHOUSE R	9	B D	F	½ R ½ R 1 L 1 R 1 L 1 R 1 L 1 R 2

NEWTOWNCLOGHANS R. Tyrawley : North Division : Co. Mayo : Connaught. B. (1) 8 a.m. : (2) 9 a.m. : (3) PO ; MOO, SB, Ballina, 5½ : (4) Yes, 1 : (5) Lough Conn, ¼. Philip Leonard, sergeant.

1 Ballina T	5½	B	G	1 R 1 R 3½
2 *Pontoon* R	10	D	F	5 R 3 R 2

NEWTOWNCUNNINGHAM V. (Pop. 173). North Raphoe : East Division : Co. Donegal : Ulster. PS, 1 f. : L. & L. S. RY. (1) 8.30 a.m., 9.30 a.m. : (2) 3 p.m., 6 p.m. : (3) PO : (4) Yes, 3 · (5) Lough Swilly, 2. Michael Mullen, sergeant.

1 *Burnfoot* V	9	B	G	1 L 1 R 1 X 2 R 2 L 1½ L ½
2 Carrigans V	6	A B	G	1 R 1 R 2 V² 1 L 1
3 LONDONDERRY C	8	A	G	1 R 1 L 1 X ½ X ½ R 3 L 1
4 *Manorcunningham* V	7	A	G	¼ L 2½ R 2 X 2¼

NEWTOWNFORBES V. (Pop. 701). Longford : South Longford : Co. Longford : Leinster. PS, 4 t. : M. G. W. RY. : Tel. 8-8. (1) 7 a.m., 10.15 a.m. : (2) 3.30 p.m., 7 p.m. : (3) PO, SB, MOO : (4) No : (5) Castle Forbes and Demesne, 1. P. Fallon, sergeant.

1 Carrickglass R	4	B	G	1¼ X ¾ X 1¾ R ¼
2 Curragranny R	3	A B	G	1¼ R ¾ L 1
3 Longford (No. 2) T	2½	A	G	¼ X ¾ R 1¼ R ¼

NEWTOWNGORE V. (Pop. 130). Bawnboy : South Division : Co. Leitrim : Connaught. M, s. : Bawnboy Road, 4½, C. L. & R. LT. RY. (1) 8.30 a.m. : (2) 4.30 p.m. : (3) PO : (4) Yes, 2 : (5) No. Felix C. Megarry, constable.

1 Carrigallen V	5½	B D	R S F	½ L 1½ X ¾ L 1¼ R ¼ L 1¼
2 Corrawallen R	4	B B	S F	½ L 1½ R 2
3 Drumcowra R	4½	B B	G F	½ R ½ R 2½ X 1
4 Garradice R	3½	B D	G S F	1 L [illegible] L [illegible] L ½

NEWTOWNHAMILTON V. (Pop. 778). Upper Fews: South Division: Co. Armagh: Ulster. F, last s.: PS, 2 m.: M, s.: Bessbrook, 9½; Castleblaney, 10½, Armagh, 12; Newry, 10½; Dundalk, 16½, G. N. RY.: Tel. 8-8. (1) 9 a.m., 5 p.m.: (2) 7.30 a.m., 4.30 p.m.: (3) PO, SB, MOO: (4) Yes, 12: (5) One of the great O'Neills slain here by another chief. P. Brady, sergeant.

1 BALLEEK V	4	C	G	½ R 2 L ½ L 1
2 CULLYHANNA V	5	D	F	2 R 1½ L 1½
3 Keady T	8	D	F	½ L ½ L 2 X 2½ L 2½
4 MOUNTNORRIS V	8	D	F	1½ R 2 X 2 X 1 R 1½

NEWTOWNMONASTERBOICE R. Ferrard: South Division: Co. Louth: Leinster. Dunleer, 5, G. N. RY. (1) 7 a.m.: (2) 7 p.m.: (3) PO: (4) No: (5) Monasterboice Round Tower and Celtic Crosses, 1½; the Round Tower, dilapidated at top, was 110 ft. high, by 51 ft. in circumference; at its foot are two sculptured Celtic Crosses, one of which, "St. Boyne's," is 18 ft. high. Two chapels are all that remain of the great Abbey of Monasterboice, founded in the 12th century. At Grange and Dowth are artificial mounds and ancient cave dwellings, supposed to have been heathen temples; Roman coins were found here. Patrick Lally, acting-sergeant.

1 Collon V	4½	A B A	G	1/12 L 2⅛ R 2
2 *Drogheda* T	4¾	G	G	4 V ¼
3 *Dunleer* V	5	A	G	¼ R 4¾
4 *Termonfeckin* V	6	B	F	1 L 3¼ L ¼ R 1¼ L ¼

NEWTOWNMOUNTKENNEDY V. (Pop. 298). Newcastle: East Wicklow: Co. Wicklow: Leinster. Tel. 8-7: PS, each alternate s.: Kilcoole, 4, D. W. W. RY. (1) 6 a.m., 10 a.m.: (2) 3.20 p.m., 7 p.m.: (3) PO, SB, MOO: (4) Yes, 3: (5) Mountain and sea scenery. John P. Dobbyn, sergeant.

1 *Ashford* V	6½	A	G	1¼ X 1¼ L 1 X 2½ R ½
2 *Delgany* V	4	B	F	2¼ R 1 R ¾
3 Kilcoole V	8	D	F	1¾ R 1¼
4 Roundwood V	6½	F	I	3 R 3½

NEWTOWNSANDES V. (Pop. 243). Iraghticonnor: North Division: Co. Kerry: Munster. Listowel, 7, W. & L. RY. (1) 10 a.m.: (2) 2.30 p.m.; Sunday, 12.30 p.m.: (3) PO: (4) No: 5) No. Andrew Griffin, sergeant.

1 ATHEA V	6	B	B	1½ L 4½ X
2 Ballylongford V	6	B	I	¼ L 2 X 3¾ X
3 GLIN V	8	D	B	3¾ R ¼ L 2½ L 1 R ½
4 Listowel T	7	B	F	2 L 2 R 1 R 2
5 Tarbert V	6	B	F	Direct road

NEWTOWNSTEWART T. (Pop. 1165). Lower Strabane: North Division: Co. Tyrone: Ulster. F, last m., monthly; 28 Mar., 2 June, 10 Oct., 11 Dec.: PS, 3rd th., monthly: M, m.: D.I.: G. N. RY.: Tel. 8-8. **(1)** 7 a.m., 11 a.m., 6 p.m.: **(2)** 10 a.m., 2.30 p.m., 5.45 p.m., 10.17 p.m.: **(3)** PO, SB, MOO: **(4)** Yes, 11: **(5)** Duke of Abercorn's residence, Baronscourt Castle, 3. Thomas Flynn, constable.

1 Castlederg T	10	C	F	¼ R ¾ L 1 X 1¼ R 1½ L 2½ X 1 L 1 L ½ R ½
2 Drumquin V	10	B	G	¾ L 1 L 2 L 2½ X ¼ X 3 L ½
3 Gortin V	6	C	F	¼ R ¾ R 2 R ½ L 2 L ½
4 *Omagh* T	10	B	G	¼ R 6 R 1¾ L 1 L 1
5 Plumbridge V	6½	D	I	¼ R ¾ R 2 L ½ L 1 R 2
6 *Sion Mills* V	7	B	G	¼ R ¾ R 4 X 1 R 1

NINEMILEHOUSE V. (Pop. 100). Slieveardagh: East Division: Co. Tipperary: Munster. Carrick-on-Suir, 10, W. & L. RY **(1)** 8.30 a.m., 11 a.m., 4.45 p.m.: **(2)** 8.45 a.m., 5 p.m.: **(3)** PO, SB, MOO: **(4)** No: **(5)** Slieve-na-Man, 8. Thomas Shanley, constable.

1 CLONEEN V	7	B	F	⅜ L 1½ L ⅛ L ½ L 2½ L 2
2 Glenbower R	5	B	F	½ R ½ L 1 R 3
3 Killamory V	1⅛	B	F	⅛ R 1
4 Mullinahone T	4½	B	F	⅛ L ¼ R 1 L 1 L ⅛ R 1 R ¾ L ⅛ L ⅜ R
5 Windgap V	4½	B	F	¼ R 1 R ½ R ¼ L 2½

NOBBER V. (Pop. 179). Morgallion: North Division: Co. Meath: Leinster. F (new), 2 t. Mar., July, Sept., Nov.; 3 t. Oct.; (old), 25 April: P.St.: Nobber, ¼, M. G. W. RY.: Tel. 8-8. **(1)** 9.15 a.m.: **(2)** 4.40 p.m.: **(3)** PO: **(4)** Yes, 5: **(5)** Whitewood Lake, 2; Brittas' Demesne, ½; St. Patrick's Stone, 1; Gallows Hill, ½; Whitewood Demesne, 2. In this village the celebrated blind bard O'Carolan was born in 1670. Edward Connolly, constable.

1 *Carlanstown* V	8	B	G F	½ R 1 R ¼ L 2¼ X ½ L ½ X 1 L 1 R 1
2 Drumconra V	5½	B	G F	½ L 1½ L ½ R 1 X 1¾ L ¼
3 George's Cross R	5	B	G F	½ L ½ R 1 L ½ X ¼ R 1½ R 1
4 *Kilmainhamwood* V	4	B	G F	1 L 1 L 1¾ R ¼
5 *Parsonstown* R	8	B C	G F	½ L 1 L 1 R 1 L 1 L ¼ R 2 R ¼ L ½ R ½

NURNEY R. West Offaly: South Kildare: Co. Kildare: Leinster. Kildare, 5, G. S. & W. RY. **(1)** 9 a.m.: **(2)** 5.30 p.m.: **(3)** Kildare, 4½: **(4)** Yes, 3: **(5)** Nurney Castle: Cherrymills House and Lake. John Murray, sergeant.

1 *Ardscul* R	7¼	B	F	¼ L 1¼ R 1¾ X ¼ R ¾ L 1 L 2
2 *Ballyshannon* R	5	B	F	2 R ½ L 1½ R 1
3 *Bert* V	8½	B	F	3¾ L 2¾ L 2
4 Curragh (No. 2) R	5	B	F	2 L ¼ R ¾ R 1 R 1
5 Kildare T	4½	B	F	1 R 2½ L 1
6 Monasterevan T	7¼	B	F	2 X ¼ R 1¼ X 1½ R 1¼ R ¼

O

O'BRIEN'S BRIDGE V. (Pop. 466). Tulla Lower: East Division: Co. Clare: Munster. F, 24 Jan., 17 March, 18 April, 8 May, 10 June, 8 and 25 July, 7 Sept., 7 and 25 Nov., 8 Dec.: B: Birdhill, 3; and Castleconnell, 3, W. & L. RY. (1) 5 a.m.: (2) 8 p.m.. (3) PO, MOO: (4) Yes, 2: (5) Innislusky Island, ½; River Shannon; Leap of Doonass, 3; Canal, avoiding the Falls, 1½; Shannon Drainage and Navigation Company. Patrick J. Branagan, constable.

1 BIRDHILL R	8	A	F	1½ R 1 L ½
2 CASTLECONNELL V	3	A	F	2 R ½ L ½
3 Clonlara R	3	A	F	1½ R 1½
4 Kilbane R	6	D	F	1½ R ¼ R ⅜ L 3 R 1¼
5 Killaloe T	5	A	F	2 R 2¾ R ¼

O'CALLAGHAN'S MILLS V. (Pop. 225). Tulla Lower: East Division: Co. Clare: Munster. F, 27 June, 14 Nov.: Sixmilebridge, 10, W. & L. RY. (1) 6 a.m.: (2) 7 p.m.: (3) PO: (4) Yes, 1: (5) Teerovannon Castle, 1¾. John Brennan, sergeant.

1 Bodyke V	8	B	G	L ½ L 2¾ L ⅛ R 2 R ¾ R 1¼ L ½
2 *Broadford* V	4½	B	G	¼ R 1 R ½ X ½ R 1¼ L 1
3 *Kilkishen* V	4½	B	G F	1 R ¼ L 1¼ V² 1¾ R ⅛ L ⅛
4 Tulla V	4	B	G	1 L ¼ X ½ R 1¼ L ¾ R ¼

O'GONNELLOE R. Tulla Lower: East Division: Co. Clare: Munster. Ballina, 4¾, W. & L. RY. (1) 8 a.m.: (2) 4.30 p.m.: (3) Killaloe, 4¼: (4) No: (5) Lough Derg, 100 yds.; Holy Island Round Tower and Chapels, 3½; Tinarana Church, 1. William Moody, sergeant.

1 Killaloe T	4¼	A	F	¼ L 1 L 2¾ R ¼
2 Tomgraney V	5¾	C	G	¾ L 3¾ R 1¼

OLDCASTLE V. (Pop. 955). Fore: North Division: Co. Meath: Leinster. F, 3 f.: PS, 3 m.: M, m.: G. N. RY.: Tel. 8-8. (1) 6.30 a.m., 12 noon: (2) 2.45 p.m.. 7.45 p.m. (3) PO, SB, MOO: (4) Yes, 20: (5) Loughsheelin, 7; Fore Abbey and cells, 8; Finea, 9. Philip Drum, constable.

1 BAILYJAMESDUFF V	7½	D F D B	G P R T	½ X ¼ X V 3 X ⅜ R ¼ L 1 R A 2
2 *Crossakeel* V	8½	B D B D	G P R S	1¼ L 1 X 1 X V 1¼ L ½ L 2 L A ½
3 FORE V	8	D F D F	G I R P	1¼ R ¼ X 1 X 2 X 3 L ½
3 MOUNTNUGENT V	5	B D B D	G R P S	1½ R 1 X ¼ R 2¼
5 VIRGINIA V	7½	A D A D	G F P S	½ R ¼ X 1¾ X 2½ X 1½ R 1

OMAGH T. (Pop, 4039). East Omagh and Upper Strabane: Mid-Tyrone. Co. Tyrone: Ulster. F, 1 t.: PS, each alternate m.: M, s.: D.I.: C.I.: R.M.: G. N. RY.: Tel. 8-8. (1) 7 a.m., 10.30 a.m., 2.30 p.m.: (2) 9 30 a.m., 12 noon, 3 p.m., 11 p.m.: (3) PO, SB, MOO: (4) Yes, 20 and waggonettes: (5) Gaol where District Inspector Montgomery was hanged for the murder of Glasse, a bank clerk, 26th August, 1873. Omagh was burnt in 1748, it is now a thriving town and a railway junction. Gortin Gap; Mountain scenery grand. W. B. Kelly, 1st D.I.

1 *Ballygawley* T	15	A	G	Old Mail Coach road, Derry and Dublin
2 Beragh T	7½	B	F	1⅛ V ¼ A 6⅜ V ¾ direct
3 *Carrickmore* V	7⅝	B	G	V ¼ 1⅛ L 6
4 Dromore T	10	A	G	6 V 4 Old Mail Coach road
5 *Drumquin* V	9	B	G	1 R 8 follow Telegraph posts all the way
6 Fintona T	9	B	G	2½ R 3¼ R 2¼
7 *Gortin* V	10	B	F	R 2¾ R 3 L 3¼ A 1
8 *Mountfield* V	7	B	F	R 1¼ X 5¾
9 *Newtownstewart* T	10	A	G	1 R 1 R 1¾ L 6 L ¼

OMEATH R. Lower Dundalk: North Division: Co. Louth: Leinster. D. N. & G. RY. (1) 6 a.m., 4 p.m : (2) 10 a.m., 7.30 p.m. : (3) PO, SB, MOO : (4) No : (5) Carlingford Monastery, founded by Be Burgh, Earl of Ulster, 1300 (now in ruins), 3. The Castle, built by King John, 1210, on a precipitous rock projecting into the Harbour of Carlingford, has walls 11 feet thick. This tongue of land and the neighbourhood was heavily fortified in early ages. Clermont Carn, 1674 feet, 2; Mount Carlingford, 1936 feet, 5. William Armstrong, sergeant.

1 Carlingford V	5½	D	G	Good coast road direct
2 Jonesborough R	7	D F	F	2¼ L ½ R 3¼ R ½
3 Newry T	7	B	G	2¼ X 4¾

OOLA V. (Pop 450). Coonagh: East Limerick: Co. Limerick: Munster. W. & L. RY. (1) 8 a.m. : (2) 6 p.m. : (3) Tipperary, 6 : (4) Yes, 4 : (5) Fine agricultural country. James M'Keon, sergeant.

1 Cullen V	1½	D	F	¼ L 1¼
2 Doon V	8	B	G	1 R 6¾ L ¼
3 Limerick Junction V	4	A	G	4 L
4 Newpallas V	4½	A	G	4½ R

ORANMORE V. (Pop. 152). Dunkellin: South Division: Co. Galway: Connaught. Tel. 8-8 : F, 10 Feb., 18 April, 23 May, 23 July, 13 Oct., 10 Nov. : PS, each alternate W. : M. G W. RY. (1) 12.15 a.m., 11.20 a.m., 2.30 p.m. : (2) 11 a.m., 2 p.m., 12 night. (3) PO, SB, MOO : (4) Yes, 2 : (5) Oranmore Castle, an ancient mansion of the Blake family, on a beautiful cove of Galway Bay. A. Rooney, sergeant.

1 Galway T	5	B D	P	¼ L 4¼ L ⅜
2 *Kilcolgan* R	5½	B D	P	¼ L 3¼ R 2
3 Killeen R	6½	B D	F	¼ R 2¼ X 1 L 1½ L 1
4 Loughgeorge R	7	B D	F	¼ R 2¾ X 2 R 2
5 *Moyvilla* R	5	B D	F	1½ X 2 R 1½

ORISTOWN V. (Pop. 312). Kells Upper: North Division: Co. Meath: Leinster. Ballybeg, 3, G. N. RY. (1) 8 a.m.: (2) 7 p.m.: (3) PO: (4) No: (5) Gibstown House and Demesne, 2. P. Feury, constable.

1 *Bohermeen* V	6	B	G	1 X 1½ R 1 L 2½
2 Carlanstown V	4	A B	G	1¾ R 2 R ¼
3 *George's Cross* R	5	B	G	¼ X 2¼ L ⅛ L 1⅜ X 1
4 Kells T	4	A	G	1½ L 2½
5 *Navan* T	7½	B	G	3 R ⅛ L 1½ R 2¾

OUGHTERARD V. (Pop. 810). Moycullen: Connemara Division: Co. Galway, W.R.: Connaught. Tel. 8-8; Sunday, 9-10 a.m.: F, 1 Jan., 25 Mar., 26 May, 24 June, 9 Aug., 26 Sept, 13 Oct., 20 Dec. PS, th., fortnightly M, th.: B: D I.: R.M.: Galway, 17½, M. G. W. RY. (1) 7.30 a.m., 2.30 p.m.: (2) 10.45 a.m., 8.30 p.m.: (3) PO, SB, MOO: (4) Yes, 20: (5) Waterfall, ¼; "Inchangoill Craibhtheach" Island (Lough Corrib), or "The Isle of the Devout Stranger" (5), with churches and sculpture—see Sir W. Wilde's "Lough Corrib," chap vi., pp. 133—149. The scenery is generally wild and mountainous. Good salmon and brown trout fishing. A Light Railway is being constructed from Galway to Clifden, and will be opened by October, 1893. Thomas Earle, head-constable.

1 Maam Cross Roads R	10	B	F	Direct road
2 Moycullen V	10	B	F	Direct road

OULART R. Ballaghkeene North: North Division: Co. Wexford: Leinster. PS, 3rd t, monthly: Enniscorthy, 9, D. W. & W. RY. (1) 8 a.m: (2) 5 p.m.: (3) PO: (4) Yes, 1: (5) Oulart Hill, 1; "North Cork" Lane ½, Insurgent Battle, 1798. Robt. Douglas, sergeant.

1 *Blackwater* V	6½	B	G	⅛ R 2 L ½ R 3½ X ⅝
2 *Enniscorthy* T	8	A	G	1⅛ R 1¼ X ½ X 1½ L 1½ R ⅛ R ½ L ¼ R ½ L ¼ R ½
3 Kilmuckridge V	6	B	G	1 L 1½ R 2½ L ½ R ½
4 Monamolin R	6	B	G	1 L 1½ X 1½ X ½ L ½ X ½ L ½

OVOCA R. Arklow: East Division: Co. Wicklow: Leinster. PS, 3rd t., monthly: D. W. & W. RY.: Tel. 8-8. (1) 7 a.m., 10 a.m.: (2) 3.30 p.m., 9.30 p.m.: (3) PO, SB, MOO: (4) Yes, 5: (5) "The Meeting of the Waters," Rivers Avon and Ovoca, 2; Avondale House, residence of late Charles S. Parnell, M.P., 3. Vale of Ovoca—

"There is not in this wide world a valley so sweet
As that vale in whose bosom the bright waters meet."

Thomas Moore.

William Manning, acting-sergeant.

1 Arklow T	6	B A	G F	¼ L 1¾ L ¼ L 3½ L ¼
2 *Aughrim* V	6	A B	G F	¼ L 1¾ R 2 L ¼ L 1¾
3 Rathdrum V	5	B D	F G	2 R A 1¼ R 1¼ X ¼
4 Redcross V	4¼	D	F B	¼ L 2 A X 1 V R 1¼

OYLGATE V. (Pop. 104). Ballaghkeene South : North Wexford : Co. Wexford : Leinster   Mackmine, 2, D W. & W. RY. (must cross River Slaney, Edermine Ferry) ; D. W. & W. RY., 2½. (1) 8.30 a.m. : (2) 4.30 p.m. : (3) PO, SB, MOO : (4) No : (5) Brownswood Castle, Boromount House, at far side of River Slaney ; Edermine House ; River Slaney, with fine fishing. James Lonergan, sergeant.

| 1 *Crossabeg* V | 4 | A | G | 1 L 3 |
| 2 Enniscorthy T | 6¼ | A | G | 2¼ X 3¾ |

P

PALLASKENRY V. (Pop. 391). Kenry : West Division : Co. Limerick : Munster. PS, 1st th., fortnightly : Tel. 8-8. (1) 7 a.m., 6 p.m. : (2) 7.30 a.m., 6.30 p.m. · (3) PO, SB, MOO : (4) Yes, 5 : (5) No. Maurice Linnane, sergeant.

1 Ki'dimo V	3	B	G	¾ L ¼ R 2¼
2 Milltown R	2¼	B	G	1½ R ¾ L ¼
3 Stonehall R	3½	B A D	G	¼ R 1¼ L ¼ R 1¼

PARK R. Tirkeeran : North Division : Co. Londonderry : Ulster. F, 2 f. : P.St. : Dungiven, 9, B. N. C. RY. (1) 10 a.m. : (2) 3 p.m. : (3) PO : (4) Yes, 2 : (5) No. William Sweeney, sergeant.

1 Claudy V	5	B D	F	¾ R 2 X 1¾ R ¼
2 Dungiven T	9	B A	F G	½ R ¼ L 3¼ X 5
3 Glenroau R	10	D F D G	B b	½ R 7½ R 2

PARSONSTOWN or BIRR T. (Pop. 4040). Ballybritt : Birr Division : King's County : Leinster. PS, every f. : F, 11 Feb., 6 May, 25 Aug., 10 Dec. : M, f. : G. S. W. RY., 1 : Tel. 8-8 ; Sunday, 9 a.m. to 10 a.m. (1) 7 a.m, 1 p.m. : (2) 2 p.m., 6 p.m., 7 p.m. : (3) PO, SB, MOO : (4) Yes, 30 : (5) Lord Rosse's famous Telescope, in his Demesne, ¼. In Duke's Square, a Doric column, 25 ft. high, with statue of Duke of Cumberland, "The Butcher of Culloden" (1746). The Castle of the Parsons' (now Earls of Rosse), once besieged by Sarsfield ; also Leap Castle and Congor Castle. The Barracks (1) can accommodate three infantry battalions. Patrick M'Partlin, sergeant.

1 Annagh R	4½	C	G	4¾ R ¼
2 Banagher T	8	C	G	6 X 2
3 Crinkle V	1¼	A C	G	¼ L 1
4 Riverstown V	1½	A C	G	¼ R 1
5 Sharavogue R	4½	C	G	4½
6 Thomastown R	5	B	G F	1 R 1½

PARSONSTOWN R. Lower Slane : North Division : Co. Meath : Leinster. Wilkinstown, 6, M. G. W. RY. (1) 9 a.m. : (2) 5.50 p.m. : (3) Lobinstown, 2 . (4) No : (5) No. M. M'Cann, sergt.

1 COLLON V	8	B	F	½ R 1 X 2 X 2 X 2½
2 *Drumconra* V	6	A G	G	½ X ¼ L 2 X 1 X 1½ L ¾
3 *George's Cross* R	7	B	G	½ L 1½ L 3 X 1 R ½ X ½
4 *Nobber* V	8	B D	G	½ L 1 X 3 X 1½ R 1½ X ½
5 Slane V	6½	A C	G	3 X 2 L 1½

PARTRY R. Carra : South Division : Co. Mayo Connaught. (1) 8 a.m. : (2) 6.30 p.m. : (3) Ballinrobe, 6¼ · (4) No : (5) Partry Mountains and Lough Mask (good scenery), 5½, on the Westport Road from Athlone. Edward Crosby, sergeant.

1 Ballinrobe T	6¼	B	G	Straight road
2 *Ballyhean* R	7	B	G	4 X 3
3 Cappaduff R	7	B	G	1¾ L 5¼
4 *Kinnury* R	8	D	G	6½ L 1½

PASSAGE EAST V. (Pop. 551). Gaultiere : East Division : Co. Waterford : Munster. Tel. 8-7 ; Sunday, 9 a m. to 10 a.m. (1) 8 a m , 5 p m. : (2) 9 a.m., 6.45 p.m. : (3) PO, SB, MOO : (4) Yes, 5 : (5) Geneva Barracks, notorious in 1798 ; Faithlegg House, seat of P. M. Power, Esq., D.L., one of the wealthiest Commoners in Ireland ; Minnaun Hill, with view of Counties Cork, Tipperary, Kilkenny, Carlow, Queen's, Wicklow, Wexford, and Waterford. Michael Murphy, sergeant.

1 Callaghane R	4½	C	G	4 L ½
2 Dunmore East V	7	C	G	4½ L 2½

PASSAGE WEST T. (Pop. 1600). Kerricurrihy : South-East Division : Co. Cork, E.R. : Munster. Tel. 8-8 : PS, every t. : B : C. B. & P. RY. (Terminus). (1) 5.15 a.m., 1.30 p.m. : (2) 11.15 a.m., 8 p.m. : (3) PO, SB, MOO : (4) Yes, 5 : (5) Mouth of the River Lee ; Dockyard ; hourly service of steamboats to Queenstown, Aghada, and Crosshaven, in conjunction with trains from Cork, from 9 a.m. to 10 p.m. Michael Kinsella, sergeant.

1 *Douglas* V	5	B	G	Direct road
2 Monkstown V	2	B	G	½ F ¼ L 1 F ½

PATRICK'S WELL V. (Pop. 174). Pubblebrien : East Division : Co. Limerick : Munster. Tel. 8-8 : PS, 2nd t., monthly : W. & L. RY., 1. (1) 5.25 a.m., 11.45 a.m. ; Sunday, 8 a.m. : (2) 1.40 p.m., 10 p m. , Sunday, 9.45 p.m. : (3) PO, SB, MOO : (4) No : (5) Mungret Abbey, 2. The "Psalter of Cashell" states this Abbey had six Churches and 1500 members. MacCullinan, the Royal author, bequeathed to it 3 oz. gold, a vest, and his blessing, A.D., 908. The ruins are meagre for such a reputation. John Power, sergeant.

1 Adare V	4½	A	G	½ X 1 R ¾ L 1 X 1¼
2 *Ballinacurra* R	4	A	G	2 X 1¼ X ¾
3 Clarina R	2¾	B	G	2⅛ L ⅛ R ½
4 Croom V	5⅝	B	G	½ X 1 X 2⅝ R ½ X 1

PAULSTOWN R. Gowran: North Division: Co. Kilkenny: Leinster. Bagenalstown, 4, G. S. & W. RY. (1) 8 a.m.: (2) 6 p.m.: (3) PO, MOO: (4) No: (5) No. Patrick Walsh, sergt.

1 BAGENALSTOWN T	3	A	[G]	1 R ¼ X ¼ X ½ R 1
2 *Baunafea* R	5	D	F	⅛ L ¼ R 1¼ L ½ R 2 L ½ R ⅜
3 Goresbridge V	5½	B	G	⅛ L ⅜ R ⅜ L ½ R ½ L 2 L ⅝
4 Gowran V	4	B	G	1¾ L ¼ R 1¾ R ⅛ R ⅛

PEAKE R. Middlethird: East Division: Co. Tipperary, S.R.: Munster. Gooldscross, 6, G. S & W. RY. (1) 9 a.m., 2.10 p.m.: (2) 9 a.m., 4 p.m.: (3) Boherlahan, 2½: (4) No: (5) Holy Cross Abbey, founded by Donogh O'Brien, King of Limerick, in the 12th century, 3. W. A. Currie, sergeant.

1 Ballinure V	6½	B D	G F	1½ X 2⅛ R ¼ L 1 L 1½ L ⅛
2 Cashel C	6	B A	G	½ R ½ L ¾ R ⅛ R ⅛ R 4
3 *Holycross* R	3	B A	G	¼ L ½ R ½ R 1¾
4 Longfield R	5	B A B	G	¼ L ½ L ¼ L 1¼ R ¼ L ¼ R 1¼ R 1

PETER'S WELL R. Kiltartan and Loughrea: South Division: Co. Galway: Connaught. Gort, 5, W. & L. RY. (1) 9.30 a.m.: (2) 5 p.m.: (3) PO: (4) No: (5) No. Wm. Gahan, act.-sergt.

1 Ardrahan V	5½	D C B D	G P G F	⅛ X 2 R ⅛ L 1¾ L ½ R 1
2 Gort T	5	B D B D	F P G F	¼ L 4½ R ¼
3 Kilcreest R	6	B D B D	G P F G	½ R 2 X 2 R 1½

PETTIGO V. (Pop. 450). Tyrhugh: South Division: Co. Donegal: Ulster. Tel. 8-8: F, 20th, monthly: PS, 4 t.: M, m.: G. N. RY. (1) 7 a.m., 2.30 p.m., 7 p.m.: (2) 11.30 a.m., 6.45 p.m.: (3) PO, SB, MOO: (4) Yes, 9: (5) "St. Patrick's Purgatory;" Lough Derg, 3½; Lough Erne, 1; M'Grath's Castle, 1. James Herron, sergeant.

1 CASTLECALDWELL R	8	A	G	1 L 1 L 6
2 KESH T	5	A	G	4 R 1
3 KILLETER T	12	A	G	4½ L 7½

PHILIPSTOWN V. (Pop. 895). Lower Philipstown: Tullamore Division: King's County: Leinster. F, 1 m. Jan., 4 m. Mar., 3 m. May, 4 f. June, 3 w. Aug., 3 t. Oct., 1 s. Dec.: PS, each alternate th.: Geashill, 7½, G. S. & W. RY.: Tel. 8-8. (1) 8 a.m., 12.30 p.m.: (2) 1.15 p.m., 5.10 p.m.: (3) PO, SB, MOO:

(4) Yes, 4 : (5) Called after Philip II., King of Spain and of England, 1569 (3 and 4 Philip and Mary, c. 2). King Philip visited the town and lodged in Forth Castle, now a private residence. Croghan Hill, in the vicinity, is mentioned by Edmund Spenser in the "Faëry Queene." Arthur Molloy, constable.

1 *Clonmore* R	5½	B	G	3 R 2½
2 Croghanhill R	4	B	G	⅛ L ½ R 1¼ X 1½ R ¾
3 Esker R	6	B	G	⅛ L 2¾ R 1¼ L 1 L 1¼

PIKE R. Lower Ormond : North Division : Co. Tipperary, N.R. : Munster. (1) 9.30 a.m. : (2) 3 p.m. : (3) PO, Rathcabbin, 1¼ : (4) No : (5) No. James Murphy, sergeant.

1 Annagh R	4½	B	F	1½ R 1½ L 1½
2 Lorrha V	4½	B D	G	1¼ X ¼ R 1¼ R 1½
3 Riverstown V	6¼	B	G	1⅛ L ⅛ R 1¼ X 2½ R ½

PILTOWN V. (Pop. 365). Iverk : South Division : Co. Kilkenny : Leinster. PS, 1 th. : D.I. : Fiddown, 2, W. & L. RY. : Tel 8-8. (1) 3.30 a.m., 12.15 p.m., 2 p.m. : (2) 1 p.m., 9 p.m. : (3) PO, SB, MOO : (4) Yes, 3 : (5) Tybroughney Castle, 1 ; Bessborough Demesne, ¼. John Carroll, acting-sergeant.

1 CARRICK-ON-SUIR T	4	A	G	Direct straight route
2 Fiddown V	2	A	G	Direct straight route
3 *Slatequarry* R	7¼	A D	F	⅛ L ¾ L 4 X 1¾ R ⅛ L ½ L 1½ X 2
4 Templeorum R	3¾	D B	F	½ L 2 X 1

PLUMBRIDGE V. (Pop. 124). Strabane Upper : North Division : Co. Tyrone : Ulster. F, 16th, monthly : M, th. : Newtownstewart, 6½, G. N. RY. (1) 8 a.m. : (2) 6 p.m. : (3) PO, SB, MOO : (4) Yes, 3 : (5) No. Patrick Skelly, constable.

1 *Donemanagh* V	10	B D	G S F	½ R ½ R 2 R ¼ L 1½ L 1½ L 1 L 2 L 1
2 Glenroan R	5	D F	G S F	1 R 1½ L 2⅔
3 Gortin V	4	D F	G S F	⅛ R 1 L ½ R 1¾ X ½
4 Newtownstewart T	6½	D F H	G S F	2 L ¼ R ¼ X ½ L 1 R 1¾ L ¾

POMEROY V. (Pop. 400). Middle Dungannon : East Division : Co. Tyrone : Ulster. F, 2 t. : PS, 3 w. : M, t. : G. N. RY. : Tel. 8-8. (1) 1 a.m., 10 a.m. : (2) 3 p.m., 9 p.m. : (3) PO, SB, MOO : (4) Yes, 8 : (5) No. Daniel Quigg, sergeant.

1 *Broughderg* V	10	C D C D	F G F G	5 X 1½ L 3 R ¼
2 Carrickmore V	6	B D	G S F	3 X 2 R 1
3 Donaghmore V	6½	A	G	⅛ X ¼ R 2 X ¾ R ⅞ L ¼ R ⅛ R ½ L ¼ R 1½
4 *Rock* V	4	C D	S	¾ X ¼ L ⅞ R ⅞ L ¼ X ⅜ L ⅛ L ¾ R ¼
5 Stackeenagh V	9	D	I	½ R 2 R 2 R ⅛ X ⅛ L ⅛ R ⅛ L ¾ R ½ L 1½ L ¼ R ¾ L ⅛ L ½ L ¼

PONTOON R. Carra : West Division : Co. Mayo : Connaught. B : Foxford, 4, M. G. W. RY. (1) 10 a.m. : (2) 10 a.m. : (3) Foxford, 5 : (4) Yes, 2 : (5) Lough Conn, noted for fishing—

salmon, trout, pike, char, &c.; Beautiful mountain scenery all round the Barrack, which is built on shore of Lough Cullin. Patrick Healy, sergeant.

1 *Castlebar* T	10	B	G	1½ R 3¼ X 3 R 1 L ¼ R ¾
2 Foxford V	5	C	G	2¾ R 2 R ¼
3 Nephin R	5	C	G	3 L 2
4 *Newtowncloghans* R	10	B	G	2¾ L 2¼ L 3 L 1 L 1
5 *Turlough* V	8	C	G	1½ L 6 R ½

PORTADOWN T. (Pop. 8434). Oneilland West: North Division: Co. Armagh: Ulster. Tel. 8-8; Sunday, 9-10 a.m.: F, 3rd s., monthly; Easter Monday, Whit Monday, and 12 Nov.: Horse F, w. before 1st Friday of each month: M, general, s.; flax, t. (second best in Ireland); produce, w.: PS, 2nd and 3rd m.: D.I.: R.M.: G. N. RY., ¾. (1) 7 a.m., 9.30 a.m., 5.15 p.m., 6 p.m.: (2) 9.30 a.m., 2.30 p.m., 4 p.m., 11 p.m.: (3) PO, SB, MOO: (4) Yes, 25: (5) The River Bann falls into Lough Neagh, 7½ below, and joins the Newry Canal 1½ above the town, and is navigable by vessels of 90 tons; a railway junction of great importance; a very good business town. Charles O'Beirne, constable.

1 *Ballinary* R	3½	D	F	1¼ L 2 R ¼
2 GILFORD V	5½	C	F	¼ R 2½ R ¾ R 1½ R ½
3 *Lurgan, Edward St.* T	5½	A	G	1¾ X 1¼ X 2¼ straight road
4 Richhill R	6½	A	G	1 X 4 L 1 X ½
5 *Tandragee* T	5¼	C	F	2½ L ¾ X 1 L ¼ R ½ L ¼

PORTAFERRY T. (Pop. 1624). Ards Upper: North Down: Co. Down: Ulster. F, 2 t.: PS, last t.: Downpatrick, 9½, B. C. D. RY.: Tel. 8-8. (1) 8.45 a.m., 10.30 a.m., 2 p.m., 4.45 p.m.: (2) 7.45 a m., 12 noon, 2.20 p.m., 4.45 p.m.: (3) PO, SB, MOO: (4) Yes, 8: (5) Scenery good; Strangford Lough, &c., &c.; Herring fishery sometimes. Robert Berry, sergeant.

1 Kircubbin V	7¾	A	G	½ L ¼ R 7
2 *Strangford* V	1	Sea	Sea	Sea

PORTARLINGTON T. (Pop. 1281). Portnahinch: Leix Division: Queen's County: Leinster. Tel. 8-8: F, 5 Jan., 7 Feb., Easter Monday, 1 March, 22 May, 18 June, 4 July, 7 Aug., 1 Sept., 12 Oct., 23 Nov., 15 Dec.: PS, every w.: M, w.: R.M.: G. S. & W. RY., 1. (1) 9.15 a.m., 5 p.m., 9 40 p m.: (2) 7.30 a.m., 10 a.m., 6 p m.: (3) PO, SB, MOO: (4) Yes, 12: (5) Partly in King's County; originally colonised by French refugees at the Revocation of the Edict of Nantes (made by Henry IV., 1598; revoked by Louis XIV., 22 Oct., 1685). First Duke of Wellington educated here. Lea Castle, 2; Emo

Park, 1; Lansdown, a house belonging to the Gore family formerly. John M'Donald, constable.

1 Ballybrittas V	4½	A C	G	¼ R 4¼
2 KILMALOGUE V	½	A M	G	½ L ¼
3 MONASTEREVAN T	5¼	A	G	¾ L 4½
4 Mountmellick T	7½	A	G	1½ R 6

PORTGLENONE V. (Pop. 578). Lower Toome: Mid-Antrim: Co. Antrim: Ulster. F, 3 t.: PS, 1 th. M, t: Cullybackey, 6, B. & N. C. RY.: Tel. 8-8. (1) 9 a.m., 6.30 p.m.: (2) 7.45 a.m., 3.45 p.m.: (3) PO, SB, MOO: (4) Yes, 13: (5) River Bann, ⅛; Tully Rath, 2; the view of the Londonderry Mountains is very fine from here. Joshua Ward, sergeant.

1 Ahoghill V	5½	C	F	⅛ R ⅛ R 1 L 3 L 1 R ¼
2 Cullybackey V	6	C	F	⅛ X 2⅛ R 1 L 2
3 INNISRUSH V	2	C	B	1 R ½ L ½
4 *Millquarter* R	6½	C	F	⅛ R ⅛ R 1 R 2 R 1 R ⅛ L 1 R 1½
5 Rasharkin V	6½	C	F	⅛ L 5⅜ X 1¼

PORTLAND R. Lower Ormond: North Division: Co. Tipperary, N.R.: Munster. Parsonstown, 14, G. S. & W. RY. (1) 8 a.m.: (2) 3 45 p.m.: (3) PO: (4) No: (5) Lough Derg, 1; The Parsonstown and Portumna Railway, made, but not used, has its terminus at Portumna Bridge, over the River Shannon, ½. David Lavelle, sergeant.

1 Lorrha V	4	D	F	3 R 1
2 PORTUMNA T	2	B	F	¼ R 1¾

PORTLAW T. (Pop. 1346). Upperthird: East Division: Co. Waterford: Munster. PS, 2 w.: M, s.: D.I.: Fiddown, 3½, W. & L. RY.: Tel. 8-8. (1) 6 a.m., 1 p.m., 4 p.m.: (2) 11 a.m., 7.15 p.m.: (3) PO, SB, MOO: (4) Yes, 4: (5) Curraghmore Demesne, the residence of the Marquis of Waterford, 2. John Ryan, sergeant.

1 Ballyduff R	6¼	A	G	1½ L 3¼ L ¼ X 1¾
2 Carrickbeg V	7	A	G	½ L ½ R 2 R 2 L 2
3 Clonea R	6	D	F	¼ L 2¼ L 2 X ½ R ½ L ½
4 FIDDOWN V	3½	A	G	½ L ⅛ R 2 L ⅛
5 Kilmacthomas V	8	D	F	¼ R 1¼ L ½ V^3 1 R 1½ R 1½ L 2

PORTMAGEE V. (Pop. 210). Iveragh: South Division: Co. Kerry: Munster. PS, 1 m.: Killorglin, 38, G. S. & W. RY. (1) 1.45 p.m.: (2) 8.45 a.m.: (3) PO, SB, MOO: (4) Yes, 3: (5) Bray Head, Valentia Island, (588 ft. high). Michael Armstrong, sergeant.

1 Cahirciveen T	11	B	G F	4½ X 1½ X 1 L 2 X 1 X 1
2 Valentia I. V	6	B	G F	S ½ S ¼ R 2½ X 2½ X ¼
3 Waterville V	14	B	G F	4½ X 1½ R 1½ X ¼ R 3 X 1¼ R 2

PORTROE V. (Pop. 173). •Owney and Arra : North Division : Co. Tipperary : Munster. Nenagh, 8, G. S. & W. RY. (1) 9 a.m. : (2) 4.30 p.m. : (3) PO, SB, MOO : (4) Yes, 1 : (5) Lough Derg, 2 ; Holy Island, 10. Patrick Brennan, sergeant.

1 *Ballina* V	8	B	G	Straight road
2 Nenagh T	8	B	G	Straight road

PORTRUSH T. (Pop. 1600) Lower Dunluce : North Division : Co. Antrim : Ulster. PS, last th., monthly : B. N. C. RY. : Tel. 8-8. (1) 9 a.m., 11 a.m., 1.30 p.m., 6.15 p.m. : (2) 8 a.m., 12 noon, 3.45 p.m., 5 p.m. : (3) PO, SB, MOO : (4) Yes, 25 : (5) Rare coast scenery around Portrush, including Dunluce Castle. George H. Wheatley, sergeant.

1 Bushmills V	6¼	C	G	½ L 2 L 1½ L 2¼
2 COLERAINE T	6	A	G	½ X ½ X ½ X ½ X 3 X ½ X ½
3 PORTSTEWART V	4	D	G	½ R ½ R 3

PORTSTEWART V. (Pop. 617). North-East Liberties of Coleraine : North Division : Co. Londonderry : Ulster. P.St. : Portstewart, 2, B. N. C. RY. : Tel. 8-8 ; Sunday, 9 a.m. to 10 a.m. (1) 9.20 a.m., 11.10 a.m., 1.25 p.m., 6.20 p.m. : (2) 7.25 a.m., 11.40 a.m., 2.5 p.m., 4.50 p.m. : (3) PO, SB, MOO : (4) Yes, 4 : (5) A favourite watering-place. Richard Shier, sergeant.

1 Coleraine T	4	C	G	Direct road
2 PORTRUSH T	4	D	F S	1 L 3

PORTUMNA V. (Pop. 900). Longford : East Division : Co. Galway : Connaught. F, 6 May, 6 June, 1 July, 8 Dec., and 15th of remaining months : PS, each alternate m. : M, s. : D.I. : Birr, 14, M. G. W. RY. : Tel. 7-7. (1) 5.55 a.m., 9 a.m. : (2) 4 p.m., 6.10 p.m. : (3) PO, SB, MOO : (4) Yes, 20 : (5) Lough Derg, ¼. The long wooden bridge at Portumna has been occasionally carried away. The Cistertian Abbey at Portumna was a cell of Dunbrody Abbey, in Wexford ; its remains form an interesting ruin, and its choir has been converted into the Protestant Church. There is an Infantry Barracks. Portumna Castle is the seat of the Marquis of Clanricarde, who never resides in it. Patrick Murphy, sergeant.

1 Ballyshruil R	4½	B	G	½ R 3 R 1
2 Eyrecourt V	10	B	G	3 L ½ L 2 L 1 L 2 R 1½
3 Killimore V	7	B	G	3¼ X 1¼ X 2½
4 PORTLAND R	2	B	G	1¾ L ¼

POWER'S CROSS R. Leitrim : South Division : Co. Galway, E.R. : Connaught. (1) 9 a.m. : (2) 1 p.m. : (3) PO, Power's Cross, ¼ ; SB, MOO, Woodford, 3 : (4) No : (5) No. P. Noone, acting-sergeant.

1 *Ballyshruil* R	3¾	B	G	¼ X 3¼ R ¼
2 Looscaun R	2½	B	G	¾ L 1½ L ⅛ R ⅛
3 Woodford V	3	B	G	¾ R 2 R ¼

POYNTZPASS V. (Pop. 328). Lower Orior : South Division : Co. Armagh : Ulster. F, 1 s. : PS, 1 m. : M, f. : G. N. RY. : Tel. 8-8. (1) 8 a.m. : (2) 7 p.m. : (3) PO, SB, MOO : (4) Yes, 4 : (5) Jerretspass, 4½ ; Drumbanagher Castle, 3 ; several battles fought here during the Conquest of Ulster (*tempo* Henry VIII. and Elizabeth). P. Donnelly, acting-sergeant.

1 *Mountnorris* V	7	D B D B	G S F G	¾ R 2⅜ L 2¾ R 1¼ R ¾
2 *Newry* T	9	C D B	F G	4½ X 3½ L 1
3 SCARVA V	3	B D B	G	¼ R 2¼ R ½
4 Tandragee T	4½	B D B E	G	¾ R 2¼ L 2

PUCKAWN V. (Pop. 63). Lower Ormond : North Tipperary : Co. Tipperary : Munster. Nenagh, 6, G. S. & W. RY. (1) 10 a.m. : (2) 4 p.m. : (3) PO, SB, MOO, Nenagh, 5 : (4) No : (5) Dromineer, 4 ; Lough Derg, 4 ; Knigh Castle, 2. Richard H. Follis, constable.

1 Beechwood R	7	B	G	2 L 1⅜ R ⅛ L 3 L ⅝
2 *Coolbawn* R	5	B	G	1 L 4
3 Nenagh T	5	B	G	Straight road

Q

QUEENSTOWN T. (Pop. 9100). Barrymore : East Cork : Co. Cork : Munster. Tel. open always : B : PS, m., w., and f. : M, s. : D.I. : R.M. : G. S. & W. RY. ; C. B. & P. RY. (1) 4.30 a.m., 12.15 p.m., 4.30 p.m. : (2) 10.30 a.m., 1 p.m., 9 p.m. : (3) PO, SB, MOO : (4) Yes, 30 : (5) R.C. Cathedral ; the famous Harbour, with its forts, islands, and Atlantic Liners, is unrivalled in the world. O. Geoghegan, sergeant.

1 *Ballinacurra* V	9	C	F	1 R 1¼ L ½ R ¾ L 1½ F ½ L 3½
2 *Carrigtwohill* V	7	A	G	R ¼ X 3½ R 2 R 1 R ¾
3 Crosshaven V	4½	Sea	Sea	S 4½ S
4 Haulbowline I	¾	Sea	Sea	S ¾ S
5 Monkstown V	2½	A	G	1 X ½ F ½ L ½
6 New Glanmire V	8½	A	G	1 X 1 L 1 L 2 L 1 L ½ L ½ L 1 L ½
7 Passage West T	3½	A	G	1 X 1 L ¾ F ½ R ¾
8 *Whitegate* V	4	Sea	Sea	S 4 S

QUIN V. (Pop. 173). Upper Bunratty : East Division : Co. Clare : Munster. F, 7 July and 1 Nov. : PS, 4 w. : Ardsollus, 1½, W. & L. RY. (1) 7 a.m., 1 p.m. : (2) 11.30 a.m., 7.15 p.m. : (3) PO, SB, MOO : (4) Yes, 2 : (5) Knoppogur Castle, 3 ; Danganbrack old Castle, 1 ; Quin Abbey, ⅛, a Friary of Grey Friars (Franciscans), founded 1433 by Mahon MacNamara. James Noble, sergeant.

1 Carrahan R	4½	D B	R F	⅜ L 1 X 1 R ¾ X 1¼ R ⅛
2 Clare Castle V	5¾	G D B	S G F	1⅛ R ⅜ L ½ L 1⅜ R 1 L ⅜ L ⅜
3 Cullane R	4¾	D G	G F S	⅜ R 1⅛ R ¾ X 1¾ R ½
4 Newmarket V	5½	D B	G F S	¼ R ⅛ R 2 R ⅜ L ⅜ R 1½ L ⅜

R

RAHAN R. Ballycowan : Tullamore Division : King's County : Leinster. Clara, 6, G. S. & W. RY. and M. G. W. RY. (1) 8.45 a.m., 3.15 p.m. : (2) 11 a.m., 5.30 p.m. : (3) PO, Rahan, ½ : (4) Yes, 3 : (5) No. James Hayes, sergeant.

1 *Ballycumber* V	6	B	G F	¼ L 2¾ L 2¾ L ¼
2 Blueball R	5	B	G F	½ R ¾ R 1½ R 2 L ½
3 Clara V	6	B	G F	¼ L 2¾ R 2¼ X ¼
4 Tullamore T	6¼	B	G F	¼ R 2 R 1½ L 2 R ½

RAHENY V. (Pop. 150). Coolock : North Division : Co. Dublin : Leinster. Tel. 8-8 : G. N. RY. (1) 8 a.m., 2.30 p.m., 8 p.m. : (2) 11.20 a.m., 5.15 p.m., 9.45 p.m. : (3) PO, SB, MOO : (4) No : (5) St. Ann's Demesne, ½ ; Clontarf, Battle of, 1, where Brien Boroimhé routed the Danes, 23 April, 1014. Patrick Coughlan, sergeant.

1 Baldoyle V	3	B	G	1¼ R 1 L ¾
2 Ballybough T	3¼	A	G	1¼ R 1¼ R ¾
3 Clontarf T	2½	B	G	⅛ R ¾ L ½ L ¾
4 Coolock V	2½	B	G	2¼ L ¼
5 Howth V	5	A	G	1¼ R 1 R ½ R 2¼

RAILYARD R. Fassadinin : North Division : Co. Kilkenny : Leinster. (1) 9 a.m. : (2) 3 30 p.m. : (3) Crettyard, Queen's County, 1½ : (4) No : (5) Principal Collieries of the County. Patrick M'Kenna, sergeant.

1 Castlecomer V	4½	B	F	¾ L 1⅓ X 2¼
2 Coolcullen R	6	F	S P F	½ L Λ ¼ R ¼ R 1¼ X 1 R 1½ R ¼ L 1 Δ
3 DOONANE R	3½	B	F	½ L ½ X ½ X 1¾ L ¼

RAMELTON T. (Pop. 1183). Kilmacrenan : East Division : Co. Donegal : Ulster. Tel. 8-8 : F, 15th each month : PS, every 2nd s. : M, t. : Letterkenny, 7, L. & L. S. RY. (1) 7 a.m., 8 a.m., 5 p.m , 7 p.m. : (2) 7.10 a.m., 8.10 a.m., 5.10 p.m., 7.10 p.m. : (3) PO, SB, MOO : (4) Yes, 15 : (5) Lough Fern, 3. Stewart Nelson, sergeant.

1 Fortstewart R	3½	A	G	1¼ R 1¼ R 1
2 *Kilmacrenan* V	7	A	G	¼ L 1¼ R ¼ L ⅓ R ¼ X 3¼ L 1¼
3 *Letterkenny* T	7½	C	G	⅓ R ½ R ¾ X 2 R 2¼ R 1½
4 Milford V	4	C	F	¾ L ¾ L ⅛ R ¾ L ⅓ R ½ L 1
5 Rathmullen V	6½	A	G	¾ R 3¼ R 2 R ½

RANALOUGH V. (Pop. 108). Trughenackmy : East Division : Co. Kerry : Munster. Farranfore, 3½ (discontinued), G. S. & W. RY. (1) 7.30 a.m. : (2) 5.30 p.m. : (3) PO, Farranfore, 3½ : (4) Yes, 1 : (5) No. William Loughlin, sergeant.

1 Castleisland T	4	B	G	1 R 2½ X ½
2 Farranfore V	3½	B	G	¾ L 2¼ L ½
3 Scartaglen V	6	D	G	¼ L 3 L 2 R ¼

RANDALSTOWN V. (Pop. 847). Upper Toome: South Division: Co. Antrim: Ulster. F, 16 July and 16 Nov.: PS, 1 t.: M, w.: B. & N. C. RY.: Tel. 8-8. **(1)** 7.30 a.m., 11.30 a.m., 4.30 p.m., 5.30 p.m.: **(2)** 9.30 a.m., 1.30 p.m., 5.30 p.m., 6.30 p.m.: **(3)** PO, SB, MOO: **(4)** Yes, 6: **(5)** Shane's Castle, burnt 1816, 3½; River Maine, ¼. James Boyce, sergeant.

1	Antrim T	5	B	G	2¾ R 2 R ¼
2	Connor V	8	B	S	¼ L 3¾ X ¾ L 3¼
3	Millquarter V	7	B	G	2 L 2 R 3
4	Toome V	6¼	B	G	¼ R 4 R ½ R 1 X ¼ X ¼

RAPHOE V. (Pop. 662). Raphoe South: East Division: Co. Donegal: Ulster. Tel. 8-8; Sunday, 9-10 a.m.: F, 1st s. after 11th in each of 8 months, and on 1 May, 22 June, 27 Aug., and 4 Nov. in other 4 months: PS, 1 s.: M, s.: D.I.: Strabane, 6, G. N. RY. **(1)** 7 a.m., 1.25 p.m.: **(2)** 8.35 a.m., 8 p.m., 10 p.m.: **(3)** PO, SB, MOO: **(4)** Yes, 4 to 6: **(5)** St. Eunan's Cathedral, founded 565; Royal School, founded 1627; Raphoe Castle, besieged by rebels for 63 days, 1641; attacked by rebels 1798. An obelisk in the Cathedral Demesne commemorates both events. An ancient Abbey was founded here by St. Columba, and a Round Tower once stood upon the hill. Thomas Molloy, acting-sergeant.

1	Aughkeely R	13	D	G	½ R 2½ X ½ L 2 R 1 R 2 L 3½ L 1
2	Carrigans V	10	A	G	¼ L 1 R 1¾ X 4¾ X 2½
3	Castlefin V	6	D	G	¼ L 3 L 2¾
4	Crossroads V	7¾	C	G	½ L ½ L ¼ R ¾ L ½ X 1 L ½ L 1½ L 1 X 1 X 1
5	Lifford V	6	C	G	½ R 4 R 1½

RASHARKIN V. (Pop. 150). Kilconway: North Division: Co. Antrim: Ulster. PS, last t.: Kilrea, 3½, D. C. RY. **(1)** 9 a.m., 7 p.m.: **(2)** 8 a.m., 4 p.m.: **(3)** PO, SB, MOO: **(4)** Yes, 3: **(5)** No. Patrick M'Caffrey, sergeant.

1	*Ballymoney* T	8¼	B	G	¼ L 1 R 1 X 1 R 1 L ¼ R 1 L ¼ L 2¼
2	Cullybackey V	7½	B	G	½ L 1½ L 1½ X 2 R 1½ R ½
3	KILREA T	3½	B	G	½ V 4 1½ L 1½
4	Portglenone V	6½	B	G	½ X 2 R 1½ L 2½

RATHANGAN V. (Pop. 650). East Offally: South Division: Co. Kildare: Leinster. PS, 1 m.: M, m.: Kildare, 6¼, G. S. & W. RY.: Tel. 8-8. **(1)** 8 a.m., 11.30 a.m.: **(2)** 2.30 p.m., 6.30 p.m.: **(3)** PO, SB, MOO: **(4)** Yes, 2: **(5)** The town was pillaged by the Rebels in 1798. Michael Dillon, sergeant.

1	CLONBOLOGUE V	4¾	A	G	2¼ R ¼ R 2
2	Kildare T	6¾	A	G	1 R 1½ X 2½ R 1¾
3	Monasterevan T	6¾	A	G	1¼ R 2¼ X 1 X 1½ L ½

RATHCONRATH R. Rathconrath : South Division : Co. Westmeath : Leinster. Castletown, 6, M. G. W. RY. (1) 8 a.m. : (2) 6 p.m. : (3) PO, ⅛ : (4) Yes, 1 (5) Mount Dalton, 1. James Kilroy, sergeant.

1 *Ballina* R	6	B	G	⅛ R ⅜ R 1½ X 2 R 2 L ¼
2 Ballynacargy V	5	B	G	½ L 1 R ¾ L 1½ R 2
3 Loughnavally R	4	B	G	1 L 2¾ L ¼
4 Moyvore V	5	D B	G	2½ A V X 1½ R ¾ X ¼

RATHCOOLE R. Duhallow : Mid-Cork : Co. Cork, E.R. : Munster. Banteer, 5, G. S. & W. RY. (1) 8 a.m. : (2) 12.30 p.m. : (3) PO : (4) No : (5) No. John Gorman, sergeant.

1 Banteer V	5	B	F G	½ L 1 L 3¾ R ¼ X ¼
2 Clonbannon R	4	B	F G	½ R 2 R ¼ R ½ L ½ L ½ X ¼
3 MILLSTREET T	5	B	F G	1 L 1½ R 1 L 1 R ½ R ¼
4 MUSHERA R	4	D	F G	½ R ¾ X ¾ L ⅞ L ½ R 1½

RATHCOOLE V. (Pop. 300). Newcastle : North Dublin : Co. Dublin : Leinster. Tel. 8-7 : PS, each alternate f. (1) 10.30 a.m. : (2) 4 p.m. : (3) PO, SB, MOO : (4) Yes, 2 : (5) "Windmill Stump," 1 ; Saggard Paper Mills and Swifte's Castle, 1. Henry Bremble, constable.

1 Brittas R	3½	F	R	1 X ¼ R 2¼
2 CELBRIDGE V	6	B	G	1 L 5
3 Clondalkin V	4	A	G	1½ R 2 L ½
4 Corballis R	3¼	D	R	1¼ R ⅛ X 1¼ L ¼
5 KILL V	5	A	G	2 X 3
6 KILTEEL R	4	D	S	Direct road
7 Lucan V	6¾	B	I	2 R 2 X 2¾

RATHCORMACK V. (Pop. 290). Barrymore : North-East Cork : Co. Cork : Munster. Tel. 8-8 : PS, 2 t. : Fermoy, 4¾, F. & L. RY. (1) 8 a.m., 3.50 p.m. : (2) 11.35 a.m., 7 p.m. : (3) PO, SB, MOO, Fermoy, 4½ : (4) Yes, 2 : (5) No. George Foley, constable.

1 *Ballincurrig* V	8	A	G	1¼ X 2½ X 4 L
2 Ballyhooly R	9	B	G	2 L 2 X 1½ X 3 L ½
3 Castlelyons V	2½	B	G	½ R 2 X ¼
4 Fermoy T	4½	A	G	½ X 1 X 1½ X 1 X 1
5 Glenville V	7	B	G	½ R 3¼ X 2 X 1½
6 Watergrasshill V	5½	A	G	½ X ¼ R 1½ X 3½

RATHDANGAN V. (Pop. 85). Upper Talbotstown : West Division : Co. Wicklow : Leinster. Baltinglass, 9, G. S. & W. RY. (1) 9.30 a.m. : (2) 1.20 p.m. : (3) Pillar-box : (4) Yes, 1 : (5) Lugnaquilla Mountain (3039 ft.), 8¼. Paul Byrne, act.-sergt.

1 HACKETSTOWN V	5	C	G	½ L 1½ L 1 L 1½ R ¼ L ¼
2 Kiltegan V	3	A	G	2 L 1
3 *Knockanana* R	6	C	F	2¾ L 1¾ X 1¼ R ¼

RATHDOWNEY T. (Pop. 1050). Clandonagh : Ossory Division : Queen's County : Leinster. F, 27 Jan., 28 Feb., 1 April,

6 May, 10 July, 10 Aug., 12 Sept., 10 Oct., 1 Nov., 15 Dec.: PS, each alternate s.: M, s.: Ballybrophy, 4½, G. S. & W. RY.: Tel. 8-8. (1) 6 a.m., 10.30 a.m.: (2) 8.30 a.m., 3 p.m., 9 p.m.: (3) PO, SB, MOO: (4) Yes, 6: (5) No.   P. Beirne, sergeant.

1 *Ballybrophy* V	4½	B D	G F	½ R ⅜ R ¼ L ⅜ R ¼ L 1 R ¼
2 Ballacolla V	6½	B D	G F	¼ R ¼ L R ¼ X 1½ R ½ L 1½ R ¼ L 1 X ¾
3 Cullohill V	6	B D	G F	¼ R ¼ R ¼ L 1 X ¾ R ¼ R 2½ X ½ R ¼
4 Errill V	4	B	G	¼ L ¼ X ½ X 1¼ R ½ L 1¼ L ½
5 GARRYLAWN R	5¼	B D	G F	2 X 2 R ¼ L ¼ R ½

RATHDRUM V. (Pop. 750).   Arklow: West Division: Co. Wicklow: Leinster. F, 1 t.: PS, each alternate th.: M, th.: D. W. & W. RY.: Tel. 8-8. (1) 8 a.m., 10 a.m.; (2) 9 a.m., 4 p.m., 10.30 p.m.: (3) PO, SB, MOO: (4) Yes, 14: (5) Glendalough (Seven Churches), 9; "Meeting of the Waters," 3¼; Avondale, 1; Glenmalure, 7.   John Heenan, constable.

1 *Aughrim* V	8¼	A	G	¼ R 1 R ½ R 1 R 2½ R 1 R 1 R 1
2 *Laragh* R	7	B	G	3½ L ½ R 2 R ¼ L ¾
3 Ovoca V	5	B	G	¼ X 1 L V 1¾ L 2
4 Rathnew V	8	A	G	¼ R ¼ L 2 L ¼ R 1½ R 3
5 Redcross V	7	C	G	¼ R ¼ R ¼ L 1 L ¼ R 1 R ¼ L A 2 L 1¼

RATHDUFF R.   Barretts: Mid-Cork: Co. Cork: Munster. Rathduff, ½, G. S. & W. RY. (1) 10 a.m.: (2) 4 p.m.: (3) PO: (4) Yes, 1: (5) Fine country all round.   Michael Dowd, const.

1 *Blarney* V	6½	A	G	2 R ½ L 2 X 2
2 *Carrignavar* V	7	B	I	2 R ¼ L 2¾ R 2
3 *Donoughmore* R	9	D	F	¼ L 1 R 2 L ½ R 1 L 1¼ X ¾ X 1 L ¼ R 1
4 Killavullen V	13	F	F	1 R 2½ R ½ L 3 R 3¼ L ½ R 2 R 1
5 Mallow T	10¾	A	G	9¾ L 1
6 *Whitechurch* R	5½	B	I	¼ R 2 R ¼ X 3 X ¼

RATHFARNE R.   Farbill: North Division: Co. Westmeath: Leinster. Killucan, 4, M. G. W. RY. (1) 5 a.m.: (2) 7.50 p.m.: (3) PO: (4) Yes, 3: (5) No.   Michael Gleeson, constable.

1 BALLIVOR V	6	B	F	¼ V² 2¾ R 2½ R 1
2 KILLYON R	6	B	G	3½ L 2¼ R ¼
3 Killucan V	2½	B	G	¼ X 2½ L ¼
4 Kinnegad V	6½	B	F	¼ L 1½ L 1 X 2 L 1¼ L ½
5 Reynella R	6	B	G	¼ V² 3 L ¼ L 1¼ X 1¾ L ¼

RATHFARNHAM V. (Pop. 450).   Rathdown: North Division: Co. Dublin: Leinster. F, 10 July: PS, t., fortnightly: Dundrum, 3, D. W. & W. RY. (1) 8.15 a.m., 1.15 p.m., 8.15 p.m.: (2) 11.10 a.m., 5.10 p.m.: (3) PO, SB, MOO: (4) Yes, 7: (5) Rathfarnham Castle; The Priory, 1.   G. E. Dagg, 1st D.I.

1 Dundrum V	3	A C	G	¼ R ½ R 1 R ¼ L ½
2 Rockbroo R	3	E	G F	L ¼ L ½ X 2
3 Tallaght V	4	A C	G F	1½ R ¼ L 1¼ X 1
4 *Terenure (D.M.P.)* C	1	A	G	¼ X ¼

RATHFRILAND T. (Pop. 1459). Upper Iveagh : South Division : Co. Down : Ulster. F, 1 w. : PS, 1 f. : M, t., w., and s. : D.I. : Ballyroney, 3, G. N. RY. : Tel. 8-8. (1) 5 a.m., 11 a.m., 7.30 p.m. : (2) 7 a.m., 11.30 a.m., 1.45 p.m., 8 p.m. : (3) PO, SB, MOO : (4) Yes, 20 : (5) Mourne Mountain scenery ; rich country all about. Robert Berry, acting-sergeant.

1 Ballyward R	8	B D	F	1 R 1 V³ 1 X ½ R ½ L 1 R 1 R 1 L ⅙ R ½
2 Castlewellan T	10	B D	F	¼ R ¼ X ¼ R 1⅞ X ¼ L ½ R ¼ X 1½ X ⅙ X 1 L 1 L 1 R ⅝ L ⅜ R ⅛
3 Hilltown v	3	B D	F	1 L ⅞ R ¼ X ⅞ R ½ L ¼
4 Mayobridge v	5	B D	F	¼ L ⅞ R ⅙ L 1 R ⅝ L ⅞ R 1 L ⅜
5 Newry T	10	B D	G	¼ R ¼ L ⅝ X ¼ R ¼ L ¼ V³ 1 X 1 L 1 X ¼ L 1½ X 1 X 1 R 1 L ¼ R ¼

RATHGORMAC R. Upperthird : East Division : Co. Waterford : Munster. (1) 10.30 a.m. : (2) 10.45 a.m. : (3) PO : (4) No : (5) An ancient Castle, and ruins of a Monastery, mentioned in History of Waterford, named "Rathgormuck," ½. Martin Dalton, sergeant.

1 Carrickbeg T	6½	A B A	G	½ R 4½ R 2
2 Clonea v	4	A C	F	⅛ X 1 X 1 X 1¼
3 Kilsheelan v	8	A B G A	G	¼ R 2 L 2 R ¼ L 3½

RATHKEALE T. (Pop. 2053). Lower Connello : West Division : Co. Limerick : Munster. F, 7 Jan., 7 Feb., 10 March, 4 and 22 April, 8 May, 1 and 19 June, 17 July, 6 and 25 Aug., 18 Sept., 15 Oct., 4 and 18 Nov., 19 Dec. (when any of these dates fall on Saturday or Sunday, fair will be held on following Monday) : PS, m., fortnightly : M, t. : D.I. : W. & L. RY. : Tel. 8-8. (1) 6.15 a.m., 12.15 p.m. : (2) 1.5 p.m., 9.15 p.m. : (3) PO, SB, MOO : (4) Yes, 15 : (5) Formerly fortified ; on River Deel. Sir W. Raleigh, and Edmund Spenser the poet, having captured the town for Elizabeth, ordered the massacre, in cold blood, of the garrison ; Spenser gently explaining that the garrison were not covered by a convention protecting the inhabitants. Remains of an Augustinian Abbey, B.V.M., with a painted window, founded by one Harvey, and endowed by Eleanor Purcell, about 1200 A.D. Beechmount Demesne, 1. J. Brennan, head-constable.

1 *Adare* v	7¾	A	G	1¼ V² 2 R L 1 R ¼ L ½ R 1¼ L 1
2 *Ardagh* v	6	A B	G	¼ L 1 L 1⅜ R ½ L 2½
3 Askeaton v	6	A	G	½ R 1 X 4 L ½
4 *Ballingarry* v	6	A	G	1 X 3½ X R ½ L 1
5 Foynes v	11	A	G	⅞ L 1¼ R 1½ X L 2½ X 1 R 2 L 1 R 1
6 *Finnetterstown* R	5	A	G	1¼ V³ 1½ X 2¼
7 *Newcastle West* T	8	A	G	¼ L 1 L 1¼ L 3 X 1 R 1
8 Scart R	3	A B	G	⅞ R 1 X ½ L 1

289 s

RATHLIN ISLAND R. (Pop. 388). Cary : North Antrim : Co. Antrim : Ulster. Ballycastle, 9, B. C. RY. (1) and (2) Tuesday and Friday (hours uncertain) : (3) PO ; SB, MOO, Ballycastle, 9 : (4) No : (5) Bruce's Castle, 1. Rathlin Island is 3370 acres in area ; no regular communication with the mainland. The channel is called "Slunk-na-Mbhara," and is about 9 miles across. T. Morgan, sergeant.

1 Ballycastle T	9	Sea	Sea	S 9 S

RATHMOLYON V. (Pop. 127). Lower Moyfenrath : South Division : Co. Meath : Leinster. F, 19 April : Trim, 6 ; Enfield, 6, M. G. W. RY. (1) 7.30 a.m., 11 a.m. : (2) 5.30 p.m. : (3) PO, MOO : (4) Yes : (5) Fine rich pasture country. Patrick Devlin, constable.

1 *Balliver* V	8¼	B	G	1¾ X 1½ X 1½ R ½ R 1¾ L ¼ L 1
2 Enfield V	6	D	G	¾ R ¾ L 1¼ R 1 R 1¼ L 1
3 Longwood V	6	D	G	¼ R 1¾ R 1 L 1¼ R 1¼ R ½
4 Summerhill V	4	B	G	¾ X ⅞ L 1⅛ X 1¼
5 Trim T	5½	D	G	¾ X 2¼ L 2 R ½

RATHMORE R. Maguruhy : East Division : Co. Kerry : Munster. F, 14 Feb., 14 May, 14 Aug., 14 Nov. : PS, 2nd th., monthly : G. S. & W. RY. (1) 7 a.m. : (2) 9.30 p.m. : (3) PO, SB, MOO, Gneeveguilla, 4½ : (4) Yes, 2 : (5) No. John Callaghan, sergt.

1 Banard R	4½	D	G B	⅛ L 3⅛ L 1¼
2 Headford R	7	A	G F	2 R 1 R 2 L 1 L 1
3 KNOCKNAGREE V	4	F	F	⅝ X 1 L 2¾
4 LIBNABOY R	5	B	G F	½ V^{2} ½ R 3 L 1
5 MILLSTREET V	8	A	G	½ V^{3} 1 L 2 L ⅛ R ⅛ L 4¼

RATHMULLEN V. (Pop. 491). Kilmacrenan : North Division : Co. Donegal : Ulster. F, 19th, monthly : PS, 1st f., monthly : D.I. : Fahan, 4 (by sea), L. S. STEAMBOAT ; L. & L. S. RY. : Tel. 8-8. (1) 8 a.m., 9.15 a.m., 5.30 p.m. : (2) 8.5 a.m., 3.50 p.m., 5.45 p.m. : (3) PO, SB. MOO : (4) Yes, 14 : (5) Ruins of M'Swine's Castle ; Mr. Batt's Demesne, ¼. Owen Early, sergt.

1 Kerrykeel V	9	B D F	F	3 R 5 R 1
2 Milford V	8	B D	F	3 R 3½ L 1½
3 Ramelton V	6½	A	G	3 L 3 R ½

RATHNAGUSSANE R. Costelloe : East Division : Co. Mayo : Connaught. (1) 8 a.m. : (2) 6.30 p.m. : (3) PO, Ballaghaderreen, 4¼ : (4) No : (5) No. John M'Goldrick, sergeant.

1 Ballaghaderreen T	4¼	B	G	2 L 2 R ¼
2 Kilmovee R	2	B	G	1⅛ X ¾ ⅛

RATHNEW V. (Pop. 497). Newcastle: East Division: Co. Wicklow: Leinster. Rathnew, ¼, D. W. & W. RY. (1) 7 a.m., 9.15 a.m.: (2) 4.10 p.m., 8 p.m.: (3) PO: (4) Yes, 8: (5) "Devil's Glen," 3½; "Seven Churches," 12. Thos. Flaherty, constable.

1 Ashford V	1½	A	G	¼ L ½ R ¾
2 Rathdrum T	8	A	G	¼ R ⅓ L 2½ L 1½ L ½ R 1½ R 1 R ¼
3 Wicklow T	2	A	G	1½ R ¼ L ¼

RATHOWEN V. (Pop. 275). Moygoish: North Division: Co. Westmeath: Leinster. PS, 1st f., monthly: Street, 2, M. G. W. RY. (1) 6 a.m., 2.30 p.m.: (2) 12.15 p.m., 8 p.m.: (3) PO, SB, MOO: (4) Yes, 1: (5) Lough Glynn, 3½. Cornelius Murphy, sergeant.

1 *Ballinalack* V	3	A	G	½ X ½ X 2
2 EDGEWORTHSTOWN V	4½	A P	G	⅜ X ⅜ X ½ X ¼ X 3¼
3 Street V	3	C	G	½ L ¾ X 1¾

RATHVILLY V. (Pop. 350). Rathvilly: Carlow Division: Co. Carlow: Leinster. P.St.: M, W.: G. S. & W. RY.: Tel. 8-8. (1) 7.30 a.m., 10.55 a.m.: (2) 3.55 p.m., 6.5 p.m.: (3) PO, SB, MOO: (4) Yes, 3: (5) Gives its name to the barony. James M'Keon, sergeant.

1 BALTINGLASS T	5	B	G	½ R 2 X 2 R ½
2 Hacketstown V	8	D	G	¼ X ¼ X 2 X 2½ X 2¾ L ½
3 KILTEGAN V	6	D	G	¼ X ¼ X 2 L 2 R ½ L 1
4 Tullow T	6½	B	G	3 X ¼ L ¼ X 2 L 1

RATOATH V. (Pop. 276). Ratoath: South Division: Co. Meath: Leinster. F, 10 April, 1 June, 20 Nov.: Drumree, 6½, D. & M. RY.: Tel. 8-8. (1) 10.30 a.m.: (2) 3.20 p.m: (3) PO: (4) Yes, 2: (5) An ancient moat in village; Fairy House Racecourse, 2½. Samuel Fenton, constable.

1 Ashbourne V	4	B A	G F G	1 L 2¾ R ¼
2 Dunshoughlin V	4	B	F	1 X 1¼ L ½ L 1¼
3 Kilmoon R	5	D C	F G	1⅛ R 1⅓ X ⅔ R ¾ L 1 1/12

REAGHSTOWN R. Ardee: South Louth: Co. Louth: Leinster. P.St.: Essexford, 8, G. N. RY. (1) 9 a.m.: (2) 5 p.m.: (3) Ardee, 5: (4) Yes, 1: (5) Wildgoose Lodge, 3; Aclint Bridge, 2½; Knock Abbey, 3; Arthurstown, 2. Owen Slowey, sergeant.

1 Ardee T	5	A	G	⅛ L 1 X 1 X ¾ X 2⅛
2 COOLDERRY V	4½	A D E	G	⅛ R 1 L 2⅜ R 1
3 DRUMCONRA R	5½	A C D	G	¼ X 1¾ L 1 R 1 L ⅛ L 1¼ L ⅛
4 Lannatt R	6	A B D A	G	⅛ R 1 X 1½ R 3
5 Louth V	5	A	G	2½ X 2½
6 Tallanstown V	4	A D A	G	⅛ R 1⅛ V 1½ X ½ L ⅜

REARCROSS R. Owney and Arra : North Division : Co. Tipperary, N.R. : Munster. **(1)** 10.15 a.m. on Monday, Wednesday, and Friday : **(2)** 11.15 a.m. on Monday, Wednesday, and Friday : **(3)** PO, SB, MOO, Kilcommon, 5 : **(4)** No : **(5)** Lackamore Copper Mines, now idle, 3. Anthony Boylan, sergeant.

1 BILBOA R	6	B	G F	⅛ R 5¼
2 Clonolough R	10	B D	I F	⅜ L 2⅜ L 4¾ R 2 L ¼
3 Kilcommon R	4	B	G F	⅛ X 3⅞
4 Newport V	8¼	B D	F	5¼ R 2½ X ½

RECESS R. Ballinahinch : Connemara Division : Co. Galway : Connaught. Tel. 8-7 : P.St. : Galway, 35½, M. G. W. RY. **(1)** 6.30 a.m., 6.30 p.m. : **(2)** 8 a.m., 6 p.m. : **(3)** PO, SB, MOO : **(4)** Yes, 7 : **(5)** Lough Inagh, 3 ; Lough Glendalough, ⅛ ; Twelve Pins of Connemara, 4 ; good fishing. John Donohoe, sergeant.

1 Cashel R	6⅛	B	G	⅝ L 4½ R 1
2 *Clifden* T	12½	B	G	⅝ R 1⅞ R 10
3 *Letterfrack* V	15	B	G	¼ L 9¾ L 3¾ L 1¼
4 *Maam Cross* R	9	B	G	¼ R 8¾
5 Roundstones V	12	B D	G F	⅜ R 1⅜ L 5¼ R 1 L 3¼

REDCASTLE R. Inishowen : North Division : Co. Donegal : Ulster. Londonderry, 16, G. N. RY. ; L. & L. S. RY., 15 ; B. & N. C. RY., 16½. **(1)** 8.30 a.m., 4.30 p.m. : **(2)** 8 a.m., 5 p.m. : **(3)** PO : **(4)** Yes, 4 : **(5)** Lough Foyle. Charles Maguire, acting-sergeant.

1 Carrowkeel V	4½	B	G	Straight road
2 Moville T	4	B	G	Straight road

REDCROSS V. (Pop. 190). Arklow : East Wicklow : Co. Wicklow : Leinster. P.St. : Ovoca, 4½, D. W. & W. RY. **(1)** 8.15 a.m. : **(2)** 5 p.m. for nine months ; 4 p.m. for Nov., Dec., Jan. : **(3)** PO ; Office for issuing Postal Orders, not for cashing them : **(4)** Yes, 4 : **(5)** No. Patrick Kehoe, constable.

1 *Arklow* T	9	H G B A	F I G	1 L 3 R 3 L ½ L ½ R 1
2 Ovoca V	4½	D	F B	1¼ L 1 Λ X 2 R ¼
3 Rathdrum V	7	B D G E	F B F	1¼ R V Λ 1 R ¼ L 1¼ L ¼ R 1 R 1 L ½ L ¼ R Λ ¼
4 Wicklow T	9	D A	G	¾ R ¼ L 1 X ½ L ½ X 2 L ¼ R ¾ L ½ L ¾ L ¼ 1¼ R ¼

REDHILLS V. (Pop. 83). Tullygarvey : West Cavan : Co. Cavan : Ulster. P.St. : G. N. RY. **(1)** 8.45 a.m. : **(2)** 4 p.m. : **(3)** PO, SB, MOO : **(4)** No : **(5)** Castle Saunderson Demesne, 3. Jeremiah Douglas, sergeant.

1 Ballyhaise V	4½	D	G	½ X 2½ L ½ R ½ R ½
2 *Belturbet* T	7	D	G	¼ L 2 X 1½ L 2 R 1
3 Butlersbridge V	6	B	G	½ R 2 R ½ L 3
4 NEWTOWNBUTLER V	8	B	G	½ R ½ L 1 R 1½ L 1 R 3 L ½
5 SCOTSHOUSE V	4	D	G	2 R 2

REHILL R. Iffa and Offa West : South Division : Co. Tipperary, S.R. : Munster. (1) 8.30 a.m. : (2) 5.30 p.m. : (3) PO, SB, MOO, Burncourt, 2 : (4) No : (5) Mitchelstown Caves, 3. Timothy O'Sullivan, acting-sergeant.

1 Ballylooby V	5½	B D F	F B	1 R ½ L 1¼ R 2 L ¼ X ½
2 Ballyporeen V	8	D	8	1½ L ⅛ L ⅓ R 3 R ¾ R ¾ R 1
3 Cahir T	7	A	F	1 R X 2½ X 2½ X 1
4 Clogheen V	8	B D	F	1 L 2 L ¾ R 2 L 2½ L ¼
5 KILBENNY V	7	A	F	Direct road

REYNELLA R. Moyashel : North Division : Co. Westmeath : Leinster. Killucan, 7¾, M. G. W. RY. (1) 9 a.m. : (2) 6 p.m. : (3) Pillar-box ; PO, SB, MOO, Delvin, 4 : (4) Yes, 2 : (5) No. A. Cooke, acting-sergeant.

1 *Collinstown* V	7	B D	G	1¼ X 1 L ¼ R 1¾ L ¼ R 2¼ R ¼
2 *Crazycorner* R	5¾	B D	G	1⅛ X ¼ L 1 X 1½ R 1¼ X ¼
3 Delvin V	4	B	G	⅛ L 1½ R ⅛ L ½ L ½ X 1 L ¼
4 Killucan V	6	B	G	⅛ R ¼ R ⅜ L 2 X 1 L ¾ R 1
5 Rathfarne R	6	B	G	⅛ R ¼ L 1¼ X ½ R ⅛ R 1⅜ R 1½

RHODE V. (Pop. 50). Warrenstown : Tullamore Division : King's County : Leinster. PS, 2nd m., monthly, and is named "Fahey :" Edenderry, 8, M. G. W. RY. (1) 8.45 a.m. : (2) 4.25 p.m. : (3) PO, SB, MOO : (4) No : (5) No. Thomas Stannage, sergeant.

1 Corbetstown R	5	B	G	1 R 2 R 2
2 Croghanhill R	5	B	G	2 R ¼ R 1½ R 1⅛ L ⅛
3 Edenderry T	7	A	G	1½ R ½ R ⅓ L 2⅓ R 1 L ½ L ½
4 Esker R	6½	B	G	2 X 2¼ L 1 L 1¼
5 ROCHFORTBRIDGE V	7	B	G	1 L 2½ L 3½

RICH-HILL V. (Pop. 400). Oneilland West : Mid-Armagh : Co. Armagh : Ulster. Tel. 8-8 : P.St. : Rich-hill, 1 ; Hamiltonsbawn, 2, G. N. RY. (1) 7 a.m., 2.30 p.m. : (2) 10 a.m., 7 p.m. : (3) PO, SB, MOO : (4) Yes, 3 : (5) Castle Dillon, 3 ; Kilmore Church, 3. John Hughes, sergeant.

1 *Armagh* C	5	A	G	½ X 1 L 1 X 2½
2 Loughgall V	4	D	S F	½ X 1 X ¼ X 1 L 1 X ¼
3 Markethill T	5	B	F	2½ X 1½ X 1
4 Portadown T	6½	A	G	½ X 1 R 4 X 1
5 *Tandragee* T	6	C	I S	¼ V 1¾ L 1 X 1 L 2

RING R. Decies within Drum : West Division : Co. Waterford : Munster. (1) 10 a.m. : (2) 3 p.m. : (3) PO, SB, MOO : (4) No : (5) Helvick Head, ½ ; Mine Head Lighthouse, 7 ; Ballinagoul, "the town of the strangers" (pop. 370), old Moorish-Irish speaking fishing village, inhabited by descendants of "Algierines," ½. Philip Carroll, sergeant.

1 Dungarvan T	7½	B C	G F	½ R 2 L 2½ R 2½
2 Kielyscross R	11	B C	G P F	1 L 2½ L 2 X 4½ R 1

RIVERSTOWN V. (Pop. 179). Tirerrill : South Division : Co. Sligo : Connaught. F, 14 March, 14 April, 14 May, 14 Sept., 14 Oct., 14 Nov., and 14 Dec. ; when the 14th falls on Saturday, fairs held on Monday following : PS, 4 w. : M, w. : Ballymote, 7, M. G. W. RY. **(1)** 8.30 a.m. : **(2)** 5.45 p.m. : **(3)** PO, SB, MOO : **(4)** Yes, 4 : **(5)** No. William Carson, sergeant.

1 *Ballintogher* V	7	B	G	½ R 1¼ X ¾ X ½ L 2 R 2
2 Ballymote T	7	B	G F G F	1½ Λ ¼ L ½ R 1 V ¼ L 3 L ½
3 Castlebaldwin R	4	B	G	2½ L 1½
4 *Collooney* T	6½	A	G	2 R 4 L ½
5 *Conway's Cross* R	6	B	G	⅜ R 1⅜ X 1 R 3
6 *Doonally* R	6	B	G	⅜ R 1½ X 1 L 3

RIVERSTOWN V. (Pop. 370). Barrymore : East Division : Co. Cork, E.R. : Munster. PS, t., fortnightly : Dunkettle, 2, G. S. W. RY. **(1)** 7.15 a.m., 2.30 p.m. : **(2)** 10 a.m., 7.30 p.m. : **(3)** PO : **(4)** Yes, 6 : **(5)** No. Patrick Mostyn, sergeant.

1 *Carrignavar* V	8	D	P	1 R 1 R ½ L ½ L 1 R ¾ L 1½ R ¼ L 1½
2 Glanmire V	1	A	G	Straight road
3 Knockraha V	4½	D	F	¼ L ¼ R 2½ L ½ L 1
4 New Glanmire V	4½	D	F	¼ R 1½ V³ 1¾ R ½ X ¼ X ¼
5 *St. Luke's* C	3½	E	G	½ Λ ½ R 1 L 1½
6 *Watergrasshill* V	7	E	G	1 X ¼ Λ 1¼ R 1½ L 1½ R 1½

RIVERSTOWN V. (Pop. 102). Lower Ormond : North Division : Co. Tipperary, N.R. : Munster. Parsonstown 1, G. S. & W. RY. **(1)** 7 a.m. : **(2)** 5.15 p.m. : **(3)** PO : **(4)** No : **(5)** Carrig Village, 3. John Watson, sergeant.

1 Annagh R	5½	B	F	½ R 1 L 3¾ R ⅛
2 Ballingarry V	7	B	F	⅛ R 1 R 1½ L 1 X 1¼ X 1⅜ L ¾
3 CRINKLE V	2	C	G	1 R 1
4 PARSONSTOWN T	1¼	C	G	1 L ¼
5 Pike R	6¼	B	F	½ L 2½ X 1¼ L ⅛ R 1⅜

RIVERVILLE R. Dunkellin : South Division : Co. Galway, E.R. : Connaught. Craughwell, 3, E. & A. RY. **(1)** 9 a.m. : **(2)** 10 p.m. : **(3)** Craughwell, 3 : **(4)** No : **(5)** Several murders occurred in the neighbourhood during the Land League times (1881-2-3). William M'Manus, sergeant.

1 *Athenry* T	7	B	F	1 L 2 R ½ L 1½ X 1¼ R ¾ L ¼
2 Booleen V	2½	B	F	1 R 1¼ L ¼
3 *Craughwell* V	3	B	F	½ R 1½ R 1
4 Kilcreest V	5½	B	F	2 X 1 R ½ L 1¼ X ¾
5 Loughrea T	5	B	F	1 R 3 L 1

ROBERTSTOWN V. (Pop. 298). Connell : North Division : Co. Kildare : Leinster. PS, last t. : M, w. : D.I. . Tel. 8-8 : Newbridge, 6, G. S. & W. RY. **(1)** 7 a.m. : **(2)** 6 p.m. : **(3)** PO,

SB, MOO: (4) Yes, 3: (5) Allen Hill, 4. William Whitton, acting-sergeant.

1 Allenwood R	4	B	G	¼ L 1 L 1½ X 1 L ¼
2 Clane V	6	D	G	⅓ L 2 R ½ X 1½ X 1⅓
3 Donadea R	7	D	G	½ L 2¼ R ¼ L 1 R 2 X ¾ R ¼
4 *Kildare* T	10	D	G	⅛ L 2 L ⅛ R 1¼ X ¾ X 1¾ R ½ X ½ X ½ X 1 X 1½
5 *Rathangan* V	9	D	G	⅛ L 2 L ⅛ R 1¼ R 2 X ½ L 2 R 1
6 *Thomastown* R	6	D	G	½ X 2¼ R ¾ X ¾ X ½ R 1 X ¼

ROBINSTOWN R. Upper Navan: South Meath: Co. Meath: Leinster. Bective, 2, M. G. W. RY. (1) 8 a.m.: (2) 6.30 p.m.: (3) PO: (4) No: (5) Bective Abbey (1½), or "de Beatitudine" Abbey of B.V.M., of the Cistertian or Bernardine Order of the Benedictines, founded by Murchad Melaghlin, Prince of Meath, 1146. The Abbot had a seat in the Irish House of Lords. Edward M'Loughlin, sergeant.

1 *Bohermeen* R	7	D B B	S F G	1 L 1 R ⅓ L 1½ X ¼ L 1¼ L ¼ R 1¼
2 *Dillonsbridge* R	6¾	B D B	S P F	1 R 1 V^3 2 R 1 L 1½ R ¼
3 *Dunsany* R	8	B D H	S P S	1 X 1 X 2½ L ¼ R 1 Λ 2¼
4 *Navan* T	4¾	B D A C	S F P	1 R ¼ L 1¼ X 2 R ¼
5 Trim T	4	B D	S F	2 R 1 R ¾ R ¼

ROCHFORT BRIDGE V. (Pop. 221). Fartullagh: South Division: Co. Westmeath: Leinster. Killucan, 8¼, M. G. W. RY. (1) 6.15 a.m.: (2) 6.20 p.m.: (3) PO: (4) Yes, 2: (5) No. Michael Sheehan, sergeant.

1 *Miltown* R	3	A	G	Direct Coach road
2 RHODE V	7	B	G	3½ R 2½ R 1
3 Stoneyford R	4	B	G	½ R 1 X 1¼ L 1 R ¼
4 Tyrrellspass V	3½	C	G	2½ L 1

ROCK V. (Pop. 62). Upper Dungannon: East Tyrone: Co. Tyrone: Ulster. F, last m. each month: Pomeroy, 4, G. N. RY. (1) 7.50 a.m.: (2) 5.30 p.m.: (3) PO: (4) Yes, 2: (5) No. Michael M'Laughlin, sergeant.

1 Cookstown T	6	D C	S G	1 L 1 L ⅛ L ⅛ R 1¼ R ¾ R ½ L ¼ R ½ L ½
2 *Donaghmore* V	5	D C	S	⅛ L ⅛ X 1 X ½ L ¼ R ¾ L ⅛ R ¼ L ⅛ R ¼
3 *Pomeroy* V	4	D C	S	¼ L ¾ R ⅛ R ¾ X ¼ R ⅞ L ⅞ R ⅛ X ⅛
4 Stewartstown V	7½	B D	G	1 L 1 R 1 R ½ L ¾ R ⅛ R ¾ L 1⅛ L ⅛ R ¾

ROCKBROOK R. Uppercross: North Division: Co. Dublin: Leinster. (1) 9.30 a.m., 2.30 p.m.: (2) 9.30 a.m., 3.10 p.m.: (3) PO, SB, MOO, Rathfarnham, 3: (4) No: (5) Dublin Mountains, 3. Laurence Fahey, sergeant.

1 Dundrum V	4⅓	D B	S F G	1 R 1 L ¼ R 1¼ L 1
2 Glancullen V	6	F B	I S F	1⅓ L Λ 4⅓
3 Rathfarnham V	3	G B	F S G	1½ R ¾ L ¼
4 Stepaside V	4½	D B	S F G	1 R 1 R 1½ X 1
5 Tallaght V	4¾	C A	I G	1 L ¼ R ½ V L ¼ L 1¼ X 1¼

ROCKCHAPEL V. (Pop. 50). Duhallow: North Cork: Co. Cork: Munster. Newmarket, 14, K. & N. RY. (1) 10 a.m.: (2) 4 p.m.: (3) PO, SB, MOO, Brosna, 5: (4) No: (5) Mullaghareirk Mountain, 1204 feet; Sources of the Blackwater, 3. Patrick Fitzsimons, sergeant.

1 Brosna v	7	A	G	1¾ R 1¾ L 1 R ¼ L 2
2 *Meelin* v	7	E	G	3¼ R 3½
3 Mountcollins v	6	A	G	2¾ R ¼ R ¾ R 1¼ R ½ L ¼
4 *Tour* v	8	D	P	½ R 2 L 5½

ROCKCORRY V. (Pop. 214). Dartrey: North Division: Co. Monaghan: Ulster. Tel. 8-8: PS, 3 th.: Rockcorry, 1, G. N. RY. (1) 5.30 a.m.: (2) 7 p.m.: (3) PO, SB, MOO: (4) Yes, 3: (5) Earl Dartrey's extensive Demesne begins at end of village, and the Castle, 3¼. Joseph Henry, sergeant.

1 Ballybay T	5½	B	F G	1 L 3 R 1½
2 Cootehill T	5¾	B	F G	2¼ L 1¼ L 1¼ R ¾
3 Drum v	6¾	B	F G	2¼ X 1¼ X 3
4 Newbliss v	7	B	F G	2¼ V 1 3¾
5 *Stranooden* R	5	B	F G	1 X 1½ X 2½

ROCKFIELD R. Athlone: South Division: Co. Roscommon: Connaught. Donamon, 2¼, M. G. W. RY. (1) 8 a.m.: (2) 6 p.m.: (3) Ballydooley, 1: (4) No: (5) No. W. J. M'Fetridge, constable.

1 Ballinderry R	8	B E D	G P G	2¼ L 3 R 2 L ¾
2 Ballymoe v	7¾	B E G	G G	2 R ¼ L 1¼ L 2¾ L 1¼
3 *Ballintubber* v	7	B E G	G G	2 R ¼ L 1¼ R 3½
4 Creggs v	8½	B B F	F G G	2 L 2¼ R 2 L 2
5 Fuerty v	5	B E D	G G P	1¼ R 3¾
6 Roscommon T	4	B E B	G G	1¾ L ¼ R 1¾ R ¼

ROLLESTOWN R. Nethercross: North Division: Co. Dublin: Leinster. F, Whit Monday at Fieldstown: Malahide, 7¾, G. N. RY. (1) 10 a.m.: (2) 4 p.m.: (3) PO, Killsallaghan, 1½; SB, MOO, Swords, 4¾: (4) No: (5) A good level country, very rich grazing. Patrick Lewis, sergeant.

1 Ashbourne R	5¾	B	G	¼ R ¼ X ¾ X ¼ R 1¼ R ¼ X 1 L ½ R ¾
2 Ballybohill R	5¾	B	G	1 R ¼ L 1 L ¼ L 2¼ X ¼ R ¼
3 Garristown v	8	D	G	¼ R ¼ R 1 L 1¼ L 1 X ¾ R ¼ L 2 X 1
4 Swords v	4¾	B	G	¼ L 1 X ¾ X 2¼
5 *Ward* R	3½	B	G	¼ R ¼ L ¼ L ¼ R ½ L ¼ L 1

ROSBERCON V. (Pop. 218). Ida: South Division: Co. Kilkenny: Leinster. PS, 2 s., monthly: M, s.: D. W. & W. RY., ¼. (1) 6 a.m., 9.30 a.m., 12 noon: (2) 9 a.m., 4 p.m., 6.30 p.m.: (3) New Ross, 1: (4) Yes, 5: (5) Woodstock, 8; Dunbrody Abbey, 9; Near Rosbercon, on 8th August, 1880, the

"Boyd murder" was perpetrated ; no conviction resulted. Wm. Bourke, sergeant.

1 Cooleen R	6	C D	F	2 R 3 X 1
2 *Glenmore* R	5½	A	G	⅛ R ⅛ R ¼ L 1 X 1 X 2 X 1
3 New Ross T	1	A M	G	⅛ R ⅛ X ⅛ R ⅛ X ⅛ X ⅛ L ¼
4 Rower V	5½	A B	G	⅛ R ⅛ X ⅛ X L 2 ⅛ L 1½ L 1½

ROSCOMMON T. (Pop. 1993). Ballintubber South : South Division : Co. Roscommon : Connaught. F, 12 Jan., 9 Feb., 1 Mar., 24 April, 21 Oct., 9 Nov., 5 Dec. : D.I. : R.M. : M. G. W. RY., ½ : Tel. 8-8. **(1)** 10.31 a.m., 11.22 p.m. : **(2)** 1 a.m., 3.19 p.m., 11.22 p.m. : **(3)** PO, SB, MOO : **(4)** Yes, 25 : **(5)** Roscommon Abbey (½), founded in 6th century, plundered in 1134 ; the Castle (½), built 1268, besieged 1641. The Friary of Dominicans was a stately edifice, built by Cathal O'Conor, King of Connaught, in 1253 ; his marble tomb remains in the aisle of the ruins. An Abbey (6th century) for Canons Regular was plundered 1134. Roscommon was burnt in 1360. James Maguire, head-constable.

1 Athleague V	5	A	G	2½ X 2½
2 Ballinderry V	5	A	G	2 L ½ L 1½ X 1
3 Ballymurry V	3½	A	G	2 X 1 X ½
4 Beechwood V	4	A	G	1 R 1 X 1 X 1
5 Fuerty V	4	B	G	3½ L ½
6 Rockfield V	4	A	G	¼ L 1¾ L ½ R 1¾

ROSCREA T. (Pop. 2568). Ikerrin : Mid-Tipperary : Co. Tipperary : Munster. F, 24 Jan., 23 Feb., 25 March, 3 th. in April, 7 May, 21 June, 8 Aug., 11 Sept., 9 Oct., 29 Nov., 18 Dec. : PS, every m. : M, th. : D.I. : G. S. & W. RY. : Tel. 8-8. **(1)** 4 a.m., 12 noon, 3 p m. : **(2)** 4 a.m., 11.20 a.m., 8.30 p.m. : **(3)** PO, SB, MOO : **(4)** Yes, 18 : **(5)** Castle, now used as Barracks ; Round Tower, 80 ft. high ; Franciscan Friary, founded 1490 by B. O'Dempsey, widow of Melrony O'Carroll, ¼ ; Monaincha Culdee Abbey, founded by St. Columba (6th century), ruins, 3 ; Mount St. Joseph Abbey, 3 ; Goldengrove, 1½. Roscrea was anciently a Bishop's See. St. Cronan's Cross and Shrine near the Church and Round Tower (6th century). D. Horgan, "special" sergeant.

1 Ballybritt R	4½	B	F	¼ L 1¾ R 1½ L 1
2 Borris-in-Ossory V	8	B	F	¼ L ⅛ L ¼ X 1½ R 1½ R 1½ R ¼ L 2¼ L ⅛ R ¼
3 Clonakenny R	7½	B	F	¼ L 4¼ R 1¼ L 1¾
4 Dunkerrin V	6	B	F	⅛ X 5½
5 Goldengrove R	2½	B	F	¼ R 1¾ L ½
6 Gurtderrybeg R	7¾	B	F	¼ L 4 L 3½
7 Shinrone V	6	B	F	¼ R ½ R 1 R 1 X 1¾ R 1½
8 Timooney R	5¼	B	F	¼ X 3½ R 1½

ROSEGREEN V. (Pop. 82). Middlethird : East Division : Co. Tipperary, S.R. : Munster. (1) 9 a.m. : (2) 4.15 p.m. : (3) PO, Cashel, 4 : (4) No : (5) Rock of Cashel and ruins, 4. James Courtney, constable.

1 Cashel c	4	A C	G	$3\frac{1}{2}$ L $\frac{1}{2}$
2 Mobarnon v	$5\frac{1}{4}$	B C	G	1 L 1 R 3 L $\frac{1}{4}$
3 New Inn v	$5\frac{1}{4}$	A C	G	1 R $4\frac{1}{2}$
4 Knockevan v	$6\frac{1}{4}$	A	G	1 X 4 X $1\frac{1}{4}$

ROSENALLIS V. (Pop. 131). Tinnehinch : Ossory Division : Queen's County : Leinster. Mountmellick, $3\frac{1}{2}$, W & C. RY. (1) 8 a.m. : (2) 6 p.m. : (3) PO : (4) No : (5) No. John Clancy, constable.

1 Clonaslie v	$5\frac{1}{4}$	B	G	3 R $\frac{1}{4}$ L $\frac{3}{4}$ L $1\frac{1}{4}$
2 CLONEYGOWN v	9	B	G	$\frac{1}{4}$ L $1\frac{1}{4}$ L $\frac{1}{4}$ R $\frac{3}{4}$ R $2\frac{3}{4}$ R 1 R $\frac{3}{4}$ R $\frac{3}{4}$ R $1\frac{1}{4}$ R 1
3 Killeigh v	$6\frac{1}{2}$	B	G	2 R $\frac{1}{4}$ X $1\frac{1}{4}$ R $\frac{3}{4}$ L $\frac{1}{4}$ L 1 L 1 L $\frac{1}{4}$
4 Mountmellick T	$3\frac{3}{4}$	B	G	$1\frac{3}{4}$ X $\frac{1}{4}$ L $\frac{1}{4}$ L 1 R $\frac{1}{4}$ R $\frac{1}{4}$
5 Mountrath T	10	D	G	1 L 1 R 1 L $\frac{1}{4}$ L $1\frac{3}{4}$ R $\frac{1}{4}$ L $1\frac{3}{4}$ R $3\frac{1}{4}$

ROSKEEN R. Kilnamanagh Upper : Mid Division : Co. Tipperary, N.R. : Munster. Thurles, 7, G. S. & W. RY. (1) 9 a.m. : (2) 5 p.m. : (3) Ballycahill, $3\frac{1}{2}$: (4) Yes, 2 : (5) Castlefogarty, 3 ; Moyaliffe, 3. John Kenny, sergeant.

1 Borris-o-leigh v	7	B	F	$\frac{3}{4}$ R $2\frac{1}{4}$ X 1 X $\frac{1}{4}$ R 2
2 Dovea R	7	B	F	$\frac{1}{4}$ L $\frac{1}{4}$ L $2\frac{1}{4}$ R $\frac{1}{4}$ R $2\frac{1}{4}$ L $1\frac{3}{4}$
3 ROSSMORE R	7	B	F	1 R 1 R 1 X $\frac{1}{4}$ X 1 R $1\frac{1}{4}$ L $\frac{1}{4}$ L $\frac{1}{4}$ R 1
4 Shehevrie R	5	B	B	$\frac{1}{4}$ X $2\frac{1}{4}$ X 2
5 Thurles T	$7\frac{3}{4}$	B	F	$\frac{1}{4}$ L $\frac{1}{4}$ R 2 L $\frac{1}{4}$ X $2\frac{1}{4}$ R 1 R $\frac{1}{4}$ L $\frac{1}{4}$ R $\frac{1}{4}$ R $\frac{3}{4}$

ROSMUCK R. Moycullen : Connemara Division : Co. Galway, W.R. : Connaught. B. (1) 9 a.m. : (2) 4 p.m. : (3) PO : (4) Yes, 3 : (5) Coast scenery and fishing in variety. P. Smyth, sergeant.

1 Carraroe R	14	B	F	3 R 6 R 5
2 Kilkerrin v	10	B	F	3 L 7
3 Maam Cross R	10	B	F	3 L 7

ROSNAKIL V. (Pop. 77). Kilmacrenan : North Division : Co. Donegal : Ulster. F, 1st m., monthly : PS, 2 f. : B : Fahan, 17, L. & L. S. RY. (1) 10.45 a.m. : (2) 2.30 p.m. : (3) PO, MOO, Tamney, 1 : (4) Yes, 3 : (5) Mulroy Bay, 2. Patrick Doheny, sergeant.

1 Doaghbeg R	8	D C	F P	1 X 3 X 4
2 Greenfort R	3	D C	F G	1 R $1\frac{3}{4}$ L $\frac{1}{4}$
3 Kerrykeel v	4	D C	F G	2 R V 2

ROSS (J.S.) R. Coolavin : South Sligo : Co. Sligo : Connaught. B. : Boyle, $5\frac{1}{2}$, M. G. W. RY. (1) 10.30 a.m., 4.30 p.m. : (2)

10.30 a.m., 4.30 p.m.: (3) PO, SB, MOO, Boyle, 5½: (4) No: (5) Lough Garra, good for fishing and shooting, with its many pretty islands; remains of ancient churches. Henry Kennedy, sergeant.

1 Ballinameen R	8	B	R S I	3 X 2½ R 2½
2 Boyle T	5½	B	B R S	¾ X 3¼ X 1½
3 *Frenchpark* V	7	B	S F	3 R 2 X 2

ROSSCARBERY V. (Pop. 581). Western Division East Carbery: South Division: Co. Cork, W.R.: Munster. F, 26 Aug., 19 Sept, 19 Dec.: PS, each alternate w.: M, w.: Clonakilty, 8, C. B. & S. C. RY.: Tel. 8-8. (1) 8 a.m.: (2) 5 p.m.: (3) PO, SB, MOO: (4) Yes, 7: (5) No. M. Crowe, sergeant.

1 Clonakilty T	8	B	F	½ R ½ X ½ R ½ L 1 R ½ X ½ X ½ R 1½ R ½ L 1½
2 *Leap* V	6	B	F	½ R ½ L ½ R ½ L V 2 R ¼ L ¼ L 1½ L ¼
3 Milltown R	4	B	F	½ R ½ R ¾ R ¾ L 1½
4 *Union Hall* V	6½	B E	F	½ R ½ L ¼ L 1 R ¼ R ¼ L Λ ¾ R 1 R 1 L 1

ROSSES POINT V. (Pop. 270). Carbery: North Sligo: Co. Sligo: Connaught. Sligo, 5, M. G. W. RY. (1) 8.30 a.m. (winter); 8.30 a.m., 5 p.m. (summer): (2) 5 p.m. (winter); 9 a.m., 5 p.m. (summer): (3) PO: (4) Yes, 5: (5) Lisadell, the residence of Sir Henry Gore Booth (by sea), 2. This is also a watering-place of much resort, and in summer public cars run between here and Sligo—from Sligo at 7 a.m., 11 a.m., 4 p.m.; to Sligo, from Rosses Point, 9 a.m., 1.30 p.m., 7 p.m. A boat also runs at the same hours; single fare, by car, 6d; by boat, 5d. Patrick Grey, sergeant.

1 Drumcliff R	5	D	S	1½ L 2¼ L 1¼
2 Sligo T	5	D	S	Straight road

ROSSLEA V. (Pop. 272). Clankelly: South Division: Co. Fermanagh: Ulster. F, 8th, monthly: PS, 4 s.: M, w.: Smithboro, 4½, G. N. RY. (1) 7.50 a.m.: (2) 6 p.m.: (3) PO, SB, MOO: (4) Yes, 4: (5) Celebrated in Land League times; Slieve Beagh Mountains, 5; "The Long Valley," 3; "College Land," 2. John Walsh, sergeant.

1 CLONES T	5	C	F G	1 R 1½ L 2½
2 Eshnadarragh R	5½	C E H	F G	½ R 3¼ L 1 Λ 1
3 Lisnaskea V	13	A	G	4 X 1 R 3 X 2 R 2½ R ½
4 Newtownbutler V	11	A	G	4 X 1 R 3 X 2 L 1
5 SCOTSTOWN T	6½	B	G	1 R 1½ R 1 L ½ L 1½ X 1
6 SMITHBORO V	4½	B	F G	1½ R ½ L ½ L 1 L ½ L ½

ROSSMORE R. Leitrim: South Galway: Co. Galway: Connaught. (1) 12 noon: (2) 10 a.m.: (3) PO, SB, MOO, Woodford, 4 : (4) No : (5) Saunders' Fort : scene of evictions on Clanricarde Estate, 1888-'89-'90. Michael Morriss, sergeant.

| 1 Ballyshruil R | 8 | B | F | ½R 4 R 3½ |
| 2 Looscaun R | 2 | B | F | ⅞L 1½ L ¼ |

ROSSMORE R. Kilmanagh Lower : Mid-Division : Co. Tipperary : Munster. Goold's Cross, 4, G. S. & W. RY. (1) 11 a.m. (Sunday excepted) : (2) 4.15 p.m., from 15 Feb. to 15 Nov.; 3 15 p.m., from 15 Nov. to 15 Feb. (Sunday excepted) : (3) PO : (4) No : (5) No. Patrick M'Bride, sergeant.

1 Dundrum V	6	B	G	⅞L ½ R 1½ X 2 X ⅓ R ¾ X ¼
2 Hollyford V	9	D	I	⅝R 5 X 3½
3 *Longfield* R	5	B	G	½L ½ X 1¾ R ¼ L ¼ L 1
4 *Roskeen* R	7	B	F	1 L ¾ R ¼ R 1½ L 1 X ¼ X 1 L 1 L 1
5 *Shehevrie* R	7½	D	F	1 L ¾ R ¼ L ½ L 2 L 1 R ¾ V ½ A ½ 1½

ROSSPORT R. Erris : North Mayo : Co. Mayo : Connaught. B. : Ballina, 44, M. G. W. RY. (1) 5 p.m. (winter), 6 p.m. (summer) : (2) 10 a.m. : (3) PO three days in week—t., th., and s. ; SB, MOO, Belmullet, 14 : (4) Yes, 5 : (5) Benwee Head, 6 ; Portacloy Downs, 5 ; picturesque coast scenery, and beautiful mountain scenery. Henry Behan, sergeant.

1 Bangor R	13	B D	S Sea F	¼ F S 1 S L ½ R 3½ R 1¼ L 6 L 1 L ¼
2 Belmullet T	14	B D	S Sea F	¾ F S 1 S L ½ R 4 R 1 X 5¾ R 2
3 Glencalry V	14	B D	S F P R	2 R 5 L 6 R 1

ROSTREVOR V. (Pop. 700). Upper Iveagh : South Division : Co. Down : Ulster. Tel. 8-8 : F, 3 t. : P.St. : Warrenpoint, 2½, G. N. RY. (1) 5.30 a.m., 11 a.m., 6 p.m. : (2) 10.15 a.m., 2.15 p.m., 7.45 p.m. : (3) PO, SB, MOO : (4) Yes, 12 : (5) Cloughmore Stone, 1 ; Yelverton Chapel, 3 ; Ross Monument, ¼ ; Old Kilbroney Graveyard, ½ ; Carlingford Lough ; Celtic Cross in village Laurence Hollywood, sergeant.

1 Hilltown V	7	D	G	½ L 3¾ V 3½ L ½
2 Kilkeel V	9	B	G	1½ R 1½ R 2 L 2 L'L 2
3 Mayobridge R	6	D	G	½ L ¼ L ¼ R 2½ X 2 R·R ½
4 Warrenpoint T	2½	B	G	⅞ L 1 L ½ L ¼

ROUNDSTONE V. (Pop. 160). Ballinahinch : Connemara Division : Co. Galway : Connaught. Tel. 8-8 : D.I. (1) 9 15 a.m. : (2) 3.30 p.m. : (3) PO, SB, MOO : (4) Yes, 2 : (5) The Twelve Pins, 12 ; Ballinahinch Lakes, 10—15. P. Kennedy, head-constable.

1 Cashel R	8	D B	F	3¼ R 1 R 3¾
2 *Clifden* T	11½	D B D B	F G	3¼ L 6½ R 2½
3 *Errismore* R	9¾	D B	F S	½ L 9½
4 Recess R	12	D B	F G	3¼ R 1 L 5¼ R 1¾ L ¾

300

ROUNDWOOD V. (Pop. 137). North Ballinacor: West Division: Co. Wicklow: Leinster. F, 3 t.: Rathnew, 9½, D. W. & W. RY. (1) 8 a.m.: (2) 5 30 p.m.: (3) PO: (4) Yes, 4: (5) Lake Dann, 2; Luggalaw Lake, 4; Vartry River and Reservoir, ½. Edward Caldbeck, constable.

1 *Ashford* V	8½	D G	G F G	¼ R ¼ R 3 X 4½ L ¼ R ¼
2 Laragh V	5½	B D B	F G	2½ R 3
3 Newtownmount-kennedy V	6½	D F	F S P F	¼ R ¼ L 5½ L ½

ROWER V. (Pop. 821). Ida: South Division: Co. Kilkenny: Leinster. (1) 9 a.m.: (2) 5 p.m.: (3) PO: (4) No: (5) Beautiful scenery along the Barrow. F. W. M'Reavy, sergeant.

1 Graigue V	7	A	G	2 R 4¾ R ¼
2 Innistiogue V	6	B A	G	1¾ R 1½ R 2½ L ¼
3 New Ross T	5	A G	G	1½ L 1½ R 2
4 Rosbercon V	5½	A G	G	1½ L 1½ R 2 R ½

RUANE R. Inchiquin: East Division: Co. Clare: Munster. F, 17 June, 26 September. (1) 8.30 a.m.: (2) 5 p.m.: (3) PO, Corofin, 5: (4) Yes, 1: (5) Dromore Demesne, with old and new Castle, the residence of T. Crowe, Esq., J P., D.L.; Barrack built in the Demesne; Ruane Observatory, ½. Bernard M'Anee, sergeant.

1 Corofin V	5	B	G	¼ L ¾ L 2½ R 1½
2 Crusheen V	6	B	G	¼ R ¼ R 2¼ R 2 L 1 R ¼
3 Ennis T	6½	B	G	1 L 2 R 1¾ R 1¾ R
4 TUBBER R	7½	B	G	¼ R ¼ X 3 R 3¼ L ¾

RUSKEY V. (Pop. 149). Ballintubber North: North Division: Co. Roscommon: Connaught. PS, every 4th w.: Dromod, 2, M. G. W. RY. and C. L. & R. LT. RY. (1) 7 a.m., 2 p.m.: (2) 7.30 p.m.: (3) PO: (4) Yes, 2: (5) River Shannon and the bridge over it. William M'Manus, sergeant.

1 Ballykilcline R	3	B D	G F S	Straight road
2 DROMOD V	2	A	G F	⅛ L 1⅞
3 Kilmore V	7	B	G F	¾ R 3¼ R 3
4 Tarmonbarry V	7½	B	G F	¼ L 6 L 1¼

RUSH T. (Pop. 1971). Balrothery: North Division: Co. Dublin: Leinster. Tel. 8-8: Rush, 2, G. N. RY. (1) 8.45 a.m, 9.30 p m.: (2) 4.45 p.m., 7.30 p.m.: (3) PO, SB, MOO: (4) Yes, 4: (5) No. T. Leonard, constable.

1 Donabate V	4	I Sea	R S	½ L ¾ S 1 S 1¾ (by railway line)
2 Lusk V	3½	B D	G	1½ X 2
3 Skerries T	4	B D	G	¼ R 1¾ X 2

RUSHEEN R. East Muskerry: Mid-Cork: Co. Cork, W.R.: Munster. Macroom, 4, C. & M. LT. RY. (1) 9.30 a.m.: (2)

4 p.m. : (3) PO, SB, MOO, Macroom, 4 : (4) No : (5) No. John W. B. Johnston, sergeant.

1 Carrigadrohid V	4	A D A F	S B G S	½ L 1 L 1½ L ¾ R ¼
2 COACHFORD V	6	B A	G	2 X 1½ L 2½
3 Macroom T	4	A B A	G	½ R 2½ R ¾ L ¼
4 Knocknagoppul R	7	B D B	G S G	1½ L 2¼ L ¼ R 1½ R 1½
5 RYLANE R	8	A C D G B	G S G	¼ L 2 R 3 L 1 L 1 R ¾

RUSSELWOOD R. Carbury : North Division : Co. Kildare : Leinster. Edenderry, 5, M. G. W. RY. (1) 2 p.m. : (2) 1 p.m. : (3) PO, SB, MOO, Edenderry, 5 : (4) No : (5) No. Joseph Allen, sergeant.

1 Ballinadrimna R	6	B D	G	½ R ½ L 1 Λ L 1 R 2 L 1
2 Carbury V	6	B D	G	¾ R 1 R 1 R 1 L 1 L 1 R ¼ R ¼
3 EDENDERRY T	5	B D	G	¼ L 1¼ R ¾ Λ L ¼ R 2½
4 TICROGHAN R	2½	B D	G	½ R 1½ R ½

RYLANE R. East Muskerry : Mid-Cork : Co. Cork, E.R. : Munster. Peake, 6, C. & M. L. RY. (1) 9 a.m. : (2) 9.30 a.m. : (3) Coachford, 7¾ : (4) No : (5) St. Olens' Holy Well and Tree and Headstone, 3. Samuel Hilan, sergeant.

1 Coachford V	7¾	D	I	¼ X 3 L ½ L ¼ L 1½ R ½ R 1¾
2 Donoughmore R	6	B	F	1 L 1 R 1½ R 1 R 1½
3 Dripsey R	9	D	I G	¼ X 3 L ½ L ¼ L 1½ R ½ L ¼ R 1¾ X 1
4 KNOCKNAGOPPUL R	5	E F	F S P	2½ L 2 R ½
5 RUSHEEN R	8	B G D C A	G S G	¾ L 1 R 1 R 3 L 2 R ¼

S

SAINTFIELD V. (Pop 653). Upper Castlereagh : East Down : Co. Down : Ulster. F, last w., monthly : PS, 3 t : M, m. : C. D. RY., ¼ : Tel. 8-8. (1) 7 a.m., 8.30 a.m., 11.15 a.m., 2.15 p.m., 2.20 p.m. : (2) 10.15 a.m., 2.35 p.m., 7.25 p.m. : (3) PO, SB, MOO : (4) Yes, 5 : (5) Occupied by Rebels in 1798 ; a fine village in a rich country. William Loftus, sergeant.

1 Ballynahinch T	5	B	G	Direct road
2 Ballygowan V	3	B	G	¼ R 2¾
3 Crossgar V	5⅞	A	G	Direct road

ST. LAURENCE, CHAPELIZOD V. (Pop. 500). Uppercross : North Division : Co. Dublin : Leinster. Tel. 8-8. (1) 9 a.m., 2 p.m., 9 p.m. : (2) 10 a.m., 5 p.m., 10 p.m. : (3) PO, SB, MOO, Chapelizod : (4) Yes, 2 : (5) Beautifully situated on the River Liffey, outside Phœnix Park ; Inchicore Railway Works, 1 ; "Strawberry Beds," 1 ; Kilmainham Gaol, 1 ; Royal Hospital, 1¼ ; Dublin Castle, 4. William Nelson, sergeant.

1 Blanchardstown V	3½	C A	G	½ Λ ¾ R 1 X ½ L 1
2 Clondalkin V	4	C	G	1 L ¾ R ¾ L 1 L ½
3 Lucan V	4¾	C	G	½ Λ ¾ R 1½ Λ 1 R ¾ L V ¾

ST. MULLINS or GLYNN R. St. Mullins: Carlow Division: Co. Carlow: Leinster. F, 25 July: Ballywilliam, 5, G. S. & W. RY. (1) 8.30 a.m: (2) 4.30 p.m.: (3) Graigue-na-managh, 4: (4) No: (5) St. Mullins, 1 mile from the R.I.C. Barrack, which is locally called Glynn. St. Mullins has a noted Abbey and historic burial-ground on the banks of the Barrow, and a "Patron" fair is held to its Patron Saint, St. Molyn, or "The Holy Miller," on the last Sunday but one in July each year. Daniel Molloy, sergeant.

1 BALLYWILLIAM V	4	B	G	1¾ X ¼ L 1¾ V¼ ¼
2 BORRIS T	9	C	G	⅜ R ⅝ L 1⅝ R ⅝ L 1¾ L 1¼ X 1¼ L ½ L 1¾ L ½ L ½
3 GRAIGUE-NA-MANAGH T	4	D	G	⅜ X 1 R 1¼ L V 1½ L ⅛

SALLINS V. (Pop. 333). North Naas: North Division: Co. Kildare: Leinster. Tel. 8-7: G. S. & W. RY. (1) 6 a.m., 10 a.m., 4 p.m.: (2) 6 p.m, 8.30 p.m.: (3) PO, SB, MOO: (4) Yes, 8: (5) Bodenstown, Wolfe Tone's grave, about 1. William Fleming, sergeant.

1 Clane V	3	A	G	1 L 1¼ R ¾
2 Kill V	4	A	G	⅓ L 1½ R 2
3 Naas T	2½	A	G	Direct road
4 Straffan V	6½	A	G	2 L X 2 L 2 R ½
5 Thomastown V	5	B	F	½ R ½ R ¼ L 2 R 1¾

SALTHILL V. (Pop. 240). Galway: Galway Borough: Co. Galway: Connaught. Tel. 8-8: Galway, 2, M. G. W. RY. (1) 8.30 a.m., 1 p.m., 3 p.m.: (2) 10.45 a.m., 1.5 p.m., 9.30 p.m.: (3) PO, SB, MOO: (4) See Galway: (5) A bathing resort and suburb of Galway, much frequented in summer; Blackrock, 1. Robert Watchorn, sergeant.

1 Barna V	4	A	G	2 L 2
2 Claddagh T	1¼	A	G	1 R ¼

SANTRY V. (Pop. 110). Coolock: North Dublin: Co. Dublin Leinster. Liffey Junction, 4, M. G. W. RY. (1) 8.30 a.m.: (2) 5 p.m.: (3) PO: (4) No: (5) Santry School, 1; Village of Santry ½ mile from Barrack. Henry Sargent, sergeant.

1 Coolock V	2½	A B	G F	½ L 1 X 1
2 Drumcondra (part of Township) T	2½	A	G	Main road to Dublin
3 Glasnevin (part of Drumcondra Township) T	3½	A B A	S G S	½ R ¾ L 2¼
4 Swords V	4½	A	G	Main road to Drogheda

SCARIFF V. (Pop. 600). Tulla Upper: East Division: Co. Clare: Munster. F (cattle), 5 Jan., 1 Feb., 3 March, 3 April, 1 May, 2 June, 5 July, 2 Aug., 6 Sept., 4 Oct., 3 Nov., 9 Dec.;

Pig fair held on day preceding each cattle fair: Tel. 8-7; Sunday, 9-10 a.m.: Killaloe, 11, W. & L. RY. (1) 7 a.m.: (2) 6 p.m.: (3) PO, SB, MOO: (4) Yes, 7: (5) Lough Derg, 1; Innishcaeltra or Holy Island, 4, with Round Tower and Seven Churches in Lough Derg, on the Shannon. Patrick Lysaght, sergeant.

1 *Feakle* V	6	B	G	2½ L 1 L ¼ R ⅛ L 1⅛ L 1
2 MOUNTSHANNON V	6	A	G	1½ R 3½ R 1
3 Tomgraney V	1	A	G	⅛ L ⅛

SCART R. Lower Connello: West Division: Co. Limerick: Munster. Ballingrane, 2, W. & L. RY.: Tel. 8-7. (1) 9 a.m.: (2) 6.10 p.m.: (3) PO, SB, MOO, Rathkeale, 3: (4) No: (5) No. P. Hackett, sergeant.

1 Askeaton V	5	B	S	1 L 3¾ L ½
2 Foynes V	9	B	S	1 X 3 V[s] 3¾ R 1¼
3 Rathkeale T	3	B	S	1 R ½ X 1½
4 Shanagolden V	8½	D	S	1 X 3 V[s] 1 L 3¼ R ¼

SCARTAGLEN V. (Pop. 100). Trughenacmy: East Division: Co. Kerry: Munster. Castleisland, 5, G.S.& W. RY. (1) 9 a.m.: (2) 4.15 p.m. : (3) PO: (4) No: (5) No. Richard Barnett, sergeant.

1 Ballahantouragh R	4	D	S	⅛ R ⅛ L 1¼ X 2 R ½
2 Castleisland T	5	C	G	⅛ R 1 R ¼ R ¾ X ⅛ R 1½ R ½
3 Gortglass R	2	D	P	R 1 R ¼ R ¾
4 Knockrower R	5	D	S	¼ L ¾ R 1 R 2 L 1
5 Ranalough V	6	D	F	1⅛ R 1 L 2½ L 1⅝

SCARVA V. (Pop. 154). Iveagh Upper: West Division: Co. Down: Ulster. F, 21 March, 19 June, 5 Sept.: P.St.: G. N. RY. (1) 2 a.m., 9 a.m., 5 p.m.: (2) 8.5 a.m., 4 p.m., 10 p.m.:. (3) PO: (4) Yes, 2: (5) Lisnagade Forts, 1½. Hamilton Elliott, sergeant.

1 Banbridge T	4¼	A	F G	¼ R 1¾ X 1 X 1¼
2 Gilford V	3	B	F G	⅛ L ¾ X 1⅜ R ¼
3 Loughbrickland V	3	D	F G	⅛ X 1 X ½ R ½ R ½
4 POYNTZPASS V	3	B	F G	¼ L ⅛ L 1½ X 1⅛
5 TANDRAGEE T	2½	B	F G	¼ R ⅛ R ⅛ L 2

SCOTSHOUSE V. (Pop. 94). Dartree: North Division: Co. Monaghan: Ulster. Redhills, 4, G. N. RY. (1) 8.30 a.m.: (2) 5.20 p.m.: (3) PO: (4) Yes, 1: (5) Picturesque scenery; Hilltown Demesne, ½. John Murray, sergeant.

1 Clones T	4½	B D	G F G F	1¼ R 1 R ¼ L ¾ L 1¼
2 Drum V	6½	B C D	G F	¼ R ¼ R 1½ L 2 R 2½
3 NEWTOWNBUTLER V	9	B D B	G F	2 L ¼ R 2 L 2 R 2¾
4 Newbliss V	6½	B D H	G F	¼ L 1¼ R 1 X 1½ X 2½
5 REDHILLS V	4	B D B	G F	3 L 1

SCOTSTOWN V. (Pop. 102). Monaghan: North Division: Co. Monaghan: Ulster. F, 17th, monthly: M, th. (1) 8 a.m.: (2) 6 p.m.: (3) PO, SB, MOO: (4) Yes, 3: (5) No. James Farrell, sergeant.

1 Ballinode V	2½	B	G F	2¼ L ¼
2 ESHNADARRAGH R	10	D F	F P	¼ L 3¼ L ½ X 2 X 2 R Λ 2
3 ROSSLEA V	6	D F	G F	2 X 1 X ¼ R 1 L 1¼ L ½
4 *Smithboro* V	5½	B	G F	2 X 1 X 2½
5 Tydavnett V	3	D F	G F	1 X ½ X 1½

SCRABBY V. (Pop. 128). Tullyhunco: West Division: Co. Cavan: Ulster. F, Ascension Thursday and 14 Dec.: Drumhowna, 4, M. G. W. RY. (1) 10 a.m.: (2) 3 p.m.: (3) PO, MOO: (4) Yes, 2: (5) Lough Gowna, 1; good fishing. Joseph Meehan, constable.

1 Arva V	5	D	G P	¼ L 4¾
2 *Ballinagh* V	9	D	G P	3 X 6
3 *Crossdoney* V	9	D	G P	¼ L ¼ R 1 R 2 L 4½ L 1
4 *Kilcogy* V	8	D	G P	3 X 1½ R 3¼ L ¼
5 LARKFIELD R	4	B	F	1 R 3
6 SMEAR R	4	D	G P	3 R 1

SCURLOGSTOWN R. Upper Kells: North Division: Co. Meath: Leinster. Kells, 4½, G. N. RY. (1) 8 a.m.: (2) 6 p.m.: (3) Kells, 4½: (4) No: (5) Balrath House, 1; exceedingly rich pasture lands hereabouts. Peter Shaw, sergeant.

1 *Carnaross* R	5½	B	G	½ R 1 L ½ R 1 X 1½ L ½ R ½
2 CLONMELLON V	4½	B	G	2 X 2 R ½
3 Crossakiel V	4½	B E	G	2 R ⅛ R ⅛ X 1 Λ R 1 Λ R ¼
4 Fordstown R	4½	B	G	2 L ½ L ⅛ L 1⅞
5 *Kells* T	4½	B	G	½ R 1 X 2¼ L ½

SHANAGOLDEN V. (Pop. 391). Shanid: West Division: Co. Limerick: Munster. P.St.: Foynes, 3, W. L. RY. (1) 7 a.m.: (2) 6 p.m.: (3) PO, SB, MOO: (4) Yes, 1: (5) Shanid Castle, the stronghold of the Desmonds (in ruins), 2½. P. Holden, sergeant.

1 *Ardagh* V	7	A	G	¼ L 1½ X 1 X ½ L ¼ R ¼ X 1¼ X 1¾ X ¼
2 Foynes V	3	A	G	1½ L 1½
3 Loughill V	6	B	F	3½ R 2¼ L ¼
4 Scart R	8½	B	G	¼ L 3¼ R 1 V^2 4

SHANAKIEL R. Imokilly: East Cork: Co. Cork, E.R.: Munster. Killeagh, 3¾, G. S. & W. RY. (1) 10 a.m.: (2) 5 p.m.: (3) PO, Ballymacoda, 3: (4) No: (5) No. James Wyse, sergeant.

1 Castlemartyr V	7	B	G	½ L ¼ R ¼ R ¼ L 1¼ R 1¼ L 1¼ R ¾ R 1¼
2 Gortroo R	3½	B	G F	½ L ¼ R ¼ R ¼ R 1 R 1 L ¼
3 Killeagh V	4	B	G	½ L ¼ R ¼ R ¼ L 1⅛ R 1¼ R ¼

SHANBALLYMORE R. Clanwilliam: South Division: Co. Tipperary, S.R.: Munster. Tipperary, 3, W. & L. RY. (1) 7 a.m.: (2) 7.15 p.m.: (3) PO, Donohill, 2; SB, MOO, Castletownroche, 4: (4) No: (5) No. G. E. Dagg, 1st D.I.

1 *Anacarty* V	5	C	R	2 R ¼ L 1½ R V 1¼
2 *Cappawhite* V	7	C F	R	2 X ¼ X ¼ X 4½
3 *Dundrum* V	7	C A	G	4 L 1 X 2
4 Limerick Junction V	5½	C C	F	1¼ R 1 X 2½ X ⅛ X ⅛ X ¼ L ¼
5 Tipperary T	3	A	G	¼ X 2½ L ¼

SHANBALLYMORE V. (Pop. 170). Fermoy: North-East Division: Co. Cork, E.R.: Munster. Castletownroche, 7, G. S. & W. RY. (1) 7 a.m.: (2) 7 p.m.: (3) PO: (4) Yes, 1: (5) No. James Carden, sergeant.

1 Castletownroche V	4½	B	G	½ R ½ R ½ L 3
2 *Doneraile* V	6	B D	G	1 X 1½ L ½ L 1½ L 1¼ X ¼
3 Kildorrery V	3½	B D	G	1½ R 1 X 1

SHANNON-BRIDGE V. (Pop. 148). Garrycastle: Birr Division: King's County: Leinster. PS, every 4th t.: Belmont, 8, G. S. & W. RY. (1) 9 a.m.: (2) 5.20 p.m.: (3) PO: (4) Yes, 2: (5) Forts, or Tete-du-pont at the Bridge, 1; the Seven Churches and Crosses, Cluain-mic-Nois, 3, very beautiful: mentioned repeatedly in history—"The Annals of the Four Masters," "Annals of Clonmacnois," "Annals of Ulster," etc. Several Abbeys and a Nunnery existed here, founded by St. Kiaran (6th century). Peter Cooke, sergeant.

1 Clonfanlough R	7	D	F	½ L 6 R ½
2 CLONFAD R	3	B	G	2 L ¾ L ¼
3 CLONFERT R	4	W B	F	2½ F W 1½
4 Shannon-Harbour V	8	B	G	½ R 3½ R 1½ R 1 R 1½

SHANNON-HARBOUR V. (Pop. 128). Garrycastle: Birr Division: King's County: Leinster. Banagher, 3, G. S. & W. RY. (1) 7.30 a.m.: (2) 5.20 p.m.: (3) Banagher, 3: (4) Yes, 2: (5) Here the Grand Canal enters the Shannon; formerly "packet boats" for passengers used to ply on the Canal to and from Dublin daily. Patrick Walsh, sergeant.

1 Banagher T	3	A	G	1½ R 1½
2 Cloghan V	2½	B	G	½ R 2
3 Shannon-Bridge V	8	B	G	1½ L 2½ L 4

SHARAVOGUE R. Clonlisk: Birr Division: King's County: Leinster. (1) 7 a.m.: (2) 7.40 p.m.: (3) Crinkle, 3½: (4) No: (5) The Earl of Huntingdon's residence, Sharavogue, ¼. John Hyland, sergeant.

1 Crinkle V	8½	C	G	Direct road
2 *Ballybritt* R	7	D	G	1 X 1 L 1 R 1 L ¾ R 1¾ L ½
3 *Goldengrove* R	6	C	G	½ R 2 R ½ L 3
4 Parsonstown T	4½	C	G	3½ L ⅓ L ⅛
5 *Shinrone* V	4	C	G	2 X 1 L 1 R

SHEHEVRIE R. Kilnamanagh Upper: North Division: Co. Tipperary, N.R.: Munster. G. S. & W. RY., 11: Tel. 8-8. (1) 9.45 a.m., 3.40 p.m.: (2) 9.45 a.m., 3.40 p.m.: (3) PO, SB, MOO, Upperchurch, 2: (4) Yes, 1: (5) No. John Walsh, sergt.

1 Borris-o-leigh v	7	D C	F G	1 X 1 L 2 L 1 R 2
2 Holyford v	6	D C	F G	2 L 2 L 2
3 Kilcommon v	5¾	D C	F G	2 R 2 L 1½
4 Roskeen v	5	D C	F G	1½ X 2½ X 1

SHERCOCK V. (Pop. 275). Clankee: East Division: Co. Cavan: Ulster. F, 2 w.: PS, 2 t.: M, w. (1) 8.40 a.m.: (2) 4.40 p.m.: (3) PO, SB, MOO: (4) Yes, 4: (5) Lough Sillan, 1. W. King, sergeant.

1 Bailieboro T	7¾	D C	G	1½ X 6
2 Ballytrain v	5	D	G	¼ R 1½ X 3¼
3 Carrickmacross T	9	A	G	¼ X 3 R 5¾
4 Coronearry R	6	D C	G	¼ L 2½ X ¼ L ¾ L ¼ R ¾ R ¼
5 Cootehill v	10	D C	G	2¾ L 4 X 3¼
6 Kingscourt v	7½	D C	G	2¼ X 2½ X 2¼

SHILLELAGH V. (Pop. 180). Shillelagh: West Division: Co. Wicklow: Leinster. Tel. 8-6: D. W. & W. RY. (1) 8 a.m., 10.30 a.m.: (2) 3 p.m., 6 p.m.: (3) PO, SB, MOO: (4) Yes, 6: (5) Coollattin Park, 2; situated amidst the finest scenery in Wicklow; "The sprig of shillelagh and shamrock so green"—pronounced "shillayly." Daniel Chambers, constable.

1 Carnew v	4¾	C	F	¼ R ½ L 1½ X 2 L¼
2 Clonegal v	7	C	F	1 X 1¼ X ¾ X ½ X 1½ X ¾ X 1
3 Coolkenno v	3¾	A	G	2 R 1¼ L ½
4 Tinahely v	5¼	C	G	¼ L 2 R 1¾ X 2

SHINRONE T. (Pop. 4461). Clonlisk: Birr Division: King's County: Leinster. F, 9 July, 21 Nov.: PS, 1st and last t.: D.I.: Roscrea, 7, G. S. & W. RY.: Tel. 8-8. (1) 5.30 a.m.: (2) 7 p.m.: (3) PO, SB, MOO: (4) Yes, 3: (5) The Cromwellian settlement, 1650-6, depopulated this place of Irish and introduced Protestant English planters. Joseph Murdy, sergeant.

1 Ballingarry v	7	B	G	¼ R 2¼ L ¾ R 2¾ X 1¼
2 Cooraclevin R	4	B	G	¼ X ¼ X ¼ L 1 R 1¾ X ½
3 Dunkerrin v	7	B	G	1¼ R ¼ L 1¾ X ¼ X 2 L 1
4 Goldengrove R	6	B D	G	¼ X 1 R ¼ L 1 R 3¼
5 Roscrea T	6	A	G	1¼ L 1 X ¾ X ¾ R 1¼ L ¾
6 *Sharavogue* R	4	A E	G	¼ L ¾ R 3

SHRULE V. (Pop. 236). Kilmain: South Mayo: Co. Mayo: Connaught. F, Easter Monday, 26 July, 11 Nov.: M, th.: Tuam, 12½, W. & L. RY. (1) 8 a.m.: (2) 5.5 p.m.: (3) PO, SB, MOO: (4) Yes, 1: (5) On the Shrule or Owen-Dhu River;

Lough Dooaun, 1 ; Rosserk or Ros-Errilly Abbey, 3½ ; see Sir W. Wilde's "Lough Corrib" *passim*. Wm. Stokes, sergeant.

1 CASTLEGROVE R	8½	B D	F S	2¼ R 2 R ½ L ½ L 1¼ R ½ L 1¼ R ⅜ L ⅛
2 CASTLEHACKET R	5	B D	F S	¾ L 3 L 1½
3 HEADFORD V	4	B D	F S	½ R 3 R ½
4 Kilmain V	5	B	F S	¾ R 4¼ R ½
5 Neale V	9	B D	F S	¾ L 4 R 2 R 1 R 1½ R ¼

SILVERBRIDGE R. Upper Orior and Upper Fews: South Division: Co. Armagh: Ulster. Bessbrook, 9, and Dundalk, 9, G. N. RY. (1) 10.20 a.m.: (2) 3.50 p.m.: (3) PO: (4) Yes, 2: (5) River Cully; good fishing. P. Fitzpatrick, constable.

1 Balleek V	7	D	P	1 R 2 R 2½ R 1½
2 Crossmaglen T	4	D	P	⅜ R 2⅜ R 1
3 Cullyhanna V	3	D	P	1 R ½ L 1½
4 Forkhill V	4	H D	P	2¾ L 1¼
5 Camlough V	8	H D	P	L 8
6 *Newtownhamilton* V	7	D	P	1 R 6
7 DUNDALK T	9	D	P F	½ R ¼ L 8⅜

SION MILLS T. (Pop. 1095). Lower Strabane: North Division: Co. Tyrone: Ulster. Tel. 8-8: G. N. RY., ¼. (1) 6.30 a.m., 10.45 a.m.: (2) 2.45 p.m., 8 p.m.: (3) PO, SB, MOO: (4) Yes, 3: (5) The Mills belong to The Messrs. Herdmans & Co. David M'Cloy, sergeant.

1 Castlederg V	8	A	G	1½ R 4 R 1 L 1½
2 Newtownstewart V	7	A	G	2¼ X 2 L 2¾
3 Strabane T	3	A	G	1 R 1 R 1

SIXMILEBRIDGE V. (Pop. 444). Bunratty Lower: East Division: Co. Clare: Munster. Tel. 9-7: F, 6 Jan., 5 Dec.: P.St.: PS, every 2nd t.: D.I.: Sixmilebridge, ½, W. & L. RY. (1) 3.15 a.m., 12 noon: (2) 1.35 p.m., 8.20 p.m.: (3) PO, SB, MOO: (4) Yes, 1: (5) Castlecrim, 1½; Clooninass Lake, 2½. Denis Ralleigh, sergeant.

1 Bunratty R	4½	A B	G	1½ R 1 L ¼ V^2 1¾
2 Cratloe R	4	B	G	2 L ¼ R 1¾
3 Kilkishen V	5½	A	G	⅜ L ⅛ L ¾ L ¼ R 1 L ½ X ¼ R 1¼ R 1 L ¾
4 Newmarket-on-Fergus V	6	B C	G	¼ L 1¼ X ½ X 1 L ¼ R ¾ L 1 R ¼ L ¾

SKERRIES T. (Pop. 1825). Balrothery East: North Division: Co. Dublin: Leinster. Skerries, 1, G. N. RY.: Tel. 8-8. (1) 7.45 a.m., 8.45 p.m.: (2) 5.15 p.m., 8.5 p.m.: (3) PO, SB, MOO: (4) Yes, 6: (5) Rockabill, 4 by sea; Baldongan Castle, 4; St. Patrick Island or Holm Patrick; Shinnick Island; Colt Island. Edward Beatty, sergeant.

1 Balbriggan T	4	B	G	2 R 1½ L ¼ R ¼
2 Lusk V	5	D	G	1 L ¼ X ¾ L ¼ R ¼ L 2½
3 Rush T	4	D	G	2 X 1⅜ L ¼

SKIBBEREEN T. (Pop. 3261). Eastern Division West Carbery : South Cork : Co. Cork : Munster. Tel. 8-8 ; Sunday, 9 a.m. to 10 a.m. : F, 20 Jan., 20 Feb., 20 March, 20 April, 14 May, 20 June, 10 July, 19 Aug., 20 Sept, 12 Oct., 20 Nov., 11 and 23 Dec. ; Horse Fairs, 22 June, 20 Aug., 20 Oct. : PS, every w. : M, s. : D.I. : R.M. : C. B. & S. C. RY. **(1)** 5.40 a.m., 5.40 p.m. : **(2)** 8.30 a.m., 7.40 p.m. : **(3)** PO, SB, MOO : **(4)** Yes, 25 : **(5)** Loughine, 4½ ; the River Ilen is navigable for vessels up to 200 tons to within 2 miles of the town from Baltimore ; the *Skibbereen Eagle* is not a bird, but a newspaper. John Scanlan, constable.

1 *Aughaville* R	12	B	F	½ L 1¼ R ½ R 2½ L ¼ L 2 R ¼ R 4¾
2 Baltimore V	9	B	P	½ X 1 X 1¾ L ½ R 2½ R ¼ X ½ X ½ X ¾ X ¾
3 *Ballydehob* V	10	B	F	½ L 4 R 2 X ½ L 3
4 Castletownsend V	6	C	G	¼ L 1½ L 1 R ½ X 1¾ L 1
5 *Drimoleague* V	9	B	F	½ L 1¼ R ½ R 2½ L ¼ R 4
6 *Drinagh* V	10	D	P	½ R ½ L 4 L 2½ L 2½
7 Leap V	7	C	G	½ R ½ R 2½ X 1 R 1 R 1 L ½
8 Union Hall V	7	C	G	¼ L 2 L 1 L 3½ L ¼

SKULL V. (Pop. 471). Western Division West Carbery : West Division : Co. Cork : Munster. Tel. 8-8 : F, 6 Jan., 12 Feb., 25 March, 17 April, 10 May, 24 June, 17 July, 12 Aug., 29 Sept., 17 Oct, 1 Nov., 4 Dec. : PS, every 4th th. : M, th. : B : D.I. : S. & S. RY. **(1)** 8.45 a.m., 3.30 p.m. : **(2)** 8.45 a.m., 3.30 p.m. : **(3)** PO, SB, MOO : **(4)** Yes, 5 : **(5)** Mount Gabriel ; Rossbrin Castle, 5 ; White Castle, 1½ ; Druidical Altar, 6. William Hoey, sergeant.

1 Ballydehob V	5	B	G	¼ L ¼ R 1½ X 1 X 1¾ R ¼
2 Dunmanus R	6	D	I	½ L ½ L 2 R 1½ L 1½
3 Gollen V	10	B	G	½ L ½ L 2 L 1½ R 1½ L 4

SLANE V. (Pop. 323). Upper Slane : North Division : Co. Meath : Leinster. F, 17 Jan., 19 Feb., 2 April, 6 May, 2 June, last f. July, 2 Sept., 7 Oct., 8 Nov., th. before Christmas : PS, each alternate t. : D.I. : Beauparc, 3, G. N. RY. : Tel. 8-8. **(1)** 2 a.m, 12 noon, 11.10 p.m. : **(2)** 2 a.m., 2.35 p.m., 11.10 p.m. : **(3)** PO, SB, MOO : **(4)** Yes, 5 : **(5)** Slane Castle, 1 ; Beauparc, 3 ; Caves at New Grange, 4 : the Boyne. John Poole, sergt.

1 Belrath R	7	C	G	⅛ V ¼ L ⅛ X 1 X 1½ X 1 L 1¼ R 1½
2 *Deanhill* R	4	C B	G	⅛ V ¼ L ⅛ X 1 R ¾ L ¾ R ½ L ½
3 *Glassollen* R	4½	C	G	½ R 1 L ½ R 1 X 1¼ A ¼
4 Parsonstown R	6½	C	G	1 R ½ R ⅛ R 1⅛ X 3⅛ L ⅛

SLATE-QUARRY R. Kells : South Division : Co. Kilkenny : Leinster. Carrick-on-Suir, 6½, W. & L. RY. **(1)** 9.30 a.m. :

(2) 3 p.m. : (3) Tullahought, 1 : (4) Yes, 1 : (5) No. Michael Tobin, acting-sergeant.

1 CARRICK-ON-SUIR T	6½	B	G	2 R ½ L 4
2 Kilmoganny V	5	B	F	½ R 2 X 2½
3 *Piltown* V	7¼	B	F	2 X 2 R ¼ L 2 R ½ L ½
4 *Templeorum* R	6	B	F	2 X 2 L 1 R Λ 2
5 Windgap V	4	B	F	½ L 1 X 2 L ½

SLIEVERUE R. Ida : South Division : Co. Kilkenny : Leinster. Waterford, 3, W. & C. I. RY. and W. & L. RY. (1) 8 a.m. : (2) 6 p.m. : (3) PO, Ferrybank, 3 ; SB, MOO, Waterford : (4) No : (5) No. Daniel Bevans, sergeant.

1 FERRYBANK T	3¼	C	G	½ R ¼ L ⅛ R 1½ R ⅛ L ½ R ¼
2 Glenmore V	7	B	G	1 X 2 X 3 X 1
3 Kilmacow V	7	D	F	½ R ¼ R 1½ X 1¼ R ½ L 1¾ X 1 L ⅛ L ⅛

SLIGO (No. 1) T. (Pop. 10,200). Carbury : North Division : Co. Sligo : Connaught. F, 1 t. : PS, m., and each alternate f. : M, t. and s. : C.I. : D.I. : R.M. : M. G. W. RY. and S. L. & N. C. RY. : Tel. 8-8. (1) 3 a.m., 12 noon, 4 p.m., 8.30 p.m. : (2) 5.15 a.m., 6 a.m., 2.12 p.m., 9 p.m. : (3) PO, SB, MOO : (4) Yes, 80 : (5) Lough Gill, 2 ; Sligo Abbey, ⅛. Sligo, on the Garavogue River, does a very large export trade with Glasgow. It is the most considerable seaport on the North-West coast of Ireland. Steamers ply regularly to and from Glasgow. F. T. M'Ternan, sergeant.

1 Ballintogher V	8	B	G	2 L 4 R 2
2 Ballisodare V	5	B	G	2 R 2 L 1
3 Drumcliffe R	5½	B	G	¾ R 1 L ½ R 1 L ¼ R ½ L 1½
4 Fivemile-burn R	6½	B	G	¾ R ¼ L 2½ L 1 X 2
5 Rosses Point V	5	B	G	1¼ L 1¾ L 2
6 Sligo (No. 2) T	¼	B	G	⅛ L ⅛
7 Strandhill V	5	B	G	1½ L ¼ L ¼ R 3

SLIGO (No 2) T. Please see Sligo No. 1. Patrick Kelly, sergt.

SMEAR R. Granard : North Longford : Co. Longford : Leinster. Drumhowna, 9, M. G. W. RY. (1) 8.45 a.m. : (2) 5.45 p.m. : (3) Arva, 5 : (4) Yes, 6 : (5) Lough Gowna, 1 ; Lough-na-back, 3 ; Grannie's Beds, a curious pile of stones, commonly called giant's graves, are to be found in locality, and are frequently visited by tourists. William Maguire, constable.

1 ARVA T	5	D	G	¼ R ½ L 1½ R 3
2 Ballinalee V	7	D	G	¾ L ¼ X 3 R 3
3 Ballinamuck V	7	D	G	¾ L 1½ R 2 X 2 R 1
4 Larkfield R	7	D	G	¼ L ½ X 2 L 2 R 2
5 SCRABBY V	4	B	G	½ L ¾ L 3

SMITHBORO V. (Pop. 124). Monaghan: North Division: Co. Monaghan: Ulster. G. N. RY. (1) 8.30 a.m.: (2) 5.30 p.m.: (3) PO, SB, MOO: (4) Yes, 7: (5) No. William John Dinsmore, sergeant.

1 *Ballinode* V	5	D B D B	P F G F	¼ X ¾ L ¼ R ¼ L 1¾ R 1¾
2 Clones T	7	C D C D	G F G F	½ R 1 L 2 R ¼ L 1¾ X 1½
3 *Monaghan* T	7	A C B C	G F G F	¼ X ¾ X 3 X 2 L ¾ R ¼
4 Newbliss V	6½	B C D B	G P F S	1 L 3 R ⅛ X ¾ R ⅛ L 1 L ½
5 ROSSLEA V	4½	D B D B	G F G F	1½ L ⅛ L 1⅞ X 1
6 *Scotstown* V	5	B D B D	F P F S	¼ L 1 X 1¼ X 2½
7 *Stranooden* R	8	B D B D	I F F P	¼ X ¾ R 2⅞ L ⅛ R 2 R 1¾ R ¼

SNEEM V. (Pop. 371). Dunkerron South: South Division: Co. Kerry: Munster. F, 1 Feb., 17 Mar., 13 April, 20 May, 29 June, 5 Aug., 24 Sept., 18 Oct., 18 Nov., 18 Dec.: PS, 2 W.: Killarney, 29, G. S. W. RY.: Tel. 8-7. (1) 9.45 a.m.: (2) 2.25 p.m.: (3) PO, SB, MOO: (4) Yes, 12: (5) Garnish Island, 2; Parknasilla, 2½; Derryquin Castle, 3; Rossdohan, 5. W. H. Irwin, sergeant.

1 Cahirdaniel V	14	D B	G	6 X 3 X 5
2 Mulgrave R	19	D B	G	4 X 3 X 1 X ¼ X 4 X 1¾ X 5
3 Templenoe R	12	B	G	5 X 4 X R 3

SPA V. (Pop. 193). Trughenacmy: West Division: Co. Kerry: Munster. T. & F. RY. (1) 8 a.m.: (2) 4.45 p.m.: (3) PO: (4) No: (5) Fenit Pier, 4½. Patrick J. Killackey, sergeant.

1 Ardfert V	4	D	F	¼ R 1½ X ½ R ¼ R ¼ R 1¼ R ¼
2 Blennerville V	4	B	F	1½ R 1 L ½ R ½ R ½
3 Tralee T	3	A	G	1½ X ½ R 1½

SPIDDAL V. (Pop. 283). Moycullen: Connemara Division: Co. Galway, W.R.: Connaught. F, 20 Jan., 15 Feb., 20 April, 15 May, 20 July, 20 Aug., 20 Oct., 15 Nov.: PS, every 4th f.: D.I.: Galway, 11½, M. G. W. RY.: Tel. 8-8. (1) 8.30 a.m., 4 p.m., 6 p.m.: (2) 9 a.m., 10 a.m., 6 p.m.: (3) PO, SB, MOO: (4) Yes, 7: (5) Galway Bay, with fine sea views and fishing. James Donohoe, sergeant.

1 *Barna* V	6½	D C	G	6⅜ X ⅛
2 Inveran R	7⅝	D	G	⅛ X 7½
3 *Moycullen* V	8½	D F C	G B	¾ R 7¾

STABANNON R. Ardee: South Division: Co. Louth: Leinster. (1) 7.30 a.m.: (2) 6.30 p.m.: (3) No: (4) No: (5) No. Edward Doyle, sergeant.

1 Ardee T	4¾	B	G	Direct road
2 Castlebellingham V	4¼	B	G	½ L ¼ R 3½
3 *Dunleer* V	3½	B	G	¼ R 1 L 2 L ¼

STACKERNAGH R. Middle Dungannon : South Division : Co. Tyrone : Ulster. Tel. (Castlecaulfield, 1) 8-8 : P.St. : Donaghmore, 3, G. N. RY. (1) 7.35 a.m., 11 a.m., 5 15 p.m : (2) 7.55 a.m., 2.35 p.m., 6.45 p.m. : (3) PO, SB, MOO, Castlecaulfield, 1 : (4) No : (5) No. Joseph Mortimer, sergeant.

1 *Ballygawley* V	9	A	G	½ R ⅓ X 1 X 1 X ¼ L 1 X 1¼ X ½ R ⅓ L 2 R ½
2 *Benburb* V	9	D	F	½ L ⅛ R 2 X 1 X 1 L ½ R ⅜ L 2 R 1¾
3 Donaghmore V	3	B	G	1⅛ R ⅛ L ¼ R 1½
4 Dungannon T	4	A	G	½ L ⅛ X 1 R 2 R ¼ R ⅛
5 Pomeroy V	9	D	I	½ R ⅛ R ¼ R ¼ R ¼ L ½ R ½ R ¼ L ¼ R ½ L ½ R ¼ X 2 L 2¼ L ¼

STEWARTSTOWN V. (Pop. 833). Middle Dungannon : East Tyrone : Co. Tyrone : Ulster. F, 3 w. : PS, 1 w. : M, w. : G. N. RY. : Tel. 8-8. (1) 6 a.m., 11 a.m. : (2) 2 p.m., 9 p.m. : (3) PO, SB, MOO : (4) Yes, 12 : (5) Lough Neagh, 5. John Tipping, sergeant.

1 Cookstown T	6	A	G	¼ R 1¾ X 1 L ¼ R ½ L 1 L 1¼
2 Coagh V	7	B D	G	2 X 2 X ½ X 2 L ½
3 *Coalisland* V	3	A	G	¼ L ¼ L ¼ L ¾ X 1½
4 Rock V	7½	B D	G	3½ L 1 R 1½ R 1 R ½
5 Washing Bay R	5½	B D	G	¾ L 1¼ R 1½ L 1½ L ½

STEPASIDE V. (Pop. 83). Rathdown : North Division : Co. Dublin : Leinster. P.St. : Stillorgan, 2½, D. W. & W. RY. (1) 9.15 a.m., 9 p.m. ; Sunday, 10.15 a m. : (2) 3.40 p.m. ; Sunday, 4.40 p m. : (3) PO, Sandyford, 1½ : (4) No : (5) Three Rock Mountain, 2½ ; Scalp, 3 ; Kilternan Abbey and Cromlech, 1 ; St. Patrick's Well, ¼ ; St. James' Well, ½ ; Leopardstown Racecourse, 2½ ; Kilgobbin Castle, ¼ ; Murphystown Castle, 1½ ; Church ruins (Kilgobbin), with ancient Irish cross, ¼ ; Ballycorus Lead Works, with flue a mile long, also shot tower, 3. Thady Joyce, constable.

1 Cabinteely V	4	A G G G	G	1 L 2 R 1
2 Dundrum V	3½	A G	G	1¼ X ¾ L 1⅜ R ⅛
3 ENNISKERRY V	5	A G G	G	4½ R ⅜ L ⅛
4 Glancullen R	3	A E G	G	⅓ L ½ L 2 V
5 Rockbrook R	4½	G G G	G	1¼ L ½ R ¼ X ¾ X ¾ L 1
6 Tillytown V	5	A G G	G	1 L 2 R ¾ L ¾ R ⅛ R ⅝

STIRRUPSTOWN R. Fore : North Division : Co. Meath : Leinster. Athboy, 8, M. G. W. RY. ; Oldcastle, 8, G. N. RY. (1) 10 a.m. : (2) 10 a.m. : (3) Clonmellon, 3 : (4) No : (5) Loughbawn, 3½. Thomas Colgan, acting-sergeant.

1 ARCHERSTOWN R	4	D	F	1⅛ R 1⅝ R 1½
2 CLONMELLON V	3½	B	F	1⅛ L 1⅛ 1 X ¼
3 Crossakiel V	4½	D	F	1 L ⅜ ¼ 1½ R ⅛ X F ⅛ R ⅛

STONEHALL R. Kenry: West Division: Co. Limerick: Munster. F, 14 May, 25 Sept.: Adare, 5, L. & W. RY. (1) 8 a.m.: (2) 8 p.m.: (3) Kilcoman, 1½: (4) No: (5) Curraghchase, 2. Edward Redding, sergeant.

1 Adare V	5¾	B	G F	2 X 1 R 2¾
2 Askeaton V	5	D A	G	1¼ L 3 X ½
3 Kildimo V	3¼	D A	G	1¼ R 2
4 Milltown R	4¼	D B	G F	1¼ L ¼ R ½ L 1 L 1¼ L ½
5 Pallaskenry V	3¼	D A	G F	1¼ L ½ R 1¼ L ¼

STONEYFORD V. (Pop. 109). Knocktopher: South Division: Co. Kilkenny: Leinster. PS, 2 th.: Bennetsbridge, 5½, C. I. RY.: Tel. 8-7. (1) 8 a.m., 12.30 p.m., 1 p.m.: (2) 1 p.m., 6.30 p.m.: (3) PO, SB, MOO: (4) Yes, 1: (5) Mount Juliet, 2; Norelands, 2; Flood Hall and Knockadrina, 2. Henry Reid, sergeant.

1 *Bennetsbridge* V	5	B	F G	¼ R 4 R ½
2 *Kells* V	2	A	G	¼ L 1¾
3 *Knocktopher* V	4	A	G	¼ R 1¼ R 1 R 1½
4 *Thomastown* T	5¼	A	F G	¼ L 1¼ L 1½ L 1¼ L 1

STONEYFORD R. Fartullagh: South Division: Co. Westmeath: Leinster. (1) 9 a.m.: (2) 6 p.m.: (3) PO, Dalystown, ¼: (4) No: (5) No. James Hingarty, sergeant.

1 Ballinagore V	4½	A	G	¼ R 1¾ R ¼ L 2 L ¼
2 Castletown-geoghegan V	5	B	G	¼ R 1¼ R ½ R 1 L 2
3 Rochfort Bridge V	4	B	G	¼ L 1 R 1¼ X 1 L ½
4 Tyrrellspass V	4	A	G	¼ X ¼ L ¼ R 2 L ¼ R 1
5 *Mullingar* T	7	A	G	¾ L ¼ L 2 L 2½ X ½ L ¼ L ¼ L ½

STRABANE T. (Pop. 4026). Lower Strabane: North Tyrone: Co. Tyrone: Ulster. Tel. 8-8; Sunday, 9 a.m. to 10 a.m.: F, 1 th. Jan., March, April, June, July, Sept., Oct., and Dec.; 1 Feb, 1 Aug, 12 and 13 May, 12 and 13 Nov.: PS, m., fortnightly: M, t.: D.I.: G. N. RY. and DONEGAL RY. (1) 3 a.m., 9.50 a.m., 11 a.m., 11.30 a.m., 1.10 p.m., 2.15 p.m, 3 p.m., 5.30 p.m., 8 p.m., 8.30 p.m., 9.50 p.m.: (2) 3 a.m., 6 a.m., 10.50 a.m., 11.30 a.m., 2.30 p.m., 3 p.m., 5.5 p.m., 9.30 p.m.: (3) PO, SB, MOO: (4) Yes, 35: (5) Strabane was built by James Hamilton, 1615. The Hamilton family acquired great estates in the North of Ireland in the reigns of James I. and Charles II. A canal here joins the Foyle. John M'Gonigle, sergeant.

1 CASTLEFIN V	7	A B	G	4¾ R ¼ R ¼ L 2
2 Donemanagh V	8	A D B D	G F	2¾ R 1¼ R 1¼ R 2 L ¼
3 LIFFORD V	¾	A	G	L ¾
4 Sion Mills V	3	A	G	¾ X 1 L 1¼

STRADBALLY V. (Pop. 911). Stradbally: Leix Division: Queen's County: Leinster. PS, s.: M, s. · Maryboro', 6¼, G. S. & W. RY.: Tel. 8-7. (1) 6 a.m., 10.45 a.m.: (2) 3 p.m., 7.30 p.m.: (3) PO, SB, MOO: (4) Yes, 5: (5) Stradbally Hall, 1¼; Gallows Hill, ¼. W. H. Corbett, sergeant.

1 Ballylinan v	7½	B	G	½ L 1¼ R 2½ X 2½ L ½ R ½ R ¼
2 Heath R	5	C	G	¾ R 1½ L 1 X 1 L 1
3 Maryborough T	6	E	G	¼ X 2½ A ¼ V 1½ X ¼ X 1½
4 Timahoe V	4½	E	G	2 X 2¼ V ¼

STRADBALLY V. (Pop. 284). Decies without Drum: East Division: Co. Waterford: Munster. F, 14 Sept.: PS, 1 f., monthly: Durrow, 3, W. D. & L. RY. (1) 9.30 a.m.: (2) 3.30 p.m.: (3) PO: (4) Yes, 1: (5) Beautiful scenery and fishing along the shore and rivers; Woodhouse Demesne, 1¼; very beautiful English-like village, with exquisite scenery in the Glen. Robert Cooke, sergeant.

1 Bonmahon v	5	D	G	¾ R 4½
2 Dungarvan T	8¾	D	G	3 L 5½
3 Kilmacthomas v	6	B	G	½ X ½ V ¾ 1 X 2 X 1 R ½ X ½
4 Lamybrien R	5	D	G	½ L ½ X 1½ R 1 R 1¼ X ½

STRADONE V. (Pop. 90). Upper Loughtee: West Division: Co. Cavan: Ulster. Tel. 8-8: F, 8 Feb., 28 Mar., 10 May, 24 June, 16 Aug., 10 Oct., 10 Nov., 19 Dec.: P.St.: M, w.: Cavan, 7, G. N. RY. (1) 9 a.m.: (2) 3.30 p.m.: (3) PO, SB, MOO: (4) No: (5) Captain Burrow's Demesne, ¼; Ravenswood old cottage, 2. Alexander M'Donald, sergeant.

1 Ballyhaise v	6	BDB	IF	4 L 1½ R ½ L ½
2 Cavan T	6½	BA	IF	½ L ½ L ½ L ¾ R 4 R 1
3 Crosskeys v	5	BFG	FR	½ L ½ R ½ R 2 X ½ R ½ L 1½
4 Grousehall R	6½	BACA	FG	1 L ½ L 1½ L ½ R 3½
5 Tullyvin v	8	B	IF	½ R 1 L ½ R 2 L ½ L ½ R 2¾ R 1

STRAFFAN R. North Salt: North Division: Co. Kildare: Leinster. Straffan, 2, G. S. & W. RY. (1) 9 a.m., 9 p.m.: (2) 4.45 p.m.: (3) PO: (4) No: (5) No. John Drum, constable.

1 Celbridge v	4	B	G	1¾ R 2½
2 Clane v	4	A	G	1 L ½ R ¾ L ½ L 1¾ L ½
3 Kill v	5½	B	G	½ X ¾ R ½ L 2 X 1¾
4 Maynooth T	5	B	G	1 X ½ X 1 X ¾ X 1 X 1
5 Sallins v	6½	B	G	½ R 1 X 1 X 2 X 2

STRANDHILL V. (Pop. 177). Carbury: North Sligo Division: Co. Sligo: Connaught. (1) 10 a.m.: (2) 5 p.m.: (3) PO: (4) Yes, 8: (5) Prettily situated in the Bay of Ballisodare. John Bridges, sergeant.

1 Ballisodare v	7	B	G	3½ R 2½ R 1
2 Sligo T	5	B	G	1 L 1½ X 2½

STRANDTOWN V. (Pop. 471). Lower Castlereagh : East Belfast : Co. Down : Ulster. P.St. : Bloomfield, ½, B. C. D. RY. : Tel. 8-8. (1) 7 a.m., 11 a.m., 4 p.m. : (2) 11 a.m., 2.10 p.m., 6.20 p.m. : (3) PO, SB, MOO : (4) Yes, 8 : (5) A bathing and summer resort of the Belfast people. Robert Woods, sergeant.

1 Comber T	6	A	G	¼ R ¼ L 2½ L 3
2 Holywood T	3	A	G	3
3 Newtownards T	8¼	A	G	⅛ R ⅛ L 8
4 Newtownbreda V	4¼	A	G	½ L ¾ L 3
5 NEWTOWNARDS ROAD, BELFAST C	½	A	G	½

STRANGFORD V. (Pop. 398). Lecale Lower : East Down : Co. Down : Ulster. B : Downpatrick, 8½, B. C. D. RY : Tel. 8-8. (1) 8.30 a.m., 1.30 p.m., 4.30 p.m. : (2) 8 a.m., 12.30 p.m., 5 p.m. : (3) PO, SB, MOO : (4) Yes, 15 : (5) Strangford Lough ; situated on the left bank of the entrance to the Lough. H. Lynch, sergeant.

1 Ardglass V	9	B D	F	3 R ¼ L 1 X 2¾ R 2
2 Downpatrick T	8½	B C	F	½ R 1 X 2½ R 4½
3 Portaferry V	1	S	Sea	S 1 S

STRANOODEN R. Monaghan : North Division : Co. Monaghan : Ulster. Monaghan Road, 2, G. N RY (1) 8 a.m. : (2) 8.15 a.m. : (3) PO : (4) Yes, 1 : (5) No. John O'Keeffe, sergeant.

1 *Ballybay* T	7	D B B B	G F F G	3 L 2½ X 1½
2 Monaghan T	5	B B D A	F G F G	½ R ½ L 3 L 1
3 *Newbliss* V	8	D A F G	I P F G	½ L 2¼ L 1 R 2½ L 1¾
4 *Rockcorry* V	5	B D B D	G F G G	2½ X 1½ X 1
5 *Smithboro* V	8	B D B D	P R F F	¼ L 1 L 2¾ L ¼ R 2¼ L 1½

STRATFORD V. (Pop. 228). Upper Talbotstown : West Division : Co. Wicklow : Leinster. Grangecon, 4, G. S. & W RY. (1) 8 a.m., 12 noon : (2) 2.45 p.m., 6 p.m. : (3) PO : (4) Yes, 2 : (5) No. Thomas Hannify, sergeant.

1 Baltinglass V	4	G C A	S G F G	⅛ L ⅜ R 1½ X 1 R ¼ L ¼
2 Donard V	4½	D C D	S F	1 R ¾ X Λ ½ L 2½
3 Dunlavin V	6½	D B F C	F S G	½ R ¾ L 2 L 1 X 1½ L ¾
4 Grangecon V	4	D G	F G	1½ R 1½ L 1
5 Kiltegan V	9½	G C B D	S R F G	½ L V ⅛ R ⅜ R 2 R ⅛ L ⅜ R 3 L 1¾ L ¼

STREAMSTOWN R. Moycashel : South Division : Co. Westmeath : Leinster. M. G. W. RY. : Tel. 8-8. (1) 9.30 a.m. : (2) 5.30 p.m. : (3) PO : (4) Yes, 2 : (5) No. Robert Belton, sergt.

1 Ballinagore V	7	B	G	1 X 2 R ½ L 2½ X ½ L ½
2 *Ballymore* V	7	D	G	¼ L 3 X 2 X 1 L ¾
3 Castletown-geoghegan V	5½	B	F	¾ L 2½ R 1½ L ¾
4 Hor-eleap V	4	B	G	¾ R 1½ X 1¾ L ¼
5 Kilbeggan T	7	B	F	¾ R ½ R 1½ X ¾ X 3½
6 *Loughnavally* R	6	D	F	¼ R 2 R 2 L 1¾
7 *Moate* T	8	B	F	¼ L 2 L 1¼ R ½ X 1 X 3
8 *Moyvoughly* R	7	D	F	¼ L 2 L 1¼ R ½ X ½ R 1½ L 1

STREET V. (Pop. 100). Moygoish : North Division : Co. Westmeath : Leinster. Street, 1, M. G. W. RY. : Tel. 8-8. (1) 7 a.m., 1.15 p.m. : (2) 7 p.m. : (3) PO : (4) No : (5) No. Lawrence Halpin, constable.

1 Coole V	5½	B	F G	1 R 1 R 1¼ R 1 R 1¼
2 *Edgeworthstown* V	6	B	F G	2½ R 2 R 1 L ½
3 *Lisryan* R	4	B	F G	1 L 1½ R 1 R ½
4 Rathowen V	3	B	F G	1½ L 1 R ½

STROKESTOWN V. (Pop. 842). Roscommon : North Roscommon : Co. Roscommon : Connaught. Tel. 8-8 ; Sunday, 9 a.m. to 10 a.m. : PS : D.I. : M, f. : F, 16 Jan, 8 Feb., 17 March, 13 April, 27 Aug., 19 Sept., 17 Dec. ; Old Fairs, 1st t. after 12 May, June, Oct., and Nov. (1) 12.45 a.m. : (2) 1.15 p.m. : (3) PO, SB, MOO : (4) Yes, 20 : (5) No. Thomas Bailey, sergeant.

1 Cullagh R	3½	B	F	1 L 1 L ¾ X 1¼
2 Curraghroe R	6¼	B	F	¼ L 2¾ R 3¼
3 Elphin T	6¼	B	F	¼ L 6
4 Gillstown R	3	B	F	¼ R 2¾
5 Mountpleasant R	3½	B	F	¾ R 2¾
6 Tulsk V	7	B	F	Direct road

SUMMERHILL V. (Pop. 118). Moyfenrath : South Division : Co. Meath : Leinster. F, 30 April, 9 June, 22 Sept., 25 Nov. : PS, 1 th. : Fernslock, M. G. W. RY. : Tel. 8-8. (1) 8 a.m., 11 a.m. : (2) 2.20 p.m, 5.20 p.m. : (3) PO, SB, MOO : (4) Yes, 1 : (5) The Empress of Austria has visited Meath for fox and stag-hunting and stayed at Summerhill. Robert Cole, sergeant.

1 *Dunsany* R	8	B	F	¼ L ½ L 2½ X 2½ X 2½
2 Enfield V	8	B	G	2½ X 1½ L 1½ R 2½
3 KILCOCK V	6½	C	G	¼ R 2¼ X 3 R ¼ L ¼
4 Rathmolyon R	4	C	G	¼ X 1⅛ R ⅜ X ¾
5 Trim T	6½	C	F	⅛ R 1¼ L 2⅝ X 2 R ⅜ L ⅛

SWANLINBAR V. (Pop. 383). Tullyhaw : West Division : Co. Cavan : Ulster. PS, 2 t. : M, s. : F, 2 Feb., 30 March, 18 May, 29 June, 27 July, 18 Aug., 14 Sept., 13 Oct., 27 Nov., 21 Dec. : D.I. : Bawnboy Road, 8¼, C. L. & R. LT. RY. : Tel. 8-8. (1) 9 a.m. : (2) 3.30 p.m. : (3) PO, SB, MOO : (4) Yes, 12 : (5) "Shannon Pot," 4 ; Moat of Ben Auchlin, 4 ; several good iron and sulphur spas are in the immediate vicinity. This village was a famous watering-place, in the Continental style, in the last and beginning of this century. George C. Keith, constable.

1 Bawnboy V	5¾	B	F G	3 L 2¾
2 Corlough R	6⅜	B D H	F I P	3 R 2⅛ R Λ ¼ ½ V ⅛ Λ ½
3 Glan R	11½	H D	F I P I	3 R ⅛ R Λ ¼ V ⅛ Λ 1½ L ½ Λ 2½ V 3½
4 KINAWLEY R	4	B	F	¼ L 1½ R 2¼

SWATRAGH V. (Pop. 150). Loughinshollen: South Derry: Co. Londonderry: Ulster. Upperland, 3, D. C. RY. (1) 11.10 a.m.: (2) 2 p.m.: (3) PO: (4) Yes, 5: (5) No. Patrick M'Fadden, sergeant.

1 Garvagh v	5	B	G S	4¾ X ¼
2 Maghera v	5	B	G S	3 R 2
3 Innisrush R	7¼	B	B R	½ X 1¼ X 1½ L 2 L ½ R 1¼
4 Kilrea v	6	B	G S	2¼ X 1¼ L 2½

SWINFORD T. (Pop. 1474). Gallen: East Mayo: Co. Mayo: Connaught. F, 1st w., monthly: PS, each alternate f.: M, t.: D.I.: Foxford, 9, M. G. W. RY.: Tel. 8-8. (1) 4 a.m., 2 p.m., 6 p.m., 7 p.m.: (2) 7 a.m., 11 a.m., 8.15 p.m.: (3) PO, SB, MOO: (4) Yes, 18: (5) Brabazon Park, ½. Anthony Crean, constable.

1 Aclare v	8	B	G	1 L 1¼ X ¼ R 2½ R 2¼
2 Bohola v	5½	G F G F	G F	1 L 2 R ¾ L 2
3 Charlestown v	7	D B	G	7 L
4 Foxford v	8	B	G	3 X 3 X 1½ L ¼
5 Kiltimagh T	7½	B D	F G	¾ R ¼ R ¾ X 1 L 2½ L 1 X 1¼ R 1¼ X ¼
6 Kilkelly v	7	C G	G	1 L 1 L 1½ L 2½ L 1

SWORDS V. (Pop. 983). Nethercross: North Dublin: Co. Dublin: Leinster. Tel. 8-8: F, 17 March and 9 May: PS, s., fortnightly: Malahide, 3, G. N. RY. (1) 9.15 a.m., 8.45 p.m.: (2) 4.30 p.m., 6.20 p.m.: (3) PO, SB, MOO: (4) Yes, 2: (5) Round Tower, ⅛; Swords Castle, 1, and Endowed School. E. Jones, sergeant.

1 Ballybohill R	7	B	F	1 L 1 L ¼ L 1½ R 2½ X ¼ R ¼
2 Donabate R	3½	B	G	1½ R ¼ L ¼ R ¼ L ½
3 Lusk v	5	A	G S	1¼ L 1 L ¾ R ¼ L 1½
4 Malahide v	3	B	G	¼ L 1½ R ¼ L 1
5 Rollestown R	4¾	B	G	¾ R ¼ L 2½ X ¾ X 1 R ¼
6 Santry R	4½	A	G S	2¼ X 1½ L ¼ R ¼

T

TAGHMON V. (Pop. 380). Shelmalier West: South Division: Co. Wexford: Leinster. F, 2 and 16 Jan., 1 and 16 Feb., 1 and 18 March, 2 and 15 April, 2 and 28 May, 20 June, 2 and 16 July, 6 and 22 Aug., 7 Sept., 1 and 21 Oct., 13 Nov., 1 and 19 Dec.: PS, 2 th.: D.I.: Killurin, 7, D. W. & W. RY.: Tel. 8-8. (1) 7 a.m.: (2) 5.50 p.m.: (3) PO, MOO: (4) Yes, 12: (5) A decaying town, with ruins of a Castle and old Church, "Tegh Munna," or St. Munna's House. Formerly returned two members to Grattan's Parliament, one of whom was Colonel Tottenham —"Tottenham in his boots"—of Tottenham Green. Harperstown Demesne, 2; Slevoy Castle, 3; Brown's Castle, 1½;

Bricketstown, 2. The road to Wexford and New Ross runs through the town, and is dotted with scenes of savage encounters in 1798. William Roche, sergeant.

1 Duncormick v	6	B	G F	1¼ L 3 X 1¾
2 Foulksmills v	5	B	G F	3½ R 1¼
3 Galbally R	6	B	G F	3 X ¾ X 1½ R ¾ L ¼
4 Wellingtonbridge v	6	B	G F	2 L 1 R 2 X 1

TAGOAT V. (Pop. 50). Forth: South Division: Co. Wexford: Leinster. M, m. (1) 7.23 a.m.: (2) 5.23 p.m.: (3) PO: (4) Yes, 1: (5) Tuskar Rock Lighthouse, 7½; Rosslane, 3; Carnsorepoint, 6½. Thomas Fitzpatrick, sergeant.

| 1 Killinick v | 3½ | B | G | Direct road |

TALLAGHT V. (Pop. 252). Upper Cross: North Division: Co. Dublin: Leinster. Tel, 8-7: PS, 2 w.: D. & B. STEAM TRAM. (1) 8.50 a.m., 8.35 p.m.: (2) 5.20 p.m., 10 p.m.: (3) PO, SB, MOO: (4) Yes, 1: (5) Several interesting remains about Tallaght. On 7th March, 1867, the Fenians, numbering 5,000, were defeated here by District-Inspector Burke and 14 Constabulary; many killed, and 208 prisoners taken. The Force, for this and other similar exploits, received the style "Royal Irish Constabulary," by desire of Her Majesty. Francis Lalor, constable.

1 Corballis R	2½	A	G	2½
2 Clondalkin v	3¼	A	G	¼ R 1¼ R ¼ L 1 X ½
3 Rathfarnham v	4	A	G	2¼ R ¼ L 1¼ R ¾
4 Rockbrook v	4½	A C	G I	1¼ X 1¼ R ¼ R ᴀ ½ L ¼ R H 1

TALLANSTOWN V. (Pop. 92). Ardee: South Division: Co. Louth: Leinster. Castlebellingham, 7½, G. N. RY. (1) 9 a.m.: (2) 4 30 p.m.: (3) PO: (4) Yes, 1: (5) No. John Molloy, constable.

1 Ardee T	5	A	F	2½ X 2½ X ¼
3 Tannatt R	5	B	F	2 X ¼ L 1½ X 1⅜
2 Louth v	2½	A B F	F	¾ L 1 X 1
4 Reaghstown R	4	B D	F	1 X ¼ R ¾ L 1¼ X R 1 R ¾

TALLOW T. (Pop. 1004). Coshmore and Coshbride: West Waterford: Co. Waterford: Munster. F, 1 th.: PS, 1 t.: Tallow Road, 2½, G. S. RY.: Tel. 8-7. (1) 7.30 a.m., 4 p.m.: (2) 11 a.m., 5 p.m.: (3) PO, SB, MOO: (4) Yes, 7: (5) Lisfinny Castle, 1. John Leary, constable.

1 Ballyduff v	5	D C D C	G F S	¾ L ¼ R 1¼ R ½ L 1½ R ¼ X ½
2 Curriglass v	2¼	A B	G	2¼
3 Lismore T	5	A C	G	¾ X ᴀ ¾ R 3½
4 Killeenagh R	8	B D	G F	1 L 2 L 2 R ᴀ 3

318

TANDRAGEE T. (Pop. 1444). Lower Orior: Mid Armagh: Co. Armagh: Ulster. Tel. 8-8; 9 a.m. to 10 a.m. on Sunday: PS, 2 w.: F, 1st w. in Feb. and May; 5 July, 5 November: Madden, 1½, G. N. RY. (1) 7 a.m., 9.40 a.m., 5.40 p.m.: (2) 7.50 a.m., 3.50 p.m., 9.10 p.m.: (3) PO, SB, MOO: (4) Yes, 10: (5) Tandragee Castle, ⅛ (Duke of Manchester's seat); in the centre of the linen industry; the Canal from Lough Neagh to Newry passes this town. James Gallagher, sergeant.

1 GILFORD T	2½	C A	F	½ L 1¾ R ¼ L ⅞
2 *Markethill* T	6	B	F	¼ R ⅜ R 1 R ⅜ L 1 X 1⅓ X 1½ R ½
3 *Portadown* T	5¼	A	F	¼ R ⅙ L ¼ R 1 X ¾ R 2½
4 POYNTZPASS V	4¾	B D B	F	½ L ¼ R 1¾ R ¼ R 2½
5 *Richhill* V	6	B D	F	2 R 1 X 1 R 1¾ A ¼
6 SCARVA V	2½	B	F	¼ L ¼ R 1¾ R ⅜ L ⅜

TARBERT V. (Pop. 700). Iraghticonor: North Kerry: Co. Kerry: Munster. Tel. 8-8: PS, t., fortnightly: Pig Market, each alternate m.: Foynes, 12, W. & L. RY. (1) 7.39 a.m., 2.30 p.m.: (2) 10.30 a.m., 4.51 p.m.: (3) PO, SB, MOO: (4) Yes, 8: (5) Tarbert Island is a place where steamers call, on the edge of the River Shannon; it is a mile from Tarbert. John Tanner, sergeant.

1 Ballylongford V	5½	B	F G	¼ L 2½ L 2¾
2 GLIN V	4	A	G G	Direct route
3 Newtownsandes V	6	A B	G F	2 L 4

TARELTON R. West Muskerry: Mid Division: Co. Cork, W.R.: Munster. M, w.: Dooniskey, 8, C. & M. RY. (1) 10 a.m.: (2) 3 p.m.: (3) PO: (4) Yes, 1: (5) No. Wm. Allister, sergeant.

1 Inchigeela V	9	D	F	1¾ L 1¾ R ¼ L 3¾ R 1¾
2 *Kinneigh* R	7	B	F	3½ L ¼ R 2½ L ½
3 Kilmurry V	6	D	F	1 L 2 R 1 L 1¾ R ¼
4 Macroom T	9	B	F	2½ L 1 X 1 R ⅜ R 1½ L 1½

TARMON R. Drumahaire: North Division: Co. Leitrim: Connaught. Arigna, 6, C. L. & R. RY. (1) 5.30 a.m.: (2) 7 p.m.: (3) PO, Spencer Harbour, 1: (4) Yes, 2: (5) Lough Allen, ¼: Leitrim Collieries, 1½; the ruins of Lough Allen Clayworks, 1. W. Brereton, constable.

1 ARIGNA R	6	B D	G P	3¾ R 2¼
2 *Drumshambo* V	7¾	B	G	6¼ L 1
3 Drumkeeran V	3½	D	G	3½

TARMONBARRY R. Ballintubber North: North Roscommon: Co. Roscommon: Connaught. Longford, 6, M. G. W. RY. (1) 8.30 a.m.: (2) 5.30 p.m.: (3) PO, Richmond Harbour, 1½:

(4) Yes, 1 : (5) River Shannon, ⅛, and Bridge ; Kilbarry, 5. Thomas Hynes, sergeant.

1 Cullagh R	5	B	G	2¼ R 2¾
2 Curraghroe R	6½	B	G	2¼ L 4¼
3 Killashee R	5	B	G	1 R 4
4 Longford T	6	B	G	1 L 1½ X 3½
5 Newtownforbes V	7	B	G	1 L 1½ L 4½
6 Ruskey V	7½	B	G F	1¼ R 6 R ¼

TEMPLEDERRY V. (Pop. 100). Upper Ormond : North Division : Co. Tipperary, N.R. : Munster. Nenagh, 10, G. S. & W. RY. (1) 7 a.m. : (2) 8 p.m. : (3) PO : (4) Yes, 1 : (5) Castleotway and lands, ¾ ; Cullohill Castle, in ruins, 3 ; Ormond Stile, 2½. John Fitzgerald, acting-sergeant.

1 Borris-o-leigh V	6	B	F	¼ X 1¾ R ¾ R ¼
2 Kilkeary R	8	D	F	1 L 2 L 4 R ¾ R ¼
3 Kilboy V	6	D	F	2¼ X 2 R 1½

TEMPLEGLANTIN R. Glenquin : West Limerick : Co. Limerick : Munster. Devon Road, ¾, L. & N. K. RY. (1) 8.15 a.m. : (2) 7.45 p.m. : (3) PO : (4) No : (5) Templeglantin, 1, an old ruin. Owen Hester, constable.

1 Abbeyfeale V	5	B	S	¼ X ¼ L ¼ L 3¼ X ¼
2 *Newcastle* T	9	B	S	¼ X 1 X ¼ X 7
3 Tournafulla V	5	B	S	¼ X 1 L 3¼ L ¾

TEMPLEHOUSE R. Leyney : South Division : Co. Sligo : Connaught. F, 25 May, 30 July, 7 Nov. : Ballymote, 3½, M. G. W. RY. (1) 10 a.m. : (2) 6.30 p.m. : (3) Ballinacarrow, 1 : (4) Yes, 1 : (5) Templehouse Lake, Demesne, and old Castle, built in the early part of the 17th century, 1. Martin Turley, acting-sergeant.

1 Ballymote T	3½	B	G R G F	¼ L ¼ V 1 X 2
2 *Bunninadden* V	7	B	F	¼ R ¾ R 2 V 4 ¼ L ¼ R 1 R 2
3 *Collooney* T	6	A	G	¼ L 1¾ R 1 X 1 R 1½
4 Coolaney V	3½	B	F	¼ L 1 X ¼ R ¼ R 1 R ¼
5 *Tubbercurry* T	8	B	F	¼ X 4 L ¼ R 1¼ X ¼ L ¾ L 1

TEMPLEMORE T. (Pop. 2436). Eliogarty . Mid Division : Co. Tipperary, N.R. : Munster. F, 30 Jan., 27 Feb., 30 Mar., 23 April, 17 May, 28 June, 30 July, 3 Sept., 21 Oct., 10 Nov., 7 Dec. : PS, every w. : M, w. : D.I. : R.M. : G. S. & W. RY., 1 : Tel. 8-8. (1) 6 a.m., 10.30 a.m., 4 p m. : (2) 4 p.m., 10 p.m. : (3) PO, SB, MOO : (4) Yes, 17 : (5) Priory Demesne, ¼ ; Loughmore Castle (ruins), 4 ; Knocka Castle (ruins), 3 ; Carden's Tower and the "Devil's Bit," 4 ; River Suir, 1. John Keily, sergeant.

1 Borris-o-leigh V	6	A	G	¼ X ¼ R 1¼ X ¼ L 1¼ X 1¾ X ¼ L ¾
2 Dovea R	5	A	G	¼ X ¼ L ¼ R ¼ L 1¼ X 1
3 Golding's Cross V	4	A	G	¼ X ¼ R 1¼ X ¼ R 1 L 1¼
4 Killeagh V	3¾	A	G	R ¼ X 1½ L 1 R ¾
5 Templetuohy V	5	A	G	¼ R ¼ L 2¼ X 2

TEMPLENOE R. Dunkerron South: South Division: Co. Kerry: Munster. (1) 8 a.m.: (2) 4.30 p.m.: (3) PO, Greenane, ½; (4) Yes, 1: (5) Dromore Castle, 2. James Watters, sergeant.

1 Kenmare V	5	B	G	1 X 3½ R ½
2 Mulgrave R	12	D	F	1 X 4 X 3 L 4
3 Sneem V	12	B	G	3 L 5 X 4

TEMPLEORUM R. Iveik: South Division: Co. Kilkenny: Leinster. Fiddown, 6, W. & L. RY. (1) 9.25 a.m.: (2) 6 p.m.: (3) PO: (4) No: (5) No. Peter Walsh, acting-sergeant.

1 Harristown R	4	D	R	1½ R 2½
2 Pilltown V	3½	G A	F	1¼ X 1¼ R ¼ L ½ R ¼
3 *Slatequarry* R	7	G B	F R S	1¼ R ¼ X 1½ X 2 X 2

TEMPLEPATRICK V. (Pop. 114). Upper Belfast: East Antrim: Co. Antrim: Ulster. F, 10 July and last t. in Oct.: PS, last w., monthly: B. N. C. RY.: Tel. 8-8. (1) 7 a.m., 11 a.m.: (2) 2.8 p.m., 5.55 p.m.: (3) PO, SB, MOO: (4) Yes, 2: (5) Castle Upton, ⅛; Loughermore Park, 2; ·Donegore Moat, 2¾; Lyle Hill, 2. George Gibson, sergeant.

1 Antrim T	6½	A	G	Main road
2 Connor V	10	B F G	G F S	¼ L 1 R ¼ L 8½
3 *Doagh* V	4	B	G	1⅜ R 1 L ⅛ R ½ R 1
4 *Ligoniel* T	8	F G F G	G F	⅛ R 1 L ½ R ⅛ L 1 X 1¾ X 1 L 2½
5 *Whitewell* R	7	A	G	Main road

TEMPLETUOHY V. (Pop 270). Ikerrin: Mid-Tipperary: Co. Tipperary, N.R.: Munster. Templemore, 6, G. S. & W. RY. (1) 8 a.m.: (2) 7 p.m.: (3) PO, Templemore, 5: (4) Yes, 2: (5) No. James Lawler, sergeant.

1 Bawnmore R	5	B	G	1 L 3½ X ½
2 Moyne V	5	B	G	1 L 1½ L 1 R 1½
3 Templemore T	5	A	G	2½ X 2 L ½

TEMPO V. (Pop. 341). Tyrkennedy: North Division: Co. Fermanagh: Ulster. F, 28th, monthly: Hiring Fairs, 28 May, 28 Nov.: M, s.: Lisbellaw, 6, G. N. RY. Tel. 8-8. (1) 7.30 a.m., 3 p.m.: (2) 11 a.m., 5.50 p.m.: (3) PO, SB, MOO: (4) Yes, 6: (5) Tempo Manor, 1, Topped Mountain, 3. Richard Wilkinson, sergeant.

1 *Ballinamallard* V	8	D F A	P F	2 X 2 R 1 L 3
2 Brookboro V	6	B C	G	1 R 2 X 1 L 2
3 *Enniskillen* T	10	C	F	½ R ¼ R 2 X 2½ X ½ 4 R ¼
4 FINTONA V	10	B D	F G	½ R ½ L 2 X 2 X 1 R 1 R 2 R 1
5 FIVEMILETOWN V	7	A B	G	½ R ½ R 1 X 2 R 3
6 Lisbellaw V	6	B	P F	½ R ¼ R 4¾ R ½
7 Maguiresbridge V	6	B	G	½ L 1½ R 1 X 1 R 1 R 1
8 TRILLICK V	7	D F A	P F	2 X 2 R 1 R 2

TERMONFECKIN V. (Pop. 232). Ferrard: South Division: Co. Louth: Leinster. PS, every 4 w.: Drogheda, 6, G. N. RY. (1) 7.50 a.m.: (2) 5.50 p.m.: (3) PO, SB, MOO: (4) Yes, 2: (5) Terfeckin Castle, now in ruins, was the Palace of the Archbishops of Armagh, and was inhabited by the learned Ussher; is now only a fishing village. Thomas Mahoney, constable.

1 Clogher V	3	B	G	1½ X 1½
2 Drogheda T	5½	A	G	3 X 1 X 1½

THOMASTOWN V. (Pop. 975). Gowran: South Kilkenny: Co. Kilkenny: Leinster. Tel. 8-8: F, 6 Jan., 17 March, 30 April, 25 May, 29 June, 15 Sept., 1 Nov.: PS, 1st t., monthly: M, m.: D.I.: W. C. I. RY., 1. (1) 2.45 a.m., 11 a.m., 8.45 p.m.: (2) 3 a.m., 6 a.m., 11 a.m., 9 p.m.: (3) PO, SB, MOO: (4) Yes, 12: (5) Jerpoint or Gerripoint Abbey (B.V.M.) of the Cistertian Benedictines, founded by Donald, Prince of Ossory, 1180; granted to Earl of Ormond 1560, 2. Mount Juliet, Lord Carrick's Demesne, 3; Woodstock, 6. Michael Shannon, acting-sergeant.

1 Bennetsbridge V	5½	A	G	½ X 2½ X 2 R ¼ L ¼
2 Dungarvan V	4¾	A	G	1 L 1 R 2¼ R ¼ L ¼
3 Innistiogue V	5¼	A B	G	½ R ¾ R 2 L 2
4 Knocktopher V	5	A	G	¼ R 2 X ¾ L 1½ R ½
5 *Stoneyford* V	5½	A	G	¼ R 2 R 2 R 1 X ¼

THOMASTOWN R. (Pop. 98). Clane: North Division: Co. Kildare: Leinster. Newbridge, 3½, G. S. & W. RY. (1) 10.30 a.m.: (2) 3 p.m.: (3) Naas, 3½: (4) No: (5) No. Michael Ryan, constable.

1 *Clane* V	6	D	S F	¼ L 1¼ L ¼ R 3 X 1¼
2 Naas T	3½	B	G S	¼ L ½ X 1 L ½ A 1¼
3 *Newbridge* T	3½	B	S F	¼ L 3¼
4 *Robertstown* V	6	D	I S	3 R 2 X 1
5 Sallins V	5	F	G	¼ L ½ L 1 X 2 R ¾ L ½

THOMASTOWN R. Eglish: Birr Division: King's County: Leinster. PS, 1 w.: (1) 8.30 a.m.: (2) 4 p.m.: (3) PO; SB, MOO, Birr, 5½: (4) No: (5) Lough Coura, 3. Michael Cahill, constable.

1 *Cloghan* V	8½	B D	F G	1½ X 1½ R 1½ R 4
2 *Frankford* V	5	B	F G	5
3 Killyon V	3½	B	F G	1 R 2½
4 Kinnetty V	5	B D	F G	1 X 2 X 2
5 Parsonstown T	5½	B	F G	4½ R 1

THURLES T. (Pop. 4875). Eliogarty: Mid Division: Co. Tipperary: Munster. F, 1 t.: PS, every s.: M, s.: D.I.: G. S. & W. RY. and W. & L. RY.: Tel. 8-8. (1) 1 a.m., 10 a.m., 4.15 p.m., 8.45 p.m., 10.15 p.m., 11.13 p.m.: (2) 12.45 a.m., 9.45

a.m., 4 p.m., 2 a.m., 6 a.m. : (3) PO, SB, MOO : (4) Yes, 20 : (5) Holycross Abbey, 4. Patrick Farrelly, sergeant.

1 *Dovea* R	6½	B	G	⅞ L 1 R 3 R ⅓ R 1½
2 Holycross R	5½	B	G	4 L ½ R 1
3 Littleton V	5	B	G	½ R 4½
4 Moyne V	6½	B	G	5½ L 1
5 Roskeen R	7½	D	F	½ L ½ L 1 L 2½ X ¼ R 2 L ½ R ¼

TIERMACLANE R. Islands: East Division: Co. Clare: Munster. (1) 6 a.m. : (2) 6.20 p.m. : (3) PO, SB, MOO : (4) Yes, 2 : (5) Clare Slob Reclamation Works, 1½. Michael Coyne, sergeant.

1 *Ballinacally* V	6	A	G	1 L 4⅓ L ½
2 Clare V	4½	—	—	1½ X 1½ R 1½
3 Darragh R	4	—	—	1¼ X 1¼ R ½ L 1
4 Newhall R	2½	—	—	1¼ R 1¼

TIEVELOUGH R. Inver : West Division : Co. Donegal : Ulster. Stranorlar, 21, DONEGAL RY. (1) 7 a.m. : (2) 4 p.m. : (3) PO, SB, MOO, Glenties, 5 : (4) No : (5) No. Jas. Grier, constable.

1 *Cloghan* R	12	D	F	3 R 8½ L ½
2 *Fintown* V	10	B	G	3 L 4 L 3
3 Glenties V	5	B	G	5 R

TICROGHAN R. Upper Moyfenrath : South Meath : Co. Meath : Leinster. (1) 8 a.m. : (2) 8 a.m. ; no delivery on Sunday : (3) PO, Clonard, 1½ ; SB, MOO, Kinnegad, 4 : (4) No : (5) Great School of Clonard, long since closed, 2 ; the old Monastery at Ballyboggan, 2. J. M'Donald sergeant.

1 Ballinabrackey R	6	B	G	¼ R 1¼ R ¾ L ¾ R 1½ R ¼ R 1¼
2 BALLINADRIMNA R	5	A	G	1½ R ½ R 1½ R ¼ L 1¼
3 *Killyon* R	6	B	G	1½ R ½ R ½ L 1½ L 2
4 KINNEGAD V	4	B	G	1½ L 1½ R ½ L ½
5 Longwood V	6½	B	G	1½ R ½ R ½ L ½ R 1¼ R ½ R 1½ L ½
6 RUSSELWOOD R	2½	B	G	¼ R 1½ L ¾

TILLYSTOWN V. (Pop. 305). Rathdown : South Dublin : Co. Dublin : Leinster. D. W. & W. RY., ½ : Tel. 8-10. (1) 8 a.m., 8 p.m. : (2) 4.30 p.m., 10.30 p.m. : (3) PO, SB, MOO : (4) Yes, 4 . (5) Charming locality, combining mountain air and sea views. C. W. Harewood, constable.

1 BRAY T	2	A	G	2 L
2 Ballybrack V	2	B	G	1½ R ½
3 Cabinteely V	3	A	G	½ R 2½
4 Stepaside V	5	D	I	½ L ½ L 1 L 1¾ L 1¼

TIMAHOE V. (Pop. 103). Cullenage : Leix Division : Queen's County : Leinster. P.St. : Maryborough, 7½, G. S. & W. RY. (1) 9 a.m. : (2) 5 p.m. ; Sunday, 2 p.m. : (3) PO : (4) No : (5)

A Round Tower in village: in the midst of the Bog of Timahoe: the roads are level and good. Nicholas Noble, sergeant.

1 *Ballinakill* V	8	B D	F G	4 X 1½ X 2½
2 *Ballyroan* V	5½	D F	F G	1½ X 2 R 2
3 Luggacurren R	5	D B	G F	V 3½ R ¼ R 1
4 *Maryborough* T	7½	B D	F G R	2¾ X 3 X 1¾
5 Stradbally V	4½	B D	G F	A ¼ 2¼ X 2
6 Wolfhill R	7½	D H	I D	A 1 2 L 3 R 1½

TIMOLEAGUE V. (Pop. 370). East Carbery: South Cork: Co. Cork, W.R.: Munster. Tel. 8-8: F, 3 m.: PS, 2nd and last m.: M, t.: T. & C. LT. RY. 1/8. (1) 6 a.m., 6 p.m.: (2) 8 a.m., 6 p.m.: (3) PO, SB, MOO: (4) Yes, 2: (5) Timoleague Abbey, 1/8; Courtmacsherry Bay, 1/4. Joseph Hasson, const.

1 Clonakilty T	6	B D	S F	½ R 2¼ R ½ L 1¼ R 1 L ½
2 Courtmacsherry V	3	B	P F	¼ L ¼ L 2½
3 *Kilbritain* V	5½	B	S G	¼ R 3 L 1¾ R ½

TIMOONEY R. Ikerrin: Mid-Tipperary: Co. Tipperary, N.R.: Munster. Roscrea, 5¾, G. S. & W. RY. (1) 8 a.m.: (2) 6 p.m.: (3) PO, Knockballymaher, 3: (4) No: (5) No. Richard Hennessy, constable.

1 ERRILL V	5¼	D	G	¾ R 1 X 1½ R 1½ R 1
2 Gurtderrybeg R	3½	D	G	¼ R 1 R ¾ L 1½
3 Roscrea T	5¾	D	G	1½ L 2¾ R 1½

TINAHELY V. (Pop. 403). Ballinacor South: West Division: Co. Wicklow: Leinster. F, 1 w.: PS, every 2nd w.: M, m. and w.: Tinahely, 1, D. W. & W. RY.: Tel. 8-8. (1) 7 a.m., 10.30 a.m.: (2) 3 p.m., 6.2 p.m.: (3) PO, SB, MOO: (4) Yes, 6: (5) No. Francis Reilly, head-constable.

1 Aughrim V	8½	B	F	½ X 1½ L 2 R 1 L 1 L 1 X 1½
2 HACKETSTOWN T	7	A	F	1½ L ½ R 4¾ L ¼
3 Knockanana V	6	B	F	1½ R 2 R 1 X 1½
4 Shillelagh V	5½	C	F	2 X 1½ L 2

TINTERN R. Shelbourne: South Wexford: Co. Wexford: Leinster. F, 2nd w., monthly: New Ross, 13, D. W. & W. RY. (1) 12 noon: (2) 2 p.m.: (3) Saltmills, 1½: (4) Yes, 1: (5) Tintern Abbey (½), erected by Wm. Mariscal, Earl of Pembroke, in consequence of a vow he made on escape from shipwreck. The fine architecture of this building reminds one of its prototype, the beautiful Abbey in Monmouthshire, from which an Abbot and Monks were brought by the founder. Portion of this Abbey is occupied by the Colclough family, and contains some curious old portraits. Bernard Colgan, sergeant.

1 *Arthurstown* V	6½	B	F	1 L 1 X 1 R 1 L ½ X ½ X ¾ X ¼ X ½
2 *Duncannon* V	6½	B	F	1 L 1 X 1½ X 2½ X ⅛ R ⅛
3 Fethard V	5	B	F	1 R 2½ L 1½
4 Wellingtonbridge R	4½	B	F	¾ R ¼ X 1 X 1 V² 1½ R ⅛ R ⅛

TIPPERARY T. (Pop. 6375). Clanwilliam: South Division: Co. Tipperary: Munster. F, 2nd t. monthly, except 5 April, 24 June, 10 Oct., 10 Dec. · PS, every th.: M, daily: D.I.: R.M.: W. & L. RY.: Tel. 8-8. (1) 1 a.m., 10 a.m., 10.30 a.m., 3 p.m.: (2) 10 a.m., 12 noon, 3 p.m., 11.30 p.m.: (3) PO, SB, MOO: (4) Yes, 25: (5) Galtymore, 8. An Augustin Abbey, founded here about 1230 by William de Burgh, now "The Abbey School" (Erasmus Smith Endowed). John Fitzgerald, sergeant.

1 Bansha V	5	A	G	1½ R ½ L 1 X 1 L 1
2 Brookville (J. S.) R	2½	A	G	¼ R ¼ X 2
3 Cordangan V	3	A B	S F	⅛ L ⅛ R 2½ R ¼
4 Glenbane R	6	A	'G	¼ R 2¾ R 2¼ X ½ L ¼
5 *Kilfeacle* V	5	A	G	½ L 3 L 1½
6 Kilross R	6	A	G P	1 R 2 X 2 X 1
7 Limerick Junction V	3	A	G	2¾ X ¼
8 Lisvernane (J. S.) R	8¾	D E G	R S P	¼ R ¼ X 2 R 1¼ R 1¼ X 3 X ¾
9 Shanballymore R	3	A	G	⅛ L ⅛ L 2½ X ¼

TOHER R. Cork: Cork City Division: Co. Cork: Munster. (1) 8 a.m.: (2) 6 p.m.: (3) Bandon Road, ¾: (4) Yes, 4: (5) No. Thomas Reilly, sergeant.

1 *Ballinhassig* V	7	C D	G R	4 L 3
2 Bandon Road C	1	A	G	¾ R ¼
3 Douglas V	3½	B A	G	¼ L 1 L ½ R 1 L ⅛ R ⅛
4 Victoria Cross R	2	A	G	¾ L ¾ R ½

TOMGRANEY V. (Pop. 125). Tulla Upper: East Clare: Co. Clare: Munster. PS, w., fortnightly: Ballina, 11, W. & L. RY. (1) 6.30 a.m.: (2) 6.10 p.m.: (3) PO: (4) Yes, 1: (5) Lough Derg, 2; "Iniscailtre" or Holy Island, with a Round Tower and Seven Churches, 4. William Morrissy, sergeant.

1 *Bodyke* V	3	A	G	⅛ L 2 R ¼ L ½ R ⅛
2 O'Gonnolloe R	5¾	A	G	1¼ L 3¾ R ¾
3 Scariff V	1	A	G	⅛ R ⅞

TOOME V. (Pop. 47). Upper Toome: South Division: Co. Antrim: Ulster. Tel. 8-8, Sunday, 9-10 a.m.: F, Easter Monday: PS, 2nd m., monthly: B: B. & N. C. RY. (1) 7.35 a.m., 11.55 a.m., 5 p.m.: (2) 7.30 a.m., 8.55 a.m., 1.10 p.m., 4.55 p.m., 6.30 p.m.: (3) PO, SB, MOO: (4) Yes, 3: (5) Lough Neagh, ½; Church Island in Lough Beg, 4, by water. Peter Murray, sergeant.

1 Ballyscullion R	3½	I W	R	1½ L 1 L 1
2 BELLAGHY V	5¼	D	F	2 R 1 X ¾ V² 1½
3 CASTLEDAWSON V	4½	A	G	1¾ X 1 X 1 L ¾
4 Millquarter R	4	D	F	2½ L 1½
5 Randalstown T	6¼	A	G	¼ X ¼ X 1 L 1 X 1½ X 2¼

TOOMEVARA V. (Pop 383). Upper Ormond: North Division: Co. Tipperary: Munster. F, Whit Monday, 27 July, 29 Sept., 4 Nov.. P.St.: M, t. and f. (winter): Nenagh, 7, G. S. & W. RY. (1) 9.10 a.m.: (2) 3.50 p m.: (3) PO, SB, MOO: (4) Yes, 2: (5) Lay on the great Limerick coach road. James O'Neill,

1 Beechwood R	7½	B F D A	I G	¼ R ¼ R ¼ L 2¼ L 1 R ½ L 3
2 Kilkeary R	5	A B F A	G S F	⅛ L 1 R ⅜ X 1 R 2
3 Kilboy R	8	A B A D	G S	⅝ L 1 R ⅛ X ¾ X 1½ L ⅓ X ¾ X 1½ X 1
4 KNOCKASPUR R	5	A B A	G I	¼ L 1 R 1 X 1½ X ½ R ¾
5 MONEYGALL V	4	A	G	¼ R 1¾ X 1 X 1
6 Nenagh T	7	A G A B A	G P I	⅛ R 2½ X ⅜ X 1¼ L ½ L ½ X 1½ L ¼

TOUR R. Duhallow: North Cork: Co. Cork, W.R.: Munster. Newmarket, 9, G. S. & W. RY. (1) 10 a.m.: (2) 11 a.m.: (3) Newmarket, 9: (4) No. (5) No. Thomas Burke, sergeant.

1 Meelin V	7	B D	G B I	1½ R ½ L 1¼ X 1¼ L ½ R 2
2 Newmarket T	9	B D	G F	2½ L 1 X 2½ X 2 X 1
3 Rockchapel V	8	B D	G F	¾ X ½ X 4 R 1¾ X 1

TOURNAFULLA R. (Pop. 60). Glenquin: West Division: Co. Limerick: Munster. Devonroad, 6, N. K. & L. RY. (1) 10 a.m.: (2) 5 p.m.: (3) PO: (4) No: (5) Glenquin Castle, 2½. Michael M'Loughlin, constable.

1 *Killeedy* R	4½	B	F S	2 R 1 L 1¼ R ¼
2 Mountcollins R	8	D	S P	2 L 2 X 3¾ R ¼
3 Templeglantin R	5	B	S F	⅛ L 4¾ R ⅛

TRALEE T. (Pop. 9500). Trughenacmy: West Division: Co. Kerry: Munster. F, 9 Jan., 6 Feb., 6 March, 6 April, 3 May, 4 June, 2 July, 4 Aug., 6 Sept., 9 Oct., 7 Nov., 13 Dec.: PS, every m.: M, s.: D.I.: C.I.: R.M.: G. S. & W. RY.; W. & L. RY.; T. & D. RY.: Tel. 8-8. (1) 4.45 a.m., 9 a.m., 2.40 p.m., 4.15 p.m., 6.30 p.m.: (2) 6 a m., 10 30 a.m., 11 a.m., 7 p.m.: (3) PO, SB, MOO: (4) Yes, 50: (5) Ballyseedy Demesne, 3; Oakpark Demesne, 2; Caves of Ballybeggan, 2. "Tralee" means "the Strand of the Lee." It was a haunt of The Desmond for a long time. Bernard M'Govern, sergeant.

1 Abbeydorney V	6	C	G	1½ R 4½
2 Ardfert V	5	A	G	1½ R 2 L 1¼ L ¼
3 Blennerville V	1½	A	G	¼ R 1¼
4 *Doolaig* R	10½	A F	G	¾ R ⅛ R ½ L 1½ L ⅓ R ⅛ L 2 L ½ L ¼ R 4 R ⅝
5 *Gortatlea* R	7	A	G	¾ R ⅛ R ½ L 1½ L ⅛ R ⅛ R 3½ L ⅜
6 Gortatoo R	7	A	G	6 L 1
7 Spa V	3	A	G	1½ L ¼ X 1¼

TRAMORE T. (Pop. 1850). Middlethird: East Division: Co. Waterford: Munster. PS, 2nd and last m.: Tramore, ¼. (1) 7 a.m., 12.45 p.m.: (2) 1 p.m., 6 p.m.: (3) PO, SB, MOO: (4) Yes, 15: (5) Tramore Bay, ¼: the "Sea Horse" was wrecked here on returning from the Crimea—all drowned. Cullen Castle, 2. Thomas Healy, constable.

1 *Annestown* V	6¼	B	F	1 R ½ X 1 X 1 L 2¾
2 Butlerstown V	6¾	B	F	⅓ L 2 R ½ X 1 R 2¼
3 Callaghane V	10¼	B	F	¼ L 2 R 1½ X 6½
4 Dunmore East V	9¼	H	G	½ R 2 L 3 R 4¼

TRILLICK V. (Pop. 240). East Omagh : Mid Division : Co. Tyrone : Ulster. F, 14th, monthly : PS, 3 t. : M, s. : Trillick, 2, G. N. RY. : Tel. 8-8. **(1)** 7.45 a.m. : **(2)** 6.45 p.m. : **(3)** PO, SB, MOO : **(4)** Yes, 6 : **(5)** No. Joseph Frazer, sergeant.

1 BALLINAMALLARD V	4	C	F	1¾ L 2 L ¼
2 Dromore V	5	C	F	½ L ¼ L ½ X ¼ L 1 X 1½ X ½ L ½
3 Fintona V	9	D	F	½ L ¾ L ½ X ¼ R 2½ X ⅓ L 1 L 1⅓ L ½ R 1
4 IRVINESTOWN V	7	D	P	¼ R ¼ L 1 R ⅛ R ⅓ L 2 X 1¼ L 1¼ R ¾
5 TEMPO V	7	D	I	¼ R ½ L 1 L 1¼ R ½ X ½ R 1½ X 1 L ¾

TRIM T. (Pop. 1586). Lower Moyfenrath : South Division : Co. Meath : Leinster. Tel. 8-8 : F, 1st s., monthly, and 27 March, 8 May, 1 Oct., 16th Nov. : PS, every 3rd s. : M, s. : C.I. : D.I. : M. G. W. RY. **(1)** 7 a.m., 11 a.m. : **(2)** 3.15 p.m., 7.30 p.m. : **(3)** PO, SB, MOO : **(4)** Yes, 20 : **(5)** King John's Castle (yellow steeple), Newtown, 1 ; Wellington Monument, Trim ; Dangan Castle, where the great Duke of Wellington was born. One mile from Trim is Newtown Abbey of St. Loman (B.V.M.), founded by St. Patrick, and rebuilt by De Lacy (12th century). A Priory of St. John the Baptist, founded 13th century, and a Priory of St. Victor's Congregation, dedicated to SS. Peter and Paul, by Simon de Rochfort, Bishop of Meath, 1206. The ruins and tombs are extensive and fine. Trim possessed a Mint at one time, and was the seat of the Irish Parliament till 1497. It was defended against Cromwell. Samuel Haswell, constable.

1 *Kildalkey* R	6	A	F G	2½ R 3½
2 Rathmolyon R	5½	C D G	F G	2½ R 2 1
3 Robinstown R	4	C D E	F G	1 L A ⅛ L ⅜ 2
4 Summerhill V	6½	A C E	F G L	2½ X ½ 1 X 2½

TUAM T. (Pop. 3025). Clare : North Galway : Co. Galway, W.R. : Connaught. Tel. 8-8 : F, 10 March, 9 and 10 May, 4 July, 10 Sept., 3rd t. in Oct.. : PS, m., fortnightly : M, w. and s. : D.I. : R.M. : Tuam, ¼, W. & L. RY. **(1)** 8 a.m., 12.30 p.m., 4 p.m. : **(2)** 4 a.m., 6.10 a.m. : **(3)** PO, SB, MOO : **(4)** Yes, 20 : **(5)** St. Jarlath's Cathedral. An Abbey to the B.V.M. founded here 487 A.D. : in the ancient shrine of the Church St. Jarlath was buried. The Abbey was converted into a Cathedral in the 6th century. All the churches were burned 1244.

The Palace of the Bishop is spacious, but antiquated. P. Sterling, head-constable.

1 Barnagh v	6½	B	F	¾ L 2 L 3¾
2 Ballyglunin R	7⅞	B	F	⅛ R 4 L 1½ R 1½
3 Castlehacket R	7½	B	F	3 R 4¼ R ¼
4 Castlegrove v	6½	C	G	1¼ L 1¼ X ½ L 3
5 Cummer v	6	C	R	3 L 3

TUBBER. R. (Pop. 25). Kiltartan : South Galway : Co. Galway, W.R. : Connaught. F, 12 July, 20 Sept. : W. & L. RY. **(1)** 9 a.m. : **(2)** 4 a.m., 7.30 p.m. : **(3)** PO, SB, MOO : **(4)** Yes : **(5)** No. James Kirkland, acting-sergeant.

1 Boston v	5	B	G F	¼ R 3¼ L¼ R ¼
2 Crusheen R	4½	A	G G	¼ L 3¼ R ½
3 Gort v	6	A	G G	Straight road

TUBBER. R. Kilcoursey : Tullamore Division : King's County : Leinster. Moate, 2½, M. G. W. RY. **(1)** 7 a.m. : **(2)** 7 p.m. : **(3)** PO, Moate, 2½ : **(4)** No : **(5)** No. Patrick Powell, sergt.

1 *Ballycumber* v !	4½	B	G	¼ R ¼ R ¾ L ¾ R ¾ L 1 L ¾ L ¾
2 Clara v	4	B	G	¼ R ¼ X ¾ L 2¼ R ½ L ¼
3 Horseleap v	5	B	G	¼ R ¼ L ¼ R 2¼ R 1 R ¾ L ½
4 Moate T	2½	B	G	2 R ¼ L ¼

TUBBERCURRY. V. (Pop. 899). Leyny : South Division : Co Sligo : Connaught. F, 2 w. : PS, th., fortnightly : M, m. : D.I. : Ballymote, 11¼, M. G. W. RY. : Tel. 8-7 ; Sunday, 9 a.m. to 10 a.m. : **(1)** 7.22 a.m., 1.42 p.m. (Sunday excepted) : **(2)** 8.50 a.m., 6.50 p.m. (Sunday excepted) : **(3)** PO, SB, MOO : **(4)** Yes, 8 : **(5)** No. A. Gamble, head-constable.

1 Aclare v	7½	D	F	1½ X 1½ R 4½
2 Chaffpool R	3½	D	F	2 X ½ L 1¼
3 Cloonacool v	4½	D	F	¾ L 3¼
4 Curry v	4½	D	F	1¼ L 3
5 Doocastle R	5	D	F	2¾ L ½ R 2¼
6 Glaneask R	10	D	F	Direct road
7 Templehouse R	8	D	F	Direct road

TULLA. V. (Pop. 671). Tulla Upper : East Division : Co. Clare : Munster. Tel. 8-8 : F, 25 March, 13 May, 15 Aug., 29 Sept., 7 Dec. : PS, th., fortnightly : M, th. : D.I. : R.M. **(1)** 6 a.m. : **(2)** 6.15 p.m. : **(3)** PO, SB, MOO : **(4)** Yes, 6 : **(5)** Lisfin Castle, ½. At the Demesne of Kiltannan there is a subterranean river. Patrick Mooney, sergeant.

1 Bodyke v	8	B	G	½ R ¼ R 1 L 1¾ X 1 L 1 R 1 L ½ R ¼ L ¾
2 Carrahan R	4½	B	G	¼ L ¼ L ¼ R 1½ L ¼ R 1 R 1½
3 Carrahan Hut R	4½	B	G	¼ R ¼ L 1¼ X 1 L 1 L 1
4 Cullane R	4½	B	G	R ¼ X 1 R 1 L ¼ L 1½ X ½
5 Feakle v	8½	B	G	R ¼ L 2 X 1½ L ¼ R 1½ L 2¼ R¼ X ¼
6 *Kilkishen* v	4½	B	G	¼ R ¼ L ¼ X ¼ V² 2 L 1 L ¼
7 O'Callaghan's Mills v	4	B	G	¼ L ¼ L ¼ R 1½ L ¼ X ⅜ R 1

328

TULLAGHAN V. (Pop. 77). Rosclogher : North Division : Co. Leitrim : Connaught. Tel. 8-8 : Bundoran, 2, G. N. RY. (1) 9 a.m., 4.30 p.m. : (2) 9 a.m., 4.30 p.m. : (3) PO, MOO : (4) Yes, 4 : (5) Donegal Bay, ¼ ; Bundrowes River, 1 ; the "Wishing Seat," ¾. Philip Mulligan, sergeant.

1 Bundoran T	2	A	G	Straight road
2 Cliffoney V	6	A	G	Straight road
3 Kinlough T	3	D C	F	¼ L 2 R ¾

TULLAMORE T. (Pop. 4523). Ballycowan : Tullamore Division : King's County : Leinster. F, 26 Jan., 19 Feb., 19 Mar., 13 April, 10 May, 10 June, 10 July, 9 Aug., 13 Sept., 21 Oct., 18 Nov., 13 Dec. : PS, s. : M, t. and s. : D.I. : C.I. : R.M. : G. S. & W. RY. : Tel. 8-8. (1) 6.30 a.m., 11 a.m., 4.30 p.m. : (2) 2.45 p m., 9.30 p.m. : (3) PO, SB, MOO : (4) Yes, 47 : (5) Charleville Castle, 1 ; Shragh Castle, ½, built by one Briscoe, an officer in Queen Elizabeth's Army, in 1588 ; Ballyecouen Castle (ruins), 1½ : on the Grand Canal. James Considine, constable.

1 Blueball R	6½	A	G	1¼ R 1 L 1 X 2 X 1
2 Bracklin R	4	B	G	¼ R ¾ X 2 X 1
3 Clara V	7¾	A	G	¼ X 3 X 2 X 1 L 1¼
4 Clonmore R	4½	A	G	3 X 1½
5 Killcigh V	5½	A	G	¾ X 1 R 2 X 2
6 Killoughy R	8	A	G	1¼ L 1 X 1½ X 1 X 3
7 Kilbeggan T	8	A	G	3 X 1 X ½ X 1 X 2½
8 Rahan R	6¼	A	G	2 R 1 R ¾ L 1 X 1 L ¾

TULLAROAN V. (Pop. 100). Cranagh : North Division : Co. Kilkenny : Leinster. Kilkenny, 10, W. C. I. RY. (1) 8 a.m. : (2) 4 p.m. : (3) Sub-PO : (4) Yes, 4 : (5) No. James Ryan, sergeant.

1 Clomanto R	6½	C	G	½ L 4 R 2
2 Commons, The V	6	C	G	1 R 5
3 Freshford V	6½	C	G	3 L 3½
4 Kilmanagh V	4	C	G	1 L 3

TULLOW T. (Pop. 1803). Rathvilly : Carlow Division : Co. Carlow : Leinster. F, 20 Jan., 21 Feb., 21 March, 21 April, 21 May, 14 June, 10 July, 10 Aug., 8 Sept., 8 Oct., 21 Nov., 15 Dec. : PS, s., fortnightly : M, s. : G. S. & W. RY. : Tel. 7-7. (1) 5 a.m., 11 a.m. : (2) 2.30 p.m., 7.30 p.m. : (3) PO, SB, MOO : (4) Yes, 20 : (5) On the River Slaney ; St. Austin's Abbey (in ruins), ¼ ; Castlemore Rath, 1 ; The Castle, now a Barrack, was captured by Cromwell's Army. In the "Vallé

Salutis," on the Baltinglass side, are the remains of the Abbey of St. Mary, founded 1151, and an ancient Castle. Edmond O'Sullivan, constable.

1 Ballykealy v	5	A B	G	1¼ L ½ L 1½ R 2
2 Blacklion R	5¼	B D	G	2¼ R ¼ L ¼ L 2¼
3 Coolkenno R	6⅜	A B	G	1½ X 2¼ R ½ L 1 R 1 R ¼
4 Rathvilly v	6¾	B	G	½ L 1 R 1½ L ¼ R 1 L 2¼

TULLY V. (Pop. 106). Ballinahinch : Connemara Division : Co. Galway, W.R. : Connaught. F, 3 Jan., 21 May, 25 July, 25 Oct. (1) 10.30 a.m. : (2) 2.10 p.m. : (3) PO : (4) Yes, 6 : (5) Renvyle House Hotel, 2 ; Renvyle Castle, 3½ ; Tully Bay, entrance to Killery Harbour, 4 by sea. Patrick Cahill, sergeant.

1 Letterfrack v	5	D	F	1 R 1¾ L 1¼ L 1
2 Leenane v	16	D B	F	1 L 11¼ L 3¾

TULLYVARAGH R. Farney : South Division : Co. Monaghan : Ulster. Culloville, 4, G. N. RY. (1) 9 a.m. : (2) 4.30 p.m. : (3) Broomfield, 3 : (4) No : (5) No. Bernard Higgins, sergt.

1 Carrickmacross T	5	B	G	½ X 1 X 3 X ¼
2 Castleblayney T	7	B	G	3 X L 4
3 Corrinshigagh R	4	C	G	1 L 2 L 1

TULLYVIN R. Tullygarvey : East Division : Co. Cavan : Ulster. F, 4 May, yearly. (1) 8.30 a.m. : (2) 4.25 p.m. : (3) PO, Cootehill, 3 : (4) No : (5) No. M. Tighe, sergeant.

1 Ballyhaise v	9	B D	F	1 L 2 X ⅜ R 1 L 1½ R 1 R 2¼
2 Cootehill v	3	A	G	¾ L ¼ R 1¼ R ¾
3 Drum R	7	H	F	1½ R 2 X 2 L 1¼
4 Stradone R	8	B	F	1 L 2 X ¼ L 1½ X 1 R 2 L ¼

TULSK V. (Pop. 50). Roscommon : North Division : Co. Roscommon : Connaught. PS, 2 s. (1) 7.40 a.m. : (2) 5.50 p.m. : (3) PO : (4) No : (5) The Abbey, with a square tower still standing, was the seat of the O'Conors (Craoibh Derg, or the Red Hand). Joseph Fitzsimons, sergeant.

1 *Ballinagare* v	7	A	G	½ R 2¼ X 3 L 1
2 Ballinderry R	6	A	G	⅜ R 2¼ X 1 R 2 L ⅜ R ⅛
3 *Castleplunket* v	4½	B	G	4 R ¼
4 *Elphin* T	6	A	G	⅛ L ⅜ L 1 X ¼ R ⅞ L 2 L ⅜ R 1½
5 *Mantua* R	7½	B	G	½ L 2¾ R 2 L 2¼
6 *Mountpleasant* R	7	B	G	⅜ R 2¼ X 1 L 2¼ L ⅛ L 1
7 *Strokestown* T	7	A	G	⅛ X 2¼ X 3¼ R ¼ L 1

TURLOUGH V. (Pop. 42). Carra : South Division : Co. Mayo : Connaught. F, 13 June, 24 Aug. : Castlebar, 4, M. G. W. RY.

(1) 8 a.m.: (2) 7 p.m.: (3) PO, MOO: (4) No: (5) A Round Tower, in good repair, ¼. Robert Hopper, sergeant.

1 Ballyvary v	3½	A	G	¼ X 3¼
2 Castlebar T	4	A	G	¼ L 3½ L ¼
3 Pontoon R	8	B	F	¼ L 6¼ R 1½

TYDAVNETT V. (Pop. 50). Monaghan: North Division: Co. Monaghan: Ulster. F, 24th, monthly. (1) 9 a.m.: (2) 5 p.m.: (3) PO, Scotstown, 3: (4) No: (5) No. Richard Keegan, sergeant.

1 Ballinode v	3	B	F	2½ L ½
2 Emyvale v	4¼	A	G	½ X 1 X 2 L 1
3 Edenmorecross R	7	D	S	½ R 1½ L 3 X 2
4 Monaghan T	4½	D	F	2¼ R 1 L 1¼
5 Scotstown v	3	B	F	¼ R 1¾ X 1

TYNAGH V. (Pop. 75). Leitrim: East Division: Co. Galway: Connaught. F, Ascension Thursday, 31 Aug., 11 Dec. (1) 9.15 a.m.: (2) 5.30 p.m.: (3) PO; SB, MOO, Killimore, 4: (4) Yes, 3: (5) Lord Westmeath's seat, "Pallas," 2. Thomas O'Connor, sergeant.

1 Ballyshruil R	6	B	F	1 L 2 R 1 R 1¾ L ½ L ¼
2 Doonry R	3	B	G	1½ L ½ L 1¼
3 Gurtymadden R	5	B	G	1¼ R 1 R 2½ L 1
4 Killimore v	4	B	G	½ R 1 L 1 R ½ L ¾
5 Loughrea T	9½	D	F	1¼ R ½ L 2 L 1 R 1 X 2 R 2½

TYNAN V. (Pop. 116). Tiranny: Mid-Armagh · Co. Armagh: Ulster. Tel. 8-8: PS, 1st s., monthly: Tynan, 1, G. N. RY. and C. V. TRAM. (1) 7 a.m., 10 a.m., 4 p.m.: (2) 7.50 a.m., 9.30 a.m., 3 p.m., 9.30 p.m.: (3) PO, SB, MOO: (4) Yes, 1: (5) River Blackwater, 2. Thomas Nelson, sergeant.

1 Armagh (Irish St) c 8	B	G	2½ R ½ R 4 R 1
2 Blackwatertown v	8	B D	G	2½ X ½ R 1 X 1¼ R 2½ L ¼
3 Caledon v	2	B	G	½ R ¾ L 1
4 Glasslough v	4	B	G	¼ X 3 L ¾
5 Middletown v	3½	B	G	1¼ R 2¼

TYRRELLSPASS V. (Pop. 346). Fartullagh: South Division: Co. Westmeath: Leinster. F, 17 May, 17 Dec.: PS, 1st w., monthly: Castletowngeoghegan, 7, M. G. W. RY.: Tel. 8-8. (1) 7 a.m.: (2) 5.50 p.m.: (3) PO, SB, MOO: (4) Yes, 6: (5) Tyrrell's Castle, at head of village. Henry Giltrap, sergeant.

1 Ballinagore v	6	B	F	1¾ R 1¼ R ½ L ¼ R 2½
2 Croghanhill R	5 ·	B	F	3⅞ L 1½ R ⅝
3 Kilbeggan v	6	A	G	1½ L 4½
4 Lowertown Bridge R	5½	B	F	½ L ¼ R 2¼ R ¼ L 1 R ¼ X ¼ X ¼
5 Rochfort Bridge v	3½	C	G	1 L 2½
6 Stoneyford R	4	C	G	Direct road

U

UNION-HALL V. (Pop. 328). Eastern Division West Carbery : South Cork : Co. Cork : Munster. PS, 3rd f., monthly : Skibbereen, 7, C. B. RY. : Tel. 8-8. **(1)** 8 a.m. : **(2)** 4.30 p.m. : **(3)** PO, SB, MOO : **(4)** Yes, 2 : **(5)** Glandore, 2. Jas. Burke, sergt.

1 Castletownsend V	5	D H	F	$\frac{1}{2}$ R $\frac{1}{2}$ R 1$\frac{1}{4}$ L 1$\frac{3}{4}$ L 1
2 Leap V	2	B	G	1 L 1
3 *Rosscarbery* V	6$\frac{1}{2}$	D G	F	1 R 5$\frac{1}{2}$
4 Skibbereen T	7	D B	G	$\frac{1}{4}$ R 1 R 1$\frac{1}{2}$ R 2 R 1 R 1 R $\frac{1}{4}$

UPTON R. Kinalea : South-East Cork : Co. Cork : Munster. C. B. RY. **(1)** 8 a.m., 3.45 p.m. : **(2)** 10.30 a.m., 7.15 p.m. : **(3)** PO, ¾ : **(4)** No : **(5)** No. Henry Watson, acting-sergeant.

1 Bandon T	5	A	G	1 X 1$\frac{1}{2}$ L $\frac{1}{4}$ X 1$\frac{3}{4}$ X $\frac{1}{2}$
2 BALLINHASSIG R	6	A	G	1$\frac{1}{2}$ X $\frac{3}{4}$ R 2$\frac{1}{4}$ X 1
3 Innishannon V	3$\frac{1}{2}$	B D	G	$\frac{3}{4}$ L 1$\frac{1}{4}$ X 1 R $\frac{1}{2}$
4 Mountpleasant R	7	B D	G	1 X 1$\frac{1}{4}$ R 1$\frac{1}{2}$ X $\frac{3}{4}$ R $\frac{1}{4}$ L A $\frac{3}{4}$ R 2$\frac{1}{2}$

URLINGFORD V. (Pop. 727). Galmoy : North Division : Co. Kilkenny : Leinster. F, 12 Jan., 1 Feb., 17 March, 10 April, 12 May, 29 June, 20 July, 15 Aug., 13 Sept., 12 Oct., 14 Nov., 22 Dec. ; (pig) 23 Dec. : Sessions (Quarter), April and Oct. : Thurles, 12, G. S. & W. RY. **(1)** 3.30 a.m., 6.30 p.m., 8.35 p.m. : **(2)** 3.35 a.m., 7 a.m., 8.35 p.m. : **(3)** PO, SB, MOO : **(4)** Yes, 6 : **(5)** Kilcooley Abbey, in ruins, founded 1306, 4 ; Fennor Church and Castle, 2 (in Co. Tipperary). Joseph Beattie, sergt.

1 Bawnmore R	4	B		3 L 1
2 Clomanto R	5$\frac{1}{2}$	B	G F	$\frac{1}{2}$ R 3 R $\frac{3}{4}$ L 1$\frac{1}{2}$ R $\frac{3}{4}$
3 GURTNAHOE V	4	B	G	2 R $\frac{1}{3}$ L 1$\frac{3}{4}$
4 Johnstown V	2	A	G	$\frac{3}{4}$ L 1$\frac{1}{2}$

V

VALENTIA ISLAND V. (Pop. 330). Iveragh : South Kerry : Co. Kerry : Munster. Tel. 8-8 : PS, 1 t. : B : Ronard Point, ¾, G. S. & W. RY. (line in course of construction). **(1)** 10.35 a.m. : **(2)** 1.40 p.m. : **(3)** PO, SB, MOO : **(4)** Yes, 5 : **(5)** The mountain and coast scenery in the neighbourhood is much admired. The first submarine telegraph cable to America was laid from here 5 Aug., 1857 ; broke 11 Aug. ; second attempt failed 20 and 21 June, 1858 ; third successful ; first message passed 5 Aug., 1858 ; ceased 4 Sept. 1858. The Great Eastern sailed 23 July, 1865 ; wire cut 2 Aug., 1865 ; finally third cable laid 30 July, 1866. Old cable recovered, spliced, and finished 8 Sept., 1866. Gold Medal awarded Cyrus Field, the promoter. There is also a Continental cable connecting Emden with

Valentia and Newfoundland. Fifth cable laid 8 June—3 July, 1873. The Instrument House is very interesting. Sixth cable laid Aug.—Sept., 1874. Michael Owens, sergeant.

1 Cahirciveen T	3¾	S D	G	S ¾ S 1½ L 1½
2 Portmagee V	6	D S B	G	⅛ L ⅜ X 2¼ X ¾ X 1½ L S ¼ S L ¾

VENTRY V. (Pop. 40). Corkaguiny: West Division: Co. Kerry: Munster. Tel. 8-8. (1) 1 p.m.: (2) 9 a.m.: (3) PO: (4) Yes, 1; (5) Slea Head, 5; the Blasket Islands, west of Slea Head; most lovely scenery; people entirely Irish-speaking about Ventry. The Foze Rocks are the most westerly land of Europe. Stephen Fahy, sergeant.

1 Dingle T	5	B	G	3¼ X R ¼ X 1½
2 Gortmore R	5	B	G	¼ X R 3¾ X L 1

VICTORIA CROSS R. Cork: Cork City Division: Co. Cork: Munster. P.St.: C. & M. L. RY. (1) 7 a.m., 2 p.m.: (2) 11 a.m, 8.15 p.m.: (3) Pillar-box; PO, SB, MOO, Great George's Street, Cork: (4) No: (5) No. John Hall, sergeant.

1 *Bannowbridge* R	3	A	G	2½ R ½
2 *Ballinhassig* V	8	B	G	1 R 1¼ L 3 R 2¾
3 Bandon Road C	1½	A	G	¼ L 1¼
4 Great George's St. C	1	A	G	1
5 *Sunday's Well* C	1	A	G	¼ L ¼ R ½
6 Toher R	2	A	G	¼ L 1 R ¾

VILLIERSTOWN V. (Pop. 209). Decies within Drum: West Division: Co. Waterford: Munster. PS, 1 m.: Cappagh, 6, W. D. L. RY. (1) 9 a.m.: (2) 3 p.m.: (3) PO: (4) Yes, 2: (5) Blackwater, ¼; Dromana Demesne, ½; Strancally Castle, 3. John Casserly, sergeant.

1 *Cappagh* R	6	B	F	1 X 1 X ¼ L 1 X ¼ X ⅜ X 1¼ L ⅛ X 1
2 Cappoquin T	7	D	F	2 L 5
3 *Clashmore* V	7	A	G	2½ L ¼ R 4¼
4 Killeenagh R	5	B W	F	¼ F 1 L ¼ L 3½

VIRGINIA V. (Pop. 562). Castleraghan: East Division: Co. Cavan: Ulster. F, 24 Jan., 14 Feb., 6 March, Easter Saturday, 11 May, 3 June, 9 July, 22 Aug., 23 Sept., 20 Oct., 21 Nov., 20 Dec.: PS, 1 th.: M, th: D.I.: R.M.: Virginia Road, 6½, G. N. RY. (1) 4 a.m., 12 noon, 12.30 p.m., 8.20 p.m., 8.40 p.m., 8.50 p.m.: (2) 5 a.m., 1 p.m., 2 p.m., 9 p.m.: (3) PO, SB, MOO: (4) Yes, 12: (5) Lough Ramor, ¼. James M'Garvey, sergeant.

1 *Bailieboro* T	8½	B D G B	G F	⅛ L 1½ R 1½ L ⅛ R 1 X 1 X 2 R ¼ L 1
2 Ballyjamesduff T	6½	B F C B	G F	1 X 1½ X A 1 X 1½ V L 1 X ½
3 CARNAROSS R	8	A	G	⅛ R ½ R 2¾ X 2 X 2½ R ¼ R ¼
4 *Grousehall* R	9	A B	G F	⅛ R ¾ X 1¼ X 1½ R 1⅛ X ¼ R 2 L 1 R 1
5 *Mullagh* T	6½	D	S	⅛ R ½ L 2 X 2½ R 1 R ⅝
6 OLDCASTLE T	7½	A B A	G	1 L 1 L 1 L ¼ L ⅓ L ⅓ R 1½ R 2½

W

WALDERSTOWN R. Kilkenny West: South Division: Co. Westmeath: Leinster. Moate, 5, M. G. W. RY. (1) 9 15 a.m.: (2) 4.30 p.m.: (3) MOO, Athlone, 7: (4) No: (5) Kilkenny West Church (1) is referred to in Goldsmith's "Deserted Village." John Dyas, sergeant.

1 *Collierstown* R	9	B	G	2 L 2 R 2 L 3
2 Glasson V	3½	B	G	1 R 2½
3 Littleton R	5½	B	G	2½ R 3
4 Moate T	7	E	G	1 L ¼ L ¾ X 1⅛ L ⅛ L ¼ R ¼ L 1¾ R 1½
5 Moyvoughley R	6	B	G	1¼ X 1¾ R ¼ L 1¾ R ½ X ½

WARD R. Nethercross: North Division: Co. Dublin: Leinster. Blanchardstown, 6¾, M. G. W. RY. (1) 9 a.m.: (2) 4.45 p.m.: (3) PO: (4) No: (5) Dunsaughly Castle (Tower preserved). 3; "The Ward Hounds" (a famous pack of staghounds) hunt the surrounding country. William Long, sergeant.

1 Ashbourne R	4½	A	G	½ X 1½ R ¼ L ½ X 1 L ¾
2 Blanchardstown V	6½	A B D	G F G	1 R 1 L ¾ L ½ R ½ R 1 X 1½ L ¼
3 Finglas V	5	A	G	1 X 1 R ½ X 2 R ½
4 *Rollestown* R	3½	B	G	1½ R ½ L ¼ R ½ L ¼ R ¼ L ⅜ L ⅜

WARINGSTOWN V. (Pop. 439). Lower Iveagh Upper Half: West Division · Co. Down · Ulster. P.St.: Lurgan, 3, G. N. RY. (1) 7 a.m., 11 a.m., 5.30 p.m.: (2) 11.30 a.m., 5.30 p m., 7 p.m.: (3) PO, SB, MOO: (4) Yes, 1: (5) No. James Coulter, acting-sergeant.

1 Dromore T	7½	C	F	1½ R ⅛ L 1 X 1¼ L ¼ L ½ L 1⅜ L 1½
2 Gilford T	5½	C	F	⅛ R ½ L 1⅜ X 2 L ¾ L ½
3 Laurencetown V	4½	A	G	⅛ L 1 R ¼ X 1 R 1½ R ⅝
4 Lurgan, Queen St. T	2½	A	G	½ L ¼ R 1½ R ⅜ R ⅛
5 Moira V	5	G	F	1½ L 1 R ¼ L ½ R ¼ L 1½

WARRENPOINT T. (Pop. 2000). Iveagh Upper: South Division: Co. Down: Ulster. F, last f.: PS, 1 and 3 t.: M, f.: G. N. RY.: Tel. 8-8. (1) 5 a.m., 10.30 a.m., 5.15 p.m.: (2) 10.30 a m., 2.30 p.m., 8 p m.: (3) PO, SB, MOO: (4) Yes, 48: (5) Carlingford Lough seaside; Rostrevor, 2½; the Mourne Mountains, culminating in Slieve Donard (2796 feet). Benjamin J. Atwell, sergeant.

1 Mayobridge R	6½	C	F	1 L V 1 V 2 R 2½
2 Newry T	6½	A	G	1 L 2 L 1 L 2½
3 Rostrevor V	2½	A	G	½ R ½ R 1 R ½

WASHING BAY R. Dungannon Middle: East Division: Co. Tyrone: Ulster. B: Coalisland, 4½, G. N. RY. (1) 9.50 a.m.: (2) 6.30 p.m.: (3) Coalisland, 4½: (4) No. (5) Lough Neagh, ⅛; the old Castle of Mountjoy, 2; Coney and Derrawurra

Islands, 4; the water of Lough Neagh has petrifying qualities. Thomas May, sergeant.

1 BIRCHES V	7½	B D	F G	2 F 1½ R 4
2 Coagh V	10¼	B D	F G	2 R 1 L 1¼ R ½ L ½ X ½ L 1 R ½ X 1 L 2
3 *Coalisland* V	4	B	F G	¾ L 1¼ L 1 X 1
4 *Moy* V	7¾	B	F G	⅛ L 2 X 2⅛ X 3½
5 Stewartstown T	5½	B D	S	1 X 1½ X 1 L 2

WATERFORD CITY. (Pop. 23,961). The City built 879; burnt totally 981; rebuilt and enlarged by Strongbow 1171. Henry VII. granted charter to the Citizens. Cromwell stormed the City and massacred the garrison 1649. Richard II. landed and was crowned here in 1399. James II. here embarked for France, and lost his crown finally 1690. William III. resided here twice and confirmed its privileges. The Cathedral, dedicated to the Blessed Trinity, built by Ostmen (Danes) and by Malchus, Bishop of Waterford, 1096. The See united to Lismore 1363. The See was also united with Lismore to that of Cashel and Emly (3 and 4 Wm. IV., c. 37), 14 Aug., 1833. The interior of the Cathedral, fine organ, etc., destroyed by fire 25 Oct., 1815. A wooden bridge of 39 arches, 832 feet long, unites the City with Ferrybank, on the Kilkenny side of the Suir—here a noble river. The harbour and quay are 15 miles from the sea. The river, at the mouth of the estuary, is 2½ miles wide. The Hook Lighthouse, fixed white, 139 feet above high water, and a red light, 46 feet high, on Dunmore Pier mark the entrance.

There were many monastic foundations in this ancient City. A Priory of St. John, founded by King John 1185. St. Saviour's Friary (1226) and the Augustin Convent, founded by Hugh, Lord Purcell, of which the steeple still remains.

G. E. Dagg, 1st D.I.

Lady Lane (Waterford) C. Gaultiere and Middlethird: Waterford City: Co. Waterford: Munster. Assizes: Quarter Sessions: C.I.: D.I.: R.M.: Mayor and Aldermen: Police Court, daily: PS, every f.: F, 1st m. each month, except May; 4 May, 24 June, 24 Oct.: M, w. (pigs) and s.: W. & L. RY.; W. C. I. RY.; W. & T. RY.; W. D. L. RY., 1: Tel. 7-10; Sunday, 9-10 a.m. and 5-6 p.m.: Steamers—Clyde Shipping Co.; W & New Ross Steamers; W. & Milford (G. W. RY. of England); and those of local traders throng the splendid quay. (1) 7 a.m., 12 noon, 3.35 p.m., 8.30 p.m.: (2) 5.5 a.m., 5.20 a.m., 6.53 a.m., 7.20 a.m., 11.5 a.m., 12.50 p.m., 2 p.m., 2.30 p.m., 2.40 p.m., 2.55 p.m., 3 p.m., 3.35 p.m., 8.15 p.m.: (3) All branches of PO business transacted: (4) Practically unlimited; over 150 available: (5) Reginald Tower; Catholic Cathedral; Protestant Cathedral. See remarks above. Martin Murphy, sergeant.

1 Manor Street C	$\frac{1}{4}$	B	G	$\frac{1}{12}$ L $\frac{1}{8}$ R $\frac{1}{24}$
2 Mary Street C	$\frac{1}{2}$	B	G	$\frac{1}{12}$ R $\frac{1}{8}$ L $\frac{1}{4}$ X $\frac{1}{24}$
3 Peter's Lane C	$\frac{1}{2}$	F	G	$\frac{1}{12}$ L $\frac{1}{12}$ R $\frac{1}{3}$
4 Peter's Street C	$\frac{1}{8}$	B	G	$\frac{1}{24}$ R $\frac{1}{24}$ R $\frac{1}{24}$

Ferrybank R. (Waterford) C. W. & L. RY. and W. C. I. RY. Tel. 8-8. (5) Waterford Bridge, on which toll is paid, 1/8; Cromwell's Rock, from which it is said he fired across the Suir at the inhabitants of Waterford, 1/2. Patrick Tynan, acting-sergeant.

1 KILMACOW V	$3\frac{1}{2}$	A E B	F	$\frac{3}{4}$ R 2 R $\frac{1}{2}$
2 Lady Lane C	1	A E B	G	$\frac{3}{8}$ R $\frac{1}{8}$ L $\frac{1}{2}$ R $\frac{1}{8}$ L $\frac{1}{8}$
3 Mary Street C	$\frac{1}{2}$	A	G	$\frac{1}{8}$ R $\frac{1}{8}$ X $\frac{1}{8}$ R $\frac{1}{8}$
4 Manor Street C	$1\frac{1}{4}$	A C	G	$\frac{3}{8}$ R $\frac{1}{8}$ L $\frac{1}{2}$ R $\frac{3}{8}$ L $\frac{1}{8}$
5 SLIEVERUE R	$3\frac{1}{4}$	B E A E	F	$\frac{1}{4}$ R $\frac{1}{4}$ L $1\frac{1}{4}$ X $1\frac{1}{2}$

Manor Street (Waterford) C. W. & T. RY., 1/4. (5) Tramore, 7; Dunmore, 11. John Chambers, constable.

1 Butlerstown R	$3\frac{1}{2}$	B	G	$\frac{1}{2}$ R 3
2 Callaghane R	5	B	G	$\frac{1}{4}$ R 1 L $2\frac{3}{4}$ R 1
3 Lady Lane C	$\frac{1}{4}$	B D	P M	Streets paved and macadamised
4 Peter's Lane C	$\frac{1}{4}$	B D	P M	
5 Tramore V	$6\frac{3}{4}$	B	G	$\frac{1}{2}$ L $6\frac{1}{4}$

Mary Street (Waterford) C. Daniel E. Gearon, sergeant.

1 Butlerstown V	$3\frac{3}{4}$	B C	G	$\frac{1}{4}$ L $\frac{1}{2}$ R 3
2 Ferrybank V	$\frac{1}{2}$	B C	G	L $\frac{1}{4}$ L $\frac{1}{4}$
3 Lady Lane C	$\frac{1}{2}$	—	—	Through various streets
4 Peter's Lane C	$\frac{1}{4}$	—	—	

Peter's Lane (Waterford) C. William J. Montgomery, sergeant.

1 Butlerstown V	$3\frac{3}{4}$	B C	G	$\frac{1}{4}$ R $3\frac{1}{2}$
2 Lady Lane C	$\frac{1}{4}$	B C	P	Through various streets and lanes
3 Manor Street C	$\frac{1}{4}$	B C	P	
4 Mary Street C	$\frac{1}{2}$	B C	P	

Peter's Street (Waterford) C.

1 Lady Lane C	$\frac{1}{2}$	B	M	Streets macadamised within City
2 Manor Street C	$\frac{1}{4}$	B	M	
3 Peter's Lane C	$\frac{1}{2}$	B	M	

WATERGRASSHILL V. (Pop. 180). Barrymore: North-East Division: Co. Cork, E.R.: Munster. (1) 10 a.m.: (2) 3 p.m.: (3) PO: (4) No: (5) "Father Prout" is supposed to have been P.P. of Watergrasshill by Rev. Francis Mahony, S.J., in his inimitable "*Reliques.*" Patrick Riordan, acting-sergeant.

1 *Ballincurrig* V	8	E	R	$3\frac{1}{2}$ L 2 R 1 R $1\frac{1}{2}$
2 Glenville V	5	B	G	1 R $3\frac{1}{8}$ R $\frac{1}{4}$ L $\frac{1}{2}$ R $\frac{1}{8}$
3 *Knockraha* V	$4\frac{1}{2}$	D	F	$\frac{1}{4}$ L $3\frac{1}{4}$ R 1
4 Rathcormac V	$5\frac{1}{2}$	A	G	5 L $\frac{1}{4}$ R $\frac{1}{4}$
5 *Riverstown* V	7	E	G	$1\frac{1}{2}$ L $1\frac{1}{2}$ R $1\frac{1}{2}$ L $1\frac{1}{2}$ X V 1

WATERVILLE V. (Pop. 160). Iveragh : South Division : Co. Kerry : Munster. Cable and Tel. 8-7 : PS, 1 f. : R.M. : Killorglin, 39, G. S. & W. RY. ; Ronard Point (in course of construction), G. S. & W. RY. (1) 12 noon : (2) 1 p.m. : (3) PO, SB, MOO : (4) Yes, 11 : (5) Lough Currane, ¼ ; splendid fishing in this vicinity. See Valentia for history of Atlantic Cable. William Fitzgerald, sergeant.

1 Cahirciveen T	12	B D	G	1¾ X 1½ X ½ X 1½ X 1¼ X 1½ X 1 X 1 X 2
2 Cahirdaniel V	9	B D	G	6 X 3
3 Ballinskelligs R	10	B D	G	1¾ X 1½ L 4¾ X 2
4 *Glencar* R	21	B F G	G	1¾ R 7 X 2 X 2 X A 2½ V 1½ X 2¼ L 1½
5 Portmagee V	14	B D	G	1¾ X 1½ X ½ X 1¾ X 1¼ L 2 X 2 X 3½

WELLINGTON BRIDGE R. Bargy : South Division : Co. Wexford : Leinster. M, m. : Tel. 8-8. (1) 9.30 a.m. : (2) 4 p.m. : (3) PO · (4) Yes, 3 : (5) Buried City of Bannow, 6 ; Cullenstown, 6 ; Clonmines, 3 ; Bannow House, 4. William J. Byrne, sergt.

1 Duncormick V	6	E B	G	1 R ½ L 1½ L 1 R 1 L ½ R ¾
2 Foulksmills V	4½	A	G	1½ R 1½ L 1 R ½
3 Taghmon V	6	B	G	½ L 1¼ L ½ X 2 R ½ L ½ R ¾
4 Tintern R	4½	C	G	1 L ¼ X 3 L ¼

WESTPORT T. (Pop. 3615). Murrisk : West Mayo : Co. Mayo : Connaught. Tel. 8-8 ; Sunday, 9 a.m. to 10 a.m. : F, 1 Jan., 11 Feb, 21 March, 27 April, 22 May, 27 June, 6 Aug., 22 Sept., 1 Nov., 1 Dec. : PS, every th. : M, t. : C.I. : D.I. : R.M. : M. G. W. RY. (1) 2.10 a.m., 12.40 p.m., 4 p.m., 8 p.m. : (2) 1.8 p.m., 10 p.m. : (3) PO, SB, MOO : (4) Yes, 35 : (5) Westport Demesne, open to the public, 1 ; Clew Bay, 1 ; Croaghpatrick, 4 ; a Light Railway is being constructed from here to Newport and Achill Island by the M. G. W. RY. ; Newport, Cuilmore, and Erriff Bridge, distant from here respectively 8, 10½, and 12¾ miles, not included, as they are not designated circumjacent stations. Patrick J. M'Mahon, constable.

1 Ayle R	5	A	I	Direct road
2 *Brockagh* R	5	D	R	½ L 4½
3 *Deergrove* R	7	C	G	6 L 1
4 Westport Quay V	1½	C	F	Direct road

WESTPORT QUAY V. (Pop. 357). Murrisk : South Division : Co. Mayo : Connaught. Tel. 8-8 : Westport Quay, ¼, M. G. W. RY. (1) 6.30 a.m., 2.30 p.m. : (2) 11.30 a.m , 7.50 p.m. : (3) PO : (4) Yes, 3 : (5) Clew Bay and Islands, the haunts of Granuaile (Grace O'Malley) and her pirates in the reign of Queen Elizabeth : see "The Dark Lady of Doona," by W. H. Maxwell. Robert Molseed, sergeant.

| 1 Murrisk R | 5¾ | B | F | Direct road |
| 2 Westport T | 1½ | A | F | 1 X ¼ |

WEXFORD T. (Pop. 11,545). Wexford was a Danish town, and one of the first English colonies in Ireland. The Slaney is a fine river, and the Harbour of Wexford spacious, but shallow. The bridge is 2100 feet long and 42 feet wide, admitting vessels to pass up the river, in the middle. Near the West gate is a mineral spa. The town was walled and fortified, and sustained many sieges. The Castle was built by Fitz Stephen 1170. Henry II. embarked here, after receiving the homage of the Irish Kings and Princes. Cromwell stormed Wexford 1649, and slaughtered Sir Edward Butler and the entire garrison. In 1798 the rebels took possession of it; on their retreat from it they hanged ninety-seven persons on the bridge. St. Selskar's Abbey Church and St. Mary's are very handsome. St. Selskar's was built by the Danes, and dedicated to SS. Peter and Paul. St. Mary's, in ruins, has graceful arches on circular pillars, and the choir is entered by a Saxon arch: there are several very fine tombs in it. There was a Preceptory of the Hospitallers of St. John of Jerusalem, founded by William de Marescal; it was the "Grand Priory" until, on the suppression of the Templars, the Hospitallers moved to Kilmainham. Ferrycarrig Castle, 2½, on the Slaney; Cromwell Fort, 1; Johnstown Castle, 2.

G. E. Dagg, 1st D.I.

Wexford T. Forth : South Wexford : Co. Wexford : Leinster. Assizes : Quarter Sessions : PS, every w. : F, 1 May and 3rd of each of the remaining months : M, w. and s. : D. W. & W. RY. (terminus) ; W. & W. RY. and ROSSLARE RY. : Steamers to Liverpool and Bristol, weekly : Tel. 8-8 ; Sunday, 9-10 a.m. and 5-6 p.m. : (1) 5 a.m., 11.35 a.m., 5.40 p.m., 10 p.m. : (2) 5.45 a.m., 6 a.m., 7.45 a.m., 2.15 p.m., 8.20 p.m. : (3) All branches of PO business transacted : (4) Yes, 52 : (5) See remarks above. Thomas Colgan, sergeant.

1 Castlebridge V	3	A	G	¼ R 1¾ L 1
2 Cornwall R	7	A	G	⅜ L 2 R ⅛ X 1 X 2 R 1½
3 Crossabeg R	5¼	D	G	⅛ L 2 R ⅜ R ¼ R 1 R 1¾
4 Main St., Wexford T	¼	B	P	Paved streets
5 Murrentown R	4	H	F	1 X 1¾ R 1¼
6 *Taghmon* V	10	A	G	⅝ L 2 R ⅜ X 1 L 2¼ R ¼ L 2 X 2

Main Street (Wexford) T. George Ormiston, sergeant.

1 Killinick V	6¼	A	G	1½ L 1 R 1½ X ¼ L 1½ L ½
2 Murrentown V	5	A	F	1½ R 1½ R 1/40 L 1 37/40 R 1/40 L 1/40

WHITEABBEY T. (Pop. 1677). Lower Belfast : East Division : Co. Antrim : Ulster. PS, 2 th. : Tel. 8-8 : B. & N. C. RY. (1) 6.30 a.m., 10.30 a.m., 3 p.m. : (2) 9 a.m., 2 p.m., 6.30 p.m. : (3) PO, SB, MOO : (4) Yes, 5 : (5) It was on the shore, near Whiteabbey, that William III. landed 14 June, 1690. Hugh Craig, sergeant.

1 Carrickfergus T	5½	A	G	¼ R ¼ R 2 R 1¼ R 1½
2 Doagh V	8	D B	F G	¼ R ½ R ¾ L ½ L 1 X ½ X ¼ L ½ X 2 X 1¼ R ¼ X ¼ X ¼
3 Greencastle V	2	A	G	¼ L ¾ L ¾ L ¼
4 *Whitewell* R	3	F	F	¼ R ½ X 1¼ R 1

WHITECHURCH R. Cork : Cork City Division : Co. Cork : Munster. Blarney, 4, G. S. & W. RY. (1) 10.15 a.m. : (2) 5 p.m. : (3) PO : (4) No : (5) No. James Heffernan, sergeant.

1 Blackpool C	6	B	F	3 X 1 L ¼ R ¾ L 1
2 *Blarney* V	5	B	F	¼ L 1 L 1 L ¼ R 1 X ½ X 1 R ¼
3 Carrignavar V	2	B	F	¼ X 1½ L ¼
4 Fairfield R	6	B	F	3 X 1 L ¼ R ¾ L 1
5 Kilbarry R	5½	B	F	3 L ½ L 1 R 1 L
6 *Rathduff* R	5	B	F	2½ X ½ X V ¼ L ¾ Λ ¼ V ½ L ¼

WHITEGATE V. (Pop. 641). Imokilly : East Cork : Co. Cork, E.R. : Munster. Tel. 8-8 : Aghada (B), 2½, C. B. & P. RY. (1) 7.30 a.m., 5.30 p.m. : (2) 10.45 a.m., 6 p.m. : (3) PO, SB, MOO : (4) Yes, 4 : (5) Rostellan Castle. Thomas O'Brien, sergeant.

1 Ballinacurra V	9½	A C D	G	4 L 2 L 3½
2 Cloyne T	6	A C D	G	4 L ½ R 1½

WHITEGATE V. (Pop. 220). Leitrim : South Division : Co. Galway : Connaught. F, 28 Feb., 28 May, 28 Aug., 28 Nov. : Killaloe, 19, W. & L. RY. (1) 7.30 a.m. : (2) 4.40 p.m. : (3) PO, SB, MOO : (4) Yes, 2 : (5) Lough Derg, 2. John Weir, sergeant.

1 Looscaun R	7½	B D	F G	⅛ R ⅛ L 1⅛ L 1 R 2 L 1½ R ¼ L 1¼
2 Mountshannon V	2½	B D	F G	⅓ L ½ X ½ X ¼ L 1⅛

WHITEWELL V. (Pop. 247). Lower Belfast : East Antrim : Co. Antrim : Ulster. (1) 9 a.m., 1.30 p.m. : (2) 10 a.m., 5.30 p.m. : (3) PO, Whitehouse : (4) Horse tram to and from Belfast : (5) Cave Hill. Neil Sweeney, sergeant.

1 *Antrim Road* C	3½	A	G	1½ R 1¼ L ¼ R ¼ L ¼
2 *Doagh* V	7	A	F G	¾ R ¾ X ¾ L ½ L ½ R 1¼ R 1¼ L 1¼
3 *Greencastle* V	2	C	G	1 R ½ L ¼ L ¼
4 Ligoneil V	5½	C A	G F	1½ R 1 R ½ R 1¼ R ¾ R ¼ L ¼
5 *Templepatrick* V	7	A	G	¾ L ½ X 1 X ½ L ¼ R 1 X ¼ R 2¾
6 *Whiteabbey* V	3	C	G F	¾ R ¼ R ½ R ½ X ¾ L ¼

WICKLOW T. (Pop. 3272). Arklow and Newcastle: East Wicklow: Co. Wicklow: Leinster. F, last t., monthly: PS, m., fortnightly: M, w.: C.I.: D.I.: D. W. & W. RY.: Tel. 8-8; Sunday, 9-10 a.m. **(1)** 7.30 a.m., 9.30 a.m., 3.30 p.m., 5.15 p.m.: **(2)** 8.35 a.m., 4 p.m., 9.20 p.m., 10 p.m.: **(3)** PO, SB, MOO: **(4)** Yes, 20: **(5)** Blackcastle old Abbey and Harbour Pier; The "Mullough," 1; Goulding's Chemical Works, 1. Thomas Hanrahan, sergeant.

```
1 Rathnew  V    2   A M    G   ½ R ¼ R 1½
2 Redcross V    9   A D M  G   ¼ L 1½ R ¾ R ¼ R ¾ R ¼ L 2 R ½ X
                               ½ R 1½ X ¼ R ¾
```

WILLIAMSTOWN V. (Pop. 129). Ballymoe: North Division: Co. Galway: Connaught. F, 6 Jan., Easter Monday, Whit Monday, 8 Sept.: PS, 4 f., monthly: M, t. **(1)** 10 a.m.: **(2)** 4.30 p.m.: **(3)** PO, SB, MOO: **(4)** Yes, 2: **(5)** Castletogher; Old Norman Castle, 3. J. M'Partland, sergeant.

```
1 BALLINLOUGH V   6    B   G   ½ R 5½
2 Ballymoe    V   6½   B   G   ¾ R 2¾ L ¼ X 1½ X ¼ X 1
3 CLOONFAD    V   7    D   G   1 R 3 X 3
4 Dunmore     V   8¾   B   G   ½ X 1½ X 1½ X 1½ X ¾ X 2¼
5 Glenamaddy  V   6    B   G   1½ L 1½ R 3
```

WINDGAP V. (Pop. 120). Kells: South Division: Co. Kilkenny: Leinster. Carrick-on-Suir, 10, W. & L. RY. **(1)** 10 a.m.: **(2)** 4 p.m.: **(3)** PO: **(4)** No: **(5)** No. Charles Brady, sergeant.

```
1 Killamory     R   3    B   F   ¼ L 1½ R ½ L 1
2 Kilmoganny    V   4¾   B   F   ¼ L ¼ R 2½ R 1 L ½
3 Loughbrack    R   5¼   B   F   ¼ R ¼ X ¼ L 1½ L 2 R ¾ L 1
4 NINEMILEHOUSE V   4½   B   F   1¼ L 1½ R 2
5 Slatequarry   R   4    B   F   ¼ R 2 X 1¼ R ¾
```

WOLFHILL R. (Pop. 50). Ballyadams: Leix Division: Queen's County: Leinster. **(1)** 8.30 a.m.: **(2)** 3.45 p.m.; Sunday, 2 p.m.: **(3)** PO, MOO, Ballylinan, 5½: **(4)** Yes, 1: **(5)** Luggacurren, 4, Lord Lansdowne's "Campaigned" estate; "Kilkenny" coal found all about here; roads black, and hard to travel at night. Dominick M'Dermott, sergeant.

```
1 Ballickmoyler R   7¾   G   G   ¼ R X ½ R 2 L 4¾ R ⅛
2 Ballylinan    V   5¾   G   G   R X ⅛ R 5
3 Doonane       R   4    D   G   ¼ L X 3½
4 Timahoe       V   7½   D   G   R 2 L 2 L 3½
```

WOODFORD V. (Pop. 265). Leitrim: South Galway: Co. Galway, E.R.: Connaught. F, 12th, monthly: PS, 2nd m., fortnightly: M, m.: D.I.: Loughrea, 14, M. G. W. RY.: Tel. 8-8;

Sunday, 9 a.m. to 10 a.m. (1) 8.15 a.m.: (2) 6.30 p.m.: (3) PO, SB, MOO: (4) Yes, 4: (5) The vicinity is the property of Lord Clanricarde. The Land League held meetings here in 1881-2. Derrycrag and Derrylahan Woods, 1; wild deer abound in the woods and mountains. John Murray, head-constable.

1 Ballinagar R	4	F D B	S F G	1½ R 1½ L ¾ R ½
2 Looscaun R	3	B B B	S F	¾ R 2 R ⅛ R ⅛
3 Power's Cross R	3	B B B	I S	¾ L 1½ L ¾

WOODLAWN R. Kilconnell: East Division: Co. Galway, E.R.: Connaught. Tel. 8-8: Woodlawn, ¼, M. G. W. RY. (1) 8.20 a.m., 10.45 a.m.: (2) 3 p.m., 5.25 p.m.: (3) PO, SB, MOO: (4) Yes, 2: (5) Woodlawn House, 1; Woodlawn Monument, 1. Charles M'Carthy, sergeant.

1 Attymon R	8	B	F G	2 R ½ R ½ R 3 R 2
2 *Castleblakeney* V	7½	C D	F G P	1½ R ¼ L 1 L ¼ R 4¼ X ¼
3 Gurteen R	8	C D	F G P	1 L 5½ L 1 R ½
4 *Kilconnell* V	5	C D	F G	2 L 2¼ L ½ L ¼
5 *New Inn* R	4½	C D	F G P	2 R ½ R ½ L 1 R ½

Y

YOUGHAL T. (Pop. 4317). Imokilly: North-East Cork: Co. Cork: Munster. Tel. 8-8; Sunday, 9-10 a.m.: F, 3 m.: PS, f.: M, w. and s.: Steamer on Blackwater during summer: C. & Y. RY. (G. S. & W. RY.) (1) 7.30 a.m., 4 p.m.: (2) 12 noon, 8 p.m.: (3) PO, SB, MOO: (4) Yes, 40: (5) Sir W. Raleigh's house; Protestant Church; Ballinatray, 5, and Blackwater scenery. The Potato (a native of Peru and Chili) was brought to England by Sir John Hawkins 1565. Sir F. Drake brought more 1586. Sir W. Raleigh brought them to Ireland, and grew some first at Youghal 1616. The Ponsonby Estate, Plan of Campaign 1886-7. Michael Slattery, sergeant.

1 ARDMORE V	6½	D B	G	½ F ¼ R 1 X 2½ X 1 X 1 (by Ferry)
2 Ballydaniel R	6	C D B	G S F	½ R 3½ L ¼ R ½ L 1¼
3 CLASHMORE V	6	A C	G	½ R ½ R Bridge ½ R 2 L 2½
4 Gortroe R	4½	A	G	1½ X ½ R ½ L ¼ L ¼
5 Killeagh V	7	A C	G	1 R 1 X 2 X 1½ X 1½
6 KILLEENAGH R	9	A C D	G F	½ R ½ L Stone bridge ½ R 5 L 1½ X 1

No 1—Please see "Ardmore" for route by Road.

FINIS.

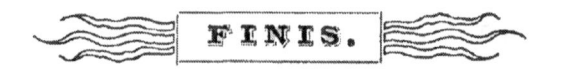

Addenda et Corrigenda.

ARMAGH C. This City is the Ecclesiastical Capital of Ireland, both Catholic and Protestant. Is very ancient. St. Patrick, in 444, was its first Bishop; said to have founded its Cathedral in 450. Six Saints of the Roman Calendar have been Archbishops. The Pallium, first conferred on Gelasius, Archbishop of Armagh, 1151, by Cardinal Paparo, Papal Legate: the See was valued at £15,000 per annum, previous to the disestablishment of the Irish Church, July 1, 1869. Cathedral, cruciform, with square tower rising at intersection of nave and transepts; beautified by last Primate; on top of the hill on which the City is built. Its ancient records, churches, and the City itself, were destroyed by fire by the Danes 852. Archbishopric since 1142. King Brian Boroimhé is buried in the Cathedral. Archbishop Ussher here drew up the Articles for the Church of Ireland. Archbishop Browne, of Dublin, made Primate of Ireland, in consequence of the refusal of Archbishop "Parson" Dowdall, of Armagh, to accept the Reformation. However, the Archbishops, Catholic and Protestant, of Armagh are styled "Primates of all Ireland." The Cathedral dates from 1260. The Augustine Priory of SS. Peter and Paul was much renowned. Armagh is still largely a residentiary City, although it is also a good commercial town.

BAGENALSTOWN. For "Bagnalslawn" read "Bagenalstown."

BELFAST. Page 55, last line, for "High Street" read "Victoria Street."

In the case of all the Parliamentary Divisions of Belfast given under each heading, before the word "Division," insert the word "Belfast."

Donegall Pass, Belfast. For "Upper Castlereagh" read "Upper Belfast" (barony).

EDENDERRY. The old Fair has been altered by Order in Council (12th May, 1893), *from* 4th November *to* 1st Tuesday in November.

THE ROYAL IRISH CONSTABULARY FORCE.

The first regular Police Force established throughout Ireland was originated by the Act 54, George III., cap. 131, passed in 1814. Originally the expense was defrayed partly by Grand Jury Presentments and partly out of the Consolidated Fund; but the Act 9 and 10 Vic., cap. 97, passed in 1846, provides that the whole expense shall be borne by the Consolidated Fund, except a moiety of the cost of additional Constabulary Force applied for by the Magistrates of any county or district, or of the Reserve Force when employed therein, or of an increased force stationed there by the Lord Lieutenant. The Act 6 Wm. IV., cap. 13, likewise authorised the Lord Lieutenant to appoint Resident Stipendiary Magistrates to act in disturbed districts. The Constabulary Force, on the 30th September, 1891, consisted of an Inspector-General, 1 Deputy-Inspector-General, 3 Assistant Inspectors-Generals, a Surgeon, Veterinary Surgeon, 1 Barrack-master and Store-keeper, 1 Town Inspector (Belfast), 36 County Inspectors, 229 District Inspectors, 260 Head-Constables, 12,051 Sergeants, Acting-Sergeants, and Constables.

The Dublin Metropolitan Police are the senior Police Force in Ireland (48 George III., c. 140). The "Circular Road" is by this Act made the boundary of the City (sec. 58), and eight miles radius the bounds of the Police District (eight miles radius round the Castle), sec. 2.

THE EXPENDITURE ON THE R.I.C. FORCE.—Years ended 31st March, 1888, 1889, 1890, and 1891, was as follows:—

	1888 £	1889 £	1890 £	1891 £
Superintending Officers' Salaries and Allowances,	14,405	14,379	14,005	14,546
Pay, Extra Pay, and Allowances,	1,016,340	1,011,149	1,010,271	1,011,894
Clothing,	31,513	32,262	27,017	33,515
Arms, Ammunition, Accoutrements, and Saddlery,	731	2,135	1,629	1,554
Horses and Forage,	19,076	19,132	19,317	19,056
Rent of Barracks, Barrack Furniture, Fuel and Light,	28,870	30,910	31,758	32,224
Pensions and Gratuities,	286,629	289,884	296,244	298,927
Miscellaneous,	12,890	13,096	12,440	12,814
Total,	£1,410,454	£1,412,947	£1,412,681	£1,424,530

R. I. CONSTABULARY FORCE in each County and County of a City or Town in Ireland on 30th September, 1891.

COUNTIES.	County & Town Inspector.	District Inspectors.	Head-Constables.	Sergeants, Acting-Sergts., and Constables.	Total effective strength, exclusive of Officers.	No. of effective str'n'th per 10,000 of pop.
Antrim	1	5	7	253	260	12
Armagh	1	4	4	198	202	14
Carlow	1	4	4	106	108	26
Cavan	1	2	2	226	232	20
Clare	1	5	6	491	500	40
Cork, E.R.	1	9	9	577	591	27
,, W.R.	1	12	14	380	389	26
Donegal	1	9	9	505	515	27
Down	1	9	10	272	277	12
Dublin	1	4	5	209	213	31
Fermanagh	1	4	4	158	162	21
Galway, E.R.	1	6	6	355	361	34
,, W.R.	1	8	9	309	318	
Kerry	1	8	8	631	639	35
Kildare	1	4	6	195	201	28
Kilkenny	1	5	5	266	271	35
King's	1	5	6	235	241	36
Leitrim	1	5	5	219	224	28
Limerick	1	7	7	528	535	43
Londonderry	1	3	3	143	146	12
Longford	1	3	3	166	169	32
Louth	1	4	4	150	154	26
Mayo	1	5	9	490	499	22
Meath	1	9	6	292	298	38
Monaghan	1	6	3	161	164	19
Queen's	1	3	4	191	195	30
Roscommon	1	7	5	328	333	29
Sligo	1	5	5	234	239	24
Tipperary, N.R.	1	6	6	257	263	34
,, S.R.	1	7	10	454	464	47
Tyrone	1	6	6	234	240	14
Waterford	1	6	3	243	246	31
Westmeath	1	8	7	275	282	48
Wexford	1	5	6	258	264	28
Wicklow	1	4	5	185	190	30
CITIES AND TOWNS.						
Carrickfergus	—	—	—	11	11	12
Cork	—	4	4	180	184	24
Drogheda	—	1	1	40	41	34
Galway	—	1	1	59	60	35
Kilkenny	—	1	2	32	34	30
Limerick	—	1	2	85	87	23
Londonderry	—	1	2	86	88	26
Waterford	—	3	2	61	63	30
Total,	35	211	225	10728	10953	—
Belfast City Force	1	5	20	724	744	28
Reserve Force	—	4	8	203	211	—
Depôt	1	9	7	396	403	—
Total,	37	229	260	12051	12311	28

344

JAMES COLHOUN,

"Sentinel" Printing Works,

LONDONDERRY,

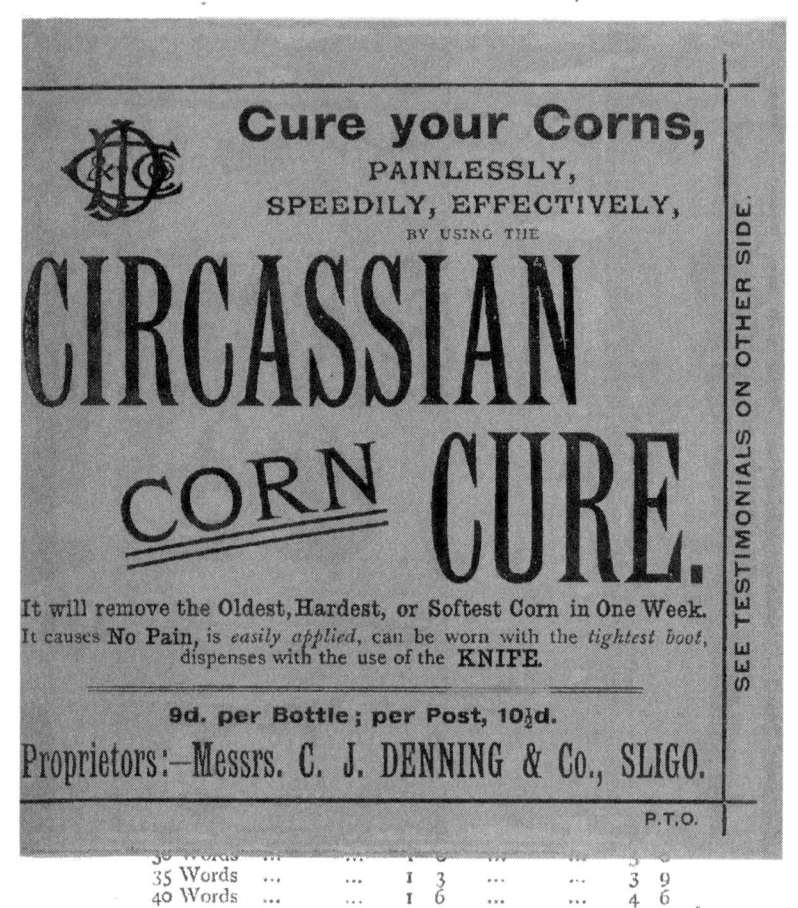

Cure your Corns,
PAINLESSLY,
SPEEDILY, EFFECTIVELY,
BY USING THE

CIRCASSIAN CORN CURE.

It will remove the Oldest, Hardest, or Softest Corn in One Week. It causes **No Pain**, is *easily applied*, can be worn with the *tightest boot*, dispenses with the use of the **KNIFE**.

9d. per Bottle; per Post, 10½d.

Proprietors:—Messrs. C. J. DENNING & Co., SLIGO.

SEE TESTIMONIALS ON OTHER SIDE.

P.T.O.

35 Words	...		1	3	...	3	9
40 Words	...		1	6	...	4	6

The Address counted as part of Advertisement.

☞ Payments requested in Halfpenny or Penny Postage Stamps, or by Postal Orders, payable to

NO RAZOR REQUIRED NOW.

TESTIMONIALS.

GEORGE'S STREET, SLIGO, October 20th, 1888.

GENTLEMEN,—Having suffered from Corns for many years, I resolved to try your CIRCASSIAN CORN CURE, which is warranted to remove Corns in one week. I applied it for five nights in succession (according to directions), and am happy to say they are entirely removed. I can confidently recommend this valuable remedy to all sufferers.

Yours truly, (Signed) ARTHUR WARD.

MULRANEY, NEWPORT, Co. MAYO, May 22nd, 1889.

SIRS,—Please send me a bottle of your CIRCASSIAN CORN CURE. I enclose eleven stamps. I got a bottle some two months ago, and it cured a corn I had for 14 YEARS. It is WORTH £1 PER BOTTLE. The fame of your CORN CURE will soon be spread far and near in this part of the country.
Yours respectfully, BERNARD FLANAGAN.

MAYNOOTH COLLEGE, June 8th, 1889.

GENTLEMEN,—Your warranty is fully verified in my experience. The eradication of the Corn was effected by five applications of the Cure.

Yours faithfully, REV. T. A. MOLDLEY, O.C.

BARRACK STREET, SLIGO, December 13th, 1889.

SIRS,—I have suffered from Corns during the past 40 years. I tried your CORN CURE for six nights, it has removed the Corns free of pain. I can safely recommend it to all suffering from Corns.
I am, Sirs, your obedient servant, WM. CHARLTON (Senr.).

KNOX'S STREET, SLIGO, June 30th, 1889.

SIRS,—I have tried all remedies for Corns for years without avail, until I tried your CIRCASSIAN CORN CURE, which has cured me completely in one week. I strongly recommend it to any sufferer.
Yours truly, HARRIET HANNEY.

BUTLERSTOWN, Co. CORK, August 14th, 1890.

SIRS,—Please send me a bottle of your CIRCASSIAN CORN CURE. I got a bottle from you last March, and after applying it to the Corn a few times it completely banished it.
Yours respectfully, R.I.C.

Proprietors:—C. J. DENNING & Co., Chemists, Sligo.

P.T.O.

JAMES COLHOUN,

"Sentinel" Printing Works,

LONDONDERRY,

PRINTER, LITHOGRAPHER,

AND

ACCOUNT BOOK MANUFACTURER.

Special facilities for the Printing of Books and Pamphlets, estimates for which will be sent on application.

"The Road and Route Guide for Ireland" was printed at the "Sentinel."

The "Londonderry Sentinel" is the leading Newspaper in the North-West of Ireland, having the largest and most influential circulation in that district.

PREPAID ADVERTISEMENTS
OF

SITUATIONS WANTED *or* VACANT, HOUSES TO LET *or* WANTED TO RENT, LODGINGS WANTED *or* TO LET, BOARD WANTED *or* OFFERED, BUSINESS WANTED *or* FOR SALE, ARTICLES LOST *or* FOUND, SPECIFIC ARTICLES WANTED *or* FOR SALE, are inserted at the following rates:—

	One insertion.	Four insertions.
20 Words	0 6	1 6
25 Words	0 9	2 3
30 Words	1 0	3 0
35 Words	1 3	3 9
40 Words	1 6	4 6

The Address counted as part of Advertisement.

☞ Payments requested in Halfpenny or Penny Postage Stamps, or by Postal Orders, payable to

NORTH BRITISH & MERCANTILE
INSURANCE COMPANY.

ESTABLISHED 1809.

Incorporated by Royal Charter and Special Acts of Parliament.

FIRE. LIFE. ANNUITIES.

TOTAL ASSETS - - £11,141,293.
TOTAL REVENUE, 1892, - £2,824,272.

The Funds of the Life Department are not liable for Obligations under the Fire Department, nor are the Funds of the Fire Department liable for Obligations under the Life Department. In this Company, therefore, the Investments for the Life Department are kept entirely separate from those for the Fire Department, as set forth in the Balance Sheet.

LIFE DEPARTMENT.
IMPORTANT FEATURES.

The **LIFE POLICIES** issued by this Company in most cases possess the following IMPORTANT ADVANTAGES:—

1. They are INDISPUTABLE.
2. They are UNRESTRICTED as to Occupation, Residence, and Travel.
3. They are PAYABLE IMMEDIATELY on PROOF OF DEATH & TITLE.
4. They are NON-FORFEITABLE if issued on the Terminable Premium or Endowment Assurance System.
5. They receive BONUS FROM THE DATE OF ISSUE, if on the participating scale, however short the duration of the Policy may be.

Nine-Tenths of the Whole Profits of the Life Assurance Branch are allocated to Participating Policies.

ANNUAL PREMIUM FOR EACH £100 ASSURED.

Age next Birthday.	For £100 at Death, with BONUS ADDITIONS.				For £100 (with bonus) at Death, or Attainment of Age.	
	Half Premium Scale.		Yearly Premium throughout Life.	Premiums ceasing after 25 Payments.	55.	65.
	First 5 Years.	Thereafter.				
	£ s. d.	£ s. d.	£ s. d.	£ s. d.	£ s. d.	£ s. d.
24	1 7 1	2 6 7	2 2 3	2 16 0	3 3 10	2 10 4
26	1 8 8	2 9 5	2 4 8	2 18 1	3 8 9	2 13 4
28	1 10 6	2 12 4	2 7 4	3 0 3	3 14 5	2 16 9
30	1 12 1	2 15 3	2 9 10	3 2 7	4 1 1	3 0 6
32	1 13 10	2 18 4	2 12 5	3 5 1	4 8 11	3 4 9
34	1 15 11	3 1 9	2 15 5	3 7 8	4 18 0	3 9 6
36	1 17 11	3 5 7	2 18 6	3 10 5	5 8 4	3 14 10
38	2 0 2	3 10 0	3 2 0	3 13 6	6 1 0	4 0 11
40	2 3 0	3 14 8	3 6 1	3 16 10	6 18 10	4 7 9
42	2 5 7	3 19 6	3 9 11	4 0 7	8 3 0	4 15 11
44	2 8 8	4 4 9	3 14 4	4 4 9	9 12 9	5 5 0
46	2 12 0	4 10 9	3 19 1	4 9 5	...	5 17 7
48	2 16 1	4 17 11	4 4 10	4 14 6	...	6 11 11
50	3 1 1	5 6 9	4 11 11	5 0 2	...	7 9 1

New Reduced Rates for India, China, and the East generally.
New Schemes of Life Assurance for Naval and Military Officers.

ANNUITY BRANCH.

Annuities, Immediate, Contingent, or Deferred, are granted on favourable terms

FIRE DEPARTMENT.

Property of nearly every description insured at Home or Abroad at the lowest rates of Premium corresponding to the risk.

LOSSES PROMPTLY AND LIBERALLY SETTLED.

Prospectuses may be had at the Chief Offices, Branches, or Agencies.

CHIEF OFFICES:

EDINBURGH—64 PRINCES-ST. | LONDON—61 THREADNEEDLE-ST., E.C.

DUBLIN BRANCH OFFICE—28 COLLEGE GREEN.
E. TENISON COLLINS, B.L., Resident Secretary.
BELFAST BRANCH OFFICE—69 HIGH STREET.

PNEUMATIC TYRE AND BOOTH'S CYCLE AGENCY, LIMITED,

ORIEL HOUSE, WESTLAND ROW, DUBIN.

Our Special R.I.C. Safety Bicycle for 1893 Season is

THE "ORIEL,"

WITH CUSHION TYRES, £9 CASH; £12, EASY TERMS.

DETACHABLE DUNLOP PNEUMATIC TYRES,

£12 12s., Cash; £15 15s., Easy Terms.

SPECIFICATION.—28 and 30 inch Wheels; Direct Spokes; Roller Chain; Ball Socket Steering; Adjustable Handle and Saddle Pillar; Ball Pedals. Fitted with Hammock Saddle, Valise, Spanner, and Oiler. Enamelled and Lined.

Our Easy Terms of Payment for above are:—

For Cushion-Tyred Machine, £1 Deposit; £1 per Month.
Pneumatic-Tyred Machine, £1 15s. Deposit; £1 per Month

CYCLES! CYCLES!! CYCLES!!!

The following are Extracts from some Testimonials received :—

R. F. STARKIE, Esq. (Adjutant, R.I.C. Depot), says:—

"I beg to inform you that I have been very much pleased with the 'Beeston Humber' Bicycle you supplied me with some time ago"

S. T. GORDON, Esq. (Surgeon, R.I.C. Depot), says:—

"The Model de Luxe (Singer) Bicycle supplied to me by you early this year has given me every satisfaction. No *puncture* and no *complaint*."

Head-Constable R. W. CAREY (Ex-Capt. R.I.C. D.C.C.), says:—

"The 'Special Singer' Pneumatic which I got from you early this year has given me the most entire satisfaction in every way; there could be no better value procured."

Farrier-Sergt. W. M'DONALD (Captain of R.I.C. D.C.C.) says:—

"As an old cyclist permit me to say I have never had such comfort as with the 'Model de Luxe' (Singer) Safety which I purchased early this season. I can recommend it with the greatest confidence to anyone requiring a most reliable mount."

Sergt. F. G. LEWIS says:—

"I have ridden the 'Model de Luxe' the whole season, and have had no trouble whatever with the machine; not a loose nut or a puncture."

Sergt. JOHN ROGERS says:—

"The Singer 'Model de Luxe' with Pneumatic Tyres has given me entire satisfaction. Have had many long rough rides through Fermanagh and Donegal."

Mr. JAMES SHELTON (Band, R.I.C.) says:—

"The Pneumatic Bicycle I bought last April has stood the roughest treatment I believe it possible for anyone to give a machine."

Mr. JAMES CAMPBELL (R.I.C. Depot) says:—

"The 'Beeston Humber' Pneumatic which I got last March has given me the greatest satisfaction. I have ridden the whole year in wet and dry weather, and much more than any man at the Depot. The tyres have stood me so well that I will not change them"

(Want of space prevents our inserting more.)

Pneumatic Tyre and Booth's Cycle Agency, Limited,
WESTLAND ROW, DUBLIN,
AND
1 DONEGALL STREET, BELFAST

"OLD BUSHMILLS"

★★★

PURE MALT.

Gained the **ONLY GOLD MEDAL** for **WHISKEY**,

PARIS UNIVERSAL EXHIBITION, 1889,

AGAINST ALL COMPETITORS.

Distillery—BUSHMILLS, Co. Antrim;

Offices—Hill Street, Belfast.

London Office and Depot—3-6 Camomile Street, E.C.

Bottled by the DISTILLERS with their BRANDED CORKS.

Every Bottle bears their Trade Mark on Capsule and Label. and has Guarantee attached.

A GOOD INVESTMENT.

CORRESPONDENCE INVITED.

A careful study of this page will save money to intending Insurers.

ABOUT sixty years ago, a few benevolent Quakers bethought of establishing an Insurance Company without shareholders to absorb the profits. These gentlemen gave their time and labour free, and at the end of a year they had received £9,000—while but one claim of £150 had fallen in. From this tiny sum and obscure beginning, gigantic proportions and unrivalled profits have sprung, until it is a fact admitted by all parties who are not interested in rival companies, that the profits made are about double the average of similar Institutions.

Arising from being most carefully and economically managed;
having shown great vital progress;
having so large a Life Fund in proportion to its Net Income, now nearly £5,000,000.

Reference kindly permitted to the following Members selected from the thousands insured in this Country:—

REV. J. DOWD.	DR. JONES.	J. G. ROBINSON, ESQ.
REV. M. RYAN.	DR. SANDFORD.	J. ROBERTS, ESQ.
REV. E. CLIFFORD.	J. KELLEHER, ESQ.	R. KING, ESQ.
REV. H. TOWNSHEND.	F. H. THOMPSON, ESQ.	F. P. HOOK, ESQ.
REV. D. O'DONOVAN.	JUSTIN McCARTHY, M.P.	F. ST. CLAIR HOBSON, ESQ.
DR. CAGNEY.	T. PIM, ESQ., Jun.	C. H. FITT, ESQ.
DR. BOURKE.	J. J. CLEARY, ESQ., J.P.	J. G. WILKINSON, ESQ.
DR. FOGERTY.	J. MATTERSON, ESQ., J.P.	R. GIBSON, ESQ.
DR. PEARSON.	O. WALLACE, ESQ., J.P.	D. BUCKLEY, ESQ.
DR. FROST.	W. L. STOKES, ESQ., J.P.	D. COAKLEY, ESQ.
DR. TUTHILL.	W. H. SWAIN, ESQ.	J. CONWAY, ESQ.

A better or more profitable means of saving money in small sums does not exist than an Insurance in this Company. The small annual outlay being only money diverted from some other channel of expenditure to accumulate at a high rate of interest, if the insured live to reach the age agreed on, or in the event of earlier death, the sum is at once paid to their families.

Reference kindly permitted to hundreds of the Gentry, Clergy, Physicians, Schoolmasters, and Constabulary, all much interested in the success of this magnificent and profitable Institute.

For comparisons, cost, or further particulars of Insurance on much more favourable terms than usual, apply, stating age, to

J. F. BENNIS, 30 George's Street, Limerick.

Estimated Cost of **£100**, payable at 55 or death, whichever comes first—age 24 next birthday:—

First	5 years at £3 3 11—£15 19 7
Second	5 years at 2 2 0— 10 10 0
Third	5 years at 1 18 0— 9 10 0
Fourth	5 years at 1 12 0— 8 0 0
Fifth	5 years at 1 4 0— 6 0 0
Sixth	5 years at 0 14 0— 3 10 0
Seventh	5 years at 0 2 0— 0 2 0

Total Cost about £53 11 7

Or 8s. 6d. per quarter, which is about two-thirds

POLICIES ON WHICH THE PROFITS HAVE BEEN APPLIED TO REDUCE THE PREMIUMS.

Age at Entry.	Age at which Sum Assured is payable.	Sum Assured.	Net Cost of Assurance.
	At death or at	£	£ s. d.
24	50	1,000	605 11 1
26	50	1,000	612 10 11
26	55	500	271 11 10
25	60	500	211 1 11
28	60	500	248 19 8

Bonuses of £2 5s. per cent. per annum paid on Policies payable at Death or 60 or 65, whichever comes first, are believed to be much

FISHING TACKLE.

FLY-DRESSING MATERIALS, &c.

The best and cheapest House in the Trade in Ireland for the above is

JAMES WHITE'S, Strabane.

Hundreds of the highest Testimonials received from all parts of Ireland.

Price List of a few Specialities carriage paid to any station in Ireland.

Best all Greenheart Rods, 3-joint, Bronze mountings (in partition bag), 11 feet, 8/6; 12 ft., 9/6; 13 ft., 10/6; 14 ft., 12/-; 15 ft., 13/6; 16 ft., 15/-; 18 ft., 18/-.
Best Hickory Rods, Lancewood top, Bronze mountings, in bag, 11 feet, 6/6; 12 ft., 7/6; 13 ft., 8/6; 14 ft., 9/6; 15 ft., 10/6; 16 ft., 12/-; 17 ft., 14/6; 18 ft., 17/-.
Best Brown Trout Flies, 1/- per dozen.
  2nd quality do.   9d. ,, ,,
Best White Trout Flies, 1/6 ,, ,,
  2nd quality do.,   1/3 ,, ,,
Salmon Flies,   3/- to 10/- ,, ,,
Trout Casting Lines, 3-yard, 3d., 4d., 6d., 8d. each.
Salmon do. do. do. 1/-, 1/3, 1/6, 2/- each.

Trout and Salmon Lines, all makes. Special value. Strength guaranteed.

Trout, Salmon, and Pike Baits, and Pike Tackle, in great variety, and newest makes.

Brass and Bronzed Reels, all sizes, from 10d. to 10/- each.
Trout Gut, 9d., 1/-, 1/6, 2/-, 2/6 per hand.
Salmon Gut, 5/-, 6/-, 7/6, 10/- ,, ,,

Fishing Bags and Baskets, Landing Nets, Fly-Books, Hooks all makes. Hooks to Gut, &c., &c.

A TRIAL SOLICITED.

JAMES WHITE,
Fishing Tackle House, Strabane.

MUSICAL INSTRUMENTS,
MATERIALS, STRINGS, FITTINGS,
BAND INSTRUMENTS.

My Musical Instruments are the **Best Value** which can be offered by any House in the Trade. I am receiving numerous Testimonials of the highest order from all parts of Ireland, which is proof of the great satisfaction they are giving.

MELODEONS.—I hold a large stock of these of the latest and most approved makes.

"**The Empress.**"—In black and gold, with extra broad reeds (2 sets), enamelled and trumpeted key-cover, double bellows, clasps, and corners, only 10/-.

"**The Perfection.**"—In Oak, moulded edges, double bellows, clasps, and corners, 3 sets reeds, fine tone, 14/-.

"**The Tyrolean.**"—A splendid instrument, with 4 sets reeds, very neat and well finished, 15/-.

Melodeons in about a dozen other makes, at all prices, from 5/- to 20/- each.

VIOLINS.—Special value, at 5/-, 7/6, 10/-, 12/-, 15/-, 20/- 25/-, 30/, 40/- each; also a few old-copy and second-hand Violins, 12/- to 30/- each.

Violin Bows, 1/-, 1/6, 2/-, 2/6, 3/-, 4/-, 5/- each.
  ,,   Cases, 3/6, 4/-, 5/-, 6/-, 7/6 each.
  ,,   Strings, very superior quality, all makes, from 2d. to 8d. per string.
  ,,   Tailpieces, 6d. and 8d. each; Resin, 1d. per box; Bridges, 1d.; Pegs, 1d. and 2d. each; Necks and Finger Boards, 1/- each; Bow-hair, 6d ; Tuning Forks, 1/-.

CONCERTINAS.—German Make, 2/6 to 20/- each. English and Anglo German, 20/- to 50/- each.

BANJOES, 10/-, 15-, 20/-, 25/- each. Banjo Strings, 1/6 per set of 6.

CLARIONETS, 25/- to £3 each. Clarionet reeds, 3d. each.

CORNETS.—In Brass, Newest and most Improved makes, in cases, 30/- to 50/- each. Nickel-plated Cornets, ditto, 50/- to 100/- each.

BAND INSTRUMENTS, every description, very special terms to Bands, which would do well to enquire my prices before purchasing.

Music Books for all Instruments, 6d. and 1/- each.

Manuscript Music Books, 4d., 6d., 1/- each.

TERMS.—Orders to amount of 1/- and upwards sent free by post or rail on receipt of price. Goods by Parcel Post Insured.

JAMES WHITE,
MUSICAL INSTRUMENT IMPORTER,
STRABANE.

SEDDON'S Pneumatic Tyre Co., Ltd.,

Agents for the Undermentioned well-known makes of

| SEDDON TYRES. | **CYCLES.** | SEDDON TYRES. |

**TRENT,
NELSON,
HADLEY,
BELSIZE,
"R & P,"
VANGUARD,
PEERLESS,
MACBETH,
IRWELL,
ALLARD,
ZENITH,
IVEL.**

| SEDDON TYRES. | | SEDDON TYRES. |

Repairs promptly and carefully executed.

Particulars and Price Lists on application to Dublin Depots,

29 BACHELOR'S WALK,
AND
74 STH. GT. GEORGE'S ST.

17 *Years' Experience in the Trade in Dublin.*

J. J. KEATING,

3 LOWER ABBEY STREET,

AND

SACKVILLE PLACE,

DUBLIN,

(PATENTEE OF KEATING'S SPRING FORK).

REPAIRS — I have put down a 5 Horse-power Engine, and a set of the most Modern Tools, to execute the best Work promptly, and at a Low Price.

Very Liberal Discount for Cash,
OR
By Easy Instalments.

WRITE FOR CATALOGUES OF NEW OR SECOND-HAND MACHINES.

JACKSON & Co.,
11 & 12 NORTH EARL STREET, DUBLIN.

ESTABLISHED OVER 50 YEARS.

CELEBRATED FOR

JOHN JAMESON & SON'S

Ten Year Old Whiskey.
22s. per GALLON.

INVALID PORT
Fresh Bottled, 36s. Per Dozen.
Recommended by the Highest Medical Authority.

FINEST BLACK TEAS.
From 1s. 2d. to 3s. per lb.

DUBLIN & LIMERICK

HAMS AND BACON,
&c., &c., &c.

☞ *PRICE LIST ON APPLICATION.*

EVERY CYCLIST SHOULD READ

"THE IRISH CYCLIST,"

THE ORGAN OF THE SPORT IN IRELAND.

Edited by R. J. MECREDY.

EDITORIAL STAFF:—

A. J. WILSON (*An old File*).   W. P. FRENCH (*Will Wagtail*).
F. F. BIDLAKE (*Potifer*).   T. W. MURPHY.
E. J. O'REILLY (*the Scorcher*).   AND
MISS GRIMSHAW (*Graphis*).   "PHILANDER."

Published every Wednesday morning at 49 MID. ABBEY STREET, DUBLIN. One Penny. Specimen Copy on receipt of Post Card.

THE ART AND PASTIME OF CYCLING.

BY

R. J. MECREDY AND A. J. WILSON.

(THIRD EDITION.)

ENTIRELY RE-WRITTEN & ENLARGED.

The most complete Work of the kind ever issued.

CHAPTERS ON—

Pleasures and Advantages of Cycling—Historical—Learning—How to Ride—Keeping a Cycle in order—Temporary Repairs—Touring—Camping out Cycle Tours—Racing—Dress—Cycling for Ladies—Cycling Institutions—Choice of Machine—Cycling Photography.

Price 2s. 4½d., post free, from the Publishers,

Messrs. MECREDY & KYLE,

49 MID. ABBEY STREET,

DUBLIN.

JOHN GOUGH,
Commercial Hotel,
CLONES.

CARS ATTEND ALL TRAINS.

SEASIDE.

The International Hotel, BRAY.

Tourists visiting the beautiful scenery of Wicklow will be afforded every accommodation.

Tariff on application to the Manager. C. DUFRESNE, Proprietor.

To the ROYAL IRISH CONSTABULARY.

GENTLEMEN,

My long official connection with your body encourages me to hope for a share of your Life Assurance business. In the company I represent will be found combined every advantage that seventy years' experience can suggest, with **Ample Security, Liberal Conditions, and Lowest Rates.**

Every information afforded, and **all Communications regarded as Strictly Confidential.**

THOMAS F. RAHILLY
(Clerk, Petty Sessions, Listowel),
AGENT FOR
The National Assurance Company of Ireland.
ESTABLISHED, 1822.

WORKS ON IRELAND.

F.ap. 8vo, Cloth. 9s.
Archæologia Hibernica:
Handbook of Irish Antiquities.
By WM. F. WAKEMAN, M.R.I.A.
Second Edition, with numerous Engravings.

New and Revised Edition. Crown 8vo. 7s.
The Physical Geology and Geography of Ireland
By EDWARD HULL, LL.D.

With Frontispiece Portrait of Carolan. Crown 8vo 5s.
Specimens of the Early Native Poetry of Ireland.
In Metrical Translations, with Historical, Biographical, and Explanatory Notes.
By HENRY R. MONTGOMERY.

Crown 8vo. 3s. 6d.
A HANDY BOOK ON
The Reclamation of Waste Lands in Ireland.
By G. H. KINAHAN, M.R.I.A.

---

2 Vols., Folio. £8 8s.
Notes on Irish Architecture.
By THE LATE EARL OF DUNRAVEN.
Edited by MARGARET STOKES.

Fifth Edition. 2 Vols., Post 8vo 10s.
Origin and History of Irish Names of Places.
By P. W. JOYCE, LL.D.
Also, by same Author,
IRISH LOCAL NAMES EXPLAINED. *1s.*

Fcap. 8vo, Cloth. 3s. 6d.

The Flora of Howth.

With Map, and an Introduction on the Geology and other features of the Promontory.

BY H. C. HART, B.A., F.L.S.

Fcap. 8vo. 1s.

Dublin: What's to be seen, and how to see it.

BY W. F. WAKEMAN.

Third Edition. 1s.

Historical Handbook of St. Patrick's Cathedral.

BY REV. ALEXANDER LEEPER, D.D.

HODGES, FIGGIS, AND CO., LTD.,
104 GRAFTON STREET, DUBLIN.

WAYTE BROS.,

LEMON STREET, off Grafton Street, Dublin.

Sole Agents for the famous Elswick Cycles.

"Watchlike accuracy and finish." — *Scottish Cyclist.*

"Cycles of skilful design and careful elaboration." — *Irish Cyclist.*

"The 'Elswick' shows some *marvellous* specimens. We have never seen more beautiful cycles." — *Irish Cyclist.*

Model E.

OUR REPAIR DEPARTMENT

Is under our personal supervision, and being the only practical Cycle Engineers in town, our work can be relied on.

JOHN PIGGOTT.

Please send Post Card for General Illustrated Price List. Post free.

ASTOUNDING PRICES!!!

CYCLING SUITS
(READY-MADE).

A SPECIAL LINE in Cheviot Serge, Grey and Heather Mixture. Specially adapted for Cycling.

JACKETS, lined throughout, with watch pocket and chain hole ... ... each	9/6
KNICKERS to match, double-seated, loose legs, and sanitary wool waistband per pair	5/6
Suit complete,	14/9

Patterns post free.

In REAL DEVON SERGE (All Wool), Black and Grey. Indigo dye.

JACKETS, lined throughout, with watch pocket and chain hole ... ... each	10/6
KNICKERS to match, double-seated, loose legs, and sanitary wool waistband per pair	7/6
Suit complete,	17/9

Patterns post free.

BLUE OR BLACK SERGE JACKETS
(Ready-made).

Above suitable for Boating, Cricket, Tennis, Garden, or Walking—4/6 each. Postage 4½d.

Vests to match, 2/11 each. Postage 3d.

SCOTCH TWEED SUITS TO MEASURE, 45s.

All parcels of 10s. value carriage paid to any part of the United Kingdom.

117 CHEAPSIDE, AND MILK STREET, LONDON.

CPSIA information can be obtained
at www.ICGtesting.com
Printed in the USA
BVHW041439210721
612411BV00007B/1663